中原学术文库·文集

程有为学术文集

程有为 著

中原出版传媒集团
大地传媒
大象出版社
·郑州·

图书在版编目(CIP)数据

程有为学术文集 / 程有为著.— 郑州 : 大象出版社, 2017. 5
(中原学术文库. 文集)
ISBN 978-7-5347-8487-3

Ⅰ. ①程… Ⅱ. ①程… Ⅲ. ①中国历史—古代史—文集②河南—地方史—古代—文集 Ⅳ. ①K220. 7-53 ②K296. 1-53

中国版本图书馆 CIP 数据核字(2016)第 320988 号

中原学术文库·文集
程有为学术文集
程有为 著

出 版 人 王刘纯
责任编辑 张 琰
责任校对 李婧慧 牛志远 安德华
装帧设计 王晶晶

出版发行 大象出版社(郑州市开元路 16 号 邮政编码 450044)
发行科 0371-63863551 总编室 0371-65597936
网 址 www.daxiang.cn
印 刷 洛阳和众印刷有限公司
经 销 各地新华书店经销
开 本 787mm×1092mm 1/16
印 张 30.75
字 数 500 千字
版 次 2017 年 5 月第 1 版 2017 年 5 月第 1 次印刷
定 价 128.00 元

若发现印、装质量问题,影响阅读,请与承印厂联系调换。
印厂地址 洛阳市高新区丰华路三号
邮政编码 471003 电话 0379-64606268

自　序

我出生于河南省洛宁县史村一个农民家庭。父亲早年参加革命，新中国成立初期到洛阳地区文教行政部门工作，我得以进入洛阳市读书。父亲有较深的古代文学功底，工作之余常写一些杂文和诗歌，在《光明日报》《河南日报》等报刊上发表。我少年时受到这方面的熏陶，对中国古代文学和历史有浓厚的兴趣。1964 年我于洛阳第一高级中学毕业，考入武汉大学历史学系，希望成为一名史学工作者。但是好景不长，只读了两年书，就遇上"文化大革命"，学业荒废。后来进入部队农场锻炼，分配到中学教书，可谓时光荏苒，岁月蹉跎。

邓小平同志倡导的"拨乱反正"和"改革开放"，不仅挽救了国家的命运，也为一代青年带来新的发展机遇。1978 年国家恢复研究生教育制度，部分高校和科研部门开始招收研究生。我于当年考取河南大学（时称"开封师范学院"）历史系中国古代史专业硕士研究生，师从孙作云、朱绍侯二位先生。孙先生不幸于当年弃世，由郭人民、郭育才二位先生讲授先秦史，朱先生讲授秦汉史和魏晋南北朝史。三年的研究生学习，为我后来的史学研究工作打下了基础，也成为我人生的一个重要转折点。1981 年研究生毕业，分配到河南省社会科学院历史研究所工作的我已年近不惑，觉时不我待，遂终日乾乾，不敢怠惰，历任助理研究员、副研究员、研究员，兼任所秘书、副所长、所长，直至 2005 年年底退休。迄今已年逾古稀，依然笔耕不辍。

回顾自己 30 多年来在学术研究方面走过的道路，大体可以分为两个阶段：一是 1980 年至 20 世纪末的 20 年，主要以历史研究为主；二是 21 世纪以来的十余年，则以文化研究为主。

进入历史研究所以后，我仍以先秦史、秦汉史、魏晋南北朝史为主攻方向，对于古代制度史有所涉猎。但由于所在单位主要任务是研究河南地方史，我也适应这种需要，主攻河南古代地方史，发表相关论文数十篇，并与张文彬、王珍先生共同主持编写《简明河南史》,与王天奖先生共同主持编写四卷本《河南通史》。此外,还与鲁德政先生共同主持编写了《河南通鉴》《中华通鉴河南卷》,又主持国家社会科学基金项目,与同人合著《黄河中下游地区水利史》。

在文化方面,我研究的着重点是思想文化和地域文化。改革开放初期,邓小平同志提倡"尊重知识,尊重人才",我曾对中国古代人才思想及人才制度有较多关注,陆续发表相关论文近20篇,并撰写出版了一部《中国古代人才思想史》。21世纪以来的十余年,全国性的"地域文化"研究方兴未艾,河南省学术界也掀起了研究河洛文化(或中原文化)的热潮。根据工作需要,我也致力于这方面的研究,发表论文数十篇,并独著《河洛文化概论》,与人合著《中国地域文化通览·河南卷》,主持编写《中原文化大典·大事记》,均已面世;主持编写的八卷本《中原文化通史》和独著《中华大河文化史系列·中原文化史》亦即将出版。

集腋成裘,聚沙成塔。36年来我已积累文稿百余篇,多发表于《史学月刊》《中州学刊》《郑州大学学报》《河南大学学报》《河南师大学报》《河南社会科学》等期刊,或见载于中国先秦史学会、中国秦汉史学会、中国魏晋南北朝史学会、中国河洛文化研究会举办的各种全国和国际学术研讨会的论文集中。所发论文多篇被《中国人民大学报刊文摘资料》与《新华文摘》转载,或为《历史学年鉴》《史学情报》《中国史研究动态》等刊物摘引。

近期院领导为展示我院的研究成果,决定为专家学者出版个人论文集。我遂对旧稿进行翻检整理,从中选出40余篇,分为"古史求索""制度探研""人物考论""思想评析""中原文化研究"和"文化互动述论"六组,每组文章又以其所述内容的历史时代先后为序。所选论文撰写、发表的时间跨度很大,笔者的认识前后亦未必一致。论文的格式也不尽相同,特别是引文的注释,有篇后注、页下注以及文中加注等多种形式,注文的详略也存在差异。这次选编,对论文的内容、观点和文字均保持发表时的原貌,仅作一些技术上的处理,将几篇文章的篇后注改为页下注,使文集之注相对统一,并改正了个别文字的错讹。

在此文集即将付梓之时,我对院领导的美意,对院科研处的同志和大象出版社的编辑付出的辛劳,表示诚挚的谢意。人生有限而学海无涯,加之个人愚钝不敏,孤陋寡闻,论文不足之处在所难免,敬请读者不吝赐教,以匡不逮。

2016年8月于洛峤斋

目　录

古史求索

制度探研

人物考论

思想评析

中原文化研究

文化互动述论

附录

古史求索

论黄帝传说与黄帝时代

黄帝是中国古史传说中的“五帝”之一,也是中华民族的人文始祖。黄帝的传说多见于文献记载。人们常将黄帝与炎帝并称“炎黄”,又将黄帝与颛顼、帝喾、尧、舜并称为“五帝”,而以黄帝居首。本文拟将文献所载的史前传说与考古资料相结合,用“双重证据法”探讨黄帝时代的社会历史。全文从中原地区的黄帝传说切入,首先论述古史传说中的黄帝时代的社会状况,然后就传说中的黄帝时代与考古学文化的对应问题略述已见,最后阐述仰韶文化后期和龙山文化前期中原的社会状况。

关于中原地区的黄帝传说

黄帝与炎帝同为中华人文始祖。《国语·晋语四》称:“昔少典氏娶于有蟜氏,生黄帝、炎帝。黄帝以姬水成,炎帝以姜水成。成而异德,故黄帝为姬,炎帝为姜。”黄帝和炎帝是从互通婚姻的少典氏和有蟜氏繁衍而来两个胞族,又在各自的活动地域内发展壮大起来。学界一般认为,炎帝源于陕西宝鸡附近的渭水支流清姜水,今宝鸡市南有姜氏城堡,后世建有炎帝陵。但是关于黄帝所成的“姬水”地望,却是歧见丛生。关于黄帝的活动地域,古史有很多记载。如《史记·五帝本纪》说黄帝“东至于海,登丸山,及岱宗。西至于空桐,登鸡头。南至于江,登熊、湘。北逐荤粥,合符釜山,而邑于涿鹿之阿”。也就是说黄帝的足迹遍及今河南、山东、甘肃、陕西、河北、湖南、内蒙古等地。但其主要的活动地域在黄河中下游,特别是中原地区。《五帝本纪》提到黄帝“与炎帝战于阪泉之野”,“与蚩尤战于涿鹿之野”。阪泉和涿鹿的地望均在今河北境内。黄帝巡游时曾祭于洛水之滨,并在荆山下铸鼎,洛水、荆山均在今河南省境内,最后葬于桥山(今陕西子长县或今甘肃正宁县)。

特别值得关注的是关于黄帝都有熊的记载。《史记·五帝本纪》记黄帝,《集解》引徐广曰:“号有熊。”注:“号有熊”者,以其本是有熊国君之子故也。《正义》引《舆地志》云:“涿鹿本名彭城,黄帝初都,迁有熊也。”《集解》引谯周曰:“有熊国君,少典之子也。”皇甫谧曰:“黄帝都有熊,今河南新郑是也。”《史记·五帝本纪》又说:“黄帝居轩辕之丘。”《集解》引皇甫谧说黄帝“受国于有熊,居轩辕之丘。故因以为名,又以为号”。《续汉书·郡国志》注引皇甫谧说:“古有郑国,黄帝之所都。”《水经注》引《帝王世纪》说:“有熊氏之墟,黄帝之所都也。郑氏徙居之,故曰新郑矣。”《白虎通·爵篇》云:“黄帝有天下,号曰有熊氏。”今新郑一带流传着许多有关黄帝的传说。

新郑为黄帝所都还有以下旁证。《庄子·徐无鬼》曰:“黄帝将见大隗乎具茨之山……至于襄城之野,七圣皆迷,无所问途。”《水经注·溍水》云:“大騩(同隗),即具茨山也。黄帝登具茨之山……即是山也。”《元和郡县志》云:“大隗山在(密)县东南五十里,本具茨山,黄帝见大隗于具茨之山,故亦谓大隗山,溍水出于此。”可见,黄帝经常活动的具茨山在新郑县西、密县(今新密市)东南。此山中留有许多“遗迹”,如黄帝“拜华盖童子处”、黄帝避暑宫(山洞)、嫘祖娘娘洞、风后城、大鸿屯兵处等。总之,河南新郑称黄帝故里是有充分根据的。

除新郑外,中原其他地区也有不少关于黄帝的传说,例如《水经注》卷一五引《史记音义》说:“黄帝东巡河,过洛,修坛沉璧,受龙图于河,龟书于洛。”说黄帝曾经祭祀黄河和洛水,于是河水出龙图,洛水出龟书,黄帝受之。《山海经·中次三经》又记载“青要之山,实惟帝之密都”。青要山在今河南省新安县境内,帝指黄帝,密都即秘密居住的行宫。《史记·封禅书》称:“黄帝采首山铜,铸鼎于荆山下。鼎既成,有龙垂胡髯下迎黄帝,黄帝上骑,群臣后宫从上者七十余人。”河南灵宝市西有铸鼎原,是传说中的黄帝铸鼎升仙处,至今仍有唐代贞元十七年(801 年)轩辕黄帝铸鼎碑铭。总之,以今河南新郑为中心的豫中、豫西地区为黄帝部族的发祥地和活动的中心区。

传说中黄帝时代的社会状况

古文献记载，黄帝时代有很多发明创造。由此可以看出黄帝时代的社会状况。归纳起来，有以下几个方面的内容：

一、以农业为主的社会经济的发展

早在神农氏时代，已发明了原始农业。黄帝时代继承了炎帝神农氏时代的农业和手工业，并在此基础上得到进一步的发展。《史记·五帝本纪》记载：轩辕乃“蓺五种”“时播百谷草木”。“五种”即五谷，也就是黍、稷、菽、麦、稻。“百谷”，指多种农作物。总之，黄帝时代农作物品种增加，而且能依据农时播种。

黄帝时代，原始手工业发展很快，有长足进步，主要表现在纺织、制陶、铸铜、建筑等方面。

纺织制服装。《易·系辞下》：“黄帝、尧、舜垂衣裳而天下治。”孔颖达《疏》云：“垂衣裳者，以前衣皮，其制短小，今衣丝麻布帛，所作衣裳，其制长大，故云垂衣裳也。”黄帝时代，已经饲养家蚕，并纺织麻丝制作衣服。传说黄帝元妃嫘祖发现桑蚕，学会了利用蚕丝织帛，制作衣服。《路史·后纪》：“黄帝元妃西陵氏曰嫘祖，以其始蚕，故又祀先蚕。”又说：“嫘祖始教民育蚕，治丝茧以供衣服。”《通鉴外纪》：“西陵氏之女，为黄帝元妃，始教民养蚕，治丝茧以供衣服，后世祀为先蚕。”王祯《农书》云：“黄帝元妃西陵氏，始劝蚕事。”上述文献记载表明，中国丝绸的起源是在黄帝时代。

制陶。黄帝时代设置了专门管理生产陶器的“陶正”。《史记·五帝本纪》说“黄帝命宁封为陶正”。《列仙传》说宁封在学习烧制陶器时，“能出五色烟”。《古史考》说“黄帝时有釜、甑”，当时已能生产釜、甑、碗、碟等器物。

冶铜铸器。《史记·封禅书》说：“黄帝采首山铜，铸鼎于荆山下。”又说黄帝“作宝鼎三，象征天地人”。首山在今山西省永济县西南，荆山在今河南省灵宝市西。现在的铸鼎原，有黄帝陵遗迹，仍保存有唐代所立的轩辕黄帝铸鼎碑。

此外，在《世本·作篇》中还讲到黄帝时代“雍父作臼”“雍父作杵”“挥作弓”“夷牟作矢”“共鼓、货狄作舟”。《古史考》说“黄帝作弩”。《越绝书》说“黄帝之时，以玉（石器）为兵”。《易·系辞下》说（黄帝）“刳木为舟，剡木为楫”。

《吕氏春秋·勿躬》说黄帝时“伯益作井”“仪狄作酒”等。由此可见,黄帝时代的手工业,有竹木工,做弓矢,造舟船;有玉石工,制造兵器、杵臼等。

建筑。《白虎通》说:“黄帝作宫室,以避寒暑。”黄帝时代已开始筑宫室、造屋宇,并发明了筑城技术①。《史记·封禅书》说:“黄帝时为五城十二楼。”《淮南子·原道训》说:“夏鲧作三仞之城,一曰黄帝立城邑以居。”

二、社会的复杂化

《庄子·盗跖》中说:“神农之世,卧则居居,起则于于,民知其母,不知其父,与麋鹿共处,耕而食,织而衣,无有相害之心,此至德之隆也。然而黄帝不能致德,与蚩尤战于涿鹿之野,流血百里。”《商君书·画策》中说:“神农之世,男耕而食,妇织而衣,刑政不用而治,甲兵不起而王。神农既没,以强胜弱,以众暴寡。故黄帝作为君臣上下之义,父子兄弟之礼,夫妇妃匹之合,内行刀锯,外用甲兵,故时变也。”黄帝时代和神农时代的社会比较,发生了巨大变化。氏族部落内部共同劳动、共同享受的友爱的人际关系不复存在,社会矛盾开始尖锐起来,出现了不平等,出现了强凌弱、众暴寡。随之内部有政刑,外部有战争。

随着对内统治和对外战争的需要,开始设置官师,建立政权机构。《史记·五帝本纪》称:黄帝“官名皆以云命,为云师。置左右大监,监于万国……举风后、力牧、常先、大鸿以治民”。黄帝有“群臣后宫”,说明当时可能已有政权存在。

黄帝时代部族之间不断发生战争,而且规模很大。《史记·五帝本纪》称:“轩辕之时,神农氏世衰。诸侯相侵伐,暴虐百姓,而神农氏弗能征。于是轩辕乃习用干戈,以征不享,诸侯咸来宾从。而蚩尤最为暴,莫能伐。炎帝欲侵陵诸侯,诸侯咸归轩辕。轩辕乃修德振兵……教熊罴貔貅貙虎,以与炎帝战于阪泉之野,三战,然后得其志。蚩尤作乱,不用帝命,于是黄帝乃征师诸侯,与蚩尤战于涿鹿之野,遂禽杀蚩尤。”由此可见,黄帝时期,方国部族林立,互相侵伐,大小战争不断。黄帝靠武力平定不服从者,其中与炎帝、蚩尤之间的战争特别激烈。

三、原始文化的发展

1.文字的发明。《世本·作篇》说:“沮诵、仓颉作书。”宋衷注说沮诵、仓颉为黄帝左右史。《淮南子·本经训》记载:“苍颉作书而天雨粟,鬼夜哭。”《说文

---

① 杨鸿勋:《仰韶文化居住建筑发展问题的思考》,《考古学报》1976年第1期。

序》:“黄帝之史仓颉……仓颉之初作书,盖依类象形,故谓之文;其后形声相益,即谓之字。”文字的发明是一件大事,具有划时代的意义。古史中将文字的发明归功于仓颉。今河南南乐县城西北吴村有仓颉陵、仓颉庙和造书台,人们认为仓颉生于斯,葬于斯。

2.观测天象、制定历法。《世本·作篇》说:“黄帝使羲和占日,常仪占月,臾区占星气,伶伦造律吕,隶首作算数,容成综此六术,而著调历也。”又《史记·历书》也说:“黄帝考定星历。”黄帝命其部属进行天象观测、计算,以制定历法。

3.作乐律、绘画

关于音乐方面,《世本·作篇》说:“黄帝乐名咸池。”《帝王世纪》说:“黄帝损庖羲之瑟,为二十五弦,长七尺二寸。”《吕氏春秋·古乐篇》说:“昔黄帝令伶伦作为律。”《世本·作篇》又说:“黄帝使伶伦造磬。”在绘画方面,《世本·作篇》说:“史皇作图。”宋衷注说:“史皇,黄帝臣也。图为画物象。”说明当时音乐、美术起源的情况。

4.生活习俗与礼仪的出现。《商君书·画策》说“黄帝作为君臣上下之义,父子兄弟之礼,夫妇妃匹之合”。《史记·五帝本纪》唐张守节《正义》:“黄帝之前,未有衣裳屋宇。及黄帝造屋宇,制衣服,营殡葬,万民故免存亡之难。”

关于黄帝时代与考古学文化的对应问题

传说中黄帝时代的社会状况,已如上述。但是要了解黄帝时代的社会状况,单靠古史传说尚有局限,必须依据考古资料。中原地区的史前考古已经建立较为完备的体系,为我们认识黄帝时代的社会状况提供了比传说更为丰厚的材料。中原地区的史前考古文化至少可以分为裴李岗、仰韶、龙山三大阶段,每个阶段又可分为若干小的时期和若干个地方类型。于是考古学文化的哪一个时段与黄帝文化相对应,哪一个文化类型属于黄帝部族文化,就成为必须解决的问题。

人们经常说“炎黄时代”和“五帝时代”。黄帝既与炎帝相关联,又与五帝中的颛顼、帝喾、尧、舜四帝相关联。因此,要确定黄帝时代,就不能孤立地就黄帝论黄帝,必须瞻前顾后。一要注意黄帝时代与炎帝时代的联系与区别;二要将黄帝与其他四帝即颛顼、帝喾、尧、舜一起考虑，特别是要与颛顼、帝喾一起考虑才行。

传说炎帝和黄帝都出于少典和有蟜氏，黄帝又与炎帝打过仗，他们应属同时代的人物。但是炎帝的主要事迹都与发展农业有关，而黄帝除发展农业外，在手工业方面还有许多创造，如治玉兵、做舟、做车、养蚕、做冕旒，还有采首山铜铸鼎等。手工业的发展意味着专业分工的形成和社会财富的增加。手工业可以支持一部分人从事长期的战争，社会财富会刺激一些人去进行掠夺战争。严文明说："黄帝和炎帝尽管是同时代人，但一个代表旧时的农业部族，一个代表新兴的农业—手工业部族，所以炎帝的失败代表着一个时代的结束，即传说中神农时代的结束；而黄帝的胜利则意味着一个新的时代的开始。"①

关于五帝时代，苏秉琦说："按照古史传说，五帝的时代又可分为两大阶段，黄帝至尧以前是第一阶段，尧及其以后是第二阶段。先秦儒家言必称尧舜，《尚书》就是从《尧典》开始编纂的。墨家常是虞夏商周连称，把尧舜的历史同三代相联系而与以前的历史相区别。在其余各家的著作中也可以看到类似的倾向。"②严文明也说：五帝中的黄帝、颛顼、帝喾这几个帝可能并不是依次直接继承的，"前三帝代表了较长的一段时期。……后两帝情况颇不相同……按照《尧典》所记，尧、舜是先后相继的最高政治、军事领袖，辅佐他们的有四岳、十二牧、司空、后稷、司徒、士、工、虞、秩宗、典乐、纳言等官职。这已是一个初具规模的政府机构了。当时已有一套刑法，所谓'象以典刑，流宥五刑，鞭作官刑，扑作教刑，金作赎刑，眚灾肆赦，怙终贼刑'。这说明当时已有尖锐的阶级斗争，以至不得不制定一套代表统治者利益的刑法。有刑法有军队就可以四方征讨，威加海内。'流共工于幽州，放驩兜于崇山，窜三苗于三危，殛鲧于羽山，四罪而天下咸服！'"③总之，他们认为，五帝时期可以分为两个阶段，黄帝、颛顼、帝喾是一个阶段，帝尧、帝舜是另一个阶段。

中国史前社会向文明社会的过渡大致发生在铜石并用时代，并且经历了两

---

① 严文明：《炎黄传说与炎黄文化》，《农业发生与文明起源》，科学出版社，2000第280页。

② 苏秉琦：《中华文明起源与重建中国史前史》，《华人·龙的传人·中国人》，辽宁大学出版社，1994，第113页。

③ 严文明：《略论中国文明的起源》，《农业发生与文明起源》，科学出版社，2000，第72、73页。

个重要阶段。第一阶段约当仰韶文化后期,绝对年代约为公元前 3500 年至公元前 2600 年。此时出现了贫富分化和初步的阶级分化;出现了高于其他聚落的中心聚落,墓中普遍随葬石钺说明此时掠夺性战争已成为社会的显著现象。第二阶段约当龙山时代,绝对年代约为公元前 2600 年至公元前 2000 年。此时出现了城堡,有些可能是都城。多种手工业生产和文化得到了重大的发展,阶级对立十分尖锐,国家组织的雏形似已出现。

史书记载的五帝时代就是中国的“英雄”时代。黄帝是一个卓越的军事领袖,他东征西讨,屡立战功,居无常处,以师兵为营卫。从考古学的遗存看,新石器时代的战争痕迹不大明显,有些战争的规模也很有限。铜石并用时代则不然,一是作为兵器的石钺普遍发展起来,且制作精良。有些大墓中常用玉钺随葬,墓主人可能是军事领袖,玉钺则是指挥军队的权标。二是出现了一些规模很大的中心聚落,有的中心聚落中有面积达数百平方米的大型公共建筑。同时期一般的聚落遗址则小得多,经济发展水平也低得多。如果没有军事的力量,是很难自然形成这种状况的。掠夺战争的出现是当时经济发展的必然结果,恰好也与黄帝时期的社会状况相吻合。

炎帝和黄帝同属于华夏集团。苏秉琦说:“中原龙山文化分布的地方,是广义的中原地区。依据古史传说,这里在原始社会是黄帝和炎帝族系的居民活动的地方,我们可将这两个族系合称为黄炎集团。”①严文明也说炎黄部族活动的地域,“大抵都集中在陕西、河南、河北等地,此即所谓中原地区。只是炎帝活动的范围似略偏西偏南,而黄帝活动的范围偏东偏北,并且比炎帝广泛一些。这个地区在铜石并用时代早期仍然是仰韶文化的分布地域,只是已发展到仰韶文化后期”②。

苏秉琦提出了五帝时代的时间框架。他说:“五帝的时代究竟相当于考古学上的哪个时代,现在虽然还无法论定,但也不是毫无边际……二里头文化更像是夏文化。假如这个判断没有大错,那么五帝时代的下限就应是龙山时代。五帝时代之始,战争连绵不断。《五帝本纪》说:‘天下有不顺者,黄帝从而征之……迁徙往来无常处,以师兵为营卫。’他先是打败炎帝,接着又擒杀蚩尤。

---

① 苏秉琦主编:《中国通史》第二卷,上海人民出版社,1994,第 288 页。

② 严文明:《略论中国文明的起源》,《农业发生与文明起源》,科学出版社,2000,第 281 页。

这种情况只有在社会财富有所积累，社会分化日趋尖锐的情况下才能发生。从考古学文化来看，这是仰韶后期即大约相当于公元前3500年以后的事。所以五帝的时代上限应不早于仰韶时代后期。”①这是一个符合历史实际的大的时间范围，黄帝时代即在其中。严文明也说：“大约在公元前4000年前后，史前社会生产力实现了一次跨越式发展，社会也从此开始了向着复杂化、分层化、文明化的加速发展，直到大约公元前2000年前后夏王朝的建立，这个过程历经两千多年时间。这段历史，大致相当于古史传说中的五帝时代。”②

严文明进一步认为，仰韶文化后期早段属于炎黄时代，晚段属于黄帝、颛顼、帝喾三帝时期，龙山文化时期属于唐虞时代。他说：“到公元前2500年前后，社会的文明化进程达到了相当高的水平……然在曾经比较沉寂的若干地区，尤其是中原地区却开始了激烈的变革，其剧烈程度，大大超过了此前阶段的那些地方社会。直到公元前2000年前后第一个王朝国家——夏的建立的五六百年，是值考古学分期上的铜石并用时代晚期，又叫龙山时代，而从古史传说的内容看，大致相当于尧舜时期。”③黄帝战胜炎帝，“从考古学的角度来说，就是铜石并用时代的开始”。“炎黄时代应相当于考古学上铜石并用时代的最早时期。”④炎黄文化相当于仰韶文化后期的文化。五帝中的前三帝时期“若与考古学文化比照，似应相当于铜石并用时代早期”。唐虞时代那样的“社会，同铜石并用时代晚期的龙山时代所表现的情况是相合的。所以龙山时代很可能就是文献记载的唐虞时代”⑤。

对于严文明关于龙山时期属于唐虞时代的说法，苏秉琦曾表示怀疑。他说：“龙山时代有五六百年，而尧舜禹假如真是相互继承关系，时间就会短得多。除非不是个人的直接继承关系，而是不同部落禅递掌权，否则难以简单

---

① 苏秉琦：《中华文明起源与重建中国史前史》，《华人·龙的传人·中国人》，辽宁大学出版社，1994，第112~113页。

② 严文明主编：《中华文明史》第一卷，北京大学出版社，2006，第44页。

③ 严文明主编：《中华文明史》第一卷，北京大学出版社，2006，第52页。

④ 严文明：《炎黄传说与炎黄文化》，《农业发生与文明起源》，科学出版社，2000，第280页。

⑤ 严文明：《略论中国文明的起源》，《农业发生与文明起源》，科学出版社，2000，第72~73页。

比附。”①

仰韶文化后期分化趋势有所加强，地方类型的特征更加突出。陕西渭河流域的称半坡晚期类型，山西南部的称西王类型，河南中西部的称秦王寨类型，河南北部和河北南部的称大司空村类型等。那么黄帝部族文化究竟属于哪个地方类型呢？

许顺湛说：“炎帝 8 代共 500 多年，约相当仰韶文化早期，黄帝 10 代约 1500 年，相当于仰韶文化中晚期……黄帝时代晚期，对应的考古学文化，相当于仰韶文化的大河村类型（也称秦王寨类型）文化。”“特别应该提到的是，大河村类型文化的内涵有海岱地区大汶口文化因素，有江汉地区屈家岭文化因素，反映了文化的交流与融合。这一重要现象与黄帝时代晚期的历史背景基本吻合，因此我认为大河村类型仰韶文化可以称为黄帝时代晚期文化。”②他又说：“黄帝时代大体与仰韶文化对应，或可延伸到龙山早期，高辛氏火正祝融基本与龙山文化中晚期对应。”③许顺湛依据《春秋命历序》记载，以为颛顼共历“九世三百五十年”，而“帝喾年代当始于公元前 26 世纪，即距今 4550 年；帝喾年代终于尧，当在公元前 22 世纪，即距今 4150 年。这个年代正与龙山中晚期相吻合”④。笔者认为，《春秋命历序》记载的炎帝、黄帝、颛顼、帝喾所历年并不一定可靠，但是认为颛顼、帝喾时代与龙山文化中期相当，却大体不误。王震中以为：“颛顼部落族属的复杂性，它所具有的黄帝族与东夷族两个方面的来源，至少可与中原龙山文化后岗类型中含有典型龙山文化的因素这一重要类型相联系。”⑤就是说，河南龙山文化后岗类型可能是颛顼族文化。

比较上述诸说，笔者以为，大约公元前 4000 年前后中原地区进入仰韶文化中期，以庙底沟一期文化为代表，属于炎黄时代。这一时期的炎黄文化主要以炎帝为代表，可以称作黄帝时代前期。龙山文化早期的庙底沟二期文化应该是黄帝战胜炎帝后的黄帝文化，应属黄帝时代后期。庙底沟二期文化分布范围较

---

① 苏秉琦：《中华文明起源与重建中国史前史》，《华人 · 龙的传人 · 中国人》，辽宁大学出版社，1994，第 113 页。

② 许顺湛：《五帝时代研究》，中州古籍出版社，2005，第 56 页。

③ 许顺湛：《五帝时代研究》，中州古籍出版社，2005，第 59 页。

④ 许顺湛：《五帝时代研究》，中州古籍出版社，2005，第 57~58 页。

⑤ 王震中：《略论“中原龙山文化”统一性与多样性》，《中国原始文化论集——纪念尹达八十诞辰》，文物出版社，1989，第 168~169 页。

广，正与黄帝征服万邦的形势相符。龙山文化后岗二期类型是龙山时期分布在豫北和冀南的一个文化类型，主要遗址有安阳后岗、大寒南岗、八里庄、汤阴白营等，其绝对年代为距今 4850～3890 年。王湾类型是龙山文化的一个地方类型，主要分布在伊洛河流域至郑州一带，主要遗址有郑州大河村、登封王城岗等，王湾类型的绝对年代为距今 4900～3800 年。这两个文化类型的年代应该与颛顼、帝喾时代相当。河南龙山文化中期的后岗二期文化和王湾三期文化，应该是颛顼和帝喾时期的文化。河南龙山文化晚期应该属于尧舜禹时期的文化。如果将整个龙山文化时代视为唐虞时代，则显得时间过长。

总之，我们认为，黄帝时代前期应与仰韶文化后期大体相当，黄帝时代后期应与龙山文化早期大体相当。

仰韶文化晚期与龙山文化早期的中原社会

史称黄帝采首山铜，铸鼎于荆山下。在灵宝西坡遗址的发掘中，发现了被遗弃的高品位的铜矿石，这很可能是冶炼铸造铜器所采铜矿的遗留。它说明黄帝时代已经开始铸造和使用铜器，但是石器仍然是当时的主要生产工具，因而黄帝时代已经进入铜石并用时代。铜石并用时代的早期大约从公元前 3500 年至公元前 2600 年，相当于仰韶文化晚期；晚期大约从公元前 2600 年至公元前 2000 年，相当于河南龙山文化早期。

一、仰韶文化晚期的中原社会

中原地区仰韶文化晚期的文化遗存，前段豫中地区是“秦王寨类型”，后段为“大河村类型”以及“大司空村类型”。仰韶村、王湾和大河村的仰韶文化晚期遗存，在伊洛—郑州地区很有代表性。其共同特征是：磨制石器发达，梯形铲、有肩铲和穿孔扁斧最具代表性；红陶逐渐减少而黑陶、灰陶逐渐增加，彩陶逐渐减少而篮纹、附加堆纹陶逐渐增加，代表性陶器是凿形足鼎、折腹盆、小口高领瓮、带嘴罐和镂空豆等；流行分间式房屋；墓葬多单人葬，很少见随葬品。

仰韶文化晚期的生产工具主要有石器、骨器、角器，少量玉器。用锯加工成半成品，再琢磨而成。钻孔石器增多。生活用具主要是陶器。厚薄均匀，造型美观，制作技艺明显进步。点军台三期的横穴式窑址，火道分为四股，由火塘进入窑室底部。后段出现竖穴式陶窑，例如安阳鲍家堂遗址陶窑由火门、火塘、火道和窑室四部分构成，比横穴式陶窑进步得多。烧制火候增高，陶质坚硬。器形主要是鼎、罐，其次为盆、钵、碗、杯。前段红陶居多，灰陶次之。彩陶最为发达，白衣最多，其次是红衣。彩绘为红、黑两彩或红、棕两彩兼用，纹饰除继续沿用条纹、网状菱形纹、弧线三角纹外，新出现锯齿纹、眼睛纹、同心圆纹、梳篦纹、古钱纹、六角形纹，还有兽首纹。后段灰陶占据多数，红陶退居次要地位。彩陶减少，白衣彩陶基本消失，彩色纹饰迅速减少，拍印纹饰急剧增加，绳纹、附加堆纹和横篮纹较前为多。

这一时期遗址中出现了连间排房和分间式房屋，大河村三期出土 50 多座平地起建的长方形房基和少量半地穴式长方形房基，已公布的 9 座，一套四间排房、二套两间、一套一间半地穴式长方形建筑。大河村四期的 12 座房基，11 座地上长方形建筑，大的 120 平方米，一般为 20 平方米，房间中部设灶台，筑墙用草拌泥，大火烧烤使其坚实。郑州青台遗址发现保存较好的排房，每间房内都设有一至两个火塘，成为独立生活的单元。这一时期的房屋建筑中既体现了家庭分化，又反映了社群集体观念。这些分间式房屋应是适应以父系为基础、具有相对独立经济的对偶制核心家庭而建的。

各地出现了一些大型聚落遗址，面积多达数十万平方米。有的遗址有两三百座房屋，有的遗址房屋规模和质量明显高于周围的遗址，表明当时已出现某种中心聚落。较大聚落的房屋有一定的布局，周围有围沟，聚落外有墓地和窑场。郑州大河村仰韶文化后期遗存就是一个规模较大的中心聚落。一些实力较强的中心聚落出现了大型建筑，应为部族举行会议或宗教仪式的场所，开后世礼仪建筑的先河。郑州西山发现有仰韶文化晚期的城址，始建年代距今约 5300 年，是目前所知黄河流域最早的城址。

仰韶文化晚期的氏族公共墓地明显减少，墓葬排列杂乱，出现了“灰坑乱葬”，大中小墓葬的分化明显。大河村四期出土土坑墓 36 座，瓮棺葬 60 座。流行单人葬，新出现一些一对成年男女的墓葬，推测是夫妻合葬，是家庭经济巩固的一种表现。

这些，反映当时的社会已发生深刻变革，母系氏族社会已被父系氏族社会所替代。

二、龙山文化早期的中原社会

河南龙山文化大约存在数百年，也可分为早、中、晚三期。河南龙山文化的早期阶段又称“庙底沟二期文化”。公元前3000年左右，豫西晋南地区的仰韶文化最早发生变化，继西王村类型或大河村之后出现的庙底沟二期文化，在不太长的时间内，几乎覆盖了原来整个仰韶文化的范围。庙底沟二期文化的年代在公元前2800年至公元前2600年。现已发现100余处遗存，主要分布于伊河、洛河、颍河、汝河的河谷盆地和黄河两岸，豫东平原也有零星分布。陕县庙底沟二期、洛阳王湾二期、汤阴白营早期、鹿邑栾台一期、郾城郝家台一期等都是有代表性的遗址。

龙山文化时期，农业经济进一步发展，开始进入原始农业的兴盛期。庙底沟二期遗址出土的磨制石器已经进入比较完善和成熟的阶段。石器普遍通体磨光，并广泛运用切割法和管钻法加工。在陕县庙底沟二期的82件石器中，打制约占13%，磨制的在86%以上，穿孔的亦占30%以上。郑州大河村三至五期的石器146件，几乎均为磨制，穿孔亦占20%以上。

这一时期陶器为轮制或手轮兼制，竖穴窑取代横穴窑，如庙底沟二期的陶窑由窑室、火口、火膛、火道和窑箅构成，火道分为八股进入窑室底部，窑箅有25个火眼，火焰可以进入窑室以利于提高炉温。陶器群具有复杂的内涵，陶器的颜色质地趋于多样化。以夹砂灰陶和泥质灰陶为主，间有少量的黑陶和棕色陶，彩陶衰减乃至消失，出现一些彩绘陶。典型器有小口平底瓶、釜、灶、夹砂罐、盆形鼎等，新出现了斝、鬲和刻槽盆等新器形。器表多饰横篮纹、绳纹和附加堆纹。

这一时期的房址为圆形、椭圆形的单间或双间，居住面多抹白灰。郾城郝家台城址是中原地区龙山文化早段的城址。墓葬多见排列整齐的长方形竖穴土坑墓，流行单人直肢葬，一般无随葬品。

总之，在黄帝时代，也就是考古学上的仰韶文化晚期和龙山文化前期，中原地区的社会已经开始复杂化，矛盾尖锐化。黄帝代表的华夏部族在物质文化、精神文化的各个领域都取得了长足的进展，诸如冶金术、文字符号、宫室与城等，为社会进入文明时代奠定了初基。

（原载《黄帝与中华姓氏》，河南人民出版社2013年版）

论颛顼、帝喾时代

古史传说中的五帝时期,特别是其后期,是中华文明起源的时期。虽然古代文献对五帝的说法不一,但学术界以五帝为黄帝、颛顼、帝喾、帝尧、帝舜者居多。五帝是史前黄河流域的部族首领。我们认为,五帝时期可分为三个时代,即黄帝时代,颛顼、帝喾时代,尧、舜时代。在古史传说中,颛顼与帝喾可以说是半神半人、亦神亦人。我们今天撇开他们神的一面,从部族首领、人文初祖角度,探讨颛顼、帝喾的事迹,并分析他们所代表的时代的社会状况。

颛顼与帝喾的事迹

关于颛顼、帝喾等"五帝"的德行和事迹,文献较系统的记载是《大戴礼记》的《五帝德》篇和《史记》的《五帝本纪》,亦散见于其他文献。下面分别述之。

一、颛顼的族系和事迹

关于颛顼的族系和降生地,《五帝本纪》言:"帝颛顼高阳者,黄帝之孙而昌意之子也。"①"黄帝妻雷祖,生昌意,昌意降处若水,生韩流。韩流……娶淖子曰阿女,生帝颛顼。"②又说:"帝颛顼生自若水,实处空桑,乃登为帝。"③由上述记载可知,颛顼是黄帝后裔,属于华夏族团。其生地若水,人们多认为在四川西境。有关专家考证,若水不可能远在今四川,若水即"汝水",当在今河南北汝河流域。颛顼虽为华夏族团,却曾"处空桑"。空桑即穷桑,在今山东曲阜一带。

---

① 《史记》卷一《五帝本纪》,中华书局,1959,第 11 页。

② 袁珂:《山海经校注》第十八《海内经》,上海古籍出版社,1980,第 442~443 页。

③ 陈奇猷:《吕氏春秋校释》卷五《古乐》,学林出版社,1984,第 285 页。

穷桑为东夷族团少昊之都。史称："东海之外大壑，少昊之国。少昊孺帝颛顼于此，弃其琴瑟。"①徐旭生先生以为："按孺与乳二字古意相通假。这里大约是说颛顼幼稚的时候曾经在少昊氏族内被养育的意思。"②文献又记载颛顼"生十年而佐少昊"③，可见颛顼与东夷族也有密切关系。虽然属于华夏族的颛顼为何幼年时生活在东夷部族已难以弄明白，但是这反映当时华夏族与东夷族的交往已很密切。关于颛顼"我们现在的看法是他属于华夏集团，但是受东夷集团的影响很大"④。

颛顼部族活动的中心区，称作"颛顼之墟""颛顼之居"或"颛顼之都"。"卫，颛顼之虚也，故为帝丘。"⑤"帝颛顼高阳氏……生十年而佐少昊氏，二十而登帝位。"⑥元年帝即位居濮。帝丘在今河南濮阳县，因此颛顼部族的中心区在今河南濮阳一带。

颛顼不仅主要在濮阳一带活动，而且死后也葬在这里。《史记·五帝本纪》《集解》引《皇览》曰："颛顼冢在东郡濮阳顿丘城门外广阳里中。"《索隐》引皇甫谧云："据《左氏》，岁在鹑火而崩，葬东郡。"

关于颛顼其人，史称他"静渊以有谋，疏通而知事；养材以任地，载时以象天，依鬼神以制义，治气以教化，絜诚以祭祀。北至于幽陵，南至于交阯，西至于流沙，东至于蟠木。动静之物，大小之神，日月所照，莫不砥属"⑦。《五帝德》亦言他"洪渊以有谋，疏通而知事，养材以任地，履时以象天，依鬼神以制义，治气以教民，洁诚以祭祀。乘龙而至四海……"。⑧ 二者所记，文字大同而小异。

二、帝喾的族系与事迹

史称："帝喾高辛者，黄帝之曾孙也。高辛父曰峤极，峤极父曰玄嚣，玄嚣父

① 袁珂：《山海经校注》第十四《大荒东经》，上海古籍出版社，1980，第338页。

② 徐旭生：《中国古史的传说时代》，文物出版社，1985，第75页。

③ 《帝王世纪》第二《五帝》，《帝王世纪世本逸周书古本竹书纪年》，齐鲁书社，2011，第11页。

④ 徐旭生：《中国古史的传说时代》，文物出版社，1985，第86页。

⑤ 《春秋左传集解·昭公十七年》，上海人民出版社，1977，第1425页。

⑥ 《宋书》卷二十七《符瑞志》，中华书局，1974，第761页。

⑦ 《史记》卷一《五帝本纪》，中华书局，1975，第11~12页。

⑧ 王聘珍：《大戴礼记解诂》卷七《五帝德》，中华书局，1983，第120页。

曰黄帝。……高辛于颛顼为族子。”①由此看来，帝喾属于华夏族团似乎没有问题。但是徐旭生先生说：帝喾，“《五帝德》篇说他的氏族叫高辛氏，我们遍考可靠的古书，一点线索也找不出来”。“我们现在可以老实地说：两个名词中间是否有关系，我们完全无法知道。所以古书中谈及高辛氏的事迹，我们并不能把它们算在帝喾的账上。”②高辛在今河南商丘。徐旭生先生还以为：“帝喾不过他的氏族与周氏族有派分的关系，其他的东方氏族，如陶唐氏、有虞氏、殷人，全同他没有关系。”③

“帝喾高辛氏生而骈齿，有圣德，初封辛侯，代高阳氏王天下……元年，帝即位，居亳。十六年，帝使重帅师灭有郐。四十五年，帝锡唐侯命。六十三年，帝陟。”④其所居之亳，《五帝本纪》《集解》引皇甫谧曰：“都亳，今河南偃师是。”即商代汤所都西亳。关于帝喾死后的葬地，《五帝本纪》《集解》引《皇览》曰：“在东郡濮阳顿丘城南台阴野中。”先秦时的顿丘在今河南浚县屯子乡蒋村。

关于帝喾其人，史称：“高辛生而神灵，自言其名。普施利物，不于其身。聪以知远，明以察微。顺天之义，知民之急。仁而威，惠而信，修身而天下服。取地之财而节用之，抚教万民而利诲之，历日月而迎送之，明鬼神而敬事之。其色郁郁，其德嶷嶷。其动也时，其服也士。帝喾溉执中而遍天下，日月所照，风雨所至，莫不从服。”⑤帝喾聪明仁惠，大公无私，表情肃穆，德行高尚，能知百姓疾苦，举动符合时宜，处事公平中正，得到人民拥护，普天之下都服从他。

总之，颛顼与帝喾虽然出现时间有先后，活动地域也不完全相同，但他们同属于华夏族，他们都有很高的天赋和卓越的贡献，因而为天下人所拥戴。他们不仅是当时众多部落的共同首领，而且成为中华人文始祖。

---

① 《史记》卷一《五帝本纪》，中华书局，1959，第13页。

② 徐旭生：《中国古史的传说时代》，文物出版社，1985，第89页。

③ 徐旭生：《中国古史的传说时代》，文物出版社，1985，第92页。

④ 王国维：《今本竹书纪年疏证》，《帝王世纪世本逸周书古本竹书纪年》附四，齐鲁书社，2010，第43页。

⑤ 《史记》卷一《五帝本纪》，中华书局，1959，第13~14页。

与颛顼、帝喾相关的考古学文化

前面已经论及，颛顼活动的中心区在今河南省濮阳、安阳一带，帝喾活动的中心区在今河南洛阳、郑州一带。现在我们探讨一下与颛顼、帝喾相关的考古学文化。

在新石器时代早期，与河南安阳毗邻的河北武安一带已经有了磁山文化，表明这里的原始农业已较发达。此后在安阳市西北郊高楼庄北发现的后岗遗址，面积达 40 万平方米。发掘资料表明，该遗址包含三层文化，下层为仰韶文化遗存，中层为河南龙山文化遗存，上层为殷商文化层。这里发现的仰韶文化与黄河以南的仰韶文化有所不同，称之为“后岗类型”。后来在濮阳县城内西南隅的西水坡也发现了仰韶文化遗址，文化面貌属于后岗类型。其一座墓葬的墓主两侧用蚌壳堆塑成龙虎图案，反映了墓主人的权力和地位，这对研究仰韶文化社会性质具有重要意义。

据许顺湛先生统计，濮阳县西水坡有一处仰韶遗址，面积 5 万平方米。从 45 号墓主人看，当是大巫师、大酋长，因此西水坡周围应该有不少遗址，现在发现的濮阳市郊有 3 处，濮阳县有 2 处，共 5 处，可作为一个小群看，肯定周围还有，定名为濮阳县聚落群，凡 5 处，包括二级聚落 1 处，三级聚落 4 处。此外，南乐县只有一处 0.4 万平方米的仰韶遗址；安阳市北郊、东郊、西郊有 4 处仰韶遗址，安阳县也有 4 处仰韶遗址，分布在市东郊、西郊相邻处。汤阴县有 2 处仰韶遗址，与安阳县仰韶遗址相近。因此，安阳市郊、安阳县和汤阴县共 10 处遗址，可以作为一个聚落群看待。定名为安阳县聚落群，包括二级聚落 2 处，三级聚落 8 处。此外，内黄县有 3 处遗址，不仅面积小，而且很分散，与其他地区聚落遗址也不挂联。林州市有一处孤独的仰韶遗址。①

经对后岗遗址仰韶文化两个碳-14 标本测定，年代为距今 BP5682±105 年、BP5520±105 年。似乎要比颛顼、帝喾时代要早，不可能属于颛顼、帝喾时代的文化。

---

① 许顺湛：《五帝时代研究》，中州古籍出版社，2005，第 226~227 页。

许顺湛先生依据《春秋命历序》记载，以为颛顼共历“九世三百五十年”，而“帝喾年代当始于公元前 26 世纪，即距今 4550 年；帝喾年代终于尧，当在公元前 22 世纪，即距今 4150 年。这个年代正与龙山中晚期相吻合”①。那么，颛顼时代应为龙山时代早中期。

下面，我们再考察河南安阳、濮阳一带的龙山文化。

据许顺湛先生统计，濮阳市龙山遗址能够连成群的只有濮阳市郊 4 处，濮阳县 16 处，共 20 处，定名为濮阳县聚落群（包括市郊）。其中特级聚落 1 处：濮阳县五星乡高城遗址 100 万平方米。一级聚落 1 处：濮阳县子岸乡文寨遗址 40 万平方米。二级聚落 2 处：市郊戚城村遗址 15 万平方米；濮阳县子岸乡齐劝遗址 10 万平方米。三级聚落 16 处，均在 9 万平方米以下。

安阳市辖区龙山文化遗址中，安阳县和安阳市郊可以成为聚落群，滑县也可独立成群。

安阳市郊有 13 处遗址，安阳县有 20 处遗址，加上汤阴白营的 2 处，共 35 处遗址。定名为安阳县聚落群（包括市郊、汤阴）。其中一级聚落 1 处：安阳县高庄乡八里庄 35 万平方米。二级聚落 3 处：安阳市东郊乡后岗遗址 10 万平方米（有城址）；安阳县白壁镇大寒遗址 25 万平方米；汤阴县白营乡白营遗址 20 万平方米。三级聚落 31 处：均在 9 万平方米以下。滑县聚落群共 24 处。全是三级聚落：均在 9 万平方米以下。滑县的聚落分布在东部较多，特别是赵营乡、大寒乡、老爷庙乡的聚落遗址，距濮阳县五星乡的特级聚落和子岸乡的一级聚落都非常近。例如滑县的赵营乡距濮阳的子岸乡直线距离只有 10 多公里，距濮阳五星乡直线距离约有 16 公里。这就不能不考虑，滑县的聚落群与濮阳聚落群之间的等级关系，或主从关系。

此外，内黄县有 3 处龙山文化遗址，其中大城遗址 4 万平方米，刘茨范遗址 8 万平方米，三杨庆遗址 15 万平方米。林州有 2 处遗址，大盘阳遗址 1.9 万平方米，大柳滩遗址 20 万平方米。②

安阳后岗龙山文化的两个碳-14 标本年代测定，距今为 BP3910±90 年、BP3800±90 年。其年代似乎晚于颛顼、帝喾时代。

---

① 许顺湛：《五帝时代研究》，中州古籍出版社，2005，第 57~58 页。

② 许顺湛：《五帝时代研究》，中州古籍出版社，2005，第 241~242 页。

帝喾都亳,文献以为即西亳(今河南偃师尸乡沟)。现位于以洛阳为中心的伊洛河流域及郑州附近地区,主要遗址有洛阳王湾和矬李、偃师灰嘴、渑池不召寨、临汝煤山、登封王城岗和郑州旮旯王等。

王湾类型是龙山文化的一个地方类型,主要分布在伊洛河流域至郑州一带。主要遗址有郑州大河村、登封王城岗等。王湾类型的绝对年代为距今 4900 年~3800 年。龙山文化后岗二期类型是龙山时期分布在豫北和冀南的一个文化类型,主要遗址有安阳后岗、大寒南岗、八里庄、汤阴白营等。绝对年代为距今 4850~3890 年。这些文化类型的年代应该与颛顼、帝喾时代相当。王震中《略论"中原龙山文化"统一性与多样性》一文认为:河南龙山文化后岗类型是颛顼族文化,可备一说。

龙山文化的聚落与仰韶聚落相比,突出的变化有三:一是城址的出现;二是铜金属出现;三是有的墓葬出现等级差别。

此外,与颛顼有关的还有高城遗址。该"遗址位于河南省濮阳县东南部的五星乡高城村南,在黄河故道金堤河的南岸,距离县城约 10 公里。……这里相传是五帝之一颛顼帝的故里,也是夏代后相的都城。……初步确认该遗址是一处面积约 916 万平方米的古城址。……高城遗址可能是春秋时期的卫国都城,在战国时期为濮阳城,这是目前可以确认的历史上最早的濮阳城,它也应是秦代和西汉的东郡治所"①。

颛顼、帝喾时代的社会状况

五帝时期是史前社会由野蛮向文明过渡的时期。在黄帝时代已经开始进入父系社会,社会开始出现复杂化。尧舜时代已经出现早期国家政权,人类社会即将或者已经跨入文明社会。居于二者之间的颛顼、帝喾时代不仅承上启下,而且也是社会发生巨大变革的时代。从考古学文化看,仰韶文化的庙底沟二期文化当为黄帝时代的文化遗存。河南龙山文化的后岗类型和王湾类型当为颛顼、帝喾时代的文化遗存。"郑光认为,颛顼帝喾的年代在公元前 2520—公

① 河南省文物考古研究所等:《河南濮阳县高城遗址发掘简报》,《考古》2008 年第 3 期。

元前 2370 年,其所处的社会发展阶段应在农业发展的第四阶段,已属文明时代。”①

颛顼、帝喾时代是对黄帝时代的继承和发展。“黄帝能成命百物,以明民共财,颛顼能修之。”②颛顼继承黄帝的业绩法规,并在此基础上有很多创造和发展。

据文献记载,颛顼“养材以任地,载时以象天,依鬼神以制义,治气以教化,絜诚以祭祀”,帝喾“取地之财而节用之,抚教万民而利诲之,历日月而迎送之,明鬼神而敬事之”③。从他们的这些举措可以看出当时的社会状况。

下面我们结合文献记载和考古学文化,说明颛顼、帝喾时代的社会状况。

一、社会生产发展

颛顼“养材以任地”、帝喾“取地之财而节用之”,表明颛顼、帝喾都注意发展社会生产,包括农业、畜牧业、手工业等。在颛顼、帝喾时代,中原地区的原始农业、畜牧业、手工业等都取得了一系列具有深远影响的成就。有学者认为,到了龙山文化时代,虽然还有锄耕农业存在,但是已进入犁耕农业时代了。当时制陶技术进步,在安阳后岗遗址发现了白陶。社会已经进入铜石并用时代后期,金属冶铸技术提高,青铜器逐渐增多。

随着科学技术的进步,当时建筑方面发明了石灰、土坯和陶水管道。在汤阴白营和安阳后岗的龙山文化房址中,都发现了白灰面地坪,说明人们已经学会了烧制石灰。房屋建造方面发明了散水、檐柱技术,夯筑、版筑技术普遍采用。

二、父权制进一步确立,社会分工出现

黄帝时代已经进入父系氏族社会。文献记载:“帝颛顼之法,妇人不辟男子于路者,拂之于四达之衢。”④说明在颛顼、帝喾时代,父权制进一步确立。

当时的社会不仅出现了农业和手工业的分工,而且出现了体力劳动与脑力劳动的分工,出现了专职的巫、觋等神职人员和管理人员,后世一些官职开始出现。

---

① 徐春燕:《颛顼帝喾与华夏文明学术研讨会综述》,《中国史研究动态》2006 年第 10 期。

② 《国语》卷四《鲁语上》,上海古籍出版社,1988,第 166 页。

③ 《史记》卷一《五帝本纪》,中华书局,1959,第 11、13 页。

④ 《淮南子》卷十一《齐俗训》,中华书局,2014,第 300 页。

三、天文历法出现

文献记载颛顼“载时以象天”，帝喾“历日月而迎送之”，又记载“帝喾能序三辰以固民”。韦昭解释说：“谓能次序三辰（日月星），以治历明时，教民稼穑以安也。”①说明颛顼和帝喾在天文历法方面都颇有建树。

前人多认为中国古代的历法起源于黄帝时代，而颛顼对历法进行了重大改进。“太史公曰：神农以前尚矣。盖黄帝考定星历，建立五行，起消息，正闰余。”②班固亦云：“历数之起上矣。传述颛顼命南正重司天，火正黎司地，其后三苗乱德，二官咸废，而闰余乖次，孟陬殄灭，摄提失方。尧复育重、黎之后，使纂其业……”③晋人董巴议：“昔伏羲始造八卦，作三画，以象二十四气。黄帝因之，初作《调历》。历代十一，更年五千，凡有七历。颛顼以今之孟春正月为元，其时正月朔旦立春，五星会于天庙，营室也，冰冻始泮，蛰虫始发，鸡始三号，天曰作时，地曰作昌，人曰作乐，鸟兽万物莫不应和，故颛顼圣人为历宗也。”④

文献虽云黄帝时已有“调历”，但是《竹书纪年》却说，颛顼“十三年，初作历象”。史称史前有《黄帝历》和《颛顼历》。可见颛顼时代对历法进行了重大改进，创制了新的历法，因而颛顼被称为“历宗”。帝喾颁授历法，以利农民掌握季节，进行农业生产。这些文献表明颛顼、帝喾时代天文历法已经出现，并有重大改进。

四、音乐舞蹈出现

文献记载：“惟天之合，正风乃行，其音若熙熙凄凄锵锵。帝颛顼好其音，乃令飞龙作效八风之音，命之曰《承云》，以祭上帝。乃令鱓先为乐倡，鱓乃偃寝，以其尾鼓其腹，其音英英。”⑤“鱓”与“鼍”通，是一种爬行动物，其皮可以做鼓。李斯云：“建翠凤之旗，树灵鼍之鼓。”⑥颛顼“有浮金之钟，沉明之磬，以羽毛拂之，则声振百里。石浮于水上，如萍藻之轻，取以为磬，不加磨琢。及朝万国之

---

① 《国语》卷四《鲁语上》，上海古籍出版社，1988，第166、168页。

② 《史记》卷二十六《历书》，中华书局，1959，第1256页。

③ 《汉书》卷二十一上《律历志上》，中华书局，1962，第973页。

④ 《晋书》卷十七《律历志中》，中华书局，1974，第502页。

⑤ 陈奇猷：《吕氏春秋校释》仲夏纪第五《古乐》，学林出版社，1954，第285页。

⑥ 李斯：《上书秦始皇》，见《文选》，卷三十九《上书》，中华书局，1977，第545页。

时，乃奏含英之乐，其音清密”①。帝喾高辛氏“使鼓人拊鞞鼓，击钟磬，凤皇鼓翼而舞”②。可见，颛顼、帝喾时，不仅发明了鼓、钟、磬等金属、石、皮制乐器，而且有了专门奏乐的鼓人，并且开始演奏乐舞。

五、原始宗教有所发展

颛顼在宗教方面的贡献就是所谓“绝地天通”。史称：“古者民神不杂。民之精爽不携贰者，而又能齐肃衷正，其智能上下比义，其圣能光远宣朗，其明能光照之，其聪能听彻之，如是则明神降之，在男曰觋，在女曰巫。……于是乎有天地神民类物之官，是谓五官，各司其序，不相乱也。民是以能有忠信，神是以能有明德，民神异业，敬而不渎，故神降之嘉生，民以物享，祸灾不至，求用不匮。及少皞之衰也，九黎乱德，民神杂糅，不可方物。夫人作享，家为巫史，无有要质。民匮于祀，而不知其福。烝享无度，民神同位。民渎齐盟，无有严威。神狎民则，不蠲其为。嘉生不降，无物以享。祸灾荐臻，莫尽其气。颛顼受之，乃命南正重司天以属神，命火正黎司地以属民，使复旧常，无相侵渎，是谓绝地天通。”③

关于颛顼的“绝地天通”，徐旭生先生认为是要改变“夫人作享，家为巫史”的局面。“从帝颛顼看来，崇高神圣的事业，只能由他和南正重、火正黎参加，或者更可以说，只能由他和重参加，就是黎也无权干预，其他职位的人更不必说。他们因为无权参与神圣的事业，所以不能以神圣图腾所属的名字为名字。此后职位的名字大约就成了司徒（土）、司马、司空（工）一类民事的名字。把宗教的事业变成了限于少数人的事业，这也是一种进步现象。”④在宗教的初期，“民神杂糅”是一种不可避免的现象，随着人类知识的演进，巫术方进于高级的宗教。颛顼的“绝地天通”被人们称为“宗教改革”，他将“人职”和“神职”分开，是社会的一种进步。颛顼的宗教改革实际上使社会上出现了诸如“南正”“火正”等神职人员，而这种神职人员的出现，又意味着祭祀兼管理阶层的形成，这种现象说明社会已进一步复杂化，这属于文明化进程中跨时代的现象之一。

总之，颛顼、帝喾是中国的人文始祖，在五帝中处于承上启下的历史地位。

---

① 〔晋〕王嘉：《拾遗记》卷一，中华书局，1981，第16页。
② 《宋书》卷二十七《符瑞志上》，中华书局，1974，第761页。
③ 《国语》卷十八《楚语下》，上海古籍出版社，1988，第559~562页。
④ 徐旭生：《中国古史的传说时代》，文物出版社，1985，第84页。

颛顼、帝喾时代是由黄帝时代向尧舜时代过渡的时代,这一阶段取得的各项成就为唐尧继承,并为尧舜时期的新发展奠定了基础,在中华文明的形成中具有重要地位。

(原载《颛顼帝喾与华夏文明》,河南人民出版社 2009 年版)

中国古代统一的条件和基本经验

《三国演义》开篇说:“话说天下大势,分久必合,合久必分。”这句话反映了古代文人罗贯中对分裂和统一关系的认识。中国历史上的政治局势,有统一,也有分裂,但若认为分裂久了必定统一,统一久了必定分裂,则未必允当。而且这句话只是从表面现象看问题,没有揭示出国家统一和分裂的实质内涵。

20 世纪 30 年代以来,国内学术界开始对中国古代历史上的统一问题进行研究,发表过一些论文。比较而言,对于元代以前的国家统一,则研究成果较少,有继续深入研究的必要。

一

回顾数千年的中国古代史,有过几次从分裂走向统一的时期。在传说中的上古时期,中国存在着许多部落和方国,文献中称“万国”或“万邦”。到了夏商周三代,王朝统治的地域逐渐扩大。特别是西周时期,周王实行分封制,在各地封邦建国,周王成为诸侯的共主,“普天之下,莫非王土。率土之滨,莫非王臣”①,全国出现了较为松散的统一。

周王室东迁洛邑后,王室衰微,大国争霸。虽然周王在名义上仍是诸侯的共主,但政令难以通行,各诸侯国以各方霸主马首是瞻,社会又陷于分裂割据状态。由于大国不断兼并小国,到战国时期只剩下齐、楚、燕、韩、赵、魏、秦七雄和宋、卫、巴、中山等几个小国。秦国在商鞅变法后,国力逐渐强盛,至秦王嬴政时,终于以武力灭亡关中六国,实现了全国的统一。秦朝在地方推行郡县制,建

① 《春秋左传集解 · 昭公七年》,上海人民出版社,1977,第 1287 页。

立了中央集权的国家,这是首次真正意义上的国家统一。这种局面一直延续到两汉,维持了数百年之久。

东汉后期,政治黑暗,皇权削弱,州郡势力渐强。董卓之乱后,州郡牧守和部分朝官拥兵自重,专制一方。后来曹操统一中国北方,却在赤壁之战中战败,其子曹丕建立魏国,与割据长江上、下游的蜀汉和吴国形成鼎足之势。不久曹魏灭蜀,司马氏以晋代魏,继而出兵灭吴,实现了西晋的短期统一。

西晋王朝以宗室诸王出镇地方,领军治政。诸王争权夺利,酿成“八王之乱”,西晋国力削弱。北方匈奴、鲜卑、羯、氐、羌等少数民族陆续南下,入主中原,中国北方陷入“五胡十六国”的分裂割据状态,东晋王朝则偏安江南。其间氐族人建立的前秦曾一度统一北方,前秦主苻坚倾全国兵力南下,欲一举吞并江南,实现全国的统一,不意在淝水之战中失败而一蹶不振,北方重新陷于四分五裂的境地。继而鲜卑拓跋部建立的魏政权再度统一北方,欲南伐灭齐,奈何力量不济,结果只能是南北两政权对峙。此后北魏分裂为东魏、西魏,旋为北齐、北周取代。北周灭北齐,统一了中国北方,又为隋朝取代。隋灭亡南方的小朝廷陈,再次实现了全国的统一,并延续至唐朝,维持了数百年的统一局面。

唐代后期,藩镇尾大不掉,割据一方,皇权削弱。镇将朱温灭亡唐王朝,随后北方经历了“五代”的更迭,南方则有九国的割据,加上北汉,共称“十国”。五代后期,后周开始了统一的事业,但其政权却为赵宋取代。北宋继续后周的统一大业,却被南下的金人灭亡。最后蒙古灭金与南宋,实现了有史以来地域最广大的统一。这次统一,延续至明清二代,维持时间最长,奠定了中国的基本版图。

二

综观数千年的中国古代史,国家统一时期比分裂割据时期更有利于社会经济的发展。分裂割据意味着战争,“争地以战,杀人盈野;争城以战,杀人盈城”①,社会生产也遭受严重破坏。水利是农业的命脉,但在分裂割据状态下,大型水利工程难以兴建,流域上下诸国各自兴建堤防,“以邻为壑”,危及人民生命财产的安全。在分裂割据的状态下,各国在边界和交通要冲设立关卡,驻军稽查,不利于商旅往来,商业经营也没有安全保障。当然,在分裂割据时期,某一地区的经济也可能有所恢复和发展。如三国时期,曹魏的屯田和兴修水利,使黄河中下游和淮河两岸地区生产有所恢复。虽然如此,但社会经济的全面繁荣和国力的强盛,仍出现在国家统一、社会相对安定的汉唐时期。同样,国家统一也有利于教育的发展、文化的进步,兹不赘述。

但是,国家的统一,不能单凭某些政治家的个人意志,而是要具备一些前提和条件。

首先是民族的认同。早在传说时期,中国大地就生活着华夏、东夷、苗蛮等许多部族。这些部族以华夏部族为核心,实现了融合。后来华夏部族建立了夏朝,商部族建立了商朝,周部族建立了周朝。中国古代各部族都承认他们是炎黄子孙,有着共同的祖先。西汉史学家司马迁说:“自黄帝至舜、禹,皆同姓而异其国号,以章明德。”②传说夏禹为颛顼之孙,殷始祖契、周始祖弃均为帝喾之子。秦的祖先女修,亦为颛顼之苗裔。不仅华夏部族认可同族同源,而且汉朝以降的少数民族也认为自己是黄帝子孙,如“匈奴,其先祖夏后氏之苗裔也,曰淳维”③。卢水胡和羯人则为匈奴别部羌渠之胄,鲜卑慕容氏,其先有熊氏(即黄帝)之苗裔,世居北夷,号曰东胡。羌人姚戈仲,其先有虞氏之苗裔。禹封舜少子于西戎,世为羌酋。建立后魏的鲜卑拓跋部亦为黄帝之后,“昌意少子,受封北土,国有大鲜卑山,因以为号”。“黄帝以土德王,北俗谓土为托,谓后为跋,故以为氏。”④河西鲜卑秃发氏,其先与后魏同出。这些古代民族都认为自己是炎黄之后,各族同祖同源,有着共同的血缘。这种民族和血缘的认同是统一的前提条件。

其次是文化的认同。中国古代文化,从周公旦的制礼作乐,经春秋战国时期学术界的百家争鸣,儒、道、法、墨各家纷纷著书立说,各种政治主张经受了实

① 杨伯峻:《孟子译注》卷七《离娄章句上》,中华书局,1960,第175页。
② 《史记》卷一《五帝本纪》,中华书局,1959,第45页。
③ 《史记》卷一百一十《匈奴列传》,中华书局,1959,第2879页。
④ 《魏书》卷一《序纪》,中华书局,1974,第1页。

践检验。到汉武帝"罢黜百家,独尊儒术",儒学成为中国传统文化的核心。汉代以降,儒家经学不但吸收了法家思想,"以霸王道杂之",而且吸收了道家学说,形成玄学,又吸收印度传来的佛学,最终形成宋明理学,构建了中国的传统文化。这种文化不但为中国的主体民族——汉族所保有,而且因其先进性为诸少数民族所仰慕、学习。许多少数民族首领学习《诗》《书》,实践《礼》《乐》,认同中华传统文化。

对中国古代统一有直接影响的,是中华传统文化中的"大一统"思想。汉代儒宗董仲舒曾说:"《春秋》大一统者,天地之常经,古今之通谊也。"①"大一统"思想是倡导国家统一的思想。孟子答梁襄王问"天下恶乎定"时说:"定于一。"②他认为只有行仁政的君主方能实现统一。历代帝王都以拥有"天下""海内"为目标。李斯说秦王"灭诸侯,成帝业,为天下一统,此万世之一时也"③。羊祜上疏晋武帝言:"当今一统,不得与古同谕。"④苻坚出兵进攻东晋,也说"但思混一六合,以济苍生"⑤。中国古代的"大一统"思想不仅是实现国家统一的利器,也是维护国家统一的理论支柱。

以上,我们宏观阐述了实现国家统一的前提,但是国家每次由分裂走向统一都有着具体的历史条件。以隋朝统一为例,其实现就有经济、政治、民族、军事方面的背景。就经济而言,由于中原汉人的大规模南迁,促进了江南的开发,南方经济有明显的发展。但当时全国的经济重心仍然在黄河中下游地区,北朝与南朝相比有较强的经济优势。就政治而言,南朝后期仍然是腐朽的门阀政治,陈后主陈叔宝耽于声色,而北周统治者励精图治,颁行"六条"诏书,进行了一些改革,其政权有一定的活力。就民族而言,到北朝后期,北方各族的融合大体完成,"五胡"等少数民族已基本汉化,其政权推行封建制度,吸收了汉民族文化优点的同时,保存了少数民族自身的精华,增强了国力。从军事方面而言,北周军队数量较多,有较强的战斗力,而陈朝,"量其甲士,不过十万。西自巫峡,

---

① 《汉书》卷五十六《董仲舒传》,中华书局,1962,第 2523 页。
② 《孟子》卷一《梁惠王上》,中华书局,1960,第 112 页。
③ 《史记》卷八十七《李斯列传》,中华书局,1959,第 2540 页。
④ 《晋书》卷三十四《羊祜传》,中华书局,1974,第 1018 页。
⑤ 《晋书》卷一百一十四《苻坚载记下》,中华书局,1974,第 2914 页。

东至沧海，分之则势悬而力弱，聚之则守此而失彼”①。因此薛道衡认为隋出兵伐陈有“四必克”。正是这种历史条件，使隋朝灭陈实现统一成为可能。

三

在分裂割据的状态中，如果诸国势均力敌或相差无几，则统一难以实现。只有在割据诸国中有一国较强大，打破均势局面，统一才有可能。因为统一大业的完成往往是大国兼并小国、强国兼并弱国的结果。

古今中外由分裂割据走向统一的途径有二：一是和平谈判，二是武力兼并。我国20世纪50年代西藏的解放，就是采用和谈的方式。但是在中国古代，国家的统一几乎全是靠战争来实现，靠和谈实现统一十分罕见。虽然中国古代政治家有“先礼而后兵”的传统做法，在出兵之前遣使送书，劝对方主动归降，但是收效甚微。因为割据者既为一国之君，往往不愿放弃自己的统治地位和既得的权力、利益，不愿退出历史舞台。劝降无效，仍然要诉诸武力。秦朝的统一，是秦国通过旷日持久的战争，一一灭亡关东六国而实现的；西晋灭吴、隋灭陈则是通过大规模的战争来实现的。只有在大兵压境、兵临城下之时，小国君主为保全身家性命，方肯出城投降，使统一得以实现。历史经验还表明，在统一条件基本成熟之时，统治者还要把握恰当的时机，既不能在条件不具备时贸然行动，也不能因优柔寡断而坐失良机。其次，战争的统帅必须知己知彼，实施正确的指挥，以保证战争的胜利。否则，统一将难以实现。

在中国，每次由分裂走向统一，都会带来社会经济文化的发展、国家的强盛、人民的安乐。秦朝的统一结束了春秋战国以来的割据战乱局面，建立了中央集权的封建制度，秦亡后出现了强大的汉王朝，形成了汉民族；结束数百年来大分裂局面的隋朝，年代虽短，而中国封建社会却从此向前迈进一大步，封建经济和文化也从此更加发达起来，从而奠定了唐朝强盛的基础；元朝的统一结束了五代十国严重分裂割据与宋、辽、金、西夏等国对峙的政治局面，奠定了中国疆域的规模，促进了民族融合的进程，扩大了文化交流的范围。总之，国家统一

① 《隋书》卷五十七《薛道衡传》，中华书局，1973，第1407页。

具有重大的历史意义,它既顺应社会历史发展的趋势,也符合广大人民群众的根本利益。我们相信,中国实现完全统一之日,就是中华民族伟大复兴之时。

（原载《郑州大学学报》2004 年第 5 期,《新华文摘》2004 年第 24 期全文转载,人大报刊复印资料《历史学》2004 年第 6 期全文转载）

杞国史蠡测

至今已灭亡两千多年的杞国已经鲜为人知了，人们所熟悉的只有“杞人忧天”这个成语。杞人是夏王少康的后裔，商西周时期立国于今河南杞县一带，春秋初迁往山东，东流西徙，不遑宁居，战国时期被楚国灭亡，前后延续了一千多年。由于文献记载的简略抵牾，杞国历史存在着不少疑窦。本文依据现今可以搜集到的材料，对杞国史略加探讨，蠡测管窥，疏谬在所难免，望读者不吝赐教，以匡不逮。

商西周时期杞国史迹钩沉

杞国的建立不迟于商代初年。《大戴礼·少间》说：“成汤卒受天命……乃放移夏桀，散亡其佐，乃迁姒姓于杞。”《路史》亦言：“汤封少康之后于杞，以郊禹。”

关于商代杞国的情况，《史记·陈杞世家》仅言杞国在“殷时或封或绝”。幸亏甲文、金文中尚存一些史料，可以加深我们对商代杞国的认识。

如武丁卜辞：“丁酉卜，战，贞：杞侯效弗其祸凡有疾？”（后下三七·五）“癸巳卜，令收责于杞□？”（乙八八九五）

祖甲卜辞：“已卯卜，行，贞：王田亡灾？在杞。”（后上一三·一）“庚辰卜、行，贞：王其步自杞于……亡灾？”（同版）

帝辛卜辞：“壬辰卜，在杞，贞：今日王步于甬，亡灾？”（前二·八·七）

“杞”字在甲文、金文中多为上下结构，“木”在上，“己”在下。上引卜辞中的“自杞”“在杞”的“杞”字均为地名，“杞侯”即杞国国君，“效”为其名，“责于杞”可能是向杞国问罪或求物。可见杞国在商代后期是确实存在的。

卜辞言商王在杞地田猎步行，杞地当距商王朝的中心区不太远。《路史·国名记丁》言杞“定姒国，商封之，今宋之雍丘，有古杞城，武德初为杞州”。王国维《观堂集林·殷墟卜辞中所见地名考》认为“杞”即河南之杞。王献唐《山东古国考》也认为“商代杞国，确在杞县一带”。准此，商代杞国地望在今河南杞县一带，似无问题。

商代铜器有杞妇卣，铭文为“亚丑，杞妇”。亚丑为商代方国，可见杞国同亚丑通婚。

商代杞国国君世系已不可考。商代杞人的一支迁至今山东西部地区。《路史》言商代杞国“后分于曹东之楼，是为东楼公，西楼公”。“楼”即“娄”，这支杞人可能因为居娄地而以娄为姓，其首领称东娄公，因为娄地位于曹国以东。曹国即西周曹叔姬振铎的封国，都城在今山东定陶。娄当在定陶以东不远的地方。东娄公是周代人的追称，并非商代娄人对自己首领的称谓。

西周初杞国又重新建立。因为商代的杞国已与商王朝一起灭亡，故《史记·陈杞世家》言：“周武王克殷纣，求禹之后，得东楼公，封之于杞，以奉夏后祀。”周武王把居住在东娄地的东娄公作为夏禹的后人，封为杞国国君，重建了杞国。

传世有杞白鼎（小校2,55,5），时代属穆王或略早，可见杞国在西周中期是确实存在的。

关于西周时期杞国国君的世系，《史记·陈杞世家》记载：“东楼公生西楼公，西楼公生题公，题公生谋娶公。谋娶公当周厉王时。谋娶公生武公。”东楼公来于曹东娄地，故称为东楼公，其子已居于雍丘（今河南杞县），位于曹国以西，故称西楼公。西周一代将近300年，周王传十一世，而杞国国君不可能仅传五世，其间当有缺遗。

关于周代杞国地望，杜预《春秋经传集解》、司马彪《续汉书·郡国志》和郦道元《水经注》均言杞国都雍丘，雍丘即今河南杞县。可见西周杞国位于今河南杞县一带，是可信的。

春秋时期杞国迁徙管窥

商、西周时期的杞国在今河南杞县一带，春秋时期杞国却出现在山东地区。

杞国为什么要迁徙？它是什么时候迁徙的？它究竟迁至何处？因史无明文，这些问题令人困惑不解。

关于杞国东迁的时间，晋人杜预作过推测。其《春秋经传集解·隐公四年》注曰："杞国本都陈留雍丘县。推寻事迹，桓六年，淳于公亡国，杞似并之，迁都淳于。"淳于在今山东安丘县境内。杜预推测杞国在鲁桓公六年（前706年）从河南杞县迁往山东安丘。但此说显然与事实不符。因为据《春秋》记载，早在鲁隐公四年（前719年），就发生了"莒人伐杞，取牟娄"的事。牟娄在今山东诸城境内。这说明杞国在此前已经迁往山东地区。可见杞国东迁不能晚于鲁隐公四年。《史记·陈杞世家》言："及幽、厉之后，诸侯力攻相并。"杞国东迁只能发生在诸侯力攻互并的时代，也就是周幽王、厉王之后。

杞武公是杞国历史上一个值得特别注意的君主。从杞武公开始，杞国国君的在位年数有了记载。《史记·陈杞世家》言杞谋娶公和周厉王同时，谋娶公生武公。如果此说可信，杞武公当与周宣王同时。杞武公在位年数有确切记载，其在位时间应在中国历史开始有确切纪年的西周共和元年（前841年）之后。

《史记·陈杞世家》详细记载了从杞武公一直到杞国灭亡为止的杞国国君的在位年数。它大体可信，只在个别地方与事实有出入。如杞德公，《世本》作惠公，并言："惠公立十八年，生成公及桓公，成公立十八年，桓公立十七年。"杞成公见于《左传》，可见《陈杞世家》缺成公一世。另外，关于杞桓公在位时间，《世本》和《陈杞世家》均作十七年，而据《左传》推算，应为七十年，可能"十七年"乃"七十年"之误。这样计算起来，从杞武公即位到杞国灭亡，共计293年。而杞国灭亡于楚惠王四十四年（前444年）。于是可知，杞武公即位于周平王三十四年（前737年），死于周庄王七年（前690年）。可见，杞武公不是西周末宣王时人，而是春秋初的周平王、桓王、庄王时人。杞国谋娶公以后至武公以前可能还有几位国君，却被《陈杞世家》遗漏了。

杞国国君从杞武公开始在位时间见于文献记载，说明杞武公是在历史转变时期的人物。他是进入《春秋》纪年的第一位杞国国君，也很有可能是率领杞人东迁的国君。如上所述，杞武公即位于公元前737年，死于公元前690年，而杞国东迁时间的下限是公元前719年，这样我们推测，杞国东迁时间可能在公元前737年至公元前719年之间。

杞人为什么千里迢迢从河南迁至山东地区，也是杞国史研究中的一个重要问题。

西周初的统治者将商贵族微子封在商丘，以统治殷遗民，建立宋国。在宋的周围又建立了陈、杞、曹、卫诸国，对它加以牵制。但是宋国在西周时期发展较快，国家比较强大，与之相邻的陈、杞等国却比较弱小。弱杞与强宋为邻，难免受其胁迫。但杞国西部有广袤的圃田泽，有虢、郐、许等小国，未构成对自己的威胁。加之西周王室强盛之时，不许诸侯擅自征伐，侵夺兼并小国，杞国在当地尚可生存。及至西周后期，王室多故，无力顾及诸侯，接着郑国和周王室东迁，这个地区的形势发生了变化。

郑国是周宣王弟姬友的封国，位于华山之阴。周幽王八年（前774年），以郑桓公姬友为司徒。当时西周危亡之势已很明显，郑桓公也在思谋自己的出路。《国语·郑语》记载：

> 桓公为司徒，甚得周众与东土之人，问于史伯曰："王室多故，余惧及焉，其何所可以逃死？"史伯对曰："……其济、洛、河、颍之间乎？是其子男之国，虢、郐为大，虢叔恃势，郐仲恃险，是皆有骄侈怠慢之心，而加之以贪冒……君若以成周之众，奉辞伐罪，无不克矣。若克二邑，邬、弊、补、舟、依、𫘪、历、华，君之土也。若前华（当为颍）后河，右洛左济，主芣、騩而食溱、洧，修典刑以守之，是可以少固。"……公说，乃东寄帑与贿，虢，郐受之，十邑皆有寄地。

郑桓公采纳周史伯计谋，袭灭虢、郐（《韩非子·内储》），以十邑为国基。犬戎杀幽王，郑桓公蒙难，子武公立，又袭灭胡国（《韩非子·说难》）。郑国是一个新兴国家，东迁后不断对邻近小国发起攻击。它在吞并了一些小国后，为图发展，开始同东部的宋国和北部的卫国的角逐。自《春秋》纪年开始，郑国同宋、卫之间兵连祸结，仅在公元前722年至公元前714年的八九年间，郑国与宋、卫之间的战争就达十四五次之多。由此我们推测，在《春秋》纪年以前的一段时间内，郑国同宋、卫之间的争斗当不会太少。杞国正处于颍、济之间，即在周史伯为郑桓公规划的封略之内，因而吞并杞国也是郑国的目标之一。微弱的杞国夹在郑、宋二强之间，是很难求全图存的。

《太平寰宇记》卷一曰："雍丘故城，今县城是也。春秋时杞国城也，杞为宋灭。"此说的依据盖为《管子·大匡》所言：齐桓公"五年，宋伐杞。……公乃命曹孙宿使于宋，宋不听，果伐杞。桓公筑缘陵以封之，予车百乘，甲一千"。但齐桓公五年(前681年)杞国早已迁往山东,因此言河南地区的杞国被宋国灭亡显然证据不足。

我们认为杞国是被郑国攻灭的。因为春秋时期杞国的故土雍丘一带一直为郑国所有。如《左传·成公十六年》言:“卫侯伐郑,至于鸣雁。”杜预注:“鸣雁在陈留雍丘县西北。”又如《左传·昭公五年》言:韩起入楚迎女,“反,郑伯劳诸圉”。杜预注:“圉,郑地名。”圉在雍丘(即今杞县)南。《史记·郑世家》记载:“缧公十五年,韩景侯伐郑,取雍丘。”《史记·韩世家》亦记载:“景侯虔元年,伐郑,取雍丘。”可见杞国东迁后,其故地为郑国兼并。《河南通志》亦言:“自周武王始封东楼公于杞,五世而迁,地为郑并兼焉。”

总之,自郑国东迁以后,杞国夹在宋、郑二强之间,危亡之势已成,最终因为郑国的攻伐,在河南杞县一带难以立足,被迫远迁山东地区。

杞国在春秋时期不遑宁居,多次迁徙。关于迁徙的地望,先秦文献语焉不详。晋人杜预《春秋经传集解》始言杞国在鲁桓公六年(前696年)从雍丘迁都淳于:“僖十四年,又迁缘陵。襄二十九年,晋人城杞之淳于,杞又迁都淳于。”近年中华地图学社出版的《中国历史地图集》第一集采用此说。但此说显然与历史事实有相左之处,杞国屡迁的地望需要继续探讨。

杞人从河南迁往山东,首先驻足何地,前人有三种说法:一是晋代杜预所说的迁都淳于,二是唐代颜师古《汉书·地理志》注言杞国“先春秋徙鲁东北”,三是明清时代的《山东通志》言“杞武公迁莒之南”。诸说纷纭,令人莫衷一是。我们认为,杞人虽然曾在鲁东北和淳于一带居住过,但鲁东北和淳于都不是杞人东迁后首先驻居之处。杞人从雍丘首先迁至今山东诸城一带,与莒国为邻。

《春秋·隐公四年》曰:“莒人伐杞,取牟娄。”充分说明杞国在鲁隐公四年(前719年)已经迁至牟娄一带,与莒国接壤。和莒国同姓的鄫国离牟娄较近,杞国迁此可以同鄫国唇齿相依。杞国东迁的路线,可能是经过宋国和鲁国南部的滕、薛等地,而到达牟娄一带。滕县木石乡南台村出土的杞伯鼎,铭文二十一字①,可能是杞人东迁时留在此地的。因此,我们认为杞国从雍丘首先迁至莒国附近的牟娄一带。

鲁隐公四年莒人进攻杞国,夺取牟娄,杞人难以生存,被迫再次迁徙,到达

① 《山东滕县出土杞薛铜器》,《文物》1984年第4期。

鲁国东北地区。

从《春秋》《左传》记载看,杞国与鲁国交往较多,说明二国距离不远。《左传·襄公二十九年》和《左传·昭公七年》记载了晋人先后两次去鲁国治杞田,即让鲁国归还它侵夺杞国土地的事,结果"晋人为杞取成"。鲁国既然曾经侵夺杞国土地,说明杞国曾与鲁国接壤,成原为杞邑,被鲁国夺取。

关于成邑的地望,《春秋·襄公十五年》曰:"齐侯伐我北鄙,围成。"《左传·昭公二十六年》曰:"成人伐齐师之饮马于淄者。"《史记·孔子世家》曰:"堕成,齐人必至于北门",可见成邑位于鲁国的北部边境,距淄水较近。《水经注·汶水》曰:"淄水又迳郕县北……《春秋》,齐师围郕,郕人伐齐,饮马于斯水也。"《括地志》亦曰:"故郕城在兖州泗水县西北五十里。""成"又写作"郕",在汶水的支流淄水之南,今山东泗水县北。可见,杞人确在鲁国东北的淄水流域居住过。

《山东金文集存》载,清末道光年间在新泰出土了一批杞伯铜器,计有鼎二,簋五,壶、匜、盒各一。鼎铭云:"杞伯每匕作错镬宝鼎,子子孙孙永宝用享。"他器分别名"宝簋""宝盒""宝壶",壶铭多出"万年眉寿"和"用享"等字。郭沫若《两周金文辞大系·考释》认为,每匕即谋娶。孙诒让《古籀余论》卷二以为"嗽揉即邾曹"。这批铜器为杞伯每匕为其夫人邾曹所作,说明杞国曾同邾国通婚。由此可知,鲁国东北方的淄水、洙水流域,即今新泰县以西和泗水县以北地区确有杞人居留的踪迹。

《管子·大匡》记载:齐桓公"五年,宋伐杞……桓公筑缘陵以封之,予车百乘,甲一千"。可见齐桓公五年(前681年)杞国被宋军攻伐,难以在今新泰、泗水一带立足,齐桓公为了霸业的需要,筑缘陵城,让杞国迁至缘陵(今潍坊市昌乐)一带,靠近齐国。及至鲁僖公十三年(前647年),发生了淮夷攻破杞都缘陵的事件,于是齐桓公召集诸侯商议此事。《左传·僖公十三年》载:"夏,会于鹹,淮夷病杞故,且谋王室也。"会议决定共同修筑缘陵城。于是《春秋·僖公十四年》曰:"春,诸侯城缘陵。"《左传》曰:"春,诸侯城缘陵而迁杞焉。"总之,由于淮夷的进攻,缘陵城受到很大破坏,杞人流亡。齐桓公会集诸侯修复缘陵,杞人方又迁回。缘陵是杞人第三次迁徙所居之地。

鲁襄公二十九年(前543年)杞人又进行第四次迁徙,从缘陵迁至淳于(今山东安丘县境)。《春秋·襄公二十九年》曰:"仲孙揭会晋荀盈、齐高止、宋华定、卫世叔仪、郑公孙段、曹人、莒人、滕人、薛人、小邾人城杞。”《左传》亦曰“六月,知悼子合诸侯之大夫以城杞”,但未明言城杞之杞为何地。《左传·昭公元年》载祁午谓赵文子曰:“子相晋国以为盟主,于今七年矣!再合诸侯,三合大夫,服齐、狄,宁东夏,平秦乱,城淳于。”可见城杞就是城淳于。杜预注亦曰:“襄二十九年,城杞之淳于,杞迁都。”总之,晋人合诸侯筑淳于城后,杞国又迁都淳于。

杜预曾言杞国在鲁桓公六年(前706年)从雍丘迁都淳于,这种说法与历史事实相左。《春秋·桓公五年》曰:“冬,州公如曹。”《左传》曰:“淳于公如曹,度其国危,遂不复。”《春秋·桓公六年》曰:“春正月,寔来。”《左传》曰:“桓公六年春,自曹来朝。书曰‘寔来’,不复其国也。”州国都淳于,州公又称淳于公,名寔。史言鲁桓公五年,淳于公去到曹国,料到国危,没有返回。次年春来鲁,其国已亡。州国之亡是因内忧还是外患,史无明言。杞国兼并州国并迁都淳于未见记载,不可妄加推测。况且杞国早在鲁隐公四年以前已从雍丘迁至牟娄一带,自然不可能再有鲁桓公六年(前706年)又从雍丘迁都淳于之事。故杜预之说不可视为信史。

综上所述,我们认为杞国在春秋初受郑国逼迫,约在公元前737年至公元前719年间,从雍丘迁至牟娄一带。公元前719年曹人伐杞,夺取牟娄,杞国又迁至鲁国东北方的淄水、洙水流域。公元前681年宋人伐杞,杞国再迁至缘陵一带。公元前543年,晋国率诸侯城淳于,杞国迁至淳于一带,直至公元前444年被楚灭亡。

“杞人忧天”之谜试解

《列子·天瑞》曰:“杞国有人忧天地崩坠,身亡所寄,废寝食者;又有忧彼之所忧者。”后来演为“杞人忧天”这个成语。先秦时期诸侯国林立,何以单言“杞人忧天”,也很使人费解。我们认为杞国遭受的灾难众多而深重,并屡次迁徙,是杞人多忧的重要原因。

杞人为夏少康的后裔,经历了夏朝灭亡的苦痛。商朝建立,幸而被封为杞国。商朝灭亡,杞国作为商的方国之一,又被灭亡。西周王朝建立,又将东楼公找来，重建杞国。杞国与殷人后裔的宋国为邻，难免受其胁迫。及至西周末，“诸侯力政，争相并”，郑人东迁，微弱的杞国被夹在宋、郑二强中间，难以图存，不久即遭郑国攻击，遂远遁山东地区。但是杞人东迁之后，境况不仅没有好转，反而更加恶劣。

杞国始迁牟娄一带，与莒国为邻。莒国属东夷系统，在春秋前期比较强盛，时常攻击邻近小国。鲁隐公二年（前 721 年），莒国军队曾入侵向国，将向姜抢回。和杞国同姓的鄫国最终被莒国所灭。鲁隐公四年，莒人伐杞，取牟娄。从此杞莒结仇。20 年后，经鲁国出面调解，杞莒始和。但是杞国城邑牟娄终被莒国夺去，杞人难以在莒国附近立足，被迫迁往鲁国东北的淄水、洙水流域。

杞人再迁，与鲁国为邻。鲁国属华夏系统，在山东地区是仅次于齐国的大国。杞国受东夷压迫，自然愿结交鲁国以为援。但是鲁国在同杞国的交往中，态度却相当蛮横。

《左传·桓公二年》曰：“秋七月，杞侯来朝，不敬，杞侯归，乃谋伐之。”“九月，入杞，讨不敬也。”鲁国以杞君朝聘的礼仪不敬为借口，计议伐杞。从杞君朝鲁到鲁军侵杞，时间未超过两个月，足见鲁国之跋扈。但是杞国弱小，不敢同鲁国对抗，只好忍气吞声，乞求和好。于是《左传·桓公三年》曰：“公会杞侯于郕，杞求成也。”

杞国欲求得鲁国庇护，主动和鲁国结为姻亲。《春秋》记载：鲁庄公二十五年（前 642 年）夏六月，“伯姬归于杞”。伯姬乃鲁庄公之妹，杞德公（一曰惠公）夫人。她为了杞鲁和睦，常奔走于二国之间。如《左传·庄公二十七年》曰：“春，公会杞伯姬于洮。”“冬，杞伯姬来，归宁也。”《春秋·僖公五年》曰：“春，杞伯姬来朝其子。”杜预注曰：“朝其子者，时子年在十岁左右，因有诸侯，子得行朝仪，而卒不成朝礼。故系于母而曰（朝其子）。”伯姬携其子（即杞成公）朝鲁，是为了借甥舅关系托其子于鲁，但鲁国却不以礼相待。杞成公惧鲁国无礼，终生不敢朝鲁。

鲁僖公二十三年（前 637 年），杞成公身亡，弟桓公姑容立。桓公朝鲁，鲁国却派公子遂率师侵杞。《左传·僖公二十七年》曰：“春，杞桓公来朝，用夷礼。故曰子。公卑杞，杞不恭也。”“秋，入杞，责无礼也。”杞国地近东夷，染夷人风俗，桓公朝鲁用夷礼，受到鲁僖公冷遇。不久鲁国责无礼，出兵侵杞。次年秋，伯姬返鲁归宁，释怨求平。于是《春秋·僖公二十八年》曰：“秋，伯姬来。”伯姬确为弥合杞鲁关系做出了不少贡献。

杞国为了进一步密切杞鲁关系，又与鲁国重结姻缘。《春秋·僖公三十一年》曰："杞伯姬来求妇。"于是杞桓公又迎娶叔姬为妻。但叔姬行为似有难以容忍的过失，被杞桓公休出。《左传·成公四年》曰："杞伯来朝，归叔姬故也。"杞桓公要休叔姬，不敢自专，先修礼朝鲁，言休妇理由，求得鲁国谅解，然后方将叔姬送回。于是《春秋·成公五年》曰："杞叔姬来归。"叔姬返回鲁国，可能因被休而抑郁成疾，三年后死去。鲁国又强迫杞国将叔姬尸体迎回杞国安葬。《左传·成公九年》曰："春，杞桓公来逆叔姬之丧，请之也。杞叔姬卒，为杞故也。逆叔姬，为我也。"叔姬既为杞国休出，已与杞国无关。但鲁国却施加压力，令杞国迎尸返葬，杞国只得屈从。

杞国欲结于鲁以为援，先后娶鲁伯姬、叔姬，杞女也嫁鲁成公为妾。仅据《春秋》《左传》记载，杞君六次朝鲁，母子同朝一次。鲁国反而两次入侵杞国，夺取土地。伯姬拳拳相其夫，为杞鲁和睦而东奔西走，结果当其身而国见破。鲁国号称礼仪之邦，动辄对杞国责无礼，而鲁国却无礼至极。杞德公和伯姬卒，鲁国作为姻亲，竟不吊丧。叔姬被休，死后仍强令杞人迎回安葬。可见，杞国在同鲁国的交往中，蒙受了不少屈辱。

春秋时代是一个动荡的时代。《史记·太史公自序》曰："《春秋》之中，弑君三十六，亡国五十二，诸侯奔走不得保其社稷者不可胜数。"杞国虽然几经危亡，但国祚竟延续到战国时期。其原因在于存亡继绝、尊王攘夷是春秋霸主创立霸业的需要，而杞国也极力追随霸主，利用这种霸主政治。它积极参与诸侯的盟会征伐，并与霸主联姻，以求庇护。

齐桓公五年（前 681 年），宋伐杞。齐桓公派人交涉无效，就筑缘陵城，让杞人迁居。鲁僖公十三年（前 647 年），淮夷病杞，杞都缘陵受到很大破坏。齐桓公又会合诸侯修复缘陵，使杞国国祚得以维系下来。

齐桓公死后，中原出现了晋楚争霸的局面。晋悼公即位，杞桓公"骤朝于晋而请为昏"（《左传·成公十八年》）。后杞孝公朝晋，以妹许配晋悼公，生晋平公。晋平公即位，在悼夫人的推动下，晋国曾经率诸侯城淳于，并先后两次施加压力，迫使鲁国归还它侵吞杞国的土地。《左传·襄公二十九年》记载，是年（前 544 年）六月，"知悼子合诸侯之大夫以城杞"。次年二月，晋国参加城杞的人回国，悼夫人设宴慰劳。在城杞的同时，晋国又派人至鲁治杞田。"晋侯使司马女叔侯来治杞田,弗尽归也。”因为鲁国没有将侵夺的土地全部归还杞国,悼夫人十分恼火,于是晋国再治杞田。《左传·昭公七年》曰:“晋人来治杞田……晋人为杞取成。”鲁国迫于晋国的压力,被迫将成邑归还杞国。

综上所述,杞人遭受夏朝灭亡的苦痛,商末又国祚中断。周初复国,常遭宋国胁迫。西周春秋之际,郑国东来,杞国夹在郑、宋之间,进退维谷,终遭郑国攻伐,被迫远迁山东。春秋时期杞国内有两次弑君事件,外遭莒、鲁、宋、淮夷五次入侵,东流西徙,不遑宁居,这正是《列子》所言“杞国有人忧天地崩坠,身亡所寄”而寝食不安的历史背景。杞人遭受的灾难确实够多了,杞人的忧虑不是没有原因的。

(原载《郑州大学学报》1988年第1期)

西汉梁国史初探

梁国是西汉时期的一个重要藩国。它与西汉王朝共始终，在西汉前期曾居举足轻重的地位。但因距今年代久远，史籍阙略，其史实多湮没不闻。笔者不揣孤陋寡闻，搜集史书散见之梁国史料，以王系、疆土、都城、政治、经济、文化诸目构成篇章，以阐明西汉梁国之概况，为继续深入探究提供铺路之石与引玉之砖。不当之处在所难免，望方家不吝赐教。

王　系

梁地本战国魏地。自魏惠王迁都大梁（今河南开封），魏王或称梁王，魏国亦称梁国。秦灭六国，在魏中心区设置砀郡。楚汉之际，彭越略定梁地，汉王刘邦以魏豹为魏王，彭越为魏相国。

西汉梁国始建于汉高帝五年（前202年），始封之君为彭越。《汉书·高帝纪》记载刘邦诏曰："魏相国建成侯彭越勤劳魏民，卑下士卒，常以少击众，数破楚军，其以魏故地王之，号曰梁王，都定陶。"彭越字仲，昌邑（今山东巨野东南）人。陈胜起兵反秦后，彭越聚众攻城略地，拥兵三万多人。刘邦东下同项羽争天下，赐彭越将军印，令击楚军。彭越破楚军有功，刘邦"拜越为魏相国，擅将兵，略定梁地"。汉高帝五年冬十月，刘邦约彭越、韩信共击楚军，彭越、韩信按兵不动，致使汉军大败。留侯张良曰："彭越本定梁地，功多，始君王以魏豹故，拜越为相国。今豹死亡后，且越亦欲王，而君王不蚤定。今取睢阳以北至谷城，皆许以王彭越。""于是汉王发使使越，如留侯策。使者至，越乃引兵会垓下。项籍死。立越为梁王。"（《汉书·彭越传》）刘邦封彭越为梁王并非出自本心，而是为形势所迫。且以彭越之勇猛善战，足以构成对汉王朝之威胁。汉高帝十一年(前196年),召彭越将梁军共讨陈豨,彭越称病。“梁太仆有罪,亡走汉,告梁王与启辄谋反。于是上使使掩捕梁王,囚之雒阳。”后被赦为庶人。“吕后令其舍人告越复谋反。廷尉奏请,遂夷越宗族”(《汉书·鼓越传》)。

继彭越之后为梁王的是高帝刘邦的次子刘恢。“三月,梁王彭越谋反,夷三族。诏曰:‘择可以为梁王、淮阳王者。’燕王绾、相国何等请立子恢为梁王。”(《汉书·高帝纪》)。刘恢立“十六年,赵幽王死,吕后徙恢王赵”(《汉书·高五王传》)

继刘恢之后为梁王的是吕后的侄子吕产。当时吕后临朝称制,“遂立周吕侯子台为吕王,台弟产为梁王”(《汉书·外戚传》),旋以吕产为汉相国。次年,吕后死。“吕禄、吕产欲作乱,朱虚侯章与太尉勃、宰相平等诛之。章首先斩吕产”(《汉书·高五王传》),国除为郡。因诛诸吕时朱虚侯刘章、东牟侯刘兴居功大,“大臣许尽以赵地王章,尽以梁地王兴居。及文帝立,闻朱虚、东牟之初欲立齐王,故黜其功。二年,王诸子,乃割齐二郡以王章、兴居”(同上)。

汉文帝刘恒以代王入继帝位,势孤力单。前元二年(前178年),“因立皇子武为代王,参为太原王,揖为梁王”(《汉书·文帝纪》)。《史记·文帝本记》记载相同。唯《史记·梁孝王世家》与《史记·汉兴以来诸侯王年表》云梁怀王名胜。考景帝子中山靖王名胜,梁怀王系景帝之弟,断无叔侄同名之理。“梁怀王揖,文帝少子也。好《诗》《书》,帝爱之,异于他子。”“因堕马死,立十年薨。无子,国除。”(《汉书·文三王传》)

次年,文帝采纳怀王太傅贾谊之言,徙次子刘武王梁,史称梁孝王。《史记·梁孝王世家》云:“其明年,徙淮阳王武为梁王。梁王之初王梁,孝文帝之十二年也。”孝王三十六年“六月中病热,六日卒”。

梁孝王死后,景帝分梁国土地为五,立“梁孝王长子买为梁王,是为共王;子明为济川王;子彭离为济东王;子定为山阳王;子不识为济阴王”(《史记·梁孝王世家》)。

“共王立十年卒,子襄立,是为平王。”(同上)

“襄立四十年薨,子顷王无伤嗣。十一年薨,子敬王定国嗣。四十年薨,子夷王遂嗣。六年薨,子荒王嘉嗣。十五年薨,子立嗣。”(《汉书·文三王传》)

“元始中,立坐与平帝外家中山卫氏交通,新都侯王莽奏废立为庶人,徙汉中。立自杀。二十七年,国除。后二岁,莽白太皇太后立孝王玄孙之曾孙沛郡卒史音为梁王,奉孝王后。莽篡,国绝。”(《汉书·文三王传》)以上就是梁国兴替与梁王世系的简况。

疆　土

关于彭越为王时梁国之疆土,史书语焉不详。刘邦诏令言“以魏故地王”彭越。《史记·彭越列传》云“汉四年冬,项王与汉王相距荥阳,彭越攻下睢阳、外黄十七城”,后又被项羽夺去。“汉五年冬,项王之南走阳夏,彭越复下昌邑旁二十余城。”此即魏故地,亦即彭越实际控制之地,刘邦就以这块土地作为梁国国土。睢阳、外黄、昌邑在秦均属砀郡。《汉书·地理志》云:“故秦砀郡,高帝五年为梁国。”可见梁国国土基本以秦砀郡为基础,约有二十余城(县)。张良言“今取睢阳以北至谷城,皆许以王彭越”,被刘邦采纳。可知梁国初建时的疆土南至睢阳(今河南商丘),北至谷城(今山东平阴西南)。

《史记·彭越列传》注引唐代张守节《正义》云:“从宋州以北至郓州以西,曹、濮、汴、滑并与彭越。”据《新唐书·地理志二》:宋州睢阳郡辖县十,即宋城、襄邑、宁陵、下邑、谷熟、楚丘、柘城、砀山、单父、虞城;郓州东平郡辖县九,即须昌、寿张、郓城、钜野、卢、平阴、东阿、阳谷、中都;曹州济阴郡辖县六,即济阴、考城、宛句、乘氏、南华、成武;濮州濮阳郡辖县五,即鄄城、濮阳、范、雷泽、临濮;汴州陈留郡辖县六,即浚仪、开封、尉氏、封丘、雍丘、陈留;滑州灵昌郡辖县七,即白马、卫南、匡城、韦城、胙城、酸枣、灵昌。梁国初建时的疆土相当于唐代的四个州的全部和两个州的一部分,约有二三十个县城。它东至今山东东平,西至今河南开封,南至今河南商丘,北至今山东平阴。

高祖次子刘恢封梁王后,汉“罢东郡,颇益梁”(《汉书·高帝纪》),梁国疆土又增加了东郡若干县,有所扩大。

梁怀王刘揖堕马死,梁太傅贾谊言:“愿举淮南地以益淮阳,而为梁王立后,割淮阳北边二三列城与东郡以益梁;不可者,可徙代王而都睢阳。梁起于新郪以北著之河,淮阳包陈以南揵之江,则大诸侯之有异心者,破胆而不敢谋。梁足以捍齐、赵,淮阳足以禁吴、楚,陛下高枕,终亡山东之忧矣,此二世之利也。”“文帝于是从谊计,乃徙淮阳王武为梁王,北界泰山,西至高阳。得大县四十余城。”

(《汉书·贾谊传》)梁孝王时梁国又增添了淮阳国北边数县和东郡若干县,拥有四十多个大县,其疆界南至新郪(今安徽太和北的倪丘),北至古黄河与赵国为邻,西至高阳(今河南杞县西南),东与泰山郡、鲁国接壤。

景帝中元六年(前144年),梁国国土一分为五,建立梁、济川、济东、山阳、济阴五国。《汉书·地理志》记载:梁国辖县八,即砀、甾、杼秋、蒙、己氏、虞、下邑、睢阳;东平国(即济东国)辖县七,即无盐、任城、东平陆、富城、章、亢父、樊;山阳郡(即山阳国)辖县二十三,即昌邑、南平阳、成武、湖陵、东缗、方与、橐、钜野、单父、薄、都关、城都、黄、爰戚、郜成、中乡、平乐、郑、瑕丘、甾乡、栗乡、曲乡、西阳;济阴郡(即济阴国)辖县九,即定陶、宛句、吕都、葭密、成阳、鄄城、句阳、秺、乘氏。以上四个郡国就有四十七个县(侯国),原属济川国的陈留、东郡的一些县尚未计入。这些郡国属县系西汉末的情况,西汉前期与此似不应有太大出入。梁孝王时期是梁国疆域最大的时期。梁国一分为五,以后的梁国地不过一郡,仅有十余县。

汉武帝元朔年间,因不孝罪,"削梁王五县,夺王太后汤沐成阳邑","梁余尚有八城"。成帝元延年间,梁王立杀人,"削立五县"(《汉书·文三王传》)。梁国土地仅有数县,属郡管辖,梁王仅衣食其租税而已。

都　城

梁国都城至少有三次迁徙。

关于梁国始建时的都城,史书有两种不同记载。《史记·高祖本纪》云:"立建成侯彭越为梁王,都定陶。"《正义》云:"曹州济阴县城是梁王彭越之都。"《汉书·高帝纪》载刘邦诏令言彭越"号曰梁王,都定陶"。独《史记·汉兴以来诸侯王年表》云"梁都淮阳"。考淮阳为郡国名,郡治国都均在陈县,淮阳在西汉非县城名。"梁都淮阳"或为"梁都睢阳"之误文。梁始都定陶似乎可成定论。

关于梁王刘恢、吕产及梁怀王时的都城,史无明文,亦未见徙都之说,或许仍都定陶。

梁孝王始都大梁(今河南开封),旋即迁睢阳(今河南商丘)。《水经注》卷二十二云:"汉文帝封孝王于梁,孝王以土地下湿,都睢阳。"《史记·梁孝王世家》载《正义》引《括地志》云:“宋州宋城县在州南二里外城中,本汉之睢阳县也。汉文帝封子武于大梁,以其卑湿,徙睢阳,故改曰梁也。”

总之,梁国始都定陶,又迁大梁,梁孝王迁都睢阳后,一直至梁国灭亡,不再迁徙。诸都中以睢阳作为都城的时间最长。

关于梁国都城睢阳的大小,史书有两种说法。《史记·梁孝王世家》云孝王“广睢阳城七十里”。《汉书·文三王传》与《水经注》均采此说。而《史记·梁孝王世家》注引《太康地理记》云:“城方十三里,梁孝王筑之。鼓倡节杵而后下和之者,称《睢阳曲》。”《后汉书·郡国志》注引《地道记》曰:“梁孝王筑城十二里,小鼓唱节,杵下而和之,称《睢阳曲》。”我们认为《史记》所言较可信,因司马迁是同时代人,且他游历曾经过梁地,而另一种说法所出较晚,后人追记前事,易生伪误。

睢阳本为西周至战国时期的宋国都城所在地。《左传》记载:睢阳东门曰扬门,东北门曰蒙门,南门曰卢门,东南门曰垤泽门,西北门曰曹门,北门曰桐门,外城门曰桑林门。由此我们推测,宋都睢阳内城当有八门,城有内城和外城。《水经注》卷二十四云:“城西门即寇先鼓琴处也……南门曰卢门也。”又云:“复道自宫东出扬之门左。阳门,即睢阳东门也。”西汉梁都睢阳城门名称似多沿袭战国宋都睢阳之旧。

梁都睢阳有宫室和离宫。《史记·梁孝王世家》云孝王“大治宫室,为复道,自宫连属于平台三十余里”。《集解》骃案:“如淳曰:‘在梁东北,离宫所在也。’晋灼曰:‘或说在城中东北角。’”可见平台乃梁王离宫所在。唐代司马贞《索隐》云:“今城东二十里临新河,有故台址,不甚高,俗云‘平台’。”《水经注》卷二十四云:“复道自宫东出杨之门左。阳门,即睢阳东门也。连属于平台则近矣,属之城隅则不能,是知平台不在城中也。”关于平台的位置,一说在城东北隅,一说在城东二十里处。我们认为后一种说法允当,离宫不可能在城中。《水经注》卷二十四又云:“城内东西道,北有晋梁王妃王氏陵表,并列二碑……碑东即梁王之吹台也。基陛阶础尚在,今建追明寺,故宫东,即安梁之旧地也,齐周五六百步,水列钓台。池东又一台,世谓之清冷台。”此处所言乃梁孝王之宫廷池台遗址。

紧靠平台离宫,有一宏大壮观的苑囿。《史记·梁孝王世家》云:“于是孝王筑东苑,方三百余里。”《索隐》云:“盖言其奢,非实词。”《正义》引《括地志》云:

"兔园在宋州宋城县东南十里。葛洪《西京杂记》云:'梁孝王苑中有落猿岩、栖龙岫、雁池、鹤洲、凫岛。诸宫观相连,奇果佳树,瑰禽异兽,靡不毕备。'俗人言梁孝王竹园也。"梁孝王苑简称梁苑,又名东苑、兔园。关于梁苑的位置历来有大梁(今河南开封)与睢阳(今河南商丘)之争。梁苑在睢阳,当属确定无疑。今人已有考辨,此处不赘述。

《元和郡县图志》言梁孝王"开汴河,后汴水经州城南"。梁孝王营建睢阳,筑城开河,大治宫室,不知征用了多少民力,花费了多少民财。

政　治

汉初诸侯王皆自聘贤治民。梁孝王以好士著称。他招延四方豪俊,太行山以东的游士归之如水。公孙诡、羊胜、邹阳从齐地来,枚乘、严忌从吴国来,司马相如从关中来。梁地也涌现了不少人才。灌婴、申屠嘉累官至汉朝丞相,韩安国任梁内史,后官至汉御史大夫、行宰相事,栾布官至燕相。全盛时期的梁国人才济济。

汉初诸侯国官职之设置与汉朝廷大体相同,亦有太傅、丞相、御史、中尉、内史、郎中令、太仆等。除太傅、国相由朝廷委派外,其他官员令诸侯王自选。梁国在文景之世享有特殊权力。"梁王以至亲故,得自置相、二千石"(《汉书·韩安国传》)。诸侯国中的二千石官即太傅、御史大夫、中尉等。梁孝王"新得齐人公孙诡,说之,欲请为内史,窦太后闻,乃诏王以安国为内史"(同上)。梁国二千石官员可由梁王自择,报朝廷认可,和别国不同。后景帝罢诸侯御史大夫,更名诸侯丞相为相,又令诸侯王不得治国,天子为置吏,国政由汉朝廷委派的官吏治理。

梁国官职见于记载的有太傅(如贾谊)、相(如轩丘豹)、中尉(如公孙诡)、内史(如韩安国)、将军(如丁宽)、中大夫(如韩安国)、大夫(如栾布)。此外,还有大仆、侍中、郎、谒者等。

韩安国曾有罪,蒙狱吏田甲辱之(见《汉书·韩安国传》)。可见梁国亦有监狱。

文帝复置梁国并扩大其疆土旨在东捍齐、赵等大国,藩卫朝廷。梁孝王亦以朝廷东方藩屏为己任，高城深池，在东界设置壁垒，以备不虞。

吴楚七国兵起，梁孝王“饬车骑，习战射，积粟固守”（《汉书·枚乘传》）。吴楚军初攻梁，士气锐盛，梁军受挫。“吴、楚先击梁棘壁，杀数万人”（《史记·梁孝王世家》）。梁孝王“遣将军击之，又败梁两军，士卒皆还走”（《汉书·荆燕吴传》）。当时周亚夫率汉军屯驻昌邑，采用“使吴梁相弊，而粮食竭，乃以全制其胜”（《长短经·霸图第十七》）的策略，准备让梁军消耗吴楚军力。因此梁国屡次派使者求救，汉景帝令周亚夫救梁，周亚夫仍按兵不动。梁孝王无奈，躬自“城守睢阳，而使韩安国、张羽等为大将军，以距、吴楚”（《史记·梁孝王世家》）。梁孝王跪送韩安国等六位将军上前线，捍吴兵于东界。“张羽力战，安国持重，以故吴不能过梁”（《汉书·韩安国传》）。梁军、汉军同吴楚军相持三个月，“吴、楚破，而梁所破杀虏略与汉中分”（《史记·梁孝王世家》）。在吴楚七国之乱中，梁国为汉朝立了大功。战后，梁国又加强了武备，梁孝王以多奇邪计的公孙诡为中尉，“多作兵器弩弓矛数十万”（同上）。

由于梁国在阻击吴楚叛军时战功卓著，加之孝王为窦太后少子、景帝胞弟，备受宠遇。孝王“得赐天子旌旗，出从千乘万骑。东西驰猎，拟于天子。出言跸，入言警”。“梁孝王入朝，景帝使使持节乘舆驷马，迎梁王于关下。”“入则侍景帝同辇，出则同车游猎，射禽兽上林中。梁之侍中、郎、谒者著籍引，出入天子殿门，与汉宦官无异。”（《史记·梁孝王世家》）梁孝王于是愈益骄奢。

汉景帝曾言要将帝位传给梁孝王，太后也欲以孝王为景帝后嗣。羊胜、公孙诡“欲使王求为汉嗣，王又尝上书，愿赐容车之地径至长乐宫，自使梁国士众筑作甬道朝太后，袁盎等皆建以为不可。天子不许”（《汉书·邹阳传》）。梁孝王的皇帝美梦破灭，心怀怨恨，“乃与羊胜、公孙诡之属谋，阴使人刺杀袁盎及他议臣十余人”。景帝“遣使冠盖相望于道，覆案梁事。捕公孙诡、羊胜，皆匿王后宫。使者责二千石急，梁相轩丘豹及内史安国皆泣谏王，王乃令胜、诡皆自杀，出之。上由是怨望于梁王。梁王恐，乃使韩安国因长公主谢罪太后”（《汉书·文三王传》），邹阳也入长安因王长君说景帝，事始得息。但景帝从此对梁孝王有所疏远，梁孝王入朝谢罪，请留京师不得，回国抑郁而死。

梁孝王死后，梁国一分为五，以后的梁国土地不过一郡，梁王仅衣食租税，不再治民。元朔二年（前127年）正月，武帝诏曰：“梁王、城阳王亲慈同生，愿以邑分弟，其许之。”于是“藩国始分，而子弟皆侯矣”（《汉书·武帝纪》）。梁国分出若干侯国，国土更小。由汉睢阳太守管辖，徒有诸侯国之虚名而已。

经　济

《史记·梁孝王世家》称梁国“为大国，居天下膏腴地”。梁国全盛时地跨豫、兖二州。《史记·夏本纪》载《禹贡》云“济、河惟沇（即兖）州”“桑土既蚕，于是民得下丘居土。其土黑坟，草繇木条”“其贡漆丝，其篚织文”“荆、河惟豫州”“其土壤，下土坟垆。田中上，赋杂上中。贡漆、丝、絺、纻，其篚纤絮，锡贡磬错”。《禹贡》成书于战国时期，西汉去战国时间不久远，自然环境不会有巨大变化。《汉书·货殖传》云：“淮北荥南河济之间千树萩。”“宛孔氏之先，梁人也，用铁冶为业。”可见梁国土地肥沃，适宜农作物和树木桑麻生长，利于蚕桑纺织和家畜饲养，河渠陂塘较多，利于渔捞，又有矿产，可以冶铸。总之，梁地物产丰富，自然条件优越。

梁国人口无确切数字，只能根据有关数字推算，而知其大概。

汉代的县有大小之别。县官“万户以上为令，秩千石至六百石。减万户为长，秩五百至三百石”（《汉书·百官公卿表》）。万户以上的县就是大县。梁国全盛时有大县四十余城，故梁国民户当有五十万左右。时人晁错曾言“今农夫五口之家”（《汉书·食货志》），以每户五口计算，梁国全盛时的人口当有 250 万左右。

《汉书·地理志》载有平帝元始二年（2 年）人口统计数字，现将原属梁国的各郡国的人口数字列表如下：

郡国	户数	口数
梁国	38709	106752
东平国（原济东国）	131753	607976
山阳郡（原山阳国）	172847	801288
陈留郡、东郡（原济川国）	?	?
济阴郡（原济阴国）	290025	1386278

上表五个郡国均属全盛时期的梁国，表中所计仅四个郡国的统计数字，位于陈留郡和东郡之间的济川国的户口数未计入。这些数字系“天下户口最盛”

(《汉书·食货志》)的平帝时期的数字,梁国全盛时期的文景之世的户口显然比这一时期要少。

根据以上推算和统计数字,我们估计梁国全盛时期的户数约有五六十万,人口有250万至300万。

梁国土地肥美,物产丰富,人口众多,又逢文景盛世,社会相对安定,生产发展较快。太史公曰:梁孝王"王膏腴之地,然会汉家隆盛,百姓殷富,故能植其材货,广宫室,车服拟于天子"。梁国的财富主要来自对本国人民的搜刮,其次还由于梁孝王为窦太后少子,"爱之,赏赐不可胜道"。因此"府库金钱且百巨万,珠玉宝器多于京师"(《史记·梁孝王世家》)。梁孝王挥金如土,死后"藏府余黄金尚四十余万斤,他财物称是"(《汉书·文三王传》)。梁孝王墓中随葬金宝甚多,汉末曹操"引兵入砀,伐梁孝王冢,破棺,收金宝万斤"(《曹操别传》)。

文　化

梁怀王刘揖"好《诗》《书》"(《汉书·文三王传》),孝王刘武好辞赋。梁国是西汉经学和文学最兴盛的地区之一。

刘歆言:"在汉朝之儒,唯贾生而已。"贾生即贾谊,梁太傅。"至孝武皇帝,然后邹、鲁、梁、赵颇有《诗》《礼》《春秋》先师,皆起于建元之间"(《汉书·楚元王传》)。邹、鲁乃战国时期儒学之乡,儒学在楚汉战争时期复兴。"及高皇帝诛项羽,引兵围鲁,鲁中诸儒尚讲诵习礼,弦歌之音不绝"(《汉书·儒林传》)。梁国与邹、鲁毗邻,受儒学之风影响颇深,经学相当兴盛。

梁国经学应首推易学。"丁宽字子襄,梁人也。初梁项生从田何受《易》,时宽为项生从者,读《易》精敏,材过项生,遂事何。学成,何谢宽。宽东归。何谓门人曰:'《易》以东矣。'宽至洛阳,复从周王孙受古义,号《周氏传》。景帝时,宽为梁孝王将军距吴楚,号丁将军,作《易说》三万言。""宽授同郡砀田王孙,王孙授施雠、孟喜、梁丘贺,由是《易》有施、孟、梁丘之学。""高相,沛人也。治《易》与费公同时""自言出于丁将军""由是《易》有高氏学"。梁人焦延寿少贫贱,以好学得幸梁王,王供其资用,令极意学。"京房受《易》梁人焦延寿""由是《易》有京氏之学"(《汉书·儒林传》)。总之,梁人丁宽、田王孙、焦延寿对易学贡献极大，西汉易学诸派几乎都与梁人有关。

其次为礼学。梁人戴德、戴圣从后仓学《礼》，“德号大戴，为信都太傅；圣号小戴，以博士论石渠，至九江太守。由是《礼》有大戴、小戴”之学。“小戴授梁人桥仁季卿，杨荣子孙。仁为大鸿胪，家世传业，荣琅邪太守”，由是“小戴有桥、杨氏之学”（《汉书·儒林传》）。西汉梁人戴德、戴圣、桥仁、杨荣均以礼学名家，梁国礼学亦甚兴盛。

《诗》《书》《春秋》之学也在梁国广泛传播。梁太傅贾谊修《春秋左氏传》，为《左氏传》训诂。梁人萧秉曾从胡常受《左氏》，王莽时为讲学大夫。梁人周庆、丁姓皆从荣广受《穀梁春秋》，后被征待诏保宫，使卒授十人。梁人陈翁生从林尊受《尚书》，官至信都太傅，家世传业，由是《尚书》欧阳学中又有陈氏之学。梁相褚大亦以通五经为博士。

梁国文学也曾盛极一时。贾谊、枚乘、邹阳、严忌、司马相如等著名文人学士都曾在梁国撰文作赋。贾谊在梁太傅任上写的《治安策》、邹阳的《上梁王书》等，都是脍炙人口的散文名篇。司马相如“客游梁，得与诸侯游士居，数岁，乃著《子虚之赋》”（《汉书·司马相如传》）。枚乘及其子枚皋均以辞赋驰名。

在科学方面，梁人壶遂精通天文历法，曾同司马迁等人定律历。

（原载《商丘师专学报》1986年第1期）

论西汉梁国的都城迁徙
——与王遂一先生商榷

笔者曾于1986年发表《西汉梁国史初探》①一文，考述了西汉梁国的王系、疆土、都城、政治、经济和文化状况。近日见到王遂一先生的大作《汉梁孝王封于开封质疑》②（以下简称王文），专论西汉梁国的都城地望问题，以为梁国都城先在定陶，后迁睢阳，根本未都开封。其理由有三：一是梁国初都定陶，定陶既非梁地，汉代梁国名称由来，也与战国时的梁国无关；二是汉文帝封次子刘武为梁王，其都城在定陶，吴楚七国之乱后方迁睢阳；三是开封不在汉代梁国的辖境之内，梁国不可能以开封为都城。对于上述观点，笔者不敢苟同，仅就几个问题略述浅见。

汉代梁国的得名与战国时期的梁国有无关系

众所周知，魏国是"战国七雄"之一，战国前期相当强大，疆土跨今山西、河南两省。魏惠王三十年（前340年），魏国因畏秦兵，将都城从安邑（今山西夏县西北）东迁大梁（今河南开封）。魏国迁都大梁后，又称梁国，魏王也称梁王。如《汉书·地理志》说：魏"自毕万后十世称侯，至孙称王，徙都大梁，故魏一号为梁，七世为秦所灭"。《孟子》一书就称魏惠王为梁惠王。总之，战国后期魏国又称梁国，就是因为它的都城在大梁。

秦二世胡亥元年（前209年），陈胜首先起兵反秦。他知道残存的六国旧贵族不仅对秦朝的残暴统治不满，而且有国破家亡的深仇大恨，就以恢复六国为

① 《商丘师专学报》1986年第1期。
② 《河南大学学报》1995年第1期。

号召，以建立反秦统一战线。陈胜建立的政权号称“张楚”，就包含着复兴楚国之意。后来项梁立楚怀王的孙子心为义帝，目的在于“从民所望”，即顺应人们恢复六国的愿望。正因为如此，当时所立的诸侯王，如齐王田假、田儋，韩王韩成、韩信，赵王赵歇等，均为战国时六国王室子弟。秦汉之际的魏国也是如此。

《汉书·魏豹传》记载，秦二世胡亥元年（前209年）年底，魏人周市略定魏地，诸侯皆欲立他为魏王，他坚决拒绝，说：“今天下共畔秦，其谊必立魏王后乃可。”于是周市迎立战国时的魏王室、宁陵君魏咎为魏王，自己为相。次年，魏咎被秦军击败自杀，其从弟魏豹向楚王借兵，又攻下魏地20余城，自立为魏王。

不久，秦朝灭亡。反秦诸军盟主西楚霸王项羽欲自己领有楚、魏之地，于是徙魏豹为西魏王，都平阳（今山西临汾西）。汉高帝元年（前206年），刘邦从汉中回师，平定三秦，渡临晋，西魏王魏豹以国降汉。次年，魏豹随刘邦东击项羽，军至外黄（今河南兰考东），彭越已攻取魏地10余城，率3万多人归汉。《史记·彭越传》载，刘邦说：“彭将军收魏地得十余城，欲急立魏后。今西魏王豹亦魏王咎从弟也，真魏后。”乃拜彭越为魏相国，擅将其兵，略定梁地。不久，刘邦在彭城被项羽击败，退回荥阳。魏豹以探亲为名，回到平阳，叛汉。后被韩信击败，俘送荥阳，不久被周苛杀死。

汉高帝五年（前201年）秋，彭越又攻下昌邑附近20余城。刘邦派人令彭越出兵合力击楚，彭越曰“魏地初定，尚畏楚，未可去”，拒绝发兵。《汉书·彭越传》记载，留侯张良对刘邦说：“彭越本定梁地，功多，始君王以魏豹故，拜越为相国。今豹死亡后，且越亦欲王，而君王不蚤定。今取睢阳以北至谷城，皆许以王彭越。……于是汉王发使使越，如留侯策。使者到，越乃引兵会垓下。项籍死，立越为梁王，都定陶。”①彭越是西汉的第一个梁王，此后被立为梁王的，又有高帝刘邦的次子刘恢，吕后的侄子吕产，文帝的幼子刘揖和次子刘武等。

由上述史实可知，从战国后期到西汉前期，梁国一直是魏国的别名。在反秦战争期间，陈胜、项梁、项羽和刘邦等人都以复兴被秦灭亡的六国为号召，封六国王室贵族为诸侯王，并把这些诸侯国视为战国时期六国的继续，而以战国时期魏王室之后魏咎、魏豹为王的魏国也被视为战国时期的魏（梁）国的继续。西汉初刘邦册封彭越为梁王，固然是为当时形势所迫，需要彭越帮助自己最后

---

① 《汉书》卷三十四《彭越传》。

击败项羽,同时也因为彭越是魏国的相国,且已略定梁地。因此,西汉初的梁国又是秦汉之际魏国的继续。

王文却以为,彭越的都城在定陶,定陶非梁地,因而西汉初期的梁国与战国时期的梁(魏)国无关。诚然,定陶在春秋时期称陶丘,为曹国都城,在战国时期称陶,始属于宋国,后又属齐、秦,不属于魏地。但是,陶是宋国的北部边邑,位于宋、魏两国的边界附近。后来陶虽先后属齐、秦两国,但距离梁(魏)国最近。楚汉之际彭越攻下昌邑附近20余城,陶在昌邑西,与昌邑相邻,也被彭越所攻占。当时人所说彭越略定的梁地(或魏地),也包括陶在内。因此刘邦封彭越为梁王,定都于陶。汉景帝中元六年(前144年)将梁国一分为五,在陶建济阴国,后又在此设济阴郡,到宣帝甘露二年(前52年),始改名定陶。要之,定陶在战国时期与梁(魏)地相邻接,楚汉之际又为彭越所攻占,属梁(魏)地,因而成为西汉初梁国的都城。我们不能因为定陶在战国时期不属于梁(魏)地,而西汉初梁国建都于此,就否认汉初梁国的得名与战国时期的梁(魏)国有关。

王文既言西汉梁国的得名与战国时期的梁(魏)国无关,为了自圆其说,又给西汉梁国的得名找了一个依据。这就是刘邦曾追随项梁,项梁死于定陶,“汉高祖立彭越为梁王,故以项梁的名字为国名,以示深切怀念之意”。但是这一种说法未见于文献记载,完全是一种主观臆断。试问:早在刘邦封魏豹为魏王、彭越为魏相国时,项梁已死,为什么当时不改国名为梁,而到封彭越为王时,方改国名为梁,来纪念项梁呢?

综上所述,笔者以为,秦汉之际的魏国在名义上是战国时期魏(梁)国的复兴,而西汉时期的梁国则是秦汉之际魏国的继续。西汉梁国既建立在战国时期的梁(魏)国故地,它的得名也是沿袭战国时期梁国之名称。

开封有无可能成为西汉梁国的都城

王文断言:“梁国根本不可能以开封为都城。”因为梁国西界高阳,离开封尚远,“诸侯国的都城岂能设在管辖区以外”?这种说法貌似有理,其实也是错的。错误的原因就在于不了解梁国疆土的变化过程。

大梁是战国后期梁(魏)国的都城,因而大梁及其周围地区属梁(魏)地,是不言而喻的。后来梁(魏)国联合齐、楚两国灭宋,三分其地,宋国都城睢阳(今河南商丘县南)及其周围地区也成为梁(魏)国的辖区。于是西起大梁,东到睢阳以东的芒、砀,都被称为梁(魏)地。随后秦灭梁(魏),在梁(魏)故地设置砀郡,治所在砀县(今河南永城北),管辖砀、芒、谯、鄼、下邑、栗、虞、单父、东缗、爰戚、蒙、睢阳、菑、襄邑、济阳、外黄、雍丘、陈留、开封、大梁等 20 县邑。① 曾为战国后期梁(魏)国都城的大梁,秦时也归砀郡管辖。反秦战争与楚汉战争期间人们不称这一地区为砀郡,而称为梁地或魏地。史书所谓周市略定魏地,魏豹攻下魏地 20 余城,彭越收魏地 10 余城,彭越攻下睢阳、外黄 17 城,彭越复下昌邑旁 20 余城,虽然说法有异同,城邑多少有差别,但是都指这一地区,而且大多包括西部的大梁等县邑。

关于梁国初建时的疆土,文献也有一些记载。《汉书·高帝纪》载刘邦立彭越为王的诏令:"其以魏故地王之,号曰梁王,都定陶。"《汉书·地理志》云:"故秦砀郡,高帝五年为梁国。"可见汉代梁国国土是以战国时期的梁(魏)故地和秦朝的砀郡为基础。在梁国建立之前,张良向刘邦献策言"今取睢阳以北至谷城,皆许以王彭越",被刘邦采纳。由此可知,梁国的疆土南到睢阳,北到谷城,而东西所至语焉不详。《史记·彭越传》注引唐代张守节《正义》云:"从宋州以北至郓州以西,曹、濮、汴、滑并与彭越。"此处所言诸州为唐代地名。《新唐书·地理志》记载:宋州睢阳郡辖县十,即宋城、襄邑、宁陵、下邑、谷熟、楚丘、柘城、砀山、单父、虞城;郓州东平郡辖县九,即须昌、寿张、郓城、钜野、平阴、卢、东阿、阳谷、中都;曹州济阴郡辖县六,即济阴、考城、宛句、乘氏、南华、成武;濮州濮阳郡辖县五,即鄄城、濮阳、范、雷泽、临濮;汴州陈留郡辖县六,即浚仪、开封、尉氏、封丘、雍丘、陈留;滑州灵昌郡辖县七,即白马、卫南、匡城、韦城、胙城、酸枣、灵昌。可见梁国初建时的疆土相当于唐代 4 个州的全部和 2 个州的一部分,有二三十个县邑。它东至今山东东平,西至今河南开封,南至今河南商丘,北至今山东平阴。

据《汉书·高帝纪》记载,高祖次子刘恢封为梁王,汉"罢东郡,颇益梁",梁国疆土又增加了东郡若干县,有所扩大。

《汉书·贾谊传》记载梁怀王刘揖死,梁太傅贾谊上言:"为梁王立后,割淮

① 参见《中国历史地图集》第二册《秦山东南部诸郡》,中华地图学社,1975。

阳北边二三列城与东郡以益梁”,使梁国土地南“起于新郪而北著之河”。“文帝于是从谊计,乃徙淮阳王武为梁王,北界泰山,西至高阳,得大县四十余城。”梁孝王刘武在位时,梁国国土面积最大,北至古黄河与赵国为邻,南至新郪(今安徽太和北),西至高阳(今河南杞县西南),东与泰山郡、鲁国接壤。

汉景帝中元六年(前 144 年)梁孝王死,梁国国土一分为五,建立了梁、济川、济东、山阳、济阴五国。此后梁国的土地不过一郡,仅有十余县。《汉书·文三王传》记载,汉武帝元朔年间,因不孝罪,“削梁王五县,夺王太后汤沐成阳邑”“梁余尚有八城”。汉成帝元延年间,梁王刘立杀人,“削立五县”。梁国仅有数县,属郡管辖,梁王仅衣食其租税。

从上述史实可知,在梁孝王刘武之前,无论是魏王魏咎、魏豹在位时,还是汉初彭越在位时,梁(魏)国的国土都包括大梁(浚仪)在内。

西汉前期,梁国西土与河南郡接壤,而河南郡辖区东到中牟、开封(今开封县南朱仙镇),浚仪(今开封市)和尉氏为梁国西部县城。①《汉书·地理志》“陈留郡”条下有颜师古注曰:“武帝元狩元年置,属兖州。”如上所述,汉武帝元朔年间(前 128—前 123 年)削梁国五县,元狩元年(前 122 年)设置陈留郡正在其后,可见陈留郡是在所削梁国西部五县的基础上设置的。

综上所述,西汉前期的梁国是在战国时期的梁(魏)国故地和秦朝砀郡的基础上建立的,大梁(浚仪)既属梁(魏)故地,也属砀郡。在梁孝王刘武之前,梁国的国土并非王文所说的那样:“梁国原来管辖的区域很小,仅有商丘以北到谷城县的一块。”梁国西境到今河南开封市与中牟县之间,大梁(后称浚仪,即今开封市)一直属于梁国管辖。需要特别指出的是,梁国始建于汉高祖时期,梁孝王刘武在位是在汉文帝、景帝时期,而梁国西部五县被削夺,在此基础上建立陈留郡是在汉武帝时期。在汉武帝削夺梁地、设立陈留郡以前,浚仪等县均属梁国辖地,陈留郡是从梁国分出去的。王遂一先生对此不详察,以汉武帝时期设立陈留郡后梁国和陈留郡的边界划分来论证汉文帝时期(陈留郡尚未设置)的梁国边界,说“汉代浚仪、杞县均归陈留郡”,梁国西界“高阳虽处杞县之西,但离开封尚远”,从而得出汉文帝时浚仪不属梁国辖区的结论,岂能使人信服?要之,

① 参见《中国历史地图集》第二册《西汉豫州、兖州、徐州、青州刺史部》,中华地图学社,1975。

在汉文帝封其次子刘武为梁王以前,浚仪一直属于梁国辖地,刘武被封于开封并不是不可能的。

《水经注》卷二十二云:“汉文帝封孝王于梁,孝王以土地下湿,都睢阳,又改曰梁。”《史记·梁孝王世家》载《正义》引《括地志》云:“汉文帝封子武于大梁,以其卑湿,徙睢阳,故改曰梁也。”上述历史文献明确记载,梁孝王刘武始封于大梁(浚仪),后徙都睢阳。如果没有确凿依据,对此不可随意否定。

吴楚七国之乱时梁国都城究竟在何地

王文既否认大梁(浚仪)是梁孝王始封之地,于是又断言:“文帝封次子刘武为梁王,其都城先在定陶。”吴楚七国之乱后,“梁孝王才将都城南迁到睢阳”。其主要依据是吴楚叛军围攻睢阳,而汉军统帅周亚夫却屯兵昌邑,不救睢阳。

首先,王文指出,如果梁国都城是在睢阳,“周亚夫驻军昌邑便完全失去作用”“这时梁国都城只有在定陶,周亚夫此举才有战略意义”。笔者以为,王文作如是说,是因为不了解周亚夫同吴楚叛军作战的战略。

周亚夫之所以不救睢阳,屯兵昌邑,完全是从平定叛乱的战略全局出发。《汉书·周勃传》记载:“孝景帝三年,吴楚反,亚夫以中尉为太尉,东击吴楚。因自请曰:‘楚兵剽轻,难与争锋。愿以梁委之,绝其食道,乃可制也。’上许之。”周亚夫知己知彼,他知道吴、楚军剽勇轻疾,汉兵与之正面争锋,难以取胜,而忠于汉朝的梁国有较强的军事实力,就决定把梁地让出,让梁国军队先抵挡一阵,然后自己派兵切断吴、楚军队的运粮线路,待吴、楚军饥饿败退,再用精兵追击。史称这种战略是“使吴、梁相弊而粮食竭,乃以全制其极”①。这个战略事先已得到汉景帝的批准。

战争史实已证明周亚夫这种战略的正确性。《汉书·周勃传》记载:“亚夫至,会兵荥阳。吴方攻梁,梁急,请救。亚夫引兵东北走昌邑,深壁而守……而使轻骑兵弓高侯等绝吴、楚兵后食道。吴楚兵乏粮,饥,欲退,数挑战,终不出。……吴楚既饿,乃引而去。亚夫出精兵追击,大破吴王(刘)濞。”周亚夫的作战

① 《长短经》卷四《霸图第十七》丛书集成初编,第597册,中华书局出版社,1985,第110页。

方略是成功的,但是因为这种方略损害了梁国的利益,周亚夫见梁国遭遇危难而不救,因此得罪于梁孝王。

总之,我们不能因为梁国都城在睢阳,就说周亚夫屯兵昌邑没有战略意义。

其次,王文还说,吴、楚叛军围攻睢阳,周亚夫却“引兵东北走昌邑梁壁而守”,说明“梁孝王不在睢阳而在定陶”“由此梁孝王乃是先都定陶”。

笔者以为,王文的这种说法完全是一种主观臆断,没有任何事实根据。前面已经阐明,周亚夫屯兵昌邑,不救睢阳,是从与吴、楚作战的战略出发,不能因此断定当时梁国都城不在睢阳,而在定陶。

吴、楚七国之乱时,梁孝王是否在睢阳,请看下面文献记载。《史记·梁孝王世家》曰:“其春,吴、楚、齐、赵七国反。吴、楚先击梁棘壁,杀数万人。梁孝王城守睢阳,而使韩安国、张羽等为大将军,以距吴、楚。吴、楚以梁为限,不敢过而西,与太尉亚夫等相距三月。”《汉书·文三王传》记载与此完全相同,而在“梁孝王城守睢阳”句下有唐代颜师古注:“据睢阳而自守。”既然《史记》《汉书》均记载吴、楚七国之乱时,梁孝王据睢阳而自守,我们怎能说当时梁孝王不在睢阳,并由此得出结论,当时梁国都城不在睢阳,而在定陶呢?

总之,王文说梁孝王始都定陶,吴、楚七国之乱后方迁睢阳,是不符合历史事实的。《水经注》和《括地志》记载梁孝王始封于大梁(浚仪即今开封市),后因其地卑湿,东迁睢阳,是不容置疑的。而且迁都睢阳的时间是在吴、楚七国之乱以前。

关于西汉梁国都城的情况,至今尚不完全详明,需要继续研究。下面就魏咎为魏王和吕产为梁王时的都城地望加以考述。

陈胜起义以后,魏人周市略定魏地,立魏咎为魏王。《汉书·魏豹传》记载:“章邯已破陈王,进兵击魏王于临济。魏王使周市请救齐、楚。齐、楚遣项它、田巴将兵……围临济。咎为其民约降。约降定,咎自杀。”《汉书·陈平传》说:“陈涉起王,使周市略地,立魏咎为魏王,与秦军相攻于临济。平已前谢兄伯,从少年往事魏王咎,为太仆。”《资治通鉴》卷九亦记载,陈平“事魏王咎于临济,为太仆”。魏王咎既在临济设置百官,秦章邯攻魏又专攻临济,齐、楚也发兵救临济,魏王咎又在临济为其民约降,说明临济是魏王咎的都城。临济在今河南封丘县东,战国时属于梁(魏)地,东汉时为平丘。

吕后的侄子吕产为梁王时的都城,文献缺乏明确记载。但据《汉书·地理志》，西汉济阴郡有吕都县，离定陶较近，此县为西汉时期设置，地望在今山东菏泽县西。可能此地就是吕产担任梁王时的都城所在。吕后死后，吕产作乱，被朱虚侯刘章杀死，国除为郡。可能此时将吕产任梁王时的都城改为吕都县。

总括全文，笔者以为，秦汉之际魏王咎的都城在临济，西汉初彭越为梁王时的都城在定陶，吕产为梁王时的都城可能在吕都，梁孝王刘武的都城在浚仪，不久迁都于睢阳，此后梁国都城不再迁徙。

（原载《河南大学学报》1998 年第 6 期）

内黄三杨庄水灾遗址与西汉黄河水患

近年，在河南省内黄县三杨庄附近发现了汉代的聚落和农田遗存。经过考古工作者钻探和初步发掘，发现这些遗存均为汉代的庭院建筑和农田遗址，因黄河的一次大规模洪水泛滥而被整体淹没。像这样保存完整的地面部分建筑遗迹在全国独一无二，因而被一些专家称为“中国的庞贝古城”，被列入2005年度全国十大考古新发现和国家大遗址重点保护项目，并成为国务院公布的第六批全国重点文物保护单位。如今，关于该遗址的保护规划已经制定完毕，二号庭院保护工程正在施工中。三杨庄遗址为黄河下游严重的水患提供了珍贵的实证资料。由于该遗址尚未发掘完毕，发掘报告尚没有发表。但是遗址发掘单位河南省文物考古研究所和内黄县文物局编写了《三杨庄汉代遗址》一书，对初步发掘的收获做了简要介绍，不少报刊也对这一重大发现进行了较为详细的报道。本文依据上述已经披露的资料，对三杨庄遗址与西汉黄河下游水患的一些相关问题予以初步探讨。

内黄三杨庄汉代黄河水灾遗址

三杨庄遗址位于河南省内黄县梁庄镇三杨庄北，东北距内黄县城约30公里。2003年6月下旬，当地实施硝河疏浚工程，在三杨庄北开挖河道，在约1500米范围内，距现地表深5米左右，先后发现了4处汉代瓦顶建筑遗存。经初步清理后确认，这些遗存均为汉代庭院建筑遗址，因黄河的一次大规模泛滥而被整体淹没。经过三年来的钻探和调查，考古工作者在近百万平方米范围内，不仅发现了13处汉代的庭院遗存，而且还发现了相互贯通的道路网络。三杨庄遗址是一处规模宏大、保存完整的西汉晚期农田和庭院建筑遗址。由于该遗址是因黄河洪水泛滥而被淤沙深埋于地下，所以庭院布局、农田垄畦保存完好，屋顶和坍塌的墙体基本保持原状，各遗迹的功能及其相互之间的关系明确。这种情况在既往的考古发现中极为罕见，尤其是成组的庭院布局及其附属设施、大面积的农田及其耕作原貌，均是汉代考古中的首次发现，填补了学术研究中的许多空白。

关于三杨庄遗址的价值，一些专家学者做出很高的评价。中国考古学会理事长徐苹芳说："内黄三杨庄遗址是近几年我们国家最重要的考古发现，全国唯一，今后很可能没有第二处，所以对于它的重要性怎样去评价都不过分。"①许多学者认为："内黄三杨庄汉代聚落遗址的发现，首次再现了汉代农村的真实景象；首次揭示了汉代中下层民众生产、生活状况的庭院与生活环境；首次发现了汉代农田实物，为研究汉代农耕文明和耕作制度，为研究汉代的基层社会组织结构提供了绝好的实物资料。同时，也为汉代黄河治理和河道变迁等黄河水文史方面的研究提供了新的考古资料。"②因此，它值得人们进行深入的研究。

西汉时期频繁严重的黄河下游水患

秦汉时期黄河下游水患主要发生在西汉和两汉之际。当时黄河北流，至今沧州以东入海，见于记载的大决溢有十余次。除两次向南由今山东西部注入泗水下通淮水入海外，决溢大多集中在今河南省北部一带，泛滥今山东省西部、北部和河北省南部地区。至东汉明帝永平年间王景治河以后，黄河开始出现长期相对安流的局面，水灾较少发生。

一、严重的西汉黄河水患

西汉初年，黄河下游河道尚比较稳定，只是在汉文帝时酸枣（今河南延津西南）发生了一次决口。而到汉武帝时期，黄河决溢便频繁出现，至西汉末期黄河水害此起彼伏，几乎到了不可收拾的地步。

西汉中期以后黄河决溢频繁，灾情严重，给人民群众的生命财产造成巨大

① 河南省文物考古研究所、河南省内黄县文物局：《三杨庄汉代遗址》，2007，第50页。

② 陈茁、王珂：《考古新发现背后的故事》，《河南日报》2006年5月23日。

的损失。武帝建元三年(前138年)的平原(郡治今山东平原县西南)河溢,造成百姓大饥,人相食。元光三年(前132年)瓠子(今河南濮阳县西南)决口,主流东入巨野泽,南夺泗入淮,另有分支北流入济,洪水遍及十六郡。史称"自河决瓠子后二十余岁,岁因以数不登,而梁楚之地尤甚"①。最严重的一次水患发生在汉成帝建始四年(前29年)。是年黄河在馆陶(今属河北)和东郡(治今河南濮阳县)金堤两处决口,泛滥兖、豫二州,"入平原、千乘、济南,凡灌四郡三十二县,水居地十五万余顷,深者三丈,坏败官亭室庐且四万所"②。百姓死亡不计其数,仅官府从灾区迁出的百姓就有97000余人。河平二年(前27年)的平原决口,溃水"流入济南、千乘,所坏败者半建始时"。鸿嘉四年(前17年)"勃海、清河、信都河水湓溢,灌县邑三十一,败官亭民舍四万余所"。当时人称这次"河溢之害数倍于前决平原时"③。新莽始建国三年(11年),河决魏郡,泛清河以东数郡。这次河决,近60年没有堵塞,造成更大的灾害。而且河南郡荥阳(今河南郑州古荥镇)以下地区也发生了灾变。至东汉初建武年间,张汜曾言:"河决积久,日月侵毁,济渠所漂数十许县。"④

二、西汉黄河下游水患频发的原因

西汉黄河下游水患频发的原因是多方面的,我们认为,主要有以下几点:

首先,黄土高原地区植被的破坏加剧了水土流失,使黄河下游河床因泥沙淤积而抬高,出现了地上悬河。秦、西汉时期大力推行移民实边和屯田的政策,黄土高原地区人口有大幅度的增长。例如汉武帝时期,曾徙山东受灾"贫民于关以西,及充朔方以南新秦中,七十余万口,衣食皆仰给县官。数岁,假予产业,使者分部护之,冠盖相望"。后又在"上郡、朔方、西河、河西开田官,斥塞卒六十万人戍田之"⑤。西汉末黄土高原人口数量达到684万,占当时人口总数的11.5%,成为除黄河下游平原地区外全国第二个人口最多的地区。⑥ 人口数量的急剧增长使黄土高原农业开发的步伐加快,成片的草场和森林变成了农田。

---

① 《史记》卷二十九《河渠书》,中华书局,1959,第1412页。
② 《汉书》卷二十九《沟洫志》,中华书局,1962,第1688页。
③ 《汉书》卷二十九《沟洫志》,中华书局,1962,第1689~1690页。
④ 《后汉书》卷一百六《循吏列传》,中华书局,1965,第2464~2465页。
⑤ 《史记》卷三十《平准书》,中华书局,1959,第1425、1439页。
⑥ 朱士光:《黄土高原地区环境变迁及其治理》,黄河水利出版社,1999,第43页。

据司马迁《史记·货殖列传》记载，春秋战国以来，中国北方的农业和牧业分界线，在由今河北昌黎县碣石经山西太原到陕西韩城县龙门一线。但是经过西汉时期多次大规模移民开发，终于全面突破了上述的农牧业分界线，使今山陕峡谷流域及泾、渭、北洛河上游地区成为新的农业地区。虽然当地居民还保持着"车马田狩"的遗风，畜牧业仍占有一定比重，但是大规模的移民屯垦已使这里的农业生产有很大的发展，且使自然景观发生显著变化，大片草原和森林逐渐消失，代之出现的是村庄和农田。在这种情况下，黄土高原地区的原始植被受到人类活动的明显影响。在当时"广种薄收"等不合理的农业垦殖活动中，森林和草原遭到破坏，黄土裸露出来，造成严重的水土流失，河水中的泥沙含量增加，颜色变黄，"黄河"的称谓开始见于史书。西汉末期张戎曾言："河水重浊，号为一石水而六斗泥。"①这种多泥沙河水到达下游，必然淤积抬高河床。随着河床的淤积抬高，人们被迫加高堤防以保安全。久而久之，在黄河下游一些河段形成了地上悬河，魏郡黎阳（今河南浚县）段就是如此。史称："往六七岁，河水大盛，增丈七尺，坏黎阳南郭门，入至堤下，水未逾堤二尺所，从堤上北望，河高出民屋，百姓皆走上山。"这种地上悬河出现后，"河水高于平地，岁增堤防，犹尚决溢"②，增大了河水泛滥的概率。

其次，黄河下游人民"与水争地"，导致河床狭窄，降低了蓄洪、行洪能力。战国至西汉时期是黄河中下游地区的一个人口高峰期。到西汉末元始二年（2年），黄淮海平原地区"人口达 3294 万，占西汉人口总数的 57.1%，人口密度也居全国之冠"③。黄河中下游地区劳动人手增加，铁农具的进步、牛耕的普及，使当时的土地得到更广更深的开发，社会经济有明显发展。由于人口众多，土地开发殆尽。有些地方为盐碱地，土地瘠薄，产量很低。人们为了糊口，开始"与水争地"，垦种黄河堤内滩地和池泽周围的土地。史称："昔元光之间，人庶炽盛，缘堤垦殖。"④由于战国时所修黄河两岸堤防，间距 50 里，"水尚有所游荡。时至而去，则填淤肥美，民耕田之。或久无害，稍筑室宅，遂成聚落。大水时至漂没，则更起堤防以自救，稍去其城郭，排水泽而居之"。"东郡白马（今河南滑县

① 《汉书》卷二十九《沟洫志》，中华书局，1962，第 1697 页。
② 《汉书》卷二十九《沟洫志》，中华书局，1962，第 1695 页。
③ 邹逸麟：《黄淮海平原历史地理》，安徽教育出版社，1993，第 226 页。
④ 《后汉书》卷七十六《循吏传》，中华书局，1965，第 2464 页。

东）故大堤亦复数重，民皆居其间。从黎阳北尽魏界，故大堤去河远者数十里，内亦数重，此皆前世所排也。”①黄河堤内有广阔的滩地，由于河水泥沙填淤，土地肥美。人们不仅在堤内耕种，而且建筑房舍居住，又筑民埝（生产堤）以自保。堤内修筑重重民埝，导致河床狭窄，所建民埝、房舍又产生阻遏作用，造成河水流动不畅，加剧了主河道淤积。这样，如发生洪水，极易决溢成灾。此外，黄河下游地区原本有许多池泽，成为容纳洪水之处所。西汉时由于黄河下游平原人口众多，土地不足，开始对池泽进行围垦。如“内黄界中有泽，方数十里，环之有堤，往十余岁太守以赋民，民今起庐舍其中，此臣亲所见者也”②。可见，位于汉代内黄县西南的黄泽已被围垦。池泽被围垦的结果是面积缩小或者完全消失，洪水无地蓄滞，自然会酿成灾害。总之，百姓“与水争咫尺之地”，在黄河堤内滩地上垦殖，修筑民埝、房舍，使河床狭窄，又围垦可用于滞洪的沼泽，使其面积缩小。人类与水争地的结果，加重了洪水灾害，也危及自身生命财产的安全。

再次，治水措施不当，控导工程不合理，增加了黄河险情。西汉时期水利技术有所发展，人们在黄河下游河段的泥土堤防表面砌上石块，更有利于抗御洪水的冲击，并开始修筑石堤控导河水流向。但是由于人们对于黄河水情了解不够，这些控导工程布设不尽合理，反而影响了黄河的安流。时人贾让曾说：“河从河内（郡治今河南武陟西南）北至黎阳（今河南浚县）为石堤，激使东抵东郡平刚（今河南滑县境内）；又为石堤，使西北抵黎阳、观（今河南清丰东南）下；又为石堤，使东北抵东郡津（即白马津，今河南滑县东北）北；又为石堤，使西北抵魏郡昭阳（今河南浚县东北）；又为石堤，激使东北。百余里间，河再西三东，迫厄如此，不得安息。”③人们为了某种需要，在一百多里内，通过修筑石堤，使河水不断改变流向，两次向西北，三次向东北，出现许多急弯，导致行水不畅。一遇洪水，极易破堤泛滥。

① 《汉书》卷二十九《沟洫志》，中华书局，1962，第1692~1693页。
② 《汉书》卷二十九《沟洫志》，中华书局，1962，第1693页。
③ 《汉书》卷二十九《沟洫志》，中华书局，1962，第1693页。

关于三杨庄水灾遗址的几个问题

三杨庄遗址的发现为汉代黄河河道变迁、灾害治理的研究提供了新的考古资料。但是,还有一些问题值得考证和探讨。例如:三杨庄遗址是否濒临汉代黄河故道?它为哪一次黄河水患淹没?它位于黄河堤内还是堤外?下面我们就这些问题发表一些初步看法。

一、三杨庄遗址濒临汉代黄河故道

三杨庄遗址位于今河南省内黄县东南。西汉时期即有内黄县建置,隶属于治所设在邺县(今河北临漳西南邺镇)的魏郡。史称西汉魏郡领县十八:邺,馆陶,斥丘,沙,内黄,清渊,魏,繁阳,元城,梁期,黎阳,即裴,武始,邯会,阴安,平恩,邯沟,武安。①

查历史沿革,今河南内黄县境"战国属魏,一名黄,一名繁阳。赵敬侯八年拔魏黄城,赵孝成王二十八年廉颇兵攻繁阳"。西汉"高祖时始置内黄县,又分置繁阳县,并隶魏郡"。因为秦朝在河外的砀郡设有"外黄"县,西汉继续存在。此黄城在河内,因而称"内黄"。北魏"永平初年县废,与繁阳并入临漳,隶司州魏尹"②。可见,两汉魏晋时期,今河南内黄一带,有内黄和繁阳两县并存。那么,三杨庄一带在汉代究竟属于内黄县还是属于繁阳县呢?

西汉时的内黄县"治所在今河南汤阴县东北故城村",而不在今内黄县境内,其西南有黄泽。北魏永平初年内黄县被废。隋开皇六年(586年)复置,方移治于今内黄县西二十里旧县,北宋元丰年间以后又徙治今内黄县城。而在西汉内黄县以东有繁阳县:"西汉置,属魏郡,治所在今河南内黄县西北。"③查阅历史地图,西汉繁阳县在今内黄县城西北,西汉内黄县又在繁阳县正西。④ 今内黄县大部分地方汉代属于繁阳县,而三杨庄遗址位于今内黄县城西南,故它在西汉时不可能属于内黄县,而应属于繁阳县管辖。

---

① 《汉书》卷二十八上《地理志上》,中华书局,1962,第1573~1574页。

② 《内黄县志》,《卷首·沿革》,内黄县人民委员会,光绪十六年(1890年),1965年重印。

③ 史为乐主编:《中国历史地名大辞典》,中国社会科学出版社,2005,第2940页。

④ 中国历史地图集编辑组:《中国历史地图集》第二册,中国地图学社,1975。

汉代黄河决溢比先秦时期明显增多，主河道变化较为频繁。关于西汉时期冀州以下的黄河主河道流向，郦道元说：河水“又东北过黎阳县南。河水自(白马)津东北经凉城县。河水又东北经伍子胥庙南。河水又东北为长寿津。故渎东北经戚城西，故渎又经繁阳县故城东，北经阴安县故城西。故渎又东北经昌乐县故城东。故渎又东北经平邑郭西，又东北经元城县故县西北，而至沙丘堰。至于大陆北，播于九河”①。可见，西汉黄河下游河道不流经当时的内黄县，而流经繁阳县，繁阳县故城东为黄河故渎行经之地。

关于汉代早期黄河下游河道流经何地、到何处入海，一些现代学者依据《史记·河渠书》《汉书·沟洫志》和《水经注·河水》的相关记载，认为：黄河主河道大概经今河南省的荥阳北、延津西、滑县东、浚县南、濮阳西南、内黄东南、清丰西、南乐西北，河北省的大名东，山东省的冠县西，过馆陶镇后，经临清南、高唐东南、平原南，绕平原西南，由德州市东复入河北，自东光县北流向东北，至沧州市折转向东，在黄骅县境入海。② 也就是说，西汉黄河主河道流经今河南内黄县东南。

总之，西汉时黄河主河道北流，至今河北沧州以东入海。虽然黄河曾有两次向南大决，河水由今山东省西部流入泗水，下通淮水入海，但是其大多数决溢都发生在今河南省北部一带，泛滥今山东省西部、北部和河北省南部地区。汉代的魏郡繁阳县(今河南内黄县)位于今河南省北部，西汉黄河主河道从此经过，处于黄河决溢的多发区。三杨庄遗址位于西汉繁阳县东南(今内黄县西南)，因此它被黄河洪水淹没毫不足怪。

二、三杨庄遗址为新莽始建国三年(11年)的黄河魏郡决口之后所淹没

西汉一代黄河下游水患频繁，据史书记载，当时黄河的决溢不下10次：第一次是汉文帝十二年(前168年)，“河决酸枣(今河南延津西南)，东溃金堤，于是东郡(治今河南濮阳县)大兴卒塞之”③。第二次是汉武帝建元三年(前138年)春，“河水溢于平原(治今山东平原西南)，大饥，人相食”④。第三次是汉武帝元光三年(前132年)。是年春，“河水徙从顿丘(今河南清丰西南)东南流入

① 郦道元著、王国维校注：《水经注校》卷五《河水》，上海人民出版社，1984，第158~164页。

② 《黄河水利史述要》编写组：《黄河水利史述要》，黄河水利出版社，2003，第59页。

③ 《史记》卷二十九《河渠书》，中华书局，1959，第1409页。

④ 《汉书》卷六《武帝纪》，中华书局，1962，第158页。

渤海”。同年五月,“河水决濮阳,泛郡十六”①。关于这次决口,司马迁称:“其后四十有余年,今天子元光之中,而河决于瓠子(今河南濮阳县西北),东南注巨野,通于淮、泗。于是天子使汲黯、郑当时兴人徒塞之,辄复坏。”②关于其具体时间,班固所记有所不同:“其后三十六岁,孝武元光中,河决于瓠子。”③“其后”即“河决酸枣”之后。考河决酸枣四十余年,已是汉武帝元朔或元狩年间,与元光年间不合。而“其后三十六岁”,正当元光三年(前132年)。因此,笔者认为,此次河决,应发生在元光三年,以班固所言为是,司马迁可能将“其后三十余年”误为“其后四十余年”。这次决口,到元封二年(前109年)汉武帝封禅完毕路过濮阳,亲临瓠子率群臣负薪,堵塞决口方取得成功。第四次仍在汉武帝时期,“自塞宣房(即塞瓠子决口)后,河复北决于馆陶(今属河北),分为屯氏河,东北经魏郡(治今河北临漳县西南)、清河、信都(今河北冀县)、勃海(治今河北沧州东南)入海,广深于大河等,故因其自然,不堤塞也”。第五次是汉元帝永光五年(前39年),“河决清河(治今河北清河县东南)灵鸣犊口,而屯氏河绝”④。第六次至第九次都发生在汉成帝时期。第六次是建始四年(前29年),河“决于馆陶及东郡金堤,泛滥兖、豫”二州,朝廷命河堤使者王延世塞之,月余,河堤成。第七次是河平二年(前27年),“河复决平原,流入济南(治今山东章丘县西北)、千乘(治今山东高清县东南),所坏败者半建始时”。遣王延世、杨焉等治之,六月乃成。第八次是鸿嘉四年(前17年),“勃海、清河、信都河水溢溢,灌县邑三十一,败官亭民舍四万余所”,不塞。第九次是元延元年(前12年),“河水大盛,增丈七尺,坏黎阳(今河南浚县)南郭门,入至堤下”“水留十三日,堤溃(二所),吏民塞之”⑤。第十次是新莽始建国三年(11年),“河决魏郡,泛清河以东数郡”⑥。河水经平原、济南二郡,流向千乘入海。这次决口王莽不予堵塞。直至东汉明帝永平十二年(69年),才由王景予以彻底治理。

既然西汉时期黄河下游至少发生了10余次水患,那么,三杨庄遗址的汉代村落

---

① 《汉书》卷六《武帝纪》,中华书局,1962,第163页。
② 《史记》卷二十九《河渠书》,中华书局,1959,第1409页。
③ 《汉书》卷二十九《沟洫志》,中华书局,1962,第1679页。
④ 《汉书》卷二十九《沟洫志》,中华书局,1962,第1686、1687页。
⑤ 《汉书》卷二十九《沟洫志》,中华书局,1962,第1688~1690、1695页。
⑥ 《汉书》卷九十九《王莽传中》,中华书局,1962,第4127页。

农田被深埋,出自哪次水患,也是一个必须解决的问题,下面我们就此做些分析。

首先,内黄三杨庄在汉代属于魏郡。黄河在魏郡以下地区决口,对此地不会有影响。只有在魏郡及其以上地域决口,方可能使此地受灾。上述黄河的六次决溢,发生在魏郡及其以上的只有三次,即汉文帝十二年(前 168 年)的河决酸枣,汉武帝元光三年(前 132 年)的河决瓠子和新莽始建国三年(11 年)的河决魏郡三次。而汉文帝十二年的"河决酸枣",由于东南地势低洼,河水只能向东南流,夺泗入淮;汉武帝元光三年的河决瓠子,也是流向东南的巨野泽,汇泗入淮。这两次决溢都不会对魏郡地造成多大危害。而新莽始建国三年的决口,发生在魏郡当地,因而会直接导致三杨庄一带遭受洪水灾害。

其次,考古工作者在三杨庄第二处庭院遗址的"二进院内西部地面初步清出 3 枚'货泉'铜钱等"①,为我们提供了重要信息。据文献记载,西汉王朝的钱币有荚钱、半两钱(四铢)、三铢钱、五铢钱、赤仄钱等,没有"货泉"这种钱币,"货泉"是新莽时的钱币。王莽居摄代汉,曾经多次改革币制,但其货币并不流行。"但行小钱直一,与大钱五十,二品并行"。到了天凤元年(14 年),"罢大小钱,改作货布……其文右曰'货',左曰'布',重二十五铢,直货泉二十五。货泉径一寸,重五铢,文右曰'货',左曰'泉',枚直一,与货布二品并行"②。可见,"货泉"是王莽天凤元年开始流行的货币。由此可见,三杨庄庭院被黄河水淹没应发生在新莽始建国三年的河决魏郡之后。始建国三年黄河在魏郡决口后,新莽政权没有进行堵塞。史称:"先是,莽恐河决为元城冢墓害。及决东去,元城不忧水,故遂不堤塞。"③所谓元城冢墓即王莽曾祖父的坟墓。王莽为了一己之利,不筑堤堵塞决口,任凭洪水泛滥,从而给黄河下游地区人民造成了极大的灾难。

但是,这里还存在着一个小问题。既然在三杨庄遗址的院落内发现了新莽时的钱币"货泉",而王莽推行"货泉"的时间是在天凤元年,说明该遗址院落被掩埋应在天凤元年以后。但是新莽时期的黄河决口发生在始建国三年。就是说,始建国元年(9 年)黄河在魏郡决口的当时,院落并没有被淹没,2 年以后才

---

① 河南省文物考古研究所、河南省内黄县文物局:《三杨庄汉代遗址》,2007,第 15 页。

② 《汉书》卷二十四《食货志下》,中华书局,1962,第 1179、1184 页。

③ 《汉书》卷九十九《王莽传中》,中华书局,1962,第 4127 页。

被淹没。其缘故何在,尚值得进一步研讨。

三、三杨庄遗址位于黄河堤内滩地上还是堤外

过去人们一直认为,中国古代的乡里的聚落和田地的布局是院落集中在一起,聚落之外才是农田。而内黄三杨庄汉代聚落遗址的院落之间的布局相对独立,并保持一定距离,互不相连,每个院落周围都是农田,如同一座座别墅。这种情况引起了学术界的关注。刘庆柱先生说:“这让我大吃一惊。2000 年前汉代乡里的布局怎么是一个个单独院落?”①对此问题我们也谈一点肤浅认识。

前文已经说明,内黄三杨庄一带在汉代位于魏郡繁阳县东南,濒临黄河故道。战国以来在黄河下游两岸大堤内有宽五十里的滩区,洪水在其间游荡。洪水退去后,滩地被泥沙“填淤肥美,民耕田之。或久无害,稍筑室宅,遂成聚落”。这在当时的黄河下游地区成为一种普遍现象,而且魏郡繁阳(今内黄)也是如此。史称“从黎阳北尽魏界,故大堤去河远者数十里”,内有民埝“数重,民皆居其间”②。明确指出黄河从黎阳(今河南浚县)到出魏郡界一段河道(包括内黄三杨庄一带在内),两岸大堤内有广阔的滩地,其上有民埝(生产堤)数重,农民在其间建筑室宅,垦种土地。因此我们推测,内黄三杨庄遗址很可能在黄河大堤之内的滩地上。

黄河滩地由于时常可能被洪水淹没,而不属于国家统计在册的正规耕地。农民自发或经过当地政府许可,在滩地上耕种,并建筑住宅。他们为了生产和生活上的方便,就在自己垦种的一块土地上单独建筑室宅。当然,有些院落之间也有道路相连,便于守望相助。因为这种田地和住宅都带有临时性质,其布局就不像堤外的属于乡里的永久性聚落那样,很多家的院落连成一片,聚族而居,土地全在聚落之外。

当然,这种认识虽有一些根据,但仍然带有推测成分,需要以后的考古发掘进一步证明。

(原载《中州学刊》2008 年第 4 期)

---

① 河南省文物考古研究所、河南省内黄县文物局:《三杨庄汉代遗址》,2007,第 62 页。

② 《汉书》卷二十九《沟洫志》,中华书局,1962,第 1692、1693 页。

内黄三杨庄汉代庭院遗址与汉代聚落样式探讨

关于汉代的都城和地区性的中心城市,文献有较为详细的记载。考古工作者对汉长安城、洛阳汉魏故城以及汉河南县城等遗址的考古发掘,又提供了丰富的实证材料,使人们对汉代城市有了较多的了解。但是对于汉代广大乡村的状况,由于文献记载较少,又缺乏实物资料,人们对汉代的普通农民的居住、生产、生活状况则知之不多。位于内黄县梁庄镇三杨庄北的汉代遗址是一处被黄河泛滥整体掩埋、没有受到人为扰动破坏的聚落遗址。自 2003 年以来,河南省文物考古研究所对该遗址进行了连续的考古发掘和勘探,至 2008 年年底,已经勘探 100 万平方米,发现了 13 处汉代建筑遗存和多处垄作农田遗迹以及几条道路,出土了大量的陶器、石器、铁器、砖瓦及铜钱等文物。该遗址的发掘为研究汉代聚落与农业生产、农民生活状况提供了弥足珍贵的实证资料,具有重要的学术研究价值。徐苹芳说:"广大的农村是什么样子我们不清楚,文献上记载也不清楚。所以,三杨庄汉代遗址出来后,给人以新的启示:这是一个院落,旁边就是田地,过了几十米,又是一处,星罗棋布的,这个发现给我们描述了汉代广大农村社会的景象,因为以前从来没有发现过这么大面积的汉代建筑实物和面积这么大、这么规整的田垄,非常地难得,所以说它非常的重要。"①因此,该遗址 2005 年被列入全国重点文物保护单位,如今已作为一处大遗址实施保护和展示。

河南省文物考古研究所在首期发现的 7 处汉代庭院遗存中,初步清理了 9000 余平方米。"在已进行清理的 4 处封闭式二进院布局庭院内,共清理出房屋建筑遗存 7 座,分主房、厢房、门房 3 种,其中 3 座主房均有部分瓦顶上的板瓦、筒瓦保存着当初在屋顶时的扣合原状(第 4 处庭院主房瓦顶未予揭露);还

① 河南省文物考古研究所、河南省内黄县文物局:《三杨庄汉代遗址》,2007,第 54 页。

清理出水井2眼,水塘1处,水沟2条,编织遗迹1处,门前活动场地2处,厕所3处,窖穴1处,'货泉'铜钱币3枚,'益寿万岁'瓦当若干个,石质、铁质、陶质生活和生产用具70余件。在庭院门前广场还发现清晰的牛蹄印迹和车辙印迹等。庭院周围还清理出大面积垄作农田。"①这是一项珍贵的考古成果,为我们对相关问题的研究提供了弥足珍贵的实物资料。

三杨庄遗址的发掘首次形象直观地揭示了汉代庭院布局与环境。从三杨庄汉代庭院遗址的发掘结果看,每座庭院均坐北朝南,为农田环绕,有主房和厢房;院门外有活动场地,院内或附近有水池、水井及生活设施,并有道路通向外面。院落之间的布局相对独立,并保持一定距离,互不相连。对此进行深入研讨,可以加深对文献记载中的有关汉代"聚""落""里"的状况的了解,对于汉代社会基层的组织结构,农民的家庭结构与居住、生产、生活状况等,产生更为切实、深入的认识。本文主要依据已发表的三杨庄汉代庭院遗址的资料,结合关于汉代聚落的文献记载,参考以前各地出土的汉代画像砖石中的住宅建筑图与数量众多的汉代建筑明器,对该遗址的性质以及汉代的聚落进行初步探讨,以就教于方家。

文献记载的汉代聚落与庭院样式

历史文献对于中国古代的聚落与庭院有一些零散的记载。这些资料有助于我们对汉代聚落与庭院样式的探讨。

一、关于聚与聚落

关于"聚"的概念,早在先秦时期就已出现。战国秦汉时期的地名,除了乡、里以外,还有都、邑、聚。史称虞舜的德行为人们仰慕和追随,于是"一年而所居成聚,二年成邑,三年成都"②。说明聚、邑、都是三个不同等级的聚落。聚的居民最少,邑的居民较多,都的居民更多。关于聚、邑、都的人口规模,苏秦说:"禹无百人之聚,以王诸侯。"注引枚乘书:"舜无立锥之地,禹无十户之聚。"韩康子

① 河南省文物考古研究所、河南省内黄县文物局:《三杨庄汉代遗址》,2007,第2页。

② 《史记》卷一《五帝本纪》,中华书局,1959,第34页。

"使使者致万家之邑一于知伯",魏献子亦"因使人致万家之邑一于知伯"。赵胜对韩上党太守冯亭说:"请以三万户之都封太守,千户封县令。"①由此可见,最小的聚居民不过十来户、上百口;邑的居民则可多达万户,甚至超过万户,有数万人口;都的居民可能有二三万户,十多万人。

汉代社会基层除了乡、里、亭邮之外,还有邑(城)、聚存在。例如西汉时上党郡铜鞮县有上虒亭、下虒聚。河南郡缑氏县有刘聚,为周大夫刘子邑;梁县有惮狐聚,秦灭西周徙其君于此;又有阳人聚,秦灭东周徙其君于此。南阳郡育阳县有南筮聚。② 东汉亦有城、乡、亭、聚存在。例如河南尹洛阳县"有唐聚,有上程聚,有士乡聚,有褚氏聚,有荣锜涧,有前亭,有圉乡,有大解城"③。

"落"的本意是人聚居处。它与"邑""聚"连用,即"邑落""聚落"。关于邑落,例如东汉时汉中人程包上言板楯蛮状况时说:"长吏乡亭,更赋至重……故邑落相聚,以致叛戾。"④此处以邑落与乡亭并称,而且乡亭与邑落存在管理与被管理的关系。关于聚落,例如西汉后将军赵充国领兵攻先零羌,"兵至罕地,令军毋燔聚落刍牧田中"。颜师古注"聚落"为"人居"。⑤ "人居"即"民居",为避唐太宗李世民的名讳而称作"人居"。此外,"落"也引申为住处、院落。例如陈留考城(今河南兰考)人仇览为蒲亭长,陈元母诣仇览告元不孝,"览惊曰:'吾近日过舍,庐落整顿,耕耘以时。'"注引《广雅》曰:"'落,居也。'案今人谓院为落也。"⑥可见,"落"即"居","院"也可称为"落",二者也可合称为"院落"。

总之,聚和聚落是人们聚居的场所,是社会基层最小的居民区。小聚人口不足百人,大聚当有所超过。所谓聚落就是村落。

二、关于庭院样式

庭院式住宅为秦汉时期一般民人所居住。庭院平面多呈长方形或方形,分别由一幢房屋、两幢房屋、三幢房屋和四幢以上房屋及院墙、大门构成。房屋一般分为堂和室。

---

① 《战国策》卷十九《赵策二》,卷十八《赵策一》,上海古籍出版社,1985,第639、587、617页。
② 《汉书》卷二十八上《地理志上》,中华书局,1962,第1553、1555、1556、1563页。
③ 《后汉书》志第十九《郡国一》,中华书局,1965,第3389页。
④ 《后汉书》卷八十六《南蛮西南夷传》,中华书局,1965,第2843页。
⑤ 《汉书》卷六十九《赵充国辛庆忌传》,中华书局,1962,第2983页。
⑥ 《后汉书》卷一百六《循吏传》,中华书局,1965,第2480页。

最简单的庭院是一幢房屋,其他三面围以院墙。《睡虎地秦墓竹简》介绍一个被查封的士伍的房屋:"甲室、人:一宇二内,各有户,内室皆瓦盖,木大具,门桑十木。"①所谓"一宇",就是有堂屋一间;所谓"二内",即有卧室两间。屋上覆瓦,木构齐备。其建筑材料是瓦(可能还有砖)和木材,屋主人应是富有人家。"木"应为"朱"字之误。"桑十朱"即桑树十株。西汉晁错上言:徙民实边要"营邑立城,制里割宅,通田作之道,正阡陌之界,先为筑室,家有一堂二内,门户之闭,置器物焉"②。一宇二内,是秦汉时中等人家起码的居住标准。关于房屋面积大小,东汉王充说:"富人之宅,以一丈之地为内。内中所有,柙匮所羸,缣布丝帛也。贫人之宅,亦以一丈为内。内中空虚,徒四壁立,故名曰贫。"③说明在汉代社会的中下层人家,无论贫穷还是富有,房屋规模的大小是差不多的,结构与一宇二内之说相差也不会太远。也就是说,一般的民居就是有一幢堂屋,分为两间内室。内室的面积约一丈见方。其他三面围以院墙,形成一个小院落。

官僚、贵族、富商的住宅规制较大,结构也较为复杂,"主要有以下几种:一为曲尺形住宅,是由两幢长方形房子组合成一个曲尺形平面,其余相对的两面用矮墙围绕起来,构成一个后院。大门一般位于正面,也有正侧两面都辟门的。比曲尺形主宅进一步的是以三幢房屋组合成的三合式住宅和由四幢房屋组成的四合式建筑"。"在汉代,能住上四合式房屋的应是处于社会上层的家庭了。"④

除了庭院式住宅外,还有楼阁式住宅。"高台层榭,接屋连阁"⑤即指达官、显贵和富豪人家的住宅。西汉湖阳(今河南唐河西南)人樊重田庄中的住宅就是适例。史称樊重"世善农稼,好货殖""三世共财""课役童隶""至乃开广田土三百余顷。其所起庐舍,皆有重堂高阁,陂渠灌注。又池鱼牧畜,有求必给"⑥。两汉之交,融住宅、园林、田地于一体的庄园兴起。庄园住宅不仅有重堂高阁,而且陂池农田环绕其间。武库和岗楼式望楼是庄园建筑必不可少的部分。大

① 睡虎地秦墓竹简整理小组:《睡虎地秦墓竹简》,文物出版社,1978,第249页。
② 《汉书》卷四十九《晁错传》,中华书局,1962,第2288页。
③ 王充:《论衡》卷十三《别通》,上海人民出版社,1974,第205页。
④ 田昌五、安作璋主编:《秦汉史》,人民出版社,2008,第546页。
⑤ 《淮南子》卷九《主术训》,中华书局,2014,第242页。
⑥ 《后汉书》卷三十二《樊宏传》,中华书局,1965,第1119页。

庄园自给自足,闭门成市,俨然是一个独立王国。

总之,从文献记载看,汉代一般农民住宅的最基本样式是:一间堂屋,二间内室,外有门,内有户。家庭经济状况较好的院落也可能有两三幢房屋构成。而厅堂建筑则由房基、立柱、屋顶几部分组成,立柱多使用斗拱结构。

从画像砖石和建筑明器看汉代的庭院、田园

在三杨庄庭院农田遗址发现以前,全国各地已发掘了许多汉代的画像砖、石墓葬,出土了不计其数的画像石、画像砖。画像砖、石题材丰富,其中有部分住宅建筑图画。同时在许多汉代墓葬中出土了数量众多的建筑明器,其中也有部分宅院模型。这些画像砖、石和建筑明器成为我们认识汉代庭院建筑样式的重要依据。

一、汉画像石、画像砖中的住宅

汉画像石、画像砖的住宅图由于画幅的局限,往往只能展现住宅的局部,但是也能看到住宅建筑的多种平面布局,如方形、长方形、曲尺形、"一"字形、"日"字形等。

汉画像石中出现的住宅图,大致可分为三种类型。较小的住宅,平面呈方形或长方形,门多开在中间,大多采用木构架结构,墙壁用夯土筑造,直棂窗,悬山式顶,以墙垣构成院落。较大的住宅,其布局分为左、右两部分,右侧有门、堂,左侧为附属建筑,一般分为前、后两院,有回廊环绕。贵族地主的宅第,外有阙,正门,屋顶中央高,两侧低,其旁设有小门,大门内又有中门,可行车马,门旁有门庑。院内以前堂为主要建筑,堂后以墙、门分隔内外,门内有居住的房屋。此外,还有车房、马厩、厨房、库房及门吏、奴婢、住房,以及构石为山,引水为池的园林、水榭建筑。①

在江苏徐州铜山利国出土的汉代画像石图像中可见一组标准的四合院建筑群。后有正厅,轴线左右对称建有配房,显得长幼有序、内外有别。前有门

① 王建中:《汉代画像石通论》,紫禁城出版社,2001,第399页。

庭，中间有道，两侧设庑以备宾客之宿。①

山东诸城县前凉台画像石墓出土的庭院图是一座庭院内设置有配院的建筑图。第一重院落即前院。前院右侧设有双阙和联结双阙的大门。阙呈楼阁式，高于大门。大门为硬山式建筑。门阙与院墙相连，院墙可能由版筑而成。……第二重院即中院。中间置过厅，硬山式建筑，两侧置配房，过厅高于配房。……院内左后侧有一配院。二进院、三进院之间以廊庑相隔。第三层院落即后院。大院的后部设一高大的厅堂，庑殿式建筑，其前左分别有配院，厅堂后仅见院墙，似为廊房式，未见其他建筑物。②

1954年在四川成都扬子山出土的宅院画像砖，是东汉时期一个较为完整的豪强大族的庭院图像。庭院高墙环绕，楼舍齐备，井厨俱全。内院有斗鸡和双鹤对舞。堂上宾主对饮，后室则没有明确的表现。前堂后室，东厨北厕，是当时官吏豪富住宅的标准规格。③

由于画像砖石墓的墓主都是达官显贵和富豪，其中的庭院多比较复杂豪华，罕见平民住宅样式。

二、建筑明器中的住宅

全国各地的汉墓中也出现了大批建筑明器，河南、山东、四川等地出土的建筑明器较多。它可以分为一进四合院、三进四合院和小型四合院三种类型。

一进四合院可以分为两种样式：一种样式可以郑州市乾元北街汉代空心画像砖墓出土的一座灰陶院落模型为代表。这座院落模型是“由门房、阙楼、正房、仓楼、厨房和猪圈等六部分组成严整的四合院。门房在前，为硬山式单层建筑，大门开于右侧，有门槛。门房左侧置阙楼，阙楼平面近方形，为二层四阿顶建筑。院内左侧为厨房。右侧为四阿重檐式建筑的仓楼，上有一道台阶式楼梯。正房坐于院落后部，与门房相对，为悬山顶高台式建筑，门前有台阶式踏道。猪圈为方形，设在正房左侧一角。院落制作规整，比例匀称，风格写实”。另一种样式可以1959年郑州市南关西汉晚期空心画像砖墓（159号汉墓）出土的一座灰陶院落模型为代表。这座模型的整体造型和布局与前座模型大体相

① 唐士钦：《徐州汉画中的古建筑》，《中原文物》，1991年第3期。

② 蒋英炬、杨爱国：《汉代画像石与画像砖》，文物出版社，2001，第53页。

③ 中国国家博物馆：《文物秦汉史》，中华书局，2009，第175页。

同，只是“仓楼上有二道台阶，呈倒‘八形’，猪圈上有悬山顶厕所，其正脊上卧有几只鸡。院落设计制作更加讲究”①。

三进四合院可以河南淮阳于庄汉墓出土的彩绘陶院落模型为代表。“于庄墓群位于大连乡于庄村东。汉代。面积约1500平方米。1981年11月清理一座汉墓，出土有西汉时期的三进陶院落及‘半两’钱，还有汉代陶罐等文物。”②这座“彩绘陶院落，整体分两大部分，一部分为三进四合院式建筑，由前院、中庭、后院组成。前院有大门，门外两侧有彩绘人物壁画。门内两侧为马厩，院内置马槽。入中庭设有二门，上有门楼，两侧对称有重檐庑殿顶四层角楼。院内左右设厢房，厢房的二楼有回廊分别与角楼和门楼沟通相连。中庭的主体建筑为两层高大的重檐庑殿顶厅堂，建于高台之上，前置台阶可达殿内。此外，中庭和后院还有其他建筑，如住房、仓房、厨房、厕所、猪圈等。另一部分为田园，水井设在田园的中部，灌溉沟和土埂清晰可见。该模型规模宏大，结构复杂，是迄今为止我国汉代考古发掘中所仅见的”③。田园与宅院相连接，有围墙，可能是一个菜园。

小型四合院亦可分为两种样式：一种样式可以河南陕县张茅汉墓出土，现藏洛阳博物馆的一座院落模型为代表。“院前建一座平房，右侧与后壁围以矮墙，左侧建前后两座楼，均为悬山顶，靠后楼右侧建一棚式磨房，形成前后两院。前面平房为悬山顶，上作瓦垄，右侧开一长方形大门，后院为猪圈。”另一种样式可以出土于陕县（今河南三门峡市区）刘家渠东汉墓葬中的一座院落模型为代表。“院前后建两座平房，右侧建牲畜棚，左侧围以矮墙，形成四合院。前后平房皆悬山顶，前屋檐下出挑一梁头，作垂叶状装饰。但其作用似同斗拱上托屋檐。右转角原似有斗拱，现已残失。前后房都开边门。后房内竖‘隔山’，将房分为两部分。牲畜棚作一面坡顶，棚内用墙隔为大小三间。各房顶均覆瓦垄，饰圆形瓦当。”④

另一种形式的四合院建筑在汉代更为常见，它是由门房、厢房、厨房、仓楼、猪圈等部分组成。这种四合院陶楼模型多出于西汉晚期中小官吏的墓葬中，揭示了当时中小官吏庭院布局和家庭经济生活的面貌。山东沂南北寨村出土的

① 河南博物院：《河南出土汉代建筑明器》，大象出版社，2002，第205页。

② 河南省文物局：《河南文物》（中册），文心出版社，2008，第1782页。

③ 河南博物院：《河南出土汉代建筑明器》，大象出版社，2002，第205页。

④ 河南博物院：《河南出土汉代建筑明器》，大象出版社，2002，第205页；中国国家博物馆：《文物秦汉史》，中华书局，2009，第175页。

陶庭院，由前后两个院落、三排房子组成，每一排房都是五间，是一个典型的“日”字形建筑。“日”字形的左右两侧各有一列六间的廊房。整座建筑有一条从前大门到后客厅的中轴线，中轴线的左右两侧对称。这种布局类似今天的四合院。① 但是另说它是画像石中的住宅画面。② 未知孰是。但二者所述庭院样式相同。陕西勉县老道寺汉墓出土的一件陶楼院，包括 19 件单体建筑。它由宅门、院墙、左厢、右厢、正楼为单元的主体四合院和偏门、用人房、家畜家禽圈为单元的偏院等一整套四合院组成，是结构更为复杂的一种四合院。

比较而言，三杨庄庭院遗存是二进四合院，与建筑明器中的小型四合院相近。

汉代的庄园图景在出土文物中也有反映。四川各地发现的画像砖，刻画了宅院外边有大片稻田、池塘、山林和盐井等。内蒙古和林格尔壁画墓中的壁画《庄园图》画出了整个庄园的轮廓，较为详细地描绘了庄园的各项生产活动。庄园住宅图中楼阁占有一定比例。

我国古代建筑技术最突出的特点是木结构的广泛应用，其主要成就是框架式结构和“斗拱”结构的高度发展。从具体结构来说，它们都用立柱、横梁组成骨架，房顶全部重量由柱子承接，传到地面，墙体不承重而只起隔断作用。这种建筑结构体系到汉代已趋于成熟，并已用拱作为柱、梁之间的过渡设施，同时起装饰作用。秦汉时期小条砖逐渐趋向模式化，当时人们还创造了榫卯砖、企口砖、楔形砖等。“秦砖汉瓦”之说表明在秦汉时期，综合使用木材、砖瓦作为主要的建筑材料已相当成熟。③ 这在三杨庄庭院遗址中也有较多体现。

对三杨庄庭院遗址的认识

关于三杨庄遗址的性质，发掘者认为，“这里应该是一处较大范围的汉代聚落遗址，可能由若干小的区域组成，每个小的区域又包含有若干庭院。根据已

---

① 中国国家博物馆：《文物秦汉史》，中华书局，2009，第 175 页。

② 田昌五、安作璋主编：《秦汉史》，人民出版社，2008，第 546~547 页。

③ 白寿彝总主编：《中国通史》第四册，上海人民出版社，1995，第 585~586 页。

清理的两组建筑遗存，我们称之为庭院遗存”①。下面就此作些探讨。

一、庭院建筑

第一处庭院遗存位于三杨庄村北约500米，在对暴露于河道内部分进行初步清理时发现，庭院遗迹有庭院围墙、正房瓦顶、墙体砖基础、坍塌的夯土墙，未使用的板瓦和筒瓦、建筑废弃物、拌泥池、灶、灰坑等，推测维修过程中遭遇洪水，维修作业未能完成。瓦顶下有倒塌的墙土和檩痕迹。

第二处庭院遗存位于三杨庄村西北，东距第一处庭院遗存约500米。该处庭院遗存揭露较为完整。庭院的平面布局从南向北依次为第一进院南墙及南大门、西门房、东厢房、第二进院南墙、南门、西厢房、正房。南大门外偏东南约5米处还有一眼水井及通往水井的用碎瓦铺设的便道，水井壁系小砖（与房基用砖相同）圈砌，井口周围用同样的砖铺砌成近于方形的井台，庭院西北角有一处带瓦顶的厕所。在庭院的西侧，还清理出一座形状规范的圆形水塘。二进院墙具有砖基础，主房墙基亦用砖，主房西侧发现排水道，第二进院门外廊道有木柱痕迹。还有主房使用的瓦当、筒瓦、板瓦等。

第三处庭院遗存位于三杨庄村北，第一处庭院遗存东北约100米处。该庭院遗存揭露较为完整，其平面布局从南向北依次为第一进院南墙及南大门、南厢房、第二进院院墙、正房等。庭院东西两侧有墙，墙外分别有一条宽窄、长度大体相同的水沟，西侧水沟分为南北两段。南门外西侧有水井一眼，井壁用砖及砌法与第二处庭院水井相同。庭院后有一小的建筑遗存，据推测可能为厕所。南厢房南墙为版筑夯土砌筑（也为整个庭院的南墙，已经倒塌），块状大小清晰可辨。南门外有一活动场地，在此发现多处清晰的车辙印迹和牛蹄印迹。在这一活动场地的南侧，有一条东西向与已发掘的第二处庭院遗存相连的道路。

第四处庭院遗存位于第三处庭院遗存东25米处，大致东西并列，尚未完整清理与揭露。平面布局接近第三处庭院遗存，所不同的是西侧没有边沟，院后有一附属建筑，可能是厕所。有水塘和倒塌的土坯墙。

总之，四处庭院遗存多为二进庭院，房顶有板瓦、筒瓦及瓦当覆盖，部分墙

---

① 河南省文物考古研究所、内黄县文物保护管理所：《河南内黄三杨庄汉代庭院遗址》，《考古》2004年第7期。

基用小砖砌成,其上为夯土版筑土墙,四号庭院发现土坯墙体。从发现的石柱础和木立柱及房檩痕迹,可以说明是木构建筑。比较而言,第二处遗存等级较高,二进院内有坐北朝南的一宇二内三开间的主房,用饰有“益寿万岁”的瓦当,墙基用砖,又有西厢房;一进院内有东厢房和西门房,出土器物也最多。第三处遗存主房坐西向东两开间,第一进院仅有南厢房。两处建筑遗存有明显差异。

二、出土器物

在第一处庭院遗存出土有轮盘、水槽、瓮等陶器。第二处庭院遗存“水井的周围分布有较多的水槽、盆、瓮等陶器(有的可能因残破而废弃)和石磨等石器”。“在该庭院遗址内及南大门外、水池内,清理出大石臼、小石臼、石磨、石磙等石器,陶水槽、碗、甑、盆、罐、豆、瓮、轮盘等陶器,铜镞、铁犁、釜、斧、刀等铁器”。此外,还有陶纺轮、石线坠。第三处庭院遗存“在庭院内外的地面上散落着石碓、小石臼、陶瓮、陶盆等遗物。照片有铁斧、铁犁铧、铁镰、铁犁、铜镞、铜饰件、清晰的牛蹄痕迹”①。第四处庭院遗址尚未清理完毕。

第二、第三处庭院遗存出土文物较多,从文物材质分有石器、陶器、金属器(铁器、铜器),从用途分有生产工具和生活用具。生产工具有农具,如铁犁、铁犁铧、铁镰、碾压用的石磙,手工工具有铁斧、刀、轮盘、纺轮、线坠,用于纺织、木工、粮食加工用的石磨、石臼、石碓,日常生活用品包括盛水用的和洗涤用的陶盆、罐、水槽,储存粮食用的豆、瓮,蒸煮食物的甑,吃饭用的碗等。种的树有桑、榆。榆树质地坚硬,可作建房用;桑树叶可养蚕,生产丝、绵,可织衣物,果实桑葚可以食用。除了牛蹄痕迹说明主人饲养牛外,当时普遍养的猪等家畜未发现,也许厕所同时就是猪圈。铜镞说明可能从事射猎。由这些出土物品可以看出庭院主人的生产和生活状况。

第二处遗存出土粮食加工和生活用品较多,第三处遗存出土了农业生产工具,并发现牛蹄、车辙痕迹。

发掘者谨慎地说:“目前对这两处汉代庭院遗址的发掘范围有限,每组庭院的平面布局仍难以完全明确,其性质与用途尚难以最后断定。”“该遗址面积相当大,内涵非常丰富,其是否为一处汉代的城镇或庄园,整体布局如何等这些都

---

① 河南省文物考古研究所、河南省内黄县文物局:《三杨庄汉代遗址》,2007,第15、29页。

有待于进一步的考古勘探和发掘才能确定。"①我们对该遗址的性质谈一些不成熟的看法。

1.该院落遗存似应为中小地主或富裕农民的住宅

两汉之交,融住宅、园林、田地于一体的庄园兴起。庄园住宅区不仅有重堂高阁,而且陂池农田环绕其间。武库和岗楼式的望楼是庄园建筑必不可少的部分。三杨庄汉代住宅遗存有陂池农田环绕其间,就这一点而言,似乎像庄园。但是建筑大多为二进院落,院内房屋不是很多,未发现楼阁,少见廊坊。从出土器物看,多为农业生产和手工业生产工具和日常生活用具。但手工业工具不很齐全,未发现冶铁、制陶等手工业遗址,因而不大可能是自给自足的庄园遗存。

2.关于汉代聚落布局

过去人们一直认为,中国古代乡里的聚落和田地的布局是院落集中在一起,聚落之外才是农田。而三杨庄汉代聚落遗址的院落之间的布局相对独立,两个庭院之间的距离近者有 25 米、100 米,远者有 500 米不等。均保持一定距离、互不相连,每个院落周围都是农田,如同一座座别墅。这种情况引起了学术界的高度关注。

我们认为,聚落布局与人口密度、土地多寡有直接关系。据史书记载,西汉平帝元始二年(2 年)汉朝管辖区内有户 12233062,口数 59594978,平均每户约 4.222 人。其中繁阳(今河南内黄)所属的魏郡辖有 18 个县,有户 212849,口数 909655。② 当时全国有 14 个人口密度大的郡,魏郡不在其中,魏郡的人口密度在全国处于中等偏上。考虑到当时全国人口总数不足 6000 万,魏郡 18 个县仅有 90 万人,平均每个县仅有 5 万人。就此而言,这种院落之间的布局相对独立,每个院落周围有农田陂池环绕的聚落样式并非不可能。

3.三杨庄遗址可能位于黄河堤内滩地上

聚落样式与地理位置、自然条件有关。内黄三杨庄一带在汉代位于魏郡繁阳县东南,濒临黄河故道。战国以来在黄河下游两岸大堤内有宽 25 公里的滩区,洪水在其间游荡。洪水退去后,滩地被泥沙"填淤肥美,民耕田之。或久无

---

① 河南省文物考古研究所、内黄县文物保护管理所:《河南内黄三杨庄汉代庭院遗址》,《考古》2004 年第 7 期。

② 《汉书》卷二十八上《地理志》,中华书局,1962,第 1573 页。

害，稍筑室宅，遂成聚落”。这在当时的黄河下游地区成为一种普遍现象，魏郡繁阳县也不例外。时人贾让曾说：“内黄界中有泽，方数十里，环之有堤，往十余岁太守以赋民，民今起庐舍其中，此臣亲所见者也。”“从黎阳北尽魏界，故大堤去河远者数十里”，内有民埝“数重，民皆居其间”①。贾让明确指出黄河从黎阳（今河南浚县）到出魏郡界一段河道（包括内黄三杨庄一带在内），两岸大堤内有广阔的滩地，其上有民埝（生产堤）数重，农民在其间建筑室宅，垦种土地。因此我们推测，内黄三杨庄遗址很可能在黄河大堤之内的滩地上。考古工作者在第二处庭院“西侧清理过程中，汉代农田以上叠压有厚约 18 厘米的表面呈水波纹河底状水流冲击泥层，能直观证明该处庭院在坍塌后成了黄河河道的一部分”②。这也说明该庭院遗址可能位于黄河大堤之内的滩地上。

黄河滩地由于时常被洪水淹没，而不属于国家统计在册的正规耕地。农民自发或经过当地政府许可，在滩地上耕种，并建筑住宅。他们为了生产和生活上的方便，就在自己垦种的一块土地上单独建筑室宅。院落之间也有道路相连，便于守望相助。因为这种田地和住宅都带有临时性质，其布局就不像堤外的属于乡里的永久性聚落那样，很多家的院落连成一片，聚族而居，土地全在聚落之外。

总之，我们认为，内黄三杨庄汉代庭院与农田遗存，可能反映了黄河堤内滩地上的农民住宅与土地的布局状况，它不一定反映汉代整个农村聚落的共同特性。汉代的聚落的主要样式应该是住宅相对集中在一处，周围为农田。但是也不能完全排除当时在河堤内滩地之外也存在院落之间的布局相对独立、每个院落周围有农田陂池环绕的聚落样式。

（原载《汉代城市和聚落考古与汉文化》，科学出版社 2010 年版）

① 《汉书》卷二十九《沟洫志》，中华书局，1962，第 1692~1693 页。

② 刘海旺、朱汝生：《河南三杨庄遗址发掘取得新收获》，《中国文物报》2009 年 2 月 1 日。

内迁丁零人与翟魏政权

从西晋灭亡至南北朝始建这段历史，南方为东晋，北方则称为五胡十六国。但事实上当时的政权不止16个，活跃在中国北方的也并非仅匈奴、鲜卑、羯、氐、羌5个少数民族。北方古老的民族——丁零在汉魏西晋时期不断内迁，十六国时期活跃在中原地区的历史舞台上，建立了翟魏政权。北朝前期为反抗北魏统治者的压迫剥削进行过多次英勇的斗争，后期方与其他民族融合为一体。本文拟探讨内迁丁零人的活动与翟魏政权的兴亡，以说明丁零人对当时中原社会历史的影响。

丁零人及其内迁

丁零，古史称“狄历”“丁令”，是古代中国北方的部族。战国秦汉时期游牧于北海（今贝加尔湖）一带，南与匈奴为邻，长期处于匈奴奴隶主的统治之下，遭受着压迫和掠夺，不少人沦为奴隶。丁零人不断掀起反抗匈奴统治者的斗争。如汉宣帝本始元年（前73年），匈奴骑兵攻打乌孙，归途中遇大风雪，还者不过十分之一。“于是丁令乘弱攻其北，乌桓入其东，乌孙击其西。凡三国所杀数万级，马数万匹，牛羊甚众”①，给匈奴统治者以沉重打击。东汉章帝时，汉军和南匈奴联合进攻北匈奴，导致北匈奴远遁，“丁零寇其后”②也起了一定作用。

在汉代，部分丁零人逐渐南徙，归顺汉王朝。新莽时有丁零士兵屯驻代郡，1世纪中叶，一批丁零奴隶逃到河西走廊一带。东汉末曹操军中也有丁零人。三国时期丁零大体分为二部，居住在北海故地的丁零人称“北丁零”，迁至乌孙

---

① 《汉书》卷九十四《匈奴传》，中华书局，1962，第3787页。

② 《后汉书》卷八十九《南匈奴传》，中华书局，1965，第2950页。

以西、康巨以北地区的丁零人称“西丁零”。地处康巨北的西丁零有“胜兵六万人,随畜牧,出名鼠皮,白昆子、青昆子皮”①。

西晋与十六国之初,已有部分丁零人迁居黄河流域。赫连勃勃的曾祖刘虎曾被前赵政权封为“安北将军、监鲜卑诸军事、丁零中郎将,雄踞肆卢川(今陕西榆林西北)”,祖父刘豹子曾为后赵“平北将军、左贤王、丁零单于”②。刘虎、刘豹子居住在河套南朔方一带。此处既设有丁零中郎将和丁零单于,当有不少丁零部落。

与此同时,还有一些丁零人迁至今河北地区。石勒有主簿曰鲜于丰,鲜于属丁零姓氏,可见石勒军中有丁零人。晋愍帝建兴四年(316年)“大蝗,中山、常山尤甚。中山丁零翟鼠叛勒,攻中山、常山,勒率骑讨之,获其母妻而还。鼠保于胥关,遂奔代郡”③。中山郡治在今河北定县,常山郡治在今河北石家庄,西晋时已有丁零人在此地居住。石勒起兵,始归附之,后遇蝗灾,复叛。东晋成帝咸和五年(330年),中山丁零首领翟斌率部投降石勒。史称“初,丁零翟斌,世居康巨(今巴尔喀什湖与咸海之间),后徙中国,至是入朝于赵;赵以斌为句町王”④。可见中山一带的丁零人翟氏部落是从康巨迁来的,属于西丁零,后归附后赵政权。

及至晋穆帝永和七年(351年),前燕将领慕容恪率军进克中山,“丁零翟鼠及冉闵将刘准等率其所部降于(慕容)俊,封鼠归义王,拜准左司马”⑤,中山丁零翟氏部落始归附前燕。前秦苻坚攻克邺城,灭亡前燕,于建元七年(371年)“徙关东豪杰及诸杂夷十万户于关中,处乌丸杂类于冯翊、北地,丁零翟斌于新安(今属河南)”⑥,《资治通鉴·简文帝咸安元年》言处于新安、渑池。丁零人为前秦苻坚所逼迫,遂迁至汉族的中心区,即历代汉族政权的京畿地区。

反秦兴燕与翟魏政权

十六国后期内迁丁零人相当活跃,其首领翟斌首举反对前秦的大旗,丁零

---

① 《三国志》卷三十《乌桓鲜卑东夷传》注引《魏略》,中华书局,1959,第862页。

② 《晋书》卷一百三十《赫连勃勃载纪》,中华书局,1974,第3201页。

③ 《晋书》卷一百四《石勒载纪上》,中华书局,1974,第2725页。

④ 《资治通鉴·晋成帝咸和五年》,中华书局,1956,第2977页。

⑤ 《晋书》卷一百十《慕容儁载纪》,中华书局,1974,第2833页。

⑥ 《晋书》卷一百一十三《苻坚载纪上》,中华书局,1974,第2893页。

人在后燕的兴起中发挥了巨大的作用。

前燕被前秦灭亡后，鲜卑贵族与前燕遗民自不会甘心失败，图谋等待时机恢复故国。如“慕容桓之子凤，年十一，阴有复雠之志，鲜卑、丁零有气干者皆倾身与之交结”①。丁零翟氏本前燕臣民，后被前秦统治，被迫离开故土，迁至河南。其首领翟斌，在燕为句町王，前秦时只做个卫军从事中郎。这就激起了丁零人对前秦统治者的不满。

及前秦在淝水之战中失败，各族豪酋均怀异志，丁零翟斌首先举兵反秦。史称“卫军从事中郎丁零翟斌反于河南”②，“谋攻豫州牧平原公（苻）晖于洛阳”。丁零人起兵得到各族人民的响应，“旬日之中，众已数千”。“慕容凤及燕故臣之子燕郡王腾、辽西段延等闻翟斌起兵，各帅部曲归之。平原公晖使武平侯毛当讨斌。慕容凤曰：‘凤今将雪先王之耻，请为将军斩此氐奴。’乃擐甲直进，丁零之众，随之，大败秦兵，斩毛当；遂进攻陵云台戍，克之，收万余人甲杖。”③翟斌得到了鲜卑人的支持，取得了与前秦初战的胜利。

翟斌起兵时，鲜卑慕容垂以安抚河北和扫墓为名，脱离苻坚，前往邺城，图谋复兴燕国。镇守邺城的前秦长乐公苻丕令他领兵讨伐翟斌。慕容垂南达河内，托言兵少，招兵买马，扩大自己力量。翟斌听从慕容凤等人的劝告，在慕容垂南渡黄河之前，遣使推之为盟主，慕容垂没有贸然答应。及慕容垂至洛阳，苻晖因慕容垂在路途中消灭了苻飞龙所率氐兵，心有戒备，闭城门不纳。这时“翟斌复遣长史郭通往说垂，垂犹未许。通曰：‘将军所以拒通者，岂非以翟斌兄弟山野异类，无奇才远略，必无所成故邪？独不念将军今日凭之，可以济大业乎？’垂乃许之。于是斌率其众来与垂合”④，并劝慕容垂称尊号。

慕容垂联合翟斌后，力量顿增。前秦荥阳太守故扶余王蔚及昌黎鲜卑卫驹等各率部归降。慕容垂东至荥阳，遂自称大将军、大都督、燕王，“以翟斌为建义大将军，封河南王；翟檀为柱国大将军，弘农王”⑤。然后“引丁零、乌桓之众二

---

① 《资治通鉴·晋海西公太和五年》，中华书局，1956，第 3241 页。
② 《晋书》卷一百一十四《苻坚载纪下》，中华书局，1974，第 2919 页。
③ 《资治通鉴·晋孝武帝太元八年》，中华书局，1956，第 3317~3319 页。
④ 《资治通鉴·晋孝武帝太元九年》，中华书局，1956，第 3320 页。
⑤ 《晋书》卷一百二十三《慕容垂载纪》，中华书局，1974，第 3082 页。

十余万以飞梯地道以攻邺(今河北临漳西南)"①。翟斌与慕容垂联合后,丁零军队就成为慕容垂复兴燕政权的工具,成为后燕的一支劲旅。慕容垂正是凭借着由鲜卑、丁零、乌桓人组成的军队建立了后燕政权。总之,翟斌首先举兵反秦,然后率军与慕容垂联合,拥戴慕容垂为君主,随之征伐,为后燕政权的建立和巩固立下了汗马功劳,慕容垂也承认翟斌兄弟"有大功"②。

但是后燕政权建立后,丁零人开始遭受鲜卑贵族的压迫和剥削,其首领翟斌也受歧视,于是丁零人与燕主慕容垂的矛盾尖锐起来。"翟斌潜讽丁零及西人,请斌为尚书令"。尚书令为行政首脑,慕容垂不愿轻易假人,遂以尚书台尚未建立婉言拒绝。"斌怒,密应苻丕,潜使丁零决防溃水"③。事泄,翟斌兄弟三人被杀。

翟斌兄子翟真率翟斌部众北走邯郸,又欲引兵南向邺城,与前秦苻丕相连合,为内外之势,以应对前燕。但被前燕太子慕容宝等击败,从邯郸北逃。燕将慕容楷率骑兵尾追,翟真率余众反击,在下邑大败燕军。于是屯兵承营(今河北定县附近),与公孙希、宋敬等遥相首尾,苻丕也派宦者冗从仆射光祚领兵数百前往承营,与翟真交结。与此同时,燕将慕容农领兵击败驻守黄泥的翟嵩部,又攻击翟真从兄翟辽于鲁口,翟辽退至无终(今天津蓟县),慕容农又与慕容麟合兵进攻翟辽,翟辽军大败,单骑投奔翟真。

后燕慕容垂燕元二年(385年)年初,慕容农与慕容麟合兵中山,欲攻伐翟真,先领数千骑兵到承营观察形势,翟真遂阵兵而出。慕容农知翟真为人懦弱,派骁骑慕容国率百余骑兵猛冲翟真军,翟真败走,其兵众自相蹈藉,死者过半,翟真逃奔承营外郭。虽然翟真军队遭受挫败,但当时丁零人四布,分据诸城。镇守中山的燕乐浪王温自知兵力微弱,不足以进攻翟真,遂采用防守以待时机的方略,抚旧招新,劝课农桑,人民归附者渐众,郡县壁垒争送军粮。翟真曾夜袭中山,被击败。

未几,慕容垂自领兵进逼中山,"翟真自承营徙屯行唐,真司马鲜于乞杀真及诸翟,自立为赵王。营人共杀乞,立真从弟成为主"④。翟真自承营徙屯行唐(今河北行唐东北),被其司马鲜于乞杀死,翟氏兄弟罕有幸免者。鲜于乞自称

---

① 《资治通鉴·晋孝武帝太元九年》,中华书局,1956,第3325页。
② 《资治通鉴·晋孝武帝太元九年》,中华书局,1956,第3332页。
③ 《晋书》卷一百二十三《慕容垂载纪》,中华书局,1974,第3085页。
④ 《资治通鉴·晋孝武帝太元十年》,中华书局,1956,第3345页。

赵王，旋被营人杀死，立翟真从弟翟成为主。丁零翟氏经此变故，部众不少人降燕。闰五月，慕容垂进军常山，围翟成于行唐。七日，长史鲜于得斩翟成出降，慕容垂进屠行唐，尽坑其军众。鲜于氏与翟氏同为丁零大姓。在大兵压境的形势下，丁零人内部却为争夺权利而互相残杀，于是慕容垂坐收渔利，中山、常山一带的丁零人被屠灭殆尽。

鲜于乞杀诸翟时，翟辽逃奔黎阳（今河南浚县），博得东晋黎阳太守滕恬之的信任。滕恬之喜欢田猎，不爱士卒，翟辽遂施惠以收众心。后滕恬之进攻黄河南岸的鹿鸣城，翟辽乘机闭城门拒之。滕恬之东奔鄄城，翟辽追执之，遂据有黎阳。晋派兵讨翟辽，无功。次年三月，晋泰山太守张愿又以郡降翟辽。

翟辽攻略晋谯城（今安徽亳州）。太元十二年（387 年）年初，其子翟钊又进攻陈郡（今河南淮阳）、颍川（今河南许昌东），均被晋将朱序击退。四月，高平（今山东巨野南）人翟畅执其郡太守徐含远，以郡降翟辽。翟辽遂拥有数郡之地。慕容垂自然不能坐视翟辽力量的强大，遂率诸将南攻黎阳，“以（慕容）楷为前锋都督。辽之部众皆燕赵人也，咸曰：‘太原王之子，吾之父母。’相率归附。辽惧，遣使请降。垂至黎阳，辽肉袒谢罪”①，慕容垂遂以翟辽为徐州牧，封河南公。

翟辽降燕后，井径人贾鲍招引北山丁零翟遥等五千余人夜袭中山，陷其外郭，后受燕慕容宝和章武王宙内外夹击，兵众被俘，翟遥、贾鲍二人仅免于难。

十月，翟辽复叛燕，派兵与王祖、张申等联合，进攻燕清河、平原二郡。太元十三年（388 年）二月，翟辽派司马眭琼向燕主慕容垂谢罪。慕容“垂以其数反覆，斩琼以绝之。辽乃自称魏天王，改元建光，置百官”②，翟魏政权正式建立。五月，翟辽由黎阳徙都滑台（今河南滑县东），欲阻黄河为固，抵拒燕军进攻。

翟魏政权既建，就要扩充土地。太元十四年（389 年）四月，翟辽领兵南攻荥阳，执东晋所置太守张卓，又略地陈项。十月，翟辽又派丁零人故堤诈降于燕冀州刺史乐浪王温，伺机刺杀温及其长史司马驱，欲夺取信都（今河北冀县），未逞，率守兵二百户逃奔西燕，被慕容农截获，故堤一人走脱。次年正月，翟辽又乘晋豫州刺史朱序追击西燕慕容永军队之机，引兵进攻洛阳。朱序还师，翟辽退回。翟辽屡次攻略，东晋也进行还击。八月，晋将刘牢之率军伐翟魏，攻翟钊

---

① 《晋书》卷一百二十三《慕容垂载纪》，中华书局，1974，第 3087 页。

② 《资治通鉴·晋孝武帝太元十三年》，中华书局，1956，第 3382 页。

于鄄城，又败翟辽于滑台。十月，翟辽死，子翟钊继立，改元定鼎。

翟钊即位后，领兵北攻燕邺城，被慕容农击败。后燕主慕容垂不能允许翟魏政权的存在，遂于太元十七年（392 年）三月引军南击翟钊，进逼苏康垒。四月，翟魏守将翟都南奔滑台。翟钊遣使向西燕求救，被西燕主慕容拒绝。

六月，燕军到达黎阳，欲南渡黄河，翟钊列兵南岸以拒之。慕容垂采取声东击西的策略，“徙营就西津，去黎阳四十里，为牛皮船百余艘，伪列兵仗，泝流而上。钊亟引兵趣西津，垂潜遣中垒将军桂林王（慕容）镇等自黎阳津夜济，营于河南，比明而营成。钊闻之，亟还，攻镇等营。垂命镇等坚壁勿战。钊兵往来疲暍，攻营不能拔，将引去；镇等引兵出战，骠骑将军（慕容）农自西津济，与镇等夹击，大破之。钊走还滑台，将妻子，收遗众，北济河，登白鹿山（今河南获嘉县北），凭险自守”。慕容农佯退兵，留骑候之。翟钊下山，慕容农“还兵掩击，尽获其众，钊单骑奔长子（今属山西）”①。岁余，翟钊被西燕慕容永所杀，翟魏遂亡。

丁零翟氏兄弟对后燕有大功，但被汉人、鲜卑人称为“山野异类”“畜牲”“戎狄小人”，政治地位很低，这必然激起他们的反抗。翟辽本无逐鹿中原之志，其建立翟魏政权实出于不得已。翟魏地处东晋、后燕、西燕三国之间，翟辽父子利用诸国互相牵制的形势，使其政权延续了五六年时间。翟魏政权也得到一些汉族地主的支持，如郝晷、崔逞及清河崔宏、新兴张卓、辽东夔腾、阳平路纂“各将部曲营于河南；既而受翟氏官爵”②。翟魏政权势力所及豫、兖、冀诸州，领有七郡，概为黎阳、陈留、济阴、淮阳、荥阳、顿丘、贵乡。人口三万八千户，比西燕政权辖境略小。

丁零人能征惯战，以勇健著称。但其首领缺少谋略，不懂兵法，与燕军作战，多被智取。且翟辽父子不善于抚民，其败，所统七郡数万户竟安堵如故。翟魏政权既建，南攻晋，北略燕，两面树敌，自难为容。唯与西燕无嫌隙，但又未深结盟好，以致大兵压境，无兵救援而败亡。

翟魏灭亡后，后燕境内的丁零人仍然在活动。如永康二年（397 年），慕容详僭称尊号，“（慕容）麟率丁零之众入中山，斩详及其亲党三百余人”。慕容奇

---

① 《资治通鉴·晋孝武帝太元十七年》，中华书局，1956，第 3405～3406 页。

② 《资治通鉴·晋孝武帝太元十七年》，中华书局，1956，第 3406 页。

也曾“与丁零严生、乌丸王龙之阻兵叛(慕容)盛,引兵至横沟”①。但他们多为鲜卑人所利用。

反抗北魏统治的斗争与民族融合

北魏军队进攻后燕时,丁零人有的降服,有的反抗。北魏攻占并州和山东地区,西河(今山西汾阳)丁零率翟同等少数族部落降附。同时,原燕中山太守仇儒不愿内徙,亡匿赵郡,推赵准为主,起兵反抗北魏,“聚党二千余人,据关城连引丁零,杀害长吏”②,后被长孙肥镇压下去。

北魏统一北方后,境内的丁零人主要分布在西山(太行山)、榆山(今河北居庸关)、西河(今山西汾阳,吕梁山东麓)、定州(治中山,今河北定县)、上党(治今山西潞城西)等地,大部分居住在山区或近山的偏远的穷乡僻壤。

丁零人要向北魏政府缴纳赋税。“泰常初,白涧、行唐民数千家负险不供输税,(周)几与安康子长孙道生宣示祸福,逃民遂还。于时郡县斩叛胡翟猛雀于林虑山(今河南林州),猛雀遗种窜于行唐及襄国,几追讨,尽诛之”③。当时各族人民(包括丁零人)逃入山中持险抗拒缴纳,说明他们平时要缴赋税,而且赋税是很重的。

丁零人还要服徭役、兵役,充当炮灰。例如泰常三年(418年)正月,明元帝“自长川诏护高车中郎将薛繁率高车丁零十二部大人众北略,至弱水”④。延和元年(432年),北魏进攻北燕冯弘时,遣安东将军、宣城公奚斤“发幽州民及密云丁零万余人,运攻具出南道”⑤。北魏统治者对丁零士兵的生命毫不顾惜,甚至视之为祸害。太延“二十八年正月初,(拓跋)焘自广陵北返,便悉力攻盱眙……焘与质书曰:‘吾今所遣斗兵,尽非我国人,城东北是丁零与胡,南是三秦氐、羌。设使丁零死者,正可减常山、赵郡贼;胡死,正减并州贼;氐羌死,正减关中贼。卿若杀丁

① 《晋书》卷一百二十四《慕容宝载纪》,中华书局,1974,第3096、3099页。

② 《魏书》卷二十六《长孙肥传》,中华书局,1974,第652页。

③ 《魏书》卷三十《周几传》,中华书局,1974,第726页。

④ 《魏书》卷三《太宗纪》,中华书局,1974,第58页。

⑤ 《魏书》卷二十九《奚斤传》,中华书局,1974,第700页。

零、胡，无不利。'"①可见，北魏统治者并不把鲜卑族以外的各族人（包括丁零、匈奴、氐、羌人）看作国人，而是视为贼，故驱使他们充当战争的炮灰。

此外，丁零人遭受北魏官吏的搜刮、压迫和虐待。史载："初，世祖将北征，发民驴以运粮，使（公孙）轨部诣雍州。轨令驴主皆加绢一匹，乃与受之。"轨既死，世祖谓崔浩曰："吾行过上党，父老皆曰：'公孙轨为受货纵贼，使至今余奸不除，轨之咎也。其初来，单马执鞭；返去，从车百两，载物而南。丁零渠帅乘山骂轨，轨怒，取骂者之母，以矛刺其阴而杀之，曰：何以生此逆子！从下倒擘，分磔四肢于山树上以肆其忿。是忍行不忍之事。'"②

丁零人在北魏时期受着非人的待遇，统治者残酷的压迫和剥削也激起了丁零人的多次反抗斗争。

早在天兴五年（402）二月，"沙门张翘自号无上王，与丁零鲜于次保聚党常山之行唐"。四月，被魏常山太守镇压。③ 十一月，上党丁零人翟都又与汉人秦颇率众在壶关起义，北魏朝廷派左将军莫提领兵镇压，秦颇被上党太守捕杀，翟都退至林虑山中，莫提"搜山穷讨"，起义失败。④

魏明元帝在位时，丁零翟猛聚众起兵，明元帝领兵亲征⑤，可见这次起义规模不小，影响很大。丁零人的反抗斗争使北魏统治者受到很大震动，被迫采用恩威并用的两手政策。永兴三年（411 年）二月，明元帝"诏北新侯安同等持节循行并、定二州及山居杂胡、丁零，问其饥苦，察举守宰不法"⑥。但丁零人的反抗斗争并未停止。

泰常二年(417 年）四月，晋刘裕北伐。榆山丁零翟蜀遣使通刘裕，欲联晋反魏。事泄，翟蜀等退入西山，联合西山丁零路支等发动起义。十一月被周几、叔孙建镇压下去。⑦

与此同时，丁零翟猛雀率吏民进入白涧山，举行起义。张蒲前往招降，起义

① 《宋书》卷七十四《臧质传》，中华书局，1974，第 1912 页。
② 《魏书》卷三十三《公孙表传》，中华书局，1974，第 784 页。
③ 《魏书》卷二《太祖纪》，中华书局，1974，第 39~40 页。
④ 《魏书》卷二《太祖纪》，卷二十八《莫题传》，中华书局，1974，第 40、683 页。
⑤ 《魏书》卷五十一《韩茂传》，中华书局，1974，第 1127 页。
⑥ 《魏书》卷三《太宗纪》，中华书局，1974，第 51 页。
⑦ 《魏书》卷三《太宗纪》，中华书局，1974，第 57~58 页。

军被分化瓦解，翟猛雀领百余人退至林虑山，后被杀。①

神䴥元年(428年)十月，“定州丁零鲜于台阳、翟乔等二千余家叛入西山，劫掠郡县”，击败前往镇压的州军。魏道武帝派叔孙建领兵镇压，同时进行招降。次年正月，鲜于台阳投降，起义失败。② 未几，上党丁零人又发动起义，被公孙轨镇压下去。

太安二年(456年)二月，丁零数千家逃到井径山，发动起义，攻略并、定地。魏文成帝诏并、定二州刺史镇压。陆真和并州刺史乞伏成龙自乐平东入，与定州刺史许崇之并力围剿，起义失败。③

北魏后期爆发了各族人民的大起义。在河北地区，有孝昌二年(526年)正月以怀朔镇兵鲜于修礼为首的“六镇降户”，在定州左人城(今河北唐县西)的起义，起义军发展到十余万人。后来鲜于修礼被元洪业杀死，其部将葛荣又杀死元修业，领导义军击溃北魏王朝的主力军，葛荣自称天子，攻占许多州郡，义军发展到数十万人。但是史书记载此事已不确指鲜于修礼是丁零人，说明内迁丁零人在长期的生活和斗争中已与鲜卑人和汉人融合，没有多大区别了。

丁零人随着魏晋十六国时期民族的大流徙从塞北辗转移至中土，与汉族、鲜卑等民族杂居，开始从事农业生产，在长期的战争中与汉人、鲜卑人交往接触，逐渐沾染了汉人的封建文化，部落逐渐被打破。北魏中后期积极推行民族融合的政策，为丁零人同汉人、鲜卑人的融合创造了条件。

综上所述，丁零人以劲勇著称，是一个富于反抗性和斗争性的民族。内迁丁零人遭受残酷的民族压迫和阶级压迫，他们不断进行英勇的反抗斗争，给当时的统治者以沉重打击，被视为“腹心之患”。内迁丁零人首先举兵反对前秦，为后燕政权的建立做出了贡献。他们还建立了翟魏政权，统治七郡之地，延续六个年头，对当时中原地区乃至中国的历史进程施加了影响。这些内迁丁零人经过数百年的生活和斗争，至北朝后期逐渐与汉人、鲜卑人融合为一体。

(原载《许昌师专学报》1988年第4期)

---

① 《魏书》卷三十三《张蒲传》，卷三十《周几传》，中华书局，1974，第726、779页。

② 《魏书》卷四上《世祖纪上》，中华书局，1974，第74页。

③ 《魏书》卷五《高宗纪》，卷三十《陆真传》，中华书局，1974，第115、730页。

南北朝时期的淮汉蛮族

蛮族是中国古代的一个古老的部族。它在汉代以前的状况,《后汉书·南蛮传》有所记载。在两晋南北朝时期的分裂战乱年代,蛮族人民非常活跃,可谓史不绝书。而到国家再度统一的隋唐时期,江汉、江淮地区的蛮民已罕见于正史,盖已与汉民族融合为一体。唐人所指的蛮族已专指云南、贵州地区的边疆少数民族。唐安南从事樊绰所撰《蛮书》已为一部云南史志。本文主要探讨南北朝时期江汉、江淮地区蛮族人民的状况,统治者对蛮民的政策及蛮民在当时社会政治中的作用。

蛮族生活地域既广,族源亦非单一。史称:"荆、雍州蛮,盘瓠之后也。""豫州蛮,廪君后也。"①《后汉书·南蛮传》记有盘瓠、廪君的传说,并将汉代蛮族分为长沙武陵蛮、巴郡南郡蛮和板盾蛮三支,以为长沙武陵蛮为盘瓠之后,与犬戎有关;巴郡南郡蛮乃廪君之后;板盾蛮乃巴郡阆中夷人之后。此外,还有戎蛮一支。春秋时期包括姜戎在内的诸戎受秦人的迫逐,从关中的泾水流域迁到伊洛之间,建立了"戎蛮子"国,后来楚国灭蛮,又假晋人之手"执蛮子赤",并"诱其遗民,而尽俘以归"②。戎蛮人遂迁至江汉地区。

魏晋南北朝时期,蛮族"在江淮之间,依托险阻,部落滋曼,布于数州,东连寿春,西通上洛,北接汝颍,往往有焉。其于魏氏之时,不甚为患,至晋之末,稍以繁昌,渐为寇暴矣。自刘石乱后,诸蛮无所忌惮,故其族类,渐得北迁,陆浑(今河南嵩县)以南,满于山谷,宛洛萧条,略为丘墟矣"③。早在西晋武帝时期,在襄阳设置护南蛮校尉,简称南蛮校尉,管理荆州少数民族事务。惠帝时新野

① 《宋书》卷九十七《夷蛮传》,中华书局,1974,第2396、2398页。

② 《春秋左传集解·鲁哀公四年》,上海人民出版社,1977,第1731页。

③ 《魏书》卷一百零一《蛮传》,中华书局,1974,第2245~2246页。

王司马歆任南蛮校尉,“为政严急,失蛮夷心,义阳(今河南新野)蛮张昌聚党数千人,欲为乱”①,流民及避戍役者多从之,“江沔间一时猋起,树牙旗,鸣鼓角,以应昌,旬月之间,众至三万”②,分兵攻打豫州、弋阳、武昌、宛、襄阳,势力跨带五州。虽然后来被镇压下去,却表现了蛮族人民大无畏的反抗精神,动摇了西晋王朝的腐朽统治。

永嘉年间,北方少数民族军队进入中原,汉族人民大批南渡,蛮族人逐渐北徙,遍布于洛阳伊阙以南的山区。十六国时期后赵、前燕及后燕政权均置南蛮校尉。东晋亦沿置,治所后来由襄阳迁至江陵,安帝时又在雍州治所襄阳置宁蛮校尉。宋时对豫州之庐江、晋熙、西阳三郡太守,又加镇蛮护军之职。

蛮族人民多居住在山谷,从事农业生产和牲畜饲养,风俗与汉人仍有区别。“蛮俗衣布徒跣,或椎髻,或剪发。兵器以金银为饰,虎皮衣楯,便弩射,皆暴悍好寇贼焉。”③其称渠帅为“精夫”,相呼为“姎徒”。

蛮民的葬俗,也与汉人有异。“始死,即出尸于中庭,不留室内。敛毕,送至山中,以十三年为限。先择吉日,改入小棺,谓之拾骨。拾骨必须女婿,蛮重女婿,故以委之……当葬之夕,女婿或三数十人,集会于宗长之宅,著芒心接篱,名曰茅绥。各执竹竿,长一丈许,上三四尺许,犹带枝叶。其行伍前却,皆有节奏,歌吟叫呼,亦有章曲。”④这种葬俗,谓之刺北斗。

到了隋代,“南郡、夷陵、竟陵、沔阳、沅陵、清江、襄阳、舂陵、汉东、安陆、永安、义阳、九江、江夏诸郡,多杂蛮左,其与夏人杂居者,则与诸华不别。其僻处山谷者,则言语不通,嗜好居处全异,颇与巴、渝同俗。诸蛮本其所出,承盘瓠之后,故服章以班布为饰。其相呼以蛮,则为深忌”⑤。

南朝宋境内的蛮族

南朝宋境内的蛮族以地域划分,在武陵郡雄溪、满溪、辰溪、酉溪和舞溪居

---

① 《资治通鉴》卷八十五《晋纪七》,中华书局,1956,第2680页。

② 《晋书》卷一百《张昌传》,中华书局,1974,第2613页。

③ 《南齐书》卷五十八《蛮传》,中华书局,1972,第1009页。

④ 《隋书》卷三十一《地理志下》,中华书局,1973,第897~898页。

⑤ 《隋书》卷三十一《地理志下》,中华书局,1973,第897页。

住的蛮民称“五溪蛮”，在豫州巴水、蕲水、浠水、赤亭水和西归水流域居住的蛮民称“五水蛮”。此外，在荆州宜都、天门、巴东、建平、江北诸郡也有许多蛮民居住。由于蛮民“所居皆深山重阻，人迹罕至”，且“结党连群，动有数百千人，州郡力弱，则起为盗贼”，因此，“前世以来，屡为民患”①。

南朝宋在建立之初，对蛮民的剥削较汉族百姓为轻。史称：“蛮民顺附者，一户输谷数斛，其余无杂调，而宋民赋役严苦，贫者不复堪命，多逃亡入蛮。”“蛮无徭役，强者又不供关税。”②宋朝廷对每户蛮民除每年税谷数斛外，免征杂调和徭役。这种政策，导致不少蛮民顺服。如景平二年（424 年），宜都蛮帅石宁等 123 人诣阙上献。元嘉六年（429 年），建平（今四川巫山）蛮张维之等 50 人，次年，宜都蛮田生等 113 人，并诣阙献见。

蛮民的服叛除与朝廷赋敛的轻重有关外，也取决于州郡长吏执政善否。元嘉八年（431 年），刘道产“为持节、都雍梁南秦三州荆州之南阳竟陵顺阳襄阳新野随六郡诸军事、宁远将军、宁蛮校尉、雍州刺史、襄阳太守。善于临民，在雍部政绩尤著，蛮夷前后叛戾不受化者，并皆顺服，悉出缘沔为居。百姓乐业，民户丰赡”。“道产惠泽被于西土，及丧还，诸蛮皆备衰绖，号哭追送，至于沔口。”③臧质任建平太守，亦甚得蛮楚心。蛮民为了防卫选深山险阻处居住，那里生活并不方便，因而当遇到善于抚接的州郡长吏，蛮民会自动出山，到平原地区生活。

如果地方官吏贪残，民不堪命，蛮族百姓就会起来反抗。如“天门溇中（今湖南慈利县三门寺）令宗矫之徭赋过重，蛮不堪命。十八年（441 年），蛮田向求等为寇，破溇中，虏略百姓。荆州刺史衡阳王义季遣行参军曹孙念讨破之，获生口五百余人，免矫之官”④。虽然贪官被免职，奋起反抗的蛮民也遭受镇压。

元嘉中期，宋朝廷开始对反抗的蛮民进行残酷镇压。元嘉十九年（442 年），“雍州刺史刘道产卒，群蛮大动，（朱）修之为征西司马讨蛮，失利”⑤。宋朝廷派沈庆之等率大军镇压，“庆之专军进讨，大破缘沔诸蛮，禽生口七千人。进

---

① 《宋书》卷九十七《夷蛮传》，中华书局，1974，第 2396 页。
② 《宋书》卷九十七《夷蛮传》，中华书局，1974，第 2396 页。
③ 《宋书》卷六十五《刘道产传》，中华书局，1974，第 1719 页。
④ 《宋书》卷九十七《夷蛮传》，中华书局，1974，第 2396 页。
⑤ 《宋书》卷七十六《朱修之传》，中华书局，1974，第 1970 页。

征湖阳(今河南唐河县西南),又获万余口”①。

元嘉二十二年(445年),宋朝廷以武陵王刘骏为宁蛮校尉、雍州刺史。当时“蛮寇大甚,水陆梗碍”,于是刘骏“分军遣庆之掩讨,大破之,降者二万口”。刘骏至镇所后,“驿道蛮反杀深式,遣庆之又讨之。王玄谟领荆州,王方回领台军并会,平定诸山,获七万余口。郧山蛮最强盛,鲁宗之屡讨不能克,庆之剪定之,禽三万余口”②。当时柳元景始任随郡太守,“而蛮断驿道,欲来攻郡”,元景设方略,“前后俱发,蛮众惊扰,投郧水死者千余人,斩获数百,郡境肃然,无复寇抄”③。这次对驿道蛮的镇压,宋朝廷出动雍、荆二州的军队,并动用了台军,可谓大动干戈,俘获蛮民达10万口之多。

重兵镇压并不能使蛮民屈服,反抗斗争此伏彼起。元嘉二十四年(447年),“南郡临沮(今湖北当阳西北)当阳蛮反,缚临沮令傅僧骥。荆州刺史南谯王义宣遣中兵参军王湛讨破之”④。二十六年(449年)冬,“沔北诸山蛮寇雍州,建威将军沈庆之帅后军中兵参军柳元景、随郡太守宗悫等二万人讨之,八道俱进”。“庆之曰:‘去岁蛮田大稔,积谷重岩,不可与之旷日相守也。不若出其不意,冲其腹心,破之必矣。’乃命诸军斩木登山,鼓噪而前,群蛮震恐;因其恐而击之,所向奔溃。”⑤宋军夺取蛮民许多粮食,作为冬春的军粮。

次年春,“南新郡蛮帅田彦生率部曲十封六千余人反叛,攻围郡城,庆之遣元景率五千人赴之。军未至,郡已被破,焚烧城内仓储及廨舍荡尽,并驱掠降户,屯居白杨山。元景追之至山下,众军悉集,围山数重。宗悫率所领先登,众军齐力急攻,大破之,威震诸山,群蛮皆稽颡”。“庆之引军自茹丘山出检城,大破诸山,斩首三千级,虏生蛮二万八千余口,降蛮二万五千口,牛马七百余头,米粟九万余斛。随王诞筑纳降、受俘二城于白楚”⑥。

沈庆之“复率众军讨幸诸山犬羊蛮,缘险筑重城,施门橹,甚峻。山多木石,积以为垒。立部曲,建旌旗,树长帅,铁马成群”。蛮兵夜晚下山火攻,未能奏

① 《宋书》卷七十七《沈庆之传》,中华书局,1974,第1997页。
② 《宋书》卷七十七《沈庆之传》,中华书局,1974,第1997页。
③ 《宋书》卷七十七《柳元景传》,中华书局,1974,第1981~1982页。
④ 《宋书》卷九十七《夷蛮传》,中华书局,1974,第2396页。
⑤ 《资治通鉴》卷一百二十五《宋纪七》,中华书局,1956,第2936~2937页。
⑥ 《宋书》卷七十七《沈庆之传》,中华书局,1974,第1998页。

效。“庆之令诸军斩山开道攻之，而山高路险，暑雨方盛，乃置东岗、蜀山、宜民、西柴、黄徼、上夌六戍而还。蛮被围守日久，并饥乏，自后稍出归降。庆之前后所获蛮，并移京邑，以为营户。”①

是年，宋朝廷又“使质伐汝南西境刀壁等山蛮，大破之，获万余口”②。元嘉二十八年（451 年）正月，“龙山雉水蛮寇抄涅阳县（今河南邓州东北），南阳太守朱昙韶遣军讨之，失利，杀伤三百余人，昙韶又遣二千人系之，蛮乃散走”③。与此同时，西阳蛮杀南川令刘台，并其家口。

元嘉二十九年（452 年），原东晋宗室“司马黑石、庐江叛吏夏侯方进在西阳五水，诳动群蛮，自淮、汝至于江沔，咸罹其患”④。新蔡蛮二千人破大雷戍（今安徽望江县），略公私船舫，悉引入湖。宋朝廷又派沈庆之率江、荆、雍、豫诸州军讨之，至五洲（今湖北浠水西南长江中），因发生变故，未果。

当武力镇压不能奏效时，又采取安抚手段。滍水（今河南鲁山、叶县一带）诸蛮因险为寇，雍州刺史刘诞派使者说之曰：“顷威怀所被，覃自遐远，顺化者宠禄，逆命者无遗，此亦尔所知也。圣朝今普天肆眚，许以自新，便宜各还旧居，安堵复业，改过革心，于是乎始。”但是他们也绝不会放弃武力镇压。刘诞又遣军讨沔北诸蛮，“袭浊山、如口、蜀松三柴，剋之又围升钱、柏义诸柴，蛮悉力距战。军以具装马夹射，大破之，斩首二百级，获生蛮千口，牛马八十头”⑤。

宋元嘉中后期对蛮民的镇压极为残酷，史家沈约曾说，蛮民“自元嘉将半，寇慝弥广，遂盘结数州，摇乱邦邑。于是命将出师，恣行诛讨，自江汉以北，庐江以南，搜山荡谷，穷兵罄武，系颈囚俘，盖以数百万计。至于孩年耆齿，执讯所遗，将卒申好杀之愤，干戈穷酸惨之用，虽云积怨，为报亦甚”⑥。但是这种残暴镇压并不能使蛮民屈服，也不能平息他们的反抗斗争。

孝武帝刘骏在位时，蛮民的斗争仍是此伏彼起。大明年间（457—464 年），“建平（今重庆巫山）蛮向光侯寇暴峡川，巴东太守王济、荆州刺史朱修之遣军讨

---

① 《宋书》卷七十七《沈庆之传》，中华书局，1974，第 1998 页。

② 《宋书》卷七十四《臧质传》，中华书局，1974，第 1911 页。

③ 《宋书》卷九十七《夷蛮传》，中华书局，1974，第 2397 页。

④ 《宋书》卷七十七《沈庆之传》，中华书局，1974，第 2000 页。

⑤ 《宋书》卷九十七《夷蛮传》，中华书局，1974，第 2397 页。

⑥ 《宋书》卷九十七《夷蛮传》，中华书局，1974，第 2399 页。

之，光侯走清江。清江去巴东千余里。时巴东、建平、宜都、天门四郡蛮为寇，诸郡民户流散，百不存一，太宗、顺帝世尤甚，虽遣攻伐，终不能禁，荆州为之虚敝”①。“世祖（刘骏庙号）于江夏置郢州，郡罢军府，竟陵、武陵亦并残坏，巴东、建平为峡中蛮所破，至是民人流散，存者无几。”②

大明年间宋朝廷对蛮民的镇压多以失败告终，唯大明四年（460年）“西阳五水蛮复为寇，庆之以郡公统诸军讨之，攻战经年，皆悉平定，获生口数万人”③。豫州刺史王玄谟派殿中将军郭元封慰劳诸蛮使缚送司马黑石等，蛮人乃执司马黑石、安阳送王玄谟，被斩于寿阳。

明帝刘彧即位后，四方反叛，豫州蛮族在宋宗室的争斗中支持明帝。当时晋安王刘子勋称帝，被刘休仁败于鹊尾（今安徽繁昌东北三山），西阳蛮田益之、田义之、成邪财、田光兴等攻克郢州有功，田益之被封为辅国将军，都统四山军事，边城（今河南商城东）县王，食邑四百一十户，又以蛮户立宋安（今河南光山西南）、光城（今河南光山）二郡，以义之为宋安太守，光兴为龙骧将军、光城太守，成邪财为阳城县王，食邑三千户。

晋熙（今安徽潜山）蛮梅式生亦起义，斩晋熙太守阎湛之、晋安王子勋点签沈光祖，因功封高山侯，食所统牛岗、下柴二村三十户。

太始以后，巴东、建平蛮向宗头反，刺史沈攸之断其盐米，连讨不克。

早在文帝元嘉二十五年（448年），宋朝廷就以豫部蛮民立十八县，可考者有蕲水、东安、建宁、浠水、阳城等，属西阳。另说立茹田、乐安、光城、雩娄、史水、开化、边城七县，属弋阳郡。孝建二年（455年）又以蛮户立南陈左郡太守，分赤官左县为蓼城左县，领县二。元嘉二十五年（448年），以豫部蛮民立太湖、吕亭二县，属晋熙郡。④

比较而言，宋朝廷对豫州蛮民多采取抚接、利用政策，对其有功的首领授官封爵，使其统治一方蛮民，而对荆、雍州蛮则更多地实行残酷镇压。

---

① 《宋书》卷九十七《夷蛮传》，中华书局，1974，第2397页。

② 《宋书》卷七十四《沈攸之传》，中华书局，1974，第1932页。

③ 《宋书》卷七十七《沈庆之传》，中华书局，1974，第2003页。

④ 《宋书》卷三十六《州郡志二》，中华书局，1974，第1080页。

北魏与齐梁对峙时的蛮族

泰常八年(423 年)北魏乘宋武帝刘裕新死,出兵与宋争夺河南地区,先后夺取陈留、滑台、洛阳、虎牢等要地,“蛮王梅安率渠帅数千朝京师,求留质子以表忠款。始光中(424—427 年),拜安侍子豹为安远将军、江州刺史、顺阳公”①。这是蛮族与北魏的初步接触。兴光年间(454—455 年),蛮王文武龙降,诏褒慰之,拜南雍州刺史、鲁阳侯。

魏孝文帝延兴二年(472 年)正月,“大阳蛮(当在今湖北随州西南)酋桓诞拥沔水以北、滍叶以南八万余落,遣使内属。高祖嘉之,拜诞征南将军、东荆州刺史、顺阳王,听自选郡县”②。北魏朝廷使起部郎韦珍安集新民,区置其事,皆得其所。桓诞本桓玄之子。桓玄起兵争夺东晋帝位,失败被杀。年仅数岁的桓诞流窜太阳蛮中,遂习其俗。及长,多智谋,为群蛮所归。

西阳蛮田益宗世为四山蛮帅,为齐征虏将军、直阁将军,太和十七年(493 年)率四千余户内附。“十九年,拜员外散骑常侍,都督光城、弋阳、汝南、新蔡、乐安五郡诸军事、冠军将军、南司州刺史;光城县开国伯,食蛮邑一千户;所统守宰,任其铨置。后以益宗既渡淮北,不可仍为司州,乃于新蔡立东豫州(治新息广陵城),以益宗为刺史。寻改封安昌县伯,食实邑五百户。二十二年,进号征虏将军。”③

“襄阳酋雷婆思等十一人率户千余内徙,求居大和川,诏给廪食。后开南阳,令有沔北之地。蛮人安堵,不为寇贼。”④总之,北魏终孝文之世,蛮民多北向归附,朝廷亦妥善安置,因而形成了“蛮人安堵”的良好局面。

南朝齐时,蛮族“种类繁多,言语不一,咸依山谷,布荆、湘、雍、郢、司等五州界”。齐朝初建,对宋世所封西阳蛮首领之三侯,因其“保落奉政,事须绳总”,特

---

① 《魏书》卷一百零一《蛮传》,中华书局,1974,第 2246 页。
② 《魏书》卷一百零一《蛮传》,中华书局,1974,第 2246 页。
③ 《魏书》卷六十一《田益宗传》,中华书局,1974,第 1370 页。
④ 《魏书》卷一百零一《蛮传》,中华书局,1974,第 2246 页。

保留其官爵。①

不仅如此，蛮民在北魏与南齐的争战中，多主动效力，为北魏南部边境地区的安定做出了贡献。太和四年（480 年），魏师南伐，桓诞请为前驱，乃授使持节、南征西道大都督，讨义阳，不果而还。是年，魏军取齐豫、司二州，“蛮中传虏已近，又闻官尽发民丁，南襄城（今河南桐柏西北）蛮秦远以郡县无备，寇潼阳（今湖北保康南），县令焦文度战死。司州（治今河南信阳）蛮引虏攻平昌戍，戍主苟元宾击破之。秦远又出破临沮百方寨，杀略百余人。北上黄蛮文勉德寇汶阳（今湖北远安西北），太守戴元孙孤城力弱，虑不自保，弃戍归江陵。荆州刺史豫章王遣中兵参军刘伾绪领千人讨勉德，至当阳，勉德请降，收其部落，使戍汶阳所治城子，令保持商旅，付其清通，远遂逃窜”。汶阳水陆迂狭，鱼贯而行，有数处不通骑，而水白田甚丰腴。西北接梁州新城，东北接南襄城，南接巴、巫二边，“并山蛮凶盛，据险为寇贼”②。

巴东、建平蛮向宗头，本东晋折冲将军、当平乡侯、亲晋王向弘之后。永明初（483 年），向宗头与黔阳蛮田豆渠等五千人起事，巴东太守王图南遣府司马刘僧寿斩山开道，攻其寨，宗头夜烧寨退走。

永明五年（487 年），“雍、司州蛮与虏通，助荒人桓天生为乱”③。桓天生自称桓玄宗族，与雍、司二州蛮互为唇齿，占据南阳故城，请兵于魏，欲入齐境。丁酉，齐武帝诏假丹阳尹萧景先节，总率步骑，直指义阳，司州诸蛮皆守节度，又假护军将军陈显达节，率征虏将军戴僧静等水军向宛、叶，雍司诸军受陈显达节度，以讨之。

桓天生引魏兵一万多人至泌阳，陈显达派戴僧静与战于深桥，大破之，杀获万计。天生退保泌阳，戴僧静攻之，不克而还。胡丘生起兵悬瓠以应齐，魏军击破之，丘生南逃。桓天生又引魏军攻舞阴（今河南泌阳北），舞阴戍主殷公愍拒击，破之，杀其副手张麒麟，天生带伤退走。丁未，齐以陈显达为雍州刺史，进据舞阴城。魏南部尚书公孙邃、上谷张吁率众与桓天生再次攻舞阴，殷公愍击破之，桓天生逃入山中。

---

① 《南齐书》卷五十八《蛮传》，中华书局，1974，第 1007 页。
② 《南齐书》卷五十八《蛮传》，中华书局，1972，第 1007~1008 页。
③ 《南齐书》卷五十八《蛮传》，中华书局，1972，第 1008 页。

永明六年(488年),桓天生复引魏军出据隔城,齐武帝诏游击将军曹虎督诸军讨之,辅国将军朱公恩领兵踏伏,遇桓天生游军,与战,破之,遂进围隔城。桓天生引魏步骑兵一万多人前来迎战,曹虎领兵奋击,大破魏军,俘杀二千多人,桓天生弃平氏(今河南桐柏西北)城逃。是年,齐"除都护北遂安左郡太守田驷路为试守北遂安左郡太守,前宁朔将军田驴王(为试守宜人左郡太守,田何代)为试守新平左郡太守,皆郢州蛮也"①。

永明九年(491年),"安隆内史王僧旭发民丁,遣宽城戍主万民和助八百丁村蛮伐千二百丁村蛮,为蛮所败,民和被伤,失马及器仗,有司奏免官"②。

太和十八年(494年)十月庚午,孝文帝诏令:"比闻缘边之蛮,多窃掠南土,使父子乖离,室家分绝。朕方荡壹区域,子育万姓,若苟如此,南人岂知朝德哉!可诏制荆(今河南邓州)、郢(今河南正阳)、东荆(今河南泌阳)三州,禁勒蛮民,勿有侵暴。"③

宣武帝景明初(500年),南齐萧宝卷"遣军主吴子阳率众寇三关。益宗遣光城太守梅兴之步骑四千,进至阴山关南八十余里,据东风城,逆击子阳,大破之,斩获千余级"。齐"建宁太守黄天赐筑城赤亭,复遣其将黄公赏屯于漴城,与长风相持。益宗命安蛮太守梅景秀为之犄角击讨,破天赐等,斩首数百,获其二城"。田益宗上表请出兵南伐,宣武帝纳之,"遣镇南元英攻义阳。益宗遣其息鲁生领步骑八千,断贼粮道,并焚其钧城积聚。衍戍主赵文举率众拒战,鲁生破之,获文举及小将胡建兴、古皓、庆元仲等,斩五千余级,溺死千五百人,仓米运舟焚烧荡尽。后贼宁朔将军杨僧远率众二千,寇逼蒙笼,益宗命鲁生与戍主奇道显逆击破之,追奔十里,俘斩千余。进号平南将军。又诏益宗率其部曲并州镇文武,与假节、征虏将军、太仆少卿宇文福绥防蛮楚,加安南将军,增封一百户,赐帛二千匹"④。

不久白早生反于豫州,"自乐口已南,郢、豫二州诸城皆没于贼,惟有义阳而已。萧衍招益宗以车骑大将军、开府、仪同三司、五千户郡公。当时安危,在益

① 《南齐书》卷五十八《蛮传》,中华书局,1972,第1008~1009页。

② 《南齐书》卷五十八《蛮传》,中华书局,1972,第1009页。

③ 《资治通鉴》卷一百三十九《齐纪五》,中华书局,1956,第4368页。

④ 《魏书》卷六十一《田益宗传》,中华书局,1974,第1370~1372页。

宗去就，而益宗守节不移。郢、豫克平，益宗之力也”①。蛮民确为保持北魏南部边境地区的安定做出了贡献。

景明三年（502年），南朝实现了齐梁政权的交替，北魏政治日益腐败导致蛮民的反抗，沿边蛮民在齐梁的争夺中也有所去就。

是年，鲁阳蛮鲁北燕等聚众攻逼颍川（今河南长葛东北）。“鲁阳蛮柳北喜、鲁北燕等聚众反叛，诸蛮悉应之，围逼湖阳（今河南唐河南）。游击将军李晖先镇此城，尽力捍御，贼势甚盛。诏以（李）崇为使持节、都督征蛮诸军事以讨之。蛮众数万，屯聚形要，以拒官军。崇累战破之，斩北燕等，徙万余户于幽、并诸州。”②“寻叛南走，所在追讨，比及河，杀之皆尽。”③北魏朝廷将战败的蛮民迁到遥远的北方，使之背井离乡，自然难以安居。南逃途中，惨遭杀戮。这种政策既不成功，也缺乏人道。

次年，“东荆州蛮樊安，聚众于龙山，潜称大号。萧衍共为唇齿，遣兵应之。诸将击讨不利，乃以（李）崇为使持节、散骑常侍、都督征蛮诸军事，进号镇南将军，率步骑以讨之。崇分遣诸将，攻击贼垒，连战克捷，生擒樊安，进讨西荆，诸蛮皆降”④。明年正月，樊素安弟秀安复反，“诏（杨）大眼为别将，隶都督李崇，讨平之”⑤。

萧衍遣其前江州刺史王茂先率众数万屯驻樊雍，招诱蛮夏，规立宛州，又令其所署宛州刺史雷豹狼、军主曹仲宗等领众两万偷据河南城（今河南南阳、唐河间）。“世宗以大眼为武卫将军、假平南将军、持节，都督统军曹敬、邴虬、樊鲁等诸军讨茂先等，大破之。”后杨大眼以本将军出为荆州刺史，常缚蒿为人，衣以青布而射之。召诸蛮渠指示之曰：“卿等若作贼，吾政如此相杀也。”⑥荆蛮受到威慑，不敢反抗。

正始二年（505年），原齐沔东太守田清喜拥七郡三十一县，户万九千，遣使附魏，乞使南讨，其雍州（今湖北襄樊）以东、石城（今湖北竟陵）以西五百余里

① 《魏书》卷六十一《田益宗传》，中华书局，1972，第1372页。
② 《魏书》卷六十六《李崇传》，中华书局，1974，第1467页。
③ 《魏书》卷一百零一《蛮传》，中华书局，1974，第2247页。
④ 《魏书》卷六十六《李崇传》，中华书局，1974，第1467页。
⑤ 《魏书》卷七十三《杨大眼传》，中华书局，1974，第1634页。
⑥ 《魏书》卷七十三《杨大眼传》，中华书局，1974，第1634~1635页。

水陆援路，请率部曲断之。四年（507 年），原齐永宁太守文云生六部自汉东遣使归附北魏。

永平初年（508 年），“东荆州表□□太守桓叔兴前后招慰太阳蛮归附者一万七百户，请置郡十六，县五十，诏前镇东府长史郦道元检行置之”。后拜桓叔兴南荆州刺史，居安昌（今河南确山南），隶于东荆。“三年，萧衍遣兵讨江沔，破掠诸蛮，百姓扰动。蛮自相督率二万余人，频请统帅为声势。叔兴给一统并威仪，为之节度，蛮人遂安。”其年，萧衍、雍州刺史萧藻遣其将蔡令孙等三将寇南荆之西南，沿江沔上下，破掠诸蛮。蛮酋萧衍龙骧将军楚石廉叛梁来魏请援，叔兴与石廉督集蛮夏二万余人击走之，斩令孙等三将。萧藻又遣其新阳太守邵道林于沔水之南、石城东北立清水戍，为抄掠之基。叔兴遣诸蛮击破之。“四年，叔兴上表请不隶东荆，许之。萧衍每有寇抄，叔兴必摧破之。”①

魏东荆州刺史田益宗衰老，与诸子聚敛无厌，部内苦之，咸言欲叛。延昌三年（514 年），诏授益宗使持节、镇东将军、济州刺史。“虑其不受代，遣后将军李世哲与桃符率众袭之，出其不意，奄入广陵。益宗子鲁生、鲁贤等奔于关南，招引贼兵，袭逐诸戍，光城已南皆为贼所保。世哲讨击破之，复置郡戍，而以益宗还。授征南将军、金紫光禄大夫，加散骑常侍，改封曲阳县开国伯。”益宗有大功于魏，虑其不受代，竟以重兵偷袭，虽保其官爵，似欠允妥。且兵马所至，“残败居业，为生荡然，乃复毁其坟墓，露泄枯骸”②。致使其子南叛，梁以鲁生为北司州刺史，鲁贤为北豫州刺史，超秀为定州刺史，成为北魏边患。

魏孝明帝正光年间，蛮首成龙强率户数千内附，拜为刺史。蛮帅田午生率户二千内徙扬州，拜为郡守。梁义州刺史、边城王文僧明，铁骑将军、边城太守田官德等率户万余内属，拜僧明平南将军、西豫州刺史，封开封侯；官德龙骧将军、义州刺史，自余封授各有差。僧明、官德并入朝，蛮出山至边城、建安者九千户。

普通五年（524 年）十二月，梁武勇将军李国兴攻魏平靖关，围郢州。魏郢州刺史裴询之与蛮族酋长西郢州刺史田扑特互为表里，共同抗拒。围城百余日，援军到达，李国兴退兵。

---

① 《魏书》卷一百零一《蛮传》，中华书局，1974，第 2247 页。

② 《魏书》卷六十一《田益宗传》，中华书局，1974，第 1373 页。

梁定州刺史田超秀遣使求附，请援历年，朝廷恐轻致边敌，未许。孝昌元年（525 年）十月，田“超秀死，其部曲相率内附，徙之六镇、秦陇，所在反叛。二荆、西郢，蛮大扰动，断三鸦路，杀都督，寇盗至于襄城、汝水，百姓多被其害。萧衍遣将围广陵（今河南息县），樊城诸蛮并为前驱，自汝水以南，处处抄掠，恣其暴掠。连年征讨，散而复合，其暴滋甚”①。“汝水有冉氏、向氏、田氏，种落最盛，其余大者万家，小者千室，各称王侯，屯据险要，道路不通。”②

当时“萧衍遣将曹敬宗寇荆州，山蛮应之，大路断绝。都督崔暹率数万之众，盘桓鲁阳，不能前讨。荆州危急”③，魏明帝下诏“今先讨荆蛮，疆理南服”④。以临淮王元彧为征南大将军，领兵讨鲁阳蛮，司空长史辛雄为行台左丞，东趋叶城，又派征虏将军裴衍、恒农太守王罴领兵一万，自武关出，通三鸦路，以救援荆州。裴衍“稽留未进，彧师已次汝滨”。辛“雄以驾将亲伐，蛮夷必怀震动，乘彼离心，无往不破，遂符彧军，令速赴击。贼闻之，果自走散”⑤。裴衍大败蛮军于淅阳，荆州围解。

三权鼎立时的蛮族

魏孝武帝永熙三年（534 年），北魏分裂为东魏和西魏，与南朝的梁形成鼎足之势。20 年后，北周取代西魏，陈取代梁，与数年前取代东魏的北齐，仍为三足鼎立之势。三政权互相争夺“蛮左”地区，蛮民则依违在诸政权之间，并进行激烈的反抗斗争。

东魏与西魏二政权建立不久，就对豫州和荆州地区展开激烈的争夺，蛮民也卷入其中。东魏孝静帝天平元年（534 年）闰月，东魏取荆州。西魏以独孤信为都督三荆州诸军事、东南道大行台、大都督、荆州刺史，与东魏争夺荆州。“蛮酋樊五能攻破淅阳郡（今河南西峡）以应（西）魏，东魏西荆州刺史辛纂”“遣兵

① 《魏书》卷一百零一《蛮传》，中华书局，1974，第 2248 页。

② 《资治通鉴》卷一百五十《梁纪六》，中华书局，1956，第 4707 页。

③ 《魏书》卷七十一《裴叔业传》，中华书局，1974，第 1575 页。

④ 《资治通鉴》卷一百五十《梁纪六》，中华书局，1956，第 4707 页。

⑤ 《魏书》卷七十七《辛雄传》，中华书局，1974，第 1694 页。

攻之，兵败，诸将因亡不返”①，辛纂被杀。城民召独孤信。独孤信到达武关，东魏派恒农（今河南三门峡）太守田八能率领群蛮在淅阳抵抗，又派都督张齐民领步骑兵三千出独孤信之后。独孤信击败田八能，乘胜袭击穰城，并分兵平定三荆州。半年后，东魏侯景、高傲曹领兵掩至城下，独孤信众寡不敌，与杨忠南奔梁，赵刚逃匿蛮中。西魏之能暂取三荆，实因蛮民的支持。

大统五年（539 年），东魏围颍川，“遣蛮酋鲁和扇动群蛮，规断鸦路。和乃遣其从弟与和为汉广（今河南平顶山市东南）郡守，率其部曲，侵扰州境。（南荆州刺史郭）贤密简士马，轻往掩袭，大破之，遂擒鲁和。”②当时，蛮帅田杜（一作柱）青及沔汉诸蛮扰动，大将军杨忠击破之。

太清元年（547 年），侯景南叛，西魏“恐东魏复有其地，以（权）景宣为大都督、豫州刺史，镇乐口。东魏亦遣张伯德为刺史。伯德令其将刘贵平率其戍卒及山蛮，屡来攻逼。景宣兵不满千人，随机奋击，前后擒斩三千余级，贵平乃退走”③。于谨等平江陵，诸蛮骚动，诏豆卢宁、蔡宁等破之。江陵平，杨忠镇穰城（今河南邓州），“别讨沔曲诸蛮，皆克之”④。“唐州蛮田鲁嘉自号豫州伯，引致齐兵，大为民患。（权）景宣又破之，获鲁嘉，以其地为郡。”⑤

西魏与梁之间也曾争夺“蛮左”地区。“时岷蜀初开，民情尚梗。巴西人谯淹据南梁州，与梁西江州刺史王开业共为表里，扇动群蛮。太祖令（贺若）敦率军讨之。山路艰险，人迹罕至。敦身先将士，攀木缘崖，倍道兼行，乘其不意。”⑥又令仪同扶猛率所部千人，从开府贺若敦南讨信州，贺若敦令扶猛别道直趋白帝。“刺史向镇侯列阵拒猛。猛与战，破之，乘胜而进，遂入白帝城，抚慰民夷，莫不悦附。”⑦谯淹与王开业并其部属权玉成、侯造等率众七千，口累三万，自垫江而下，就梁王琳。贺若敦邀击，破之。谯淹复依山立栅，南引蛮帅向白彪为援。贺若敦设反间计，分离其党羽，因其懈怠，复破之，斩谯淹，尽俘其众。

---

① 《资治通鉴》卷一百五十六《梁纪十二》，中华书局，1956，第 4858~4859 页。
② 《周书》卷二十八《郭贤传》，中华书局，1971，第 481 页。
③ 《周书》卷二十八《权景宣传》，中华书局，1971，第 478 页。
④ 《周书》卷十九《杨忠传》，中华书局，1971，第 317 页。
⑤ 《周书》卷二十八《权景宣传》，中华书局，1971，第 479 页。
⑥ 《周书》卷二十八《贺若敦传》，中华书局，1971，第 474 页。
⑦ 《周书》卷四十四《扶猛传》，中华书局，1971，第 795 页。

西魏宇文泰“略定伊、瀍，声教南被，诸蛮畏威，靡然向风矣”①。大统五年，蔡阳(今湖北襄樊东)蛮王鲁超明内属，以为南雍州刺史，仍世袭焉。十一年(544年)，蛮首梅勒特来贡献方物。西魏废帝初(552年)，蛮族首领樊舍举落内附，以为淮北三州诸军事、淮州刺史、淮安郡王。恭帝二年(555年)蛮宜民王田兴彦、北荆州刺史梅季昌相继款附，以兴彦、季昌并为开府仪同三司，加季昌洛州刺史，赐爵石台(今河南汝州西南)县公。

虽然蛮民多归附西魏，但是贪官污吏的盘剥也激起蛮民的反抗，西魏政权则进行镇压。“先是，东梁州刺史刘孟良在职贪婪，民多背叛。(南洛州刺史泉)仲尊以廉简处之，群蛮率服。”其后，蛮帅杜清和自称巴州刺史，以州入附。朝廷因其所据而授之，仍隶东梁州都督。“清和以仲尊善于抚接，请隶仲尊。朝议以为山川非便，弗之许也。清和遂结安康酋帅黄众宝等举兵攻围东梁州。复遣王雄讨平之。”②

向白彪又与蛮帅向五子等聚众围逼信州。西魏帝诏贺若敦与开府田弘赴救，未至而城已陷。进与向白彪等战，破之，俘斩二千人。仍进军追讨，遂平信州。是岁，荆州蛮帅文子荣自号仁州刺史，拥逼土人，“窃据荆州之汶阳郡，又侵陷南郡之当阳、临沮等数县”③，复令贺若敦与开府潘招讨之，擒子荣，并虏其众。

魏恭帝三年(556年)，“信州为蛮酋向五子王等所围，(田)弘又遣(李)迁哲赴援。比至，信州已陷。五子王等闻迁哲至，狼狈遁走。迁哲入据白帝。贺若敦等复至，遂共追击五子王等，破之”。黔阳蛮田乌度等每抄掠江中，为百姓患。迁哲随机出讨，杀获甚多。由是群蛮畏威，各送粮饩。“又遣子弟入质者，千有余家。迁哲乃于白帝城外筑城以处之。并置四镇，以静峡路。自此寇抄颇息，军粮赡给焉。”④

北周建立后，继续对荆州和雍州蛮民进行镇压。周明帝初(557年)，“蛮酋蒲微为邻州刺史，举兵反”。李迁哲“遂率兵七千人进击之，拔其五城，虏获二千

---

① 《周书》卷四十九《异域传上》，中华书局，1971，第887~888页。

② 《周书》卷四十四《泉企传》，中华书局，1971，第789页。

③ 《周书》卷四十四《阳雄传》，中华书局，1971，第797页。

④ 《周书》卷四十四《李迁哲传》，中华书局，1971，第791~792页。

余口”①。

武成初(559年),文州蛮反,州选军讨平之。寻而冉令贤、向五子王等又攻陷白帝,杀开府杨长华。前后遣元契、赵刚等总兵出讨,遂颇剪其族类,而首领未降。

保定三年(563年),扶猛“又从田弘破汉南诸蛮,前后十余战,每有功”②。次年,权景宣别讨河南,“至昌州而罗阳蛮反,景宣回军破之,斩首千级,获生口二千、杂畜千头,送阙”③。

天和元年(566年)又诏开府陆腾督王亮、司马裔等讨文州蛮,“而令贤方增浚城池,严设捍御。遣其长子西黎、次子南王领其支属,于江南险要之地置立十城,远结涔阳蛮为其声援。令贤率其精卒,固守水逻城”。陆腾“乃遣开府王亮率众渡江,旬日攻拔其八城,凶党奔散。获贼帅冉承公并生口三千人,降其部众一千户。遂简募骁勇,数道入攻水逻”。陆腾利用蛮帅冉伯犁、冉安西与令贤的矛盾,诱赂伯犁等为其向导,又用计下石胜城,突然到达水逻,“蛮众大溃,斩首万余级,虏获一万口。令贤遁走,追而获之,并其子弟等皆斩之。司马裔又别下其二十余城,获蛮帅冉三公等。腾乃积其骸骨于水逻城侧,为京观。后蛮蜒望见,辄大号哭。自此狼戾之心辍矣”④。

当时向五子王居石默城,令其子宝胜居双城。陆腾“又遣王亮屯牢坪,司马裔屯双城以图之”,并“令诸军周回立栅,遏其走路。贼乃大骇。于是纵兵击破之,擒五子王于石默,获宝胜于双城,悉斩诸向首领,生擒万余口”⑤。“天和六年,蛮渠冉祖喜、冉龙骧又反,诏大将军赵訚讨平之。自此群蛮慑息,不复为寇矣。”⑥北周政权对起来反抗的蛮民进行残酷镇压,蛮民在重兵镇压之下损失重大,遂暂时停止反抗。

总之,南北朝时期,江汉江淮地区的蛮族人民活跃于政治斗争的舞台,展开了顽强的反抗斗争,又介入统治集团的内部争斗,依违于诸政权之间,对当时的

① 《周书》卷四十四《李迁哲传》,中华书局,1971,第792页。
② 《周书》卷四十四《扶猛传》,中华书局,1971,第796页。
③ 《周书》卷二十八《权景宣传》,中华书局,1971,第479页。
④ 《周书》卷四十九《异域传上》,中华书局,1971,第889~890页。
⑤ 《周书》卷四十九《异域传上》,中华书局,1971,第890页。
⑥ 《周书》卷四十九《异域传上》,中华书局,1971,第890页。

社会历史施加了影响。“宋齐时期,蛮人在语言、服饰、生活习俗上还保留着本族的一些特点。至南北朝后期,蛮族经过长期激烈动荡,辗转迁徙,频繁交流,其社会内部及相互关系,发生了很大变化。由于受汉族封建经济的影响,有相当部分蛮人已从奴隶制进入封建社会。”“蛮人生产力发展水平与汉族相近;逐步归州郡统辖,变为封建国家的编户齐民,与汉族人民一样服役纳赋,蛮民部落已逐渐解体,蛮族统治者采取部曲方式进行剥削,汉族农民、商人甚至落难贵族能自由出入蛮区”。① 至隋唐时期,除了山区的蛮民仍保留本族的一些特点外,生活在平原地区的蛮民已与汉民融为一体。

(原载《郑州大学学报》(哲学社会科学版)2003 年第 1 期)

① 白翠琴:《魏晋南北朝民族史》,四川民族出版社,1996,第 429 页。

制度探研

西周宗法制度的几个问题

宗法制度是西周社会的一项重要制度。它对春秋时代乃至长达二千多年的封建社会的历史有很大的影响。本文拟就西周宗法制度的内容和实质、宗法制度的形成及其实行范围等问题谈一点看法，以就教于史学界的方家。

宗法制度及其实质

什么是宗法？首先要明确"宗"字的含意。"宗"是个象形字，上面的"宀"是房顶，下面的"示"是神主，有神主的房子就是宗庙。所以辞书解释："宗"，尊祖庙也，同姓曰宗，流派所出曰宗……盖"宗"字原用以称宗庙，本意是尊，余为引申义。同姓或同祖所出，即同一宗族。顾名思义，宗法即宗庙之法，或者宗族之法。

《礼记·大传》曰："别子为祖，继别为宗，继祢者为小宗。有百世不迁之宗，有五世则迁之宗。百世不迁者，别子之后也。宗其继别子(之所自出)者，百世不迁者也，宗其继高祖者，五世则迁者也。尊祖故敬宗。敬宗，尊祖之义也。"(注：引文中的括号是笔者加的，其中四字为衍文)

《礼记·丧服小记》曰："别子为祖，继别为宗，继祢者为小宗。有五世而迁之宗，其继高祖者也。是故祖迁于上，宗易于下。尊祖故敬宗，敬宗所以尊祖祢也。庶子不祭祖者，明其宗也。"

这两段话说明了以下几个问题：

1."祖"和"宗"的概念："别子为祖，继别为宗。"下面予以解释。

什么是别子呢？清人程瑶田《宗法表》附注说："诸侯之公子自卑别于尊曰别子。""自卑别于尊"又是什么意思呢？《仪礼·丧服》曰："诸侯之子称公子，公子不得祢先君,公子之子称公孙,公孙不得祖诸侯,此自卑别于尊者也。”这就是说:诸侯的嫡长子是王位的继承人,地位尊贵。而诸侯的其他儿子不能继承王位,地位就比较低下,应该和嫡长子区别开来,所以称为别子。可见,别子就是诸侯嫡长子以外的儿子。

什么是“祖”呢?“别子为祖”。邢昺说:“庙号不迁,最尊者曰祖,次曰宗。”就是说:别子从诸侯及其嫡长子那里分出去,自己另外建立一个宗族系统,别子就成了这个系统中的最尊贵者,他的神主永远不迁,就称为“祖”。

什么是“宗”呢?“继别为宗”。别子的嫡长子是别子的继承者,其地位仅次于“祖”,称为“宗”。

2.大宗和小宗的概念。继承别子的为大宗,继承祢(先父)的为小宗。别子的嫡长子为群弟所尊,就是大宗;别子的嫡子(嫡长子除外)也为支(庶)子所尊,就是小宗。

3.关于迁祖易宗的规定。所谓迁祖,就是把远祖的神主迁到祧庙里去,不再祭祀。

大宗是不迁祖的。大宗即所谓“百世不迁之宗”。大宗从别子的嫡长子开始,世代嫡长子相传,永远不迁祖。因为这个宗族的繁衍是从别子开始的,所以族人都要尊崇别子。别子死后,其继承者也为全族所共尊,这就是大宗。《仪礼·丧服》曰:“大宗者,尊之统也,大宗者,收族也。”所谓收族就是“别亲疏,序昭穆”,即组织、团结和照顾族人。大宗继承别子的采邑禄田,要传下去,叫作“传重”。总之,大宗是尊之统,又负有收族和传重的责任,所以百世不迁。

迁祖的规定主要是对小宗(即所谓“五世则迁之宗”)而言的。以别子的第六代庶子为例,根据“继祢者为小宗”的原则,他就会有一个大宗和五个小宗。大宗不必说,这五个小宗分别是继祢(父)宗、继祖宗、继曾祖宗、继高祖宗和继远祖宗。根据宗法规定小宗五世则迁,而从这个庶子本人到其父、祖、曾祖、高祖已够五世,所以到宗其继高祖为止,把高祖以上的远祖的神主迁入祧庙,不再祭祀。

迁祖和易宗的关系是“祖迁于上,宗易于下”。意思是说,每一代庶子都只尊四个小宗,即继祢(父)宗、继祖宗、继曾祖宗、继高祖宗。还以别子的第六代庶子为例,他有继父、继祖、继曾祖和继高祖四个小宗。而对他的庶子而言,这四个小宗就依次变成了继祖、继曾祖、继高祖和继远祖宗。而根据亲亲的原则和继祢者为小宗的规定,他的庶子就要尊自己的继祢(父)宗,而把远祖的神主迁入祧庙,不尊继远祖宗。这样上面迁一个远祖入祧庙,下面就变换了一个小宗。随着子孙的繁衍,远祖不断地迁,小宗就不断地改变。

4.尊祖和敬宗的关系。“尊祖故敬宗,敬宗,尊祖之义也”“庶子不祭祖者,明其宗也”。就是说,为要尊祖祢,所以要敬宗,庶子不能祭祖,就是要他们明其宗,敬宗(祖祢的继承人)就是尊祖祢的表现。这是宗法制度的一项必不可少的原则,它把宗庙祭祀之法推广到宗族之法,由辨别先祖宗庙之昭穆亲疏推广到区分百世子孙的尊卑贵贱。

通过以上分析可以得出以下结论:一、血缘纽带是宗法的基础。宗法是处理宗族内部关系的准则,它是一种家族制度。它还多少保留着一些原始社会氏族制度的传统习惯。二、大宗小宗的区分,迁宗与否的规定,区别了同一血统的人们关系的亲疏和地位的尊卑。所以宗法制度从本质上讲是一种不平等制度,它只能属于阶级社会的上层建筑。

李亚农先生对宗法制度的一些提法是值得商榷的。他说:“宗法制度本来是氏族制社会末期的上层建筑。”①他还认为西周仍存在着和原始社会相同的氏族公社组织。他说:“……这就是周族在灭殷之后,已经由氏族制的最后阶段走进了奴隶制社会,而氏族组织得以仍旧保留下来的缘故。”②“到了春秋以后,氏族的机构虽然还存在,可是已经变成了没有经济基础的躯壳。”③李先生认为西周不仅存在着原始社会那样的氏族公社组织,而且还有它的经济基础,同时又承认西周是奴隶制的社会,这不是自相矛盾吗?

正如马列主义经典著作中的“封建”和中国古代所用的“封建”二字的含意根本不同一样,马列著作中的“氏族”和中国古代所言的“氏族”也不是一个概念,不能把二者混淆起来。我们必须弄清原始社会的氏族公社制度和阶级社会的宗法制度的联系和区别。氏族公社以血缘为纽带,宗法制度也是以血缘关系

---

① 李亚农:《周族的氏族制与拓跋族的前封建制》绪论,《李亚农史论集》,上海人民出版社,1962,第219页。

② 李亚农:《周族的氏族制与拓跋族的前封建制》第三章《氏族组织》,《李亚农史论集》,上海人民出版社,1962,第261页。

③ 李亚农:《中国的奴隶制与封建制》第七章《周族的氏族组织与军事组织》,《李亚农史论集》,上海人民出版社,1962,第54页。

为基础的。但氏族公社制度是一种平等制度,宗法制度是一种不平等制度。在周代宗法制度下的宗族组织也和原始社会的氏族组织不同,宗族成员的经济和政治地位是不平等的。大小宗之间虽然有着亲族关系上的联系和称谓,但是宗族成员的地位是依照他们在等级臣属关系——王臣公、公臣大夫、大夫臣士中的地位而被固定下来的。在宗法制度下,大宗、小宗的划分,宗子和支(庶)子地位的差别,庙制的歧异,都不能简单地用血缘关系的亲疏来解释,它是建立在奴隶制的等级制基础上的。

宗法制的经济基础是奴隶主贵族的占有制度。通过层层分封,大小奴隶主贵族都占有数量不等的土地和臣民。奴隶主贵族之所以有尊卑的区别,从根本上说,是因为他们占有土地臣民的多寡不同。因此,宗法制度是一种不平等的制度,它不可能是原始社会的上层建筑。

宗法制度的形成

中国古代的宗法制度何时产生,史学界有三种意见:王国维认为宗法形成于西周①,丁山先生认为宗法产生于"有殷之际或其前世"②,李亚农先生则认为殷代有宗法,但已消灭,周代宗法产生于周族氏族制末期③。至于宗法是怎样形成的,也有多种不同的说法。下面分两个问题谈谈我们的意见。

第一,宗法渊源于父家长制家庭公社时期。

宗法制度是一种不平等制度。它不可能在原始社会氏族公社繁荣时期产生。父家长制家庭公社时期是由无阶级社会向阶级社会过渡的时期。恩格斯指出:"这种大家庭公社包括好几代人,耕种着相当的地带,并和邻居一起,像一个共同的马尔克一样使用四周的荒地。"④"这种家庭的主要标志,一是把非自由人包括在家庭以内,一是父权……这种机体的首长,以罗马的父权支配着妻

① 王国维:《观堂集林》第十《殷周制度论》,中华书局,1959,第458页。

② 《宗法考源》,见《中央研究院历史语言研究所集刊》,4-4。

③ 李亚农:《中国的奴隶制与封建制》第一章《殷代的奴隶制》,《李亚农史论集》,上海人民出版社,1962,第12页(七)。

④ 恩格斯:《家庭、私有制和国家的起源》,人民出版社,1972,第139页。

子、子女和一定数量的奴隶,并且对他们握有生杀之权。”①总之,在这个时期,虽然还存在着原始共产主义的传统习惯,如土地共同占有、共同使用,但是也出现了不平等,出现了私有财产,出现了人对人的支配和奴役。宗法制度就发源于这个阶段。

周族从公刘时起大概就处于父家长制时期。我们从《诗·大雅·公刘》可以看出一些迹象。这首诗实际上描写了一个父家长制家庭公社的父家长的形象。“乃锡乃疆,乃积乃仓”,反映了当时家庭公社有畛埸疆界,有集体的委积囷仓,反映了土地和财富公有。周人迁豳途中“弓矢斯张,干戈戚扬”,家庭公社的成员都带着武器,准备战斗。公刘是什么装束呢?“何以舟之,维玉及瑶,鞞琫容刀。”这说明公刘不但是位父家长,也是位军事首领。家庭公社一般成员拿着弓矢干戈各种武器,而公刘身上挂着鞘上、柄上都有饰物的佩刀,腰上有一圈玉饰,比其他公社成员阔气得多。公刘到豳地以后,登山降原,视察河泉,“度其隰原,彻田为粮”,说明他是生产的组织者。“于豳斯馆”,领导公社成员建设住宅安顿下来。公刘还组织公社成员一起宴饮,于是大家“食之饮之,君之宗之”,公社成员拥戴他、尊敬他。在这首诗里,我们看到了一个家族共同生产、同财共居的情况,也发现了父家长的特权,他比其他成员富裕阔气。他既是家族的族长,负责指挥生产,安排生活,又是军事首长,拥有相当大的权力。诗的作者已认为公刘是族人之君长,为族人所“宗”了。西周的大宗的特权当是这时家长的特权的演变,支对宗、小宗对大宗的尊崇服从当是这时族人对家长的尊崇服从的发展。但是严格的宗法是建立在嫡长子继承制的基础上的,它是奴隶社会的上层建筑,在这个时期是不可能完全形成的。

第二,宗法制度形成于西周。

嫡长子继承制是宗法制度的基础。如果没有严格的嫡长子继承制,无论是兄终弟即或者是兄终弟即与父死子继混杂,就根本分不出继别和继祢、大宗和小宗,哪里还有宗法可言呢?

考察商代的继统制度,从汤至纣,兄终弟即 14 例,父死子继 16 例,康丁以后六世虽行传子制,但是否传嫡长子就不可考了。周先公世系不完全,但从古公以后,传子制度大体上已确定,周公居摄而引起群弟反对就是证明。但还没

① 恩格斯:《家庭、私有制和国家的起源》,人民出版社,1972,第 54 页。

有做到“立嫡以长不以贤”，古公传幼子季历，即是适例。自周公还政成王以后，嫡长子继承制才得以实行。

兄弟之亲不如父子，舍弟传子是为了息争。但有嫡子，有庶子，嫡子中又有长幼之别，儿子多了，还是会发生争立的现象。为了统治权力的集中，为了息争，规定只能由嫡长子继承，于是“立子以贵不以长，立嫡以长不以贤”，就成了西周继统法的信条。

但是实行嫡长子继承的结果，是其他嫡子和庶子都无继承权，他们怎么生活呢？《左传·昭公二十六年》载王子朝告诸侯说：“昔武王克殷……并建母弟以蕃屏周。亦曰：吾无专享文、武之功。”杜注：“不敢专，故建母弟。”于是嫡长子就把自己继承的财产和权力拿出一部分分给自己的诸弟，诸弟既然要靠嫡长子的恩赐，就自然要以嫡长子为尊了。宗法所谓大、小宗的规定，就是在嫡长子继承制的前提下，为处理嫡长子和他的嫡庶弟之间的关系而设的。所谓“宗法即兄弟之法”，原因就在这里。

总之，没有嫡长子继承制，就不可能有宗法。中国古代的嫡长子继承制确立于西周，所以宗法制度也形成于西周，此其一。

宗法制的存在也离不开分封制。“别子为祖”，把兄弟分出去，是要给他们一定的权力和财产的，即要授爵授土授民，或赐以采邑禄田。大宗要传重和收族，就要真正有重可传，就要有收族的政治经济力量，这也需要天子诸侯的层层分封。所谓传重，即分以采邑和禄田，又用嫡长子继承制来确保之。这种办法，定在有了分封制以后才能实现。

总之，分封制是宗法存在的前提，而分封制出现于西周，所以宗法制也形成于西周，此其二。

所谓“宗法即宗庙之法”不是没有道理的。用来辨别后世子孙亲疏尊卑的宗法，实蜕变于先祖宗庙制度。宗法的基本信条：“尊祖故敬宗。敬宗者，尊祖之义也。”实质上是用尊祖祭祖为维护贵族等级制服务。西周统治者由上治祖宗的“尊尊”推广到下治子孙的“亲亲”，又推广到旁治昆弟的“长长”，说穿了就是用宗庙祭祀来确定和维护子孙的尊卑贵贱。

据卜辞，殷代祭祖有周祭、合祭、单祭等多种形式，看不出这些祭祀形式和宗法有什么必然联系。殷族和周族的宗庙祭祀制度不同。周族的父家长制时期，祭祀祖先是大事，要家长率领。到西周就演变为只有大宗才能祭祖。而小宗之所以不能祭祖，是要他们“明其宗”，即要尊大宗。

总之，严格的宗庙祭祀制度到西周才有，而辨别后世子孙尊卑的宗法是从宗庙祭祀制度中引申而来的，所以宗法形成于西周，此其三。

此外，根据《诗·大雅》的《公刘》《思齐》《板》诸篇以及西周金文中有关“大宗”“宗室”“宗子”“宗妇”的称谓，西周确实已有宗法存在了。

西周的宗法制度及其实行的范围

宗法制度在西周时期刚开始形成，它根本不可能像《礼记》所述的那样严密和完备。关于西周的宗法制度，丁山先生根据古文献做了如下的推测。他说，诗书、彝器中都无“曾祖”二字，所以怀疑周人的亲属称谓是上终于祖，下终于孙。高祖不是指曾祖之父，而是泛称远祖，曾孙也不是孙之子，而是远代孙子的泛称。所以继高祖宗是继别子的大宗，不是继祢的小宗，“故论周人宗法，盖唯继高祖之大宗，继祖父之小宗，三宗而已”①。这种推测是有道理的。

关于西周宗法的具体内容，材料很少。我们只能从诗书、彝器以及《左传》等文献中搜集些零碎的材料加以分析。

武王克殷前的周族城邦是以宗族为基础的。宗族长是一族人的家长，担负领导祭祀的责任，也是军事首领，负责指挥打仗，又是城邦之王。宗法、行政、军事组织三位一体。在这个阶段，什么是宗族组织，什么是行政组织；什么是政治关系，什么是宗法关系等，是很难截然分清的。随着以后国家和宗法制度的真正形成，二者的界限才比较清楚。但是在西周，宗法关系和政治关系还是天然地紧密结合在一起的。

《诗·大雅·板》云：“大邦维屏，大宗维翰。怀德维宁，宗子维城。”《毛传》曰：“王者，天下之大宗。”《郑笺》说：“宗子谓王之嫡子。”可见王就是大宗，王之嫡子即宗子。这首诗直接把“邦”和“宗”连在一起了。《诗·大雅·公刘》曰“君之宗之”，《毛传》曰“为之君，为之大宗也”，也认为君就是大宗。《国语·晋语》载晋阳毕说：“栾书实覆宗，杀厉公而厚其家。”韦注：“宗，大宗也，谓杀厉立

① 丁山：《宗法考源》，见《中央研究院历史语言研究所集刊》，4-4。

悼。”说明诸侯也是大宗。《左传·桓公二年》载师服曰:“吾闻国家之立也,本大而末小,是以能固。故天子建国,诸侯立家,卿置侧室,大夫有二宗,士有隶子弟,庶人工商各有分亲,皆有等衰。是以民服事其上,而下无觊觎……”可见政治上的等级制和宗法上的等级制是紧密结合在一起的。

这样,周王自称上天的元子,代表上帝统治人民。他既是政治上的共主,又是天下的大宗。其王位由嫡长子继承,世代保持大宗的地位。嫡长子的诸弟则受封为诸侯,对周王而言处于小宗的地位。诸侯在其封国内又为大宗,其君位也由嫡长子继承,其弟被封为卿大夫,对诸侯而言为小宗,而在他们自己的宗族中又处于大宗的地位。

宗法只适应于同姓贵族,由于周人实行同姓百世不婚,婚姻关系就把异姓贵族联系起来了。周天子称同姓诸侯为伯父、叔父,称异姓诸侯为伯舅、叔舅。这样,国家就宛如一个庞大的家族系统,族权和政权结合,宗统与君统结合。

但是政权和族权是有区别的。别子之所以要“自卑别于尊”,实际上是要表明,一国里最高权力只能掌握在一人之手,所有国人,无论同姓异姓,都为国君的臣民,不能用宗族的权力和政治权力对抗。《礼记·大传》所谓“君有合族之道,族人不得以其戚,戚君位也”。就是说天子可以对族人行宗法,没有限制,但族人对天子、诸侯行宗法就有一些限制,即不能触动君权。因为实行宗法的目的就是利用宗法上的等级制来维护政治上的等级制,是为了巩固奴隶主贵族的统治,所以宗法的规定只有不和政治权力抵触时才有效力。宗法关系和政治关系比较起来,它是第二位的。

总之,周代的宗法层次系统清楚,比较偏重血缘,和政治系统结合紧密。这些是周代宗法制度的特点。

关于宗法的实行范围问题,史学界的认识也不一致。

王国维在《殷周制度论》一文中说:“此制为大夫以下而设,上不及诸侯。”“天子诸侯虽无大宗之名而有大宗之实。”“由亲之统言,则天子诸侯之子身为别子而其后世为大宗者,无不奉天子诸侯以为最大之大宗,特以尊卑既殊不敢加以宗名,而其实仍在也。”王国维显然没有摆脱“礼家”的影响,所以说出了有点自相矛盾的话。但他毕竟窥见了其中的奥妙,认为天子诸侯“有大宗之实”。我们认为天子诸侯不仅有大宗之“实”,而且也有大宗之“名”。

金景芳先生对王国维的观点进行了批评,他认为天子诸侯是不行宗法的,主要根据有四点：

《礼记·大传》："君有合族之道，族人不得以其戚，戚君位也。"

《仪礼·丧服传》："始封之君，不臣诸父昆弟。封君之子，不臣诸父而臣昆弟。封君之孙，尽臣诸父昆弟。"贾疏云："君是绝宗之人。"

《穀梁传》之《隐公七年》《昭公八年》："诸侯之尊，弟兄不得以属通。"

《汉书·梅福传》："诸侯夺宗。"

下面让我们分析一下这些材料：

第一条材料中"君有合族之道"，正好说明国君行宗法。因为合族就是收族，就是宗法对大宗的一项规定。"族人不能以其戚，戚君位也"，只不过是对族人行宗法的一种限制，怎么能说明国君不行宗法呢？

第二条材料是说始封之君，不对其诸父、昆弟行使政治权力，还保持原来的亲属宗族关系，到他的孙子继位后，对他孙子的诸父、昆弟都行使政治权力。我们知道，宗族亲属关系服从于政治关系，这是宗法关系和政治关系发生矛盾时的处理办法，不能说明国君不行宗法。贾公彦疏云："君是绝宗之人，亲疏皆有臣道……"这句话的意思是说，不管同国君的关系是亲还是疏，都要臣服于国君。在政治关系和宗法关系不一致时，国君可以不考虑宗法关系，只考虑政治关系，这就是"君是绝宗之人"的含意，而如果宗法关系和政治关系不矛盾时，国君还是要行宗法的。

第三条材料和第一条材料一样，是对兄弟行宗法的限制，不能说明诸侯不行宗法。

第四条材料，西汉梅福建议立孔子之后为殷后，说："诸侯夺宗，圣庶夺嫡。"如淳注："夺宗，始封之君尊为诸侯，则夺其旧为宗子之事也。"所谓"圣庶夺嫡"，显然是一种特例和变例，是不符合宗法规定的。如淳解释的"夺宗"实际上是"自尊别于卑"。过去自己是宗子，要宗自己的大宗，现在当了诸侯，就不再按过去的宗法关系办事了，而要建立新的宗法关系和政治关系。所以"诸侯夺宗"也不能说明诸侯不行宗法。

总之，以上四条材料不过说了两个问题：一是天子诸侯是可以对兄弟族人行宗法的，但兄弟族人对天子诸侯行宗法则是有限制的，即不能以宗法关系触动君权；二是宗子做了诸侯，就不再保持原来的宗法关系，要建立新的宗法和政治关系。因此这四条材料不能说明天子诸侯不行宗法。

还应注意的是，这些材料所出都比较晚，而在较古的文献中，天子诸侯行宗法的材料是大量的。例如：

《诗·大雅·公刘》："食之饮之，君之宗之。"《毛传》曰："为之君，为之大宗也。"

《诗·大雅·板》："大邦维屏，大宗维翰，怀德维宁，宗子维城。"《毛传》："王者，天下之大宗。"《郑笺》："宗子，谓王之嫡子。"

《诗·小雅·正月》："赫赫宗周，褒姒灭之。"也以周王室为天下大宗。

《左传·哀公八年》载公山不纽谓叔孙辄曰："今子以小恶而欲覆宗国，不亦难乎？"注："辄，鲁公族，故谓之宗国。"

《左传·隐公十一年》"周之宗盟，异姓为后"，足证诸侯间也是行宗法的。

所以我们认为，天子、诸侯也行宗法。如果认为宗法只行于大夫以下，就抹杀了宗法系统和政治系统的密切关系，掩盖了宗法的作用。

综上所述，我们认为宗法渊源于父家长制家庭公社时期，宗法制度在西周正式形成，在商代不可能产生。西周的宗法制度并不像《礼记》等文献记载的那么严密和完善。层次系统清楚，比较偏重血缘，和政治系统紧密结合，是西周宗法制度的特点。西周宗法行于包括天子、诸侯在内的整个奴隶主贵族之间。

宗法是统御家族的原则。宗法制度是一种家族制度。它和政治上的等级制度互为表里，构成了奴隶主贵族阶级的等级阶梯。它在奴隶主内部确定了亲疏、尊卑、上下的区别，用大宗、小宗的层层分别把整个奴隶主贵族联系起来，以统一奴隶主阶级内部的力量。因此，宗法制度是为奴隶主阶级服务的奴隶社会的上层建筑。

（原载《河南师大学报》1981 年第 1 期，人大报刊复印资料《中国古代史》1981 年第 4 期转载）

晋国人才思想与举用制度述论

晋国之所以在春秋时期迅速崛起，先后成就文公和悼公的霸业，其人才思想与举用制度的先进是一项重要原因。春秋时期晋国的人才思想与举用制度对战国时代的“三晋”和秦国有很大影响，“祁奚之举”“楚材晋用”等被传为千古佳话。

晋国人才思想述要

人才思想包含的内容很广泛，在此我们仅探讨晋国统治者视什么样的人为人才以及如何举用人才这两个方面的问题。

第一，善人与贤人。

对于什么样的人是人才的问题，不同时代的人的认识不尽相同。春秋时期晋国的统治者视善人和贤人为人才，主张举善选贤。什么样的人是善人？被晋国统治者称为善人而见于文献记载的有介子推、士会、伯宗、栾无忌等。介子推长期随公子重耳出亡国外，及重耳回国即君位，介子推不称己功，不求爵禄，爵禄亦未及之，逃入山林。晋文公“求之，不获，以绵上为之田，曰：‘以志吾过，且旌善人。’”①士会曾任晋国中军帅，又担任过太傅，他宣法定晋国，晋国的强盗逃奔秦国。“羊舌职曰：‘吾闻之，禹称善人，不善人远。此之谓也。……善人在上，则国无幸民。’”②介子推的德行值得称美，士会对国家有重大贡献。可见晋国统治者以有美德的人和对国家有贡献的人为善人。

① 《春秋左传集解·僖公二十四年》，上海人民出版社，1977，第341页。

② 《春秋左传集解·宣公十六年》，上海人民出版社，1977，第623页。

宁庄子言："善，德之建也。"①可见春秋时人认为能立德即为善。所谓立德，就是行为要符合统治阶级的道德规范。那么，什么是春秋时期晋国统治阶级的道德规范呢？郇无政曰："昔先主文子少衅于难，从姬氏于公宫，有孝德以出在公族。"②郤至曰："人所以立，信、知、勇也。"③孝悌是处理家族关系的准则，信是事神、事上和交友的基本原则，有智有勇方可立功立事。因此孝悌和信、智、勇是士人不可或缺的道德。而对官吏则还有另外一些道德要求。如荀息曰："昔君问臣事君于我，我对以忠贞。"④士蒍亦曰："失忠与敬，何以事君？"⑤叔向曰："居俭动敬，德让事咨，而能避怨，以为卿佐，其有不兴乎！"⑥韩无忌又曰："恤民为德。"⑦恭敬则事上有礼，忠贞则不叛主上，节俭则任官不贪，谦让则少争斗，恤民则为政宽惠，这些都是为臣者应具备的美德。总之，行为符合统治阶级道德规范的士人和官吏就是善人，能恤民，行善政，于国有贡献，于民有恩德的人也被称为善人。

春秋时期晋国统治者对善人极为推崇，主张举用之，究其原因至少有以下三个方面：

首先，就天道观而言，他们认为赏善举善是天（上帝）的命令，如有违抗，就会招至灾异。如士文伯曰："国无政，不用善，则自取谪于日月之灾。"⑧这不全是迷信，而是借助神的意志来增强赏善举善的权威性。

其次，就人事方面言，他们认为善人是天地的纲纪、民众的主干。如栾书曰："夫善，众之主也。"韩厥曰："善人，天地之纪也，而骤绝之，不亡何待！"⑨因而主张举用善人治理民众。

再次，就教化方面言，他们认为善人的行为可以感化民众，也可以感化统治者，可以作为人们的行动准则。如叔向曰："无宁以善人为则，而则人之辟乎？

---

① 《国语》卷十《晋语四》，上海古籍出版社，1988，第345页。
② 《国语》卷十五《晋语九》，上海古籍出版社，1988，第491页。
③ 《春秋左传集解·成公十七年》，上海人民出版社，1977，第777页。
④ 《国语》卷八《晋语二》，上海古籍出版社，1988，第302页。
⑤ 《春秋左传集解·僖公五年》，上海人民出版社，1977，第252页。
⑥ 《国语》卷三《周语下》，上海古籍出版社，1988，第114-115页。
⑦ 《春秋左传集解·襄公七年》，上海人民出版社，1977，第835页。
⑧ 《春秋左传集解·昭公七年》，上海人民出版社，1977，第1291页。
⑨ 《春秋左传集解》"成公六年""成公十五年"，上海人民出版社，1977，第684、743页。

匹夫为善,民犹则之,况国君乎?"①而对统治阶级中的少年而言,接受美德善行的熏陶尤为重要。如韩厥曰:"成人在始与善。始与善,善进善,不善蔑由至矣;始与不善,不善进不善,善亦蔑由至矣。"②因此,晋国国君多选善人辅导太子,使太子向善。如晋文公曾问胥臣"吾欲使阳处父傅讙也而教诲之,其能善之乎?"③可见晋国统治者十分重视善人在教化方面的作用。

基于上述原因,晋国统治者主张举用善人。羊舌职曰:"吾闻之,禹称善人,不善人远。""善人在上,则国无幸(倖)民。"④举用善人的目的在于实行德政和德教。举用善人在晋国不仅作为一种思想主张流行,而且已经成为一种政治实践。晋文公曾推行"举善援能"的选官政策。⑤ 中行穆子曰:"赏善罚奸,国之宪法也。"⑥赏善举善在晋国已作为政策法令规定下来。

在主张举善的同时,晋国统治者还主张选贤。春秋时期什么样的人被称为贤人?齐"桓公又问焉,曰:'于子之乡,有拳勇股肱之力秀出于众者,有则以告。有而不以告,谓之蔽贤。'"⑦"少室周为赵简子之右,闻牛谈有力,请与之戏,弗胜,致右焉。简子许之,使少室周为宰,曰:'知贤而让,可以训矣。'"⑧可见贤者是指勇力出众者。《管子》曰:"使贤者食于能,斗士食于功。"⑨可见有才能者也被称为贤者。总之,贤人是指勇力和才能超群的人。

晋国统治者主张奖劝和任用贤能。阳处父曰:"使能,国之利也。"祁奚曰:"夫谋而鲜过,惠训不倦者,叔向有焉,社稷之固也。犹将十世宥之,以劝能者。"⑩赵衰亦曰:"能其官者有赏。"而且"献能而进贤,择材而荐之"⑪是晋国卿大夫不可或缺的任务。

人的才能和勇力是内在的,功劳是才能和勇力的外在表现。因而晋国统治

---

① 《春秋左传集解·昭公六年》,上海人民出版社,1977,第1281页。
② 《国语》卷十二《晋语八》,上海古籍出版社,1988,第411页。
③ 《国语》卷十《晋语四》,上海古籍出版社,1988,第386页。
④ 《春秋左传集解·宣公十六年》,上海人民出版社,1977,第371页。
⑤ 《国语》卷十《晋语四》,上海古籍出版社,1988,第623页。
⑥ 《国语》卷十五《晋语九》,上海古籍出版社,1988,第484页。
⑦ 《国语》卷六《齐语》,上海古籍出版社,1988,第233页。
⑧ 《国语》卷十五《晋语九》,上海古籍出版社,1988,第496~497页。
⑨ 黎翔凤:《管子校注》卷六《法法》,中华书局,2004,第296页。
⑩ 《春秋左传集解》"文公六年""襄公二十一年"上海人民出版社,1977,第445、972页。
⑪ 《国语》卷十《晋语四》,卷十五《晋语九》,上海古籍出版社,1988,第383、497页。

者还主张“赋职任功”①,即选用有功劳的人来担任官职。

晋文公曾实行“举善援能”和“明贤良”的用人政策,晋悼公也曾实行“选贤良”和“荐积德”的用人政策。②《说文》:“良,善也。”能者就是贤者,良者积德者就是善者。举善和选贤的思想同时被晋国统治者采用,成为一种政治实践。

第二,惟善(贤)是举。

晋国统治者以善人和贤人为人才,主张举善选贤,已如上述。但是春秋时期亲亲贵贵的宗法观念仍然存在,举善选贤的思想难以摆脱其约束和影响。如何处理举善选贤同亲亲贵贵的关系,也是一个值得研究的重要问题。

晋文公在实行“举善援能”“明贤良”的同时,也实行“昭旧族、爱亲戚、尊贵宠”,晋悼公在实行“选贤良”“荐积德”的同时,也实行“育门子”“兴旧族”③。他们将举善选贤与亲亲贵贵结合起来用于政治实践,这是一种折中主义。这种思想主张在春秋时期的晋国居于主导地位。

值得特别注意的是,晋国出现了一种惟善(贤)是举、不论亲疏的思想主张。如成鱄曰:“夫举无他,惟善所在,亲疏一也。”④这是对传统的亲亲观念的否定,在当时是一种相当可贵的思想。晋国统治者正是在这种思想的影响下,从血缘关系比较疏远的同姓贵族、异姓贵族,以至于羁旅、仇敌中选用优秀人才的。

被传为千古美谈的“祁奚之举”就是惟善(贤)是举的典范。“祁奚请老,晋侯问嗣焉。称解狐,其仇人,将立之而卒。又问焉,对曰:‘午也可。’于是羊舌职死矣,晋侯曰:‘孰可以代之?’对曰:‘赤也可。’于是使祁午为中军尉,羊舌赤佐之。君子谓:‘祁奚于是能举善矣。称其仇,不为谄。立其子,不为比。举其偏,不为党。’”⑤祁奚之所以举其仇、举其子和举其部属而得到赞美,是因为三人皆善(贤),可以胜任。他的儿子“祁午为军尉,殁平公,军无秕政”⑥,就是证明。若仇者不善而举,则为谄媚;亲戚部属不善而举,则为结党营私。赵盾曰:“举以其私,党也。”“举而不能,党孰大焉!事君而党,吾何以从政?”⑦总之,亲近者善,则可举

① 《国语》卷十《晋语四》,上海古籍出版社,1988,第371页。
② 《国语》卷十《晋语四》,卷十三《晋语七》,上海古籍出版社,1988,第371、431页。
③ 《国语》卷十《晋语四》,卷十三《晋语七》,上海古籍出版社,1988,第371、431页。
④ 《春秋左传集解·昭公二十八年》,上海人民出版社,1977,第1566页。
⑤ 《春秋左传集解·襄公三年》,上海人民出版社,1977,第807页。
⑥ 《国语》十三《晋语七》,上海古籍出版社,1988,第440页。
⑦ 《国语》十一《晋语五》,上海古籍出版社,1988,第396页。

之,亲近者不善而举之就是偏私行为,这是事君从政者不该做的。

惟善(贤)是举体现着以国家利益为重的尚公精神。不仅祁奚不以私仇蔽善,范氏之臣王生也曾荐其仇人张柳朔,且言:“私仇不及公,好不废过,恶不去善,义之经也。”①他们认为应该将私仇与公事分开。在举荐人时,不能因自己所好而文过饰非,不能因自己所恶而掩善蔽贤。这种尚公精神也表现在让贤上。如晋文公先后三次任命赵衰为卿,赵衰让于栾枝、胥臣和先且居。晋文公称赞道:“夫赵衰三让不失义。让,推贤也。义,广德也。德广贤至,又何患矣。”②

综上所述,春秋时期晋国统治者以善人和贤人为人才,主张举善选贤。在处理举善选贤与亲亲贵贵的关系方面,除了主张举善选贤与亲亲贵贵并行外,还有惟善(贤)是举、不论亲疏和选用人才处以公心的思想。这些思想对晋国的选官用人产生了很大影响。与这些人才思想相适应,晋国有一套人才举用制度。

晋国人才举用制度考述

晋国的人才选举制度,现在可考的,有贽见、举荐、任功、用羁等,在人才使用制度方面,有策名委质、类能而使、考功和执秩之法等,下面分别述之:

第一,选举制度。晋国主要从贵族子弟、军队、民间和羁旅中选举人才。其制度为:

1.贽见。春秋时期晋国的官职主要由国君直接授予,见君是任官不可缺少的环节。贵族子弟可以贽见君或卿大夫,国君则酌情授予官职。

晋国以卿族取代公族(宗室)后,卿的嫡长子称公族,其余嫡子称余子,庶子称公行。大夫的嫡子称门子。他们有专门的官吏管理,受特殊的教育,成年之后,可以得到一定的官职,或成为军队中的武士与国君的宿卫。

春秋时的士,年满20岁,要行冠礼,表示已经成人。士行冠礼后,要玄冠玄端奠贽于君,遂以贽见乡大夫、乡先生。这是对乡遂的士而言的。卿大夫子弟行冠礼,奠贽于君,可以贽见卿。如赵武行冠礼后,先后贽见栾书、郤犨等七卿。

---

① 《春秋左传集解·哀公五年》,上海人民出版社,1977,第1735页。

② 《国语》卷十《晋语四》,上海古籍出版社,1988,第383页。

当他见郤犨时，郤犨答道："抑年少而执官者众，吾安容子。"①由此可见，贽见的目的是求得官职。贽见既是贵族子弟求官的一种途径，也是朝廷从贵族子弟中选举人才的一种途径。

2.举荐。一般士人不能自达于国君，要任官须经卿大夫的举荐。举善进贤也是卿大夫的一项责任。如"臼季使过冀，见冀缺耨，其妻馌之。敬，相待如宾。与之归，言诸文公""文公以为下军大夫"②。另外，魏舒举十县大夫，赵武举精通历法的绛县老人，都是卿大夫举荐人才的适例。

晋国不仅有卿大夫举荐人才的制度，还有举者对被举者负责的制度。被举者称职有功，举者也受奖赏；被举者不称职，举者则有罪，要受处罚。臼季（胥臣）举冀缺（郤缺）任下军大夫，郤缺箕之战有功，也赏给胥臣先茅之县。邲之战晋军失败，主帅荀林父请死，士文伯劝谏晋君，荀林父得保原职。后来荀林父与狄人作战有功，也赏给士文伯瓜衍之县。赵盾举韩厥为司马，欲观其称职与否，"河曲之役，赵孟（盾）使人以其乘车干行，献子（韩厥）执而戮之"。赵盾皆告诸大夫曰："二三子可以贺我矣！吾举厥也而中，吾乃今知免于罪矣。"③这种举人得当者有功受赏、举非其人者有罪受罚的制度，既可鼓励卿大夫积极举荐人才，又可防止选举的轻滥。

此外，官吏告老时的荐代和官吏任职时让善推贤，也是举荐人才的途径。

3.任功。晋国有"赏功劳"和"赋职任功"的制度。④ 春秋时期功已分得很具体："王功曰勋，国功曰功，民功曰庸，事功曰劳，治功曰力，战功曰多。"⑤在各种功中，以战功最容易受赏。如下邑之役，董安于"多"（即有战功）。赵鞅一再要奖赏，董安于固辞，曰："方臣之少也，进秉笔，赞为名命，称于前世，立义于诸侯，而主弗志。及臣之壮也，耆其股肱以从司马，苛慝不产。及臣之长也，端委韠带以随宰人，民无二心。今臣一旦为狂疾，而曰'必赏女'，与余以狂疾赏也，不如亡。"⑥董安于有过事功和治功，都没有得到赏赐，这次作战勇猛有功，赵鞅

---

① 《国语》卷十二《晋语六》，上海古籍出版社，1988，第 412 页。

② 《春秋左传集解・僖公三十三年》，上海人民出版社，1977，第 411 页。

③ 《国语》卷十一《晋语五》，上海古籍出版社，1988，第 1396 页。

④ 《国语》卷十《晋语四》，上海古籍出版社，1988，第 371 页。

⑤ 杨天宇：《周礼译注》第四《夏官司马》，上海古籍出版社，2004，第 426 页。

⑥ 《国语》卷十五《晋语九》，上海古籍出版社，1988，第 489~490 页。

却一再要赏,可见战功最易于受赏。赵衰曾言"军伐有赏"①,赏军功是晋国一项重要制度。此外,治功、事功等也会受赏。如果有功者本人未得到赏赐,称为"滞赏",可以赏其子孙,称为"出滞赏"②。

所谓赏功劳,除了赐给土地、奴隶外,士要是赐予或晋升官爵,也就是赋职任功,即根据所建立的功劳授予官爵。军功赐官爵多在战后进行,也有在战前就悬赏格的。如戚之战前,赵鞅誓曰:"克敌者,上大夫受县,下大夫受郡,士田十万,庶人工商遂,人臣隶圉免。"③不仅贵族子弟可通过军功得到官爵,庶人工商也可通过军功入仕。有功劳者还可以泽及子孙。如晋平公曾下令曰:"自文公以来有力于先君而子孙不立者,将授立之,得之者赏。"④所谓有力即有治功。晋悼公任命吕相、士鲂、魏颉、赵武为卿,也是因为他们的父祖对国家有功。在晋国"无功庸者不敢居高位",高级官职必须由有功劳的人担任。

4.用羁。晋国不仅注意选用本国的善人贤士,而且努力吸引外国的优秀人才。晋国有任用羁旅的制度。春秋时期公族或卿大夫如果在本国受逼获罪,可以出奔别国,成为羁旅。羁旅所在的国家可以根据其才能和原来的官爵,授予适当的官爵,这就是用羁。晋国对羁旅能以礼相待,有赐予羁旅官爵的具体规定。如秦后子与楚公子干来仕,韩起问二公子之禄,叔向对曰:"大国之卿,一旅之田,上大夫.一卒之田。夫二公子者,上大夫也,皆一卒可也。"⑤郑国罕朔奔晋,韩起问其位于子产。子产曰:"卿违,从大夫之位,罪人以其罪降,古之制也。朔于敝邑,亚大夫也,其官,马师也。"⑥韩起使罕朔从嬖大夫,而未以罪降。可见晋国明确规定了各种身份羁旅的官职爵禄,以优渥的待遇招徕远人。虽然春秋时期不少国家都任用羁旅,但是以晋国吸收的羁旅之臣最多,以至于有"虽楚有材,晋实用之"⑦的说法。

第二,任用制度。晋国的人才任用制度,现今可考的有策名委质、类能而使、考功以及执秩之法等。

---

① 《国语》卷十《晋语四》,上海古籍出版社,1988,第 383 页。
② 《国语》卷十三《晋语七》,上海古籍出版社,1988,第 431 页。
③ 《春秋左传集解·哀公二年》,上海人民出版社,1977,第 1717 页。
④ 《国语》卷十四《晋语八》,上海古籍出版社,1988,第 450 页。
⑤ 《国语》卷十四《晋语八》,上海古籍出版社,1988,第 476 页。
⑥ 《春秋左传集解·昭公七年》,上海人民出版社,1977,第 1299 页。
⑦ 《春秋左传集解·襄公二十六年》,上海人民出版社,1977,第 1062 页。

1.策名委质。狐突言:“子之能仕,父教之忠,古之制也。策名委质,贰乃辟也。今臣之子名在重耳,有年数矣。若又召之,教之贰也。父教子贰,何以事君?”①夙沙釐言:“臣委质于狄之鼓,未委质于晋之鼓也。臣闻之:‘委质为臣,无有二心。委质而策死,古之法也。君有烈名,臣无叛质。”②可见,晋国有策名委质的制度。

策名是书写姓名于简策,无异说。“委质”二字,自魏晋以降,就有不同解释。吴韦昭曰:“质,贽也。士贽以雉,委贽而退。”“言委贽于君,书名于册,示必死也。”③而晋代杜预曰:“名书于所臣之策,屈膝而君事之,则不可以贰。”④比较二说,我们认为韦昭以贽训质不妥。“贽”又作“挚”,系见面礼品。委贽的情况比较复杂,未必全与仕宦有关。春秋时期还有国君以贽见臣民的事。如“鲁人有周丰也者,哀公执挚请见之”⑤。且送礼品于人,就不能背贰,于情理也不通。“质”应训为本体。例如“《易》之为书也,原始要终,以为质也”⑥。君子“义以为质,礼以行之”⑦。均为“质”训为本体的适例。杜预虽将质解释为人体,但又训“委”为“屈”(即曲),从而将委质释为曲膝,亦欠当。“委”应为“付托”,委质就是委身。委质的含义正如孔子所言:“事君先资其言,拜自献其身,以成其信。”⑧总之,策名委质就是名书于君主之策,表示已自献其身,生死事之,永不叛贰。这是保证臣属忠贞诚信的制度。它可能主要行于仕于私人的家臣或仕于国君的疏远卑微者。

2.类能而使。楚令尹子囊言:“晋君类能而使之。”⑨所谓类能而使就是了解被选举者的长处,根据其所能授予适当的官职。如悼公“知祁奚之果而不淫也,使为元尉。知羊舌职之聪敏肃给也,使佐之。知魏绛之勇而不乱也,使为元司马。知张老之智而不诈也,使为元候”⑩。这里的“类能”就是对被选举者的德行才能加以分析评论。当时规定:“凡官民材,必先论之,论辨,然后使之。任

---

① 《春秋左传集解·僖公二十三年》,上海人民出版社,1977,第331页。
② 《国语》卷十五《晋语九》,上海古籍出版社,1988,第485页。
③ 《国语》卷十五《晋语九》,上海古籍出版社,1988,第486页。
④ 《春秋左传集解·僖公二十三年》杜注,上海人民出版社,1977,第331页。
⑤ 杨天宇:《礼记译注》第四《檀弓下》,上海古籍出版社,1997,第178页。
⑥ 周振甫:《周易译注》之《系辞下传》,中华书局,1991,第290页。
⑦ 康有为:《论语注》卷十五《卫灵公》,中华书局,1984,第236页。
⑧ 杨天宇:《礼记译注》第三十二《表记》,上海古籍出版社,1999,第940页。
⑨ 《春秋左传集解·襄公九年》,上海人民出版社,1977,第852页。
⑩ 《国语》卷十三《晋语七》,上海古籍出版社,1988,第435页。

事，然后爵之；位定，然后禄之。”“司马辨论官材，论进士之贤者，以告于王而定其论。论定然后官之，任官然后爵之，位定然后禄之。”郑注曰：“辨谓考问得其定也。”“论谓官其人必先论其德行道艺。定其论，即各署其所长。”①晋国可能在用人方面实行辨论的制度，故可以类能而使。

3.考功。晋国对任官有功能者有赏赐的制度。要判断官吏是否有功能，需要考察其政绩，这就是考功。晋文公率军入曹国，“数之，以其不用僖负羁而乘轩者三百人也，且曰：‘献状。’”注：“轩，大夫车，言其无德而居位者多，故责其功状。”②晋文公既然要曹国国君献其大夫的功状，晋国当也有这种功状。功状是记录官吏政绩的官簿，为考察官吏功能而设。由此可见，晋国实行考功制度。但是考功制度的具体内容已不可考。考功是君主了解官吏功能的途径，也是黜陟官吏的依据。

4.执秩之法。春秋时期的晋国，文职与武官尚未完全分开，执政的卿就是军队的将佐。卿大夫的任命多在战争前后进行。晋国在战前举行大蒐，以整训军队、安排将佐。文公五年蒐于被庐，作三军，“大蒐以示之礼，作执秩以正其官”③。襄公三年，蒐于董，赵盾将中军，执国政。于是“本秩礼，续常职，出滞淹”。既成，“以授大傅阳子与大师贾佗，使行诸晋国，以为常法”④。景公八年，士会“乃讲聚三代之典礼，于是乎修执秩以为晋法”⑤。悼公即位，“使士渥浊为大傅，使修范武子（士会）之法”⑥。这就是执秩之法的产生、修订和实行的情况。可见执秩之法先在军队中实行，赵盾将它推行全国，又经士会等人的修订，成为晋国的常制。

关于执秩之法，历来有两种解释。韦昭曰：“秩，常也。可奉执以为常也。”杜预曰：“蒐，顺少长，明贵贱。”“执秩，主爵秩之官。”⑦我们认为杜说近是。当时以礼治军，大蒐为着顺少长、明贵贱等级，设主爵秩之官是顺理成章的事。且孔仲尼言：晋

---

① 杨天宇：《礼记译注》第五《王制》，上海古籍出版社，1997，第199、216页，注见《礼记正义》（《十三经注疏》）。

② 《春秋左传集解·僖公二十八年》，上海人民出版社，1977，第372、378页。

③ 《春秋左传集解·僖公二十七年》，上海人民出版社，1977，第360页。

④ 《春秋左传集解·文公六年》，上海人民出版社，1977，第445页。

⑤ 《国语》卷二《周语中》，上海古籍出版社，1988，第60页。

⑥ 《春秋左传集解·成公十八年》，上海人民出版社，1977，第786页。

⑦ 《国语》卷一《周语上》注，上海古籍出版社，1988；《春秋左传集解·僖公二十五年》注，上海人民出版社，1977，第367、368页。

“文公是以作执秩之官,为被庐之法,以为盟主”①。清代黄本骥《历代职官表》也将“执秩”列为主封爵之官。总之,晋国在被庐之蒐中不仅设立了主爵秩之官,而且有了关于爵秩的具体规定,这就是执秩之法,也即孔子所言之“被庐之法”。

执秩之法是关于爵秩的具体规定,其详细内容已不可考。制定执秩之法的目的是“正其官”,它是用人制度的一部分。执秩之法制定的依据是以等级为中心的礼,后经过世代任理官的范氏(士会、士渥浊)的修定,又融进以赏罚为核心的法治精神。这使晋国的用人制度带有等级和法制色彩。

此外,晋国的人才举用有一定次序。邵桓公曰:“抑晋国之举也,不失其次。”②但也可打破常规,破格任用。

晋国人才举用问题略论

晋国的人才思想和举用制度,已如上述。下面我们着重探讨其得失、形成条件及对后世的影响。

春秋时期晋国统治者视善人和贤人为人才,主张举善选贤。在处理举善选贤与亲亲贵贵的关系方面有两种主张,一是主张举善选贤与亲亲贵贵结合,一是主张惟善(贤)是举、不别亲疏。

举善作为一种人才思想在西周已经出现,但它受到宗法政治和宗法观念的束缚,难以发展。春秋时期宗法政治观念开始受到冲击,举善思想得到发展。举善思想在当时仍具有进步性。尊贤是春秋时期出现的一种新思潮,春秋中期开始在各诸侯国流行,在葵丘之会的盟约中已经出现了“尊贤育才,以彰有德”③的条文。尊贤选贤思想的进步性自不待言。惟善(贤)是举、不别亲疏的思想是对亲亲贵贵等宗法观念的否定,这在春秋时期十分可贵。总之,上述人才思想在当时具有进步性。

春秋时期中原地区的鲁、宋、卫、郑诸国以及周王室,政权基本上掌握在公

---

① 《春秋左传集解·昭公二十九年》,上海人民出版社,1977,第1581~1582页。

② 《国语》卷二《周语中》,上海古籍出版社,1988,第83页。

③ 杨伯峻:《孟子译注》卷十二《告子章句下》,中华书局,1960,第287页。

族(宗室)手中,其统治者将公室与公族的关系视为树干与枝叶的关系,亲亲贵贵的宗法观念在政治思想领域居统治地位,“弃亲用羁”“远间亲”仍不合法。周卿士单献公弃亲用羁,襄顷之族竟将他杀死而立成公,就是适例。举善尊贤在这些国家难以实行。而在晋国不但公开主张举善选贤,还出现了惟善(贤)是举、不别亲疏的主张。比较起来,晋国的人才思想在春秋诸国中是很先进的。

晋国的人才举用制度是行之有效的。晋国通过贽见、举荐、任功、用羁等制度广开才路,使朝中军中人才济济。楚远启疆曾言晋国卿大夫“皆诸侯之选”,鲁季孙宿也称晋国朝中“多君子”①。策名委质制度可以保证被任用者对主上忠贞不贰;类能而使则可使被任用者发挥所长,各尽其才。考功作为官吏升降的根据,能使官吏恪尽职守,不敢懈怠。这不仅保证了晋国国家机器的行政效力和军队的战斗力,而且提高了晋国的威望。楚令尹子囊曾言,由于晋君“举不失选,官不易方”和“类能而使”,形成了“君明臣忠、上让下竞”的政治局面,因此“晋不可敌,事之而后可”②。

晋国的用羁制度吸引了不少别国(特别是楚国)的优秀人才。晋国在它同楚国的争霸战争中多用从楚国来奔的羁旅之臣为谋主,因而能知己知彼,对战争的胜利有很大作用。孔丘曾言晋文公作执秩之官、为被庐之法“以为盟主”,史家亦认为晋悼公复霸的主要原因是“举不失职,官不易方,爵不逾德”③。晋国人才举用的成功对晋国的创霸事业起了巨大作用。

当然晋国的选举用人难免受时代的局限。亲亲贵贵等传统观念并未完全破除。晋国统治者在举善选贤的同时,还实行着“昭旧族、爱亲戚、尊贵宠”的用人政策。晋文公使异姓旧族“寔掌近官。诸姬之良,掌其中官。异姓之能,掌其远官”④。说明晋国用人仍有亲疏贵贱之别。普通贵族无援很难在朝中做官,庶人工商无军功则难以入仕,这就使不少有才干而出身卑微的人不能为国效力。晋国“昭旧族”“兴旧族”的结果,渐使权入私门,这不仅影响君主集权,而且埋下了“三家分晋”的种子。

晋国的人才思想与举用制度虽然具有时代的局限性,但它在春秋诸国中仍

---

① 《春秋左传集解》“昭公五年”“襄公三十年”,上海人民出版社,1977,第1266、1136页。

② 《春秋左传集解·襄公九年》,中华书局,1977,第852页。

③ 《春秋左传集解·成公十八年》,上海人民出版社,1977,第787页。

④ 《国语》卷十《晋语四》,上海古籍出版社,1988,第137页。

处于领先的地位。晋国的人才思想之所以能开风气之先，举用制度之所以能适应形势的需要，是有其历史根源的。

春秋时期"南夷与北狄交，中国不绝若线"①。中原一些国家尚遭戎狄攻击，几乎亡国。处在戎狄包围中的晋国要求全图存，迫切需要富国强兵。当时各诸侯国"力攻相并"，角逐十分激烈。晋国作为盟主长期与楚国争霸，需要富国强兵。而要富国强兵，就要由有才干的人管理国家，指挥战争。因而晋国人才思想的更新和举用制度的实施乃是本国的政治需要。

晋国从周初立国以来，一直与戎狄为邻。周王室令它"启以夏政，疆以戎索"。春秋时期晋国仍"居深山，戎狄之与邻，而远于王室。王灵不及"②。由于晋国染戎狄之俗，受周王室礼乐政刑的影响较其他中原诸国为少，因而传统的宗法观念也较薄弱，易于破除。

晋国曲沃武公以旁系取代大宗，掌握了晋国政权。晋国的公族(宗室)也接连受到沉重打击，逐渐在政治舞台上销声匿迹。晋成公始以卿族取代公族，使晋国政权落入异姓贵族之手。由于晋国以旁系取代大宗，以异姓贵族取代同姓贵族，就不得不打破血缘的旧框框，因而难以大力提倡亲亲观念。于是亲亲贵贵的传统政治思想部分地由"亲众因民"思想所取代。如骊姬曾言："长民者无亲，众以为亲。""自桓叔以来，孰能爱亲？惟无亲，故能兼翼"。重耳亦言："夫固国者，在亲众而善邻，在因民而顺之。"③举善选贤与惟善(贤)是举的思想与相应的举用制度正是亲众因民的政治思想在人才问题上的体现。

春秋时期晋国的人才思想与举用制度对战国及整个封建社会有很大影响。惟善(贤)是举、不辨亲疏的思想至今仍可作为处理人才问题的借鉴。任用羁旅的制度开战国时期客卿制度的先河，战国时期以军功授官爵的制度则来源春秋时期晋国的赋职任功制度，战国时期法家的用人主张受春秋时期晋国的影响很大。

(原载《史学月刊》1990年第3期)

---

① 《春秋公羊传注疏·僖公四年》，见《十三经注疏》本，中华书局，1980，第2249页。

② 《春秋左传集解·昭公十五年》，上海人民出版社，1977，第1403页。

③ 《国语》卷七《晋语一》，卷八《晋语二》，上海古籍出版社，1988，第275、306页。

试论王莽的王田私属制

土地的高度集中和自耕农大量沦为奴婢与流民，是西汉末期的主要社会问题。王莽为解决此问题而实行的王田私属制，是其经济制度的重要组成部分。本文拟就王田私属制的实质、由来和得失等问题略表浅见，以就教于方家。

王田私属制的实质

王莽夺取西汉平帝的皇帝宝座后，在始建国元年(9年)四月下诏令曰："今更名天下田曰王田，奴婢曰私属，皆不得卖买。其男口不盈八，而田过一井者，分余田予九族邻里乡党。故无田，今当受田者，如制度。"①这就是王莽的王田私属制。下面我们首先分析王莽的土地制度——王田制。

王莽"更名天下田曰王田"，是取"普天之下，莫非王土"的古意，宣布全国的土地归国家所有。但他用"更名"二字，说明他的土地国有仅是名义上的。王莽这样做既不是进行文字游戏，也不是为着欺骗，他的真实意图在土地"不得卖买"，从而冻结土地兼并。显然，如果土地属于私人所有，就不能禁止自由买卖，也没有理由要地主交出部分土地，分给无地的贫民。所以宣布土地国有是王莽土地政策的理论前提。

对于地主豪强占有的土地，王莽规定一家不满八个男丁，而土地超过一井(九百亩)，要把多余的土地分给九族邻里乡党，规定了一家地主可以占有土地的最高数额。这是一种限田政策，地主的大土地所有制并没有废除。

---

① 《汉书》卷九十九《王莽传中》，中华书局，1962，第4111页。本文所引史料，见于本传与《汉书·食货志》中者，均不再注出处。

对没有土地的农民，王莽规定："故无田，今当受田者，如制度。"这里所说的"制度"，就是计口授田，一夫一妇分田一百亩。

"一夫一妇受田百亩"的制度，似乎属于一种均田制度，但这仅能对分到土地的无地农民而言，从更广泛的范围讲，土地是不可能平均分配的。因为这种政策实行的结果，对农民而言，会有三种情况：拥有一百亩土地；拥有不足一百亩的少地农民得不到补充；拥有一百亩以上的富裕农民的土地也不减少。所以农民占有土地的数量不等。而一家地主按规定可以保留多达九百亩的土地。王莽的土地政策显然难以收到均田的效果。

王莽有时自称他的王田制是"井田"，史学界有人认为王莽是在恢复古代的井田制①，那么，王田制究竟是不是井田制呢？我们先看王莽的所谓井田的内容。汉平帝元始二年（2 年），在王莽的带动下，四辅、三公、卿大夫和吏民"为百姓困乏，献其田宅二百三十人，以口赋贫民"。王莽后来追述此事说："予前在大麓，始令天下公田口井，时则有嘉禾之祥，遭反虏逆贼而止。"师古注："计口而为井田。"可见王莽所说的井田，不过是将国家掌握的公田按一夫一妇田百亩的数量计口授给无地贫民，同时规定地主占有土地的最高限额为一井（九百亩）。除此之外，他的土地制度与古代井田制就无任何关系了。

试看《孟子·滕文公上》描述的理想化的井田制："乡田同井，出入相友，守望相助，疾病相扶持，则百姓亲睦。方里而井，井九百亩，其中为公田。八家皆私百亩，同养公田；公事毕，然后敢治私事。"王莽的王田制允许一家地主独占一井土地，又没有公私田的划分和劳役地租的规定，至于共井之人的亲睦关系和互助精神，在宗法观念淡漠、阶级对立严重的西汉末也很难存在，王莽根本没有提及。王莽的王田制既与战国以后儒家理想化的井田不同，与西周盛行的井田制就相差更远。所以，王莽的王田制并非井田制。

总之，玉莽的土地制度可以概括为三点：一、禁止土地买卖；二、对地主占有土地的数量加以限制；三、将国家掌握的公田，按一家百亩的数量计口分给无地的贫民。

对于与土地问题密切相关的奴婢问题，王莽的解决办法是"更名奴婢曰私属，不得卖买"。这就是所谓私属制。私属制的关键问题就是改称奴婢为私属

① 郭廷康：《论王莽的托古改制》，《文史哲》1976 年第 1 期。

有没有实际意义，也就是奴婢的身份有无改变、地位是否提高。对这个问题，史学界多认为私属制“不是改变奴婢的社会地位”“只不过是变其名而未改实，除了欺骗，毫无意义”①。对于这种论断，我们不敢苟同。

关于私属的身份，王莽的诏令本身已有说明，但是没有引起人们的注意。试看《汉书·王莽传》和《汉书·食货志》所载王莽推行王田私属制的诏令原文：“今更名天下田曰王田，奴婢曰私属，皆不得卖买。”而《汉书·王莽传》所载王莽宣布废除此制的诏令原文却是：“诸名食王田，得卖之，勿拘以法。犯私卖买庶人者且一切勿治。”《汉书·食货志》上有史家的记述：“后三年，莽知民愁，下诏诸食王田及私属皆得卖买，勿拘以法。”王莽在废除私属制的诏令中直接以“庶人”代称“私属”，则私属的身份地位应当和庶人相同，而和奴婢的身份地位不同。不过庶人中又包括多种身份不同的人，王莽既然用“私属”二字称呼，其地位应当与庶人中的依附农民相同。

当时释免奴婢为庶人，是一种历史的趋势。早在汉高帝五年（前202年），就有诏曰：“民以饥饿自卖为人奴婢者，皆免为庶人。”汉文帝后元四年（前160年），又免官奴婢为庶人。汉哀帝绥和二年（前7年），有司条奏“官奴婢五十以上，免为庶人”②。王莽以后光武帝在建武二年（26年）至建武十三年（37年）间，又连续下达九道诏令，释免奴婢为庶人，并且规定“其杀奴婢，不得减罪”“敢炙灼奴婢，论如律”③。在这种提高奴婢的社会地位、释免奴婢为庶人的历史潮流中，王莽要将奴婢的地位提高到与庶人相当，是不值得大惊小怪的。

另外，王莽对奴婢的悲惨境遇是深表同情的。王莽在实行王田私属制的诏令中列举了奴婢受“制于民臣”，命运被人专断，“又置奴婢之市，与牛马同栏”和“奸虐之人因缘为利，至略卖人妻子”等情况，说这是“逆天心，悖人伦，缪于天地之性人为贵之义”。可见，王莽认为将奴婢像牛马一样在市场上买卖，甚至掠卖良人妻子为奴婢，主人肆意虐待和杀戮奴婢，专断奴婢命运等现象是伤天害理的。因贫穷卖身或被人掠卖的奴婢没有违法，不应该受处罚、被杀戮。王莽

---

① 翦伯赞主编：《中国史纲要》第一册，人民出版社，1964，第153页；南开大学历史系：《中国古代史》上册，人民出版社，1979，第411页。

② 《汉书》卷一《高帝纪》，卷四《文帝纪》，卷十一《哀帝纪》，中华书局，1962，第54、130、336页。

③ 《后汉书》卷一《光武帝纪》，中华书局，1965，第57~58页。

代汉前,其“中子获杀奴,莽切责获,令自杀”,正是他这种态度的反映。总之,王莽认为奴婢也是人,不应该受牛马那样的待遇。所以王莽改奴婢为私属,使他们像庶人一样,人身自由有一定的保障,是顺理成章的事。

总之,我们认为,王莽的私属制,就是要将奴婢的社会地位提高,与依附农民相同,同时禁止人口买卖,以防止新奴婢的产生和奴婢数量的增多。

综上所述,王莽解决土地、奴婢和流民问题的办法是禁止土地买卖,限制地主占有土地的数量,以冻结土地继续兼并,防止新流民的产生;禁止人口买卖,以杜绝庶人再沦为私奴婢;提高原有私奴婢的社会地位,使之与庶人相同,将国家掌握的土地按家庭人口分给无地贫民,使他们重新从事农业生产。显然,这种制度的实质是要保护和扶持小农经济,缓和农民和地主阶级的矛盾,巩固封建统治。

王田私属制的由来

历史上任何一种制度或政策的出现都不是偶然的现象。王田私属制的产生也有其历史根源。

王田私属制的思想根源是战国至西汉时期流行的仁政王道思想和农本思想。

孟子的仁政王道思想在西汉仍很流行。在这种思想影响下,当时的思想家对贫穷农民的痛苦非常同情,主张轻徭薄赋,改善他们的生活状况。晁错说当时的自耕农“春耕夏耘,秋获冬藏,伐薪樵,治官府,给徭役”“四时之间亡日休息”,而“一年所收不过一百石”“尚复被水旱之灾,急政暴虐,赋敛不时,朝令而暮改。当具有者半价而卖,亡者取倍称之息,于是有卖田宅鬻子孙以偿债者矣”。董仲舒也说“贫民常衣牛马之衣,而食犬彘之食,重以贪暴之吏,刑戮妄加,民愁亡聊”,主张“薄赋敛,省徭役,以宽民力”。而“仁政必自经界始”,必须首先解决土地问题。其次,“天地之性人为贵”,要改变奴婢所受的非人待遇。

除了政治上的仁政王道思想外,经济上的农本思想也很盛行。汉初思想家贾谊说:“今背本而趋末,食者甚众,天下之大残也。”“今殴民而归之农,皆著于本,使天下各食其力,末技游食之民转而缘南亩,则畜积多而人乐其所矣。”晁错也说:“贫生于不足,不足生于不农,不农则不地著,不地著则离乡轻家。”从而主张“务民于农桑”。这种农本思想是西汉占主导地位的经济思想,汉文帝、景帝、昭帝等多次下诏令,称“农为天下之本”,奖劝农桑。

与仁政王道思想、农本思想密切相关的“井田”理想也比较流行。汉代的一些思想家都歌颂先秦时的井田制度。董仲舒说古井田制“税民不过什一……故民悦从上”。师丹说:“古之圣王莫不设井田,然后治乃可平。”他们认为“富者田连阡陌,贫者无立锥之地”的状况是因为“除井田,民得买卖”而造成的。虽然井田在他们心目中不失为一种理想的制度,但是时代变了,在大土地所有制非常发达的汉代,要取消土地私有,恢复井田制,是根本行不通的。当时就有人反对说:“足民何必井田也?”①董仲舒也认为古井田法“难卒行,宜少近古”,实行和古代井田制稍接近的土地政策,这就是“限民名田,以赡不足”与“去奴婢,除专杀之威”的主张,其实质是在不触动地主土地所有制的前提下,限制地主占有土地的数量,使无地少地农民可以得到少部分土地,并废除奴婢制度。

西汉的这一系列思想主张对王莽有很大影响。王莽说:“古者,设庐井八家,一夫一妇田百亩,什一而税,则国给民富而颂声作。”他和董仲舒等人一样,认为一夫一妇田百亩的农民小土地所有制是理想的土地制度。他认为,由于秦废坏井田圣制,才导致“兼并起,贪鄙生,强者规田以千数,弱者曾无立锥之居”的局面。基于这种认识,他宣布土地国有,禁止买卖,以冻结土地兼并。王莽“男口不满八,而田过一井者,分余田与邻里九族乡党,故无田,今当受田者,如制度”的政策,是董仲舒“限民名田,以赡不足”主张的具体化和发展,王莽“更名奴婢曰私属,不得卖买”的政策,也是董仲舒“去奴婢,除专杀之威”主张的发展和具体化。

王莽的王田私属制除了从西汉一些思想家那里吸取思想营养外,也从西汉的有关制度和政策中得到借鉴。

西汉统治者为了使无地农民同土地结合从事生产,实行过将公田园囿假给或赋给贫民的政策。如汉高祖二年(前 205 年)诏故秦苑囿园地,令民得田之。昭帝元凤三年(78 年),罢中牟园,赋贫民。宣帝地节元年(前 109 年),假郡国贫民田。三年(前 107 年),诏池籞未御幸者,假与贫民。又令流民还归者,假公

① 马非百:《盐铁论简注》第二《力耕》,中华书局,1984,第 18 页。

田，贷种食。元帝初元元年（前48年），以三辅、太常、郡国公田及苑可省者，振业贫民。江海陂湖园池属少府者，以假贫民，勿租赋。

西汉也实行过释免官私奴婢的政策，除汉高祖五年（前202年）免私奴婢为庶人和文帝后四年（前203年）免官奴婢为庶人及哀帝绥和三年（前204年）免五十岁以上的官奴婢为庶人外，元帝时贡禹言："诸官奴婢十万余人戏游亡事，税良民以给之，岁费五六钜万，宜免为庶人。"①也建议释免奴婢。

西汉还实行过限田限奴的政策。如成帝永始四年（前13年），诏曰："公卿列侯亲属近臣，多畜奴婢，被服绮縠。其申敕有司，以渐禁之。"哀帝即位后，有司条奏："诸侯王、列侯皆得名田国中。列侯在长安，公主名田县道，及关内侯、吏民名田皆毋过三十项。诸侯王奴婢二百人，列侯、公主百人，关内侯、吏民三十人。期尽三年，犯者没入官。"时田宅奴婢价为减贱，但此政策后来未能实行。

西汉解决土地、奴婢和流民问题的一系列政策措施是王莽推行王田私属制的借鉴，而且王田私属制也可以说是西汉的一系列政策措施的继续和发展。

以上从客观方面分析了王田私属制的由来，如果从主观方面分析，王田私属制的实行还本源于王莽对当时社会问题的深刻认识。

西汉末期，土地兼并更加严重。由于西汉朝廷陆续将公田和园囿假给或赋予贫民，国家的公田园囿不多了，假民公田的政策不可能继续实行。而且出现了豪强富贾"骄而为邪""分田劫假"的情况，利用国家假给贫民的公田对贫民进行盘剥。在这种情况下，要使无地贫民得到少量土地，唯一的办法是让豪强地主交出部分土地。王莽对汉末的这一形势是有清醒的认识的。于是哀帝建平元年（前5年），"太皇太后诏外家王氏田非冢茔，皆以赋贫民"②。平帝元始二年（2年），在王莽的带动下，官僚地主230人献田宅，以口赋贫民。这可以说是王莽实行王田制的一次实验。他后来颁布的"其男口不满八，而田过一井者，分余田予九族邻里乡党"的规定，显然是导源于此。

计口授田是王莽的首创。宣布土地国有，禁止土地奴婢买卖，也是王莽首创。这是因为西汉末土地兼并十分严重，为了制止兼并势头而被迫采取的应急措施。

---

① 《汉书》卷七十二《贡禹传》，中华书局，1962，第3076页。

② 《汉书》卷十一《哀帝纪》，中华书局，1962，第338页。

综上所述，我们认为，王莽并非“惬小汉家制度”，也不是“对中国自秦汉以来的历史持根本否定的观点”①。他的王田私属制是西汉的一些思想主张和制度政策的继续和发展。虽然王莽“每有所兴造，必欲依古得经文”，并自称他的土地制度是王田、井田，但他并不是恢复周代的井田制，而是求助于先圣的亡灵，为他的改制服务，使他的新政蒙上一层神圣色彩。

王田私属制的得失

王莽认为土地兼并的产生，其根源在于井田制的废除、土地私有制的形成和土地的自由买卖。因而要抑制土地兼并，就必须实行土地国有，禁止土地买卖。这种认识是深刻的，在理论上也是正确的。但是他不懂得生产关系与一定的生产力水平相适应的原理，在土地私有制已经出现六七百年的汉代，要废除土地私有，实现土地国有，而且是妄图通过一道诏令来完成，实在无异于梦呓。王莽似乎也知道土地国有在当时难以实现，用了“更名天下田曰王田”的提法。但是既然宣布土地国有仅仅是名义上的，实际上仍然是土地私有，那么禁止土地买卖就不可能。这是王田制本身存在的一个矛盾。

在土地已经高度集中到豪强地主手中，自耕农大批破产，国家也没有公田可以分给（或假给）无地贫民的西汉末，单纯限制地主占有土地，已没有多大意义。要使无地贫民得到土地，必须让地主交出部分土地。然而这无异于与虎谋皮。王莽看到在自己带动下有 230 人象征性地献出了一点田宅，就要求所有地主将超过 900 亩限额的土地交出，分给九族邻里乡党，这当然是不切实际的幻想。所以王莽对地主土地占有的规定实际上不起什么作用。这样，无地农民根本没有得到土地的可能，计口授田就成为空话。

王莽更名奴婢为私属，是要提高奴婢的社会地位，使其与庶人相当。但不敢公开宣布释免奴婢为庶人，而称“私属”，这是对地主豪强的妥协，而且禁止奴婢买卖和禁止土地买卖一样，难以行得通。后来他又向拥有奴婢的人家征收奴婢税。这可能对限制奴婢数量有一定作用，但不能从根本上解决奴婢问题。

---

① 韩玉德：《关于王莽研究中的几个问题》，《齐鲁学刊》1983 年第 1 期。

从总体上说，如果王莽不采取措施，放任地主的土地兼并，不但国家财政拮据，而且阶级矛盾激化，他就不能继续统治下去。而王莽实行王田私属制和五均六管，保护和扶持小农，必然要触动地主豪强和富商的利益，从而引起他们的反对，使统治阶级内部矛盾尖锐，动摇其政权的阶级基础。形势使王莽陷于进退维谷的地步。

关于王莽的王田私属制，实行最有力的莫过于禁止田宅奴婢的买卖。史载"犯令，法至死……陷刑者众"。"坐买卖田宅奴婢、铸钱，自诸侯、卿大夫至于庶人，抵罪者不可胜数。"用暴力来禁止土地奴婢的买卖，严重损害了地主阶级的利益，使统治阶级内部矛盾激化，原来拥戴他的地主也转到他的对立面。再加上农民在实际上没有得到好处，阶级矛盾未能缓和，王莽的统治就岌岌可危了。为了缓和地主阶级的反抗，王田私属制仅实行了三年就被迫宣布取消。他的五均六管制度虽然比较合理，但任用大商贾，乘机牟利，营私舞弊，也没有收到预期的效果，而币制改革的社会效果更糟。王莽对社会经济问题已束手无策，他的统治只好坐以待毙了。

王莽打算推行的"一夫一妇田百亩"的农民小土地所有制和计口授田的办法，在西汉末只能是幻想。但是在大规模的战乱之后，人口减少，无主荒地很多的情况下，是可以行得通的。所以王莽的"平均"土地的思想和计口授田的办法，对魏晋南北朝的土地制度有很大的影响。

（原载《史学月刊》1985年第2期，人大报刊复印资料《经济史》1985年第5期转载）

试论东汉魏晋的选举标准

汉代的选举制度古称乡举里选，主要是察举和征辟。到了魏晋，实行九品中正制度，选举标准也有所不同。本文试探讨东汉至东晋各时期的选举标准，并分析其形成原因、利弊得失及其对社会的影响。

东汉的选举标准

东汉的选举标准基本上是沿袭西汉。《汉旧仪》载有汉武帝元狩六年(117年)令丞相设四科之辟，以博选异德名士之事。东汉亦以四科取士。光武帝诏曰："方今选举，贤佞朱紫错用。丞相故事，四科取士。一曰德行高妙，志节清白；二曰学通行修，经中博士；三曰明达法令，足以决疑，能案章覆问，文中御史；四曰刚毅多略，遭事不惑，明足以决，才任三辅令：皆有孝悌廉公之行。自今以后，审四科辟召，及刺史、二千石察茂才尤异孝廉之吏，务尽实核……"①所谓"四科"，就是包括德行、经学、文法、才能四个方面，现分别阐述如下：

1.德行。

东汉的察举以德行方面的科目为最多，而对德行的要求主要是孝悌和廉洁。

东汉统治者视孝行为德行之首、众善之始。元和年间，章帝制诏齐相曰："夫孝，百行之冠，众善之始也。"韦彪亦曰："夫国以简贤为务，贤以孝行为首。孔子曰：'事亲孝故忠可移于君，是以求忠臣必于孝子之门。'"②他们认为事亲

① 《后汉书》志二十四《百官一》注引应劭：《汉官仪》，中华书局，1965，第3559页。

② 《后汉书》卷三十九《江革传》，卷二十六《韦彪传》，中华书局，1965，第1303、917~918页。

孝者事君必忠,故以孝行为选举忠臣贤士之首要标准。孝不仅表现为生能色养,也表现为死能服丧,久行丧服也是孝的重要标准。

对被举者德行的评定,主要是根据宗族乡里的意见。

2.经学。

光武中兴,爱好经术,未及下车,先访儒雅,立五经博士,修太学。明帝即位,正坐自讲,诸儒执经问难于前,“自期门羽林之士,悉令通孝经章句”,形成了经学鼎盛的局面。明经成为选拔官吏的重要标准。如刘宠“以明经举孝廉”,周防“经明,举孝廉”,宋汉“以经行著名,举茂才”①。东汉还常诏举明经、博士及儒术笃学者,辟召也多以明经为主要条件。

东汉选士,多以经行、学行、业行荐举,“学”“业”亦主要指经学。如黄香疏曰:“臣江淮孤贱,愚矇小生,经学行能,无可算录。遭值太平,先人余福,得以弱冠特蒙征用。”又如张霸“永元中为会稽太守……有业行者,皆见擢用”。度尚“不修学行,不为乡里所推举”②。又如东平王苍疏荐吴良曰:“窃见臣府西曹掾齐国吴良,资质敦固,公方廉恪,躬俭安贫,白首一节;又治《尚书》,学通师法,经任博士,行中表仪。”③

东汉对一般入仕者要求明一经,通一家之学,对以儒学为职业者则要求“经为人师”“经任博士”。自左雄改选举制,规定“儒生试家法”,开始以考试来检查被举者是否通经术。

3.文法。

东汉初刘秀的四科取士诏书就命令对“不便习官事、书疏不端正”的试职者正以罪名,及左雄改选举制,令“文吏课笺奏”,始考文吏以公文。

灵帝光和元年(178年)二月立鸿都门学,“其中诸生,皆敕州、郡、三公举召能为尺牍辞赋及工书鸟篆者相课试,至千人焉”。“其诸生皆敕州郡三公举用辟召,或出为刺史、太守,入为尚书、侍中,乃有封侯赐爵者。”④鸿都门学生考试辞

---

① 《后汉书》卷七十六《循吏传》,卷七十九上《儒林传上》,卷二十六《宋弘传》,中华书局,1965,第2477、2560、904页。

② 《后汉书》卷八十上《文苑传上》,卷三十六《张霸传》,卷三十八《度尚传》,中华书局,1965,第2614、1241、1284页。

③ 《后汉书》卷二十七《吴良传》,中华书局,1965,第943页。

④ 《后汉书》卷八《灵帝纪》注,卷六十下《蔡邕传》,中华书局,1965,第341、1998页。

赋书法,他们可以在地方或中央任官。

汉世律有三家。东汉亦有以法律教授者。如郭躬父郭弘习小杜律,郭躬少传父业,讲授徒众常数百人。还有陈宠、吴雄也都是当时有名的法律世家。以法律入仕者多先为吏而后被辟除,其具体标准是"明法律,断狱平"。如"顺帝时,廷尉河南吴雄季高,以明法律,断狱平,起自孤宦,致位司徒"。又如章恢"少仕州郡为吏,司徒杨赐闻其执法廉平,乃辟之"。①

总之,明法和会作诗文也是东汉的选举标准之一。

4.才能。

所谓才能,主要是指政事之才,也包括文武之才。

东汉士人以儒学入仕较难,故儒生也有以吏入仕者。沈约谓汉代"学优而仕,始自乡邑,本于小吏干佐,方致文学功曹,积以岁月,乃得察举。人才秀异,始为公府所辟。迁为牧守,入作台司"②。裴子野亦云:"其在汉家,尚犹然也。州郡积其功能,然后为五府所辟;五府举其掾属,而升之于朝;三公参其得失,除署,尚书奏之天子。"③下层属吏主要的选举条件是其功能和任职时间的积累。

何谓功?董仲舒曰:"古所谓功者,以任官称职为差,非谓积日累久也。"④章帝诏曰:"明试以功,则政有异迹。"蔡邕曰:"墨绶长吏,职典理人,皆当以惠利为绩,日月为劳。"⑤可见,"功"在汉代表示官吏称职之程度,指官吏的政绩和惠利,"劳"则指任职时间之久暂。东汉以吏入仕是通过考课的办法进行的。

除上述四科外,还有一项不成文但在实际的选举中却起作用的标准,这就是阀阅。

东汉功臣多近儒,且令子孙受业。如邓禹"年十三,能诵诗,受业长安。时光武亦游学京师,遂相亲附",其后佐定天下。他"有子十三人,各使守一艺。修整闺门,教养子孙"⑥。功臣子孙可以父任入仕,也可以经学入仕,于是就形成了官僚世家。世家大族对选举施加影响,使之注重阀阅。

---

① 《后汉书》卷四十六《郭躬传》,卷七十六《循吏传》,中华书局,1965,第 1546、2482 页。
② 《通典》卷十六《选举四》,中华书局,1988,第 388 页。
③ 《通典》卷十四《选举二》注引,中华书局,1988,第 334 页。
④ 《汉书》卷五十六《董仲舒传》,中华书局,1962,第 2512 页。
⑤ 《后汉书》卷三《章帝纪》,卷六十下《蔡邕传》,中华书局,1965,第 133、1997 页。
⑥ 《后汉书》卷十六《邓禹传》,中华书局,1965,第 599、605 页。

"阀",先秦和汉代作"伐",本是功的同义词,或者是自称其功。汉代始将"伐"和"阅"连用,后又将"伐"加上"门"而成"阀"。司马迁曰:"古者人臣功有五品……明其等曰伐,积日曰阅。"①班固曰:田千秋"无他材能术学,又无伐阅功劳"。师古注:"伐,积功也。阅,经历也。"②可见当时伐阅指的是功的积累(或等级)和任职年月的积累。

章帝建初元年(76年)三月己巳诏曰:"每寻前世举人贡士,或起畎亩,不系阀阅。"李贤注:"言前代举人务取贤才,不拘门地。"韦彪议曰:"士宜以才行为先,不可纯以阀阅。"③可见,在章帝时,"阀阅"一词已由本意指功劳引申为指有功劳的世家,表示门第。至少在章帝时,选举已不能全依四科,而受阀阅影响了。

东汉中期以后,世家大族子弟可以族势任官。如朱穆父祖皆为高官。"穆少有英才,学明《五经》。性矜严疾恶,不交非类。年二十为郡督邮,迎新太守,见穆曰:'君年少为督邮,因族势,为有令德?'"又如河南尹田歆当举六孝廉,多得贵戚书命,只能举一位名士报国家。④ 可见当时选举受族势阀阅影响之大。到东汉后期,形成了"虚谈则知以德义为贤,贡荐则必阀阅为前"和"以族举德,以位命贤"的局面⑤,"选士而论族姓阀阅"已成为风气。

综上所述,东汉选举着重行和能,通过宗族乡里来评定德行,通过考课来检查功能,通过考试来衡量学问,体现着一种求实精神,但对德行强调过分、要求过高,要人们有"独行""异行",结果就演成了虚伪无用的道德行为。如赵宣欲以久丧成名,葬亲不闭埏隧,居其中行服二十余年,乡邑称孝,州郡数礼请之。服丧期间不能近女色,而赵宣的五个儿子皆是服中所生⑥。这种矫情伪饰的行为,主选官不能详察,再加上德行很难客观地进行评定,乡里和主选官均可因好恶而高下任意,这就导致选举之失实!

东汉将文法作为取士之一科,选用通晓法律和能作公文的人,也是比较实

---

① 《史记》卷十八《高祖功臣侯者年表》,中华书局,1959,第877页。

② 《汉书》卷六十六《田千秋传》,中华书局,1962,第2884页。

③ 《后汉书》卷三《章帝纪》,卷二十六《韦彪传》,中华书局,1965,第133、134、918页。

④ 《后汉书》卷四十三《朱穆传》注引《谢承书》,卷五十六《种暠传》,中华书局,1965,第1463、1826页。

⑤ 《潜夫论笺校正》卷八《交际》,卷一《论荣》,中华书局,1985,第355、34页。

⑥ 《后汉书》卷六十六《陈蕃传》,中华书局,1965,第2159~2160页。

际的做法。但以烦琐、迷信、不济世用的经学作为选举标准,是不可取的。中后期渐以阀阅为标准显然是错误的。

东汉后期,由于选举标准本身的问题,也由于选举制度的弊病和社会政治的黑暗,引起品藻乖滥,选举严重失实,“故时人语曰:‘举秀才,不知书;察孝廉,父别居。寒素清白浊如泥,高第良将怯如鸡’”①。

东汉选举标准的制定与当时的社会历史条件有关,其实行情况也受社会政治的制约。

东汉国家统一、社会平定,统治者的主要任务是用封建思想来约束人民的言行,防止人民的反抗,于是就提倡忠孝节义等封建道德。光武帝鉴于汉臣万千,在王莽代汉时忠于汉家者却寥寥无几,所以特别注重敦厉名节。儒家思想是东汉的统治思想。所谓德行,是指在儒家思想指导下的道德行为。为了提倡儒术,敦厉德行,所以将德行和经学作为主要的选举标准。但东汉地主阶级为保证中央集权的国家机器的正常运转,为应对与少数族的战争,自然需要有才能的人。同时又受“霸王道杂之”的汉家成制的影响,于是把才能和文法也列为选举的标准。

东汉中期以后,由于士人为利禄而致力经学,解经之家蜂起,经学变成了烦琐的家法章句之学,人们皓首不能穷经。同时,光武帝好谶纬,章帝时成书的《白虎通义》,也以谶纬附会经学,使儒学神学化。儒学的烦琐迷信使其走向反面,失去了对人民的欺骗性。于是东汉中后期法术形名和老庄思想抬头。东汉政权是在豪强地主的支持下建立的。豪强地主占有大量的土地,拥有众多的徒附,因此要求政治权利,要入仕。由于豪强地主的势力迅速发展,出现了世家大族。世族对选举的要求就是注重阀阅。

不但选举标准的制定和实行要受社会政治的决定和影响,而且选举标准反过来对社会政治和社会风气也产生影响。

由于统治者以德行敦厉道德名节,于是东汉之崇尚道德名节已成习俗。故“志节之士,好为苟难,务欲绝出流辈,以成卓特之行,而不自知其非也”②。由于重视经学,对士风和学风的影响也很大。如永元中,张霸为会稽太守,郡中有

---

① 杨明照:《抱朴子外篇校笺》卷十五《审举》,中华书局,1991,第 393 页。

② 《廿二史札记》卷五《后汉书》,丛书集成 342 编,第 3544 册,第 91 页。

业行者皆见擢用，于是“郡中争厉志节，习经者以千数，道路但闻诵声”。又如“左雄奏征海内名儒为博士，使公卿子弟为诸生，有志操者加其俸禄。及汝南谢廉、河南赵建章年始十二，各能诵经，雄并奏拜童子郎。于是负书来学，云集京师”①。东汉读经之风甚盛，实因明经可以入仕所致。

曹魏的选举标准

建安时期，曹操一反崇尚道德名节和重视家世声望的陈规，以真才实学为主要选举标准，曹魏建立后又有所沿革。

建安十五年（210 年）春，曹操令曰：“……若必廉士而后可用，则齐桓其何以霸世！今天下得无有被褐怀玉而钓于渭滨者乎？又得无盗嫂受金而未遇无知者乎？二三子其佐我明扬仄陋，唯才是举，吾得而用之。”

建安十九年（214 年）十二月乙未，令曰：“夫有行之士未必能进取，进取之士未必能有行也。陈平岂笃行，苏秦岂守信邪？而陈平定汉业，苏秦济弱燕。由此言之，士有偏短，庸可废乎！”②

建安二十二年（217 年）秋八月，令曰：“今天下得无有至德之人放在民间，及果勇不顾。临敌力战；若文俗之吏，高才异质，或堪为将守；负污辱之名，见笑之行，或不仁不孝而有治国用兵之术：其各举所知，勿有所遗。”③

上述命令说明，曹操选用人才，以才能为主要标准。所谓才能是指治国用兵的实际本领。

上述命令似乎说明曹操选拔人才不要道德标准，但事实并非如此。如建安年间，何夔建议应重视道德，核之乡闾。④ 又如崔琰、毛玠典选时，选清正之士，不取浮华，提倡俭朴。可见，曹操不像东汉统治者那样重视道德，他提倡的道德与东汉不同。魏文帝初立九品中正制度时，“乡邑清议，不拘爵位，褒贬所加，足

---

① 《后汉书》卷三十六《张霸传》，卷五十八《臧洪传》注引《续汉书》，中华书局，1965，第 1241、1885 页。

② 《三国志》卷一《武帝纪》，中华书局，1959，第 32、44 页。

③ 《三国志》卷一《武帝纪》注引《魏书》，中华书局，1959，第 49 页。

④ 《三国志》卷十二《何夔传》，中华书局，1959，第 381 页。

为劝励，犹有乡论余风”①。明帝时卢毓任吏部尚书，“与人及选举，先举性行，而后言才”②，德行标准，始被重视。

魏明帝诏曰：“兵乱以来，经学废绝，后生进趣，不由典谟。”“尊儒贵学，王教之本也……申敕郡国，贡士以经学为先。”③可见到魏明帝时，始重新提倡儒学，并把它作为选举标准。

魏初行九品中正制，家世作为选举的标准开始制度化。刘毅表曰：“刺史初临州，大中正选州里才业高者兼主簿。从事，迎刺史，若吏部选用，犹下中正，问人事所在、父祖位状。”杜佑在叙述中正职权时说：“若吏部选用，必下中正，征其人居及父祖官名。”④刘毅所言仅指选州之主簿、从事，而杜佑所言表明几乎所有官职之授受，都要向中正了解家世情况。唐长孺先生认为：“簿伐、簿世是一种家世的记录，中正根据记录答复吏部所询‘征其人居、及父祖官名。’”⑤

总之，建安年间“才能”几乎是唯一的选举标准。曹魏前期“才能”仍是主要的选举标准，德行、经学和家世渐被重视，曹魏后期“家世”渐成为主要的选举标准。

建安年间曹操下令“唯才是举”，这是中国古代史上的创举，但完全不拘品行，则是矫枉过正。不过曹操在用人上不拘一格，并非完全忽视德行。曹魏前期以才能为主，辅以德行，基本适应当时的社会实际，故人才济济。到后期渐以家世为主，则是不可称道的。

建安年间和三国时期，国家分裂割据，战争不已，强者要实现统一，弱者欲不被吞并，都需要有掌握治国用兵之术的人才。因此选举不得不重视才能。曹操在建安八年（203年）颁布的论吏士行能令，明确提出“治平尚德行，有事赏功能”。曹操以法术形名之学为主的统治思想，也决定他必然要尚功劳重才能。此外，曹操是宦官的后裔，属于下层豪强，为了巩固他的地位，对世家大族采取打击和利用的两手政策，所以选举不重阀阅。而他的后继者魏文帝为了争取世家大族对他代汉的支持，实行九品中正制，规定选举必须考虑家世，这是对世家

① 《晋书》卷三十六《卫瓘传》，中华书局，1974，第1058页。

② 《三国志》卷二十二《卢毓传》，中华书局，1959，第652页。

③ 《三国志》卷三《明帝纪》，中华书局，1959，第97、94页。

④ 《通典》卷三十二《职官十四》注引，卷十四《选举二》，中华书局，1988，第892、328页。

⑤ 唐长孺：《九品中正制度试释》，《魏晋南北朝史论丛》，三联书店，1955，第107页。

大族的妥协。到曹魏后期,司马氏控制了魏政权,世家大族势力急剧发展,家世逐渐成为选举的主要标准。

建安年间曹操以崔琰、毛玠典选,“务以俭率人,由是天下之士莫不以廉节自励,虽贵宠之臣,舆服不敢过度”。曹操叹曰:“用人如此,使天下人自治,吾复何为哉!”①“孤之法不如毛尚书!”②可见选举标准对移风易俗而言比行政命令更为有效。魏文帝时选举轻德行,故人有“魏文慕通达而天下贱守节”之语,也说明了选举标准对社会风气的影响。

两晋的选举标准

司马氏的晋政权是以士族门阀为中心的,负责品第人物的中正也全出于士族,选举为士族所把持,门第资历几乎是唯一的标准。

西晋刘毅陈述九品有八损云:“上品无寒门,下品无势族。”卫瓘与汝南王司马亮等疏亦云九品中正制“中间渐染,遂计资定品,使天下观望,唯以居位为贵”。段灼疏称:“今台阁选举,涂塞耳目,九品访人,唯问中正。故据上品者,非公侯之子孙,则当涂之昆弟也。”③

晋代选举的状况是主选者“户调门选”,士族子弟“望门见辟”。如王戎“自经典选,未尝进寒素,退虚名,但与时浮沉,户调门选而已”。卞壶自陈曰:“亡父往为中书令,时壶蒙大例,望门见辟。”④

当时寒门已难被辟召,甚至寒素科目也不选寒士而举显贵。如“燕国中正刘沈举霍原为寒素……司徒左长史荀组以为:‘寒素者,当谓门寒身素,无世祚之资。原为列侯,显佩金紫……不应寒素之目。’”⑤但霍原终以寒素定为二品。

上引材料提到“世祚之资”。张载曰:“今士循常习故,规行矩步,积阶级,累

---

① 《三国志》卷十二《毛玠传》,中华书局,1959,第 375 页。

② 《晋书》卷四十七《傅咸传》,中华书局,1974,第 1325 页。

③ 《晋书》卷四十五《刘毅传》,卷三十六《卫瓘传》,卷四十八《段灼传》,中华书局,1974,第 1274、1058、1347 页。

④ 《晋书》卷四十三《王戎传》,卷七十《卞壶传》,中华书局,1974,第 1234、1867 页。

⑤ 《晋书》卷四十六《李重传》,中华书局,1974,第 1311 页。

阀阅，碌碌然以取世资。”①什么是“资”？纪瞻荐郝鉴曰：“……以鉴年时，则与（戴）若思同；以资，则俱八坐。”八坐即八座，是尚书令仆和六部尚书的总称。曾任八座，就是其资。又如“孟玖欲用其父为邯郸令，左长史卢志等并阿意从之，而（陆）云固执不许，曰：‘此县皆公府掾资，岂有黄门父居之邪！’”②公府掾也是一种官位，任过公府掾，也是一种资。总之，曾任官的位阶就是资。那么所谓“世资”和“世祚之资”就是指父祖所任官的位阶，这就是家世的主要内容。

吏部选用人才，要中正提供家世、品、状三项材料。状是对才行的简单评语，在晋代已不被重视，仅存家世和品两项。而家世（即世资）是资的一个方面，故晋世选举，唯论资品。如刘弘表曰：“被中诏，敕臣随资品选，补诸缺吏。”陆机举荐贺循等曰：“至于才望资品，循可尚书郎，（郭）讷可太子洗马、舍人……谨条资品，乞蒙简察。”③晋代实际上又“计资定品”，所以选举本质上唯论资（包括世资和本人之资），即论家世门第和本人的资历。

卫瓘所言之“计资定品，唯以居位为贵”，是指以被选者本人的位阶定品的。晋代所有官职的授受，对被选者本人都有一定的资历要求。前面说过邯郸令要选用做过公府椽的人充当，即是一例。另如蔡谟疏曰：“八坐之任，非贤莫居，前后所用，资名有常。”④八座的候选者也必须具备一定的资历。

综上所述，晋朝选举在不同出身的人们中间实行门第标准，在同一出身的人们中间又实行资历标准，论资排辈。

晋朝有“尚德之举”的说法。⑤ 但这只是没有实际意义的标榜和粉饰，仅在中正降品时才涉及德行。

晋朝选举有时还坚持试经策。但士族子弟不需要认真读经就可做至高官，寒门子弟通达经术也难获上品，故当时士人多不认真读经，经学标准也是有名无实。

晋朝虽然也有举才的诏令，但常因门第资品的限制而掩蔽贤能。如“国子

---

① 《晋书》卷五十五《张载传》，中华书局，1974，第 1518 页。

② 《晋书》卷六十八《纪瞻传》，卷五十四《陆云传》，中华书局，1974，第 1823、1484 页。

③ 《晋书》卷六十六《刘弘传》，卷六十八《贺循传》，中华书局，1974，第 1764、1825 页。

④ 《晋书》卷七十七《蔡谟传》，中华书局，1974，第 2034 页。

⑤ 《晋书》卷四十六《李重传》，卷八十《王羲之传》、卷七十七《蔡谟传》，中华书局，1974，第 1311、2095、2035 页。

祭酒邹湛以(阎)缵才堪佐著作,荐于秘书监华峤。峤曰:'此职闲廪重,贵势多争之,不暇求其才。'"①清显的官职为士族权门所垄断,寒门俊秀仅能处下僚。

两晋选举不顾德行才能,门第资历几乎成了唯一的标准,使势族权门子弟均可做至高官,这是一种变相世袭制。

晋代门阀士族占有大量的土地和众多的奴客,拥有经济特权,他们必然要谋求政治上的特权,以维护自己的利益。由于经济上的贫富差别需要政治上的尊卑贵贱来维护,所以产生了"贵有常名,而贱不得冒,尊有定位,而卑不敢逾"②的思想。这种思想反映到选举上,造成了对门第的重视。晋政权的建立标志着门阀士族在全国取得统治地位,以门第为选举标准正代表了他们的利益。

晋代占统治地位的学说是玄学,这是道儒结合的学说。信奉道家之消极无为思想,自然不可能有所作为。同时门阀士族本身放荡不羁,不讲气节,自然也不会以德行为标准选举。这就是晋朝选举不重德行、才能的另一个原因。

东晋人陈頵把"中华所以倾弊,四海所以土崩"(指少数族内侵,西晋灭亡)归咎于"取才失所"③。虽然有些夸大其词,但西晋选举不顾德才,仅据门第资历,用人必然失当,加之公开提倡任亲,使宗室握兵权、据重镇,终于酿成八王之乱,不能抵御北方少数民族军队内侵,导致政权崩溃,这显然与选举失误、用人不当有关。

两晋的选举标准不仅关系到国家的兴亡,也影响到学风和士风。西晋末东晋初,贡举的孝廉秀才不加策试就除署,以致太兴年间重新会试经策,竟无人敢到台应试。这说明不以经学为选举标准,士人就不再认真读经书了。葛洪说:"若试经法立,则天下可以不立学官,而人自勤乐(疑作'业')矣。""今若遐迩一例,明考课试,则必多负笈千里,以寻师友,转其礼赂资费,以买记籍者,不俟终日矣。"④可见选举标准对学风、士风影响之大。

东汉的选举标准以德行、经学为主,对才能、文法重视不够,到中后期实际上又以阀阅为主。建安时期和曹魏前期以才能为主而轻忽德行,到曹魏后期门

---

① 《晋书》卷四十八《阎缵传》,中华书局,1974,第1350页。

② 严可均辑:《全晋文》卷四十九引《意林》,商务印书馆,1999,第503页。

③ 《晋书》卷七十一《陈頵传》,中华书局,1974,第1893页。

④ 杨明照:《抱朴子外篇校笺》卷十五《审举》,中华书局,1991,第416~417页。

第渐成为主要标准,两晋时门第资历几乎是唯一的标准。可见封建统治者在选举中是很难妥善处理德行、才能、学问和出身这四者的关系的。

从东汉魏晋各代的选举标准看来,重视家世门第几乎是普遍的现象。封建统治者选举和用人是不放弃封建道德标准的,但所强调的程度和所要求道德的具体内容则有所不同。封建统治者对才能标准往往重视不够,只是在特定的历史条件下,统治者中的个别有作为的人物,为了个人或集团的利益,不得不打破门第和封建道德的框框,重视才能标准,注意选拔有真才实学的人才。

选举标准的制定受社会历史条件的制约。经济基础通过对阶级关系和政治思想的决定和制约而影响选举标准的形成。统治集团的历史地位,统治阶级内部各阶层、集团的矛盾斗争,不同的统治思想,国家的分合,社会的治乱兴衰,对选举标准的制定和实行都起影响作用。

选举标准的实行反过来又对社会产生影响:首先,它直接关系到用人问题,关系到国家机器能否正常运转,关系到国家的兴亡和政治人物事业的成败;其次选举标准还对士风、学风和整个社会风气产生极大的影响,对移风易俗甚至比行政命令更为有效。

(原载《河南师大学报》1982年第3期)

北朝人才思想与选举制度述论

南北朝时期是中国古代人才思想发展的一个重要时期，也是以九品中正为中心的旧选举制度行将崩溃、以开科取士为中心的新选举制度开始萌芽的时期。本文主要考述北朝人才思想的主要特点及其与传统用人观念的关系，并说明当时选举制度的流弊和演变。

北朝人才思想与传统用人观念

所谓人才思想，主要是指以什么样的人为人才以及培养、管理、识别、选拔、使用人才的思想主张。

北朝统治者对人才的重要性的认识比较深刻。他们认为“崇治之道，必也须才”。“帝王设官，惟才是务；人臣报国，荐贤为重。”①既然国家的治理离不开人才，人才的选用就成为统治者的一项重要任务。

北朝承继了前代的人才思想，但也有变化、发展。北朝人才思想有哪些特点呢？

在以什么样的人为人才问题上，北朝时人不仅以贤士为人才，也以善人为人才，不仅主张选贤，也主张举善。

“贤士”自战国以降已成为人才的一种通称。北朝统治者承袭了前代的举贤思想。北朝诸帝屡诏州郡举贤。西魏《六条诏书》中的第四条是“擢贤良”，

① 《魏书》卷五十六《郑羲传》，中华书局，1974，第1240页；《周书》卷八《静帝纪》，中华书局，1971，第135页。

其中说:“置臣得贤则安,失贤则乱,此乃自然之理,百王不能易也。”①他们认识到,臣属贤否直接关系着国家的治乱兴亡,这是一条不可改变的规律,因而主张选举贤士充任百官。举用吉士善人是西周春秋时期盛行的一种人才思想,战国秦汉魏晋诸代很少有人提及。北朝统治者对善人极为重视,他们说:“善人,国之本也”②,主张让善人任职居位。齐太姬举用祖珽,就是因为他“为善人”③。史称魏孝文帝“好贤乐善,情如饥渴”④。贤士指才能出众者,善人指德行绝伦者。既主张选贤,也主张举善,是北朝人才思想的特点之一。

在处理德、才关系方面,北朝改变了前代论人首先注重德行的传统,而以才能为先。

早在战国时期,人们已认识到德行和才能是构成人才的要素,主张以德、才两项衡量士人。但是汉晋诸代不断有人重弹“太上立德,其次立功、立言”的老调,论人过于注重德行,轻忽才能。北朝改变了这种状况,主张“唯才是举”“简才以授其官,量能以任其用”“铨衡陟降,量才而处”⑤,即官吏的选举、任用和升降都要根据才能。北朝论人常讲才干、才具和才器。

“唯才是举”是东汉建安年间曹操首先提出的,曹操为纠正东汉过于注重德行的弊病,强调要重视人的才能。但他矫枉过正,主张举闽“受金盗嫂”,有污辱之名、见笑之行的人,未免失之偏颇。北朝统治者继承了曹操重才能的思想,又弥补了他轻忽德行的缺点,对士人的德行也有具体的要求。他们强调“士处家必以孝敬为本,在朝则以忠节为先”。认为“子孝臣忠,师严友信”乃“立身之要”。“夫清者莅职之本,俭者持身之基。”⑥即要求士人为子孝敬,为臣忠节,任官清廉,自奉俭约,交友要信,为师要严。北朝论人选官,首先重才,其次重行。如承明元年(476年),文明太后令百官举“才堪干事,人足委仗者”⑦。“才堪干

① 《北史》卷六十三《苏绰传》,中华书局,1974,第2234页。

② 《魏书》卷七十八《张普惠传》,中华书局,1974,第1745页。

③ 《北齐书》卷三十九《祖珽传》,中华书局,1972,第520页。

④ 《资治通鉴》卷一百四十《齐纪六》,中华书局,1956,第4389页。

⑤ 《魏书》卷五十七《高祐传》,中华书局,1974,第1261页;《北史》卷八十二《儒林传下》,中华书局,1974,第2750页;《周书》卷八《静帝纪》,中华书局,1971,第135页。

⑥ 《魏书》卷三十四《王洛儿传》,中华书局,1974,第799页;《北史》卷七十《辛庆之传》,卷三十八《裴侠传》,中华书局,1974,第2426、1401页。

⑦ 《魏书》卷四十四《苟颓传》,中华书局,1974,第994页。

事”属才能,“人足委仗”属德行。先才能而后德行,这是北朝人才思想的特点之二。

汉晋诸代对人的学识不够重视,或者将学识包括在德行中,称经明行修,或者将学识包括在才能中,统称才学。北朝时期学识已经单独作为衡量人才的一项条件。当时对求官的儒生,要考查学业的优劣。学识也是任用官吏,特别是高级官吏的一项条件。于忠曾言“臣无学识,不堪兼文武之任”①,就是证明。北朝的学术已分为经学、文学、史学、律学、算学以及书法等许多学科,士人擅长某科,就有机会得到官职。如魏孝文帝时期,“刘芳、李彪诸人以经书进,崔光、邢峦之徒以文史达。其余涉猎典章,闲集词翰,莫不縻以好爵,动贻赏眷”②。北朝时期开始将学识和才能、德行并列,作为衡量人才的要素。如魏刘景安主张中正应“考人才行业”,“业”指学业。崔暹说樊逊“学富才高,兼之佳行”,可以担任参军。③ 总之,重视学识,将学识也作为衡量人才的一项标准,是北朝人才思想的特点之三。

北朝人才思想的主要特点已如上述。但是这些人才思想在北朝前期统治者的用人思想中并不占主导地位。北朝还存在着维护贵贱等级的门第观念,在血缘宗法影响下的亲疏观念以及以官阶、年劳为核心的论资排辈的观念;存在着先进的人才思想同陈旧的传统用人观念的斗争。

北魏初期用人本不注重门第,如太武帝“拔士于卒伍之中,惟其才效所长,不论本末”④。“本末”即指出身门第。及孝文帝改制,用人始专崇门品。于是在太和十九年(495 年)前后围绕用人应该崇门品还是应该选贤才的问题开展了一场激烈的辩论,其详情见载于《魏书》之《刘昶传》和《韩麒麟传》,兹将双方的主要观点简述于下。

魏孝文帝认为选官用人必须注重门第流品,其理由是:一、贵贱等级制度必须维护,如果惟贤才是举,不论门第流品,就会破坏贵贱等级秩序。二、出身微贱的济世大才,旷代不过一两人,不能因为一两人,毁我典章制度。三、士族子弟即使无才用,也德行纯笃,因而要优先任用。这显然是一种阶级偏见。韩显

① 《魏书》卷三十一《于栗磾传》,中华书局,1974,第 742 页。

② 《北史》卷八十一《儒林传上》,中华书局,1974,第 2704 页。

③ 《北史》卷四十四《崔亮传》,卷八十三《文苑传》,中华书局,1974,第 1633、2788 页。

④ 《北史》卷二《魏本纪二》,中华书局,1974,第 63 页。

宗、李冲、李彪等人与魏孝文帝论难往复，反对专崇门品，主张博选贤才。其理由是：一、门第是父祖的遗烈，重门望对皇家无益，于时局无补，而举贤才有益于国家治理，时局泰平。二、设官分职旨在益治赞时，不是为了士族高门，因而应该简拔贤才。三、不能因为世无奇才，就取士于高门。应择士人才行优长者，加以委任。四、傅说身为胥靡，武丁举为相；吕尚穷困年老，文王立为师。可见先圣王并非以出身贵贱取人。而且以德行、言语、政事、文学四科著称的孔门贤弟子，虽然多出身寒微，却远非贵族出身的鲁国三卿所能比拟。因而不能以门第取人。五、"不应以贵承贵，以贱袭贱"，维护旧等级秩序，应该简选贤才，处以高位，使高门子弟不肖者归于卑庶，打破世袭制，建立新的等级秩序。

魏孝文帝专崇门品的用人思想虽然遭到驳难，但他仍然坚持，并制定了一系列制度作为保证。专崇门品的用人思想和选举制度严重妨碍了贤才的任用，愚劣之人宰地治民加重了社会政治的黑暗。及宣武帝正始年间，诏令八座"审议往代擢贤之体，必令才学并申，资望兼致"①，开始注重才学，纠正专崇门品之弊。

北魏分裂和齐周对峙时期，用人崇门品的观念开始被打破，举贤才的思想渐居主导地位。东魏高欢"擢人授任，在于得才，苟其所堪，乃至拔于厮养"②；西魏《六条诏书》言："夫门资者，乃先世之爵禄，无妨子孙之愚瞽。""今之选举者，当不限资荫，惟在得人。苟得其人，自可起厮养而为卿相，则伊尹、傅说是也，而况州郡之职乎？苟非其人，则丹朱、商均虽帝王之胤，不能守百里之封，而况于公卿之胄乎？"③这种选举不论门资、唯在得人的思想已经写入诏令，付诸实行。

北朝时期妨害人才选用的第二种思想，是过分强调原来的官品阶秩和任职时间的长短，这是一种论资排辈的思想，影响贤才的破格任用、越级升迁。与此相反，当时也存在着举用惟贤才，不拘阶秩和任职时间的主张。如魏元晖说："御史之职，务使得贤。必得其人，不拘阶秩。"袁翻也认为一些地方官的任用，应让朝臣王公以下各举所知，"必选其才，不拘阶级"④。关于选举强调任职时

---

① 《北史》卷四《魏本纪四》，中华书局，1974，第136页。
② 《北史》卷六《齐本纪》，中华书局，1974，第231页。
③ 《北史》卷六十三《苏绰传》，中华书局，1974，第2234页。
④ 《北史》卷十五《魏诸宗室传》、卷四十七《袁翻传》，中华书局，1974，第571、1715页。

间，高祐批评说："今之选举，不采识治之优劣，专简年劳之多少，斯非尽才之谓。宜停此薄艺，弃彼朽劳，唯才是举。"①"年劳"又称年勤，指任职年月的长短。

亲亲观念是北朝妨害人才选用的第三种思想，其主要表现是主张亲贤或勋戚兼用。亲贤兼举屡见于北魏诸帝的诏令。如太武帝诏曰："古者右贤左戚，国之良翰。"宣武帝诏曰："五教治枢，古难其选，自非亲贤兼切，莫应斯举。"②皇帝的姻戚有功多被优先任用，如窦泰、段孝言等均以"勋戚"居高位。当时的统治者之所以主张亲贤兼举，是因为他们认为任贤可治民，用亲可笼络族人，二者都不可少。如张普惠说："尊贤以司民，可不慎乎？亲亲以牧族，其可弃乎？"③但是这种在任亲和用贤问题上的折中主义自然会妨碍贤才的选用。与此相反，当时也存在着主张举贤反对任亲的主张，如魏孝文帝曾说："官必用才，以亲非兴邦之选。"④但是这种思想影响不大。北朝后期（北魏分裂与齐、周时期）选贤举善的人才思想逐渐摆脱了传统用人观念的羁绊，在统治者的用人思想中占据主导地位。人才思想的发展和被统治者的采用，不仅敲响了旧选举制度的丧钟，也为催促新选举制度出台敲响了锣鼓。

北朝选举制度的流弊和演变

北朝的选举制度，主要有九品中正、察举、诏举以及方司格、停年格等。这些制度在当时已产生了不少流弊，结果有的被废弃，有的则适应新的形势而发生了一些变化。

北朝因袭了魏晋的九品中正制度，在州郡设立中正，品评本地士人的才行门望，分为九等，作为尚书铨选士人的根据。

北魏早在十六国时期，就在地方上设立"大师、小师，令辨其宗党，品举人才"⑤。"师"是北魏初对中正的别称。及太武帝时期，已将师改称为中正。中

① 《魏书》卷五十七《高祐传》，中华书局，1974，第 1261 页。
② 《魏书》卷四十六《窦瑾传》，卷二十一下《献文六王下》，中华书局，1974，第 1035、578 页。
③ 《魏书》卷七十八《张普惠传》，中华书局，1974，第 1744 页。
④ 《北史》卷八十《外戚传》，中华书局，1974，第 2683 页。
⑤ 《魏书》卷一百一十三《官氏志》，中华书局，1974，第 2974 页。

正多由京官兼任，担任中正的条件是“德望兼资”，也就是要“名位重于乡国，才德允于具瞻”。中正产生的途径有公卿推举、司徒选召和州郡辟举等，小中正则可由大中正推荐。北魏中正的职权，除了前代已有的品第本地士人外，还可以直接参与吏部对士人的铨选：“后魏州郡皆有中正掌选举，每以季月，与吏部铨择可否。”①中正也可以直接向朝廷举荐人才，如魏孝文帝太和二十年(496年)曾诏诸州中正各举其乡之民望，年五十以上守素衡门者，授以令长。②

北魏孝文帝太和年间以前，尚能精选中正，以德高乡国者充任，边州小郡人物单鲜者并附他州，其在僻陋者阙而不置，当时称为简当，选举也颇得人。及至宣武帝、孝明帝之时，九品中正制的弊病开始充分显露：一是“中正所铨，但存门第，吏部彝伦，仍不才举”③。当时的中正品评士人已不论才、行、学的优劣，只辨别氏姓的高低，吏部也以门第选官，必然任用失才。二是“州无大小，必置中正，既不可悉得其人，故或有蕃落庸鄙操铨核之权”④。负责品评人物的中正多非其人，品状必然失当。三是“中正卖望于下里，主案舞笔于上台，真伪混淆，知而不纠”⑤。中正和吏部官员竞相营私舞弊，导致选举混乱，得官者不欣，失者倍怨。由于九品中正制已经弊窦丛生，于是宣武帝正始元年(504年)诏罢郡中正，孝明帝正光元年(520年)又罢诸州中正。虽然后来又一度复置，但数十年后终被彻底废弃。

北朝也因袭了汉晋的察举制度。每年州举秀才，郡察孝廉，贡至朝廷，加以策试。孝廉试经，秀才试策，一般策试五至十条，分甲、乙二科，等第中、上者就取得任官的资格。

北魏察举的孝廉秀才被士族高门子弟垄断，察举“徒有秀、孝之名，而无秀、孝之实。而朝廷但检其门望，不复弹坐”⑥，导致选举失实，用非其人。东魏、西魏和北齐、北周时期，察举开始成为庶族寒人入仕的途径，“家无所荫”“门族寒陋”的樊逊三次被举为秀才就是实例。同时察举制度也不像前代那么严格，有

---

① 《通典》卷十四《选举二》，中华书局，1988，第336页。
② 《魏书》卷七下《高祖元宏下》，中华书局，1974，第179页。
③ 《魏书》卷八《世宗纪》，中华书局，1974，第199页。
④ 《通典》卷十四《选举二》，中华书局，1988，第337页。
⑤ 《北史》卷四十六《孙绍传》，中华书局，1974，第1688页。
⑥ 《魏书》卷六十《韩麒麟传》，中华书局，1974，第1339页。

些规定可以变通。如北齐马敬德将被郡举为孝廉,固辞不就,乃诣州求举秀才。举秀才依照惯例只取文士,州将以为他是纯儒,无意推荐。他就请求考试方略,州将策问,所答五条,皆有文理,于是州将欣然举送他到京师。他参加秀才策问,仅得中第,又请考试经业,问十条并通,擢授国子助教。① 可见当时士人已可以自行诣州郡请求察举,只要考试合格就可以被举荐,而且考试内容也可以根据士人的要求有所变通。这已和隋唐时代士人不须地方举荐,自行怀牒求试的科举制度比较接近。北朝后期对士人德行的要求放宽,举孝廉的条件本是经明行修,德行既然不多加考虑,剩下的就是明经一条了,于是唐代基本上以明经科取代了举孝廉。北朝后期注重士人的才学,秀才之科在隋朝依然存在。但是秀才的要求颇高,一般士人难以企及,于是就增设进士科以博选士人,后来又增加史、律、算诸科,科举制度就逐渐确立了。科举制度是由察举制度演变而来的。

北朝选拔人才的途径,除了州郡察举外,还有诏举,这是皇帝根据临时的特别需要直接下诏选举人才的制度。诏举中举者的官品和被举者的条件、人数都由诏令明确规定,被举者多为特殊人才,其待遇也较被察举者优渥。北朝诏举的一个特点,就是举者要对被举者负责。如魏孝庄帝武泰元年(528 年)诏言:举"得三人以上,县令、太守、刺史赏一阶;举非其人,亦黜一阶"②。周静帝大定元年(581 年)诏曰:"被举之人,居官三年有功过者,所举之人,随加赏罚。"③这种规定旨在防止不举或滥举。诏举在隋唐时仍然存在,只是将其名称改为制举。

前代不曾有、北魏创造的选举制度有方司格、职令和停年格。

魏孝文帝迁都洛阳后,采用汉族地主的门第制度,评定姓族。除帝室元氏及长孙、叔孙、奚氏外,鲜卑人以穆、陆等八姓为首。汉人山东地区以清河崔氏、范阳卢氏、荥阳郑氏、太原王氏和赵郡李氏为首,关中、河东以韦、裴、柳、薛、杨、杜为首,即所谓郡姓。然后按门第官位将郡姓分为六等:"凡三世有三公者曰'膏粱',有令、仆者曰'华腴'。尚书、领、护而上者为'甲姓',九卿若方伯者为'乙姓',散骑常侍、太中大夫者为'丙姓',吏部正员郎为'丁姓'。"在评定姓族

① 《北齐书》卷四十四《儒林传》,中华书局,1972,第 590 页。
② 《魏书》卷十《孝庄纪》,中华书局,1971,第 258 页。
③ 《周书》卷八《静帝纪》,中华书局,1971,第 136 页。

的基础上，“诏诸郡中正，各列本土姓族次第为选举格，名曰‘方司格’”①。又称“方司殿格”②。它是以门第选官的具体条例。

在制定方司格的同时，又将官职分为九流七等，即“八族以上，士人品第有九，九品之外，小人之官，复有七等”③。九品亦称九流，是士族子弟担任的官职。七等是不入流的卑职，由庶族寒人充任，又称浊官。在九品清官中又有第一清、第二清、第三清之别。太和二十三年(500年)颁布《职令》，明确规定了所有官职的品秩高卑、清美等次和任职条件。例如：“光禄少卿，第四品上，第二清，用肃勤明敏、兼识古典者。”“宗正(少)卿，第四品上，第二请(清字之讹)，用懿请和识参教典者，先尽皇宗，无则用庶姓。”④

方司格和职令的制定，“自公卿令仆之子，甲乙丙丁之族，上则散骑秘著，下逮御史长兼，皆条例昭然”⑤，本人的才行优劣则不予考虑，就造成了“世胄蹑高位，英俊沉下僚”的局面。士族子弟无论如何愚劣都可做至清美的高官，庶族寒人才学再高也只能担任卑微的浊官，导致任用失才，政治黑暗。这种制度到魏末已不再实行。

北魏神龟年间，灵太后令武官得依资参选。求官者众而职位少，“十人共一官，犹无官可授”，士人怨声载道。及崔亮为吏部尚书，奏为格制“不问士之贤愚，专以停解日月为断。虽复官须此人，停日后者终于不得；庸才下品，年月久者灼然先用”⑥，这就是停年格。停年格的实行，不简贤否，惟取年劳，“士无善恶，岁久先叙；职无剧易，名到授官”⑦，贤愚同贯，选用失才。虽然停年格弊病昭著，但是后来的吏部尚书利其便己，踵而行之，直至东魏元象年间，高澄摄吏部尚书，“乃釐改前式，铨擢唯在得人”⑧，停年格被废除。

此外，北魏还认真实行过考课制度。考课最优者晋升，这是从现任官吏中

---

① 《新唐书》卷一百九十九《儒学中》，中华书局，1975，第5678、5680页。

② 《史通通释》卷三《书志》，上海古籍出版社，1978，第74页。

③ 《魏书》卷五十九《刘昶传》，中华书局，1974，第1310~1311页。

④ 《太平御览》卷二二九《职官二十七》、卷二三二《职官二十八》，中华书局，1960，第1089、1093页。

⑤ 《通典》卷十六《选举四》，中华书局，1988，第390页。

⑥ 《魏书》卷六十六《崔亮传》，中华书局，1974，第1480、1479页。

⑦ 《魏书》卷七十七《辛雄传》，中华书局，1974，第1695页。

⑧ 《北齐书》卷三《文襄纪》，中华书局，1972，第31页。

选拔人才的制度。但《考察令》规定过于琐细，数年一考，优者升一阶，实际上是论资排辈，“不采识世之优劣，专简年劳之多少”，优秀人才难以脱颖而出。

总之，无论是人才思想，还是选举制度，都受一定社会历史条件的影响和制约。人才思想发展变化和选举制度变革的原因，只能从当时的社会政治、经济和文化状况中寻找。

北朝社会经济的特点是由坞壁经济向小农经济和地主田庄经济的转变。十六国时期战乱频仍，农民被迫依靠地主聚族而居，并建立武装自保，方可维持生产，商品交换萎缩，地区间的经济联系减少。这种坞壁经济在北魏前期仍占重要地位。坞壁既是经济单位，也是社会基层组织，坞壁的首领就是宗主，北魏前期在地方上实行宗主督护制。这种坞壁经济和宗族组织的存在，决定了政治思想中的亲亲贵贵的宗法观念，它反映到用人思想上，就表现为以姓族门第取人和任亲的思想。及北魏实行均田制，小农经济和地主田庄经济逐渐发展，社会组织也由宗族组织变成地域性的乡里，政治思想中的亲亲贵贵观念减弱，用人中的姓族门第观念和亲亲观念随之减弱，选贤举善的人才思想得到了发展。

士族地位的逐渐衰落，寒人势力的增长是北朝政治的一大特点。鲜卑贵族和汉士族地主是北魏王朝的统治阶级。汉士族地主早已腐朽，鲜卑贵族进入中原也迅速腐化堕落。北镇部落豪酋尔朱荣的变乱和各族人民的起义沉重打击了士族势力。北魏后期鲜卑庶族军人取得了入仕的权利，其他庶族寒人也多假冒门望，以取清高之职。北齐“因魏朝，宰县多用厮滥”①。不仅庶族寒人在县官中占到多数，庶族武人高欢、宇文泰还夺取了国家政权。这种士庶力量的消长和统治者的变化是用人思想变化和选举制度变革的主要原因。门阀士族一贯标榜自己的出身高贵和德行纯美，以门第取人和重德行的思想以及专崇门第的九品中正和方司格等制度，正代表了士族地主的利益，而废除门第观念，以才学取士则是庶族寒人的政治要求。庶族寒人执政后，必然会抛弃陈腐的用人思想和选举制度，采用举贤才的思想和以考试才学为主的选士制度。

汉族地主的门阀制度至南北朝时期已开始衰颓。鲜卑贵族的进入为门阀制度注入了一支强心剂，魏孝文帝仍采用门阀制度。但门阀制度的颓坏已不可挽回。随着士族的没落和寒人的崛起，门阀制度逐渐被抛弃，“贵有常名，而贱

---

① 《北齐书》卷三十八《元文遥传》，中华书局，1972，第504页。

不得冒;尊有定位,而卑不敢逾”①的局面被打破,为门阀制度服务的九品中正和方司格已失去存在的必要,需要新制度来替代。

北朝佛教思想广泛流行,佛教教义中有一种劝善思想,这导致举用善人思想的重新提出和论人的注重德行。魏晋至北朝经学和文、史、律、算诸学科都得到了很大发展,北朝统治者对学术也比较重视,北魏朝廷贡士只求其文,察孝廉惟论章句。北齐设立文林馆,策试秀孝对文字要求很严格。学术的发展和统治者对学术的重视为科举制的萌芽奠定了基础。

(原载《中州学刊》1987 年第 4 期)

---

① 严可均辑:《全晋文》卷四十九引《意林》,商务印书馆,1999,第 503 页。

阀阅考辨

研究古代的选举用人问题时,常遇到"阀阅"这一概念。由于人们对之做出了各种歧异的解释,而使学界对一些问题的认识不能统一。如王树椒认为"西汉用人,重功绩阀阅",东汉章帝以后"薄阀阅"①,侯外庐等则将两汉的选举制度目为"以阀阅为选"的制度②。于是就产生了东汉选举用人是否注重阀阅的问题。要解决这个问题,必须廓清这个扑朔迷离的概念,必须对其含义进行一番考证辨析。

"阀",原作"伐",是个象形字,状人手持戈,喻战斗,作名词使用则表示战功。如《左传》记载:骊姬"使言于公曰:'若使大子主曲沃,而重耳、夷吾主蒲与屈,则可以威民而惧戎,且旌君伐。'""晋侯使郤至献楚捷于周,与单襄公语,骤称其伐。"注曰:"伐,功也。"季武子欲作林钟以铭鲁功,"臧武仲谓季孙曰:'非礼也。夫铭,天子令德,诸侯言时计功,大夫称伐。'"③可见,"伐"是指功,主要是言武功。"阅"是"历""更""经历"的意思。

"伐"是指功而言,已如前述。而"功"这个词虽然从古沿用至今,其实际含义却发生了很大变化。要弄清"阀阅"的确切含义,必须廓清"功"这一概念内蕴的演变情况。

西汉史家司马迁说:"古者人臣功有五品,以德立宗庙定社稷曰勋,以言曰劳,用力曰功……"④这句话中先后用了两个"功"字,其含义却不相同。后者是狭义的功,专指武功;前者为广义的"功",它将后面的"勋""劳""功"全包括在

---

① 《灵岩学报》第1期,1946年10月。

② 侯外庐等主编:《中国思想通史》第二卷,人民出版社,1956,第355页。

③ 《春秋左传集解》"庄公二十八年""成公十六年""襄公十九年",上海人民出版社,1977,第198、769、954页。

④ 《史记》卷十八《高祖功臣侯者年表》,中华书局,1959,第877页。

内。它既包括武功，也包括文治、德教和谋策方面的贡献。可见，至迟在西汉初，“功”这个概念的内含已经扩大。而当时所谓“劳”，是指以口头或文字出谋献策的贡献，它是广义的“功”的一部分。

西汉董仲舒说：“古所谓功者，以任官称职为差，非谓积日累久也。”①东汉章帝诏曰：“明试以功，则政有异迹。”②蔡邕曰：“墨绶长吏，职典理人，皆当以惠利为绩，日月为劳。”③董仲舒是西汉武帝时的鸿儒，蔡邕是东汉末年的著名学者，他们对功的解释基本相同。可见，汉代人是以官吏的政绩惠利为功，以官吏任职时间的久暂为劳的。

综上所述，“功劳”的含义到汉代发生了很大的变化。“功”由言功臣谋士的武功谋略转而言官吏的政绩惠利，“劳”也由指口舌文字方面的贡献而转指官吏历职时间的长短。这种变化是中国古代政治形势变化的必然反映。从春秋到西汉初的五六百年中，社会基本上处于分裂战乱状态。春秋时期“弑君三十六，亡国五十二，诸侯奔走不得保其社稷者不可胜数”④。“战国七雄”之间争夺、兼并的战争规模更大，“争地以战，杀人盈野；争城以战，杀人盈城”⑤。秦只有十几年的短暂统一，接着又是楚汉战争。在这种形势下，统治者面临的首要问题就是“立宗庙、定社稷”，即夺取或维持政权。他们不得不褒奖任用功臣谋士，而当时所谓的“功”，自然是指军功谋略。西汉政权建立后，特别是武帝以后，国家统一，社会安定，统治者面临的主要问题是“治天下”，即巩固其统治，因而不得不任用文吏，选拔人才所考虑的“功”，就自然变为任官的政绩惠利了。

将“伐”和“阅”连在一起解释，始于司马迁。他说：“古者人臣功有五品……明其等曰伐，积日曰阅。”⑥由此可知，西汉以前，“伐”表功的等级，“阅”言供职的时间。东汉班固始将“伐阅”作为一个词与功劳连用：“千秋无他才能学术，又无伐阅功劳。”师古注：“伐，积功也，阅，经历也。”⑦由是观之，在当时，随着“功”由指功臣谋士的武功谋略转指官吏的政绩惠利，“伐”也由指功的等级

---

① 《汉书》卷五十六《董仲舒传》，中华书局，1962，第 2512 页。
② 《后汉书》卷三《章帝纪》，中华书局，1965，第 133 页。
③ 《后汉书》卷六十下《蔡邕传》，中华书局，1965，第 1997 页。
④ 《史记》卷一百三十《太史公自序》，中华书局，1959，第 3297 页。
⑤ 杨伯峻：《孟子译注》卷七《离娄上》，中华书局，1960，第 175 页。
⑥ 《史记》卷十八《高祖功臣侯者年表》，中华书局，1959，第 877 页。
⑦ 《汉书》卷六十六《车千秋传》，中华书局，1962，第 2884 页。

转指政绩惠利的积累。司马迁言“积日曰阅”,蔡邕言“日月为劳”,可见“阅”和“劳”同义,均表示任职时间的长短。

关于伐阅,史载:“王卿……昼夜驰骛,十余日间捕得五人。(朱)博复移书曰:‘王卿忧公甚效!檄到,赍伐阅诣府。’”①意思是说,王卿在十多天的时间里捕得五个盗贼,立了功,太守朱博下书到县,让把王卿的伐阅送到府里,准备提拔他。这里所说的伐阅,显然是一种记述功劳的文书。史又载:“先是逢信已从高第郡守历京兆、太仆为卫尉矣,官簿皆在方进之右。”师古注:“簿谓伐阅也、簿音主簿之簿。”②这两条材料互证,可以说明伐阅是记录功劳的一种官簿。“伐阅”和“治状”“功状”当是这种官簿的不同名称。

沈约谓汉代“黉校棋布,传经授业,学优而仕,始自乡邑,本于小吏干佐,方至文学功曹,积以岁月,乃得察举。人才秀异,始为公府所辟,迁为牧守,入作台司”③。裴子野亦云:“其在汉家,尚犹然也。州郡积其功能,然后为五府所辟;五府举其掾属,而升之于朝;三公参其得失,除署,尚书奏之天子。”④可见,汉代佐吏积以岁月乃得察举,辟除要靠功能的积累。而功能和历职岁月的积累就是伐阅,因此记录伐阅的官簿亦称为“伐阅”。

汉代的这种官簿伐阅,到魏晋时期仍然存在。傅嘏难刘劭考课论云:“案品状则实才未必当,任薄伐则德行未为叙。”⑤《三国志旁证》引何悼曰:“薄伐当作簿阀,犹云簿录阀阅。”由于这种簿录阀阅不仅记录本人的阀阅,而且记录父祖的阀阅(即家世),故又称簿世。刘毅表曰:“若吏部选用犹下中正,问人事所在,父祖位状。”杜佑曰:“晋依魏氏九品之制……若吏部选用,必下中正,征其人居及父祖官名。”⑥所谓“人事所在”和“其人居”,是指其人原来任职的情况,也就是阀阅。

徐灏《说文解字注笺》曰:“阀字从门者,盖因阅而增之。”在魏晋南北朝的门阀政治下,选举用人特别注重门第,故人们将“伐”字加上“门”而成“阀”,“伐阅”就写为“阀阅”了。

---

① 《汉书》卷八十三《朱博传》,中华书局,1962,第3401页。

② 《汉书》卷八十四《翟方进传》,中华书局,1962,第3417~3418页。

③ 《通典》卷十六《选举四》,中华书局,1988,第388页。

④ 《通典》卷十四《选举二》注引,中华书局,1988,第234页。

⑤ 《三国志》卷二十一《傅嘏传》,中华书局,1959,第623页。

⑥ 《通典》卷三十二《职官·总论州佐》注引,卷十四《选举二·历代制中》,中华书局,1988,第892、328页。

唐宋以后,为了旌表豪门大族的功劳,在其大门两侧立有书写功状的柱子,称为乌头阀阅。《玉篇·门部》曰:“在左曰阀,在右曰阅。”《册府元龟》云:“正门阀阅,一丈二尺,二柱相去一丈,柱端安瓦筒墨染,号为乌头梁。”这种阀阅成为名门大族的标志,故时人就以阀阅作为名门巨室的代称。

综上所述,伐阅在西汉以前是指功臣谋士的功劳,在汉代是指官吏的政绩惠利和任职时间的长短,因而记录官吏政绩和历职年月的官簿也称为伐阅。魏晋南北朝时期选举用人重门第,“伐阅”渐写为“阀阅”。唐宋以后,名门大族门口立有两个族表功劳的柱子,称为“阀阅”,于是“阀阅”也成了名门巨室的代称,这就是阀阅这一概念的含义演变情况。

明确了“阀阅”这一概念的演变情况,东汉选用人才是否重阀阅的问题即可迎刃而解了。汉章帝建初元年(76 年)三月乙巳诏曰:“每寻前世举人贡士,或起畎亩,不系阀阅。”①韦彪上议曰:“士宜以才行为先,不可纯以阀阅。”②这两条史料说明章帝和韦彪对当时选举用人重阀阅的现象不以为然,但不足以说明当时及以后选用人才就不注重阀阅。而王符说东汉时人“虚谈则知以德义为贤,贡荐则必阀阅为前”③。仲长统亦曰:“天下士有三俗:选士论族姓阀阅,一俗;交游趋富贵之门,二俗;畏服不接于贵尊,三俗。”④这充分证明东汉选举用人还是注重阀阅的。

需要指出的是,虽然两汉选用人才均重阀阅,但其具体内容则不同。西汉武帝以前,用人以功臣为主,所重视的是战功和谋策之功。西汉武帝以后至东汉,用人以文吏为主,所注重的是官吏的政绩和历职时间的积累。

西晋张载《榷论》云:“今士循常习故,规行矩步,积阶级,累阀阅,碌碌然以取世资。”⑤中正唯能知其阀阅,不复辨其贤愚。由是言之,不仅汉代选举用人注重阀阅,到魏晋南北朝时阀阅仍是选用人才的一个重要条件。

(原载《史学月刊》1983 年第 6 期)

---

① 《后汉书》卷三《章帝纪》,中华书局,1965,第 133 页。
② 《后汉书》卷二十六《韦彪传》,中华书局,1965,第 918 页。
③ 王符著、汪继培笺:《潜夫论笺校正》卷八《交际》,中华书局,1985,第 355 页。
④ 仲长统《昌言》,严可均辑:《全后汉文》卷八十九,商务印书馆,1999,第 900 页。
⑤ 《晋书》卷五十五《张载传》,中华书局,1974,第 1519 页。

从人才培养选拔看科举考试的得失

科举考试作为中国封建社会中后期选拔人才充任官职的主要途径,从隋唐时期产生,到清末废止,前后实行达1300年之久。它不仅对当时人才资源的开发利用、社会政治经济文化的盛衰起到了某种促进或阻碍作用,影响到中国历史的发展进程,而且在16世纪前后被介绍到西方,对近代西方一些国家的文官考试制度产生了一定影响。本文拟从中国古代一些思想家和政治家对科举考试的评论出发,就人才培养和人才选拔两个方面,论述科举考试的利弊得失。不当之处,恭请方家教正。

科举考试与人才培养

学校是实行教育和培养人才的机构。中国封建社会的各级各类学校,遵循当时统治阶级的人才观念,从德行、学问、才能、见识诸方面,培养政治、军事、文化等各类人才。科举考试是封建国家选拔人才的一个重要途径。在科举考试实行之初,它和学校教育各司其责,关系尚不甚密切。但由于科举考试逐渐成为莘莘学子入仕的基本途径,因而对学校教育逐渐发挥着“指挥棒”作用,影响着学校教育的内容和方式,以至于完全把学校教育纳入科举考试的轨道,使学校教育成为科举考试的附庸,于是科举考试就直接影响着人才的培养。

各代思想家多指出,在科举考试的诱导下,学子为了求取功名,就在学习上实行实用主义,考什么就学什么,不考试的内容则不学,学校也逐渐实行应试教育,不考试的内容则不教,轻忽学子整体素质的提高,就难以培养全面发展的人才。唐代刘峣说:“国家以礼部为考秀之门,考文章于甲乙,故天下响应,驱驰于才艺，不务于德行……故有朝登甲科而夕陷刑辟，制法守度使之然也。”①就是说，科举考试取士，以辞赋文章为衡量人才的标准，而不顾及应试者德行的优劣。因而学子不再注意道德品行的修养，最终导致士人德行的下降。明代王廷相说：“自夫科举以来，在上者以文取士，而士之为学者，一切务为文词之工，以应上求。虽日教以《六经》孔孟道义之实，然不工于文，则无进身之阶，而士之习固若也。”②明清时期科举考试，主要是写八股文。王廷相又说：“乃以程文求士。故士于平居亦惟务中式之文，以应主司之求。而经术之学，漫之不讲。嘻！此与词章何异！”③可见，无论是唐宋时代的考试诗赋策论，还是明清时代的考试八股程文，都导致学子不再读经书。经书不仅是当时的主要学问，也直接影响着士人的德行。因为当时的所谓德行，就是经学思想指导下的道德行为。这样，学校培养教育出来的士人只会写作诗文，既无美德善行，又不学无术，当然不属于全面发展的优秀人才。

当时的思想家和政治家还指出，国家需要的是具有真才实学的能够治国理民的政治人才，而科举取士则考以诗赋文章。这种考非所用又导致学非所用，严重妨碍了有用人才的培养。唐代赵匡曾说：“夫才智因习就，固然之理。进士者时共贵之，主司褒贬，实在诗赋，务求巧丽，以此为贤，不惟无益于用，实亦妨其正习。”④所谓“正习”，系指儒家经书。科举考试主要以诗赋工丽与否决定弃取。士子要应付科考，自然不会致力于经书。而且诗赋是不能经世致用的。北宋王安石也说：“今以少壮时，正当讲求天下正理，乃闭门学作诗赋，及其入官，世事皆所不习，此科法败坏人材，致不如古。”⑤所谓“正理”，就是儒家倡导的修身、齐家、治国、平天下的道理。而科举考试以诗赋为主，就引导少年闭门学作诗赋，而不习世事。因此科举考试制度不利于社会实用人才的培养。清代颜元说：“弃选举取八股，将率天下贤愚而八股矣。天下尽八股，中何用乎？”⑥科举考试以八股程文决定优劣去留，使天下士人无论贤愚都去学作无益世用的八股

① 《通典》卷十七《选举五》，中华书局，1988，第406页。
② 《王廷相集》卷三十《策问十》，中华书局，1989，第542页。
③ 《王廷相集》卷三十《策问二》，中华书局，1989，第537~538页。
④ 《通典》卷十七《选举五》，中华书局，1988，第419页。
⑤ 《宋史》卷一百五十五《选举志一》，中华书局，1977，第3617~3618页。
⑥ 《颜元集》《颜习斋先生言行录》卷下第十九《刁过之》，中华书局，1987，第691页。

文,自然妨害优秀人才的培养。总之,古代一些思想家和政治家认为,由于科举取士制度主要以诗赋和八股文为主,从而引导普天下的学子不去认真攻读经书,不去研求齐家治国的道理,不去参加社会实践,而是闭门学写诗赋和八股文,使士人没有真才实学,国家人才匮乏。这种认识是中肯的。但是他们以为诗赋文章完全无益世用,未免失之偏颇,优秀诗文对人的教育陶冶作用也是不可忽视的。

综上所述,科举考试对中国封建社会中后期的学校教育和人才培养的确产生了一些负面影响。其一,科举取士主要考试诗赋和八股文,引导学子全力研习诗文,不再注重道德品质的修养和经书的学习,学校也随之实行应试教育,因而难以培养出德行、才能、学问等各方面素质全面发展的人才。其二,科举考试的目的主要是选拔官员,即治国理民的政治人才,而考试的内容却以诗赋文章为主,用非所考,考非所用。考非所用导致学非所用,学生脱离社会实际,学校也难以培养出具有真才实学的实用人才。其三,国家、社会需要各类人才。但实行科举取士,考试科目以进士、明经等为主,选才途径较为狭窄,导致学校培养人才的种类较少,不能满足国家社会的需要,也妨碍经济、科技、文化事业的发展。

科举考试与人才选拔

科举考试是中国封建社会中后期士人入仕的正途,也是当时选拔人才的主要方式。但是科举考试无论制度本身,或者具体操作,都存在不少弊端,使考试本应具有的公正、平等原则不能体现出来,从而妨碍优秀人才的脱颖而出,平庸之人却有可能滥竽充数。历代思想家、政治家对科举取士多有批评,主张进行改革,或者彻底废除。北宋著名理学家程颢、程颐兄弟认为:“投名自荐,记诵声律,非求贤之道尔。”①明清时期废除科举取士制度的呼声更为高涨。科举考试妨害优秀人才之选拔,可概括为以下几点:

---

① 《二程集》《河南程氏文集》卷五《为家君应诏上英宗皇帝书》,中华书局,1981,第525页。

一、单凭科举考试，难以获得德才兼备、全面发展的人才

前贤多认为，考试只能衡量士人的才学，而不能考察士人的德行。北宋政治家司马光曾说：士人"虽有颜、闵之德，苟不能为诗赋论策，则不免遭摈弃，为穷人；虽有跖、蹻之行，苟善为诗赋论策，则不害取高第，为美官"①。他认为科举取士仅考试诗赋论策，而不问其德行优劣，作为选才方式而言是有缺陷的，也是不可取的。李觏又就当时科举考试的具体措施批评道："国朝患其或私谒也，于是糊其名，易其书，混致于考官之手，固不知其立身之行，干蛊之才。虽有仁如伯夷，孝如曾参，直如子鱼，信如於陵，一语不中，则生平委地。"②指出糊名、誊录等防弊措施的实行，使考官更不可能了解考生的人品德行，只能根据文辞决定弃取，德高才美者则难以入选。明代王廷相也说："今之选举，不问其人品德行何如，徒以文章合格而举之，无怪乎其入仕之狼狈也。"③选才唯考试以文章，不问其德行，使有文才而无美德的人任职，就会祸国殃民。

中国古代评论人物有重视德行的传统，一些思想家和政治家多认为，德才兼备的人方可称为人才。科举考试作为选拔人才的主要方式，只去衡量士人的才学，尤其是文学才能，而不顾及考生的德行和才干，因而登第者未必是真正优秀的人才。让仅有文才而无善德者治国理民，自然是不妥当的。因此在选拔人才过程中，在衡量才学之同时，还要考察其道德行为，方可获取德才兼备的人才。

二、科举考试多考非所用，难以获得具有真才实学的有用人才

古代思想家、政治家多认为，科举考试科目较少，内容单一，考查知识才能的范围狭窄，又考非所用，难以选拔真才。早在唐代，韩愈曾说："国家之仕进者，必举于州县，然后升之于礼部吏部，试之以绣绘画琢之文，考之以声势之逆顺，章句之短长，中其程式者，然后得以下士之列。虽有化俗之方，安边之画，不由是而稍进，万不有一得焉。"④天下本存在着各类人才，有的善于治民，有的善于御敌，但不通过科举考试，诗文不符合要求，就不能脱颖而出。这种选才制度，岂不埋没人才。明清之际顾炎武说："今之经义论策，其名虽

---

① 《温国文正司马公文集》卷三十九《议学校贡举状》四部丛刊初编，第97函。

② 《李觏集》卷二十七《上范待制书》，中华书局，1981，第293~294页。

③ 《王廷相集》(一)《王竣川所著书》《雅述下篇》，中华书局，1989，第860页。

④ 《韩昌黎文集校注》卷三《上宰相书》，上海古籍出版社，1986，第157页。

正，而最便于空疏不学之人。”①科举考试实行既久，考试内容无多大变化。士人不再去熟读经书，也不再去研习治国理民之术，而只是去背诵前人的经义论策答案，以应付科举考试。空疏不学之人完全有可能登科甲，科考选才遂有其名而无其实。

三、科举考试只能选取平庸之才，而不能获得度外大才

南宋事功学派的代表人物陈亮对科举考试多有批评。他认为，国家以科举选士是“束天下豪杰于规矩尺度之中”，是“抛规矩准绳之大器，爱毫发丝粟之小才”。这样做会导致“才者以跅弛而弃，不才者以平稳见用”②。而通过科举考试获取的“程文之士”和因年久资深而任用的“资格之官”是不足以当大任、建事功的。因此，他主张“减进士以列选能之科”，广开仕途，在科举考试之外，再通过其他方式选拔度外大才。

四、科举考试严重埋没人才

在科场上脱颖而出者为少数，大部分参加科考者终生没有出头之日。唐人赵匡说：“举人大率二十人中方收一人，故没齿而不登科者甚众，其事难，其路隘也如此。”③韩愈说得更为具体：“天下之以明经举于礼部者，岁至三千人。”这些被举者“或远至十余年然后与乎三千之数，而升于礼部矣”。礼部考试合格者还要参加吏部考试，然后选拔200人授予职务。这200人又是经过十余年的辛苦功夫而通过吏部考试的，其中“斑白之老半矣”“昏塞不能及者，皆不在是限，有终身不得与者矣”④。可见，科举考试吸引无数年少有才华的学子，终身孜孜汲汲，以求金榜题名，但是绝大多数终身与科甲无缘，穷困潦倒而死，侥幸登第能得到一官半职者，大多已至四五十岁，青春年华完全因科举考试而消磨掉。宋代王安石也说：“不肖者苟能雕虫篆刻之学，以此进至公卿。才之可以为公卿者，困于无补之学。以此绌死于岩野，盖十八九矣。”⑤实行科举取士，导致这样的结果：无公卿之才的凡夫庸子因为能写诗文可以登上公卿高位，有公卿之才者因为不善于写诗文而难以登科甲。绝大多数人为科举考试淘汰，而老死于

① 《日知录集解》卷十六《经义论策》，花山文艺出版社，1991，第728页。
② 《陈亮集》卷一《壬申再上孝宗皇帝书》，中华书局，1974，第18页。
③ 《通典》卷十七《选举五》，中华书局，1988，第420页。
④ 《韩昌黎文集校注》卷四《赠张童子序》，上海古籍出版社，1986，第250页。
⑤ 《王文公文集》卷一《书疏·上仁宗皇帝言事书》，上海人民出版社，1974，第2~4页。

民间。

科举取士如同千军万马过独木桥,侥幸登第者是极少数。他们却也为此浪费了青春年华,消耗了大量精力。绝大部分士子屡进科场,终难得中,老死仍为白丁。科举考试制度的实行,是对人才严重的埋没、压制和摧残。

五、科举考试存在着一些弊病使其失去了公开、平等、公正性

在唐代正式科举考试之前,有"行卷"之风。士子可以把自己写好的诗文送给京师贤达,借此找门路、拉关系,以求提携。考后放榜之前,主司要向权贵"通榜",听取意旨,权贵可以左右录取名单。由于试卷多,评卷工作量大,而评卷人少,不能认真阅读试卷,对于诗文的优劣评定也没有客观标准,难免夹杂着评卷人的个人好恶。应试者为侥幸登科,往往在考试过程中作弊。科举考试的一些弊端在各个时代均存在。明清之际顾炎武曾说"今日科场之弊,莫甚乎拟题",就经义考试而言,"不过于四书一经中拟题一二百道,窃取他人之文记之。入场之日,抄誊一过,便可侥幸中式,而本经之文有不读者矣。率天下而欲为速成之童子,学问由此而衰,心气由此而坏"①。由于科举考试内容有限而又长期不变,试题翻来覆去不超越固定范围,童子只需背诵试题答案,到考场上准确无误地写一遍就有可能通过,而不用再去读经书。考试失去了衡量知识才能的作用,于是造成在科场上"偶失偶得,如弈棋耳"②。这不仅使考试及第与否存在着很大的偶然性,而且导致学风和社会风气的败坏。

科举考试的得失

从唐代直至当今,不少思想家、政治家对科举考试发表过评论。就这些评论而言,批评抨击者多,称许肯定者少。但是科举考试作为一种选才方式,在中国历史上能存在一千多年,自然也有其合理性,有其功用,不可完全否定。

回顾中国古代的人才选拔途径,先秦时期有乡举里选,主要是荐举。汉代实行察举征辟。及至魏晋南北朝,又实行九品中正制。上述选拔人才途径存在

---

① 《日知录》卷十六《拟题》,花山文艺出版社,1991,第735~738页。

② 《李觏集》卷十六《上范待制书》,中华书局,1981,第293页。

着两大弊端：一是把人才选拔的范围局限于贵族豪门，庶民中的人才被排斥在外，特别是奴隶社会和魏晋南北朝时期更是如此；二是依靠举荐选拔人才，贤才不被司选者所知则不能获选，选才范围局限在司选者的视野之内。而且这种选拔往往受司选者个人亲疏好恶的影响，也难以杜绝请托贿赂之风，因而使人才选拔失去客观公正性。而科举考试正好可以克服这两大弊端。首先，科举考试逐渐抛弃了区别贵贱等级的门第观念，士人不论出身如何都可以"投牒求试"，广大庶民子弟也有了出仕的希望，"朝为田舍郎，暮登天子堂"有可能成为现实。这种人才选拔方式具有开放性和公开性，它向整个社会选拔人才，扩大了选才的范围。其次，这种选才方式规定了选拔的客观标准，所有的应试者都一视同仁，以考试成绩的优劣决定弃取，而不问其贵贱尊卑、族姓乡里。因而它体现了一种公正和平等竞争的精神，可以避免人际关系的干扰。正是由于科举考试具有公开、平等、公正的原则，从总体上有利于优秀人才的选拔，方能实行千载而不替。

科举考试在中国实行一千多年，对其利弊得失和社会作用不可一概而论，而应根据不同时期的不同情况，进行具体分析。在科举考试实行初期的唐代，尽管当时的制度尚不很完善，但是不少庶族地主出身的士人通过科举考试而入仕，使庶族士人能与世族士人相抗衡，朝廷人才济济。唐代进士考试诗赋，极大地促进了唐代诗歌创作，繁荣了当时的文学。只是到了明清时代，科举考试受理学的影响，要求士人作八股文，不仅妨碍人才的选拔，而且桎梏了科学文化的发展，科举考试方进入穷途末路。

另外，在评论科举考试时，应该将其考试内容和考试方式加以区别，进行具体的分析。中国的科举考试在其实行的1300年中，作为考试方式和制度，是不断改革、不断完善的。就考试舞弊和防弊措施而言，随着考试作弊方式不断花样翻新，防弊措施也日益周密完备。因此，我们可以说，中国的科举考试就其具体制度和措施而言，在当时的世界上是比较先进的。但是由于趋于保守的理学思想的统治，当时的社会政治思想、人才思想则是落后的。科举考试的内容以经术理学为主，又要求士人写格式固定僵化的试帖诗与八股文，科学技术等都不作为考试的主要内容，这样的科举考试，不仅难以选拔优秀人才，而且严重妨碍科学文化的进步，使中国在世界上逐渐由先进变为落后。因此，当时的有识之士大声疾呼："八股之害，等于焚书，而败坏人材，有甚于咸阳之郊所坑者四百六十人也。”①“科甲以诗词、帖括取士之法,作俑何人！其坏儒道、误人才、贼民命、降气运之罪,上通于天。”②于是科举考试被废除,实行新的考试制度,就成为历史的必然。

(原载《中州学刊》1998 年第 6 期,人大复印报刊资料《教育学》1999 年第 2 期全文转载)

① 《日知录集释》卷十六《程文》,花山文艺出版社,1991,第 741 页。
② 《颜元集》上《四书正误》卷六《孟子下》,中华书局,1987,第 239 页。

人物考论

论范蠡

范蠡,字少伯,春秋后期著名战略思想家、商人。关于其里籍,一说楚国宛(今河南南阳)人,较为笼统;一说楚国三户(今河南淅川)人,较为具体。范蠡和文种二人一起到达越国,帮助越王勾践灭吴。然后范蠡毅然离开越国,先后到达齐国和陶(今山东定陶),经营商业,三致千金。他在军事、政治和商业上都取得成功,后人对他有高度评价。本文从灭吴、经商和后人评价三个方面对范蠡其人进行论述。

范蠡和越之灭吴

在越王勾践最困难的时期,范蠡与文种通力合作,复兴越国,灭亡吴国。《汉书·艺文志》兵书权谋类有"范蠡二篇""大夫种二篇",这两书都早已失传。

越王勾践继位的第三年(前494年),勾践听说吴王夫差日夜治兵,即将伐越,想抢先一步下手。范蠡劝他不要轻易用兵。范蠡说:"夫国家之事,有持盈,有定倾,有节事。""持盈者与天,定倾者与人,节事者与地。""天道盈而不溢,盛而不骄,劳而不矜其功。夫圣人随时以行,是谓守时。天时不作,弗为人客;人事不起,弗为之始。今君王未盈而溢,未盛而骄,不劳而矜其功,天时不作而先为人客,人事不起而创为之始,此逆于天而不和于人。王若行之,将妨于国家,靡王躬身。"①范蠡是从战略思想的高度,特别是从"持盈"的道理上,结合越国的实际,阐述吴之不可伐。他所说"持盈者与天,定倾者与人,节事者与地",是其战略思想的主要内容。他所谓"守时",用现在的话说,就是要根据具体的历

---

① 《国语》卷二十一《越语下》,上海古籍出版社,1988,第641页。

史条件行事。

勾践没有听从范蠡的话而出兵攻吴。两国交战，越军大败，只剩下 5000 人，困守会稽。勾践对范蠡说：我没有听你的话，弄到这般田地，你看怎么办？范蠡说：君王难道忘记了“持盈者与天，定倾者与人，节事者与地”吗？范蠡提出“定倾”的具体办法：“卑辞尊礼，玩好女乐，尊之以名。如此不已，又身与之市。”①勾践听了范蠡的话，派文种入吴请和，遭到吴王的拒绝。于是文种受命，以美女宝器买通吴佞臣太宰嚭，太宰嚭从中说和，吴王答应了勾践的请求，罢兵而归。此后，勾践及其臣民在吴的强权之下，经历了一个时期的屈辱生活，但毕竟消除了亡国的危机，并为日后越国的复兴保存了一定的力量。

约在吴王夫差六年（前 490 年），范蠡由吴归国，君臣共论兴国大计。勾践重新提出“节事”的问题。范蠡说：“节事者与地。唯地能包万物以为一，其事不失。生万物，容畜禽兽，然后受其名而兼其利。美恶皆成，以养其生。时不至，不可强生；事不究，不可强成。自若以处，以度天下，待其来者而正之，因时之所宜而定之。同男女之功，除民之害，以避天殃。田野开辟，府仓实，民众殷。无旷其众，以为乱梯。时将有反，事将有间，必有以知天地之恒制，乃可以有天下之成利。事无间，时无反，则抚民保教以须之。”②这段话主要是说：土地是万物之本；农事做得好，可以生长万物，有名有利，美和恶都可以各尽其用；天时的掌握和农事的进行，都要适度，不可勉强；男女都要劳动，避免灾害，开辟田野，充实仓库，使民众殷富，没有游手好闲之人。必须知道天地的常数，才可收到可靠的成利。范蠡以为，农业为立国之本，这也是他复兴越国的基本国策。勾践对此很是赞许。

吴王夫差十四年（前 482 年）是勾践由会稽山归国的第 7 年。是年，吴国农业歉收，夫差仍决定起师北征以与齐晋争霸中原。吴军北上的消息传来，勾践和范蠡商议，以为吴国师出国空，是一个好时机。依照范蠡的计谋，等到吴军完全到达黄池（今河南封丘西南）之后才行动。于是下决心把 20 年积聚的兵力——善于水战的士兵 2000，训练有素的士兵 4 万，近卫军士 6000，军官千人，分成三路。由范蠡、后庸领兵取海道入淮，断绝北去的吴军归路。由畴无余、讴

---

① 《国语》卷二十一《越语下》，上海古籍出版社，1988，第 643 页。

② 《国语》卷二十二《越语下》，上海古籍出版社，1988，第 644~645 页。

阳从吴国南境直逼姑苏(今江苏苏州)。吴军大败,吴太子友等三将被俘。越军焚烧姑苏,夺取吴国的船只。吴王夫差闻讯后,率师南归,向越求和。越国自度还不能一举灭吴,也答应言和,并继续加紧灭吴的准备。①

吴王夫差十八年(前 478 年),越国已了解到吴国"大荒荐饥,市无赤米,而囷鹿空虚,其民必移就蒲蠃于东海之滨"②。军队也在北上伐齐抗晋等战役中消耗了精锐。于是,越王勾践在大会臣民决定谋划灭吴之后,向吴国进军。越军三战三捷,直至姑苏城下,占据所到之地。吴国的军事力量土崩瓦解。

越国已经处于绝对优势,吴王夫差二十一年(前 475 年),越军再次进攻姑苏,打到城下。吴国城池十分坚固,一时难以攻克。勾践长期围困姑苏,两年后,城被攻陷,越军进入吴都。夫差率众逃至姑苏台上,越军重重围困。夫差只得派王孙雒袒衣膝行至勾践面前,请求做越国附庸。勾践打算接受,范蠡当即说:"臣闻之,圣人之功,时为之庸。得时不成,天有还形。天节不远,五年复反,小凶则近,大凶则远。先人有言曰:'伐柯者其则不远。'今君王不断,其忘会稽之事乎?"③遂拒绝吴国乞降。范蠡毅然鸣鼓进兵,王孙雒流泪而去。越王勾践灭吴后,也北上会诸侯,号称霸主。

范蠡的隐退经商

范蠡事越王勾践,苦身深谋二十多年,终于灭吴。范蠡功成身退决定离开勾践。他又写信对文种说:"蜚鸟尽,良弓藏;狡兔死,走狗烹。越王为人长颈鸟喙,可与共患难,不可与共乐。子何不去?"④这就是范蠡审时度势离开越国的道理。

范蠡乘扁舟,出入三江五湖烟水之中,人们都不知他的去向。不出他的预料,他离开后越王还是封他妻子百里之地,铸他的金像置之案右,比拟他仍同越王在朝夕论政。

---

① 《左传·哀公十三年》,上海人民出版社,1977,第 1789~1790 页。
② 《国语》卷十九《吴语》,上海古籍出版社,1988,第 618 页。
③ 《国语》卷二十一《越语下》,上海古籍出版社,1988,第 656 页。
④ 《史记》卷四十一《越王勾践世家》,中华书局,1959,第 1746 页。

范蠡在东海之滨，治产业，有积蓄。然后，浮海至齐国。他仰慕伍子胥的忠直，叹其为夫差所杀，于是取名鸱夷子皮，取子胥鸱夷浮江之意。范蠡耕于海滨，苦身戮力，父子治产。居无几，致财产数十万。

范蠡中子因罪被拘囚禁在楚国，范蠡欲派少子前往救之，而长子自告奋勇前往。其长子将千金送给范蠡好友庄生，再归还，作为信任的抵押。庄生入见楚王，说今夜某星座预示灾异，王若施德，可以消除。于是楚王使人封三钱之府，以示节俭。这时其他官员也接受了范蠡长子私贿的黄金，纷纷报讯，说他弟弟已得救。因为楚王封三钱之府，照例就要大赦。范蠡长子得讯，以为事已成功，何必丢掉千金，又去见庄生，说弟弟将获赦。庄生知其意，退回黄金。长子取黄金，高兴而去。庄生却认为受骗，再见楚王告以将大赦的传言。楚王因被人察觉他未施行的意图而恼怒，立即处治罪犯，于是范蠡中子被判处死刑。结果范蠡长子奉弟丧而归。母亲和众多乡亲甚为悲哀，唯范蠡说："我固知必杀其弟也……而长者不能（弃财），固卒以杀其弟，事之理也，无足悲者。"①

范蠡以为"久受尊名，不祥"，遂辞齐相，将积蓄数十万尽散于亲友邻居。间行以去，定居于陶（今山东定陶），以为此地居天下之中，交易有无之路通，为生业可以致富，于是自称陶朱公。可见范蠡的远见，同他在政治上的去留，治产业的生财有道，都是一致的。史称范蠡"复约要父子耕畜，废居，候时转物，逐十一之利。居无何，则致赀累巨万。天下称陶朱公"。"故范蠡三徙，成名于天下，非苟去而已，所止必成名。卒老死于陶，故世传曰陶朱公。"②

古文献中著录有《陶朱公养鱼法》（《隋书·经籍志三》）、范蠡《养鱼经》（《旧唐书·经籍志下》《新唐书·艺文志三》）、《陶朱公养鱼经》（《太平御览》卷九三六）等，可知范蠡很可能曾经总结过具体的生产经验，说明其经营的产业不仅有贸易金融，也包括养殖等。

关于范蠡致富的策略，史书记载不多，只是说用计然之策。"计然之策七，越用其五而得意。既已施于国，吾欲用之于家。"所谓计然之策，主要是："知斗则修备，时用则知物，二者形则万货之情可得而观已。""旱则资舟，水则资车，物之理也。""积著之理，务完物，无息币。以物相贸，易腐败而食之货勿留，无敢居

---

① 《史记》卷四十一《越王勾践世家》，中华书局，1959，第1755页。

② 《史记》卷四十一《越王勾践世家》，中华书局，1959，第1752~1753、1755页。

贵。论其有余不足,则知贵贱。贵上极则反贱,贱下极则反贵。贵出如粪土,贱取如珠玉。财币欲其行如流水。”①这段话论述了物品的供求关系、市场物价、货物购销、货币流通等一系列重要原理,奠定了中国古代商业理论的基础,数千年来一直为人们所遵从。

范蠡注重“任时”“候时转物”“与时逐而不责于人”。其善于创造利用商机致富而“不责于人”等做法,具有启示意义。《盐铁论·贫富》说“三至千金。岂必赖之民哉?运之方寸,转之息耗,取之贵贱之间耳”,也肯定范蠡致富并非靠剥削民众,而主要得益于其经营才能。司马迁将范蠡在越地、齐地、陶地生活空间的转换,称作“三徙”“三迁”。救越灭吴,施展其军政谋略;去越辞官,显示其人生智慧;治产致富,体现其经营才华。因此,《史记·越王勾践世家》说:“范蠡三徙,成名于天下。”“范蠡三迁皆有荣名,名垂后世。”

后世对范蠡的评价

后世对范蠡的评价甚高。《后汉书·袁绍传》说“勾践非范蠡无以存国”。《史记·淮阴侯列传》亦说“范蠡存亡越,霸勾践,立功成名”,指出了其对于越国复兴图霸的重要作用。范蠡不仅谋略出众,且有军事才能。《汉书·艺文志》著录的兵学名著,于《吴孙子兵法》《齐孙子》《公孙鞅》《吴起》之后,列有“《范蠡》二篇”。《史记·白起王翦列传》裴骃《集解》引张晏的话亦谈及《范蠡兵法》。可见范蠡作为军事家,曾有兵学论著传世。

范蠡抛弃显赫名位,跳出险恶的权力争斗旋涡,人们以“超然辟世”“全功保身”来盛赞其明智之举。司马迁评论道:“夫月满则亏,物盛则衰,天地之常也。知进而不知退,久乘富贵,祸积为祟。故范蠡之去越,辞不受官位,名传后世,万岁不忘,岂可及哉!后进者慎戒之。”②范蠡之退隐,成为后来厌倦权力之争走向山野的隐逸之士的榜样。人们对范蠡的称颂也见于文学作品,所谓“悠悠千

① 《史记》卷一百二十九《货殖列传》,中华书局,1959,第3256、3257页。
② 《史记》卷一百四《四叔列传》,中华书局,1959,第2783页。

载五湖心"①,"安用区区相印为"②等称誉,体现了其人格与智慧的积极文化影响。唐人汪遵《五湖》诗写道:"已立平吴霸越功,片帆高扬五湖风。不知战国官荣者,谁似陶朱得始终。"③元人岑安卿亦云:"陶朱五湖客,相业霸于越""扁舟烟水间,千载仰遗烈"④。

范蠡和吕不韦是先秦时期兼跨政坛与商界的两位名人。柳宗元《招海贾文》有"范子去相安陶朱,吕氏行贾南面孤"一说⑤,将"范子"与"吕氏"相提并论。吕不韦以财富作政治投资,以财富影响政治走向。范蠡则是先有"平吴霸越功",然后归隐致富。

总之,范蠡是先秦时期的一位伟大的军事家、政治家、战略思想家,他一生在军事政治和商业活动中都取得了极大的成功,他的一些战略思想和商业理论表现了古人的智慧,对后世有很大的影响。在当前的商品经济社会,研究和弘扬范蠡的思想理论有很大的现实意义。

(原载《学者论范蠡》,中国商业出版社 2008 年版)

---

① 吕本中:《谒陶朱公庙》,见《东莱诗集》卷一。

② 王世贞:《鸱夷子行》,见《弇州四部稿·续稿》卷二。

③ 《全唐诗》卷六百零二,中华书局,1960,第 6961 页。

④ 《述古四章送范瑞卿回越》,见《栲栳山人诗集》卷上。

⑤ 《柳河东集》卷一八,中华书局,1960,第 330 页。

子贡的里籍与生平事迹考述

子贡，复姓端木(一作端沐)，名赐，春秋末期卫国人，孔子十位贤弟子之一，深得孔子器重。史称："子贡既已受业，问曰：'赐何人也？'孔子曰：'汝器也。'曰：'何器也？'曰：'瑚琏也。'"《集解》包氏曰："瑚琏，黍稷器。夏曰瑚，殷曰琏，周曰簠簋，宗庙之贵器。"①瑚琏是三代宗庙祭祀时乘黍稷的重器，用来比喻子贡是国家宝贵的人才。孔子曾将弟子分为四科，即德行、言语、政事、文学。在十贤弟子中，司马迁将宰我与子贡二人列入"言语"科，又评论说："子贡利口巧辞，孔子常黜其辩。"②子贡善于言辞，是一位著名外交活动家，也是一位儒商。

子贡的生平事迹见载《史记·仲尼弟子列传》。虽然在孔门弟子中，子贡传篇幅最长，但在有些方面仍语焉不详。本文利用文献、碑刻及考古文物资料，对其里籍封地和生平事迹加以考述，以就教于方家。

子贡的里籍与追封地望

关于子贡的里籍，史书只说他是卫国人："端沐赐，卫人，字子贡。少孔子三十一岁。"③辞书《辞海》亦作是说。卫国是周代的一个封国，西周时国土广大、地位重要，都城在朝歌(今河南淇县)。春秋时期国势日渐衰落，且都城屡次迁徙，先后有漕(今河南滑县西南)、楚丘(今河南滑县东)、帝丘(今河南濮阳)等地，战国后期又迁于野王(今河南沁阳)。子贡故里究竟在卫国何地，秦汉以前

---

① 《史记》卷六十七《仲尼弟子列传》，中华书局，1959，第2196页。
② 《史记》卷六十七《仲尼弟子列传》，中华书局，1959，第2195页。
③ 《史记》卷六十七《仲尼弟子列传》，中华书局，1959，第2195页。

文献语焉不详。因为濮阳曾经是春秋后期卫国的都城，于是有人说子贡是濮阳人。“子贡姓端木名赐，卫国（今河南濮阳）人，比孔子小三十一岁，生于公元前520年。”虽可备一说，但未必确当。

自20世纪30年代以来，在河南浚县发现过卫国墓葬，出土有不少青铜器、玉器。在浚县辛村发现的青铜鬲，上有铭文曰“卫夫人　姜作其行鬲用”。其年代可能是卫惠公或懿公之时。证明今河南浚县春秋时期属于卫地。浚县古称黎或黎阳，其他有子贡墓祠，唐、宋皇帝也曾追封子贡为黎侯、黎公、黎阳公。这些，可为人们探寻子贡里籍提供一些重要信息。

一、子贡被唐、宋皇帝追赠为黎侯、黎公、黎阳公

据唐代史书记载，开元八年（720年），唐玄宗敕改孔门弟子颜回等十哲为坐像，悉预从祀。开元二十七年（739年），始追封子贡为黎侯。八月甲申，“制追尊孔宣父为文宣王，颜回为兖国公，余十哲皆为侯，夹坐”①。制曰：“自今已后，两京国子监，夫子皆南面而坐，十哲等东西列侍。天下诸州亦准此。且门人三千，见称十哲，包夫众美，实越等夷。畅玄圣之风规，发人伦之耳目，并宜褒赠，以宠贤明……仲子路可赠卫侯，宰子我可赠齐侯，端木子贡可赠黎侯，言子游可赠吴侯，卜子夏可赠魏侯。”②

杜佑亦言：“开元八年，敕改颜生等十哲为坐像，悉应从祀。”“二十七年八月，制‘自今以后，夫子南面而坐，内出王者衮冕之服以衣之。十哲等东西列侍……端木子贡赠黎侯，冉子有赠徐侯，仲子路赠卫侯，言子游赠吴侯，卜子夏赠魏侯’。”③

及至宋代，又追赠子贡为黎公、黎阳公。宋真宗大中祥符二年（1009年），加封十哲为公，子贡为黎国公。史称：大中祥符“二年五月乙卯诏，追封十哲为公，七十二弟子为侯，先儒或伯或赠官”。宋徽宗政和三年（1113年），“诏……以兖国公颜回、邹国公孟轲、舒王王安石配享殿上……黎阳公端木赐并西向……河内公仲由……河东公卜商……并东向；东庑，颍川侯颛孙师以下至成都伯杨雄四十九人并西向”。南宋度宗咸淳三年（1267年），诏封“颛孙师陈国公，

① 《旧唐书》卷九《玄宗本纪下》，中华书局，1975，第211页。
② 《旧唐书》卷二十四《礼仪志四》，中华书局，1975，第920~921页。
③ 《通典》卷五十三《礼十三》，中华书局，1988，第1481、1482页。

升十哲位；复以邵雍、司马光列从祀。其序：……黎公端木赐、卫公仲由、魏公卜商，居殿上东面，西向北上……陈公颛孙师，居殿上西面，东向北上，为从祀”①。

从上述资料可见，孟轲是邹人，被追封为邹国公；颛孙师（子张）是陈人，被追封为陈公；子贡被唐代皇帝追封（赠）为黎侯，被宋代皇帝追赠为黎公、黎阳公，说明他与黎、黎阳有特殊关系。

考河南浚县地理沿革，古为九黎之地，战国时赵国有黎邑，在今浚县东。西汉在此设立黎阳县，属魏郡，西晋末废。东晋永和年间置黎阳郡，治所在黎阳县（今浚县东），太元年间废。北魏孝昌年间复置黎阳县，为黎阳郡治。北周置黎州，属汲郡。唐属卫州。五代晋天福五年（940 年）改属滑州。北宋为浚州治。元初省入浚州。

子贡被追赠为黎侯、黎公、黎阳公，说明他与浚县有密切的关系，浚县可能是子贡里籍所在。

二、浚县有子贡墓祠

子贡墓祠位于今河南浚县城东南东张庄西北约 200 米处。它始建于唐代，一千多年来屡经毁弃和修葺。“唐开元年间，子贡三十八代孙端木纳官中书舍人，紫微郎。子贡被封为黎侯后，为之修祠封墓。”②元末，东张庄村民饱尝谒祭之扰，乃群起捶碑而匿他处。地方官员失察，误祭他墓。明万历二十年（1592 年），知县宁时镆知墓地有讹，乃于东张庄原址重建墓祠，并刻《改正先贤子贡墓祠记》。清代子贡墓又多次修葺扩建。新中国成立前，有柏数百株，正殿五间，石马、石羊、文武翁仲排列甬道两旁，雕工精致，形象生动。正殿后子贡墓高 3 米有余。1958 年开凿大公河，穿越墓地，伐柏树，掘墓冢，毁石刻。劫后之余，今仅存《改正先贤子贡墓祠记》碑刻，尚为较为珍贵的资料。

碑文曰：

> 黎公子贡墓，按《志》在县之伾山东三里许，即今之张家庄是也。此庄之中当时有杜姓虑官府谒祭之扰，夜焚其碑而匿之，怯意子贡石像移于伾山之麓。麓下旧有丘巍然者，相传为夷冢，而后世不辨，乃以此冢为黎公而岁时祭焉，最可恨也。万历庚寅秋八月，余承乏是邑，首询其事而叹，锐意

① 《宋史》卷一百五《礼志八》，中华书局，1977，第 2548、2551、2554 页。

② 《中国历史文化名城 · 浚县》第三篇《历史名人》，中州古籍出版社，2006。

欲正之，而会值其诎，未可举嬴。壬辰岁，遂夙驾诣所谓古丘者，披蒙茸，绝□□，进父老而问曰："端木古冢而有记知者乎?"时一老人孟博者，年逾八十，曳杖移前而对曰："闻之前辈，子贡墓在于此。但今碑毁像移，一望川原，鞠为茂草，将何从而搜之？且闻前代发之者，见其规模宏阔，墙四周皆砖，而色正赤，其中随葬之物，业已盗去，不知果可验否。"余曰："嘻，有是。"遂命众旁行四索，数月不见。方彷徨之际，有人至役所，峨冠缟衣，形状甚异，谓役者曰："若寻黎公瘞耶？地诚在是，会当见之。"指顾间倏忽不见，众大讙骇，以为神，踊跃赴工，俄顷，灵圹见焉。役者走报，余谐僚佐师生往观之，果如父老言。郁乎靓深，规制异常，下廉隅之端杰，上离披而纵横，第发掘之，余无留藏，深为可痛。爰有败瓿，款识奇古碎于锹。□周圹砖，色正赤，若涂朱然。观者惊诧曰："真圹哉！神固预告之矣。"盖周制尚赤，此与之符，而子张之丧亦楮幕丹质焉，余亦信其然也。或问前启之丘，曰："是犹先圣虚墓云尔已。"而寻像者舁以至，谓："得之荒榛积壤中，砻洗久之可识。"始识传者不我诬也。即下像于圹，置碣封表，举祭告焉……得此确据，盖见今之墓为真，而邑乘之载，古老之传，神告之语，该有征矣！因上其事于郡，请建祠而正之。郡转诸两台，俱可。檄下，士民大悦，于是鸠工庀徒，董之以官。抡人为植，筑崇墉，树佳木。墓前为殿三楹，翼以东西室，楹视殿数，溜庖为室，各一楹，视数限以重门，立之棹楔，坤巽二隅各建小室，以居守者。栋宇丽整，像设俨备，不啬不侈，无□彝宪。工始于壬辰年十月，越岁而工竣。余既率属行告成之礼于神，因叙述改作之由如右。

碑文记载子贡墓祠元末被毁、明万历年间重修的情况。据上述碑文可知，在明万历年间以前的地方志已有子贡墓祠的记载。清嘉庆《浚县志》以子贡为浚县人，为之立《端木子世家》。① 虽然此志较为晚出，但也是佐证之一。

总之，从唐宋封赠、墓祠与方志记载可知，人们以为子贡故里在浚县，并非空穴来风，而是有理由的。

---

① 《中国方志丛书》第493号《河南省浚县志三》，成文出版社有限公司据清武穆淳修、熊象阶纂清嘉庆六年本影印。

子贡的生平事迹

下面,我们就子贡的生平事迹加以考述。

前揭文献记载,子贡"少孔子三十一岁"。孔子诞生于鲁襄公二十二年(前551年),子贡当出生于鲁昭公二十二年(前520年)。

子贡师事孔子,当在鲁定公五年(前505年)以后。是岁鲁国"陪臣执国政""自大夫以下皆僭离于正道""故孔子不仕,退而修诗书礼乐,弟子弥众,至自远方,莫不受业焉"①。当年孔子47岁,子贡16岁。子贡作为孔门弟子见于记载是在鲁定公十五年(前495年)。是岁,"孔子适郑,与弟子相失,孔子独立郭东门。郑人或谓子贡曰:'东门有人,其颡似尧,其项类皋陶,其肩类子产,然自要以下不及禹三寸,累累若丧家之狗。'子贡以实告孔子"②。子贡投身孔门当在是年以前,很可能是鲁定公十四年(前496年)孔子离开鲁国,开始周游列国初到卫国时,是岁孔子56岁,子贡25岁。

鲁哀公十六年(前479年)四月己丑,孔子卒。卒前七天,孔子病,子贡请见。孔子因叹,歌曰:"太山坏乎!梁柱摧乎!哲人萎乎!"因以涕下。谓子贡曰:"天下无道久矣,莫能宗予。夏人殡于东阶,周人于西阶,殷人两柱间。昨暮予梦坐奠两柱之间,予始殷人也。"后七日卒。"孔子葬鲁城北泗上,弟子皆服三年。""唯子赣庐于冢上,凡六年,然后去。"③此"子赣"即子贡。子贡不仅在孔子弥留之际一直守候在其身边,而且在孔子死后结庐于其墓冢旁边,独自服丧六年,可谓尊师重道的典范。

子贡为孔子服丧六年,至周元王三年(473年),已进入战国时期,是年子贡48岁。此后,子贡"常相鲁、卫,家累千金,卒终于齐"④。孔子死后,子贡在鲁、卫两国担任高官并经商,最后终老于齐国,卒年不详。

关于子贡的事迹,有三点特别值得重视,分别是外交活动、经商与对儒学的

---

① 《史记》卷四十七《孔子世家》,中华书局,1959,第1914页。

② 《史记》卷四十七《孔子世家》,中华书局,1959,第1921页。

③ 《史记》卷四十七《孔子世家》中华书局,1959,第1944~1945页。

④ 《史记》卷六十七《仲尼弟子列传》,中华书局,1959,第220页。

阐扬。下分别述之。

一、子贡的外交活动

子贡以“巧口利辞”“能言善辩”著称，是一位杰出的外交活动家，一生多游说诸侯。

鲁哀公六年（前489年），孔子与其弟子在陈（今河南淮阳）绝粮，孔子派子贡至楚，请求楚人救援。“子贡至楚。楚昭王兴师迎孔子，然后得免。”①这是子贡的第一次外交活动。

鲁哀公七年（前488年），“吴与鲁会缯，征百牢。太宰嚭召季康子。康子使子贡往，然后得已”②。“吴王夫差强，伐齐，至缯，征百牢于鲁。季康子使子贡说吴王及太宰嚭，以礼诎之。吴王曰：‘我文身，不足责礼。’乃止。”③吴国兴师北上，欲争霸中原，向鲁国征百牢，鲁哀公被迫到鄫地（今山东枣庄一带）会见吴人，鲁季康子派子贡前往辞谢，子贡委婉地说了一通季康子的道理，使吴人哑口无言。

鲁哀公十一年（前484年），吴军伐齐得胜，吴王赐给鲁国叔孙氏甲、剑等物品，叔孙氏不知如何辞谢，令子贡出面应酬，这一外交活动圆满结束。

鲁哀公十二年（前483年），吴人会见鲁、卫诸国国君，扣留卫侯，子贡说服吴太宰嚭，将卫侯释放。

此外，还有一次重要的外交活动，司马迁《史记》做了详细记述。齐简公四年（前481年），权臣“田常欲作乱于齐，惮高、国、鲍、晏，故移其兵欲以伐鲁。孔子闻之，谓门弟子曰：‘夫鲁，坟墓所处，父母之国，国危如此，二三子何为莫出？’子路请出，孔子止之。子张、子石请行，孔子弗许。子贡请行，孔子许之”④。孔子认为，只有子贡才有解救鲁国危难的外交才能。子贡受命之后，首先到齐国，说服田常为自己的利益放弃伐鲁而伐吴。又到吴国，说服吴王救鲁伐齐。但是吴王担心出兵伐齐时越国在背后攻吴，于是子贡又到越国，说服越王出兵随吴伐齐。吴王遂发九郡兵伐齐。之后，子贡又到晋国，说明吴国战胜齐国后，必然加兵于晋，让晋国做好战争准备，“修兵休卒以待之”。后来，吴国出兵伐齐，大

① 《史记》卷四十七《孔子世家》，中华书局，1959，第1932页。
② 《史记》卷四十七《孔子世家》，中华书局，1959，第1933页。
③ 《史记》卷三十三《鲁周公世家》，中华书局，1959，第1544页。
④ 《史记》卷六十七《仲尼弟子列传》，中华书局，1959，第2197页。

败齐军，然后与晋军争强，战于黄池（今河南封丘西南），吴军大败。越王趁吴军在北方大败，从背后伐吴，终于灭掉吴国，又北上争霸。因此司马迁说："故子贡一出，存鲁，乱齐，破吴，强晋而霸越。子贡一使，使势相破，十年之中，五国各有变。"①

鲁哀公十五年（前480年），齐、鲁两国媾和，经子贡斡旋，齐国归还以前侵占鲁国的土地。史称："十五年，使子服景伯、子贡为介，适齐，齐归我侵地。"②为解齐国伐鲁的危难，在孔子的许可之下，子贡分别游说了齐、吴、越、晋，挑起吴与齐、晋，越与吴之间的战争，从而使鲁国得免于难。

总之，子贡是春秋后期少有的外交活动家。子贡的外交活动，扩大了孔子在各诸侯国的影响。司马迁说："子贡结驷连骑，束帛之币以聘享诸侯，所至，国君无不分庭与之抗礼。夫使孔子名布扬于天下者，子贡先后之也。此所谓得势而益彰者乎？"③同时，子贡在诸侯之间游说，纵横捭阖，充分施展了自己的外交才能，开创了战国时代纵横家政治活动的先河。

子贡是春秋战国之际少有的外交活动家。楚"昭王将以书社地七百里封孔子。楚令尹子西曰：'王之使使诸侯有如子贡者乎？'曰：'无有。'"④不仅楚国没有，在其他国家也不多见。

二、子贡的商业活动与经商理念

《韩诗外传》说："子贡，卫之贾人也。"直接将子贡作为一个商人看待。司马迁说："子赣既学于仲尼，退而仕于卫，废著鬻财于曹、鲁之间，七十子之徒，赐最为饶益。"⑤"赐不受命而货殖焉，亿则屡中。""子贡好废举，与时转货赀""家累千金"。《集解》"废举谓停贮也。与时谓逐时也。夫物贱则买而停贮，值贵即逐时转易，货卖取资利也"。《索隐》按：《家语》"货"作"化"。王肃云："废举谓买贱卖贵也，转化谓随时转货以殖其资也。"刘氏云："废谓物贵而卖之，举谓物贱而收买之，转货谓转贵收贱也。"⑥由此可见子贡的经商理念。

---

① 《史记》卷六十七《仲尼弟子列传》，中华书局，1959，第2201页。
② 《史记》卷三十三《鲁周公世家》，中华书局，1959，第1545页。
③ 《史记》卷一百二十九《货殖列传》，中华书局，1959，第3258页。
④ 《史记》卷四十七《孔子世家》，中华书局1959，第1932页。
⑤ 《史记》卷一百二十九《货殖列传》，中华书局，1959，第3258页。
⑥ 《史记》卷六十七《仲尼弟子列传》，中华书局1959，第2201页。

子贡所在的卫国手工业和商业发达。卫国地处黄河下游平原,交通发达,也是四战之地。不仅适宜商业发展,也是出纵横家的地方。葵丘濮上人计然(辛文子)就是一位著名的经济理论家,据说是范蠡的老师。子贡善经商且有相当高超的外交才能,卫国为它提供了良好的环境条件。

三、子贡对孔子儒学的阐扬

《论语》最重要的思想许多都是孔子在和子贡的对话中阐释出来的。比如:"己所不欲,勿施于人"(《颜渊》);"己欲立而立人,己欲达而达人"(《雍也》);"仁者不忧,智者不惑,勇者不惧"(《宪问》);"博施于民而能济众"(《雍也》);"贫而乐,富而好礼"(《学而》);"足食,足兵,民信足矣"(《颜渊》);"工欲善其事,必先利其器"(《卫灵公》);"性与天道,不可得而闻"(《公冶长》)等。

孔子对子贡寄予厚望,子贡对孔子也十分敬重。他认为自己好像只有比肩之墙的宅院,而孔子却是墙有数仞之高的宫殿,自己的思想境界让人一览无余,孔子则深不可测。他进一步说:"夫子之不可及也,犹天之不可阶而升也。"(《子张》)

总之,浚县有子贡墓祠,又是唐宋皇帝追赠子贡公侯之地,可能是子贡的里籍所在。子贡作为孔门贤哲弟子,长期追随孔子。他善于言辞,是一位著名的外交活动家,也是一个儒商,为弘扬儒学做出了很大贡献。他是春秋战国时期的一位重要历史人物,值得人们纪念。

(原载《子贡与中华儒商》,中州古籍出版社 2011 年版)

张良里籍考辨

张良字子房，秦汉之际著名谋士。他曾辅佐汉高祖刘邦，“运筹策帷帐之中，决胜于千里之外”①，为西汉王朝的建立做出了极其重要的贡献，因功被封为留侯，是中国古代一位著名的历史人物。

关于张良的生平事迹，史家异议不多。但是张良是何地人，由于原始记载语焉不详，学人尚有不同认识。例如：司马迁写道：“留侯张良者，其先韩人也。”《索引》：“良既历代相韩，故知其先韩人。顾氏按：《后汉书》云：‘张良出于城父’，城父县属颍川也。”《正义》：“《括地志》云‘城父在汝州郏县城东三十里，韩地也。’”②如此说可信，张良应是汉代颍川郡城父县（笔者按：应为父城县，说下详）、唐代汝州郏县城东（今河南郏县一带）人。但是有辞书云：“张良（？—前186年）汉初大臣。字子房。传为城父（今安徽亳县东南）人。”③此说使用“传为”二字，表示尚不很确定。而有通史著作则明确说：“张良，字子房，城父（今安徽亳州东南）人，其先是韩国公族，曾为相韩的五世君主。”④

总之，关于张良的里籍，一说在今河南郏县一带，一说在今安徽亳州东南。二者孰是孰非，不可不分辨明白。本文拟就此问题予以考证辨析。

---

① 《史记》卷一《高祖本纪》，中华书局，1959，第381页。

② 《史记》卷五十五《留侯世家》，中华书局，1959，第2033页。“张良出于城父”，传世《后汉书》不见。然袁宏：《后汉纪》卷十八《孝顺皇帝纪上》云“留侯张良，奇谋辅世，玄算入微，济生民之命，恢帝王之略，功成而不居，爵厚而不受，出於辅成”。“辅成”即父城。

③ 《辞海》（缩印本），上海辞书出版社，1980，第1084页。

④ 白寿彝主编：《中国通史》（第四卷），上海人民出版社，1995，第55页。

关于两个“城父”的纠葛

《史记·索引》引《后汉书》言，“张良出于城父”，已如上述。但是披阅辞书，中国古代至少有两个“城父”。有辞书云①：

城父

①又名夷邑。春秋陈地。即今安徽亳州市东南七十里城父集。后入楚，曾为许国都。《左传》：昭公九年（前533年）二月。“楚公子弃疾迁许于夷，实城父。”即此。汉置城父县。

②春秋楚邑。在今河南宝丰县东。《左传》：昭公十九年（前523年）费无极言于楚子曰：“若大城城父，而寘大子焉，以通北方，王收南方，是得天下也。”王从之。“故大子建居于城父。”即此。

城父县

①西汉置，属沛郡。治所在今安徽亳州市东南城父集。东汉属汝南郡。三国魏属谯郡。南朝宋废并入浚仪县。隋开皇十八年（598年）复改浚仪县为城父县，大业初为谯郡。唐天祐二年（905年）改为焦夷县。后唐同光初复为城父县，属亳州。元废入谯县，寻复置。明初废。

②东晋侨置，属南谯郡。治所在今安徽巢湖市附近地。后废。

既然中国古代的城父邑和城父县都有两个，那么张良出于哪一个城父，不可不分辨明白。为了解决这一问题，我们首先分别考察这两个“城父”的沿革：

一、位于今安徽亳州之城父

位于今安徽亳州的“城父”又名“夷”邑，春秋前期属于陈国。鲁僖公二十三年（前637年）“秋，楚成得臣帅师伐陈，讨其贰于宋也。遂取焦、夷，城顿而还”。杜预注曰：“焦，今谯县也。夷，一名城父，今谯郡城父县。二地皆陈邑。”②可见原属陈国的城父邑是岁为楚国夺取，其地即西晋时的谯郡城父县。

此城父邑始见于《左传》：鲁昭公八年（前534年），陈国发生内乱，楚公子弃

① 史为乐主编：《中国历史地名大辞典》下册，中国社会科学出版社，2005，第1752页。

② 《春秋左传集解》僖公二十三年，上海人民出版社，1977，第330页。

疾率师灭陈。次年“二月庚申,楚公子弃疾迁许于夷,实城父,取州来淮北之田以益之。吴举授许男田,然丹迁城父人于陈,以夷濮西田以益之”①。是岁楚国将许国从叶邑(今河南叶县南)迁到城父,复改城父为“夷”,又将城父原来的居民迁出,安置在附近地方,以夷田在濮水西者与城父人。总之,“城父”邑的见于史册是由于许国迁徙这一历史事件。但是四年之后,楚国发生内乱,楚灵王自杀,公子弃疾继承王位,是为楚平王。他为了收买人心,恢复陈国宗庙社稷,又将许国迁回叶邑,其间可能将城父又归还陈国。直至楚惠王十一年(前478年)七月,楚公孙朝率军灭陈,城父又归于楚。

查历史地图,在春秋时期的楚吴越地,沙水(濮水)北有焦(亳县),其东南有夷(城父),其南有乾溪。战国时期的楚越地亦有城父,在焦(亳县)东南。②历史地图与上述文献记载相符。亳县即今安徽亳州。战国时期此城父邑一直属于楚国。

秦汉实行郡县制,在此城父邑设置城父县。秦时的山东南部诸郡,有城父县隶属于泗水郡,在其东南又有下城父。③ 西汉城父县属于沛郡。④ 东汉属汝南郡。司马彪称:汝南郡“城父:故属沛,春秋时曰夷。有章华台”⑤。三国魏时,豫州设有谯郡,郡治谯县(亳县),辖县中有城父县,在谯县东南。⑥ 西晋因之。⑦ 南朝宋曾在此置浚仪县,隋朝又恢复原名,属谯郡。史称:谯郡城父,“宋置,曰浚仪,开皇十八年改焉”⑧。唐改谯郡为亳州,城父仍为其辖县。李吉甫曰:亳州,“春秋时为陈国之焦邑,六国时属楚,在秦为砀郡地”。“城父县,春秋时陈国之夷邑,亦名城父。汉改为城父县,属沛郡,后汉属汝南郡。晋属谯郡。《宋志》阙,而有浚仪县。隋开皇十八年,以重名,复改为城父,属亳州。”⑨

综上所述,位于今安徽亳州之城父邑,又名夷邑,原属陈国,春秋时楚灭陈,

---

① 《春秋左传集解·昭公九年》,上海人民出版社,1977,第1319页。
② 《中国历史地图集》(第一册),中华地图学社,1975,第25~26、41~42页。
③ 《中国历史地图集》(第二册),中华地图学社,1975,第9~10页,
④ 《汉书》卷二十八上《地理志上》,中华书局,1962,第1572页。
⑤ 《后汉书》志第二十《郡国志二》,中华书局,1965,第3424页。
⑥ 《中国历史地图集》(第三册),中华地图学社,1975,第18~19页,
⑦ 《晋书》卷十四《地理志上》,中华书局,1974,第422页。
⑧ 《隋书》卷二十九《地理志中》,中华书局,1973,第836页。
⑨ 《元和郡县图志》卷《河南道三》,中华书局,1973,第184、186页。

属于楚国，一直延续至战国。秦汉以迄隋唐，除了战乱严重的东晋十六国南北朝时期以外，一直在此地设有城父县。

二、位于今河南宝丰东的城父邑

位于今河南宝丰东之城父亦始见于鲁昭公十九年（前 523 年）。是年夏，“楚子为舟师以伐濮。费无极言于楚子曰：‘晋之伯也，迩于诸夏，而楚辟陋，故弗能与争。若大城城父而寘大子焉，以通北方，王收南方，是得天下也。’王悦，从之。故大子建居于城父”①。可见，是年楚人曾在此城父邑筑城，令太子建在此驻守，作为其与晋国争霸中原的重要据点。楚平王之所以使太子出居北部边城城父邑，是因为他听信费无极的谗言。此前，费无极劝楚平王为太子建聘秦女为妻室，因为秦女貌美，又劝平王自娶之。是岁又以镇守北方为名，令太子建离京居边。然后又诬蔑太子建谋反，于是楚平王派城父司马奋扬杀太子，太子建遂逃奔宋国，在城父居住不足一年。

此城父邑春秋初属于郑国，后属楚国，也曾属晋国，战国时期则属于韩国。查历史地图春秋时期的楚吴越地，在汝水上游水北有郏（郏县），南有鱼陵（鱼齿山），湛水出其南。城父在鱼陵东，其南又有湛阪。而战国时期的韩魏地，汝水南仍有城父邑，位于楚方城之外，即其地也。②

但是自秦汉以降，“城父”这一地名在此地没有延续下来，却出现了一个“父城县”。个中缘由，容下文解析。

综上所述，安徽亳州东南之城父，战国时期属于楚国；而河南宝丰东之城父，战国时期属于韩国。

司马迁称：“留侯张良者，其先韩人也。大父开地，相韩昭侯、宣惠王、韩襄王。父平，相釐王、悼惠王。”③张良自称，他“家世相韩，及韩灭，不爱万金之资，为韩报仇强秦，天下震动”④。既然张良的先世属于韩国人，其父祖曾辅佐五世韩王，直至韩国被秦灭亡，那么张良家族就不可能在韩国辖境之外长期居住。也就是说，张良所出之“城父”邑，只能在战国时期的韩国、秦汉时期的颍川郡境内，而不可能是在战国时期的楚国，秦汉时期泗水郡、沛郡和汝南郡境内。因此

---

① 《春秋左传集解》昭公十九年，上海人民出版社，1977，第 1440~1441 页。
② 《中国历史地图集》（第一册），中华地图学社，1975，第 25~26、33~34 页。
③ 《史记》卷五十五《留侯世家》，中华书局，1959，第 2033 页。
④ 《汉书》卷四十《张陈王周传》，中华书局，1962，第 2037 页。

我们认为,张良故里只能是今河南宝丰东的“城父”,而不可能是今安徽亳州东南的“城父”。

从“城父邑”到“父城县”的演变

位于今安徽亳州东南的城父邑,在秦汉时期变成了城父县,保留了“城父”这一地名,已如上述。而位于今河南宝丰东的城父邑,秦朝以降却不再见于史册。

秦朝的山东南部诸郡,在汝颍水上游地区设有颍川郡,治所在阳翟(今河南禹州),辖郏县、襄城等11县,其中没有城父县。① 西汉时属于豫州刺史部的颍川郡,增至20个县邑,其中有“父城”县。② 其地理位置在郏县南,其西南有应乡。③ 东汉因循而未改。司马彪云:颍川郡十七城,其中“父城有应乡”。④ 三国魏亦因之,在豫州颍川郡设父城县,在郏县南偏东。⑤ 西晋分颍川郡新置襄城郡,父城(侯相)属之。⑥

北魏太和年间,在此地置顺阳郡,领县二:龙阳、龙山。⑦ 后来属司州襄城郡。龙山县的地理位置,就在汉魏时的父城县。⑧

史书记载,隋代复设襄城郡,“统县八”,其中有“郏城”。注云:“旧曰龙山。东魏置顺阳郡及南阳郡、南阳县。开皇初改龙山曰汝南,三年二郡并废。十八年改汝南曰辅城,南阳曰期城。大业初改辅城曰郏城,废期城入焉。有关官,有大留山。”⑨可见,隋代的郏城县即北魏时的龙山县。史载唐代汝州临汝郡辖县七,其中有郏城县。又新置龙兴县。注云:“本滍阳,武德四年置,贞观元年

---

① 《中国历史地图集》第二册,中华地图学社,1975,第9~10页。
② 《汉书》卷二十八上《地理志上》,中华书局,1962,第1572页。
③ 《中国历史地图集》第二册,第36~37页。
④ 《后汉书》志第二十《郡国志二》,中华书局,1965,第3422页。
⑤ 《中国历史地图集》第三册,中华地图学社,1975,第18~19页。
⑥ 《晋书》卷十四《地理志上》,中华书局,1974,第421页。
⑦ 《魏书》卷一百六中《地形志中》,中华书局,1974,第2544页。
⑧ 《中国历史地图集》第四册,中华地图学社,1975,第40~41页。
⑨ 《隋书》卷三十《地理志中》,中华书局,1973,第837页。

省。”[①]“证圣元年,分郏城、鲁山置武兴县。神龙元年,改为中兴县。其年,又改为龙兴。”[②]

综上所述,从西汉至西晋,今河南宝丰东有“父城县(侯国)”。北魏在此设龙山县,隋改为汝南,再改为辅城,最后改为郏城,延续至唐代。

关于“父城县”和“城父邑”的关系,西晋人杜预言:“城父,今襄城城父县。”[③]查《晋书·地理志》,西晋襄城郡有“父城(侯相)”,而无“城父”县。因为二者本为一地,故杜预出现笔误。唐人李吉甫说:“父城故城,在县东南四十里。故殷时应国也,《左传》‘楚大城城父,使太子建居之。’”[④]由此可见,西汉至西晋时期的父城县(侯国)就是在战国时韩国城父邑的原址上设置的。

先秦时期的城父邑,秦汉以后变成了父城县。“城父”这一地名为什么要改为“父城”?这是因为,这两个城父邑在春秋时期分别属于楚国和陈国,战国时期又分别属于韩国和楚国,因而不存在一个国家内两个邑同名、容易混淆的问题。但是秦汉时期国家实现了统一,在一国之内就不能再设置两个城父县。于是秦朝只在泗水郡设城父县,而没有在颍川郡设同名的县级政权。西汉在颍川郡境内的原城父邑设县,为了避免和泗水郡的城父县名称重复,遂改称父城县。这应该是“父城”县名的由来。

关于父城县的地望,有辞书言:“父城县:西汉置,属颍川郡。治所在今河南宝丰县东三十六里古城村。西晋属襄城郡。东晋废。”[⑤]

总之,春秋战国时期的城父邑,两汉魏晋时期的父城县(侯相),旧址在今河南宝丰县东的古城村。其遗址遗迹至今尚存。

城父故城(李庄乡翟集村南·春秋、战国·县文物保护单位)“分内外二城,外城周长6公里,现存夯土城垣高1米多,底宽12米,群众称为‘城陵’。内城俗称‘紫禁城’,为长方形,面积约7.7万余平方米。城址内马庄、古城二村,多次出土铜壶、铜鉴等青铜器”[⑥]。地方志则称该遗址为“父城遗址”:“城址在今

---

① 《新唐书》卷三十八《地理志二》注,中华书局,1975,第1431页。
② 《旧唐书》卷三十八《地理志一》注,中华书局,1975,第1431页。
③ 《春秋左传集解·昭公十九年》,上海人民出版社,1977,第1441页。
④ 《元和郡县图志》卷六《河南道二》,中华书局,1973,第168页。
⑤ 史为乐主编:《中国历史地名大辞典》上册,中国社会科学出版社,2005,第448页。
⑥ 国家文物局主编:《中国文物地图集·河南分册》,中国地图出版社,1991,第81页。

县城东18公里古城村。城址分内外二城，外城呈长方形，城垣痕迹隐约可见……内城位于外城西北隅，俗称‘紫禁城’，为长方形土台，面积7.7万余平方米。城墙高3米，城址内古城、马庄二村先后出土有春秋及战国时期之大型青铜壶、铜鉴等。”①二者所言为同一遗址，但遗址名称和文字略有出入。该遗址的文化内涵既以春秋战国时期的遗迹和器物为主，应称“城父遗址”为是。此地发现有内外两重夯土城墙，与文献记载楚国“大城城父”相印证。又因为楚国太子曾居此，故群众俗称其为“紫禁城”。

综上所述，汉魏时期的父城县就是在春秋时期属于楚国、战国时期属于韩国的城父邑的原址上设置的。其地理位置在今河南宝丰县东18公里的李庄乡古城村，管辖宝丰、郏县一些地方。

总括全文，先秦时期有两个城父邑：一个城父邑位于今河南宝丰李庄乡古城村，春秋战国时期先属于楚国后属于韩国，汉魏时期改为“父城县”；另一个城父邑位于今安徽亳州东南城父集，春秋战国时期先属于陈国后属于楚国，秦汉以降仍沿称“城父县”。论者对此失察，遂将战国时期不属于韩国的城父邑（即秦汉时期的城父县，今安徽亳州东南城父集），误认为是出身于韩国贵族的西汉著名谋士留侯张良的故里。这属于一种讹传，不足为据。而战国时期属于韩国的城父邑，汉魏时期属于颍川郡的父城县，唐代的汝州郏城县，当今的河南宝封县与郏县交界处的李庄乡古城村一带，才真正是张良的故里。当然，史书所谓“张良出于城父”的城父邑可能是张良父祖的封邑，张良父祖曾辅佐五世韩王，他们长期在韩国都城新郑（今属河南）生活也是不言而喻的。

（原载《史学月刊》2010年第3期）

① 宝丰县史志编纂委员会修撰：《宝丰县志》第八章《文物古迹》，方志出版社，1996，第690页。

论冯异

冯异字公孙，两汉之际颍川郡父城县(今河南宝丰县东古城村)人。他早年随光武帝刘秀征伐，始为主簿，后历任偏将军、征西大将军，攻城略地，多有克捷，又多献良谋，决胜千里，功勋卓著，为东汉王朝的建立做出了巨大贡献，成为“云台二十八将”之一。本文先对其里籍略加探析，然后就其为人与功勋略加叙述和评论。

冯异的里籍

史称：“冯异字公孙，颍川父城人也。”唐人李贤注云：“父城，县名，故城在今许州叶县东北。汝州郏城县亦有父城。”①李贤等人说有两个“父城”，但他们更倾向于冯异的里籍是许州叶县东北的“父城”。然披览《旧唐书·地理志》，许州所辖九县为长社、长葛、许昌、鄢陵、扶沟、临颍、襄城、阳翟、叶县；《新唐书·地理志》亦言：许州颍川郡领县八：长社、长葛、阳翟、许昌、鄢陵、扶沟、临颍、郾城；《元和郡县图志》又说许州管县七：长社、长葛、许昌、鄢陵、临颍、舞阳、扶沟。上述三种唐代地志关于许州辖县的记载虽有所不同，但是均无“父城县”。因而李贤注可能有误，汉代的父城县在唐代应属汝州。

父城县始设于西汉，属于颍川郡，其地理位置在郏县南，其西南有应乡。②

① 《后汉书》卷十七《冯异传》，中华书局，1965，第639页。下引文不注出处者，均出于此传。

② 《中国历史地图集》第二册，中华地图学社，1975，第36~37页，《西汉·豫州、兖州、徐州、青州刺史部》。

东汉因之。[①] 三国魏亦因之。[②] 西晋在此设父城(侯相),隶属于襄城郡。[③] 北魏太和年间,在此地置顺阳郡,领县二:龙阳、龙山。[④] 龙山县的地理位置,就在原父城县。[⑤] 隋代设有襄城郡,统县八,其中有郏城。其注云:“旧曰龙山。东魏置顺阳郡及南阳郡、南阳县。开皇初改龙山曰汝南,三年二郡并废。十八年改汝南曰辅城,南阳曰期城。大业初改辅城曰郏城,废期城入焉。有关官,有大留山。”[⑥]唐因隋旧置郏城县,又在其附近新置龙兴县,“本湍阳,武德四年置,贞观元年省”[⑦],属汝州临汝郡。

宝丰县东的父城遗址至今尚存。“城址在今县城东 18 公里古城村。城址分内外二城,外城呈长方形,城垣痕迹隐约可见。……内城位于外城西北隅,俗称‘紫禁城’,为长方形土台,面积 7.7 万余平方米。城墙高 3 米,城址内古城、马庄二村先后出土有春秋及战国时期之大型青铜壶、铜鉴等。”[⑧]此处发掘所见主要是春秋战国时期城父邑的遗存,但是汉代的父城县就是在城父邑的原址上设置的。

综上所述,从西汉至西晋,今河南宝丰东有“父城县”。北魏在此设龙山县,隋改为汝南,再改为辅城,最后改为郏城,延续至唐代。辞书言:“父城县:西汉置,属颍川郡。治所在今河南宝丰县东三十六里古城村。西晋属襄城郡,东晋废。”[⑨]而且史载:光武初起兵时,冯“异以郡掾监五县,与父城长苗萌共城守,为王莽拒汉”,其“老母”也“在城中”。因此,我们认为,这个父城县应该是冯异的家乡。

---

① 《后汉书》志第二十《郡国志二》,中华书局,1965,第 3422 页。

② 《中国历史地图集》第三册,中华地图学社,1975,第 18~19 页,《三国魏·兖州、豫州、扬州》。

③ 《晋书》卷十四《地理志上》,中华书局,1974,第 421 页。

④ 《魏书》卷一百六中《地形志中》,中华书局,1974,第 2544 页。

⑤ 《中国历史地图集》第四册,中华地图学社,1975,第 40~41 页,《北朝魏·司、豫诸州》。

⑥ 《隋书》卷三十《地理志中》,中华书局,1973,第 837 页。

⑦ 《新唐书》卷三十八《地理志二》注,中华书局,1975,第 984 页。

⑧ 《宝丰县志》第八章《文物古迹》,方志出版社,1996,,第 690 页。

⑨ 史为乐主编:《中国历史地名大辞典》(上),中国社会科学出版社,2005,第 448 页。

冯异的为人

览冯异生平事迹,可以见其为人。史称他“好读书,通《左氏春秋》《孙子兵法》”,可谓一名儒将。他对上忠诚恭谨,对同僚谦让不争,又明察时势,懂得兵法,足智多谋。

一、对上忠谨

冯异归附光武帝刘秀后,被署为主簿。刘秀自兄伯升败死之后,不敢显其悲戚之情,每独居,辄不御酒肉,枕席有涕泣处。冯异是一位有心人,知刘秀内心悲痛,“独叩头宽譬哀情”。后刘秀经营河北,长途跋涉至饶阳无蒌亭(今河北饶阳东北)。时天寒烈,众皆饥疲。冯异供上豆粥。次日,光武谓诸将曰:“昨得公孙豆粥,饥寒俱解。”及至南宫(今河北南宫西北),遇大风雨,光武引车入道旁空舍,冯异抱薪,邓禹燃火,光武对灶燎衣,冯异复进麦饭菟肩。可见,他对主上的体贴可谓无微不至。

冯异既平北地(今甘肃庆阳及宁夏北部一带),上书言状,不敢自伐,诸将或欲分其功。光武帝患之,乃下玺书曰:“征西功若丘山,犹自以为不足。孟子反奔而殿,亦何异哉?今遣太中大夫赐征西吏士死伤者医药、棺敛,大司马已下亲吊死问疾,以崇谦让。”

冯异久在外,心不自安,上书请求还朝,光武帝不许。后来有人上章言冯异专制关中,斩长安令,威权至重,百姓归心,号为“咸阳王”。光武使人以章示异。冯异惶惧,上书表明心迹:“臣本诸生,遭遇受命之会,充备行伍,过蒙恩私,位大将,爵通侯,受任方面,以立微功,皆自国家谋虑,愚臣无所能及……当兵革始起,扰攘之时,豪杰竞逐,迷惑千数。臣以遭遇,托身圣明,在倾危溷淆之中,尚不敢过差,而况天下平定,上尊下卑,而臣爵位过蒙,巍巍不测乎……伏念明主知臣愚性,固敢因缘自陈。”诏报曰:“将军之与国家,义为君臣,恩犹父子。何嫌何疑,而有惧意?”因为冯异平生忠诚恭谨,方不为光武帝怀疑,得以保全身家,建立功业。

二、对同僚谦让不争

冯异作为将领,不时“敕吏士,非交战受敌,常行诸营之后,相逢引车避之,由是无争道变斗者”。他“为人谦退不伐……每所止舍,诸将并坐论功,异常独屏树下,军中号曰‘大树将军’”。于是“军士皆言愿属大树将军,光武以此多之”。他的谦退不自伐,不仅得到军中吏士拥戴,也得到光武帝的称许。

三、明察时势,足智多谋

冯异通史书,晓兵法,能明察时势,足智多谋。在关键时机,常为光武帝出谋划策。可谓“运筹帷幄之中,决胜千里之外”。

刘秀渡河北,冯异因间进说:“天下同苦王氏,思汉久矣。更始诸将纵横暴虐,所至虏掠,百姓失望。今专命方面,施行恩德。夫有桀、纣之乱,乃见汤、武之功。民人饥渴,易为充饱。宜急分遣官属,巡行郡县,理怨结,布惠泽。”①此言被光武采纳。官属所至,“辄平遣囚徒,除王莽苛政,复汉官名。吏人喜悦,争持牛酒迎劳”②。刘秀因此得到河北吏民拥戴,河北地区成为他争夺天下的根据地。

及冯异与寇恂合势,击败朱鲔,洛阳成为一座孤城。冯异移檄上状,诸将皆入贺,马武等并劝光武即帝位。光武犹豫未决,乃召冯异诣鄗(今河北柏乡北),问四方动静。冯异说:“三王反叛,更始败亡,天下无主,宗庙之忧,在于大王。宜从众议,上为社稷,下为百姓。”光武曰:“我昨夜梦乘赤龙上天,觉悟,心中动悸。”冯异因下席再拜贺曰:“此天命发于精神。心中动悸,大王重慎之性也。”冯异遂与诸将定议上尊号,又有人献符瑞,于是光武遂在鄗称帝。

建武六年(30年)春,冯异朝京师,光武帝数引宴见,定图蜀之议。四月,光武帝遂遣虎牙大将军盖延等七将军从陇道伐公孙述。

总之,冯异诸生出身,好读书,受儒家伦理道德影响较深,通达事理;对上忠诚恭谨,对同僚谦让不争;明察时势,足智多谋,堪为一位儒将。

冯异的功勋

冯异追随光武帝刘秀以后,不仅多献良谋,而且专任一方,屡建奇功,先后

① 吴树平:《东观汉记校注》卷九《冯异传》,中州古籍出版社,1987,第312页。

② 《后汉书》卷一上《光武帝纪上》,中华书局,1965,第10页。

破朱鲔,败赤眉,定关中,拓陇东,为东汉王朝的建立和巩固做出了重大贡献。

一、破朱鲔

时更始帝刘玄使舞阴王李轶、大司马朱鲔等领兵号三十万,与河南太守武勃共守洛阳。光武帝以冯异为孟津将军,统魏郡、河内二郡兵,与河内太守寇恂合势,以拒朱鲔等。冯异遗李轶书信,分析天下形势,劝他归顺刘秀。李轶心不自安,答冯异书曰:"轶本与萧王首谋造汉,结死生之约,同荣枯之计。今轶守洛阳,将军镇孟津,俱据机杼,千载一会,思成断金。唯深达萧王,愿进愚策,以佐国安人。"李轶自通书之后,不再与冯异争锋。冯异既无后顾之忧,于是北攻天井关,拔上党(今山西长治)两城,又南下河南成皋(今荥阳汜水)以东十三县,及诸屯聚,皆平之,降者十余万。武勃领万余人攻诸叛者,冯异引军渡河,与武勃战于士乡(今河南洛阳东)下,大破,斩武勃,获首五千余级。李轶又闭门不救。光武帝故意宣露李轶书信,令朱鲔知之。朱鲔大怒,遂使人刺杀李轶。由是洛阳城中人心乖离,多有降者。朱鲔乃遣讨难将军苏茂带数万人攻温(今河南温县),自领数万人攻平阴(今河南孟津东北)以缀冯异。冯异遣校尉护军将兵,与寇恂合击苏茂,破之。冯异遂渡河击朱鲔,追至洛阳,引军环城一匝而还。

冯异战败朱鲔,消除了更始政权对刘秀势力的巨大威胁,为刘秀称帝奠定了基础。

二、败赤眉

时赤眉、延岑暴乱三辅,郡县大姓各拥兵众,大司徒邓禹不能平定,光武帝乃遣冯异代禹讨之。冯异受命引军而西,所至皆布威信。弘农(郡名,治所在今河南灵宝北)群盗称将军者十余辈,皆率众投降冯异。冯异与赤眉军遇于华阴(今属陕西),相拒六十余日,战数十合,降其将刘始、王宣等五千余人。时邓禹率车骑将军邓弘等引军归,邀冯异共攻赤眉。冯异主张先以恩信倾诱,再以计破之。邓禹不从,遂与赤眉军战,大败。冯"异弃马步走上回溪阪(今河南陕县雁翎关南),与麾下数人归营。复坚壁,收其散卒,招集诸营保数万人,与贼约期会战。使壮士变服与赤眉同,伏于道侧。旦日,赤眉使万人攻异前部,异裁出兵以救之。贼见势弱,遂悉众攻异,异乃纵兵大战。日昃,贼气衰,伏兵卒起,衣服相乱,赤眉不复识别,众遂惊溃。追击,大破于崤底(今河南洛宁西北),降男女八万人。余众尚十余万,东走宜阳降"。冯异在崤底大破赤眉军,迫使赤眉军降汉,使东汉政权逐渐巩固。

三、定关中

时赤眉虽降,关中寇乱犹盛。延岑等各称将军,拥兵多者数万,少者数千,互相攻击。冯异且战且行,屯军长安(今陕西西安)上林苑中。延岑引军来攻,冯异击破之,斩首千余级,诸营保守附岑者皆归降冯异。延岑转攻析(今河南西峡),冯异遣复汉将军邓晔、辅汉将军于匡邀击延岑,大破之,降其将苏臣等八千余人,延岑遂自武关逃奔南阳。冯异兵食渐盛,乃稍诛击豪杰不从令者,褒赏降附有功劳者,悉遣其渠帅诣京师洛阳,散其徒众使归本还农,于是威行关中。次年,蜀公孙述遣将程焉将数万人就吕鲔出屯陈仓(今陕西宝鸡),冯异与赵匡迎击,大破之,程焉退走汉川。冯异追战于箕谷(今陕西汉中北),复破之,还击破吕鲔,营堡降者甚众。其后蜀复遣将间出,冯异辄摧挫之。关中为汉朝要地,邓禹不能平定,而冯异终定之,充分显示出他的军事政治才干。

四、拓陇东,御隗嚣

建武六年(30年)夏,诏冯异进军栒邑(今陕西旬邑东北)。未至,隗嚣亦遣行迅取栒邑。冯异决定抢先据城,以逸待劳。乃潜行前往,关闭城门,偃旗息鼓。行迅不知,驰赴之。冯异出其不意,击鼓建旗而出。行巡军惊乱奔走,冯异追击数十里,大破之。于是北地诸豪长耿定等悉叛隗嚣降汉。青山(今内蒙古大青山)胡数万人亦降。冯异又进击卢芳将贾览、匈奴薁鞬日逐王,破之。上郡(郡治今陕西榆林东南)、安定(郡治今宁夏固原)二郡皆降。光武帝复令冯异行天水(郡治今甘肃天水)太守事,攻公孙述部将赵匡等且一年,皆斩之。次年,冯异与诸将攻落门(今甘肃武山县冬洛门镇),发病,死于军中。

光武帝曾给予冯异许多殊荣。建武二年(25年),"征贼还过阳翟,诏异上冢,别下颍川太守、都尉及三百里内长吏皆会,使中大夫致牛酒,宗族会郡县给费"①。同年,"遣冯异西击赤眉于关中,车驾送至河南,赐以乘舆七尺玉具剑"②。

关于冯异的巨大功勋,光武帝刘秀有很高评价。华峤《后汉书》曰:冯"异身为征西大将军。时三辅大乱,异讨之,与赤眉贼会,大破于崤底,追击之。又大

---

① 吴树平:《东观汉记校注》卷九《冯异传》,中州古籍出版社,1987,第313页。
② 吴树平:《东观汉记校注》卷九《冯异传》,中州古籍出版社,1987,第313页。

破行巡(隗嚣将),上书言状,不敢自伐。诸将或欲分其功,诏云:‘征西功,若丘山也。’”①冯异为东汉王朝的建立做出了卓越贡献,光武帝称他“功若丘山”。冯异官至征西大将军,爵封阳夏侯,名列“云台二十八将”,明帝时又画其像于洛阳南宫云台,以为褒奖。古人曾将“云台二十八将”喻为天上的“二十八宿”。

总之,冯异是东汉的开国元勋之一,是一位足智多谋的儒将。他自称“诸生”,好史书,通兵法;为人忠谨谦退,善于处理人际关系;在战争中能以谋略取胜,功勋卓著;最终献身疆场,鞠躬尽瘁,不愧为东汉初年的一位著名军事家、谋略家。他建立的巨大功绩永远彪炳于史册,其恭谨谦退、鞠躬尽瘁的品格和超常逸群的谋略才干也在人们心目中熠熠生辉。

(原载《河洛文化与姓氏文化》,河南人民出版社 2009 年版)

---

① 汪文台辑、周天游校:《七家后汉书》,河北人民出版社,1987,第 319 页。

论蔡邕的是非功过

蔡邕字伯喈，东汉后期陈留郡圉县（今河南杞县南圉镇）人，仕汉官至左中郎将，故人称蔡中郎。他学识渊博，著作繁富，有文集传世，在史学、经学、文学以及音乐、书法方面都有很深的造诣，被当时人称为“旷世逸才”，是东汉一代同班固比肩、与张衡齐名的人物。但因晚年受董卓厚遇，有感激之情，而为王允所不容，死于非命。自宋明理学兴，蔡邕便成为贬谪的对象。人们斥他对汉室不忠，有好事者又虚构了他不孝而为暴雷震死的故事。南宋时这个故事就成为说唱文学和戏文题材，在民间广泛流传。陆游《以小舟游近村舍舟步归》诗云：“斜阳古柳赵家庄，负鼓盲翁正作场。身后是非谁管得？满村听说蔡中郎。”宋元南戏中有剧目曰“赵贞女、蔡二郎”，其注曰：“即旧伯喈弃亲背妇，为暴雷震死。”①元人高明（字则诚）将此剧改编为《琵琶记》，蔡邕在剧中又成了全忠全孝的角色。蔡邕这个在封建社会中为人们聚讼不已的历史人物，由于他续修汉史的大志未酬，著作又多湮没不存，未引起现代史家的重视。新中国成立前仅有几篇专论文字，新中国成立后则罕有论及。澄清历史人物的是非功过，给予恰如其分的评论，是我们义不容辞的责任。本人不揣浅陋，从生平事迹、思想倾向和学术贡献诸方面，对蔡邕其人略加评论，不当之处，望批评指正。

并非“无行文人”

明代人言：“中郎乃文人之无行者。”②蔡邕究竟是否无行文人，不可不首先

① 明徐渭著，李复波、熊澄宇注释：《南词叙录注释》，中国戏剧出版社，1989，第 141 页。
② 《蔡中郎集》徐本序跋，清耆英堂藏版。

辩论明白。试看其平生行为之荦荦大端者：

一、潜心学术，不务仕宦

蔡邕身逢汉之季世，社会政治异常黑暗。他视仕宦为危途，安贫乐贱，欲“骋驰乎典籍之崇途，休息乎仁义之渊薮，槃旋乎周、孔之庭宇，揖儒、墨而与为友”①，完成汉史的撰述就是他一生最大的愿望。他初被朝廷征召，被迫而行，至偃师而称病东归；辞州郡辟命，让于同郡申屠蟠；为董卓辟命，又以病辞。后董卓以身死族灭相威胁，才勉强就职。他只有为同郡名士桥玄所辟时，因钦佩其为人，愿为知己者用，而欣然应命。这些行为同当时庸俗士人“卑俯于外戚之门，乞助于近贵之誉”②，孜孜汲汲以求官的举动是迥然不同的。

二、反对宦官的黑暗统治

蔡邕认为汉末政治的黑暗，根源在于宦官专权，因而对宦官集团嫉之如仇。其《述行赋》序曰：“时梁冀新诛，而徐璜、左悺等五侯擅贵其处，又起显明苑于城西，人徒冻饿、不得其命者甚众。白马令李云以直谏死，鸿胪陈君以救云抵罪。璜以余能鼓琴，白朝廷敕陈留太守遣余，病不前，得归，心愤其事。”字里行间表现了他对宦官专权恣睢、大兴土木、草菅人命和迫害正直官僚的义愤，反映了他不愿同宦官集团同流合污，更不愿为宦官寻欢作乐效劳的态度。当灵帝密诏特问时政时，蔡邕直言“妇人干政、小人在位”之弊，要求改变宦官和外戚专权的局面。宦官程璜因此指使人写匿名书信诬告他，他被放逐于朔方。被赦免返回时，宦官王甫之弟、五原太守王智慕名为他饯行。他素轻蔑宦官子弟，不为答礼，离席拂袖而去。由此可见他是不愿向宦官集团妥协的。蔡邕虽然没有作为党人被禁锢，但他和陈蕃、李膺等名士在反对宦官这一点上是相同的，他对党人的受迫害是同情的。

三、感激董卓，忠于汉室

明代人言：蔡邕“舍汉而倚卓，为之腹心，非纯臣也”③。此说是不符合事实的。下面我们来分析他对董卓和汉室的态度。

蔡邕备受宦官集团的迫害，对宦官是深恶痛绝的。董卓拥兵入洛阳，配合

---

① 《后汉书》卷六十下《蔡邕传》引《释诲》，中华书局，1965，第1987页。

② 《后汉书》卷六十下《蔡邕传》引《释诲》，中华书局，1965，第1986页。

③ 《蔡中郎集》徐本序跋清耆英堂藏版。

袁绍兄弟,彻底摧毁了宦官集团,结束了宦官专权的政治局面。这既符合蔡邕的政治愿望,也终结了他为时十二年之久的流离藏窜生活。不仅如此,蔡邕还被董卓辟命,举高第,三个月之间,充历三台,封为列侯,荣显一时。因此,蔡邕对董卓的厚遇是怀有感激之情的。

董卓初入洛阳,为收买人心,他奉迎少帝还宫,为受迫害的党人平反,擢用党人子孙,重用了一大批名士,从而给人们以有功于国和行善政的印象。他的废少帝、立献帝的举动表现了独揽朝权的野心,导致袁绍、曹操等人的出走,但他却因此而成为拥立汉献帝的功臣。无论是留在京城的朝臣,还是出走的袁绍和曹操,都承认了这个既成事实,对汉献帝称臣。这样他们就不可能再对董卓的废立表示异议。蔡邕曾和群臣上表称颂董卓的功劳"上解国家播越之危,下救兆民涂炭之祸,然后黜废顽凶,爰立圣哲"①,并认为他可以担任相国。可见,蔡邕当时是将董卓作为汉朝功臣看待,并寄予其匡扶汉室的希望的。

蔡邕受董卓辟命,属于董卓的故吏。东汉一代故吏同举主的关系是相当密切的。"为掾吏者,往往周旋于死生患难之间。"有"尽力于所事以著其忠义者方",有"感知遇之恩而制服从厚者②。"故吏不但在举主在世时要为之效劳,举主死后还要为之送葬行丧。背离举主,得恩不报,不仅为当时的道德所不容,也会被士人唾弃。因此,蔡邕在董卓被诛后,流露出伤感的神情是丝毫不足为怪的。

但是蔡邕被董卓辟命,是被逼迫而勉强就职的,他当初对董卓的印象并不好。及董卓顺从人望施行一些善政,蔡邕希望他匡扶汉室,时常加以规劝。但是董卓刚愎自用,蔡邕对他又完全失望,于是图谋离开长安,逃回山东。只是从弟蔡谷说他相貌异常,出行时观者盈集,难以自匿,而没有成行。可见蔡邕并非死心塌地追随董卓。

《后汉书·董卓传》称,董卓秉政后,"幽滞之士,多所显拔",而"卓所亲爱,并不处显职,但将校而已"。可见,董卓当时实行的是名士处朝廷显职、心腹亲信掌握军队的政策。蔡邕正是被拔擢而处朝廷显职的名士。而且当时

① 《荐太尉董卓可相国的并自气闲冗章》,见严可均辑:《全后汉文》卷七十一,商务印书馆,1999,第727页。

② 《廿二十二札记》卷五《后汉书》,丛书集成初编本,第3544册,第89页。

被董卓拔擢的有一批人,并非蔡邕独受青睐。如"荀爽有盛名,董卓秉政,征之,初拜平原相,途次又拜光禄勋,视事三日,策拜司空"①。可见,蔡邕并非董卓的心腹。

王允见蔡邕在董卓被诛后流露出伤感的神情,就给蔡邕强加上与董卓共为逆乱的罪名,却没有说出蔡邕的任何犯罪事实。马日磾当时对王允说:蔡邕"忠孝素著,而所坐无名,诛之无乃失人望乎?"但是王允不听。后来蔡邕死在狱中,王允"悔,欲止而不及"②。其实王允本人与董卓的关系也曾相当密切。汉献帝迁都长安后,董卓尚留在洛阳,"朝政大小,悉委之于允。允矫情屈意,每相承附,卓亦推心,不生乖疑"③。据此推测,王允杀蔡邕,或有别的原因。王允担心留下蔡邕,"使吾党蒙其讪议",当为其原因之一。总之,说蔡邕与董卓共为逆乱,是缺乏事实根据的。

综上所述,蔡邕虽然对董卓的厚遇有感激之情,对董卓曾寄予匡扶汉室的希望,时常规劝,但他与董卓的关系不过是故吏同举主的关系。他不是董卓的心腹,也并非死心塌地地追随董卓,更谈不上与董卓共为逆乱。

蔡邕同董卓的关系已如上述,下面分析蔡邕对汉室的态度。

蔡邕受忠君思想的影响极深。他曾表示,如能"尽节王室,托名忠臣,死有余荣"④。他虽然因汉末政治黑暗而不愿入仕,但既为汉臣,就以扶危厦于未倾的精神,竭尽心智,拾遗补阙。当灵帝密诏特问时,他"惟识忠尽,出命忘躯,不顾后患,遂讥切公卿,内及宠近"⑤,为灵帝建康宁之计。结果举家被放逐朔方。但他对灵帝仍无二心,上表言"臣邕被受陛下尤异大恩……旬日之中,登蹑上列。父子一门兼受恩宠"⑥,并请求续成汉史,以报效国家。蔡邕对献帝时自己的被厚遇,虽然感激董卓,但最终归于献帝的恩德。他上表言:"陛下天地之大德,听纳大臣,扶饰文学,遂用臣邕,充备机密。三月之中,充历三台,光荣昭

---

① 《廿二十二札记》卷五《后汉书》,丛书集成初编本,第3544册,第92页。
② 《后汉书》卷六十下《蔡邕传》,中华书局,1965,第2006页。
③ 《后汉书》卷六十六《王允传》,中华书局,1965,第2174~2175页。
④ 蔡邕:《被收时表》,严可均辑:《全后汉文》卷七十二,商务印书馆,1999,第734页。
⑤ 蔡邕:《被收时表》,严可均辑:《全后汉文》卷七十二,商务印书馆,1999,第734页。
⑥ 蔡邕:《戍边上章》,严可均辑:《全后汉文》卷七十,商务印书馆,1999,第720页。

显。”[1]他对汉献帝也是感恩戴德的。他在身死前夕还请求黥首刖足续成汉史，以昭明国体。若没有对汉室的一片忠心，是断然做不到的。

正因为蔡邕有浓厚的忠君思想，所以他可以容许董卓位极人臣，而不同意他觊觎帝位和有僭越行为。如初平元年（190 年），董卓宾客部曲欲尊董卓比太公，称尚父，蔡邕言："今明公威德，诚为巍巍，然比之尚父，愚意以为未可。宜须关东平静，车驾还反旧京，然后议之。"[2]又如董卓出行，曾乘皇子所乘的金华盖车。蔡邕借地震规劝道："地动者，阴盛侵阳，臣下逾制之所致也。前春郊天，公奉引车驾，乘金华青盖，爪画两轓，远近以为非宜。"[3]在蔡邕看来，董卓虽然位极人臣，但毕竟是汉朝臣子，不应该有僭越行为，更不能觊觎帝位。董卓临死也没有像王莽那样取汉帝而代之，正是由于外有袁绍、曹操等人的讨伐，内有蔡邕等朝臣的反对。董卓既然没有称帝，蔡邕是不能称为二臣的。

总括蔡邕一生的主要事迹，我认为，蔡邕敢于同残害人民的宦官集团做斗争，立志以学术著作报效国家。他晚年和董卓的关系虽然比较密切，但也不超过故吏同举主的关系。他对汉室是忠诚的。其平生行为对封建道德而言并没有什么亏缺，就在今天看来，也是无可厚非的。

思想倾向进步

从王允怕蔡邕写"谤书"看来，蔡邕应该同司马迁一样，不是守旧的人物。下面我们就从哲学、伦理道德和政治思想等方面分析他的思想倾向。

东汉一代哲学领域被谶纬迷信等官方神学统治着，而张衡、王充等人的朴素唯物主义思想也灿若晨星。蔡邕对含有唯心主义思想的《尚书·洪范》持否定态度，其《月令问答》曰："《洪范》传五事之畜，近似卜筮之术，故予略之，不以为章句。"与此相反，蔡邕对王充反对谶纬迷信等神学体系的著作《论衡》，却爱不释手。《袁山松书》曰："充所作《论衡》，中土未有传者，蔡邕入吴始得之，恒

① 蔡邕：《荐太尉董卓可相国并自乞闲冗章》，严可均辑：《全后汉文》卷七十一，商务印书馆，1999，第 727 页。

② 《后汉书》卷六十下《蔡邕传》，中华书局，1965，第 2005 页。

③ 《后汉书》卷六十下《蔡邕传》，中华书局，1965，第 2005 页。

秘玩以为谈助。”①刘知幾亦曰:“适使时无识宝,世缺知音,若《论衡》之未遇伯喈,《太玄》之不逢平子,逝将烟烬火灭,泥沉雨绝,安有殁而不朽,扬名后世者乎?”②可见,蔡邕视《论衡》一书为珍宝,不但秘玩不已,而且作为谈资。《论衡》因蔡邕的珍爱而得广泛流传,王充因此而名扬后世,蔡邕是王充的知音。从蔡邕对《洪范》和《论衡》的两种不同态度,可以看出他具有明显的朴素唯物主义倾向。

蔡邕认为鬼神仙道是荒诞无稽的,其《表志》主张《郊祀志》应除去“鬼神仙道之语”。其《历数议》云:“三光(日、月、星)之行,迅速进退,不必若一术家以算追而求之,取合于当时而已。”“以为阴阳不和,奸臣盗贼,皆元之咎,诚非其理。”就是说,对自然规律的认识,不能以个别人的计算结果为根据,而应以客观实际为标准。历法和自然的灾变、社会的治乱没有直接关系。这些都属于朴素的唯物主义思想。

蔡邕还有些朴素的辩证法思想。其《释诲》曰:“寒暑相推,阴阳代兴。运极则化,理乱相承。”“利端始萌,害亦渐芽。”他认为自然界和社会的两个矛盾方面都是既互相联系,又互相转化的。

但是蔡邕并没有完全摆脱谶纬神学的影响,他基本上接受了董仲舒的天人感应学说,将自然灾变和朝廷政治联系起来,将灾异说成是上天对皇帝的警告。他没有也不可能完全跳出唯心主义思想的窠臼。

在伦理道德方面,蔡邕是十分重视忠孝的。他颂扬别人的孝行,对孝道自己也身体力行。“邕性笃孝,母尝滞病三年,邕自非寒暑节变,未尝解襟带,不寝寐者七旬。母卒,庐于冢侧,动静以礼。”③他认为“百行莫羡乎忠”“忠也者,人德之至也”。他认为“忠”有三方面的含意:“孔子曰‘进思尽忠’,又曰‘臣事君以忠’,奉上之忠也。曰‘为人谋而不忠乎?’又曰‘忠焉能勿诲乎?’谋诲之忠也。《春秋左氏传》曰‘小大之狱必以情’,‘情,忠之属也’。又曰‘上思利人曰忠’,抚下之忠也。三者,人之则,而忠行乎其中。”④在君主专制强化的东汉时代,蔡邕在强调臣民对君主尽忠的同时,还强调君主官僚对下属庶民之忠,要求

---

① 《后汉书》卷四十九《王充传》注引,中华书局,1965,第1629页。

② 刘知幾著、浦起龙释:《史通通释》卷七《鉴识》,上海古籍出版社,1978,第206页。

③ 《后汉书》卷六十下《蔡邕传》,中华书局,1965,第1980页。

④ 蔡邕:《朱公叔谥议》,严可均辑:《全后汉文》卷七十二,商务印书馆,1999,第736页。

上思利下,这是应该肯定的。

在政治思想方面,蔡邕反对宦官的黑暗政治和统治者的奢侈,深切同情人民的苦难。其《幽冀二州刺史久缺疏》云:“顷年以来,连年馑荒,谷价一斛至六七百……百姓元元,流离沟壑。”其《难夏育上言鲜卑仍犯诸郡》云“天无丰岁,官见殚财,民人流移于四方,不能还其骸骨”,要求朝廷“且忧万人饥饿”。基于对人民苦难的同情,蔡邕强调“农桑之业,为国之经”,要求统治者重视农业生产,“申戒群僚,务在宽平”①,实行宽缓平允的政治。他还认为“忠臣贤士,国家之元龟,社稷之贞固也”②,主张由忠臣贤士来治理国家。

从蔡邕的哲学、伦理道德和政治思想来看,他虽然没有能够摆脱传统的封建思想的影响,但其思想有不少值得肯定之处,其思想倾向是进步的。

学术贡献卓越

蔡邕是个多才多艺的人,在史学、经学、文学以及音乐、书法方面都有很深的造诣。他对史学用力最勤,其贡献却被人忽略或抹杀了,故首先着重论之。

蔡邕在史学方面的主要著作是汉史《十意》和四十二篇列传。蔡邕续修汉史,有得天独厚的条件:其一,他的叔父蔡质学问博洽,著有《汉官仪》,其师胡广通汉代典故,著有《汉制度》,又为《汉官篇》作过注。蔡质与胡广的材料和研究成果都无保留地交给了他。其二,蔡邕本人学富才赡,多识汉事,通达史体,善于撰文。其三,他修史得到皇帝批准,属于官修,既有人协助,又可利用皇帝起居注记和百官行状等朝廷档案。蔡邕年方弱冠就立下了著述汉史的大志,搜集材料和深思熟虑达二十年之久,已经纲目略备。若能假以天年,汉史的著述是可以成功的。可惜他遭遇横祸,死于非命,只完成了《十意》和四十二篇列传。

范晔言:蔡邕“撰集汉事,未见录以继后史。适作《灵记》及十意,又补诸列

---

① 蔡邕:《行考城县》,严可均辑:《全后汉文》卷七十四,商务印书馆,1999,第747页。

② 蔡邕:《荐皇甫规表》,严可均辑:《全后汉文》卷七十,商务印书馆,1999,第728页。

传四十二篇,因李榷之乱,湮没多不存”①。今人因而也说蔡邕的“历史著作都失传了,只剩下几篇直言时政得失的上书”②。这种说法既与事实不完全符合,也抹杀了蔡邕的史学贡献。下面我们就从蔡邕史学著作的重要性和流传情况来说明他的史学贡献。

1.《表志》。

在蔡邕之前,《东观汉记》仅有一篇《地理志》。蔡邕上表灵帝,言《汉书》十志,均应续撰,并且自己计划,删定一篇,接续四篇,新著五篇。他被放逐后,担心著述半途而废,遂上表灵帝,将“经典群书所宜捃摭,本奏诏书所当依据,分别首目,并书章左”③,这就是司马彪《续汉书》八志注中所引的《表志》。它是汉史诸志的十分详细的提纲,对材料的取舍排列都提出了非常具体的意见,以它为依据就可以写成志书。梁人刘昭既然引用《表志》为《续汉书》八志作注,说明《表志》在南北朝时犹存。这对魏晋南北朝史家修撰后汉诸志,无疑有极重要的参考价值。

2.《十意》。

蔡邕的《十意》就是《十志》,因讳汉桓帝刘志之名而改称。关于《十意》的篇目,蔡邕自称:“有《律历意》、《礼意》、《乐意》、《郊祀意》、《天文意》、《车服意》、《朝会意》、《五行意》(下阙)。”严可均按曰:“其余二意为《地理》《艺文》也。”④在蔡邕之前,伏无忌、黄景为《东观汉记》写了《地理志》,蔡邕上表言“臣欲删定者一”,当指此《地理志》。他可能将此《地理志》删定而成《地理意》。因此,蔡邕有《地理意》是大体可信的。《汉书》有《艺文志》,蔡邕的另一意是否《艺文意》,已不可考。

蔡邕《十意》是为《东观汉记》而作。虽然董卓之乱后东汉已名存实亡,但是又过了20多年曹魏才正式代汉。作为汉史必须包含这20多年的内容才算完整,而蔡邕身殁于董卓之乱中,因此蔡邕的汉史必须经后人的补充。生于汉末、殁于晋初的谯周曾对《东观汉记》作过文字加工(据《晋书·司马彪传》),他也对蔡邕诸意作过一些补充和更动(说详下)。因此我们认为《东观汉记》当经

① 《后汉书》卷六十下《蔡邕传》,中华书局,1965,第2007页。
② 陆侃如、冯沅君:《中国文学史简编》第三篇,作家出版社,1957,第73页。
③ 蔡邕:《戍边上章》,严可均辑:《全后汉文》卷七十,商务印书馆,1999,第721页。
④ 蔡邕:《戍边上章》,严可均辑:《全后汉文》卷七十,商务印书馆,1999,第721页。

谯周的整理而最后成书,蔡邕《十意》经谯周补充更动后而纳入《东观汉记》。

《东观汉记》已亡佚,今存辑本。为说明蔡邕《十意》与《东观汉记》诸志的关系,现将二者篇目列表于下:

《十意》	地理	律历	礼	乐	郊祀	车服	朝会	天文	五行	艺文
《东观汉记》诸志	地理	律历	礼	乐	郊祀	车服	朝会	天文		

可见,《东观汉记》存八志,比蔡邕《十意》少两篇,而篇目完全相同,这是谯周将蔡邕《十意》补充更动而纳入《东观汉记》的一个证据。《东观汉记》同《史记》《汉书》合称"三史",从晋初到唐开元年间的数百年中为文人学士之必读书,流传广泛。《东观汉记》是后汉史书的源头,两晋南北朝时期有十几位史家著后汉一代史书,都以《东观汉记》为依据。可见蔡邕《十意》并非在汉末李榷之乱中湮没不存,他经谯周补充更动而纳入《东观汉记》,为两晋南北朝史家修后汉志书提供了依据。

蔡邕《十意》与《东观汉记》诸志的关系已如上述,下面我们探讨《十意》同两晋南北朝时期修著的后汉史中志书的关系,特别是《十意》同因与范晔《后汉书》合刻而流传至今的司马彪《续汉书》八志的关系。

《续汉书·律历志》论曰:"光和元年,议郎蔡邕、郎中刘洪补续《律历志》。今考论其业,义指博闻,术数略举。是以集录为上下篇,放续前志,以备一家。"可见《续汉书·律历志》乃是蔡邕、刘洪所撰《律历意》的原文。

《续汉书·祭祀志》注引谢沈书(即谢沈《后汉书》)曰:"蔡邕引中兴以来所修者为祭祀意,此志即蔡邕之意也。"谢沈《后汉书》比司马彪《续汉书》晚出。可见司马彪《续汉书》和谢沈《后汉书》的《祭祀志》都是蔡邕《郊祀意》的原文。

《续汉书·天文志》注引谢沈书曰:"蔡邕撰建武以后星验著明,谯周接继其下者。"可见蔡邕《天文意》经谯周补上献帝时的天文记录,载入司马彪《续汉书》及谢沈《后汉书》。

《续汉书·礼仪志》注引谢沈书曰:"太傅胡广博综旧仪,立汉制度,蔡邕依以为志,谯周后改定以为《礼仪志》。"可见,蔡邕的《朝会意》《礼意》被谯周改定,名曰《礼仪志》,并为司马彪《续汉书》和谢沈《后汉书》所采用。

梁人刘昭曰:"至乎永平,执简东观,纪传虽显,书志未闻……自蔡邕大弘鸣条,实多绍宣……于是应(劭)、谯(周)缵其业,董巴袭其轨。司马(彪)续(汉)

书,总为八志:《律历》之篇,仍乎(刘)洪、(蔡)邕所构,《车服》之本,即依董(巴)、蔡(邕)所立;《(礼)仪》《(祭)祀》得乎往制;《百官》就乎故簿,并籍据前修,以济一家者也。”①

总之,司马彪《续汉书》八志中的五篇,谢沈《后汉书》诸志中的三篇,都采用蔡邕诸意(有的经补充改定过)。两晋南北朝的多种后汉志书,大体上都本于蔡邕一家之说,没有什么搜求创见。

蔡邕《十意》曾被《初学记》、李善《文选》注和《太平御览》所征引,可见它在唐宋时尚有存者。纪传体史书以志的学术价值最高,志书非博闻卓识则不能撰述。《十意》是蔡邕对史学界的主要贡献。

由《十意》的流传情况推测,蔡邕的四十二篇列传也不一定在李榷之乱中完全亡佚,也许为两晋南北朝史家修史时采用或作为参考,但是后汉史书的列传哪些是出于蔡邕的手笔,已经难以分辨了。

此外,蔡邕还有《独断》流传至今,对我们研究古史亦有重要参考价值。

除史学外,蔡邕在经学、文学与音乐、书法方面都造诣很深。

蔡邕对经学的最大贡献是订正“六经”文字,刻立熹平石经。蔡邕在东观校书时,见经籍文字多谬,俗儒穿凿,贻误后学,就与堂谿典等奏求正定“六经”文字,对经籍进行了一次整理。然后蔡邕用朱笔隶体书写在石碑上,经镌刻立于洛阳太学前。这是朝廷颁布的经书的第一个定本,后儒晚学读经,都以它为根据。这对古文献的保存和传播来说,无疑是一个创举。曹魏、李唐诸代都竞相效法,刻立石经。

蔡邕以善于撰文著称,一生著书四千多卷,流传至今的才百余篇。他的抒情小赋,以《述行赋》最为著名。《饮马长城窟行》《答元式》《翠鸟》等诗篇都脍炙人口,其碑铭文字也极为后人推崇。

蔡邕著有《隶势》《篆势》等书法篇章,他的隶书在当时是无人可比的。他还精通音律,以善鼓琴闻名朝野。他又识竹木,会造乐器。他手制的焦尾琴被誉为古代名琴。

鲁迅先生曾说,蔡邕并非单单的老学究,也是一个有血性的人。我们如果彻底抛弃封建观念,以今天的是非标准来衡量蔡邕的生平事迹,摈除对其学术

---

① 刘昭:《后汉书注补志序》,《后汉书》末附,中华书局,1965,第1页。

贡献的抹杀之辞,就不难看出,蔡邕作为一位封建社会的知识分子,为人是正直的,是敢于同残害人民的宦官集团做斗争的。其思想倾向比较进步,立志以高水平的著作报效国家,对中国古代的学术文化做出了卓越贡献,是一个值得肯定的历史人物。

(原载《史学月刊》1986年第2期)

东汉司空韩棱家世与生平事迹考述①

韩稜(一作"棱")②,字伯师,西汉韩王韩信和弓高侯韩穨当之后,东汉颍川郡舞阳县(今河南舞钢市)人。其家族在汉代多立军功,一门数人封侯,官职显赫,"世为乡里著姓"。韩稜起家于郡功曹,被征辟至京师洛阳,五迁为尚书令,掌朝中机要,后官至司空,居"三公"高位。卒后归葬家乡,坟墓在今河南舞钢市庙街乡大韩庄西北老金山下。韩稜为人刚正不阿、不畏权贵,敢于与外戚窦宪斗争,是东汉前期的一位颇有影响的政治人物。范晔《后汉书》将他与袁安、张酺列为同一传记,其事迹亦见载于《东观汉记》和《后汉纪》等书。本文依据文献资料,就韩稜的家世、生平事迹和为人处世三个方面加以考述,以期对韩稜其人有较为全面系统的认识。

韩稜的家世

韩稜是"战国七雄"中的韩国王族后裔,其先祖韩信是韩襄王的庶孙。秦末农民起义中韩信投依沛公刘邦为将,率军随刘邦入关。楚汉战争中略定韩国故地,被汉王刘邦封为韩王。汉高祖"五年春,遂与剖符为韩王,王颍川。明年春,上以韩信才武,所王北近巩、洛,南迫宛、叶,东有淮阳,皆天下劲兵处,乃诏徙韩

① 2005年8月,我和恩师朱绍侯先生应邀参加"鹰城十大历史名人——韩棱文化研讨会",先生提交论文《不畏权贵的韩棱》,我亦提交小文《论韩棱》。拜读先生论文,颇受启迪,时值恩师九十华诞,特将原稿补充修订,供敬贺文集选载,以谢先生教诲之恩德,明师生浓厚之情谊。

② "稜""棱"二字形稍异,而意同。查《东观汉记》《后汉纪》《后汉书·和帝纪》及《资治通鉴》均作"韩稜",唯《后汉书》本传作"韩棱",故本文采用前者。

王信王太原以北，备御胡"①，都马邑（今山西朔州东北）。此韩信史称"韩王信"，以与曾先后任齐王和楚王的淮阴人韩信相区别。后来韩王信受汉高祖刘邦猜疑，心不自安，被迫投降匈奴。汉高祖七年（前200年）韩信参与匈奴军队攻汉，围汉高祖于白登（今山西大同东北）。汉高祖十一年（前196年）又带兵众与胡骑侵扰参合（今山西阳高南），为汉朝的柴将军所杀。

起初，韩信"之入匈奴，与太子俱；及至穨当城，生子，因名曰'穨当'。韩太子亦生子，命曰'婴'"②。及韩穨当长大成人，任匈奴相国，与其侄韩婴率众归汉。汉文帝十六年（前164年）六月丙子，穨当被封为弓高（今河北阜城县南）侯，食邑1237户。汉景帝前元三年（前154年）发生吴楚七国之乱，穨当率骑兵断绝吴楚军粮道，致使叛军因断粮而败，功冠诸将。穨当死，谥曰壮。其子（名字不详）嗣侯爵，子死，其长孙韩则嗣。史称：武帝"前元年（前140年），侯则元年，元朔五年（前124年），则薨，无后，国除"③。可见弓高侯自汉文帝十六年穨当始封，至其孙韩则死而国除，前后延续约40年。

韩穨当除有长孙韩则外，还有庶孙韩嫣、韩说，俱贵盛。

韩嫣字王孙，为人聪慧勇武，深为汉武帝刘彻亲宠。"武帝为胶东王时，嫣与上学书相爱。及上为太子，愈益亲嫣"，常与共卧起。"嫣善骑射，聪慧。上即位，欲事伐胡，而嫣先习兵，以故益尊贵，官至上大夫，赏赐拟邓通"④，名显当世。后因得罪太后，以奸罪死。

韩嫣之弟韩说是西汉一位名将。《史记》记载：汉武帝元朔五年（前124年）春，戎奴都尉韩说领兵随车骑将军卫青击匈奴，大获全胜，"得右贤裨王十余人，众男女万五千余人，畜数千百万"。汉武帝论功行赏，诏御史曰："都尉韩说从大将军出窳浑，至匈奴右贤王庭，为麾下搏战获王，以千三百户封说为龙頟（今山东齐河西南）侯。"⑤《汉书》亦载：韩说"以校尉击匈奴，封龙頟侯。后坐酎金失侯。复以待诏为横海将军，击破东越，封按道侯"⑥。然《汉书》史表又言："龙

① 《史记》卷九十三《韩信传》，中华书局，1959，第2632~2633页。
② 《史记》卷九十三《韩信传》，中华书局，1959，第2635页。
③ 《史记》卷十九《惠景间侯者年表》，中华书局，1959，第1005页。
④ 《汉书》卷九十三《佞幸传》，中华书局，1962，第3724页。
⑤ 《史记》卷一百一十一《卫将军列传》，中华书局，1959，第2925~2926页。
⑥ 《汉书》卷三十三《韩王信传》，中华书局，1962，第1857页。

頟;元朔五年(前124年)四月丁未,侯谚以都尉击匈奴得王,侯,十二年,元鼎五年(前110年),坐酎金免。按道:元封元年(前110年)五月己卯,愍侯说以横海将军击东越,侯。"①说封龙頟侯者名"谚",封按道侯者为韩说。披览史籍,《史记》卷九十三《韩信传》与卷二十《建元以来侯者年表》及《汉书》卷三十三《韩王信传》均言封龙頟侯者为韩说。《韩王信传》颜师古注曰:"《史记年表》并《卫青传》载韩说初封龙雒侯,后为按道侯,皆与此传同。而《汉书·功臣侯表》乃云龙雒侯名谚,按道侯名说,列为二人,与此不同,疑表误。"②"谚"与"说"字形相近,《汉书·功臣侯表》出现笔误,封龙頟侯者应为韩说。

韩说在北击匈奴、南击东越的战争中先后立下军功,两次封侯,可谓荣耀。太初年间,韩说"为游击将军屯五原外列城,还为光禄勋,掘蛊太子宫,为太子所杀"③。光禄勋为九卿高官。掘蛊事发生在征和二年(前91年)。是年秋七月,韩说与使者江充等掘蛊太子宫,为卫太子所杀,其子韩兴嗣爵。史称:"延和三年(前90年),侯兴嗣,四年,坐祝诅上,要斩。"④此年号"延和"即"征和"。《史记》记此事云:"征和二年(前91年),子长代,有罪,绝。"⑤二者所记嗣侯时间相差一年。《史记》卷九十三《韩信传》集解引徐广说:韩说之子"名长君"。于是韩说之子出现"兴""长""长君"三名,不知孰是。笔者以为韩说之子可能名"兴","长君"为其字,而"长"为"长君"之脱误。总之,汉武帝元封元年(前110年)五月韩说始封按道侯,传其子韩兴,有罪,国除。

韩兴有弟韩增(一作"曾"),字季君,少为郎诸曹、侍中、光禄大夫,昭帝时至前将军,与大将军霍光定策立汉宣帝,益封千户。本始二年(前112年),五将征匈奴,韩增率三万骑兵出云中,斩首百余级,至期而还。神爵元年(前101年)代张安世为大司马、车骑将军,领尚书事。韩增为人宽和自守,以温颜逊辞承上接下,无所失意,保身固宠,不能有所建明。韩增奕世显贵,自身为忠臣,连事三主,重于朝廷。

韩说封龙頟侯12年,元鼎五年(112年)以酎金免。及韩说长子韩兴被杀,

① 《汉书》卷十六《高惠高后文功臣侯者年表》,中华书局,1962,第628~629页。
② 《汉书》卷三十三《韩王信传》,中华书局,1962,第1857页。
③ 《汉书》卷三十三《韩王信传》,中华书局,1962,第1857页。
④ 《汉书》卷十六《高惠高后文功臣侯者年表》,中华书局,1962,第629页。
⑤ 《史记》卷二十《建元以来侯者年表》,中华书局,1959,第1034~1035页。

汉武帝以为韩说以掘蛊为太子所杀，死于国事，忠诚可悯，复封韩兴弟韩增为龙頟侯。史称："后元元年（前 88 年），侯曾以兴弟绍封龙頟，三十一年薨。五凤元年（前 57 年）思侯宝嗣，鸿嘉元年（前 20 年）薨，亡后。"①又称韩增于汉宣帝"五凤二年（前 56 年）薨，谥曰安侯。子宝嗣，亡子，国除"②。二者所记韩增卒年与韩宝嗣侯之年相差一年，其中当有一误。荀悦《汉纪》云大司马车骑将军韩增薨于五凤二年夏四月，可能比较准确。从武帝后元元年（前 88 年）韩增绍封龙额侯至汉成帝鸿嘉元年（前 20 年）思侯韩宝卒，前后延续 66 年。

汉成帝时，龙頟侯又得以绍封。史称："成帝时，继功臣后，封增兄子岑为龙頟侯。薨，子持弓嗣。王莽败，乃绝。"③又称："元封元年，节侯共以（韩）宝从父昆弟绍封。""侯畅弓嗣，王莽败，绝。"④此处有误，"元封"为汉武帝年号，韩共绍封应为元延元年（前 12 年）。继韩宝为侯者是"韩岑"还是"韩共"，六世侯是"持弓"还是"畅弓"，《汉书》传、表所记不同，只能存疑。

此外，韩太子之子韩婴与其叔颓当同时率众归汉，被封为襄城（今属河南）侯，传至其孙韩释之，坐诈疾不从，耐为隶臣而失侯。⑤

总之，韩稜家族在西汉时为颍川郡著姓，其祖辈韩信、韩颓当、韩嫣、韩说、韩增等，或军功卓著，或得皇帝宠信在朝廷任高官要职，可谓显赫。其一门有弓高、龙頟、按道、襄城四侯，极为荣耀。韩稜之父韩寻，东汉初为陇西太守，亦为二千石官员，而且家富于财。然韩稜之祖、韩寻之父为何人，史书不详。韩稜之子韩辅，安帝时官至赵相，孙韩演，字伯南，顺帝时为丹阳太守，政有能名，桓帝时在朝中任司徒，位居"三公"高官。

韩稜的生平履历

韩稜其人《后汉书》中有传，但较为简略；《东观汉记》和《后汉纪》等文献中

① 《汉书》卷十六《高惠高后文功臣侯者年表》，中华书局，1962，第 629-630 页。
② 《汉书》卷三十三《韩王信传》，中华书局，1962，第 1857 页。
③ 《汉书》卷三十三《韩王信传》，中华书局，1962，第 1857 页。
④ 《汉书》卷十六《高惠高后文功臣侯者年表》，中华书局，1962，第 629~630 页。
⑤ 《汉书》卷十六《高惠高后文功臣侯者年表》，中华书局，1962，第 6630 页。

也有记载,但多有遗漏或讹误,使人们对其生平履历不甚了了。现爬梳能够见到的相关文献,对其生平履历予以考述。

韩棱出身于颍川郡(治阳翟,今河南禹州)的贵族家族,其父韩寻东汉初为二千石官员,已如上述。韩棱的生年《后汉书》本传失载,新方志《舞钢市志》说他"生于建武十七年(41年)"①,当以旧志所载为据,似可备一说。

韩棱幼年即遭人生一大不幸。他刚四岁,父亲即撒手人寰,留下他和母亲、弟弟相依为命,不久母亲也去世。史称他"幼失父母,与孤弟居"②。及至韩棱壮年,因德行为乡里所崇敬,被本郡太守葛兴署为功曹史。《后汉书》本传说:韩棱"初为郡功曹,太守葛兴中风,病不能听政,棱阴代兴视事,出入二年,令无违者。兴子尝发教欲署吏,棱拒执不从,因令怨者章之。事下案验,吏以棱掩蔽兴病,专典郡职,遂致禁锢"③。应劭《风俗通义》亦述其事:"司空颍川韩棱,少时为郡主簿,太守兴被风病,恍惚误乱,棱阴扶辅其政,出入二年,署置教令无愆失。兴子尝出教,欲转徙吏,棱执不听,由是发露被考,兴免官,棱坐禁固。章帝即位,一切原除也。"④

前者说韩棱为颍川郡功曹,后者说为颍川郡主簿,未知孰是。不过功曹、主簿均为郡中的主事吏,地位高于一般郡吏。郡功曹史是郡官府所属功曹之长,执掌人事,并参与一郡政务。郡主簿在郡中典领文书簿籍,经办事务。韩棱任郡功曹(或主簿)后,葛兴中风不能听政。依据当时典制,吏病百日当免。韩棱没有上报朝廷,而代其视事二年,终以"掩蔽兴病,专典郡职"获罪,遭到禁锢。

韩棱为郡主吏及因专典郡职而被禁锢是在汉明帝时。既久,朝廷原其罪,解除禁锢。史称:"显宗知其忠,后诏特原之。由是征辟,五迁为尚书令。"⑤显宗即汉明帝。然前揭应劭《风俗通义》说原除其罪者是汉章帝。韩棱从解除禁锢被朝廷征辟到担任尚书令,其间官职有五次迁徙,但迁任何职,何时迁徙,史书记载不详。袁宏《后汉纪》言:韩棱"后解禁锢,辟司空府"⑥。辟司空府即担

---

① 《舞钢市志》卷二十三《人物》,中州古籍出版社,1993,第769页。
② 《后汉纪》卷十四《孝和皇帝纪下》《西汉纪》下册,中华书局,2002,第285页。
③ 《后汉书》卷四十五《韩棱传》,中华书局,1965,第1534页。
④ 王利器校注:《风俗通义校注》卷四《过誉》,中华书局,2010,第177页。
⑤ 《后汉书》卷四十五《韩棱传》,中华书局,1965,第1536页。
⑥ 《后汉纪》卷十四《孝和皇帝纪下》,《两汉纪》(下册),中华书局,2002,第285页。

任司空府掾属，为其一；《东观汉纪》说：韩稜“为下邳令，视事未期（一作‘周’），吏民爱慕”①。任下邳县令，为其二，其余则无考。韩稜官职的五迁，主要在汉章帝时。

韩稜何年任尚书令，《后汉书》本传无载。清人万斯同《东汉九卿年表》云：“章和元年〔尚书令〕韩稜……永元四年〔尚书令〕韩稜迁太守。”②可见他任尚书令是在章帝章和元年（87年）至和帝永元四年（92年）间。尚书令为九卿之一，与其副贰尚书仆射总领台事，参议朝政，权力很大。朝会时与御史中丞、司隶校尉皆专席坐，时号“三独坐”。其职总领朝政，无所不统。韩稜在尚书台以才能著称，得到汉章帝褒奖，赐予龙渊宝剑。

后来，韩稜出任南阳太守。《后汉书》本传说：韩稜“迁南阳太守，特听稜过家上冢，乡里以为荣”③。他何时任南阳太守，本传失载，清人万斯同以为在和帝永元四年，已如前述。练恕《后汉公卿表》云：“永元七年乙未，〔太仆〕韩稜，南阳太守韩稜为太仆。”④由此可知，韩稜任南阳太守在永元四年至永元七年（95年）间。南阳是汉代的一个大郡，是光武帝刘秀的家乡，多皇亲国戚、功臣和豪强，号称难治。将此郡交给韩稜治理，说明朝廷对他的信任。

韩稜任南阳太守数岁，被征入朝廷任太仆。练恕《后汉公卿表》云：“永元七年乙未，〔太仆〕韩稜，南阳太守韩稜为太仆。”⑤可见韩稜任太仆在永元七年。太仆是“九卿”之一，官秩中二千石，属官有车府、未央令丞及考功令，掌皇帝专用的车马，兼掌兵器制作、织绶等。

韩稜担任太仆二年后，又升任司空。《后汉书》记载：永元九年（97年）“十二月丙寅，司空张奋罢。壬申，太仆韩稜为司空”⑥。司空与司徒、太尉并为“三公”高官，分掌宰相职能，秩万石。司空有长史、诸曹掾属、令史等属官。本职掌土木工程，名义上分部宗正、少府、大司农三卿，并参议大政，实际不过行文、受成而已。

---

① 吴树平校注：《东观汉记校注》卷十六《韩稜传》，中州古籍出版社，1987，第696页。
② 《后汉书三国志补表三十种》，第659~661页。
③ 《后汉书》卷四十五《韩稜传》，中华书局，1965，第1536页。
④ 《后汉书三国志补表三十种》，第715页。
⑤ 《后汉书三国志补表三十种》，第715页。
⑥ 《后汉书》卷四《孝和帝纪》，中华书局，1962，第184页。

关于韩稜的卒年有两说，一是和帝永元十年(98 年)，见载于《后汉书》。《韩稜传》说：韩稜永元“九年冬，代张奋为司空。明年薨”①。《和帝纪》说得更详细：永元十年“秋七月己巳，司空韩稜薨。八月丙子，太常太山巢堪为司空”②。永元十四年十月丁酉，司空巢堪罢。十一月癸卯，大司农徐防为司空③。二是永元十四年(102 年)。袁宏《后汉纪》说：永元十四年冬十月“丁酉，司空韩稜薨，大司农徐防为司空”④。《后汉书》言韩稜卒于永元十年，《后汉纪》言韩稜卒于永元十四年，二者相差四年。二书所记的不同，主要是韩稜死后，何人继任司空的问题。《后汉书》记载，永元十年七月韩稜卒，八月太常太山人巢堪继任司空。永元十四年十月韩稜罢，十一月大司农徐防继任司空。而《后汉纪》则记载，永元十四年十月韩稜卒，徐防继任司空。

那么，究竟韩稜卒后，继任司空者为何人？必须分辨明白。考《东观汉记》云：“巢堪为司空，十四年，自乞上印绶，赐千石俸终其身。”⑤言巢堪于永元十四年罢司空。而《后汉书》记载：徐防于永元“十四年，拜司空”⑥。二者吻合，且与《后汉书》同。司马光等所著《资治通鉴》说：永元十年“秋，七月，己巳，司空韩稜薨。八月，丙子，以太常太山巢堪为司空”。永元十四年十月“丁酉，司空巢堪罢。十一月，癸卯，以大司农沛国徐防为司空”⑦。亦采用《后汉书》之说。清人万斯同《东汉将相大臣年表》云：永元“十年〔司空〕稜七月卒，巢堪八月太常拜”。“十四年〔司空〕堪十月免，徐防十一月司农拜。”⑧练恕《后汉公卿表》亦云：“永元十年戊戌〔司空〕韩稜，七月己巳司空韩稜薨，八月丙子，以太常巢堪为司空。”⑨总之，《东观汉记》《后汉书》与宋人著《资治通鉴》、清人补后汉年表等文献，均言永元十年七月己巳韩稜薨；八月丙子以太常泰山巢堪为司空。而《后汉纪》独言永元十四年十月丁酉，韩稜薨，徐防接任司空。显然，《后汉纪》漏记

① 《后汉书》卷四十五《韩稜传》，中华书局，1965，第 1536 页。
② 《后汉书》卷四《孝和帝纪》，中华书局，1965，第 185 页。
③ 《后汉书》卷四《孝和帝纪》，中华书局，1965，第 190 页。
④ 《后汉纪》卷十四《孝和皇帝纪下》《两汉纪》下册，中华书局，2002，第 285 页。
⑤ 吴树平校注：《东观汉纪校注》卷十六《巢堪》，中州古籍出版社，1987，第 712 页。
⑥ 《后汉书》卷四十四《徐防传》，中华书局，1965，第 1500 页。
⑦ 《资治通鉴》卷四十八《汉纪四十》，中华书局，1956，第 1557 页。
⑧ 《后汉书三国志补表三十种》，中华书局，1956，第 562~563 页。
⑨ 《后汉书三国志补表三十种》，中华书局，1956，第 716 页。

巢堪任司空一事，而误将司空韩稜卒与徐防接任司空对接，以致韩稜卒年被推迟四年。由此可知，韩稜卒于永元十年七月，谥号渊德①，享年58岁。

韩稜去世后，“葬于故里。今大韩庄西北老金山有韩稜墓”②。此地原属汉颍川郡舞阳县，今属河南舞钢市。

总之，韩稜出身于东汉颍川郡的贵族家庭。他可能出生于建武十七年（41年），幼年丧父，与母弟相依为命，以孝友睦族著称。汉明帝永平年间，被本郡太守葛兴署为功曹（或主簿）。葛兴中风，不能理政，韩稜遂专典郡职，政令无违。后事情泄露，韩稜获罪遭到禁锢。既久，明帝知其忠，诏原其罪，解除禁锢。章帝时征辟为司空府掾属，又出任下邳县令。前后凡五迁，章帝章和元年（87年）任尚书令，成为九卿之一。和帝永元四年（92年）出任南阳太守。永元七年（95年）入朝任太仆，再居九卿。永元九年（97年）升任司空，位居三公。永元十年病卒，归葬故乡。

韩稜的为人处世

由史书所载韩稜一生的主要事迹，可考察韩稜之为人处世。概括而言，有以下几点：

一、居家孝悌，敦睦宗族

史称韩稜“四岁而孤，养母弟以孝友称”。及壮，“推先父余财数百万与从昆弟，乡里益高之”③。由此可见，韩稜孝事其母，友于兄弟，能疏散钱财，以敦睦宗族，其德行为乡里赞誉。

二、渊深有谋，富于才能

韩稜的才能在担任颍川郡功曹时已显露出来。但是对于韩稜的专典郡职，历来有不同认识。应劭评论说：“稜统机括，知其虚实，当听上病，以礼选引，何有上欺天子，中诬方伯，下诳吏民，扶辅耄乱，政自己出，虽幸无阙，罪已不容于

① 《舞阳县志》卷十《艺文》，清道光十三年刊。

② 《舞钢市志》卷二十三《人物》，中州古籍出版社，1993，第770页。

③ 《后汉书》卷四十五《韩棱传》，中华书局，1965，第1534页。

诛矣。”①应劭将韩稜不上报太守病情而擅自专典郡职视为隐瞒僭越行为，在道理上是对的。但是皇帝下诏谅其罪，是因为“知其忠”，即认为韩稜的行为体现着对上司的“忠”，可以原谅。而且东汉时期，颍川、南阳、汝南诸郡地方豪强势力很大，出身于当地豪强家族的郡功曹、主簿掌握郡中实权是较普遍的现象。例如东汉后期弘农郡陕县（今河南三门峡）人成瑨任南阳太守，辟除棘阳（今河南南阳南）人岑晊（字公孝）为功曹，委以政事。当时南阳有歌谣道：“南阳太守岑公孝，弘农成瑨但坐啸。”南阳郡人宗资任汝南太守，辟当地人范滂（字孟博）为功曹。汝南郡也有歌谣说：“汝南太守范孟博，南阳宗资主画诺。”②功曹、主簿掌握郡中实权，朝廷派来的郡守只不过坐堂啸吒和签字画行而已。在这种社会背景下，韩稜专典郡职并不足怪。郡太守葛兴中风“不能听政，稜阴代兴视事，出入二年，令无违者”③。代理郡务而政令无误，说明他处理政务的能力很强。后来迁任尚书令，“与仆射郅寿、尚书陈宠，同时俱以才能称”。因此章帝赐予韩稜、郅寿、陈宠三人宝剑，“手署其名曰：‘韩稜楚龙渊，郅寿蜀汉文，陈宠济南锥成。’”时人以为韩稜“渊深有谋，故得龙渊”④。赏赐龙渊宝剑是对其谋略才能和政绩的肯定和褒扬。

三、刚正不阿，忧国忘家

韩稜以功曹史代郡守葛兴料理政务时，葛兴之子“尝发教欲署吏，稜拒执不从”⑤。功曹史主管人事，韩稜此举表现出他的忠于职守。他后来担任朝官，“在机密，数有忠言，进用良吏。章帝以稜忧国忘家，夙夜非懈，数赏赐之”⑥。和帝十岁即位，其母窦太后临朝听政，太后兄弟窦宪、窦笃、窦景并居机要，形成了外戚专政的局面。窦氏兄弟中以窦宪最为跋扈，“睚眦之怨莫不报复”⑦。为防止宗室都乡侯刘畅分夺权势，“窦宪使人刺杀齐殇王子都乡侯畅于上东门，有司畏宪，咸委疑于畅兄弟。诏遣侍御史之齐按其实事。稜上书以为贼在京师，不宜舍近求远，恐为奸臣所笑。窦太后怒，以切则稜，稜固执其议。及事发，果

---

① 王利器校注：《风俗通义校注》卷四《过誉》，中华书局，2010，第178页。
② 《后汉书》卷六十七《党锢列传》，中华书局，1965，第2186页。
③ 《后汉书》卷四十五《韩稜传》，中华书局，1965，第1534页。
④ 《后汉书》卷四十五《韩稜传》，中华书局，1965，第1535页。
⑤ 《后汉书》卷四十五《韩稜传》，中华书局，1965，第1534页。
⑥ 《后汉纪》卷十四《孝和皇帝纪下》，见《两汉纪》下册，中华书局，2002，第285页。
⑦ 《后汉书》卷二十三《窦融传》，中华书局，1965，第813页。

如所言”。后来窦宪率军北击匈奴有功,“还为大将军,威震天下,复出屯武威。会帝西祠园陵,诏宪与车驾会长安。及宪至,尚书以下意欲拜之,伏称万岁。棱正色曰:‘夫上交不谄,下交不黩,礼无人臣称万岁之制。’议者皆惭而止”。韩棱任尚书令时,“尚书左丞王龙私奏记上牛酒于‘窦’宪,棱举奏龙,论为城旦”。“及窦氏败,棱典案其事,深竟党与,数月不休沐。帝以为忧国忘家,赐布三百匹。”①由此可见,韩棱不畏外戚权势、刚正不阿、忧国忘家的精神。

四、执法公允,为政严平

《东观汉记》说:韩棱“为下邳令,视事未期(一作‘周’),吏民爱慕。时邻县皆雹伤稼,惟下邳界独无”②。天降冰雹是一种自然现象,与人的德行善恶无关。但古人受天人感应思想影响,以为官员有美德善政,上天予以褒奖,使当地灾害不生。无名氏《后汉书》也说:韩棱“为下邳令,甚有仁敏,政无偏颇”③。韩棱在朝廷数荐举良吏应顺、吕章、周纡等,皆有名当时。后任南阳太守,“下车表行义,拔幽滞,权豪慑伏”④,“发摘奸盗,郡中震慄,政号严平”⑤。

总之,韩棱出身于颍川豪族,一生从政。他从郡功曹起家,历任朝官和地方官,五迁为尚书令,掌朝廷机要,后任太仆,两登九卿,终至司空,居“三公”高位,显赫一时。他为人孝母友弟,敦睦宗族;渊深有谋,富于才能;居官刚正不阿,忧国忘家,执法公允,政令严平,政绩卓著,是东汉时期一位德才兼备的政治人物。

(原载《朱绍侯九十华诞纪念文集》,河南大学出版社 2015 年版)

---

① 《后汉书》卷四十五《韩棱传》,中华书局,1965,第 1535 页。
② 吴树平校注:《东观汉纪校注》卷十六《韩棱》,中州古籍出版社,1987,第 696 页。
③ 周天游:《八家后汉书辑注》,上海古籍出版社,1986,第 725 页。
④ 吴树平校注:《东观汉纪校注》卷十六《韩棱》,中州古籍出版社,1987,第 696 页。
⑤ 《后汉书》卷四十五《韩棱传》,中华书局,1965,第 1536 页。

诸葛亮躬耕隆中说献疑

近年,汉魏史学界兴起了一个“诸葛亮躬耕地问题”讨论热,不少人认为诸葛亮躬耕于襄阳隆中。这种说法初听起来似乎颇有道理,但认真思索,就发现尚有不少疑窦,而南阳说亦非无稽之谈,故下定论为时尚早,实有深入研讨之必要。此文就襄阳隆中说提出几个令人生疑的问题,并略抒浅见,以求教大方。

文献记载是否一致

丁宝斋同志说:“历代史籍文献记载诸葛亮躬耕地在襄阳隆中是始终一致的。”①对于这种说法,笔者实难苟同。试问:如果史籍文献记载始终一致,何以有清代和今日之论争?为了说明这个问题,须将一些主要文献记载加以梳理分析。

笔者以为,历史文献关于诸葛亮躬耕地的记载,大致可分为三个时期,每个时期的记载各有其特点。

第一个时期为三国西晋。蜀汉建兴五年(227年)诸葛亮所上《出师表》言:“臣本布衣,躬耕于南阳。”这是关于躬耕地的最早、最可信的记载,因为诸葛亮自述生平事迹,绝对不会有误。此处所谓南阳,当指汉末的南阳郡。但躬耕所在的县邑乡里,则语焉不详。西晋初的泰始十年(274年),陈寿《上诸葛氏集表》言:诸葛亮“遭汉末扰乱,随叔父玄避难荆州,躬耕于野,不求闻达”。成书于西晋初年的陈寿《三国志》中的《诸葛亮传》称:诸葛“玄卒,亮躬耕陇亩,好为梁父吟”。西晋初的这两处记载,均未明言躬耕具体地点。盖陈寿对此知之不详,

---

① 丁宝斋:《诸葛亮躬耕何处》,《襄樊大学学报》1990年第1期。

不愿强为之说，或因故不便明言。及至西晋末永兴年间（304—306 年），李兴（一作李安）《祭诸葛丞相文》曰："天子命我，于沔之阳，听鼓鼙而永思，庶先哲之遗光，登隆山以远望，轼诸葛之故乡。""昔尔之隐，卜惟此宅。"此文涉及诸葛亮的"故乡"和"宅"，其地名则有"隆山"，其地望则有"沔之阳"。沔水为汉水之别称。古代地名通例，以水北为阳，水南为阴，沔之阳即汉水北。文中未言南渡沔水，因而隆山、故宅当在汉水北。总之，三国西晋时期文献关于躬耕地的记载，说明在汉水以北的南阳郡境内，但简略不详。

第二个时期是东晋南北朝。东晋初王隐《蜀记》为李兴《祭诸葛丞相文》作注解，言"晋永兴中，镇南将军刘弘至隆中，观亮故宅，立碣表闾"①。文中始出现"隆中"这一地名，言此处有诸葛亮故宅。其后襄阳人习凿齿之《汉晋春秋》说："亮家于南阳之邓县，在襄阳城西二十里，号曰隆中。"②首次明确说诸葛亮的家在南阳郡的邓县隆中，其方位在东晋时的襄阳城西二十里处。隆中既属邓县，邓县又属南阳郡，这样就把襄阳隆中的家宅与诸葛亮自述"躬耕于南阳"联系起来。习凿齿的《襄阳记》又说："襄阳有孔明故宅。"南朝宋人盛弘之的《荆州记》言："襄阳西北十许里，名为隆中，有孔明宅。"③梁人殷芸《小说》言："襄阳郡有诸葛孔明故宅。"④这些记载基本沿袭前人成说，微有异辞。北魏郦道元《水经・沔水注》曰："沔水又东迳隆中，历孔明旧宅北。亮语刘禅云：'先帝三顾臣于草庐之中，咨臣以当世之事，即此宅也。"郦氏明确指出，隆中在汉水南，隆中诸葛亮故宅即草庐，亦即刘备三顾之地，从而将故宅、草庐、三顾处统一起来。约在南北朝末期成书的《荆州图副》亦言："邓城旧县西南一里，隔沔有诸葛亮宅，是刘备三顾处。"⑤亦沿用前人成说。总之，东晋南北朝时期的文献，多记载襄阳隆中有诸葛亮故宅，或言即其躬耕之处。这一时期的记载具体而有异。论隆中方位则有襄阳西与襄阳西北两说，言隆中距襄阳里数则有十里与二十里之异。习凿齿《汉晋春秋》以"南阳"为郡名，而殷芸《小说》又以"南阳"为墟名。

第三个时期是唐宋。这一时期的碑刻诗文中既有南阳说，又有襄阳说。持

① 《三国志》卷三十五《诸葛亮传》注引，中华书局，1959，第 936 页。
② 《三国志》卷三十五《诸葛亮传》注引，中华书局，1959，第 911 页。
③ 张澍：《诸葛亮集・故事》卷五《遗迹篇》引，中华书局，1960，第 215 页。
④ 殷芸：《小说》卷六，周楞伽辑注本。
⑤ 李善注引：《文选》卷二十七《出师表》，中华书局，1971，第 517 页。

南阳说者,可举以下诸例:沈迥《武侯庙碑铭并序》云:“伊昔武侯,踠足南阳,退藏于密,不曜其光。”吕温《诸葛武侯庙记》言:“南阳坚卧,等时而起。”裴度《蜀丞相诸葛武侯祠堂碑铭并序》云:“公是时也,躬耕南阳,自比管乐,我未从虎,时称卧龙。”汪遵《南阳》:“陆困泥蟠未适从,岂妨耕稼隐高踪。若非先主垂三顾,谁识茅庐一卧龙?”①胡曾咏史诗《南阳》:“世乱英雄百战余,孔明方此乐耕锄。蜀王不自垂三顾,争得先生出草庐。”②许浑《南阳道中》曰:“不知谁学武侯耕?”刘禹锡《陋室铭》云:“南阳诸葛庐,西蜀子云亭。”杜甫《武侯庙》云:“不复卧南阳。”

持襄阳隆中说者,如李吉甫《元和郡县图志》之山南道襄阳县载:“诸葛亮宅在县西北二十里。”宋代苏轼《隆中》诗云:“谁言襄阳野,生此万乘师。”曾巩《隆中》诗云:“孔明方隐时,息驾隆中田。”

此外,当时还有将南阳、襄阳二说折中起来的说法。如唐人孙樵《刻武侯碑阴》曰“曩蟠南阳,时人不与仲、毅伍”,又曰:“盖激备隆中以天下托。”宋人刘光祖《祭诸葛亮文》言:“维诸葛公,矫矫犹龙,躬耕南阳,高卧隆中。”

考察宋代以前关于诸葛亮躬耕地望的记载,不难看出,三国西晋时期的记载概言躬耕于汉水以北的南阳郡境内,其特点是简略不详。东晋南北朝时期的记载,又言在汉水南的襄阳隆中,其特点是具体而有异。唐宋时期的文人学士鉴于前人已有南阳和襄阳两说,莫衷一是,故或沿用一说,或将二说折中。故这一时期的记载是南阳与襄阳隆中两说并存,明显具有因袭前人的特点。要之,历代文献并非一致记载诸葛亮躬耕地在襄阳隆中。早期文献记载的歧异不详,是引起后世乃至今天争论不休的主要原因。

今隆中是否属汉代南阳郡邓县管辖

如前所述,关于躬耕地望,诸葛亮自述“躬耕于南阳”,三国西晋时期的著名史学家陈寿在其《上诸葛氏集表》与《诸葛亮传》中言诸葛亮“躬耕于野”“躬耕陇亩”,而

---

① 张澍:《诸葛亮集》附录卷二,中华书局,1960,第126、129、131页。
② 《全唐诗》卷六百四十七,中华书局,1960,第7420页。

未确指其县邑。及至东晋，襄阳人习凿齿《汉晋春秋》始言诸葛“亮家于南阳之邓县，在襄阳城西二十里，号曰隆中”。习氏言隆中有诸葛亮的家（故宅）本不足怪，因为据史书记载，诸葛亮在当时的荆州治所——襄阳居住过，当地有其旧宅是理所当然的。习氏之言怪在他说襄阳城西二十里的隆中属于汉水以北的南阳郡邓县管辖，而又未拿出任何依据，不免有穿凿附会之嫌。非但如此，习凿齿又“曰：‘秦兼天下，自汉以北为南阳郡，自汉以南为南郡。’”①此乃顾祖禹引习氏《襄阳记》之文，并言“汉因之”。众所周知，襄阳、隆中均在汉水以南。同一习氏，一则言汉水以南的隆中地区属汉水以北的南阳郡邓县管辖，一则言秦汉南阳郡与南郡以汉水为界，自相矛盾如此，无异于自破其说，实难令人遵信。

隆中地区在汉代是否属于南阳郡管辖，是诸葛亮躬耕隆中说能否成立的关键，必须分辨明白。

其一，关于秦汉时期南阳郡与南郡之分界，正史与一些地理书记之甚详，试略举几例：

《史记·秦本纪》“昭襄王三十五年”云，“初置南阳郡”。《正义》曰：“今邓州也。前已属秦，秦置南阳郡，在汉水之北。”

《路史·国名记丁》引萧梁任昉《地记》云：“汉江之北为南阳。汉江之南为南郡者是。”

《晋书·地理志下》“荆州”云：“及秦，取楚鄢郢为南郡，又取巫中地为黔中郡，以楚之汉北立南阳郡。”

《元和郡县图志》卷二十一“襄州”云：“秦兼天下，自汉以北为南阳郡，今邓州南阳县是也。汉以南为南郡，今荆州是也。后汉建安十三年，魏武帝平荆州，置襄阳郡。”

《资治通鉴》卷五“周赧王四十三年”云：“秦置南阳郡。”胡三省注曰：“凡山南、水北皆谓之阳……秦置南阳郡，以在南山之南，汉水之北也。”

从以上史料可以看出，秦置南郡与南阳郡，是以汉水为分界的。汉高祖刘邦时，将南郡一分为二，置江夏、南郡二郡，后设十三州部，南阳、南郡、江夏均属荆州。东汉建安十三年（208年），曹操攻取荆州，始置襄阳郡。从秦以迄东汉末的建安十三年以前，南阳郡与南郡的边界不曾更改，一直以汉水为界。

---

① 顾祖禹：《读史方舆记要》卷七十九《湖广五·襄阳府》注引，中华书局，2005，第3697页。

诸葛亮躬耕陇亩是建安十三年以前的事,建安十三年曹操设置襄阳郡,更改行政区划,已与诸葛亮躬耕地问题无直接关系。《宋书·州郡志三》"襄阳公相"云:"魏武帝平荆州,分南郡编以北及南阳之山都立,属荆州。"可见曹操设襄阳郡,除了以原南郡的北部地区作为襄阳郡的辖区外,还将原南阳郡的山都县也划归襄阳郡管辖。众所周知,隆中地区位于襄阳至山都的通道上,如果隆中属于南阳郡邓县,曹操不会将汉水西南的山都县划归襄阳郡,而将同在汉水南岸的隆中这一小块地区留给南阳郡,而应将山都连同隆中一齐划归襄阳郡。上引史料却没有说曹操将南阳郡邓县的隆中地区划归襄阳郡。由此可知,汉水南的隆中地区在东汉建安十三年以前,属南郡管辖,而不属南阳郡邓县管辖。

在交通不便的古代,高山大河往往是行政区划的天然分界。汉水已属较宽的江河,看不出当时把汉水南的一小块土地划归汉水以北郡县管辖的必要。如果有这种特殊需要,文献理应有所记载。但是笔者披览有关史籍,未发现这方面的记载。

其二,汉代南阳郡邓县有无可能管辖隆中地区,还与隆中距离邓县城的远近有关,因而必须首先弄清汉代邓县城的确切位置。

据荆楚地理专家石泉先生考述,关于先秦时期的邓国与秦汉时期的邓县的地理方位,至少有四种说法:一是"穰邓说",即古邓国在汉代的穰县,即今河南邓州市;二是襄樊西北说;三是襄樊正北说;四是襄樊东北说①。诸说并存,使人莫衷一是。虽然石泉先生倾向于襄樊西北说,即古邓国与秦汉时期的邓县位于今邓城村,但学术界尚无他人深入研究这个问题,此说仍为一家之言,尚未成为定论。在这四说中,唯襄樊西北说所指的邓城,离隆中较近,其他三说所指的邓县地望,均距今隆中颇远,因而不大可能再跨越汉水,管辖隆中地区。

据历史文献记载,邓国南鄙有鄾,是一个较大的邑聚。鄾也在汉水以北,位于邓国南部边界附近。据《后汉书·郡国志四》记载,东汉"邓有鄾聚",位于邓县南边界地区。若此不误,则邓县难以再跨越汉水,领有隆中地区。

总之,根据文献记载,从山都到襄阳段,汉水流向由西向东,它是汉代南郡、南阳两郡的天然分界。习凿齿的说法自相矛盾,难以作为根据。汉代邓县究竟在何处,学界众说纷纭,尚难定论。因而隆中地区汉代是否属南阳郡管辖,尚难

① 石泉:《古邓国、邓县考》,《江汉论坛》1980年第3期。

骤下结论，有待于进一步研探。

诸葛亮迁徙路线如何

诸葛亮躬耕地望与其迁徙有关，要解决其躬耕地问题需先弄清其迁徙路线及迁徙原因。

诸葛亮祖居琅邪阳都县（今山东沂南县南），他背井离乡不单因躲避战乱，还因为他“早孤”，无人抚养。诸葛亮之父诸葛珪官至泰山郡丞，其妻章氏先逝，诸葛珪也于初平三年（192 年）去世。长子诸葛瑾已成人，可自谋生计，次子诸葛亮与幼子诸葛均及两位女儿尚未成人，由诸葛珪的胞弟诸葛玄抚养。

关于诸葛玄的身世，史书记载甚少。《三国志·诸葛亮传》说：“亮早孤，从父玄为袁术所署豫章太守，玄将亮及亮弟均之官。”而《献帝春秋》却说：“初，豫章太守周术卒，刘表上诸葛玄为豫章太守，治南昌。汉朝闻周术死，遣朱皓代玄。皓从扬州太守刘繇求兵击玄，玄退屯西城，皓入南昌。建安二年正月，西城民反，杀玄，送首诣繇。”

笔者以为，陈寿《三国志·诸葛亮传》所记较可信，《献帝春秋》所言有误。刘繇为汉朝廷诏书所命的扬州刺史，而《献帝春秋》却称他为扬州太守。扬州为州，不为郡，州只应有刺史或牧，不当为太守，郡方有太守。称刘繇为扬州太守，是一个常识性错误，而且豫章郡属扬州，不属荆州。刘表为荆州牧，无权举荐豫章太守。当时袁术领扬州，诸葛玄任豫章太守当为袁术所署。

对于郡太守这样的重要官职，袁术是不轻易署任的。据《三国志·孙讨逆传》记载，孙坚受袁术之命攻击刘表身亡，其子孙策又于“兴平元年，从袁术”。袁术“初许（孙）策为九江太守，已而更用丹阳陈纪”。以后袁术“遣（孙）策攻（庐江太守陆）康，谓曰：‘前错用陈纪，每恨本意不遂。今若得（陆）康，庐江真卿有也。’（孙）策攻（陆）康，拔之，（袁）术复用其故吏刘勋为太守。（孙）策益失望”。后袁术又“用故吏琅邪惠衢为扬州刺史”。孙坚、孙策父子有大功于袁氏，袁术不用孙策而用诸葛玄为郡守，说明诸葛玄当为袁术故吏，与袁术关系至为密切。由此推测，袁术在南阳时诸葛玄当已追随于他。若此说无误，则初平三年（192 年）诸葛珪死后，诸葛亮及其弟诸葛均当被诸葛玄接至南阳郡鲁阳

(今河南鲁山),生活于袁术军中,后来又随诸葛玄经陈留而至淮南。

《三国志·诸葛亮传》称,诸葛亮叔父诸葛玄被袁术署为豫章太守后,“将亮及亮弟均之官。会汉朝更选朱皓代玄。玄素与荆州牧刘表有旧,往依之”。《资治通鉴》“汉献帝兴平二年”记载:“刘繇使豫章太守朱皓攻袁术所用太守诸葛玄,玄退保西城,繇溯江西上。驻于彭泽,使(笮)融助皓攻玄。”“融到,诈杀皓,代领郡事。繇击退融,融为民所杀,诏以太仆卿华歆为豫章太守。”袁术于初平四年(193 年)领扬州,署任诸葛玄为豫章太守当在此后。兴平二年(195 年)诸葛玄遭受朱皓攻击,弃南昌退保西城,刘繇又使笮融助朱皓攻之。诸葛玄无法在豫章立足,被迫投奔荆州牧刘表。《三国志·诸葛亮传》言,诸葛玄“素与荆州牧刘表有旧,往依之”。陈寿《上诸葛氏集表》亦言,诸葛亮“遭汉末扰乱,随叔父玄避难荆州”。《献帝春秋》云“建安二年正月,西城民反,杀玄,送首诣(刘)繇”,当有误。但诸葛玄投奔刘表后,死于建安二年(197 年)或稍后是可能的。

诸葛玄因与刘表有旧交情而前往荆州,投奔刘表。但诸葛玄是袁术的故吏,而袁术又与刘表有隙恨,因而刘表对诸葛玄不会亲任。诸葛玄死后,诸葛亮与刘表没有直接关系,又尚在弱冠之年,生活无着,不得不迁徙至可以自食其力的处所,躬耕陇亩,以足衣食,或为叔父诸葛玄行丧礼而离开州城。

刘表领有荆州近二十年,前十年颇有作为,败孙坚,逐袁术,服张绣,平定张羡之乱,“南收零、桂,北据汉川,地方数千里,带甲十余万”(《三国志·刘表传》)。又开立学官,博召儒士,北方士人为避战乱,多来归附。但刘表为人,“外貌儒雅,而心多疑忌”(同上),对贤士虽厚待而不重用,智者献策也不采纳。晚年诸子争立,各结党援。袁绍、曹操官渡相持,刘表许诺帮助袁绍而实不全,也不佐援曹操,欲保江汉之间,坐观时变。他既疑忌刘备,又囚禁韩嵩,逐渐弄到众叛亲离的地步。荆州的有识之士早已看出刘表不能久保荆州。曹操击败袁绍之后,必然率军南下,荆州当先受兵,因而人无固志,不少士人离开荆州,诸葛亮对时势极为明察,自然不会坐等战祸及身。所以在官渡之战曹操取得决定性胜利之后,诸葛亮是很有可能离开荆州,北迁南阳,以避兵燹的。

总之,笔者以为,诸葛亮在其父诸葛珪去世后,可能随叔父诸葛玄到达南阳郡鲁阳袁术军中,后随袁术经陈留到达淮南。诸葛玄被袁术署为豫章太守,诸葛亮也到达豫章。及诸葛玄被朱皓驱逐,至荆州投奔刘表,诸葛亮也前往荆州。不久诸葛玄死去,刘表颓败之势已显,荆州渐转安为危,诸葛亮可能北渡汉水,到南阳躲避战乱,坐观时变。

诸葛亮在今南阳躬耕有无可能

持襄阳隆中说者认为,诸葛亮不可能在南阳地区躬耕,其理由有二:一是东汉末年南阳地区多战乱,属于曹操占领区,如果诸葛亮在那里躬耕,刘备三顾茅庐这件事就不会发生,因为刘备不会"自投罗网"①;二是南阳市汉代称宛,不称南阳,因而诸葛亮自述"躬耕于南阳"不可能指今南阳市。对于这种观点,笔者实难苟同。

众所周知,古代州郡治所,均可以州郡名代称。东汉末刘表为荆州刺史(牧),移治襄阳,人们多以荆州代称襄阳。以此推之,以南阳作为郡治宛县的代称,又有何不可?而且宛县在汉代并非只称宛县,不称南阳。如《汉书·地理志》记载:"南阳郡……县三十六:宛。"注曰:"莽曰南阳。"既然宛县在西汉末王莽时就以"南阳"称之,东汉末以南阳代称宛县也不足怪;《三国志》中也有多处以南阳代称宛县。怎么能说汉代宛县不曾以南阳称之呢?因而诸葛亮言"躬耕于南阳",这个"南阳"也应包括宛县在内。

至于南阳郡在建安年间是否战乱频仍,是否为曹操占领区,首先要说明当时南阳的政治形势和曹操的军事行动。请看下表:

建安年间南阳郡大事与曹操军事行动年表

建安	南阳大事	曹操军事行动
元年	九月,张济自关中引兵攻穰城,死,族子张绣代领其众,屯宛。张绣附于刘表	
二年	正月,曹操征张绣,至宛,绣降,复叛,战于宛、舞阴、绣奔穰,与刘表合 十一月,曹操再征张绣至宛,拔湖阳。擒表将邓济,克舞阴	正月,曹操始征张绣 十一月,曹操再征张绣

① 丁宝斋:《诸葛亮躬耕何处》,《襄樊大学学报》1990年第1期。

续表

建安	南阳大事	曹操军事行动
三年	三月，曹操三征张绣，围之于穰。刘表救之。曹操与张绣、刘表军战于安众，大破之	三月，曹操第三次征张绣
四年	十一月，张绣率众降曹操	八月，曹操进军黎阳，九月还许，复屯兵官渡
五年		正月，曹操击破刘备，还军官渡 二月，袁绍进军黎阳，曹操解白马之围，斩颜良、文丑，官渡之战开始
六年	九月，刘备投奔刘表，屯兵新野	四月，曹操破袁绍仓亭军 九月，击败刘备于汝南
七年	九月，刘表使刘备北侵至叶，曹操遣夏侯惇、于禁拒之	正月，曹操进军官渡 五月，袁绍死 九月，曹操渡河击袁谭、袁尚
八年		二月，曹操攻黎阳，败袁谭等，追至邺 八月，击刘表，军于西平，十月，至黎阳
九年		正月，曹操渡河，四月，拔邯郸 八月平定邺城，十月，进军平原
十年		正月，曹操斩袁谭，平冀州 八月，征三郡乌桓，斩赵犊，十月还邺
十一年		正月，曹操征高干，三月，拔壶关 八月，东征“海贼”管承，至淳于，凿渠，准备征乌桓
十二年		二月，曹操自淳于还邺，征乌桓
十三年	七月，曹操南征刘表，经宛、新野，直指荆州	正月，曹操还邺 七月，南征刘表，九月，兵至新野 十二月，赤壁之战

由上表可知，在建安元年（196年）至建安十三年（208年）赤壁之战前的十余年中，除建安元年张济入南阳，攻穰城，建安二、三年曹操三次征张绣外，南阳

郡近十年没什么战事。从建安四年(199年)官渡之战拉开序幕到建安十三年(208年)赤壁之战前,曹操亲自统率军队与袁绍决战,灭其余孽,又北征乌桓,东征“海贼”,意在平定北方,无暇南顾。他与比自己力量强大得多的政敌袁绍周旋,常感兵力不足,粮草不继,不可能与刘表再起战端,使自己处于腹背受敌的危险境地。因而南阳郡近十年平安无战事。

至于说宛县当时属曹操占领区,也是无稽之谈。

建安元年(196年)张济引军进入南阳,攻打穰城(今河南邓州),身中流矢而死,张绣领其部众。张绣所部为一支游军,在南阳没有根基,军需无着,不得不依附刘表,刘表也借助张绣之军抵御曹操。后来的刘备也是如此。史籍载有张绣听从贾诩之谋与刘表联合的事实。曹操征张绣,张绣不敌,常向刘表求救,刘表也出兵救援。因而在建安元年至建安四年张绣驻军南阳时,南阳可说是刘表的势力范围,曹操难以染指。

建安四年十一月,张绣采用贾诩之计,率军至官渡,投降曹操,被封为列侯。曹操曾派军队占领南阳部分地方。据《三国志·杜袭传》记载,“太祖(曹操)以(杜袭)为西鄂长”。次年刘表平定长沙、零陵、桂阳之后,力量大增,“出步骑万人”“攻西鄂”,杜袭“帅伤痍吏民决围……徙至摩陂营”。摩陂在今河南郏县东南,汉代不属南阳郡。可见曹操占据南阳郡部分地方不久就被刘表夺回。

建安六年(201年),刘备屯新野。不久,刘表“使(刘备)拒夏侯惇、于禁等于博望”(《三国志·先主传》)。博望在宛县东北,今属方城县。次年,“刘表使刘备北侵,至叶,太祖(曹操)遣(李)典从夏侯惇拒之”(《三国志·李典传》)。叶县位于南阳郡与颍川郡交界处。建安八年(203年),曹操扬言南伐刘表,驻“军西平”(《三国志·武帝纪》)。西平也不在南阳郡境内。由此可知,除南阳郡东北部少许县城在短暂时间内被曹操占领外,南阳郡的大部分地区长期处于刘表控制之下。

就连一些主张襄阳隆中说的同志也不同意“宛县是敌占区”的说法。如孙文青在《诸葛亮故居确在襄阳》一文中说:“后来曹操南击张绣,一度占领该地(指南阳宛县)。但不久操败于绣,绣又降表,南阳又归表所有。直到后来绣又投操,操擒刘琮,南阳才与新野、博望、邓县为操所有。中间实有很长一段时间是在刘表管辖之中。因而不能据此就说宛城一直是敌境。”①

---

① 《光明日报》1957年4月13日。

基于以上理由,笔者以为诸葛亮在南阳郡的宛县等地躬耕,刘备前往三顾,也不是不可能的。

清代汪介人《中州杂俎》卷八《人纪三》记载:“诸葛亮,本琅玡人,徙于顺阳之石峡口,结庐而隐,寻徙入南阳之卧龙岗。今裕州石硖口有小茅庵,唐时石记犹存。又尝寓于新野之野白岗,庄宅基址今为玉皇庙,古井尚在。南阳卧龙岗碑阴载新野地五顷,佃户张某佃种,亦先贤之遗迹也。又唐县有诸葛庄,武侯之远田也,曾犁出古碑,在县西桐叶寨铺东,去南阳庐六十里。又尝居叶县之平山下,见存隋开皇二年断石幢云:‘此地有诸葛之旧坟,在高阳华里。’今山下少西有诸葛庙,东有金鸡冢,疑冢即孔明父祖葬处。盖孔明从琅玡避地而西,自其父祖已然,居南阳则自孔明始也。此断幢既为隋时物,则去三国未远,当必得其真,故据而书之。”

《中州杂俎》成书时代晚,记载未必全部符合历史事实。但其中有些记载也见于别的文献,而且所引石刻多为隋唐时物,当有一定参考价值。

关于顺阳石峡口小茅庵,唐代石记(碑刻)至清代尚存。当非后世作伪。石峡口今属方城县,在南阳市东北。

叶县平山下之诸葛旧坟墟,在今平顶山市内。该市卫东区妇幼保健站为诸葛庙旧址。此庙1958年尚存。庙门悬“诸葛遗墟”四字。主殿门口东侧立有石碑一通,上刻明代人牛风所撰《改正诸葛武侯祠记》。此碑至今犹存,碑文曰:“既而游观山寺,有断石幢在焉。刻文仅数十字,中云:‘此地有诸葛之旧坟墟,在高阳华里。’……再考石幢岁月。盖隋开皇壬寅物。”笔者推测,此坟可能是诸葛玄的坟墓。若诸葛玄葬于此,诸葛亮当在此地居住过。

总之,东晋南北朝时期的文献有一些诸葛亮居住于襄阳隆中的记载,但它作为诸葛亮躬耕地与刘备三顾处,尚嫌根据不足,且存在不少疑窦。为避战乱,诸葛亮多次迁徙,其在荆州、南阳的居住地也未必仅一处。诸葛亮躬耕地在汉水北的今河南南阳地区也有一定根据,难以轻易推翻。因而诸葛亮躬耕地问题不能过早地下结论,应该继续进行深入的探讨。

[原载《南都学坛》(《南阳师专学报》)哲社版1992年第3期,人大报刊复印资料《魏晋隋唐史》1992年第10期转载]

论干宝的史学建树与贡献

干宝字令升，晋代新蔡（今属河南）人。他自幼好学，博览书籍。东晋初，以才气召为著作佐郎。“时中兴草创，未置史官。”①中书监王导上疏言：“陛下圣明，当中兴之盛，宜建立国史，撰集帝纪，上敷祖宗之烈，下纪佐命之勋，务以实录，为后代之准……宜备史官，敕佐著作郎干宝等渐就撰集。”②晋元帝采纳王导的建言，于是干宝始领国史，后历任山阴县令、始安太守、司徒左长史、散骑常侍，因平杜弢有功，赐爵关内侯。

干宝是魏晋时期的著名学者，一生著述颇丰，除《晋纪》《搜神记》外，“又为《春秋左氏义外传》，注《周易》《周官》凡数十篇，及杂文集皆行于世”③。据清人考证，其著作“有《周易注》十卷，《周易宗途》四卷，《周官注》十二卷，《春秋左氏传义》十五卷，《搜神记》三十卷，《干子》十八卷，《集》五卷”④。另据《隋书·经籍志》记载，梁代存有干宝《司徒仪》一卷；《晋散骑常侍干宝集》四卷；《百志诗》九卷，梁五卷。

干宝兼通经学、史学、文学，但在史学方面的建树和贡献最为显著。因此，唐人修撰的《晋书》既未将干宝事迹列入《儒林传》，也未列入《文苑传》，而将他与两晋的著名史学家陈寿、司马彪、孙盛、习凿齿等人同传，说明唐代史家主要将他作为史学家看待。作为一位著名史学家，干宝在史学理论、史书撰写和注释方面都有卓著的贡献。但由于其许多著述已经散逸，唯有《搜神记》在后世流传较广，今人多称赞其文学贡献，而忽视其史学成就，未免失之偏颇。本文主要

---

① 《晋书》卷六十五《王导传》，中华书局，1974，第1749页。

② 《晋书》卷八十二《干宝传》，中华书局1974，第2149~2150页。

③ 《晋书》卷八十二《干宝传》，中华书局1974，第2151页。

④ 严可均辑：《全晋文》（下）卷一百二十七，《全上古三代秦汉三国六朝文》，商务印书馆，1999，第1364页。

探讨干宝在史学方面的建树与贡献，以就教于方家。

干宝《晋纪》及其史学价值

干宝的史学著作应首推《晋纪》一书。《晋纪》是一部受诏命而作的官书，属于编年体。史称：干宝"著《晋纪》，自宣帝迄于愍帝五十三年，凡二十卷，奏之"①。《隋书·经籍志》著录二十三卷。及至南朝齐时，刘彤曾为之作注。史称："初，(刘)昭伯父彤集众家《晋书》注干宝《晋纪》为四十卷。"②又云："初，(刘)昭伯父彤集众家《晋书》，注干宝《晋纪》为四十卷"，以"掇众史之异辞，补前书之所阙"③。注《晋纪》者，《梁书》《南史》均作"刘彤"，刘知幾作"刘彤"，误。此书在南朝、隋及唐前期广为流行，颇有影响。及唐修《晋书》成，此书渐废，当散逸于唐中后期至五代的战乱中。现存有清人黄奭《汉学堂丛书》辑本一卷、汤球《广雅书局丛书》辑本一卷、陶栋《辑佚丛刊》辑本二卷，可窥见其一斑。

一、干宝《晋纪》在晋史中的地位

魏晋时期，史学正式脱离经学的藩篱而成为独立的学术门类，得以充分发展。当时史学兴盛的标志是：修史成风，撰著繁富，史作迭出，璀璨夺目。仅修撰有晋一代史书的就多达二十余家。据刘节考证，两晋南北朝时期所修晋史共有26种，其中纪传体14种，编年体12种④，而被唐修《晋书》参考的有18种。刘知幾说："皇家贞观中，有诏以前后晋史十有八家，制作虽多，未能尽善。"所谓十八家，据"隋、唐二志正史部凡八家，其撰人则王隐、虞预、朱凤、何法盛、谢灵运、臧荣绪、萧子云、萧子显也。编年部凡十一家，其撰人则陆机、干宝、曹嘉之、习凿齿、邓粲、孙盛、刘谦之、王韶之、徐广、檀道鸾、郭季产也。据《志》，盖十九家。岂缘习氏书独主汉斥魏，以为异议遂废不用欤？"⑤习凿齿《汉晋春秋》不专

① 《晋书》卷八十二《干宝传》，中华书局，1974，第2150页。

② 《梁书》卷四十九《文学上》，中华书局，1973，第692页。

③ 刘知幾撰，浦起龙释：《史通通释》卷五《补注》，上海古籍出版社，1978，第135、132页。

④ 刘节：《中国史学史稿》，中州书画社，1982，第85~89页。

⑤ 刘知幾撰，浦起龙释：《史通通释》卷十二《古今正史》，上海古籍出版社1978，第350、352页。

记晋事，故不预其中。

晋史著述始于西晋。刘知幾说："洛京时，著作郎陆机始撰三祖纪，佐著作郎束皙又撰十志。会中朝丧乱，其书不存。先是，历阳令陈郡王铨有著述才，每私录晋事及功臣行状，未就而卒。子隐，博学多闻，受父遗业，西都事迹，多所详究。过江为著作郎，受诏撰晋史……凡为《晋书》八十九卷。咸康六年，始诣阙奏上。"然王隐"虽好著述，而辞拙才钝。其书编次有序者，皆铨所修；章句混漫者，必隐所作"①。可见，东晋所著西晋一代史书而告成者，除了干宝所著编年体史书《晋纪》外，还有王隐父子所著纪传体史书《晋书》。王隐虽博学多闻，谙究西晋史事，却"辞拙才钝"，所著"章句混漫"，在编次、文辞方面都存在问题。而干宝所著《晋纪》叙事"简略，直而能婉"，远非王隐《晋书》所能比拟。

关于东晋一代史书，刘知幾说："晋江左史，自邓粲、孙盛、檀道鸾、王韶之已下，相次继作。远则偏记两帝，近则唯叙八朝。至宋湘东太守何法盛，始撰《晋中兴书》，勒成一家，首尾该备。齐隐士东莞臧荣绪又集东、西二史，合成一书。"②可见，东晋一代的史书虽多，完整的只有何法盛《晋中兴书》一种。

完整的西、东两晋的史书，只有臧荣绪《晋书》与萧子云《晋书》两种。王仲荦指出："撰晋史者前后二十余家……专属晋事者，一共有十八家。然而这十八家之中，大部分不是以西晋为断限，便是仅记东晋事，而且很多是未完成的史稿，只有臧荣绪和萧子云两家之书，纪、录、志、传比较完备。而萧子云之书，原来一百零二卷，到了唐初修撰《隋书·经籍志》时，已经残缺很多，只剩十一卷了。所以臧荣绪的《晋书》，在唐初可以说是晋史中最完整的一个本子。"③

总之，在两晋南朝的众多晋史著作中，干宝所著《晋纪》是编年体史书中的佼佼者。南朝齐时，臧荣绪依据王隐《晋书》、干宝《晋纪》与何法盛《晋中兴书》，撰成了包含两晋史事的较为完备的《晋书》，成为唐修《晋书》的主要依据。干宝《晋纪》也是唐修《晋书》所参考的十八家晋史之一。

二、干宝《晋纪》的内容

由于干宝《晋纪》早已不存，其内容已难知其详。余嘉锡《四库提要辩证》

---

① 刘知幾撰、浦起龙释：《史通通释》卷十二《古今正史》，上海古籍出版社，1978，第349、350页。

② 刘知幾撰、浦起龙释：《史通通释》卷十二《古今正史》，上海古籍出版社，1978，第350页。

③ 王仲荦：《魏晋南北朝史》（下册），上海人民出版社，1980，第887~889页。

言："（干）宝所著《晋纪》本传言自宣帝迄愍帝五十三年。以年数推之，当起于武帝太始元年。然既讬始于宣帝，则当兼有汉、魏之事。史言五十三年，专计晋年耳。"①就是说，干宝《晋纪》作为西晋一代史书，记述的是泰始元年（265年）晋武帝代魏至建武元年（317年）司马睿建立东晋凡53年的史事。由清人辑本可知，《晋纪》以晋武帝、孝惠帝、孝怀帝、孝愍帝等四帝年号为纲，又追记了西晋高祖宣帝、世宗景帝、太宗文帝的事迹，内容包括三国西晋时期的主要历史事件，涉及当时众多历史人物，具有较高的史料和学术价值。

三、干宝《晋纪》的优点

依据古代史家评述，干宝《晋纪》的优长之处，有以下几点：

1.文字简略婉约，工于叙事。唐修《晋书》评论干宝《晋纪》说："其书简略，直而能婉，咸称良史。"②刘知幾将叙事简要作为修史的首要标准，他说："夫国史之美者，以叙事为工，而叙事之工者，以简要为主。简之时义大矣哉！"又说干宝《晋纪》："其书简略，直而能婉，甚为当时所称。"③可见干宝《晋纪》之所以为史家推崇，首先是因为它叙事文字"简略"，义理质直而文词委婉。

2.重新确立凡例，内容审正有序。南朝人刘勰说："至于晋代之书，繁乎著作。陆机肇始而未备；王韶续末而不终；干宝述纪，以审正得序，孙盛阳秋，以约举为能。""孙盛干宝，文胜为史，准的所拟，志乎典训，户牖虽异，而笔彩略同。"④可见干宝《晋纪》不仅很有文采，而且"以审正得序"，成为后世"准的"。唐人刘知幾说："夫史之有例，犹国之有法。国无法，则上下靡定；史无例，则是非莫准。昔夫子修经，始发凡例，左氏立传，显其区域。科条一辩，彪炳可观。降及战国，迄乎有晋，年逾五百，史不乏才。虽其体屡变，而斯文终绝。唯令升先觉，远述丘明，重立凡例，勒成《晋纪》。邓、孙已下，遂蹑其踪。史例中兴，于斯为盛……干宝、范晔，理切而多功，邓粲道、鸾，词烦而寡要，子显虽文伤蹇踬，而义甚优长。斯一二家，皆序例之美者。"⑤可见，刘知幾认为在魏晋南北朝所修史书中，干宝《晋纪》的序例，与范晔《后汉书》的序例同为上乘之作，充分肯

① 余嘉锡：《四库提要辩证》卷十八《子部九》，中华书局，1980，第258页。
② 《晋书》卷八十二《干宝传》，中华书局，1974，第2150页。
③ 刘知幾撰、浦起龙释：《史通通释》卷六、卷十二，上海古籍出版社，1978，第168、350页。
④ 刘勰著、周振甫注：《文心雕龙注释》人民文学出版社，1983，第171、505页。
⑤ 刘知幾撰、浦起龙释：《史通通释》卷四《序例》，上海古籍出版社，1978，第88页。

定了干宝在编年体史书发凡起例方面的贡献。

3.论赞优善,“理切而多功”。刘知幾对唐以前史书的论赞做了整体评述。他说:班固《汉书》“辞惟温雅,理多惬当”。荀悦《汉纪》“义理虽长,失在繁富”。“自兹以降,流宕忘返,大抵皆华多于实,理少于文。”“必择其善者,则干宝、范晔、裴子野是其最也。”①可见干宝《晋纪》的论赞在东晋南朝史书中属于优善者。《晋纪》对历史人物、历史事件多有评论。其中尤以《晋纪总论》《晋武革命论》为后世推崇,收入《文选》。这些史论不仅文字优美,而且“理切而多功”。

四、干宝《晋纪》对后世的影响

由于干宝《晋纪》“甚为当时所称”,又有刘肜“集众家《晋书》”为之作注,甚为详赡,因而被南北朝、隋唐的史家、学者广为引用。从清人辑本看,裴松之的《三国志注》、刘义庆的《世说新语》、萧统的《昭明文选》、郦道元的《水经注》、李贤等《后汉书注》以及《书钞》《御览》《寰宇记》《纬略》等书都曾引用过干宝《晋纪》。

唐太宗李世民《修晋书诏》说:前修晋史“但十有八家,虽存记注,而才非良史,事亏实录……洎乎干、陆、曹、邓,略纪帝王;鸾、盛、广、讼(谦),才编载记。其文既野,其事罕传”②。此文既为重修晋史而作,故多指摘前修晋史之失,言“才非良史,事亏实录”“其文既野,其事罕传”云云。但具体到干宝等几家《晋纪》,只说它“略记帝王”,内容不够全面。唐代史家称:“令升、安国有良史之才,而所著之书惜非正典。”《赞》曰:“干、孙抚翰,前良可拟。”③总而言之,唐修《晋书》对干宝的评价有二:一、干宝有良史之才,可与前代史家媲美,其《晋纪》被众史家称为良史;二、由于《晋纪》是编年体史书,而不是纪传体,因而在内容方面有所不足。

总之,干宝《晋纪》是十八家晋史中比较完备的西晋史书之一,也是编年史中最好的一种。它不仅为南朝臧荣绪撰写《晋书》所取资,也是唐修《晋书》的主要参考书之一。

---

① 刘知幾撰、浦起龙释:《史通通释》卷四《论赞》,上海古籍出版社,1978,第82页。
② 李世民:《修晋书诏》,见《晋书》,中华书局,1974,第3305页。
③ 《晋书》卷八十二《干宝传》,中华书局,1974,第2159~2160页。

《搜神记》的重要史料价值

干宝生性好阴阳术数，于是撰集古今灵异人物变化，名为《搜神记》，凡三十卷。《晋书》本传载其《序》，称撰此书旨在“明神道之不诬”，令人“游心寓目”。今天我们看到的二十卷本，据前人考证，可能是明代胡元瑞从《法苑珠林》及诸类书中辑录而成。余嘉锡《四库提要辩证》言：“余谓此书似出后人缀辑，但十之八九，出于干宝原书，与他书之出于伪撰者不同。”①胡元瑞见闻博洽，懂得编辑体例，辑本多数条目大抵出于干宝原书。但胡氏钞撮时亦有阙遗，并有滥收他书而造成的错误。因此在使用本书时，应该抱审慎的态度。

关于《搜神记》一书，《隋书·经籍志》《旧唐书·经籍志》皆著录在“传记”类，《新唐书·艺文志》方著录入“小说”类。唐代史学家刘知幾将它列入“史氏流别”中的《杂记》类：“求其怪物，有广异闻，若祖台《志怪》、干宝《搜神》、刘义庆《幽明》、刘敬叔《异苑》。此之谓杂记者也。”②说明唐五代学者是将《搜神记》作为史学著作看待的。而将它归入“小说”类，当作文学作品，称其为我国志怪小说的代表作，是宋代以后的事。

一、取材于“史书”杂记并为后世史家广泛引用

沈士龙、胡震亨曾言：“若令升所载，皆出前史及杂记，故晋、宋《五行志》往往采之。”余嘉锡亦言：“令升遘门闱之异，爰摭史传杂说，参所知见，冀广人于耳目之外。顾世局故常，适以说怪视之。不知刘昭《补汉志》、沈约《宋志》及与《晋志》《五行》，皆取录于此。盖以其尝为史官，即怪亦可证信耳。”③就是说，《搜神记》的内容大多取材于史书传记，并为后世史家广泛采用。

《搜神记》常取材于正史，例如：“贾谊为长沙王太傅，四月庚子日，有鹏鸟飞入其舍，止于坐隅，良久乃去。谊发书占之，曰：‘野鸟入室，主人将去。’谊忌之，

---

① 余嘉锡：《四库提要辩证》卷十八《子部九》，中华书局，1980，第1142页；干宝著、汪绍楹校注：《搜神记校注》卷九，中华书局，1979，第260页。

② 刘知幾著、浦起龙释：《史通通释》卷十《杂述》，上海古籍出版社，1978，第274页。

③ 余嘉锡：《四库提要辩证》，卷十八《子部九》，中华书局，1980，第253页。

故作《鹏鸟赋》,齐死生而等祸福,以致命定志焉。”①此条取自《史记》卷八十四《屈原贾生列传》。又如:“王莽居摄。东郡太守翟义,知其将篡汉,谋举义兵。兄宣,教授,诸生满堂。群鹅雁数十,在中庭,有狗从外入,啮之,皆死。警救之,皆断头。狗走出门,求不知处。宣大恶之。数日,莽夷其三族。”②此条取自《汉书》卷八十四《翟方进传》。《搜神记》记述事件多有发生的时间、地点,包括朝代、帝王年号、年月等,给人有据可查、真实可信的感觉。

后世史书引用《搜神记》甚多,刘昭《补汉书·五行志》、沈约《宋书·五行志志》与唐修《晋书·五行志志》,皆取录于此。据余嘉锡考证:“以古书所引证之,裴松之的《三国志注》《魏志·明帝纪》引其《柳谷石》一条,《齐王芳纪》引其《火浣布》一条,《蜀志·糜竺传》引其《妇人寄载》一条,《吴志·孙策传》引其《于吉》一条,《吴夫人传》引其《梦月》一条,《朱妇人传》引其《朱主》一条,皆具在此本中。”“刘昭《续汉志注》《五行志》‘荆州童谣’条下引其《华容女子》一条,‘建安四年武陵充县女子重生’条下引其《李娥》一条,‘桓帝延熹七年’条下引其《大蛇见德阳殿》一条,《郡国志》‘马邑’条下引其《秦人筑城》一条,‘故道’条下引其《旄头骑》一条;李善注王粲《赠文叔良诗》引其《文颖字叔良》一条,注《思玄赋》引其《张车子》一条,注鲍照《拟古》诗引其《太康帕头》一条;刘知幾《史通》引其《王乔飞舄》一条,亦皆具在此本中。”③裴松之《三国志注》、刘知幾《史通》也曾引用《搜神记》。众多史书引用反映了该书的价值。

二、《搜神记》的史料价值

《搜神记》所记内容相当广泛,涵盖政治史、社会史、民族史、文化史等多个方面,具有很高的史料价值。

1.神话传说。

《搜神记》中记载了不少神话传说,有的神话对自然界山川的形成做了解释。例如:“二华之山,本一山也。当河,河水过之而曲行。河神巨灵,以手擘开其上,以足蹈离其下,中分为两,以利河流。今观手迹于华岳上,指掌之形具在。

① 干宝著、汪绍楹校注:《搜神记校注》卷九,中华书局,1979,第118页。

② 干宝著、汪绍楹校注:《搜神记校注》卷九,中华书局,1979,第118页

③ 余嘉锡:《四库提要辩证》,卷十八《子部九》,中华书局,1980,第1137页;干宝著、汪绍楹校注:《搜神记校注》卷九,中华书局,1979,第254~255页。

脚迹在首阳山下,至今犹存。”①这一神话反映了远古人们对山川神灵的崇拜。

有的史前传说反映了三皇五帝时代的社会状况。例如:“神农以赭鞭鞭百草,尽知其平毒寒温之性,臭味所主,以播百谷。天下号神农也。”说明在炎帝神农时代,开始有了原始农业和一些药物知识;又如:“宁封子,黄帝时人也。世传为黄帝陶正。有异人过之,为其掌火,能出五色烟。”“赤将子轝者,黄帝时人也。不食五谷,而啖百草华。至尧时,为木工,能随风雨上下。时于市门中卖缴,故亦谓之缴父。”②说明黄帝时代,已经有人管理陶器生产,帝尧时,已经能够生产木制工具。这些传说反映了原始农业、手工业出现的情况。

2.社会生活状况。

《搜神记》有一些下层劳动人民生活状况的记述,例如:“汉董永,千乘人。少偏孤,与父居。肆力田亩,鹿车载自随。父亡,无以葬,乃自卖为奴……”又如:“郭巨,隆虑人也,一云河内温人。兄弟三人,早丧父。……巨独与母居客舍,夫妇佣赁,以给供养。居有顷,妻产男。巨念与儿妨事亲,一也;老人得食,喜分儿孙,二也。乃于野凿地,欲埋儿,得石盖,下有黄金一釜,中有丹书,曰:‘孝子郭巨,黄金一釜,以用赐汝。’于是名振天下。”③关于宫廷生活及军人子弟的生活,如:“汉灵帝数游戏于西园中,令后宫采女为客舍主人,身为估服,行至舍间,采女下酒食,因共饮食,以为戏乐。”又如:“吴以草创之国,信不坚固,边屯守将,皆质其妻子,名曰‘保质’。童子少年,以类相与娱游者,日有十数。”④

3.民风民俗。

《搜神记》对秦汉魏晋时期的社会风俗记述最为丰富,内容包括宫廷生活、节日祭祀、服饰等。

关于汉代宫廷与民间习俗的记载,例如:“戚夫人侍儿贾佩兰,后出为扶风人段儒妻,说在宫内时,尝以弦管歌舞相欢娱,竟为妖服,以趋良时。十月十五日,共入灵女庙,以豚黍乐神,吹笛击筑,歌《上灵之曲》。既而相与连臂,踏地为节,歌《赤凤凰来》。乃巫俗也。至七月七日,临百子池,作于阗乐。乐毕,以五色缕相羁,谓之相连绶。八月四日,出雕房北户,竹下围棋,胜者终年有福,负者

---

① 干宝著、汪绍楹校注:《搜神记校注》卷九,中华书局,1979,第159页。
② 干宝著、汪绍楹校注:《搜神记校注》卷九,中华书局,1979,第1~2页。
③ 干宝著、汪绍楹校注:《搜神记校注》卷九,中华书局,1979,第14、136页。
④ 干宝著、汪绍楹校注:《搜神记校注》卷九,中华书局,1979,第84、113页。

终年疾病；取丝缕，就北辰星求长命，乃免。九月，佩茱萸，食蓬饵，饮菊花酒，令人长命……正月上辰，出池边盥濯，食蓬饵，以袚妖邪。三月上巳，张乐于流水。如此终岁焉。”这段话简要介绍了汉代宫女一年四季的节日风俗。又如“汉宣帝时，南阳阴子方者，性至孝，积恩好施，喜祀灶。腊日晨炊，而灶神形见。子方再拜受庆。家有黄羊，因以祀之。自是已后……至识三世，而遂繁昌。家凡四侯，牧守数十。故后子孙尝以腊日祀灶，而荐黄羊焉”①。记载了汉代腊日的祭祀灶神的习俗。

关于服饰的记载，例如东汉“灵帝建宁中，男子之衣，好为长服，而下甚短。女子好为长裾，而上甚短”。西晋“太康中，天下以氈为絔头及络带、袴口……夫氈，胡之所产者也，而天下以为絔头、带身、袴口，胡既三制之矣，能无败乎！”“永嘉中，士大夫竟服生笺单衣。识者怪之，曰：‘此古练缞之布，诸侯所以服天子也……’”“晋时，妇人结发者，既成，以缯急束其环，名曰擷子髻。始自宫中，天下翕然化之也。”“晋惠帝元康中，妇人之饰有五兵佩。又以金、银、象角、玳瑁之属，为斧、钺、戈、戟而载之，以当笄。”②

4.歌舞娱乐。

《搜神记》关于汉晋时期歌曲的记述，例如：“挽歌者，丧家之乐；执绋者，相和之声也。挽歌辞有《薤露》《蒿里》二章，汉田横门人作。横自杀，门人伤之，悲歌。言人如薤上露，易稀灭。亦谓人死精魂归于蒿里。故有二章。”又如：“太康末，京洛为《折杨柳》之歌，其曲始有兵革苦辛之辞，终以擒获斩截之事。”关于舞蹈，如：“太康中，天下为《晋世宁》之舞。其舞，抑手以执杯盘而反复之。歌曰：‘晋世宁，舞杯盘。’”此外，还有关于宾婚喜庆的娱乐，如“汉时，京师宾婚嘉会，皆作魁儡；酒酣之后，续以挽歌。魁儡，丧家之乐；挽歌，执绋相偶和之者”③。

5.科学技术与自然灾害。

关于天文星象，如：“风伯、雨师，星也。风伯者，箕星也，雨师者，毕星也。郑玄谓司中、司命，文昌第四、第五星也。雨师一曰屏翳，一曰号屏，一曰玄冥。”

---

① 干宝著、汪绍楹校注：《搜神记校注》卷九，中华书局，1979，第113页。
② 干宝著、汪绍楹校注：《搜神记校注》卷九，中华书局，1979，第85、97、104、96、97页。
③ 干宝著、汪绍楹校注：《搜神记校注》卷九，中华书局，1979，第189、97、86、113页。

关于冶金技术,如:“夫金锡之性一也,以五月丙午日中铸,为阳燧;以十一月壬子夜半铸,为阴燧。”“菊花舒时,并采茎叶,杂黍米饢(釀)之,至来年九月九日始熟,就饮焉。故谓之菊花酒。”①则是对酿酒技术的介绍。

关于自然灾害的记载,例如:“汤既克夏,大旱七年。洛川竭。汤乃以身祷于桑林,剪其爪发,自以为牺牲,祈福于上帝。于是大雨即至,洽于四海。”“晋元帝建武元年六月,扬州大旱。十二月,河东地震。去年十二月,斩督运令史淳于伯……遂频旱三年。”②

6.少数民族源流风俗。

关于蛮夷族的历史,《搜神记》中记载:“高辛氏,有老妇人居于王宫,得耳疾历时。医为挑治,出顶虫,大如茧。妇人去后,置以瓠篱,覆之以盘,俄尔顶虫乃化为犬,其文五色,因名‘盘瓠’,遂畜之。时戎吴强盛,数侵边境。遣将征讨,不能擒胜。乃募天下有能得戎吴将军首者,购金千斤,封邑万户,又赐以少女。后盘瓠衔得一头,将造王阙。王诊视之,即是戎吴……令少女从盘瓠。盘瓠将女上南山……盖经三年,产六男六女。盘瓠死后,自相配偶,因为夫妇。织绩木皮,染以草实,好五色衣服,裁制皆有尾形。后母归,以语王,王遣使迎诸男女,天不复雨。衣服褊裢,言语侏离,饮食蹲踞,好山恶都。王顺其意,赐以名山广泽,号曰‘蛮夷’。蛮夷者,外痴内黠,安土重旧,以其受异气于天命,故待以不常之律。田作贾贩,无关繻符传租税之赋;有邑君长,皆赐印绶,冠用獭皮,取其游食于水。今即梁、汉、巴、蜀、武陵、长沙、庐江郡夷是也。用糁杂鱼肉,叩槽而号,以祭盘瓠,其俗至今。故世称‘赤髀横裙,盘瓠子孙’。”关于貙人族系的记载,如“江汉之域,有貙人。其先,禀君之苗裔也”③。

7.中外文化交流。

《搜神记》中还记有中外文化交流的史事,例如:昆仑“山上有鸟兽草木,皆生育滋长于炎火之中,故有火浣布……汉世,西域旧献此布,中间久绝。至魏初时,人疑其无有。文帝以为火性酷烈,无含生之气,著之《典论》,明其不然,曰不然之事,绝智者之听。及明帝立,诏三公曰:‘先帝昔著《典论》,不朽之格言。其

---

① 干宝著、汪绍楹校注:《搜神记校注》卷九,中华书局,1979,第43、166、24页。
② 干宝著、汪绍楹校注:《搜神记校注》卷九,中华书局,1979,第110、105页。
③ 干宝著、汪绍楹校注:《搜神记校注》卷九,中华书局,1979,第168、152页。

刊石于庙门之外及太学，与石经并，以永示后世。’至是西域献火浣布袈裟，于是刊灭此论，而天下笑之。”又如：“胡床、貊槃，翟之器也；羌煮、貊炙，翟之食也。自太始以来，中国尚之。贵人富室，必畜其器，吉享嘉宾，皆以为先。”再如：“晋永嘉中，有天竺胡人，来渡江南。其人有术数，能断舌复续、吐火，所在人士聚观。”①说明当时印度杂技已传至长江以南地区。

三、丰富的历史知识

《搜神记》中包含了不少历史地理知识。例如“宝鸡”和“雉县”地名的来历：“秦穆公时，陈仓人掘地得物，若羊非羊，若猪非猪。牵以献穆公，道逢二童子。童子曰：‘此名为媪。常在地食死人脑。若欲杀之，以柏插其首。’媪曰：‘彼二童子名为陈宝，得雄者王，得雌者伯。’陈仓人舍媪，逐二童子。童子化为雉，飞入乎林。陈仓人告穆公。穆公发徒大猎，果得其雌。又化为石，置之汧、渭之间。至文公时，为立祠陈宝。其雄者飞至南阳，今南阳雉县是其地也。”又如“马邑”地名的来历：“秦时筑城于武周塞内，以备胡。城将成而崩者数焉。有马驰走，周旋反复。父老异之。因以马迹以筑城，城乃不崩，遂名‘马邑’。其古城在今朔州。”②

该书中还有文物掌故的介绍。例如“焦尾琴”的名称由来：“汉灵帝时陈留蔡邕……至吴，吴人有烧桐以爨者，邕闻火烈声，曰：‘此良材也。’因请之，削以为琴，果有美音。而其尾焦，因名‘焦尾琴’。”又如“相思”一词的来历：“宋康王舍人韩凭，娶妻何氏，美，康王夺之……宋人哀之，遂号其木曰‘相思树’。相思之名，起于此也。今睢阳有韩凭城，其歌谣至今犹存。”此外，还有楚“干将莫邪剑”的故事。③

总之，干宝的《搜神记》记述史事准确可靠，包含着丰富的历史知识，并具有很高的史料价值。

---

① 干宝著、汪绍楹校注：《搜神记校注》卷九，中华书局，1979，第165、94、23页。
② 干宝著、汪绍楹校注：《搜神记校注》卷九，中华书局，1979，第112、162页。
③ 干宝著、汪绍楹校注：《搜神记校注》卷九，中华书局，1979，第128~167页。

干宝的史论与史观

干宝有良史之才，不但文笔出众，而且长于论议。所著《春秋序论》，已亡佚。其《晋纪》《搜神记》中的论赞，例如《晋纪总论》《晋武帝革命论》《论姜维》以及《搜神记序》《山亡论》《驳招魂葬议》等，由于为后人所推崇，得以留存下来，成为研究干宝的历史观与史学思想的重要依据。

一、阴阳五行思想与天人合一的历史观

干宝继承了战国以降的阴阳五行学说，并用来探讨自然万物和人类社会。他说："然则天地鬼神，与我并生者也。气分则性异，域别则形殊，莫能相间也。生者主阳，死者主阴，性之所托，各安其生，太阴之中，怪物存焉。"其《变化论》："天有五气，万物化成。木清则仁，金清则义，火清则礼，水清则智，土清则思，五气尽纯，圣德备也。木浊则弱，火浊则淫，金浊则暴，水浊则贪，土浊则顽，五气尽浊，民之下也。中土多圣人，和气所交也；绝域多怪物，异气所产也。苟禀此气，必有此形；苟生此形，必生此性……应变而动，是为顺常，苟错其方，则为妖眚……尔则万物之变，皆有由也。农夫止麦之化者，沤之以灰；圣人理万物之化者，济之以道。其与，不然乎？"①就是说，世间分为阴、阳二气，万物（包括人类在内）都是由金、木、水、火、土五种物质（五气）变化成的。人的性情有别是由于禀受"五气"的清浊不同造成的，形体差异是由于所处地域环境不同造成的。圣人是中土和气所交，怪物乃绝域异气所产。万物的变化是有原因的。适应规律的变化，就是顺常；反之，就是异常，就会出现妖眚。圣人对待万物变化的态度，应该是"济之以道"。

干宝承袭了司马迁的"究天人之际，通古今之变"的史学传统。所谓"天人之际"，指天（自然）与人之间的关系。干宝说："善言天者，必质于人。善言人者，必本于天。故天有四时，日月相推，寒暑迭代。其转运也，和而为雨，怒而为风，散而为露，乱而为雾，凝而为霜雪，立而为蚳蝗，此天之常数也。人有四肢五脏，一觉一寐，呼吸吐纳，精气往来，流而为荣卫，彰而为气色，发而为声音。此

---

① 干宝著、汪绍楹校注：《搜神记校注》卷九，中华书局，1979，第 153、146 页。

亦人之常数也。若四时失运,寒暑乖违,则五纬盈缩,星辰错行,日月薄蚀,彗孛流飞,此天地危诊也;寒暑不时,此天地之蒸否也;石立土踊,此天地之瘤赘也;山崩地陷,此天地之痈疽也;衝风暴雨,此天地之奔气也;雨泽不降,川泽涸竭,此天地之焦枯也。"①即言天(自然)必归结到人事,讲人事必本之于天(自然)。自然界和人类都有常数和变异。如果自然界万物禀气乱异,变化反常,就会出现妖怪。"妖怪者,盖精气之依物者也。气乱于中,物变于外。形神气质,表里之用也。本于五行,通于五事。虽消息升降,化动万端。其于休咎之征,皆可得域而论矣。"②

干宝具有浓厚的"天人感应"思想。所谓"天人感应",即认为天能干预人事,人的行为也能感应上天,自然界的灾异和祥瑞表示着天对人们的谴责和嘉奖。干宝的这一思想在《晋书·五行志》中有集中的反映。《晋书·五行志》中记述了许多自然灾害和人发生的怪异事件,干宝认为这些都与当时的社会政治成败、人事得失有关。例如:晋元帝太兴年间,王敦镇武昌,武昌灾,火起,兴众救之,数日不绝。干宝以为"此臣而君行,亢阳失节,是为王敦陵上,有无君之心,故灾也"③。前一年十二月,淳于伯冤死,其年即旱。而大兴元年(318年)六月又旱。干宝曰:"杀淳于伯之后旱三年是也。刑罚妄加,群阴不附,则阳气盛之罚也。"④自然灾害的发生往往是刑政人事不善所致,异常现象的发生也是某种政治事件的感应。例如:武帝太康年间,有鲤鱼二见武库屋上。干宝以为:"武库兵府,鱼有鳞甲,亦兵类也。鱼既极阴,屋上太阳,鱼见屋上,象至阴以兵革之祸干太阳也。至惠帝初,诛杨骏,废太后,矢交馆阁。元康末,贾后谤杀太子,寻亦诛废。十年之间,母后之难再兴,是其应也。"魏明帝青龙元年正月甲申,青龙见郏之摩陂井中。干宝曰:"自明帝,终魏世,青龙、黄龙见者,皆其主兴废之应也。魏土运,青木色,而不胜于金。黄得位,青失位之象也。青龙多见者,君德国运内相克伐也。故高贵乡公卒败于兵。"⑤干宝认为,自然界的正常与怪异就是人事休咎的征候。但是对于政治成败而言,人事的休咎仍然是决定

---

① 干宝著、汪绍楹校注:《搜神记校注》卷九,中华书局,1979,第67~68页。
② 干宝著、汪绍楹校注:《搜神记校注》卷九,中华书局,1979,第67页。
③ 《晋书》卷二十七《五行志上》,中华书局,1974,第806页。
④ 《晋书》卷二十八《五行志中》,中华书局,1974,第840页。
⑤ 《晋书》卷二十九《五行志下》,中华书局,1974,第880、902页。

性的因素。

二、对国家兴衰原因的探讨

干宝善于从历史形势的发展上论述古今的变易，其《晋纪总论》和《晋武帝革命论》是综括一代或数代兴亡大事之史论，抒发了作者的历史见解。

《晋武帝革命论》说："帝王之兴，必俟天命。苟有代谢，非人事也。文质异时，兴建不同。故古之有天下者，柏皇栗陆以前，为而不有，应而不求，执大象也。鸿黄世及，以一民也。尧舜内禅，体文德也。汉魏外禅，顺大名也。汤武革命，应天人也。高光争伐，定功业也。各因其运而天下随时，随时之义大矣哉。古者敬其事则命以始，今帝王受命而用其终，岂人事乎？其天意也。"①就是说，朝代废兴、政权鼎革的主要动因不在人事，不在政治人物自身的举动，而在天命、人心和时运，政治人物的举动只有应天、顺人、随时，才能获得成功。

干宝认为，周朝的国祚久长是因为基广根深，晋朝的快速衰亡在于根基不牢。《晋纪总论》说："基广则难倾，根深则难拔。理节则不乱，胶结则不迁。是以昔之有天下者，所以长久也。夫岂无僻主，赖道德典刑，以维持之也。故延陵季子听乐，以知诸侯存亡之数、短长之期者，盖民情风教，国家安危之本也。""故自后稷之始基静民，十五王而文始平之，十六王而武始居之，十八王而康克安之。故其积基树本，经纬礼俗，节理人情，恤隐民事，如此之缠绵也。""今晋之兴也，功烈于百王，事捷于三代，盖有为以为之矣。宣景遭多难之时，务伐英雄、诛庶桀以便事，不及修公刘太王之仁也……二祖逼禅代之期，不暇待三分八百之会也。是其创基立本，异于先代者也。"②

民情风教，是国家安危之本。《晋纪总论》说："礼法刑政，于此大坏，如室斯构，而去其凿契；如水始积，而决其堤防；如火斯畜，而离其薪燎也。国之将亡，本必先颠，其此之谓乎！""故贾后肆虐于六宫，韩午助乱于外内，其所由来者渐矣，岂特系一妇人之恶乎！"③西晋王朝的灭亡既不能简单地归结为贾后一个女人乱政，也非一朝一夕之事，而有其深层的社会原因。干宝说："朝寡纯德之士，乡乏不二之老。风俗淫僻，耻尚失所。学者以庄老为宗，而黜六经；谈者以虚薄

---

① 萧统：《文选》卷四十九《史论》，中华书局，1977，第687页。

② 萧统：《文选》卷四十九《史论》，中华书局，1977，第690~691、692页。

③ 萧统：《文选》卷四十九《史论》，中华书局，1977，第693、694页。

为辩，而贱名俭；行身者以放浊为通，而狭节信；进仕者以苟得为贵，而鄙居正；当官者以望空为高，而笑勤恪……悠悠风尘，皆奔竞之士。”①就是说，礼法刑政大坏，社会风气淫僻，士人受消极的老庄思想和佛教哲学的影响，难以有积极的救世举动，国家灭亡在所难免。

干宝认为西晋之灭亡主要是人事方面的原因。“八王之乱”和人民起义的发生，是因为西晋王朝“内外混淆，庶官失才，名实反错，天网解纽。国政迭移于乱人，禁兵外散于四方。方岳无钧石之镇，关门无结草之固。立辰石冰，倾之于荆扬；刘渊王弥，挠之于青冀。二十余年，而河洛为墟，戎羯称制，二帝失尊，山陵无所。何哉？树立失权，讬付非才四维不张，而苟且之政多也”②。西晋灭亡的根本原因在于“四维不张”“行苟且之政”。分析可谓深刻。

三、对史学研究、史书撰写的贡献

干宝践行了“比较史学”的研究方法。其《晋纪总论》对西晋王朝兴亡原因的探讨，运用“比较”的方法，首先将西晋衰亡时期与兴起时期加以对比，又将晋朝与周朝对比，说明周朝为何国祚长久，西晋为何快速灭亡，说理颇为中肯。

干宝对史学的“求真”和史料的搜集运用问题做了一些探讨。其《搜神记·序》中说：“虽考先志于载籍，收遗逸于当时，盖非一耳一目之所亲闻睹也，亦安敢谓无失实哉……闻见之难一，由来尚矣。夫书赴告之定辞，据国史之方策，犹尚若兹，况仰述千载之前，记殊俗之表，缀片言于残阙，访行事于故老，将使事不二迹，言无异途，然后为信者，固亦前史之所病。然而国家不废注记之官，学士不绝诵览之业，岂不以其所失者小，所存者大乎！”③这段文字是干宝为自己作志怪之书解嘲，然而确含有深意。就是说，任凭史官如何正直忠实，但是过去的史事留存下来的不多，即使留存下来，也是众说纷纭，或以讹传讹难以审订。所以“平尔雅志，正尔笔端”的工夫，有时也有局限性。史书的撰写贵在求真，但是真实只能是相对的。其言外之意是说，即使怪异之事，也可以从中搜索出一些事实来。不论神话、传说，原都有社会背景在其中，都有真实的历史“素地”。史料的搜集要广泛。

---

① 萧统：《文选》卷四十九，中华书局，1977，第692~693页。

② 萧统：《文选》卷四十九，中华书局，1977，第689页。

③ 《晋书》卷八十二《干宝传》引，中华书局，1974，第2150页。

在史书撰写方面干宝概括出“五书”的原则：“昔荀悦有云：‘立典有五志焉：一曰达道义，二曰彰法式，三曰通古今，四曰著功勋，五曰表贤能。’干宝之释五志也，‘体国经业之言则书之，用兵征伐之权则书之，忠臣烈士孝子贞妇之节则书之，文诰专对之辞则书之，才力技艺殊异则书之’。”①这一原则得到后世史家的称赞。

干宝致力于编年体史书体例的传承和创新，并对后世有所影响。刘知幾说：“夫史之有例，犹国之有法。国无法，则上下靡定；史无例，则是非莫准。”“唯令升先觉，远述丘明，重立凡例，勒成《晋纪》。邓、孙已下，遂蹑其宗。史例中兴，于斯为盛。”②充分肯定了干宝在这方面的突出贡献。

综上所述，干宝是两晋时期的一位著名史学家，其《晋纪》是一部优秀的断代编年史著作，《搜神记》也被前人视为传记类史学著作，有较高的史料价值。干宝在著作中对历史事件和历史人物多有评论，包括对历史变化动因的探讨，对朝代兴替的分析，都有一定深度。虽然其中包含了一些传统的“天人感应”和“阴阳五行”观念，但这是历史时代的局限，对前人我们是不可苛求的。干宝在史书撰写方面也有不少独到的见解。总之，他在史学方面的重要建树和突出贡献，是不应该被埋没的。

（原载《许昌学院学报》2010 年第 4 期）

① 刘知幾撰、浦起龙释：《史通通释》卷八《书事》，上海古籍出版社，1978，第 229 页。

② 刘知幾撰、浦起龙释：《史通通释》卷四《序例》，上海古籍出版社，1978，第 88 页。

思想评析

中国古代人才思想萌芽的几个问题
——兼与雷祯孝等同志商榷

古代人才思想是前人留给我们的宝贵思想遗产,可以作为今天处理人才问题的借鉴。但是中国古代的人才思想究竟萌芽于何时?其萌芽的历史条件是什么?萌芽阶段的人才思想的主要内容是什么?对这些问题,学术界尚无人认真加以研讨。笔者不揣谫陋,对上述问题略陈管见,以就教于学界同人。

一

中国古代人才思想萌芽于何时?学术界一些同志认为萌芽于原始社会。细分起来,又有萌芽于原始社会初期与原始社会末期两种意见。

古代人才思想萌芽于原始社会初期的观点是由雷祯孝同志提出的。他写道:"怎样做人?怎样在现实社会条件下做一个发展比较理想的人?怎样以这种发展了的人去改造社会促使社会条件更有利于人的发展?这个问题在人类刚刚从地球上出现时,人们便开始思考了。"①所谓发展比较理想的人就属人才的范畴。他认为,从地球上有人类开始,人才思想就出现了。这完全是一种不切实际的主观臆断。

众所周知,自从人猿相揖别之后,人类经历了猿人、古人、新人等极其漫长的发展阶段,前后达二三百万年之久。最原始的人类——猿人和动物的区别仅在于他们能打制几件最简单的石器,他们身上还保留着相当多的动物特征。他们群居野处,茹毛饮血,脑容量不比类人猿大多少。而人的思想是人的体质(特

① 雷祯孝:《中国人才思想史》第一卷,中国展望出版社,1986,第29~31页。

别是头脑)发展到一定阶段的产物。猿人的头脑极不发达,根本不可能思考如此抽象、如此高深的问题。同时猿人对恶劣的自然环境尚很难适应,摆在他们面前的严重课题是如何适应环境以维系生命,而不是怎样做人、怎样做一个理想的人,怎样有目的地从事改造社会的问题。

雷祯孝同志是将远古神话的出现作为原始社会初期人才思想萌芽的依据。他说:“中国远古神话的出现,正说明人才思想萌芽了。”“神话传说中的人才思想,为先秦人才思想的发展奠定了人才概念的基础。”①

诚然,神话是人类社会童年的产物,神的世界是人的世界的投影,神话反映了古代人们对于世界的一种幼稚认识,一种对超自然力量的信仰。但是神话的出现并不能说明人才思想的幼芽在原始社会初期已经萌发,因为神话并不是从地球上开始出现人类时就有的。它是人类发展到一定阶段,具有一定的思维能力(特别是想象力)之后才创作出来的。中国远古神话的创作时间不早于原始社会后期,而一直延续至夏、商、西周三代。“神话记录的时间相当长,从东周到魏晋六朝,经过了一千多年,这当中不用说又盖上了时代的烙印和记录者个人的烙印”②。总之,远古神话的一部分实际上是后来生活在阶级社会的人们创作的。另一部分虽然创作于原始社会后期,但记录的时代却晚得多,难免打上记录者所处时代环境的烙印。因而,远古神话所反映的就不一定是或不完全是原始社会的存在和意识。即使其中的确包蕴着某些人才思想的内核,也不足以成为原始社会初期存在人才思想萌芽的依据。

雷祯孝同志还说“神话传说中的人才思想不仅有了神的概念,而且有了对神的分类”,即人类始祖类、人民领袖类、为人民兴利除害类、追求光明类等。③显而易见,雷祯孝同志是将神的分类作为人的分类,将神的概念作为人才概念。但是神正是在生产力和科学技术非常低下,人们对自然现象尚无能为力的情况下出现的。它反映了人类对自身的主观能动性没有认识,反映了人对超自然力的迷信。而人才思想是人类逐渐摆脱对神的迷信,逐渐认识到人对自然、社会的作用,是对人类自身和人的主观能动性的认识逐渐深化的产物。因而不能将

① 雷祯孝:《中国人才思想史》第一卷,中国展望出版社,1986,第29~31页。
② 袁柯:《中国古代神话》,中华书局,1960,第24页。
③ 雷祯孝:《中国人才思想史》第一卷,中国展望出版社,1986,第31页。

神的概念当作人才概念，也不能将神的分类等同于人的分类。而且上述对神的分类并不是生活在原始社会的古人的划分，而是生活在公元20世纪80年代的今人（雷祯孝同志）的划分。因此，这些神的概念和神的分类对说明原始社会初期存在人才思想是毫无助益的。

此外，学术界还有一种观点，认为古代人才思想萌芽于原始社会末期。如李树喜同志认为，在原始社会“萌发了人才思想的幼芽”，存在着“选贤与能”“禅让贤才”的制度。① 乔卫平同志也认为：“‘选贤任能’是西周以前就比较盛行的观念。相传在尧舜时代，就有‘四岳荐贤’、‘三载考绩，三考黜陟幽明’的选举传统。”②总之，他们认为在原始社会末期存在着选贤任能的人才思想。对这种观点，我也不敢苟同。

古文献记载的一些传说是原始社会末期存在人才思想论者的主要依据。神话逐渐演进，作为神话里的主人公神渐近于人性。叙述这渐近于人性的主人公神的事迹的，就是传说。但是传说是后人对于前人事迹的代代口头传授，其内客难免掺杂着不少后人的东西，致使传说的事迹失实。例如：“古书中有关黄帝的传说特别多，如用玉（坚石）做兵器、造舟车弓矢，染五色衣服，嫘祖（黄帝正妻）养蚕，仓颉造文字，大挠做干支，伶伦制乐器……这些传说多出于战国、秦汉时学者的附会。”③对这些传说，我们是不能轻易相信的。

《尚书·尧典》的确记载着“四岳举荐”“尧舜禅让”等事迹。但是《尧典》在今文《尚书》中属于晚出的篇章，其中所反映的不全是传说中的尧舜时代的思想和制度。如《尧典》里记载的当时实行“三载考绩、三考黜陟幽明”的制度，就显然不符合历史实际。试问，禅让时代尚未进入阶级社会，作为国家机器的一部分的官僚队伍尚未形成，怎么可能出现对官吏政绩的考核和黜陟制度呢？考绩黜陟制度是法家倡导的制度，它不可能早于春秋、战国时期。同时《尧典》中还记载有“敷奏以言、明试以功、车服以庸”，这种功劳舆服制度也只能是阶级社会的产物，它与原始社会无关。总之，我们不能把《尚书·尧典》中的记载不加分析，尽视为原始社会末期的信史。

---

① 李树喜：《中国人才史稿》第一章，河北人民出版社，1984。

② 乔卫平：《略论西周的选士制度》，《人文杂志》1984年第3期。

③ 范文澜：《中国通史》第一册，人民出版社，1978，第17页。

原始社会存在人才思想论者的另一个依据就是孔子的一段话。《礼记·礼运》载孔子言:“大道之行也,天下为公,选贤与能,讲信修睦。”论者认为,所谓大道之行,天下为公,就是指无阶级、无私有财产的原始社会;所谓选贤与能,就说明当时存在着人才思想。我们认为,《礼记》成书于战国至汉代,即使其所载确系孔子所言,也只能是春秋后期处于阶级社会的思想家对一种无阶级的共产主义社会的憧憬,而不是原始社会的信史。

我们不否认,原始社会后期存在着推举部落首领的现象。在我们今人看来,这些部落首领,也可以说是当时的人才。但是人才思想是对人才问题的一种理性认识,原始社会后期的人们对推举部落首领的现象尚难以上升为理性认识。中国古代所谓人才主要是指治国牧民的政治人才,人才思想是政治思想的一部分,因而在阶级社会才会出现。

我们认为,人才思想是人类自身发展到一定阶段才出现的,人才思想的萌芽是需要一定的社会历史条件的。而这些条件在原始社会尚不具备。原始社会的社会组织主要以血缘为纽带,包含着一种亲亲的精神,到原始社会末期这种血缘纽带才稍有松动。原始社会的人们对自然力还相当迷信,对人的主观能动性尚没有什么认识,对人的社会属性的认识又极为肤浅,因而人才思想不可能在原始社会萌芽。从现有的材料来看,人才思想萌芽的历史条件大约在商代时开始初步具备。

二

人才思想的萌芽与发展变化都需要一定的社会历史条件。中国在夏代开始设官分职,出现了官僚队伍,出现了选择任用官员的实践,夏代人们对人类自身的认识也比原始社会的人们要深一些,人才思想也应在此时萌芽。但是由于时代过于久远,夏代的史料我们今天基本上见不到,因而不敢妄言。从古文献和文字(甲骨文和金文)材料看来,在商代人才思想萌芽的历史条件已经具备。

大量精美的青铜器的出现是商代生产力发展的主要标志。它反映了当时科学技术的进步,说明人们认识和利用自然的能力的增强。在这种情况下,人们对超自然力的迷信逐渐淡薄，开始对人的主观能动作用有所认识。这是人才思想萌芽的必要条件之一。

商代除存在以血缘为纽带的部落外，还出现了不少以地域为特点的方国。这样，建立在血缘组织基础上的传统的亲亲观念就被打开了缺口，人才思想的萌芽才有了可能。

到了商代，官僚队伍的出现已有数百年。商王已有选择辅佐大臣协助自己治理国家的习惯，如商汤选用仲虺和伊尹，太戊以伊陟、巫咸为辅相，祖乙之选用巫贤，武丁任用甘盘和傅说。这种选用辅弼大臣及选用其他官僚的实践，必然会使当时的统治者意识到用人得失对其统治的重大影响，使之对人的认识、选择和任用逐渐从实践上升为思想，导致人才思想的萌芽。

商代后期的人们已经将人分为若干种类。在甲骨卜辞中，出现了不少"人"字，其中有的冠以定语特指某种人。如"雀人刍于教"(《甲》206)、"王令戈人饮"(《乙》2438)。卜辞中称谓人的文字已比较丰富：如在亲属关系方面，有祖、父、母、考、妣、伯、叔、兄、弟、夫、妻、妇、妾、子、男、女、孙等；在人的年龄方面，有大、小、老、幼等；在人的身份地位方面，有君、王、公、官、臣、妃、奴、婢等。它反映了商代人对人际关系认识的深入。

特别需要提出的是，商代已经出现了不少关于人的行为和资质方面的词语。甲骨文中有"臤"字，或为"賢"(即贤)字的初文。《尚书·君奭》曰："在祖乙时，则有若巫贤。"说明贤字在商代后期已经出现。《尚书·盘庚》中有"德"字。史界多认为《盘庚》篇是商代遗留下来的真文件，其文字经过西周人加工。从西周时期"德"这个概念已被普遍使用来看，"德"字在商代中期出现是完全可能的。"孝"字在卜辞中仅有一见，作为地名。但是商王武丁之子祖己，古文献又称孝己。所以孝字在商代后期也已出现。除以上所述之贤、德、孝外，商代还出现了明、弟、美、敏、义、俊等表示人的资质和行为的词语。

总之，商代人能将人分为若干种类，对人际关系的认识逐渐深入。表示人的资质和行为的词语开始出现。这些，反映了商代人对人类自身的认识特别是对人的社会属性的认识的深化。这也是人才思想萌芽的一个必要条件。

商代人才思想萌芽的条件既已具备，于是就出现了人才思想的萌芽。《尚书·多士》曰："乃命尔先祖成汤革夏命，俊民甸四方。"俊民即人才，甸就是治理。《尚书·立政》言夏代有"三宅"，商代有"三宅三俊"。关于三宅三俊，王安石在其《新经义》中注释的是："三宅谓有常伯、常任、准人之位，三俊谓有常伯、常任、准人之才。"意思是说，夏代有了常伯、常任、准人等官职，商代继续设立这些官职，并且有了担任这些官职的人才。西周初，人言商代有"俊民"和"俊"，用他们来治理朝廷和地方，似大体可信。因而我们认为，俊（俊民）是商代也是迄今我们所知的最早的人才概念，中国古代人才思想在商代确已萌芽。

三

什么是中国最早的人才思想？换言之，什么是萌芽阶段的人才思想？它有什么特点？也是一个亟待辨明的问题。

学术界一些人认为，中国古代的人才思想就是选贤任能，从原始社会经奴隶社会、封建社会，一直延续到今天的社会，万古不变。这是一种简单化和形而上学的观点，它否认古代人才思想有一个萌芽、发展、变化的过程，否认人才思想的萌芽、发展、变化要有一定的社会历史条件。这种观点也是与历史实际相违背的。

中国进入封建社会以后的人才思想我们姑且不论，就奴隶社会的人才思想而言，不少人即以"选贤任能"概括之，认为中国最早的人才思想，或者说萌芽阶段的人才思想，就是选贤任能的思想。如乔卫平同志认为"'选贤任能'是西周以前就比较盛行的观念""西周提出'敬天保民'的德命思想，'选贤任能'是这一思想的重要组成部分"①。我们认为，这种观点也有商榷的必要。

首先，我们认为，商、西周时期用人主要是亲亲贵贵，选贤任能的思想在当时并不盛行。在成篇于西周的《尚书》篇章中，我们看不出选贤任能思想的存在。《尚书·盘庚》曰："古我先王，亦惟图任旧人共政。迟任有言曰：'人唯求旧，器非求旧，唯新。'"此处所谓"旧人"，即《尚书·微子》篇所言之"旧有位人"，也就是旧贵族。可见商代用人，主要是选取旧贵族，而不是选贤任能。《尚书·牧誓》声讨商王时之罪状，其一是"昏弃厥遗王父母弟不迪，乃维四方之多罪逋逃，是崇是长，是信是使，是以为大夫卿士。"《诗·大雅·荡》亦云："匪上

① 乔卫平：《略论西周的选士制度》，《人文杂志》1984年第3期。

帝不时,殷不用旧。”商王纣多少打破了商代用亲用旧(贵族)的用人传统,即受到周初统治者的谴责,并把不用亲、旧说成是商王朝灭亡的原因。可见,从商代至西周,用人主要是用亲和用旧贵族,选贤任能思想并不盛行。

其次,从文字训诂方面看,贤能等概念在商、西周尚未完全形成。“贤”字虽然可能在商代出现,但直至西周,尚未表示人的才能,更没有形成贤人的概念。《诗经》中仅两处出现贤字:一是《大雅·北山》云:“大夫不均,我从事独贤。”此“贤”字表示多劳;二是《小雅·行苇》云:“舍矢既均,序宾以贤。”此“贤”字言射箭多中。可见,贤字在西周时尚多用于比较,表示多、胜、愈,而不明确表示才能。贤字明确表示人的才力,是春秋时事。《国语·齐语》记载:齐“桓公又问焉,曰:‘于子之乡,有拳勇股肱之力秀出于众者,有则以告,有而不以告,谓之蔽贤。’”《国语·晋语九》记载:“少室周为赵简子之右,闻牛谈有力,请与之戏,弗胜,致右焉。简子许之,使少室周为宰,曰:‘知贤而让,可以训矣。’”《管子·法法》曰:“使贤者食于能,志士食于功。”可见“才能”在春秋时方用来表示人的能力出众,成为人才概念。

“才”字见于甲骨文,用作“在”;也见于周金,用作“在”或“哉”。《说文》曰:“才,草木之初也。”可见,“才”字表示刚出土的草木幼芽,在商、西周时期尚作“在”或“哉”使用,其转指人的才能,则要晚些。

“能”字表示人的能力,也比较晚。在古老的典籍《尚书》与《诗经》中,基本上用“克”字表示能够之意。唯《小雅·桑柔》云:“谁能执热,逝不以濯。”始用能字表示能够。《说文》曰:“能,熊属,足似鹿,从肉,以声。”可见,“能”最初是一种动物的名称,在西周时尚未普遍用来表示能够之意,更谈不上表示人的能力了。

总之,商、西周时期贤能等人才概念尚未形成,当时用人的原则主要是亲亲贵贵,贤能思想尚未出现,更谈不上盛行。那么,商、西周时期的人才思想是什么呢?

商代出现了“俊”“俊民”等人才概念,出现了以俊(俊民)治理朝廷和地方事务的人才思想,已如上述,此处不赘。西周继承了这种思想。如《尚书·君奭》曰:“其汝克敬德,明我俊民。”《尚书·立政》亦曰:周“文王、武王克知三有宅心,灼见三有俊心”。近人曾运乾《尚书正读》释曰:“克知三有宅心,言能知事、牧、准三宅之心,而使在官;灼见三有俊心,言明事、牧、准三俊之心,而不失其实也。”也就是说周文王、武王能够识别、任用可以担任事、牧、准等官职的人才。

西周除承袭商代俊(俊民)这一人才概念外,还出现了其他一些新的人才概念。如:

吉士、吉人。《诗·大雅·卷阿》云:“蔼蔼王多吉士。”《尚书·立政》曰:“其惟吉士,用勉相我国家。”《尚书·吕刑》曰:“罔择吉人。”

善人、良、良人。《诗·大雅·板》云:“威仪卒迷,善人载尸。”《诗·大雅·桑柔》云:“维此良人,弗求弗迪。”《诗·小雅、十月之交》云:“四国无政,不用其良。”

髦士。《诗·大雅·棫朴》云:“髦士攸宜。”

恭人。《诗·大雅·抑》云:“温温恭人,维德之基。”

圣人。《诗·大雅·桑柔》云:“维此圣人,瞻言百里。”

哲人。《诗·大雅·抑》云:“其惟哲人,告之话言,顺德之行。”《尚书·大诰》曰:“爽邦由哲。”

“善”,《说文》释为“吉”,与“义”“美”意同。“髦”也是美,“良”即为善。因此,西周的人才概念可以用吉士(善人)来概括,它们是从商代的“俊”发展而来。因而商、西周的人才思想是以俊与吉士(善人)为核心的。

何谓“俊”?我们先说前人对“三俊”的解释。《尚书》(伪孔传)释曰:“能用刚、柔、正直三德之俊,言明德。”可见,汉代学者认为三俊就是《尚书·洪范》所言之刚、柔、正直三德。我们觉得,“三俊”虽不一定确指具有刚、柔、正直三德之人,但是“俊”确系就德行而言似无问题。《尚书·立政》言商汤“克用三宅三俊”之后,紧接着言商纣“敷惟羞刑暴德之人,同于厥邦;乃惟庶习逸德之人,同于厥政”。显然是将商汤用有德之人和商纣用无德之人加以对比。因而“俊”确实是指有德之人。杨筠如《尚书核诂》亦曰:“俊,谓诚有其德。”因而,俊(俊民)是指有美德之人。

西周的人才概念较多,但就实质而言可分为两大类:一是以德行论人,如吉士(吉人)、善人、良人(良)、髦士、恭人、圣人等;二是以资质论人,如哲人。由此可知西周的人才概念以德行方面居多,关于人的资质才能方面的概念很少。

综上所述,我们认为,中国古代人才思想萌芽于商代,中国最早的人才思想,也就是萌芽阶段(商代)乃至西周的人才思想是以俊、吉士(善人)为核心的人才思想,注重德行是当时人才思想的主要特点。以注重人的才能为特点的贤能思想在当时尚未出现,更谈不上盛行。贤能思想出现于春秋时期,盛行于战国时期。

（原载《中州学刊》1988 年第 6 期）

西周人才思想刍议

西周时期是中国奴隶社会的鼎盛期，也是古代人才思想得以初步发展的时期。深入研究西周时期的人才思想，将对我们正确认识奴隶社会的人才思想大有助益。本文拟分析西周人才思想的本质和特点，并阐述西周的社会历史条件对人才思想发展的影响和制约。刍荛之议，难免疏谬，诚望方家赐教。

一

西周人才思想从本质上讲是一种什么思想，它的主要特点是什么？这是一个需要首先辨明的问题，学术界有些同志认为西周人才思想是选贤任能思想。乔卫平同志说："西周提出'敬天保民'的德命思想，'选贤任能'是这一思想的重要组成部分。"①雷祯孝同志也写道："西周统治者在社会实践中采取了自下而上层层选拔贤能的制度。"②我认为，这种观点是不合乎实际的，理由如下：

其一，从西周时期的人才概念看来，当时的人才思想是一种任用"吉士善人"的思想，注重人的德行是其主要特点。

什么样的人属于人才，是人才思想的一个基本问题。西周时期随着对人自身社会属性认识的逐渐深化，在当时的人物臧否中，出现了许多褒美人物的概念，这些概念多属于人才概念。现分类简述如下：

第一类：俊（俊民）、髦士、彦。俊（俊民）是商代出现的概念，西周继续沿用。俊、髦、彦均表示美，字异而义同。首先，我们来分析"俊"的含意。《尚书·

① 乔卫平：《略论西周的选士制度》，《人文杂志》1984年第3期。
② 雷祯孝：《中国人才思想史》第一卷，中国展望出版社，1986，第33页。

立政》在言及商汤“克用三宅三俊”之后，紧接着说商纣“敷惟羞刑暴德之人，同于厥邦；乃惟庶习逸德之人，同于厥政”，显然是将商汤用有德之人与商纣用无德之人加以对比。因而“俊”应指有美德之人。杨筠如《尚书核诂》曰：“俊，谓诚有其德，可谓得其旨。”可见，俊、髦、彦等概念对人的赞美，主要不是仪表，而是德行。俊（俊民）、髦士、彦均指德行佳美的人才。

第二类：吉士（吉人）、善人、良人、义民。西周时人以能以德事神为吉。“善”，《说文》释为“吉”，与“义”“美”义同。“良”即“善”。可见，吉、善、良、义均表示德行佳美。因而吉士（吉人）、善人、良人、义民均指有美德善行者。

第三类：君子、成人、价人、恭人。君子多称贵族，成人多指年龄较大者，但二者有时也指德高行美者。《诗·大雅·思齐》云“肆成人有德”，就是适例。价人，系大德之人；恭人，则是具有“恭敬”这一美德的人。

第四类：圣人、哲人、智（者）。“圣”有通达明智之意；“哲”即明智。圣人、哲人、智者均指明智之人。

此外，西周还直接以“人”“士”作为人才概念，兹不赘述。

总之，西周时期流行的人才概念虽多，但就实质而言，无外乎两个方面：一是指德行善美者；一是指资质明智者。西周的人才概念，以德行方面的居多，资质方面的较少。因而西周的人才思想，概括起来说，是一种任用吉士善人的思想。

在关于人才所必备的素质方面，西周时期主要强调德行、智慧二项。

西周统治者对士人德行的要求是多方面的，但是首要的是孝友。孝是敬事祖先神和敬养父母的原则，兄弟之间则应友好相处。《诗·大雅·下武》云：“永言孝思，孝思惟则。”《诗·太雅·皇矣》云：“因心则友，则友其兄。”要之，孝友是处理家族关系的准则，也是士人必须具备的品德。

在人的气质方面，西周时期有“三德”的说法。《尚书·吕刑》曰：“惟敬五行，以成三德。”所谓三德，当如《尚书·洪范》所释：“三德，一曰正直，二曰刚克，三曰柔克。”可见，当时的人已经认识到，人的气质可分为三类：正直，即中平公正者；刚克者，毗于刚；柔克者，偏于柔。人的质性虽然有所不同，但理想的人才是具有各种良好德性的人。如《诗·大雅·嵩高》云“申伯之德，柔惠且直”，赞颂申伯兼具柔惠、正直二种美德。《诗·大雅·烝民》云：“维仲山甫，柔亦不茹，刚亦不吐，不侮矜寡，不畏强御。”可见，为人正直、刚柔兼济、不欺软怕硬，才是政治人才应具有的品德。

此外，由于西周时期选拔人才旨在充任官职，行政理民，因而要求士人勤勉、不图安逸，对职事敬慎、不懈怠、不暴虐、慎刑罚、不贪婪等。

西周时期对人才资质方面的要求，主要是明智。《尚书·大诰》曰"弗造哲迪民康"，又曰："爽邦由哲。"就是说，只有明哲智慧的人执掌政务，方能使人民安康，国家治理。

当时人已经认识到，人们先天的资质虽然有明智和愚昧之别，但也不是不可改变的。《尚书·多方》曰："惟圣妄念作狂，惟狂克念作圣。"就是说，资质明智者不深思熟虑也会变得愚狂，愚狂者认真思考也可变为明智。智与愚在一定的条件下可以相互转化，于是对人进行教育培养以提高其素质就有了可能性和必要性。

《尚书·酒诰》曰："在昔殷先哲王，畏天显小民，经德秉哲。"所谓经德秉哲，就是既德行善美，又能明哲智慧。可见，西周时人也已认为，德行与资质兼佳，方为全面发展的人才。但是西周时人对人的素质的要求，显然是注重德行。

总之，西周的人才概念以德行方面的居多，资质方面的较少，西周时人对人才素质的要求也明显注重德行。因而注重德行，是西周人才思想的主要特点。

其二，贤才、贤能等人才概念在西周时期尚未出现。

为了说明问题，有必要考察一下贤才、贤能概念的形成过程。"賢"(今简化为贤)，在今文《尚书》中仅一见，即《君奭》篇曰："在祖乙时，则有若巫贤。"若此说可信，贤字在商末当已出现。西周铜器有《贤簋》，可见贤字在当时已用作人名，其字意无从考察。在周代的《诗经》篇章中，仅两处出现贤字：一是《大雅·行苇》云："敦弓既坚，四鍭既钧。舍矢既均，序宾以贤"；另一是《小雅·北山》云："大夫不均，我从事独贤。"前者言射箭多中，后者言多劳。可见，贤字在西周时期多用于比较，表示多、胜、愈，而没有明确表示人才。

"才"字始见于商代甲骨，用作"在"。又见于西周金文，用作"在"或"哉"。如《善鼎》曰"王才宗周"，即"王在宗周"。《师訇簋》言"哀才"，即"哀哉"。《说文》曰："才，草木之初也。"可见，"才"字在西周作为"在"或"哉"使用，而不表示才能和人才。

在西周的文献和金文中，多用"克"字表示能够之意。如《尚书·多方》曰"尔克敬"，《井人钟》曰"克哲乐(厥)德"，就是适例。《诗·大雅·卷阿》云"柔远能近”，此处“能”字表示“顺习”之意。唯有《诗·大雅·桑柔》云“谁能执热，逝不以濯。其何能淑，载胥及溺”，始用“能”字表示能够之意。《说文》曰：“能，熊属，从肉，以声。”总之，“能”最初系一种动物名称，西周后期方用来表示“能够”之意。能字在西周时期尚未明确表示人的能力。

据《国语·齐语》记载，齐桓公问曰：“于子之乡，有拳勇股肱之力秀出于众者。有则以告。有而不以告，谓之蔽贤。”《国语·晋语九》亦记载：“少室周为赵简子之右，闻牛谈有力，请与之戏，弗胜，致右焉。简子许之，使少室周为宰，曰：‘知贤而让，可以训矣。’”可见贤字在春秋时期方明确表示人的才力出众。《孟子·告子》记载，在葵丘之会上，齐桓公再命诸侯曰：“尊贤育才，以彰有德。”《说文》释曰：“贤，多才也。”总之，贤才、贤能等概念的形成，不早于春秋时期。因而在春秋之前的西周时期是不可能出现贤能思想的。

其三，西周社会是一个注重德行的社会，在重德行的社会里不可能盛行以注重才能为特点的贤能思想。

西周统治者主张以德“敬天”，以德“保民”。其政治思想可以说是一种“德政”思想。这种注重德行的政治思想必然对人才思想产生较大影响。

西周时期的人物臧否，主要是评论德行是否善美。如《诗·豳风·破斧》云：“哀我人斯，亦孔之嘉。哀我人斯，亦孔之休。”嘉和休表示善美，就是德行善美。《诗·大雅·假乐》云：“假乐君子，显显令德。宜民宜人，受禄于天。”不仅赞颂君子德行之美，而且说这种美德之人任职对人民是有益的。

《诗经》中的一些篇章表现了人们对德行善美者的敬仰和爱戴。如《大雅·烝民》云：“民之秉彝，好是懿德。”《大雅·民劳》云：“敬慎威仪，以近有德。”尊敬有德者当是西周时期的社会风气。

西周统治者从实行“德教”和“善政”出发，主张任用有德之人。《尚书·多士》曰“予一人唯听用德”，就是此意。《诗·大雅·抑》云：“回适其德，稗民大棘。”意思说，德行邪恶的人任职是要祸国殃民的。《尚书·吕刑》曰：“非佞折狱，惟良折狱。”即执法办案，不靠口才辩给，而靠品德善良、为人正直。

综上所述，我们认为，西周时期的人才思想，不是以注重人的才能为特点的选贤任能思想，而是任用吉士善人的思想，它是以注重人的德行为主要特点的。

二

近年,学术界在研究先秦时期人才思想时,存在着一种脱离具体社会历史条件,将每个朝代的人才思想拔高,从而将人才思想发展历史提前的倾向。这在西周时期人才思想的研究中也有所表现。如雷祯孝同志就认为,西周时期存在着“上(同“尚”)贤”的人才思想和社会实践,出现了我国第一首人才诗和“人才”这一概念①。这种观点是不符合历史实际的。这种错误结论的引出,有两个原因:一是在史料的使用上不够慎重,将春秋战国乃至汉代的文献材料误认为西周时期的文献材料;二是对西周社会历史缺乏深入的了解,忽视了当时社会历史条件对人才思想发展的影响和制约。

雷祯孝同志认为西周时期存在着“上贤”的人才思想和社会实践,主要依据是《礼记》和《周礼》。他认定“《礼记》中记载的‘上贤’的情况则是西周的事”,提出了两条理由:一是“据《汉书·艺文志》称,《礼记》是从孔子宅中发现的,也许经孔子编改过,成书当在孔子之前”;二是“从整个记载看,当时的国家是统一的,权力比较集中,所以应在东周以前,起码在春秋以前”②。我们认为,这两条理由都是不足为据的。因为现行的《礼记》是由西汉礼学家戴圣编成的。即使在孔子之前已有礼书,孔子曾加以改编,后来人们在他的住宅中发现,那么这本书也已被秦始皇焚书时所毁,戴圣的《礼记》是不会与之相同的。另外,战国时期的儒家是主张大一统的,秦汉时期是国家统一、中央集权强化的时期。《礼记》中表现的国家统一、权力集中的情况,为什么不是战国时的大一统思想和秦汉的社会现实,而一定是西周的情况呢?

关于《礼记》与《周礼》,学术界一般认为是春秋战国至秦汉时期的著作。如李宗邺著《中国历史要籍介绍》一书所说:《礼记》“据《汉书·艺文志》说是七十子后学所记的,汉戴圣传述的”,认为是战国至汉代的书。宁梦辰等著《史书

---

① 雷祯孝:《中国人才思想史》第一卷,中国展望出版社,1986,第248~249页,第229~231页。

② 雷祯孝:《中国人才思想史》第一卷,中国展望出版社,1986,第248~249页。

概览》也写道:《礼记》“所记录的是战国秦汉间儒家的思想言论,主要是礼制方面的思想言论所构成的论文集”。关于《周礼》一书“可以肯定说是春秋战国间的著作”。既然《礼记》和《周礼》是春秋战国至秦汉时代的著作,反映的是这一时期儒家的思想言论,如果以它为依据,说明西周一代的人才思想,怎么能得出正确结论呢?

雷祯孝同志还提出,西周时期出现了中国第一首人才诗,出现了“人才”一词。他写道:“毛诗卷《诗经·小雅·菁菁者莪》中第一首诗为:

菁菁者莪,

乐育材也。

君子能长育人材,

则天下喜乐之矣。

这便是中国第一首人才诗,也是‘人才’(古‘才’与‘材’通用)一词的最早出处’。”[①]明眼人不难看出,雷祯孝同志所引“诗句”其实不是诗,更不是《菁菁者莪》诗篇的原文,而是《毛诗序》之文。《毛诗序》出于汉代儒生之手,不过是汉儒对《诗经》含意的一种解释。雷祯孝同志不察,公然将汉儒撰写的《毛诗序》中的文字作为周代的《诗经》文字,并且以此为根据,断言西周时期已出现“人材”一词,又无根据地断言“古代‘材’与‘才’通用”,从而引出西周出现了“人才”这一概念,岂不谬哉。

对某一历史时期人才思想的评论和估量是否确当,除与运用史料的可靠与否有关外,还与对该时期的社会历史条件认识的正确与否有关。因为我们在分析一个社会问题时,必须把它置于一定的历史范围之内。“脱离具体的历史环境来提问题,就等于不懂得辩证唯物主义的起码要求。”[②]我们研究西周人才思想,首先要深入正确地了解西周社会。

《商君书·开塞》篇从政治思想角度,将战国及其以前的中国历史分为三段:即“上世亲亲而爱私,中世上贤而说仁,下世贵贵而尊官”。战国时人对古史的这种认识,尚大体符合历史实际。但上、中、下世具体指什么时代,却没有明言。雷祯孝同志说:“这中世,看来就是指西周的上贤政策的实践了。到了下

---

① 雷祯孝:《中国人才思想史》第一卷,中国展望出版社,1986,第32页。

② 《列宁选集》第二版第一卷,人民出版社,1972,第673页。

世，也即春秋战国时期，以权贵为贵，以官大为尊，使贤无用，所以才有诸子百家倡导举贤才的思想运动。”要之，雷祯孝同志认为西周时期是“上贤而说仁”的“中世”。我们认为，这种观点也是值得商兑的。

首先，春秋战国时期的思想家言必称三代（夏、商、西周）或三王（夏禹、商汤、周文武），认为夏、商、西周三代的圣王实行的是“王道”，而春秋时期实行的是“霸政”，从来不把西周与夏、商分开，因而《商君书》的作者不大可能将夏、商作为上世，将西周作为中世。其次，“仁”字在成篇于西周的《尚书》《诗经》篇章中尚不曾见到。“仁”的概念始见于《左传》，普遍见于《论语》《孟子》，因而“仁”的思想出现和流行于春秋时期。从西周的敬天保民思想中虽然可见仁政思想的端倪，但仁政思想在西周尚未真正形成。尊贤的观念形成于春秋时期，尚贤则是战国初墨家始倡的。再次，西周实行宗法制和分封制，宗族组织以血缘为纽带，宗法分封制和夏禹的传子“家天下”一脉相承，贯串着“亲亲而爱私”的精神。因而我们认为，与其说西周社会是“尚贤而说仁”的社会，不如说是“亲亲而爱私”的社会。

诚然，西周社会为人才思想的发展提供了条件。周国本是僻居西方的小邦，灭商后需要统治广袤的土地和众多的人民，必须强化国家机器。随着科学技术与生产力的进步，周统治者对天命迷信逐渐减轻，对人事和人的主观能动性日益注重。他们认识到，要巩固自己的统治，必须“保民”。而要保民，就得行善政，就需要大批优秀人才充任官职。这就为人才思想的发展提供了必要性。复杂尖锐的阶级斗争和民族斗争的实践使西周统治者逐渐发现了人民的力量，他们认识到民情可以作为政治得失的鉴镜，开始注意体察民情。处理宗族关系的实践加深了人们对人类自身和人际关系的认识，人们逐渐对人进行分类，并加以褒贬。对人分类的细密，人的褒贬和人的德行资质方面概念的丰富，反映了西周时人对人的社会属性认识的深化，这就为当时人才思想的发展提供了可能。

但是，我们不能只看到西周历史条件对当时人才思想发展的促进，而忽视它对人才思想发展的束缚和制约。西周的封君多为周王的子弟同姓，重要的官职又由旧贵族世袭。宗法制的基本原则是亲亲贵贵，它反映到用人上，也要区别亲疏贵贱，关系疏远和出身卑微的人得不到教育和任用，这就把用人局限在一个较小的范围内。西周用人主要是任亲用旧，所谓旧，就是旧贵族。《尚书·

牧誓》言商纣之罪状，其一就是“昏弃厥遗王父母弟不迪，乃惟四方之多罪逋逃，是崇是长，是信是使，是以为大夫卿士”。《诗·大雅·荡》亦云：“匪上帝不时，殷不用旧。”这充分说明，西周统治者是主张任亲用旧的。由于西周政治制度和政治思想的束缚，当时人才思想的发展是缓慢的。

西周人才思想的发展水平并不高，并且存在着许多局限性。当时的人才思想尚未完全摆脱天神信仰的影响，所谓吉士善人本身即带有不少迷信色彩。西周时期的人才概念比较丰富，但大多数概念使用时间很短，封建社会中长期使用的贤、才、能等概念，在当时尚未出现。今人一般认为，构成人才的要素有德、才、学、识、体等，其中德、才两项是最基本的要素。西周时期对人才要素的认识，仅涉及德、智这两个方面，而且时常将人的智慧混杂于道德观念中，作为一种行为准则看待，不单独作为一种人才要素。《诗·大雅·皇矣》云“不识不知，顺帝之则”，反映了当时人对学、识的轻忽。才能是人才的基本要素，当时人对之似无所认识。西周人心目中的人才，主要是政治人才，即所谓官材。因而西周人才思想仍然是政治思想的一部分。

总之，我们认为，与其说西周是“尚贤而悦仁”的社会，还不如说是“亲亲而爱私”的社会。西周的社会历史条件虽然为人才思想的发展提供了可能，但其政治制度与政治思想又对人才思想的发展有所束缚和制约，因而当时的人才思想发展缓慢，水平也不高，存在着不少局限性。不可脱离历史实际，将其估计过高。

（原载《中州学刊》1990年第5期）

试论子产的社会和谐思想

中国古代的传统文化中存在着丰富的和谐思想。早在西周春秋之际，就有所谓的“和同”之辩。据文献记载，史伯在回答郑桓公发问时指出，先王务“和同”，和五味以调口，和六律以聪耳，又使百姓“和乐如一”，而周幽王却“去和而取同”。因此史伯预言西周王朝必将衰亡。他说：“夫和实生物，同则不继。以他平他谓之和，故能丰长而物归之。若以同裨同，尽乃弃矣。”①“和”可以包含着事物的多样性，甚至是矛盾的双方，即所谓“和而不同”；同时从自身内部方面看，“和”又蕴含着发展变化的内在可能与因素，即所谓“和实生物，同则不济”。不同的事物互相结合才能产生万物，如果事物之上加上相同的事物，不仅不能产生新的事物，而且一切就会变得平淡无奇、没有生机。

子产（？—前522），又字子美，名侨，系郑穆公之孙、司马子国之子，人称公孙侨，卒谥成子，是春秋时期著名的政治家、思想家。他出身于郑国贵族，自幼受过良好的诗礼教育，学问博洽。郑简公十二年（前551）出任郑国的卿官——少正，开始其政治生涯。又于郑简公二十三年（前543）担任郑国执政，前后历时20余年。当时的郑国“国小而偪，族大宠多”，内外矛盾重重，极难治理，而子产却以“善相小国”著称。他在长期的政治实践中逐渐形成了一套社会和谐思想。这一思想对后世有较大的影响。

子产的社会和谐思想内容广泛，大体可分为国内政治的和谐，国际关系的和谐，以及人自身、人与人、人与自然的和谐等几个方面，下面分别述之。

---

① 《国语》卷十六《郑语》，上海古籍出版社，1988，第515页。

国内政治的和谐

统治者是施政的主体。一个国家的政治是否和谐有序，主要取决于统治者自身。在子产看来，要实现国家政治的和谐，统治者必须做到以下几点：

一、要有美德令名，行为不越规逾矩

子产曾托子西带书信于晋国的范宣子，信中写道："夫令名，德之舆也。德，国家之基也。有基无坏，无亦是务乎！有德则乐，乐则能久……恕思以明德，则令名载而行之，是以远至迩安。"①就是说，统治者要有美德、有好的名声、对民众宽恕，就会使远者至、近者安、社会和谐。子大叔曾向子产问政，子产回答："政如农功，日夜思之，思其始而成其终。朝夕而行之，行无越思，如农之有畔。其过鲜矣。"②就是说，统治者要思而后行。思虑要深远，行动不越轨，方会少犯错误，事业有成。

二、要节欲爱民，不犯众怒

子产问然明为政之道，然明回答："视民如子。见不仁者诛之，如鹰鹯之逐鸟雀也。"③子产对然明之言心悦诚服，并转告子大叔。说明子产同意视民如子、诛不仁者以保护民众的思想。

子孔执政当国时，为载书，以位序，听政辟。大夫诸司门子不顺从，子孔将诛之。子产加以劝阻，请为之焚载书，说道："众怒难犯，专欲难成……不如焚书以安众，子得所欲，众亦得安，不亦可乎？专欲无成，犯众兴祸，子必从之。"④子产讲述了"专欲无成，犯众兴祸"的道理，认为统治者要节制自己的欲望，不要激起众怒，以免引发群体事件，破坏安定和谐的局面。楚王曾问子产："然则吾所求者，无不可乎？"子产答道："求逞于人，不可。与人同欲，尽济。"杜注："逞，快也。求人以快意，人必违之。"⑤就是说，统治者不能将自己的愿望强加于人，不

① 《春秋左传集解》襄公二十四年，上海人民出版社，1977，第 1013 页。

② 《春秋左传集解》襄公二十五年，上海人民出版社，1977，第 1041 页。

③ 《春秋左传集解》襄公二十五年，上海人民出版社，1977，第 1041 页。

④ 《春秋左传集解》襄公十年，上海人民出版社，1977，第 873 页。

⑤ 《春秋左传集解》昭公四年，上海人民出版社，1977，第 1236、1238 页。

能为满足个人的私欲而损害人民的利益。而要与民同欲，想民之所想，急民之所急，事业才能成功。在此，子产指出“求逞于人不可，与人同欲则济”，阐述了治国必须照顾多数人的愿望和要求，从而得到民众拥护这一基本道理。

三、发扬民主，不独断专行

郑国人有游乡校以论执政的习惯，然明对子产说：“毁乡校，如何?”子产说：“何为？夫人朝夕退而游焉，以议执政之善否。其所善者，吾则行之。其所恶者，吾则改之。是吾师也。若之何毁之？我闻忠善以损怨，不闻作威以防怨。岂不遽止，然犹防川，大决所犯，伤人必多，吾不克救也。不如小决使道。不如吾闻而药之也。”①子产认为，人们发表不同意见是对政事的针砭，对统治者而言是治病的良药。统治者只能忠善以损怨，而不能作威以防怨。对不同的政治见解不能实行壅堵，只能进行宣导，这样社会才会安定和谐。

子产为政从不独断专行，而是谋划于众，择能而使。在郑国的大夫中，“冯简子能断大事。子大叔美秀而文。公孙挥能知四国之为，而辨于其大夫之族姓、班位、贵贱、能否，而又善为辞令。裨谌能谋，谋于野则获，谋于邑则否。郑国将有诸侯之事，子产乃问四国之为于子羽，且使多为辞令。与裨谌乘以适野，使谋可否。而告冯简子，使断之。事成，乃授子大叔使行之，以应对宾客。是以鲜有败事”②。在统治集团内部发扬民主，坚持集体决策，择能任使，不仅可保证算无遗策、行必成功，也使统治集团内部关系较为和谐协调，容易形成合力。与此同时，子产也认为行善政应该不恤人言，不随便改变法度。正确的原则、既定的政策，必须坚持不动摇。子产“作丘赋”后，遭到国人毁谤。子产说：“何害？苟利社稷，死生以之。且吾闻为善者不改其度，故能有济也。民不可逞，度不可改。《诗》曰‘礼仪不愆，何恤于人言’。吾不迁矣。”③子产认为，为善者不改其法度，事业才能成功。他这种“苟利社稷生死以，岂以祸福避趋之”的忠于国家的大无畏精神，是值得称颂的。

四、建立以礼、刑为核心的统治秩序

子产执政后，在郑国推行政治、经济改革，建立了一套社会秩序：“子产使都

---

① 《春秋左传集解》襄公三十一年，上海人民出版社，1977，第1164页。
② 《春秋左传集解》襄公三十一年，上海人民出版社，1977，第1163页。
③ 《春秋左传集解》昭公四年，上海人民出版社，1977，第1248页。

鄙有章，上下有服，田有封洫，庐井有伍。大人之忠俭者，从而与之。泰侈者，因而毙之。”①所谓“都鄙有章，上下有服，田有封洫，庐井有伍”，就是一种社会政治和经济秩序。但是这项改革遭到了晋国名臣叔向的批评。郑国铸刑书后，叔向使人带给子产一封书信，说道：“今吾子相郑国，作封洫，立谤政，制参辟，铸刑书，将以靖民，不亦难乎？”子产复信回答：“若吾子之言。侨不才，不能及子孙，吾以救世也。”②和谐的社会一定是有秩序的社会，建设和谐社会必须保持政局的稳定，社会秩序的良好必须实行礼制和法制。子产还认为，只有统治者遵守礼制和法令，社会秩序方能良好。郑国公族子南与子皙争妻，子产以为幼贱者有罪，于是执子南而数之，说：“国之大节有五，女皆奸之。畏君之威，听其政，尊其贵，事其长，养其亲，五者所以为国也。”③他认为，大臣畏君威、听其政、尊其贵、事其长、养其亲，是政治和谐的必要条件。

五、实行宽猛相济以求中和的政策

子产在弥留之际对子大叔说：“我死，子必为政。唯有德者能以宽服民，其次莫如猛。夫火烈，民望而畏之，故鲜死焉。水懦弱，民狎而玩之，则多死焉。故宽难。”这段话得到孔子的赞许，他说：“善哉，政宽则民慢，慢则纠之以猛。猛则民残，残则施之以宽。宽以济猛，猛以济宽，政是以和。《诗》曰……‘柔远能迩，以定我王。’平之以和也。又曰：‘不竞不絿，不刚不柔。布政优优，百禄是遒。’和之至也。”④子产认为，为政有宽、猛之分，行猛政易，行宽政难。有德者以宽服民，其次是猛。孔子对子产的思想进行了发挥，阐明了为政宽猛与政治和谐的关系，指出：政宽则民慢，慢则纠之以猛；政猛则民残，残则施之以宽。只有宽猛相济，以求中和，政治才能平和。

子产宽猛相济的社会和谐观念既是礼制传统的最高理想，也是从历史实践中抽象出来的普遍规律。在政治实践中如何处理德与刑、宽与猛的关系，子产在理论上强调以自然为法，在实践上主张以民为本。

总之，统治者在社会政治的和谐与否中起着主导作用。要实现社会的和谐，统治者必须做到：一要有美德令名，行为不越规逾矩；二要节欲爱民，不犯众

① 《春秋左传集解》襄公三十年，上海人民出版社，1977，第1147~1148页。
② 《春秋左传集解》昭公六年，上海人民出版社，1977，第1275~1276页。
③ 《春秋左传集解》昭公元年，上海人民出版社，1977，第1189页。
④ 《春秋左传集解》昭公二十年，上海人民出版社，1977，第1467页。

怒；三要发扬民主，不独断专行；四要建立以礼、刑为核心的统治秩序；五要实行宽猛相济、以求中和的政策。

国际关系的和谐

在春秋时期的中国，既有齐、晋、楚、秦等大国，也有郑、宋、鲁、卫、陈、蔡等许多小国。在当时大国兼并小国和大国之间争夺霸权的形势下，国与国之间的矛盾十分尖锐，国际关系面临极其紧张、复杂的局面。如何建立良好的国际秩序，使国家之间的关系趋于和谐，是摆在各国统治者面前的一个大问题。子产作为一个小国的执政者，在这个问题上发表了不少自己的见解，并运用于其外交实践上。

在大国和小国之间发生矛盾时，是大国顺应小国，还是小国顺应大国？子产主张大国应顺应小国。他说："大适小有五美：宥其罪戾，舍其过失，救其菑患，赏其德刑，教其不及。小国不困，怀服如归。""小适大有五恶：说其罪戾，请其不足，行其政事，共其职贡，从其时命。不然，则重其币帛，以贺其福而吊其凶，皆小国之祸也。"①他认为大国满足小国的愿望有"五美"，可以使"小国不困，怀服如归"。而小国满足大国的愿望则有"五恶"，会给小国带来祸患。子产又说："蔡小而不顺，楚大而不德，天将弃蔡以壅楚。盈而罚之，蔡必亡矣。"②他认为，要实现小国与大国之间关系的和谐，小国对大国要顺从，大国对小国要有德。

所谓大国有德，就是对小国要宽惠，适当减轻其贡献，使小国能够生存下去。子产曾经与霸主晋国争论郑国贡赋的等次，他说："昔天子班贡，轻重以列，列尊贡重，周之制也，卑而贡重者，甸服也……诸侯靖兵，好以为事。行理之命，无月不至。贡之无艺，小国有阙，所以得罪也。诸侯修盟，存小国也。贡献无极，亡可待也。存亡之制，将在今矣。"③他极力维护小国的利益与尊严，指出：

---

① 《春秋左传集解》襄公二十八年，上海人民出版社，1977，第1096页。
② 《春秋左传集解》昭公十一年，上海人民出版社，1977，第1340页。
③ 《春秋左传集解》昭公十三年，上海人民出版社，1977，第1382页。

诸侯之间结盟修好，就是要“存小国”。如果大国过于贪婪，小国贡献无已，不克负荷，灭亡会指日可待。这是一种竭泽而渔的做法，对大国而言是不可取的。

对于小国而言，则要善事大国。子皮要将郑国执政的职位传给子产，子产推辞说：“国小而偪，族大宠多，不可为也。”子皮说：“虎帅以听，谁敢犯子？子善相之，国无小，小能事大，国乃宽。”①子产同意子皮“小能事大，国乃宽”的说法，而且在与大国的交往中充分显示了他的智慧和外交才能，维护了郑国的利益和尊严。子产认为，小国事大国，态度必须谨敬，不能惰傲。有一次蔡侯自晋国返回途中路过郑国，郑伯设宴招待，蔡侯言行举止不谨敬。子产说：“蔡侯其不免乎……君小国事大国，而惰傲以为己心，将得死乎？若不免，必由其子。”②小国之君主如果对大国怠惰傲慢，就会招致祸患。

子产认为，小国要延续国祚，首先要靠君主有文德，靠国内政治的修明，社会关系的和谐。他说：“陈亡国也，不可与也。聚禾粟，缮城郭，恃此二者，而不抚其民。其君弱植，公子侈，太子卑，大夫敖，政多门，以介于大国，能无亡乎？”③小国要防止外敌的入侵，不可无守备。子产说：“吾闻之，小国忘守则危，况有灾乎！国之不可小，有备故也。”④但是更重要的是君主要有文德，能行善政，安抚本国民众，保持国家政令的统一。他说：“小国无文德，而有武功，祸莫大焉。”⑤

总之，子产认为，国际关系的和谐是所有国家的共同责任。要实现国际关系和谐，无论国家大小，统治者都要有德。大国对小国要宽惠，减少其贡献数量；小国事大国则要顺从、敬谨。小国要维持其国祚，首先是内部政治修明，其次是要有武备。小国对大国也不能一味服从，不能有求必应，有时也要斗争。但是这种斗争，一定要明辨形势，把握时机，做到有理有利有节。这样，方能保全自己，并维护自己的利益和尊严。

---

① 《春秋左传集解》襄公三十年，上海人民出版社，1977，第 1147 页。
② 《春秋左传集解》襄公二十八年，上海人民出版社，1977，第 1094 页。
③ 《春秋左传集解》襄公三十年，上海人民出版社，1977，第 1140 页。
④ 《春秋左传集解》昭公十八年，上海人民出版社，1977，第 1435 页。
⑤ 《春秋左传集解》襄公八年，上海人民出版社，1977，第 840 页。

人自身、人与人、人与自然的和谐

社会的和谐，不仅体现在国内政治和国际关系上，也包括人自身、人与人、人与自然的和谐，子产在这些方面也有不少论述。

一、人自身的和谐

晋平公有疾，子产前往聘问，叔向问此疾是何神作祟，子产回答："山川之神，则水旱疠疫之灾，于是乎禜之。日月星辰之神，则雪霜风雨之不时，于是乎禜之。若君身，则亦出入饮食哀乐之事也。山川星辰之神，又何为焉？侨闻之，君子有四时：朝以听政，昼以访问，夕以修令，夜以安身。于是乎节宣其气，勿使有所壅闭湫底，以露其体。兹心不爽，而昏乱百度。今无乃壹之，则生疾矣。侨又闻之，内官不及同姓，其生不殖。美先尽矣，则相生疾，君子是以恶之……男女辨姓，礼之大司也。"①子产认为，影响人身体健康的主要因素，一是饮食男女，二是哀乐情绪，与鬼神无关。人的生活、劳作要有规律，要适中而不可过度，以保持人体内部循环的通畅、气血的和顺，各种情绪能够宣泄，否则就会产生疾病。他还认为，同姓男女不能婚配，近亲不能结合。否则，不仅"其生不殖"，而且会给后代带来各种遗传性疾病。这是史伯所言的"和实生物，同则不济"思想在婚姻、生育方面的反映。总之，子产认为，人的疾病不是鬼神作祟，而是由于自身饮食起居、两性生活和思想情绪方面的原因，要使身体健康，就要保持自我身心的和谐。

二、人际关系的和谐

郑简公二十三年（前543年）。了产陪同郑简公到晋国聘问，叔向问郑国之政局，子产答道："驷、良方争，未知所成。若有所成，吾得见，乃可知也。"叔向又问："不既和矣乎？"答道："伯有侈而愎，子皙好在人上，莫能相下也。虽其和，犹相积恶也，恶至无日矣。"②子产认为，统治集团内部必须相互谦让，既不刚愎自用，也不盛气凌人，人际关系才能和谐。子产为政，曾赂伯石以邑，并解释说：

---

① 《春秋左传集解》昭公元年，上海人民出版社，1977，第1196~1197页。

② 《春秋左传集解》襄公三十年，上海人民出版社，1977，第1135页。

"无欲实难。皆得其欲,以从其事,而要其成,非我有成,其在人乎？何爱于邑,邑将焉往？"①就是说,每个人都会有欲望,统治集团中的人也是如此。执政者要适当考虑统治集团内部成员的利益和愿望,能满足的尽可能满足,以减少内部矛盾,化消极因素为积极因素,争取和团结大多数人。

三、人与自然的和谐

郑定公四年(前526年)九月,郑国大旱,使屠击、祝款、竖柎到桑山祈雨。屠击等砍伐山上树木,天不降雨。子产说:"有事于山,艺山林也;而斩其木,其罪大矣。"②夺屠击等官邑。子产认为,祈雨的目的也在于保护山林,屠击等进行祈雨而破坏山林,可谓大罪,予以夺其官邑为惩罚。此事反映了子产保护生态环境的思想。

郑定公七年(前523年),郑国发生洪水,传说有龙斗于都城时门之外的洧渊。国人请求进行禜祭以禳之,子产不许,说道:"我斗,龙不我觌也。龙斗,我独何觌焉？禳之,则彼其室也。吾无求于龙,龙亦无求于我。"于是禜祭之言乃止。③ 子产把龙看作自然界的一种动物,它与人没有直接关系。人无求于龙,龙亦无求于人。因此,人见龙斗而进行禜祭没有必要。人和龙应该各得其所,互不干扰。

"天人合一"是"和"的最高境界,子产认为要实现人与自然的和谐,应该"人法自然"。子产曾对游吉谈礼,说道:"夫礼,天之经也,地之义也,民之行也。天地之经,而民实则之。则天之明,因地之性,生其六气,用其五行。气为五味,发为五色,章为五声,淫则昏乱,民失其性。是故为礼以奉之……哀乐不失,乃能协于天地之性,是以长久。"④这段话体现了"中和"的思想。虽然子产对礼的解释未必正确,"但是对于反对神秘主义的宗教政治伦理观点说,却有进步意义"⑤。"这是企图从自然界为'礼'找一个根源。'天之经''地之义'就是自然界的秩序和规律。据他说,人以自然界的秩序和规则为法,制定出社会的秩序

---

① 《春秋左传集解》襄公三十年,上海人民出版社,1977,第1147页。
② 《春秋左传集解》昭公十六年,上海人民出版社,1977,第1416页。
③ 《春秋左传集解》昭公十九年,上海人民出版社,1977,第1444页。
④ 《春秋左传集解》昭公二十五年,上海人民出版社,1977,第1516~1517页。
⑤ 任继愈:《中国哲学史》(第一册),人民出版社,1979,第30页。

和规范,这就是‘礼’”①。他还对社会政治伦理规范的“礼”作了新的解释,他认为“礼”是仿效天地的“六气”“五行”的自然法则所制定的。

总之,在春秋时期礼崩乐坏、“强凌弱、众暴寡”、社会秩序极度混乱的形势下,子产主张以礼为主、以刑为辅,建立一种社会统治秩序,以维持国家的稳定和安全,实现社会的和谐。他还提出了实现社会和谐的种种举措,并将它付诸政治实践,从而使“国小而偪,族大宠多”的郑国在晋、楚两霸的夹缝中得以保有尊严、维持国祚。

儒家鼻祖孔子对子产有很高的评价。他称子产是堪称“邦国之基”的君子,又说:“人谓子产不仁,吾不信也。”②“及子产卒,仲尼闻之,出涕曰:‘古之遗爱也。’”③孔子不仅称许子产的许多言论和举措,还对子产为政宽猛相济、以求中和的思想进行了发挥,前文已经述及。要之,子产的和谐思想是中国古代优秀思想文化的重要组成部分。它不仅对儒家“致中和”“和而不同”等思想产生了很大影响,而且对我们今天建设和谐社会也有一定的借鉴意义。

(原载《学习论坛》2010 年第 1 期)

---

① 冯友兰:《中国哲学史新编》(上),人民出版社,2004,第 200 页。
② 《春秋左传集解》襄公三十一年,上海人民出版社,1977,第 1164 页。
③ 《春秋左传集解》昭公二十年,上海人民出版社,1977,第 1467 页。

春秋举善思想初探

举用善人是中国古代的一种人才思想，它主要流行于春秋时期。如今称道春秋时期尊贤思想的文章屡见不鲜，而举善思想则无人论及，未免失之偏颇。本文就春秋时期的举善思想及其与亲亲、尊贤等思想的关系问题作初步探讨。

善人与举善

西周乃至春秋时期的人们对人类本质的认识尚比较肤浅，他们从重德的思想出发，根据德行的善恶将人分为两类，这就是善人和淫人。淫人即邪恶祸乱之人，也就是恶人。司马迁称孔子作《春秋》的目的之一是“善善恶恶，贤贤贱不肖”①，《三字经》亦言《春秋》一书旨在“寓褒贬，别善恶”，足见春秋时人们对自身德行善恶的注重。及至战国时期，又有孟子、荀子等的人性善恶之争。春秋时人不仅将善人和恶人加以区别，而且还主张褒奖善人，贬责恶人。

善人这个概念在人们头脑中形成不迟于西周时期。“善”，《说文》释为“吉”，与“义”“美”义同。古代文献中的“善”时而指善行，时而为善人的简称。“善”与“善人”见于我国最古老的典籍《尚书》和《诗经》。《书·盘庚》曰：“世选尔劳，予不掩尔善。”又曰：“用德彰厥善。”《诗·大雅·板》云：“威仪卒迷，善人载尸。”《书·盘庚》乃商周遗文，《诗·大雅》系史界公认的西周作品。可见“善”的概念在商代已经出现，“善人”这个概念的出现不迟于西周。

① 《史记》卷一百三十《太史公自序》，中华书局，1959，第 3297 页。

“善”与“善人”在春秋时人的言词中屡见不鲜。春秋时期被称为善人而见于史册的，有晋公子重耳、介子推、士会、伯宗、栾无忌，郑子产，鲁叔孙豹、季孙行父、公孙婴齐，楚芳掩等。考其被称为善人的原因，不外有二：一是其道德行为值得称美；二是其于民有恩惠、于国有贡献。

《国语·晋语四》载卫宁庄子言：“善，德之建也。”能立德者即为善人。所谓立德，就是行为要符合统治阶级的道德规范。什么是春秋时期统治阶级的道德规范呢？春秋时期统治者对士人德行的要求是孝悌和信、智、勇。孝悌是士人处理家族关系的准则；信是事神、事上和交友的基本原则；有智有勇方可立功立事。晋人郤至曾言：“人所以立，信、智、勇也。”（《左传》成公十七年）春秋时期的统治者认为信、智、勇及孝悌对士人而言都是不可或缺的，它们是士人立身的根本。而忠贞、敬恪、恭俭、礼让等是春秋时期统治者对官吏行为的基本要求。晋人荀息言：“昔君问臣事君于我，我对以忠贞。”（《国语·晋语二》）士芳亦言：“失忠与敬，何以事君？”（《左传·僖公五年》）齐晏子曰：“让，德之主也。”（《左传·昭公十年》）晋人叔向言：“居俭动敬，德让事咨，而能避怨，以为卿佐，其有不兴乎？”（《国语·周语下》）周刘康公亦言：“敬恪恭俭，臣也。敬，所以承命也；恪，所以守业也；恭，所以给事也；俭，所以足用也。”（《国语·周语中》）可见，忠贞、敬恪、恭俭、礼让等是春秋时官吏不可缺少的道德。要之，行为符合春秋时期统治阶级道德规范的士人和官吏就是善人。

此外，西周盛行的敬天保民思想在春秋时期仍很流行。在这种思想影响下，春秋时人认为“恤民”是统治者的一种美德。随季梁曰：“上思利民，忠也。”（《左传·桓公六年》）晋韩无忌言：“恤民为德。”（《左传·襄公七年》）因此，能恤民，行善政，于国有贡献、于民有恩德的人也被称为善人。

春秋时期的统治者对善人相当重视，主张举用善人担任官职。究其原因，大约有三：

首先，就天道观而言，他们认为赏善举善是上天的意志，不可违抗。周单子曰：“先王之令有之曰‘天道赏善而罚淫’。”（《国语·周语中》）郑裨湛曰：“善之代不善，天命也。”（《左传·襄公二十九年》）晋士文伯亦曰：“国无政，不用善，则自取谪于日月之灾。”（《左传·昭公七年》）总之，他们认为赏善举善乃上天的命令，违之不祥，会招致灾异。这不完全是迷信，而是借助上天来增强赏善举善主张的权威性。

其次，就人事方面言，他们对善人推崇备至，认为善人是天地的纲纪，民众的主干，国家的栋梁。善人是否在位，关系着国家的兴亡。晋人栾书曰："夫善，众之主也。"（《左传·成公六年》）韩厥曰："善人，天地之纪也，而骤绝之，不亡何待？"（《左传·成公十五年》）蔡归生曰："刑滥，则惧及善人……无善人，则国从之。《诗》曰'人之云亡，邦国殄瘁。'无善人之谓也。"（《左传·襄公二十六年》）楚申无宇亦曰："善人，国之主也。王子相楚国，将善是封殖，而虐之，是祸国也。"（《左传·襄公三十年》）总之，春秋时期的统治者认为善人是否在位对国家政治而言是至关重要的，善人不可失、不可弃、不可虐，善人不在位，则应举用之。

最后，就教化方面言，他们认为善人是民众的表率，其美德善行可以劝人向善，而劝善是治理国家的主要途径之一。春秋时期主要以礼治国，统治者非常注重教化。他们认为善政不如善教。《管子·小称》曰："天下者无常乱，无常治。不善人在则乱，善人在则治。在于既善，所以感之也。"他们认为善人的行为可以感化民众，这是善人在位而国家治理的根本原因。

春秋时期的统治者认为善人的德行不仅可以感化民众，也可以感化统治阶级，善人的行为是所有人的行动准则。晋人叔向曾言："无宁以善人为则，而则人之辟乎？匹夫为善，民犹则之，况国君乎？"（《左传·昭公元年》）可见，不仅民众要效法善人，连国君也要以善人的行为为行动准则。而对于统治阶级中的少年而言，接受善人的教育尤为重要。晋人韩献子曰："成人在始与善。始与善，善进善，不善蔑由至矣；始与不善，不善进不善，善亦蔑由至矣。"（《国语·晋语八》）因此，国君往往选用善人辅导太子。晋文公曾问胥臣："吾欲使阳处父傅讙也而教诲之，其能善之乎？"（《国语·晋语四》）楚庄王使士亹傅太子箴，亦曰："赖子之善善之也。"（《国语·楚语上》）孔丘曾言："举善而教不能则劝。"（《论语·为政》）可见，春秋时期的统治者是相当重视善人在教化方面的作用的。

基于上述原因，春秋时期存在着举用善人的政治主张。晋人羊舌职曰："吾闻之：'禹称善人，不善人远。'""善人在上，则国无幸（倖）民。"（《左传·宣公十六年》）郑禆湛曰："择善而举，则世隆也。"（《左传·襄公二十九年》）孔子曰："善人教民七年，亦可以即戎矣。"又曰："善人为邦百年，亦可以胜残去杀矣。"（《论语·子路》）孔子也主张善人执政。里革曰："用善不肯专，则不能使。"

(《国语·鲁语》)他们不仅主张举用善人,而且主张专任善人。

举用善人的目的在于实行德政和德教。孔子曾言:“为政以德,譬若北辰。”(《论语·为政》)春秋时期统治者主张“以德抚民”(《左传·僖公二十四年》),实行于民有惠利的政治,并以善教化民众,因而主张举用善人。

举用善人在春秋时期不仅作为一种思想在各诸侯国中流行,而且已经成为一种政治实践。始霸诸侯的齐桓公实行管仲提出的“三选”制度,举善就是其内容之一。史称齐国实行“三选”制度,“匹夫有善,可得而举也”,于是“民皆勉为善”(《国语·齐语》)。继霸的晋文公也曾推行“举善援能”(《国语·晋语四》)的选官政策。晋中行穆子曾言:“赏善罚奸,国之宪法也。”(《国语·晋语九》)可见赏善举善在晋国已经作为制度法令规定下来。吴王阖庐也“闻一善若惊,得一士若赏”(《国语·楚语下》),非常注意举用善人。

举善与亲亲

举用善人的思想是在宗族奴隶制社会的基础上出现的,它难以摆脱亲亲贵贵等宗法思想的影响。但它作为一种新兴的人才思想,又是亲亲贵贵等传统思想的对立物,它形成的前提条件就是亲亲贵贵等传统思想的动摇。

春秋时期的兼并和篡弑十分激烈。“《春秋》之中,弑君三十六,亡国五十二,诸侯奔走不得保其社稷者不可胜数”①。在这种动荡变革的时代,各国统治者都存在着一种现实的危机感,时常为宗庙社稷担忧。“覆巢之下,无有完卵”,一旦邦国破灭,宗庙社稷不存,宗族自然难以保全。因此产生了邦国重于宗族、社稷重于亲亲的观念。这种邦国重于宗亲的思想的形成导致亲亲观念发生动摇。

春秋时期各国为谋富国强兵,要求加强集权和提高行政效力,世卿世禄制度正在破除,官僚制度正在形成,这也导致亲亲贵贵观念的动摇。

当时宗族组织开始受到冲击,血缘纽带已有所松动。晋国表现得最为突出。曲沃武公以旁支取代大宗,作为公室枝叶的公族接连受到沉重打击,竟然

① 《史记》卷一百三十《太史公自序》,中华书局,1959,第3297页。

在晋国政治舞台上销声匿迹。异姓的卿族取代公族,掌握了晋国的政权。于是亲亲贵贵等宗法观念逐渐淡薄。

贵族的继统原则在春秋时期也发生了变化。西周乃至春秋初期继统的主要原则是亲亲、贵贵和长长,德行仅处于从属的地位。而周富辰曰:“臣闻之,太上以德抚民,其次亲亲以相及。”(《左传·僖公二十四年》)他将德行作为继统的首要条件,将亲亲放在次要地位。在鲁国也出现了不分长幼、择才而立的现象(见《左传·襄公二十三年》)。这种变化反映了春秋时期已开始重视人的德行和才能。

在传统的亲亲贵贵观念发生动摇的同时,出现了亲众因民的思想。如晋人骊姬言:“长民者无亲,众以为亲。”“自桓叔以来,孰能爱亲?唯无亲,故能兼翼。”(《国语·晋语一》)公子重耳亦言:“夫固国者,在亲众而善邻,在因民而顺之。”(《国语·晋语二》)举用善人的思想主张正是在亲亲贵贵等宗法观念发生动摇、亲众因民的政治思想兴起的思想基础上出现的。

春秋时期在处理举善与亲亲的关系方面,出现了唯善是举、不别亲疏的主张。晋人成鱄言:“夫举无他,唯善所在,亲疏一也。”(《左传·昭公二十八年》)这是对亲亲观念的否定,在当时是一种相当可贵的先进思想。

传为千古佳话的“祁奚之举”就是唯善是举、不别亲疏的典范。

祁奚不以私仇而掩善。他认为私情与公事是互不相干的。举荐人时既不能从被举者同自己的关系的亲疏出发,也不能从自己感情的好恶出发。为自己所爱不能文过饰非,为自己所恶不能掩善蔽贤。个中体现着一种尚公精神,它是举善的重要保证。

举善的主张和旧的贵贱等级思想也是相抵牾的。春秋时期贵贱等级思想已开始受到冲击。当时的统治者承认庶民工商也可以有善行,这就是“匹夫之善”。当时还出现了不以人的出身贵贱而以行为的善恶定赏罚的主张。如鲁臧文仲曾言:“臣闻之曰:‘善有章(彰),虽贱,赏也。恶有衅,虽贵,罚也。’”重馆人因发一善言而辟境,鲁国就以赏善的名义,出之于隶,爵为大夫(《国语·鲁语上》)。这种事例在当时尚属凤毛麟角,但它说明贵贱等级思想已开始动摇。

举善的思想是在亲亲贵贵等传统观念发生动摇的前提下出现的,它的流行和付诸实施反过来又促使亲亲贵贵观念的进一步破除。但是在春秋时期宗族组织并未被打破,宗法仍在起作用,因此亲亲贵贵等宗法观念仍然顽固地存在着。举善的思想同亲亲贵贵等传统观念并存,而且难以摆脱传统观念的约束和影响。在举善思想最为流行的晋国也不例外。晋文公在实行“举善援能,官方定物”的同时,也实行“昭旧族,爱亲戚”和“尊贵宠”的用人政策。复霸诸侯的晋悼公在“选贤良”“荐积德”的同时,也实行“育门子,兴旧族”的制度。至于经济政治比较落后的周、鲁、宋、郑、卫诸国,举善的思想影响不大,传统思想更加浓厚。而且春秋时期被称为善人的主要是贵族中的人物,庶人工商虽可能有“匹夫之善”,但既难以获得善人的称号,也难以被举用。

举善与尊贤

举善与尊贤是在春秋时期流行的两种不同的人才思想。举善的思想之所以未引起史界的注意,是因为人们忽略了它同尊贤思想的区别,将二者混同为一。事实上二者是有明显区别的。《管子·法法》云:“闻贤而不举,殆。闻善而不索,殆。”司马迁言:“善善恶恶,贤贤贱不肖。”可见,古人视二者为并列关系,不认为是一种思想。让我们首先划清这两种思想的界限。

春秋中期齐桓公正式提出了“尊贤”的主张。在葵丘之会上,齐桓公再命诸侯曰“尊贤育才,以彰有德”(《孟子·告子下》),得到了诸侯的认可。春秋末期孔子又提出了“举贤”的主张。仲弓为鲁季氏宰,问政。孔子曰:“先有司,赦小过,举贤才。”(《论语·子路》)这就是春秋时期的“尊贤”思想。下面我们首先说明“贤”的含意。

“贤”字未见于今文《尚书》,而见于《诗经》。《诗·小雅·行苇》云:“舍矢既均,序宾以贤。”此贤字言射箭多中。《诗·大雅·北山》云:“大夫不均,我从事独贤。”此贤字表示多劳。可见《诗经》中的贤字多用于比较的场合,表示多、胜、愈,含有出类拔萃的意思。《诗经》中的《大雅》和《小雅》是史界公认的西周时期作品,可见西周时贤字尚不表示才能,也没有形成贤人的概念。

春秋时期贤字开始表示人的才力。《国语·齐语》记载:“桓公又问焉,曰:‘于子之乡,有拳勇股肱之力秀出于众者,有则以告。有而不以告,谓之蔽贤。’”《国语·晋语九》亦载:“少室周为赵简子之右,闻牛谈有力,请与之戏,弗胜,致右焉。简子许之,使少室周为宰,曰:‘知贤而让,可以训矣。’”可见拳勇有力者即为贤者。《管子·法法》云:“使贤者食于能,志士食于功。”说明有才能者也被称为贤者。故《说文》云:“贤,多才也。”贤的反义词是不肖,不肖就是不才。春秋时人根据才能将人们分为贤者和不肖者。贤字的含意在战国以后又有变化,此处不赘。

可见,“善”与“贤”是两个完全不同的概念。“善”系就人的德行而言,表示德高行美;“贤”系就人的才能而言,表示才多能高。因而善人表示有德者,贤人表示多才者,二者也不是一个概念。

善人的概念出现于西周时期,贤人的概念见于春秋时期。举善的思想可能在春秋初期已经出现;尊贤的思想则出现于春秋中期。因此我们认为,举善的思想比尊贤的思想出现的时间要早些。

举善与尊贤这两种人才思想在春秋时期是并行不悖的。齐桓公实行“三选”制度,既举“拳勇股肱之力秀出于众”的贤者,也举“居处为义、好学、慈孝于父母、聪慧质仁”的明者(《国语·齐语》)。何谓明者?《国语·鲁语上》载夏父弗忌言:“我为宗伯,明者为昭,其次为穆,何常之有?”韦昭注曰:“明,言僖有明德,当为昭。”可见,“明”即有明德,“明者”即有明德之人,也就是善人。晋文公也实行“举善援能”和“明贤良”(《国语·晋语四》)的用人政策。《说文》曰:“良,善也。”能者就是贤者,良者就是善者。举善和尊贤思想同时被春秋时期的一些统治者用于选官用人的实践,二者是相辅相成、相得益彰的。

善恶是从德行方面对人的评论,贤不肖是从才能方面对人的评论。就一个具体人而言,仁者见其仁,智者见其智,他可能既被称为善人,也被称为贤人。晋文公重耳就是如此。卫宁庄子言“晋公子善人也”,宋公孙固称他“好善不厌”。而曹僖负羁之妻言“吾观晋公子贤人也”,郑叔詹称他“成而隽才”(《国语·晋语四》)。后世人们将举善与尊贤思想结合起来,于是既善且贤、德才兼备遂成为对人才的基本要求。

举善作为一种人才思想是重德的政治思想影响下的产物。西周的统治者重德,春秋时期承袭了这种思想。举善思想正是重德的政治思想在人才思想上的表现。

春秋后期至战国,由于社会的变化和形势的需要,人们更注重才能,而轻忽德行,士人也不再全力修德励行,于是孔子有“善人吾不得而见之矣”(《论语·

述而》)之叹。在这种情况下,举善的思想渐隐,以才能论人的尊贤思想大兴,于是“贤”渐成为人才的代称。战国时期的儒家学派又将“贤”赋予德行方面的内容,贤人就转指德才兼备的人才。善人和举善虽然在战国以降还有人偶尔提及,但举善思想在人才学说中的地位却远不如春秋时期那么重要了。

(原载《中州学刊》1986年第2期)

战国时期的人才学说述评

在社会大变革的战国时代,思想文化领域呈现出“百家争鸣”的局面。各阶级、阶层和集团的代表人物都站出来阐述自己的思想主张,展开了一场大论争。人才问题就是这场论争的中心问题之一。战国时期关于人才问题的大争论,奠定了中国封建社会上升时期人才学说的基础,对唐代以前的选才用人产生了深远的影响。研究战国时期的人才学说,对我们今天的选才用人也会有某些启迪。本文拟就以下三个问题对战国时期的人才学说略加探讨。

贤能之论

中国古代尚贤思想的提出不迟于春秋时期。春秋中期,齐桓公与诸侯在葵丘会盟,桓公命曰:“尊贤育才,以彰有德。”(《孟子·告子》)春秋末,仲弓为鲁国季氏宰,问政,孔子曰:“先有司,赦小过,举贤才。”(《论语·子路》)这种尊崇和举用贤才的思想,为战国时期墨家和儒家后学的继承和发展,形成了更加完备的尚贤使能思想。

战国初期,墨家学派的创始人墨子(墨翟)明确提出尚贤的主张。《墨子·尚贤》说“厚乎德行、辨乎言谈、博乎道术”的“贤良之士”是“国家之珍”“社稷之佐”。“贤良之士众,则国家之治厚;贤良之士寡,则国家之治薄”。因此,“尚贤者,为政之本也”。而王公大臣的任务,就在于“众贤”;“众贤”的办法,就是给予荣誉富贵,使之受人尊敬。墨子认为,尚贤不但是为政之本,而且可以教化天下。只要君主举贤者任官长,废不肖者为徒役,使人们劝赏畏罚,使天下士君子皆知“欲富贵而恶贫贱”“莫若为贤”,就会有更多的人“相率而为贤者”,就会出现“有力者疾以助人,有财者勉以分人,有道者勤以教人”的良好风尚。

墨子从“兼爱”的思想出发，主张用人“不辨贫富贵贱，远近亲疏”，“贤者举而上之，富而贵之，以为官长；不肖者抑而废之，贫而贱之，以为徒役”。就是要打破旧的等级观念和亲亲观念，以贤和不肖为唯一标准，建立新的等级秩序。他主张“虽在农与工肆之人，有能则举之”，虽出身于贵族，“无能则下之”，使“官无常贵，民无终贱”。这就肯定了下层劳动者做官的权利，否定了世官制度，要求举用能者。在亲贤关系上，他反对统治者“亲戚则使之”，反对“将宗族父兄故旧以为左右，置以为正长”（《墨子·尚同》），主张“不党父兄”。因为亲戚者未必智慧，若使不智者治国，国家就会混乱。

战国中期，孟子（孟轲）明确提出了尊贤使能的主张。《孟子·公孙丑》曰：“贤者在位，能者在职”；“尊贤使能，俊杰在位”。孟子还主张“立贤无方”，广收天下的贤士。他进一步强调了用贤的重要，说“不用贤则亡”（《孟子·告子》）。他针对早期法家将贵贵和尊贤对立起来，从而反对尊贤的论点，提出“用下敬上，谓之贵贵；用上敬下，谓之尊贤。贵贵尊贤，其义一也”（《孟子·万章》），认为尊贤与贵贵并不矛盾。但他从“仁义”的观点出发，说亲亲敬长就是仁义。在尚贤的同时，还主张亲亲。《孟子·离娄》云：“身为天子，弟为匹夫，可谓亲爱乎？”他实际上主张亲贤兼用。这反映了他尚贤使能思想的不彻底性。

战国后期，荀子（荀况）集儒、墨两家用贤思想之大成，又吸取了法家的一些思想营养，提出了更加完备的尚贤使能的学说。

荀子反复强调尚贤使能的重要性。他说，尚贤使能既可以使“主尊下安”，“等位不遗”，“庶人安政”，“民知方，明分职，序事业”（《荀子》之《解蔽》《君子》《王制》《君道》），从而使国家治理；又能使“德厚者进，而佞说者止，贪利者退，而廉节者起”（《荀子·君道》），改变社会风气。他还说“尊圣者王，贵贤者霸，敬贤者存，慢贤者亡”（《荀子·君子》），把尚贤与否提到关系统治者事业成败和国家存亡的高度。他否定了早期法家慎到的“贤智未足以服众，而势位足以诎贤”的说法，针锋相对地提出：“明主急得其人，暗主急得其势。”（《荀子·君道》）他批评慎到和申不害说：“慎子蔽于法而不知贤，申子蔽于势而不知智。”（《荀子·解蔽》）

在亲贤关系上，荀子主张“不恤亲疏”，“唯诚能之求”（《荀子·富国》），“外不避仇，内不阿亲，贤者序”（《荀子·成相》）。他认为处以公心，是任用贤能的前提条件。《荀子·君道》云：“人主欲得善射远中微者，贵爵重赏以召致之，内不可以阿子弟，外不可以隐远人……然而求卿相辅佐则独不若是其公也，案惟便辟亲比己者之用也，岂不过哉！”“明主有私人以金石珠玉，无私人以官职事业。”《荀子·王霸》亦云：“人主不公则臣不忠也。人主则外贤而偏举，人臣则争职而妒贤。”他这种秉公举贤、不阿亲近的主张比孟子的亲贤兼举的主张又前进了一大步。

荀子主张彻底废除旧的等级观念，以贤能为标准建立新的等级秩序。他反对“先祖当贤而子孙必显，行虽如桀纣，列必从尊”的“以世举贤”的现象，说：“以世举贤，以族论罪，虽欲无乱，得乎哉！”（《荀子·君子》）他主张“虽王公大人之子孙，不能属于礼义，则归之庶人；虽庶人之子孙，积文学，正身行，能属于礼义，则归之卿相大夫”。他还主张“贤能不待次而举，罢不能不待须而废”（《荀子·王制》），即要破格任用贤能，不受资历的限制。

以上就是战国时期以儒墨为代表的尚贤使能学说的主要内容和发展情况。这种尚贤使能学说从其产生之日就遭到了道家的反对和法家的批评。

奴隶主贵族在同新兴地主阶级的斗争中败北，眼睁睁地看着自己的政权被夺去，却又无能为力，思想十分消极颓废。没落奴隶主贵族的代表人物老子（老聃）视社会如江河之日下，一代不如一代。他认为远古是大道盛行的时代，“大道废，有仁义，智慧出，有大伪”，妄图使社会倒退到小国寡民的古朴时代。他认为智慧是万恶之源，“民之难治，以其多智”。“以智治国，国之贼，不以智治国，国之福”，反对以聪明才智管理国家。他认为“绝学无忧”，提倡“绝圣弃智”，反对学习知识本领。他还说“不尚贤，则民不争”（《老子·道经》）。总之他认为人的贤智是人们纷争和社会混乱的根源，所以反对崇尚贤智。

战国中期道家的代表人物庄子（庄周）继承了老子反对崇尚贤智的思想。《庄子·胠箧》云：“民延颈举踵曰：‘某所有贤者’，赢粮而趋之，则内弃其亲而外去其主之事，足迹接于千里之外，则是上好智之过也。”“甚矣夫，好智之乱天下也。”《庄子·庚桑楚》引庚桑楚之言说：“举贤则民相乱，任智则民相盗。”总之，庄子认为好贤智的结果，使人们内弃其亲、外离其主，使人们互相倾轧争竞，导致天下大乱。因此，他认为“绝圣弃智而天下治”（《庄子·在宥》）。他引赤张满稽的话说“至德之世，不尚贤，不使能”（《庄子·天地》），反对尚贤使能。

早期法家申不害主张“任法而不任智”（《太平御览》卷六三八引《申子》），慎到也宣称“贤智未足以服众，而势位足以诎贤也”（《韩非子·难势》）。二人提倡任法重势,反对尚贤任智。

战国中期,商鞅从“上世亲亲而爱私,中世上贤而悦仁,下世贵贵而尊官”的历史观出发,认为“既立君,则上贤废而贵贵立”(《商君书·开塞》)。就是说,战国是贵贵尊官的时代,尚贤的主张已经过时。而且他认为举贤能的社会效果也不佳。《商君书·君臣》云:“夫举贤能,世之所谓治也,而治之所以乱。世之所谓贤者,言正也,所以为善正也,党也。听其言则以为能,问其党则以为然,故贵之不待其有功,诛之不待其有罪也。”就是说,根据本人的宣言和其朋友亲党的评论举用贤能,出发点是为了国家的治理,实际上只能适得其反,导致国家的混乱。他认为“民愚则易治”(《商君书·君臣》),主张“多禁以止能,任力以穷诈”(《商君书·说民》),即要任气力,实行愚民政策,禁止人们学习知识,增长才能。他反对士人“以巧言辨说取官爵”,反对君主“论材能智慧而用之”(《商君书·农战》)。

战国末期集法家学说之大成的韩非从根本上否定了儒家称颂的贤能。他说“简上而不求见者,世谓之贤”(《韩非子·诡使》),“不事力而衣食,则谓之能,不战功而尊则谓之贤。贤能之行成而兵弱地荒矣”(《韩非子·五蠹》)。他认为儒家标榜的贤能或者是清高傲上、不为主上所用,或者是不劳而食、无功而尊的寄生虫,对国家有害无益。他认为儒家“藏书策、习谈论、聚徒役、服文学而议说”(《韩非子·显学》)的所谓贤士并非真正的贤者,真正的贤者应该是“能明法辟,治官职,以戴其君”(《韩非子·忠孝》)的贤臣。可见,法家和儒家的贤能标准是完全不同的。

韩非还认为,只要君主“推功而爵禄,称能而官事,所举者必有贤,所用者必有能”(《韩非子·人主》),既没有必要礼贤下士,也没有必要为选贤而劳。《韩非子·难二》云:“设官职、陈爵禄而士自至,君人者奚其劳哉!”《韩非子·难三》亦云:“群臣公正而无私,不隐贤,不进不肖,然则人主奚劳于选贤?”可见,法家主张的是和儒家完全不同的求贤用贤办法。

总之,韩非认为:“废常上贤则乱,舍法任智则危,故曰上法而不上贤。有道之主,远仁义,去智能,服之以法。”(《韩非子·忠孝》)什么是韩非要求崇尚的“法”呢?《韩非子·外储说》引申子曰:“法者,见功而与赏,因能而授官。”韩非所说的服之以法,就是“使法择人,而不自举也,使法量功,而不自废也”(《韩非子·有度》)。可见,韩非主张尚法,就是要求重视选用人才的法令制度,完全依据法令规定办事,不必脱离有关法令,另搞什么礼贤选贤。

比较儒、墨两家的尚贤思想,墨家的尚贤思想更为彻底。儒家的祖师孔子是没落奴隶主贵族转化而来的士人,作为士人的一员,他主张尚贤,但他带着浓厚的奴隶主贵族的阶级烙印,保留着亲亲、长长、贵贵等旧观念,因此他的尚贤思想就有很大的局限性和不彻底性,孟子基本上承袭了这种思想。墨子是下层劳动群众转化而来的士人的代表,他反对奴隶制的等级观念和亲亲观念,故墨家的尚贤思想比较彻底。

道家认为贤智是人们相互欺诈、倾轧的根源,他们对斗争既害怕又厌倦,因此主张绝圣弃智,妄图使历史倒退到古朴时代。这就是道家反对尚贤使能的原因。法家从更激进的方面批评儒、墨的尚贤使能主张,后期法家明确提出了自己的贤能标准和选用人才的方法。

儒家和法家在贤能问题上之所以意见分歧,是由于他们的基本政治主张完全不同,是由于他们在用什么人、以什么方法用人的问题上观点不同。儒家主张以礼治国,实行王道仁政,重视教化;法家则主张以法治国,实行"霸道",重视奖惩,主张实行君主专制。虽然两家都希望结束分裂、实现统一,但儒家主张以德服人,使人心归向,诸侯自动归附;法家则主张以力服人,奖励耕战,富国强兵,靠武力征服。在用什么人的问题上,儒家主张任用修德行、事学问的在野文士;法家则主张从战士和下层官吏中选拔人才。法家人物吴起教楚王"使封君之子孙三世而收爵禄,绝灭百吏之禄秩,损不急之枝官,以奉选练之士"(《韩非子·孤愤》)。黄老学派的著作《经法·道法》云:"选练,贤不肖有别也。"所谓选练之士就是拳勇有力、可以胜敌的战士。韩非主张"宰相必起于州部,猛将必发于卒伍"(《韩非子·贤学》),要求从下层官吏和军队中选拔将相。他认为居学之士无用:"居学之士,国无事不用力,有难不被甲,礼之则惰修耕战之功,不礼则周主上之法,人主奚得于居学之士?"(《韩非子·外储说》)他还说"国平则养儒侠,难至则用介士"(《韩非子·显学》),主张在战火不熄的战国时代任用介胄之士。在用人方法上,儒家主张君主礼贤下士,举用贤能;法家则主张用功劳衡量才能,完全依据用人的法令选用人才。在战国时代,新兴地主阶级迫切需要实现统一,强化专制主义的中央集权,而儒家的主张显得迂阔,法家的主张比较实际,于是法家的主张更受重视。

法家主张从有实践经验的战士和下层官吏中选拔人才,可以纠正儒家"乡兴贤能”的偏颇。但是法家反对学习文化知识，忽视才能智慧，轻视知识分子，主张实行愚民政策，认为用脑动口都不算劳动，则都是错误的。

尚贤使能学说在战国时期出现，是时代的要求，当时的社会也为之提供了可能。

春秋战国时期，随着奴隶制的崩溃、封建制的确立，中央集权的郡县制取代了分封制，封建官僚制度取代了奴隶制的世卿世禄制度，旧的等级观念、宗法观念和亲亲观念被削弱了，这就为新的用人思想的产生创造了条件。

在春秋时期，学术逐渐跳出了官府的墙壁，私人讲学蔚成风气，在庶人中间造就了一批有知识、有本领的士人；一些奴隶主贵族由于奴隶制的崩溃而从统治阶级的地位上跌落下来，转化为士人。战国时期，士这个阶层已经形成而且很活跃、很有力量，社会地位也越来越高。颜斶曾对齐宣王言：“士贵耳，王者不贵。”（《战国策》卷十一）王斗欲见齐宣王，齐宣王趋而迎之门。当时人认为贤士比瑰宝更可贵，“归国宝，不若献贤而进士”（《墨子・亲士》）。孟尝君等养士多达数千人，贵士、好士、养士之风盛极一时。尚贤正是与这种贵士、好士、养士之风密切相关的，尚贤、任贤的思想反映了地主阶级知识分子的仕宦要求。

新兴地主阶级夺取了政权，进行了政治改革，建立了官僚制度，迫切需要人才。激烈的兼并战争迫使各国统治者追求富国强兵，而只有用贤能之士管理国家、指挥战争，才能富国强兵，于是尚贤使能就成了时代的要求。

尚贤使能学说是对贵族垄断官职的世卿世禄制度的彻底否定，也是对旧的等级、宗法和亲亲观念的根本否定。这种学说，重视人才，重视德行、才能、知识，重视知识分子，有助于吸引各阶层的优秀人物参加政权，扩大封建统治的基础，强化中央集权的国家机器。

德功之争

儒、墨主张尚贤任智，选用在野的文士，法家主张尚法任力，选用武士和下层官吏，已如上述。在具体论人、取人问题上，儒、法诸家又围绕尚德行还是重功劳开展了激烈的争论。

中国古代“贤”这一概念，内涵并不专一，时而指盛德、时而指高才、时而指盛德高才之人。但是,当“贤”与“能”并称时,“贤”就专指盛德善行及有德行之人。

墨家学派是既重德行、才能,又重功劳的。《墨子·修身》云:“士虽有学,而行为本焉。”《墨子·尚贤》云:“听其言、迹其行、察其所能而慎予官。”《墨子·亲士》云:“虽有贤君,不受无功之臣。”总之,墨家主张以德就列、以劳定赏、量功分禄,在德行、才能、功劳诸方面,似乎没有什么倾向性。

儒家的尚德,最早见于《论语·宪问》。孔子夸奖南宫适(括)曰:“君子哉若人,尚德哉若人。”这种尚德思想为战国的儒家后学所继承。战国中期的儒家代表人物孟子主张以德行取人,反对论功劳。他说“天下有达尊三:爵一,齿一,德一”,“辅世长民莫如德”(《孟子·公孙丑》),“好善,优于天下”(《孟子·告子》)。他注重教化,认为“善政不如善教。善政,民畏之;善教,民爱之。善政得民财,善教得民心”(《孟子·尽心》)。既然注重教化,必然尚德行。孟子以仁义为出发点,认为战功越大,罪过就越大,不但不应赏赐爵禄,而且应服重刑。《孟子·尽心》云:“有人曰:‘我善为阵,我善为战。’大罪也。”《孟子·离娄》曰:“善战者服上刑,连诸侯者次之,辟草莱任土地者次之。”总之,孟子认为善征战之士、能辟土地充府库之士都是民贼,不但无功,而且有罪。这就从根本上否定了法家以功劳论人的主张。

战国后期的名儒荀子,主张以德行和才能取人,“论德而定次,量能而授官”(《荀子·君道》)。他说:“论德使能而官使之,圣王之道也,儒之所谨守也。”(《荀子·富国》)但就德行才能而论,荀子更注重德行。《荀子·哀公》云:“弓调而后求劲,马服而后求良焉,士信悫而后求智焉。士不信悫而又多智能,譬之豺狼也,不可身尔(迩)也。”荀子受了法家思想的影响,不像孟子那样反对以功劳论人。《荀子·王制》云:“无德不贵,无能不官,无功不赏”,“度其功劳,论其庆赏”。可见儒、法两种用人主张有接近的趋势。

与儒家尚德行思想对立的是法家和纵横家轻德行、尚功劳的思想。

纵横家以口舌为劳,重视进取,对德行持十分轻蔑的态度。如《战国策》卷廿九载苏代曰:“孝如曾参、孝已,则不过养其亲;其信如尾生高,则不过不欺人耳!廉如鲍焦、史鳝,则不过不窃人之财耳!”又载苏秦谓燕王曰:“夫孝如曾参,义不离亲一夕宿于外,足下安得使之之齐?廉如伯夷,不取素飧,污武王之义而不臣焉,辞孤竹君,饿而死首阳之山。廉如此者,何肯步行数千里,而事弱燕之危主乎?”“夫信行者,所以自为也,皆自覆之术,非进取之道。”总之,纵横家认为,人如果十分贞信孝廉,就不会为人主所用,这种崇信孝廉的行为,只不过是为了个人,对国家并没有什么益处。他们主张进取,主张为国建立功劳,因而主张以功劳论人、取人。

法家学派也主张以功劳取人。商鞅主张完全根据功劳授官爵。《商君书·靳令》曰:“国以功授官予爵。”《商君书·修权》亦曰:“明主之使臣也,用必出于其劳,赏必加于其功。”“授官爵不以劳,则忠臣不进,行赏赋禄不以其功,则战士不用。”商鞅还提出要使官爵之迁与斩首之功相称。商鞅反对以德行、才能和智慧取人。他主张“任其力不任其德”(《商君书·错法》)。他认为“论材能智慧而任之”,则“官无常,国乱而不一”。他将“辨智者贵、游官者任、文学私名显”斥为“淫道”。

韩非认为孝悌忠顺的行为是乱天下之由,用人贵私行而贱公功足以亡国。《韩非子·忠孝》云:“察孝悌忠顺之道而审行之,是以天下乱。”《韩非子·亡征》:“乡曲之善举,官职之劳废,贵私行而贱公功者,可亡也。”因此他反对以德行取人,主张“计功而行赏,量能而授事”(《韩非子·八说》),“治国之臣,效功于国以履位,见能于官以受职,尽力于权衡以任事”(《韩非子·用人》)。韩非针对商鞅要使官爵的升迁与斩首之功相称的主张说:“今治官者,智能也;今斩首者,勇力所加也。以勇力之所加,而治智能之官,是以斩首之功为医匠也。”(《韩非子·定法》)他认为让多斩首的战士任官,就像让他们担任医师工匠一样荒唐。可见,韩非吸取了儒家重视才能智慧的思想,纠正了商鞅用人唯重功劳、不顾智能的偏差。

综上所述,墨家主张用人既要重视个人的德行和才能,也要重视为国建立的功劳。儒家主张用人首先注重个人的德行,其次是才能。法家和纵横家则主张以功劳取人。

儒家以个人为出发点,首先要修行,善其身而行有余力,再学习文化知识和本领。即首先要自己成才,要能自立,然后才是齐家、治国、平天下。而法家和纵横家以国家为出发点,首先考虑为国建立的功劳,考虑对国家的贡献,他们主张根据功劳来衡量才能,主张对国家贡献大的人要急用重赏。这种思想在当时更容易为各国统治者接受。

战国后期的硕儒荀子吸取了法家思想的合理成分,主张用人在注重德行的同时,也要考校功劳。战国末期的法家巨子韩非也受了儒墨思想的影响,纠正了商鞅唯重功劳的片面性,主张用人也要考虑才能智慧。儒、法两家代表的两种用人思想在论争中也互相取长补短,逐渐接近。

名实之辩

由用人的重德行和重功劳之争,派生出一个是以名取人还是以实取人的问题。

春秋战国时期的士人十分注重名誉,甚至不惜以身殉名,因为名声是与仕宦富贵紧密相连的。生于鄙野的士人的仕宦途径,除少数人能直接游说诸侯而任官外,大部分士人先要成名,美名传到官府,才有可能得到官职。于是名誉就成了士人从鄙野到达官府的桥梁。但是依靠行为修洁、学问该通未必能取得美名,即使在鄙野受到称誉也不一定能达于官府,要想成名还得靠广泛的交结,靠师友的传扬。如《战国策》卷廿九载乐毅言:“论行而结交者,立名之士也。”除靠结交朋友传扬外,有些士人还靠其师为之游扬名声。因为能够聚徒讲学的人大多声望大,地位高,可以直接达于王侯,墨子就曾为其弟子耕柱子、魏越等人游扬名声而使之入仕。儒家主张选用在野的贤士,这就决定了他们重视名誉,主张以名誉取人。《论语·卫灵公》载孔子言:“君子疾设世而名不称焉!”“如其所誉者,其有所试矣。”就是说,对于在野的士人来说,一定要成名,对于君主与官府来说,对受到人们称誉的士人一定要试用。战国时期的儒家后学继承了孔子的这种主张。《荀子·宥坐》引孔子的话说:“入而行不修,身之罪也;出而名不彰,友之过也。”就是主张士人修身交友而成名,君主与官府以名誉选用。

墨家是既重名,也重实的。《墨子·修身》云:“名不徒生,而誉不自长,功成名遂,名誉不可虚假。”认为功成而后名遂,反对巧取名誉。纵横家也反对以名取人,如《战国策》卷七载姚贾曰:“虽有高世之名,无咫尺之功者,不赏。”

法家学派坚决反对以名誉取人。商鞅说,“任誉”“不可以富贵”(《商君书·赏刑》)。韩非指出了以名誉取人的严重危害:一是导致朋党比周。《韩非子·有度》云:“今若以誉进能,则臣离上而下比周;若以党举官,则民务交而不求于法。”“以誉为赏”,则“好赏恶罚之人,释公行、行私术,比周以相为也”。二是导致取人不实,用非其人。《韩非子·孤愤》云:“听左右近习之言,则无能之士在廷,而愚污之吏处官矣。”因此,韩非反对取人“美其声而不责其功”(《韩非子·五蠹》),认为“不以功伐课试,而好以名问举措”,国家就会灭亡(《韩非子·亡征》)。韩非主张“宽则宠名誉之人,急则用介胄之士”(《史记·老子韩非列传》),即主张在战火不熄的战国时代不要宠遇名誉之人,而应任用战士。

针对儒家以名誉取人的主张,法家提出了循名责实的主张。《韩非子·定法》引申不害的话说:“术者,因任而授官,循名而责实,操生杀之柄,课群臣之能者也。”循名责实的主张和考课的制度都是法家提倡的“术”的一部分。《韩非子·难二》云:“人主虽使人必以度量准之,以刑名参之……以刑名收臣,以度量准下。”这里所说的“刑名”,实际上也是关于名实关系的理论。法家主张的循名责实,具体说来,就是“循名实而定是非,因参验而审言辞”(《韩非·奸劫弑臣》);用人要“论之以任,试之以事,课之以功”(《韩非子·亡征》);对被任用者要“听其言必责其用,观其行必责其功”(《韩非子·六反》);“其与说议,称誉者所善,毁疵者所恶,必实其能,察其过,不使群臣相为语”(《韩非子·八奸》)。总之,既不轻信被任用者的自我表白,也不轻信他人的毁誉,只能根据其试用阶段的实际表现或者任职时的功劳,来衡量其实际才能,作为任用的根据。这体现了法家学派在用人问题上的求实精神。

法家的循名责实主张,在战国时代的不少国家中得到实行。战国时代不但继续实行着春秋时期的试职制度,而且还在魏、秦等国实行了考课及年终上计的制度。《商君书·禁使》曰:“十二月而计书以定,事以一岁别计,而主以一听。”所谓“以度量准下”,就是主上持契卷责下,“计数而治”。商鞅制造标准度量衡器的目的之一,就是为着方便考课制度的实行。正因为法家的循名责实主张及其有关制度的实行,所以战国时期选举不实、用非其人的现象不太严重。

综上所述,战国时期大体存在着两种不同的人才学说:一是主张选用在野的有德有才的贤士,主张以个人的德行及才能论人,以名誉取人;一是主张从战士和下层官吏中选拔人才,主张以为国家建立的功劳论人,以实取人。这两种学说在用人实践和相互论争中得到发展,逐渐完善起来,二者又互相取长补短,逐渐接近,从而奠定了中国封建社会上升时期人才学说的基础。

尚贤使能思想的产生和传播,否定了奴隶制的世官世禄制度,冲击了用人问题上的传统的等级观念和亲亲观念,开创了重视人才,重视人的德行、才能、智慧,重视知识和知识分子的新风气,对中国古代科学文化的发展起了促进作用。主张从有实践经验的战士和下层官吏中选拔人才,重视对国家的贡献和循名责实的思想则弥补了当时尚贤使能思想的不足,并对强化中国封建专制主义的中央集权制的国家机器和加快统一的步伐起了推动作用。

(原载《河南大学学报》1986 年第 1 期)

试论墨子的尚贤思想

墨子名翟，战国时期墨家学派的创始人和主要代表。墨子的社会政治学说以“兼爱”为核心，“尚贤”也是其重要组成部分。本文主要阐述其尚贤思想的主要内容和特点，并说明这一思想的历史命运和社会影响。

尚贤思想的主要内容

春秋时期的尊贤举贤思想，往往只是三言两语，而墨子及墨家学派的尚贤思想，已经有《尚贤》上、中、下三篇，内容也相当丰富。它大体可分为以下几点：

一、怎样的人方可称为贤者

墨子既然提倡尚贤，首先要阐明怎样的人方可称为贤者。墨子所谓的贤者实际上是“贤良”或“贤能”的简称，不贤者则被称为“不肖”或“暴”。贤者的标准是“厚乎德行，辨乎言谈，博乎道术”①，它包括德行、才能、学问三个方面。而在这三者中间，德行是首要的，是根本，其次方为才能和学问。《墨子·修身》篇说“士虽有学，而行为本焉”，反映了他对德行的重视。墨子提出的为贤之道是“有力者疾以助人，有财者勉以分人，有道者勤以教人”，也都是从德行方面要求人向善。贤者任官，则应勤政，早朝晏退，早出暮入。总之，墨子所说的贤者，实际上指的是德才兼备、出类拔萃的优秀人才。

二、尚贤是为政之本

在论述尚贤的重要性时，墨子明确提出了“尚贤者，为政之本也”的命题，认为尚贤是为政的根本，并从多方面加以论述。他指出统治者尚贤，一有利于君

---

① 孙诒让：《墨子间诂》卷二《尚贤》，中华书局，2001。以后引文不注明出处者，均见此篇。

主，二有利于百姓，三有利于国家。首先，对于君主而言，如能得贤士而用之，“则谋不困，体不劳，名立而功成，美章而恶不生”，“可以致君见尊”。就是说，君主尚贤可以使自己事业成功，名声昭著，受到尊敬。其次，如使贤者治邑，会“早出暮入，耕稼树艺，聚菽粟，是以积粟多而民足乎食”。可以“食饥息劳，将养其万民”。就是说，统治者让贤士治理百姓，可使百姓免除饥饿，得到休息，衣食丰足，因而尚贤是“百姓之利”。再次，贤良之士是“国家之珍”“社稷之佐”，是否尚贤，关系着国家的存亡。“入国而不存其士，则亡国矣。见贤而不急，则缓其君矣。非贤无急，非士无与虑国。缓贤忘士，而能以其国存者，未曾有也。”①就是说，贤士是国家的瑰宝，社稷的柱石。不亲任贤士，国家有危难就无人献策效力，国家就会灭亡。只有君主尚贤，国家才会兴盛。只有任用贤能，方可使“国家治而刑法正”，“官府实而财不散”，“菽粟多而民足乎食”。因而尚贤对国家也有利。

此外，尚贤还有利于教化民众，改变社会风尚。只要君主举贤者任官长，使天下士君子皆知“欲富贵而恶贫贱则莫若为贤”，就会有更多的人“相率而为贤者”，社会上就会形成为贤向上的良好风气。而且对君主而言，“近朱者赤，近墨者黑”，如果能够尚贤，亲近贤士，也会受到好的感染、影响，成为有道之主。

墨子还指出，尚贤是天神的意志，也是古圣王的为政之道。“古者圣王甚尚贤而任使能，不党父兄，不偏富贵，不嬖颜色。贤者举而上之，富而贵之，以为官长，不肖者抑而废之，贫而贱之，以为徒役。”因此，当今的统治者“欲祖述尧舜禹汤之道，将不可不尚贤”。总之，尚贤是实现五帝三王盛世的基本途径。而“古圣王能审以尚贤使能为政”是“取法于天。虽尧亦不辨贫富贵贱，远近亲疏，贤者举而尚之，不肖者抑而废之”。在此，墨子借助于天神和古圣王，论证尚贤的必要，反映了时代和阶级的局限。此外，他还从国家治乱的角度论证尚贤是为政之本。他设问：“何以知尚贤之为政本也？曰：‘自贵且智者，为政乎愚且贱者，则治；自愚且贱者，为政乎贵且智者，则乱。’是以知尚贤之为政本也。”

在论述尚贤是为政之本，说明尚贤的重要之后，墨子还对当时不尚贤使能的统治者提出了批评，指明其错误。他说，一些王公大人杀牛要索良宰，制衣要索良工，治病要索良医，在这些小事上可以做到“尚贤而使能”，但是在治理国家

① 孙诒让：《墨子间诂》卷一《亲士》，中华书局，2001，第1页。

这样的大事上则不然，“未知以尚贤使能为政”。这是“明于小而不明于大”，是一种严重的认识错误。还有一些统治者不能尚贤使能，则是因为自身的品德问题。“贪于政者，不能分人以事；厚于货者，不能分人以禄。”他们因为自己擅权吝财，不能任用贤能。还有一种人，尚贤仅停留在口头上，行动上不尚贤使能，“今天下之士君子，居处言语皆尚贤，逮至其临众发政而治民，莫知尚贤而使能”。墨子也对这种“叶公好龙”式的尚贤者提出了批评。

三、众贤是统治者的主要任务

墨子认为，对于一个国家来说，“贤良之士众，则国家之治厚；贤良之士寡，则国家之治薄”。国家是否治理兴盛，与贤士的多少密切相关。因而“大人之务，将在于众贤”。统治者的主要任务，就是要培养、选拔和任用众多的贤才。

怎样使一个国家贤士众多，人才济济呢？墨子主张运用赏罚手段，对贤士重赏，对不肖者和暴徒重罚。只要“赏当贤”“罚当暴”，人们劝赏畏罚，都会争当贤良。这样，国家的贤士就会逐渐多起来。具体说来，众贤的办法就是要对已有的贤士“富之，贵之，敬之，誉之”，使他们“始贱卒而贵，始贫卒而富”。换句话说，就是对贤士要“高予之爵，重予之禄，任之以事”，给他们高贵的官爵，丰厚的俸禄，充分的信任，重大的权力。墨子还提出，要为贤者立“三本”。所谓“三本”，就是“爵位高，食禄厚，政令断”。总之，就是要给予已有的贤士盛名、高官、美爵、厚禄、重权。以此号召天下人争当贤士，国家的贤士才会众多。此外，《墨子》一书中还有《修身》篇，专谈士人成为贤才的途径，这里不再赘述。

四、任人唯贤，不分亲疏贫富贵贱

墨子希望君主学习古代圣王，“尊尚贤而任使能，不党父兄，不偏富贵，不嬖颜色。贤者举而上之，富而贵之，以为官长，不肖者抑而废之，贫而贱之，以为徒役”。就是说，选用人才不必考虑贫富贵贱亲疏，而应以贤能为唯一的标准。

在亲贤关系上，墨子反对统治者“亲戚则使之”，反对“宗於（族）父兄故旧以为左右，置以为正长”①。因为亲戚未必智慧，如果使愚昧者治理国事，国家就会混乱。所以他反对任用“骨肉之亲”，主张“不党父兄”。

在富贵与贤能的关系上，墨子主张不论富贵还是贫贱，一律唯贤是举。他说“虽在农与工肆之人，有能则举之”，虽出身于贵族，“无能则下之”，使“官无

① 孙诒让：《墨子闲诂》卷三《尚同》，中华书局，2001，第86页。

常贵,民无终贱"。他反对官职的世袭制,要求赋予手工工人、农民等下层劳动者做官的权利。在官职的任用上应该"不偏富贵",对于出身于富贵家庭的不肖者,要剥夺他们做官的特权。

此外,墨子还主张举用士人要处以公心,不要夹杂个人的爱憎好恶。要"举公义,避私怨",还要做到"不嬖颜色",即不要因为"面目美好"而任用,不以貌取人,不使无功者受禄。

墨子认为,统治者不仅要尊尚贤,还要任使能。具体说来,就是要先对选拔出来的贤能进行考察,"听其言,迹其行,察其所能而慎予官"。要用其所长,可以治国的就让他治国,可以长官的就让他长官,可以治邑的就让他治邑。总之,要知人善任。

综上所述,墨子的尚贤思想回答了什么是贤能、为什么要尚贤使能、怎样尚贤使能等问题。与前人相比,他的思想更为系统化,也更具有理论性。墨子明确提出尚贤是为政之本,统治者的主要任务在于"众贤",从而把崇尚贤能提到了新的高度。他主张完全打破旧的贵贱等级观念和传统的亲亲观念,彻底废除官职的世袭制,实行尚贤使能。以贤能与否为唯一的标准,建立新的贵贱等级秩序。他还主张赋予下层劳动者做官的权利。他的思想代表了小生产者的利益和愿望,是一种比较激进、比较彻底的思想主张。这些,就是墨子尚贤思想的主要特点。

尚贤思想的社会影响

在战国时代,墨学和儒学都是当时的显学。墨子的尚贤思想引起社会各阶层的普遍重视,产生了较大的社会影响。它受到了道家、法家学派的批评和反对,却被儒家学派继承和吸收。

墨子的尚贤主张遭到了道家的反对。战国中期道家的代表人物庄周反对举用贤士。他说:"民延颈举踵曰:'某所有贤者',赢粮而趋之,则内弃其亲而外去其主之事,足迹接乎诸侯之境,车轨结乎,千里之外,则是上好知之过也。""甚矣夫好知之乱天下也!”①又引庚桑楚之言说:“举贤则民相轧,任知则民相盗。”②总之,庄子认为尊贤任智的结果,会使人内弃其亲,外离其主,使人们互相竞争倾轧,导致天下大乱。于是又引用赤张满稽的话说:“至德之世,不尚贤,不使能。”③道家认为尚贤是人们相互欺诈、倾轧的根源,主张绝圣弃智,妄图使历史倒退到古朴时代。因此坚决反对尚贤。

法家也反对尚贤。早期法家人物慎到宣称:“贤智未足以服众,而势位足以诎贤也。”④战国中期的法家代表人物商鞅从“上世亲亲而爱私,中世上(尚)贤而悦仁,下世贵贵而尊官”的历史观出发,认为“既立君,则上贤废而贵贵立”。他又说:“夫举贤能,世之所治也。而治之所以乱。世之所谓贤者,言正也。所以为善正也,党也。听其言也问则以为能,其党以为然,故贵之不待其有功,诛之不待其有罪也。”⑤就是说,根据本人的宣言和朋友亲党的评论来举用贤能,虽然出发点是为了国家治理,实际上只能适得其反,导致国家的混乱。总之,商鞅主张贵贵,反对尚贤。他认为所谓举贤,实为乱阶。

战国末期,集法家学说之大成的韩非从根本上否定儒、墨两家称颂的贤能。他说“而简上不求见者,世谓之贤”,“不事力而衣食则谓之能,不战功而尊则谓之贤;贤能之行成,而兵弱而地荒矣”。他认为真正的贤能是“能明法辟,治官职,以戴其君”者,而不是“藏书策,习谈论,聚徒役,服文学而议说”之人。⑥ 韩非还认为君主既没有必要礼贤下士,也不必为选拔贤士而辛劳。只要君主“推功而爵禄,称能而官事;所举者必有贤,所用者必有能”。总之,韩非认为:“废常上(尚)贤则乱,舍法、任智则危。故曰:‘上(尚)法而不上(尚)贤。’”⑦可见他反对尚贤,主张尚法,就是要求重视选用人才的法令制度,完全依法制办事,不必另搞礼贤选贤。

总之,早期法家主张贵贵,反对尚贤;后期法家主张尚法,反对尚贤。他们

---

① 郭庆藩:《庄子集释》卷四中《胠箧》,中华书局,1961,第357、359页。

② 郭庆藩:《庄子集释》卷八上《庚桑楚》,中华书局,1961,第775页。

③ 郭庆藩:《庄子集释》卷五上《天地》,中华书局,1961,第445页。

④ 王先慎:《韩非子集解》卷十七《难势》,中华书局,1998,第388页。

⑤ 高亨:《商君书》注释第七《开塞》,第二十五《慎法》,中华书局,1974,第74、179页。

⑥ 王先慎:《韩非子集解》卷十七《诡使》,卷十九《五蠹》,卷十九《显学》,卷二十《忠孝》,中华书局,1998,第410、448、466、458页。

⑦ 王先慎:《韩非子集解》卷二十《人主》《忠孝》,中华书局,1998,第470、466页。

既不承认儒、墨两家称颂的贤能为真正的贤能,也认为君主不必为礼贤选贤而辛劳,而应“使法择人”,“使法量功”。但是后期法家也难以摆脱尚贤思想的影响,难以公开反对尚贤使能,只好提出自己的贤能标准,与儒、墨两家的尚贤主张抗衡。

墨子的尚贤使能思想在遭到道家和法家的批评、反对的同时,却被儒家学派吸收和继承。儒、墨两家在思想上形成“同盟”,与法家抗争。

墨子提出“尊尚贤、任使能”,战国中期儒家的代表人物孟轲继承了这一思想,提出“尊贤使能”的主张。他提倡“贤者在位,能者在职”“尊贤使能,俊杰在位”。他也强调用贤的重要性,说“不用贤则亡”①。这是因袭墨子的说法。但孟子的尊贤使能思想不如墨子彻底。他在和法家的论争中表现了调和性。如前所述,早期法家将贵贵和尊贤对立起来,以贵贵反对尊贤。而孟子提出:“用下敬上,谓之贵贵;用上敬下,谓之尊贤。贵贵尊贤,其义一也。”②认为贵贵和尊贤并不矛盾,二者可以相容。他在提倡尊贤的同时,仍不放弃亲亲。他说:“身为天子,弟为匹夫,可谓亲爱之乎?”③实际上主张亲贤兼用。总之,孟子对墨子的尚贤思想有所吸收和继承,但是在尊贤与亲亲、贵贵的关系方面,他的思想具有明显的不彻底性。

战国后期,荀况集儒、墨两家尚贤思想之大成,在他的学说中体现了更多的墨子尚贤使能思想。

荀子反复强调尚贤使能的重要性。他指出,尚贤使能既可使“主尊下安”“等位不遗”“庶人安政”“民知方”“明分职,序事业”,从而使国家治理,又能使“德厚者进而佞说者止,贪利者退而廉节者起”,净化社会风气。他还说:“尊圣者王,贵贤者霸,敬贤者存,慢贤者亡。”④把是否尚贤提到关系统治者事业成败和国家存亡的高度。在此我们可以看到墨子尚贤思想的影子。荀子还对法家的贵势、尚法且反对尚贤的做法进行批驳。早期法家慎到曾说:“贤智未足以服

---

① 杨伯峻:《孟子译注》卷三《公孙丑上》,卷十二《告子下》,中华书局,1960,第75、77、284页。

② 杨伯峻:《孟子译注》卷十《万章下》,中华书局,1960,第237页。

③ 杨伯峻:《孟子译注》卷九《万章下》,中华书局,1960,第213页。

④ 梁啟雄:《荀子简释》第十二篇《君道》,第二十四篇《君子》,中华书局,1983,第167、341页。

众，而势位足以诎贤。”荀子针锋相对地指出“明主急得其人，而暗主急得其势”，他批评慎到和申不害，说“慎子蔽于法而不知贤。申子蔽于埶而不知智”①。

在亲贤关系上，荀子主张“不恤亲疏，不恤贵贱，唯诚能之求”，“外不避仇、内不阿亲、贤者予”②。他也主张废除旧的贵贱等级观念，以贤能为标准建立新的等级秩序。他说：“虽王公士大夫之子孙也，不能属于礼义，则归之庶人。虽庶人之子孙也，积文学，正身行，能属于礼义，则归之卿相士大夫。”③荀子的这些思想主张，都明显吸收和继承了墨子的思想。

秦汉以后，新兴地主阶级已稳固地掌握了政治权力，封建制度也已相当巩固，代表下层劳动者利益和愿望的墨家学说，由于统治者的尚法和独尊儒术而逐渐衰微、隐没。但是墨子的尚贤使能思想被秦汉以降的思想家和政治家承袭和发展，成为中国传统思想文化的一个组成部分。这种尚贤使能思想，对中国社会政治的影响长达二千多年，也可为当前的人事制度提供一些有益的历史借鉴。

（原载《河南社会科学》1995 年第 3 期）

---

① 梁啟雄：《荀子简释》第十二篇《君道》，第二十一篇《解蔽》，中华书局，1983，第 158、290 页。

② 梁啟雄：《荀子简释》第十一篇《王霸》、第二十五篇《成相》，中华书局，1983，第 144、348 页。

③ 梁啟雄：《荀子简释》第九篇《王制》，中华书局，1983，第 98 页。

东汉魏晋用人思想的变化

东汉魏晋时期是士族门阀制度形成和发展的时期。这一时期的社会经济、政治和思想都发生了变革，用人思想也随之发生了一些变化。本文仅就亲贤、德才和名实关系这三个问题，说明这一时期用人思想的变化情况，并分析其变化的社会原因。

从主张任贤到亲贤兼举

是任亲还是用贤，这是用人思想的首要问题。反对任亲、主张任贤，是东汉一代用人思想的主流。

南阳是光武帝刘秀的故乡，又是他起兵之地，刘秀在统一全国过程中用南阳人较多。建武十一年(35 年)，郭伋建言："选补众职，当简天下贤俊，不宜专用南阳人。"①建武二十八年(52 年)，朝臣欲立外戚阴识为太子傅，博士张佚正色曰："今陛下立太子，为阴氏乎？为天下乎？即为阴氏，则阴侯可；为天下，则固宜用天下之贤才。"②光武帝终于未用阴识。光武帝的女儿馆陶公主为儿子求一郎官，明帝不许，而赐钱千万，对群臣说："郎官上应列宿，出宰百里，有非其人，则民受其殃，是以难之。"③可见，东汉统治者认为：委任官吏是为宰地治民，如果用非其人，不仅民众遭殃，也影响自己政权的巩固。设官分职是为天下，就应该选用天下的贤才，而不能以官职私授一家之亲，也不能专用一地之人。

---

① 《后汉书》卷三十一《郭伋传》，中华书局，1965，第 1092 页。

② 《后汉书》卷三十七《桓荣传》，中华书局，1965，第 1251 页。

③ 《后汉书》卷二《明帝纪》，中华书局，1965，第 124 页。

东汉前期对任亲有严格的限制或禁令。东汉统治者不仅继承了西汉宗室子弟不得任公卿的制度，而且规定宗室诸王“惟得自娱于宫内，不得临民，干与政事”①。汉明帝“防慎舅氏，不令在枢机之位”，规定“后宫之家，不得封爵与政”。东汉前期还有“中官子弟，不得为牧人职”的禁令。② 除禁止和限制任用宗室、外戚和宦官子弟外，光武帝还一反西汉前期主要任用功臣的旧例，“高秩厚礼，允答元功，峻文深宪，责成吏职”③，只给功臣以优渥的经济待遇，而不许他们参政，另选娴熟政务的文吏管理国家。这些用人的政策规定是为了加强专制主义的中央集权，它也体现了东汉前期的统治者主张任贤、反对用亲的用人思想。

东汉中后期，外戚和宦官执政，任亲用私的堤防被完全冲毁，任贤自然成为空话。官职基本上为外戚和宦官垄断，在野士人与下层属吏的仕途日益狭窄，于是他们大叹贤难。王符《潜夫论·贤难》曰：“今世主之对于士也，目见贤则不敢用，闻贤则恨不及，虽自已知之，犹不能取。”荀悦则指出了任贤的十难：“一曰不知，二曰不进，三曰不任，四曰不终，五曰以小怨弃大德，六曰以小过黜大功，七曰以小失掩大美，八曰以奸讦伤忠正，九曰以邪说乱正度，十曰以谗嫉废贤能。”④他们不仅揭示了当时任贤之难，而且以选贤举能为武器，抨击外戚宦官的任用亲信的政策。他们以贤能自许，为拓广仕宦途径而大造舆论，于是东汉中后期反对任亲、主张任贤的呼声甚高。王符曰：“王者法天而建官……是故明主不敢以私爱，忠臣不敢以诬能。”⑤仲长统曰：“王者官人无私，唯贤是亲。”⑥荀悦亦曰：“用臣不贤，则国非其国也。”⑦他们反对任亲用私，主张亲任贤士，把是否用贤提到关系国家兴亡的高度。而在当时，任亲的主张却非常罕见。

总之，东汉前期的统治者主张用贤，严格限制或禁止任亲。东汉中后期存在着舆论上主张任贤和实际上任亲用私的矛盾。但终东汉一代，任贤的思想主张仍是朝野舆论的主流，任亲的主张在舆论上无立足之地。

---

① 《三国志》卷五十九《吴主五子传》，中华书局，1959，第 1373 页。
② 《后汉书》卷二《明帝纪》，卷三十八《冯绲传》，中华书局，1959，第 124、1284 页。
③ 《后汉书》卷廿二传论，中华书局，1965，第 787 页。
④ 《申鉴》卷一《政体》，《百子全书》（二），浙江人民出版社，1984，第 2 页。
⑤ 汪继培：《潜夫论笺校正》卷三《忠贵》，中华书局，1985，第 108 页。
⑥ 《昌言》之《阙题九》，孙启治译注：《政论昌言》，中华书局，2014，第 278 页。
⑦ 《申鉴》卷一《政体》，《百子全书》（二），浙江人民出版社，1984，第 2 页。

曹魏时期任贤的思想主张仍占主导地位。建安年间许靖遗书曹操，要他“为官择人”，“苟得其人，虽雠必举；苟非其人，虽亲不授”①。这是一种任人唯贤的思想。魏明帝时杜恕疏曰：“诚使今朝任职之臣皆天下之选，而不能尽其力，不可谓能使人；若非天下之选，亦不可谓能官人。”“忠臣不必亲，亲臣不必忠。”②他否认任亲用私的必要，主张选用天下的贤才，而且要充分发挥他们的智力。孙吴宝鼎年间，陆凯曰“明王圣主取士以贤，不拘卑贱”，“有国以贤为本”③，也主张打破门第观念，选取贤士。

曹魏时期对于任亲也有限制和禁令。魏文帝规定“宦人为官不得过诸署令”，“群臣不得奏事太后”，不让外戚参与朝政。其兄弟宗室“虽有王侯之号，而乃侪为匹夫……王侯皆思为布衣而不能得”④。汉代禁止宗室任三公，而曹魏宗室竟无一人任州郡牧守。文帝的母弟曹植才华横溢，屡求自试，终不获用。这说明曹魏也是限制和禁止任亲而提倡任贤的。

但在这个时期已开始出现任亲和亲贤兼举的思想主张。孙吴黄武七年（228 年）尚书仆射存上书曰“帝王之兴，莫不褒崇至亲”，“方今奸宼恣睢，金鼓未弭，腹心爪牙，唯亲与贤”⑤。言在战乱的条件下，宜引用亲者和贤者为腹心爪牙。魏明帝诏孙资曰：“图万年后计，莫过使亲人广据职势，兵任又重。今射声校尉缺，久欲得亲人，谁可用者？”⑥明帝谋及身后的安定，想使亲人广据要职，掌握兵权。不过在曹魏时期这种任亲和亲贤兼用的思想主张尚不多见。

两晋时期，亲贤兼举的思想主张开始作为国家的重要策略和法规固定下来，任亲完全合法化。晋武帝泰始三年（267 年）诏曰：“夫尚贤庸勋，尊宗茂亲，所以体国经化，式是百辟也。”东晋明帝诏曰：“夫王者体天理物，非群才不足济其务。外建贤哲，以树风声，内睦亲亲，以广藩屏。”⑦两晋统治者不仅公开提倡宗亲和贤勋并用，而且其任贤仅为博取美名，用亲则为藩屏朝廷，他们认为任亲

① 《三国志》卷三十八《许靖传》，中华书局，1959，第 966 页。
② 《三国志》卷十六《杜畿传》，中华书局，1959，第 502、503 页。
③ 《三国志》卷六十一《陆凯传》，中华书局，1959，第 1402、1405 页。
④ 《三国志》卷二十《武文世王公传》引《袁子》《魏氏春秋》，中华书局，1959，第 591 页。
⑤ 《三国志》卷五十九《吴主五子传》，中华书局，1959，第 1367 页。
⑥ 《三国志》卷十四《刘放传》注引《孙资别传》，中华书局，1959，第 460 页。
⑦ 《晋书》卷三十七《宗室传》，中华书局，1974，第 1086、1104 页。

更重要些。晋朝有“石函之制，非亲亲不得都督关中”①。西晋都洛阳，视关中为要害地区，规定必须由至亲都督。与之相反，西汉有“宗室不宜典三河”的规定。西汉都长安，视河南、河内、河东为要害地区，却不许宗室典守。由此可知，汉晋两代用人思想差别之大。

西晋在亲贤兼举和亲亲思想的影响下大量任用宗室和外戚，使宗室诸王掌握军政大权，终于酿成“八王之乱”，导致西晋削弱和灭亡。东晋统治者并未引为鉴戒，他们继续推行任亲的政策，宗室司马道子、司马休之和外戚谢尚、王恭等都“蒙亲贤之举”，“荷文武之任”。

综上所述，东汉和曹魏时期任贤的思想基本上占主导地位，严格限制和禁止任亲。东汉中后期任亲用私的现象很严重，但任亲的主张在舆论上仍不合法。曹魏后期任亲的思想开始抬头，出现了亲贤兼举的主张。这种主张到两晋时期就被作为国家的重要策略和法规固定下来，任亲的思想实际上在用人实践中起主导作用。

重德——重才——重德

德行和才能的关系问题是用人的又一重要问题。东汉选用人才，首先要求乡里考察其德行和才能。但就德行和才能关系而言，东汉用人存在着注重德行、轻忽才能的思想倾向。

光武帝诏四科取士，要求被举者“皆有孝悌廉公之行”②。章帝时韦彪议曰：“大国以简贤为务，贤以孝行为首。”③可见东汉统治者对官吏的基本要求是事君忠诚，廉洁奉公。而孔丘早说过：“事亲孝故忠可移于君，是以求忠臣必于孝子之门。”④所以取人以孝行为先。在他们心目中，事亲孝者事君必忠，为士（吏）廉者任官亦清，所以行为孝悌廉公是取人的首要条件。在东汉的选举科目中，德行方面的科目居多，而孝廉又是举士的常科，以孝廉起家的官员最多。张

---

① 《晋书》卷五十九《河间王颙传》，中华书局，1974，第1620页。
② 《后汉书》卷二十四《百官志》注引《汉官仪》，中华书局，1965，第3559页。
③ 《后汉书》卷二十六《韦彪传》，中华书局，1965，第917~918页。
④ 《后汉书》卷二十六《韦彪传》，中华书局，1965，第918页。

衡说:“自初举孝廉,到今二百年,必先孝行,行有余力,乃草文法耳。”①由此可见,东汉用人首先论德行,其次才是知识才能。

东汉末荀悦从理论上进一步阐述了重德行轻才能的思想。他说东汉时所说的“才”是“末”,不是“本”,不值得重视。他引用寓言《南辕北辙》后议论道:“遵路而骋,应方而动,君子有行,行必至矣。”他以道路和方向喻德行,以马良、用多、驭善喻才能,说明德行不好,才能越大,离预期的目的地越远。他又说:“合而用之,以才为贵;分而行之,以行为贵。舜禹之才而不为邪甚于□矣,舜禹之仁,虽亡其才,不失为良人哉!”②他认为对德才兼备的人而言才能是可贵的,若二者不能兼,则以德行为贵。因为有德无才不失为一个好人,有才无德就可能成为坏人。这种思想正是东汉用人重德轻才的理论根据。

建安年间,曹操一反东汉重德行的传统思想,连下三项命令,要求“唯才是举”。建安十五年(210 年)令曰:“若必廉士而后可用,则齐桓何以霸世;今天下得无有被褐怀玉而钓于渭滨者乎?又得无盗嫂受金而未遇无知者乎?二三子其佐我明扬仄陋,唯才是举,吾得而用之。”③建安十九年(214 年)再令曰:“夫有行之士未必能进取,进取之士未必能有行也。陈平岂笃行,苏秦岂守信邪?而陈平定汉业,苏秦济弱燕。由此言之,士有偏短,庸可废乎!”④建安二十三年(218 年)又令曰:“有果勇不顾,临敌力战;若文俗之吏,高才异质,或堪为将守;负污辱之名,见笑之行,或不仁不孝而有治国用兵之术:其各举所知,勿有所遗。”⑤总之,曹操认为不必以行为之仁孝廉信为用人的必要条件,应该唯才是举。世无完人,士能进取,而行为短缺,不可废弃。只要有治国用兵之术,即使蒙恶名有毁行,也要任用无遗。这体现了曹操用人注重才能、轻忽德行的思想。

徐干对德行与才能关系的论述,为曹操的重才轻德思想提供了理论根据。他说:“人之行,莫大于孝,莫显于清。曾参之孝,有虞不能易,原宪之清,伯夷不能间。然不得与游、夏列在四行之科,以其才不如也。”“子贡之行不若颜渊远矣,然而不服其行而服其闻一知十。由此观之,盛才所以服人也。”他认为古代

---

① 《通典》卷十三引《选举一》,中华书局,1988,第 317 页。

② 《申鉴》卷五《杂言下》,《百子全书》(二),浙江人民出版社,1984,第 1 页。

③ 《三国志》卷一《武帝纪》,中华书局,1959,第 32 页。

④ 《三国志》卷一《武帝纪》,中华书局,1959,第 44 页。

⑤ 《三国志》卷一《武帝纪》注引《魏书》,中华书局,1959,第 49~50 页。

圣贤论人，不单论行，也论才，盛才可以服人，才能不可轻忽。他在回答“人有才智而行为不善是否可取”的问题时说：“管仲背君事雠，奢而失礼，使桓公有九合诸侯一匡天下之功。仲尼称之，曰：‘微管仲吾其披发左衽矣。’召忽伏节死难，人臣之美义也，仲尼比为匹夫匹妇之为谅矣。是故圣人贵才智之特能立功立事益于世矣。”“汉高祖数赖张子房权谋以建帝业，四皓虽美行，而何益夫倒悬？”①徐幹打着孔子的旗号，宣扬重才能重立功立事、轻视个人行为的思想，这是对传统的重德行轻才能思想的抨击。

这种重才能的思想为曹魏统治者采用，不过三四十年时间。青龙年间，吏部尚书卢毓认为：“才所以为善也，故大才成大善，小才成小善。今称之有才而不能为善，是才不中器也。”他从用才目的是为善这个前提出发，说明有才而不为善则才不中器，从而强调德行的重要。因此，他“与人及选举，先举性行，而后言才”②。于是曹操倡导的“唯才是举”被否定，重德行的传统思想重新占主导地位。齐王正始年间，夏侯玄议曰：“夫孝行著于家门，岂不忠恪于在官乎？仁恕称于九族，岂不达于为政乎？义断行于乡党，岂不堪于事任乎？”③他认为德行卓著者自然有政事之才，用人不必考虑才能，从而把重德轻才思想发展到极端，未免陷于荒谬了。

晋朝用人注重门第资历，对德行才能都很轻忽。但就德行、才能二者比较，仍然重德行。晋朝时九品中正制度已普及全国。中正提供吏部铨选人才的材料有三：即品、状和家世。品是论行，状是论才，当时用人重品轻状，就是重德轻才思想的具体表现。

晋朝有“尚德之举”的提法。如王羲之遗殷浩书曰：“尚德之举，未能事事允称。”李重奏曰：宜“开寒素以明尚德之举”④。晋朝用人尚德的目的仍在教化天下。傅玄曰：“明为显名高位、丰禄厚赏，使天下希而慕之。不修行崇德，则不得此名，不居此位，不食此禄，不获此赏，此先王立教之大体也。”⑤以名位利禄为诱饵，使士人修行重德，不犯上作乱，这就是以德行取人的出发点。

---

① 徐幹：《中论》第九《智行》，《百子全书》（二），浙江人民出版社，1984，第8页。

② 《三国志》卷二十二《卢毓传》，中华书局，1959，第652页。

③ 《三国志》卷九《夏侯玄传》，中华书局，1959，第295页。

④ 《晋书》卷八十《王羲之传》，卷四十六《李重传》，中华书局，1974，第2095、1311页。

⑤ 《傅子》之《戒言》，《百子全书》（二），浙江人民出版社，1984，第6页。

综上所述，东汉用人重德行，建安年间至曹魏前期重才能，曹魏后期至两晋又注重德行。

重名——重实——重名

用人是取其名，还是求其实，本来是个具体实行问题，但这个问题在东汉魏晋时期表现得十分突出，引起朝野舆论的重视，于是也成为一个用人思想问题。

东汉的选举制度主要是察举和征辟，而选用的对象主要是在野士人和小吏。在交通不便的汉代，主选者对被选者的行为自然难以目睹，而只能靠耳闻。士人小吏要上进，必须使自己的行为事迹得到人们的称誉，即要扬名，并传入主选官的耳中。于是名誉就充当了主选者和被选者的媒介，这就是东汉用人重名誉的根本原因。另外，东汉统治者注重敦励道德名节。他们认为虽然有“盛名之下，其实难副”的情况，虽然名士不一定有益世用，但是名士的名“足以光示远人”①，后进希之以成名，世主礼之以得众。就是说，赐给名士以高官厚禄，就为天下士人树立了楷模，使更多的士人修身励行，这就可以敦励名节。同时名士影响大，褒奖名士，朝廷可以收礼贤下士之美名，可以得人心。这也是东汉用人重名的原因之一。

但是以名誉取人的最大弊端就是选举不实，用非其人。虽然东汉统治者规定了选举故不以实法，虽然实行了试职和考试，虽然朝野不少人提出了循名责实的主张，但是选举失实、用非其人的现象不但没有改变，而且日益严重，最后竟弄到“举秀才，不知书；察孝廉，父别居。寒素清白浊如泥，高第良将法如鸡”②的地步。

曹操深知东汉以名誉取人之弊，他用人不图虚名，重真才实学。建安年间，毛玠和崔琰典选举，“其所举用，皆清正之士，虽于时有盛名而行不由本者，终莫得进”③。

---

① 《后汉书》卷二十六《伏湛传》，中华书局，1965，第 896 页。

② 杨明照：《抱朴子外篇》卷十五《审举》，中华书局，1991，第 393 页。

③ 《三国志》卷十二《毛玠传》，中华书局，1959，第 375 页。

徐幹《中论·智行》关于名实关系的论述为曹操用人重真才实学提供了理论根据。徐幹首先指出东汉尚名的严重危害,说它使“真伪相冒,是非易位”,是造成“父盗子名、兄窃弟誉、骨肉相诒、朋友相诈”的大乱之道,是“邦家的大灾”。接着说:“名者,所以名实也。实立而名从之,非名立而实存之……仲尼之所贵者,名实之名也,贵名乃贵实也。”他认为名的出现是为了表现实,先有实然后有名,孔丘所以重名,是因为名体现了实,重名最终是为了重实,从而批判了务名而忘实的现象。

魏明帝深嫉浮华不实之风,他曾诏令郎吏“浮华不务道本者,皆罢退之”。“选举莫取有名,名如画地作饼,不可啖也。”①虽然这种主张有片面性,忽略了名实相副的情况,但是它彻底否定了用人唯名的思想。

曹魏时期不少人主张综核名实,实行考课和考试。刘廙曾上表曹操,言官吏的升降,不应据州郡的毁誉、听往来的浮言,而应依据实事的考课。“课之皆当以事,不得以名。事者,皆以户口率其垦田之多少,及盗贼发兴,民之亡叛者,为得负之计。如此行之,则无能之吏,修名无益;有能之人,无名无损。法之一行,虽无部司之监,奸誉妄毁,可得而尽。”②这个以实事考课的建议,深得曹操称许。明帝时重新制定了考课法。

总之,曹魏用人比较重真才实学,出现了名声无用、不用名人的思想和综核名实的主张,并提出了据实事考课、杜绝奸誉妄毁的建议。

两晋用人又走上了东汉重名轻实的老路。晋初傅玄曰:“谓有孝廉秀才之贡,或千里望风,承声而举,故任实者渐消,积虚者日长。”③西晋末陈頵遗王导书曰:“中华所以倾弊,四海所以土崩者,正以取才失所,先白望而后实事,浮兢驱驰。”④东晋初熊远亦曰:“选官用人,不料实德,惟在白望,不求才干,乡举道废。”⑤当时不少人对用人重名望、轻才干的危害认识很深刻,并提出责实的主张,但都无法改变当时用人的状况。

综上所述,在名实关系方面,东汉用人重名誉、曹魏用人重实际、两晋用人

---

① 《三国志》卷三《明帝纪》,卷二十二《卢毓传》,中华书局,1959,第97、651页。

② 《三国志》卷二十一《刘廙传》注引《廙别传》,中华书局,1959,第617页。

③ 严可均辑:《全晋文》卷四十九引《意林》,商务印书馆,1999,第503页。

④ 《晋书》卷七十一《陈頵传》,中华书局,1974,第1893页。

⑤ 《晋书》卷七十一《熊远传》,中华书局,1974,第1887页。

又重名望。

用人思想变化的原因

唯物主义认为,社会存在决定社会意识。用人思想作为一种社会意识,其变化原因只能从当时的社会状况中寻找。

汉代国家统一,各地区之间的联系密切,人们的迁徙流动频繁,商品交换发达,以血缘为纽带的宗族组织在一定程度上被打破。社会经济以个体小农经济为主,一家一户就是社会的细胞。社会组织是以地域为中心的郡县乡里,每家小农直接向国家官府纳税服役,宗族内部的联系较少、关系淡漠,因而亲亲的思想不浓厚。统治者面对辽阔的国土和众多的人民,政治视野开阔,就使用贤成为可能。东汉田庄经济开始出现,但在整个经济中尚未占据主要地位。同时用人思想作为上层建筑的一部分,有它一定的稳定性,并不一定随经济基础的些许变化而马上变化。东汉统治者将自己的政权视为西汉政权的延续,其典章制度多承袭西汉,政治思想也多有承袭。魏晋时期,自给自足的田庄经济进一步发展,商品交换锐减,社会战乱,国家分裂,各地区之间的联系减少,农民往往依靠地主聚族而居,宗族关系加强,亲亲的思想得到发展,这就是用人思想由汉代的任贤变为晋代的亲贤兼举和任亲的原因之一。

东汉社会相对安定,统治者的地位比较稳固,所以敢于选用贤才。东汉末至两晋,社会长期动乱,统治者取代频繁,在位者常担心大权旁落或被篡弑,他们宁可不用贤才,也要保持被任用者对自己的绝对忠诚。如东晋简文帝欲用桓云为豫州刺史,王彪之曰:桓“云不必非才,然(桓)温居上流,割天下之半,其弟复处西藩,兵权尽出一门,亦非深根固蒂之宜也。人才未可豫量,但当令不与殿下作异者耳!”①封建统治者认为亲者总比疏者忠诚可靠,所以主张任亲,这也是由汉代的任贤变为晋朝的亲贤兼举的原因之一。

从统治阶级的历史地位来说,汉代封建社会还处于上升时期,地主阶级还有其进步性,在政治上还有所作为。统治者内务政治清明以巩固自己的统治,

---

① 《晋书》卷七十六《王廙传》,中华书局,1974,第2010页。

外务加强武力以御边族的骚扰，这就需要选贤任能、广开仕途。世家大族在东汉后期出现，经过三国时期的发展，到西晋时在全国取得统治地位。晋朝的世家大族日益腐朽，他们只求保持自己尊贵的地位和豪侈的生活，不再有什么作为，自然没有选用贤能的必要。为了保证他们独特的地位和利益，而不许别人染指，使“贵有常名，而贱不得冒；尊有定位，而卑不敢逾”①。统治者以血统的亲疏、贵贱论人，谱牒学大兴，这就是亲亲和重门第的用人思想形成的原因。

曹操曾说：“治平尚德行，有事赏功能。”封建统治者知道不同的社会状况应选用不同的人才。东汉统治者面临统一和相对安定的社会局面，其主要任务是用儒家思想指导下的道德伦理教化天下，使人民不犯上作乱，所以用人以德行为先，而名声是重。东汉末至曹魏时期，统治者面临分裂割据、战火连年的局面，强者想统一国家，弱者欲不被吞并，不得不重才能、贵真才实学。这也是用人思想由东汉的尚德重名变为曹魏的尚才重实的原因之一。

就当时的统治思想而言，东汉儒家思想占统治地位，而尚贤、重德行、重名誉的思想本来就是春秋战国时期儒家学派的思想主张。但是在东汉后期，由于儒学的烦琐和神学化，而导致它的衰落，失去了独尊的地位，被汉武帝罢黜的百家诸子之学复兴。史称“魏之初霸，术兼名法”，“魏武好法术而天下贵刑名，魏文慕通达而天下贱守节”②。曹魏前期主要以法术刑名之学为思想武器，法术刑名家重立功立事，轻视个人德行和名誉。曹魏前期重才能、轻德行、重实际、轻名声的用人思想，自然与此有关。晋朝腐朽的门阀士族居统治地位，他们的精神支柱是以道家学说为中心的主张消极无为的玄学。当时“庄老之俗倾惑朝廷，养望者为弘雅，政事者为俗人”③，自然用人重名望而轻忽实际才干。

此外，用人思想还与当时的选举用人制度和政策有关。用人思想和选举用人制度是相辅相成的。东汉和两晋用人重名就与当时实行的察举征辟和九品中正制度有关，而曹魏前期用人重真才实学正是在察举征辟制已废除而九品中正制度尚未普及之时。同时东汉用人重道德行为与东汉统治者敦励名节的政

---

① 严可均辑：《全晋文》卷四十九引《意林》，商务印书馆，1999，第503页。

② 刘勰著，周振甫注：《文心雕龙注释》第十八《论说》，人民文学出版社，1983，第200页。傅玄：《傅鹑觚集》卷五《举清远疏》，《汉魏六朝百三名家集》第二册，江苏广陵古籍影印社，1990，第375页。

③ 《晋书》卷七十一《陈頵传》，中华书局，1974，第1893页。

策有关,曹魏前期统治者改变了这种政策,慕通达贱守节,于是在用人时也轻视道德行为。

最后需要说明的是,一个时期的用人思想是复杂的。就任亲和用贤问题而言,任人唯贤、内不阿亲、外不避仇,封建统治者很难做到。但完全任人唯亲也是不行的,他们用人往往亲贤相错,使之互相牵制。我们这里所言的任亲用贤、重德重才、重名重实,只不过指某一时期的主要倾向而已。

(原载《许昌师专学报》1985 年第 3 期)

试析刘劭《人物志》的人才学说

刘劭,字孔才,三国时期广平邯郸(今属河北)人,仕曹魏官至尚书郎、散骑常侍,赐爵关内侯,是一位著名哲学家。他所著的《人物志》是流传至今的我国第一部人才学专著。北凉学者刘昞曾为此书作注。历代学者对此书给予了较高的评价。宋人阮逸为此书作序,称“是书也,博而畅,辨而不肆,非众说之流也。王者得之,为知人之龟鉴,士君子得之,为治性修身之檠栝,其效不为小矣”。明人郑旻为此书作跋,称“刘邵(应为劭)《人物志》凡十二篇,辨性质而准之中庸,甄材品以程其职任。事核词章,三代而下,善评人品者,莫或能逾之矣”①。这部书对三国时期的人才理论加以提炼和概括,对人的性情气质和心理修养,人才的分类、鉴别与任用,进行了深入的探讨,提出了许多精辟独到的见解,在中国古代人才思想史上占据重要地位。深入研究该书中的人才学说可以为我们今天处理人才问题提供有益的借鉴。刘劭《人物志》的人才学说大体可分为以下几个方面。

论人的性情、气质和心理

刘劭用元气和阴阳五行学说来解释人的性情和气质。他说:“盖人物之本,出乎情性……凡有血气者,莫不含元一以为质,禀阴阳以立性,体五行而著形。”②就是说,世界上凡有血气之物都含有阴阳的元质,由金木水火土五行组

① 阮逸:《〈人物志〉序》,郑旻:《重刻〈人物志〉跋》,见刘劭:《人物志》,红旗出版社,1996,第7、220页。

② 《人物志》第一《九征》,红旗出版社,1996,第19页。

成其形态。人是万物之灵,也由这些元素组成。这些元素组成状况中和,是一个人聪明的基础。他从物质存在与构成出发,研究人的本质属性和素质,属于一种朴素的唯物主义观点,但是在今天看来,这种解释仍然是欠缺科学依据的。

刘劭还说:"物生有形,形有神精,能知精神,则穷理尽性。"①他认为人的本质属性、人的内心世界,在外部都有所表现,因而可以通过对人外部表现的观察来发现其性情和心理。刘劭指出九种表征反映着人的性情和心理。他说:"性之所尽,九质之征也。然则平陂之质在于神,明暗之实在于精,勇怯之势在于筋,强弱之植在于骨,躁静之决在于气,惨怿之情在于色,衰正之形在于仪,态度之动在于容,缓急之状在于言。"②就是说,人的平陂、明暗、勇怯、强弱、躁静、惨怿、衰正、态度、缓急这九种内在性情气质,分别表现在人的神、精、筋、骨、气、色、仪、容、言这九种表征上。透过九种表征就可以发现一个人的性情气质。这种"由表及里"的观察无疑是一种比较科学的认识方法。

《人物志》还从人的性情出发分析人的心理和品格,从人的意向分析人的行为,提出了人情的"六机"③。这"六机"就是:

1."杼其所欲,则喜。"即顺遂了他的志欲,他就高兴;

2."不杼其所能,则怨。"即不使他的才能得到施展,他就怨恨;

3."以自伐历之,则恶。"即别人在他面前炫耀自己的功能,他就厌恶;

4."以谦损下之,则悦。"即别人对他谦逊恭敬,他就喜悦;

5."犯其所乏,则婟。"即别人触犯了他的长处,他就气愤恼怒;

6."以恶犯婟,则妒。"即别人看不到他所长而又触犯了他所短,他就嫉妒。

因此,待人接物要把握人们的这些心理状态,使之心情舒畅,使人际关系融洽。

《人物志》对人的性情和心理的探讨及阐述,反映了三国时人对人自身认识的深化,从而为人才的分类、鉴别和品评奠定了基础。

---

① 《人物志》第一《九征》,红旗出版社,1996,第 24 页。

② 《人物志》第一《九征》,红旗出版社,1996,第 24~25 页。

③ 《人物志》第九《八观》,红旗出版社,1996,第 132~133 页。

论人才区分

《人物志》中的人才概念，已不是先秦和秦汉时所常见的圣、贤、君子、士，对人才的区分既与以前大不相同，也更为具体。刘劭从人的素质、专长、职业和流派诸方面，将人才进行区分，并进行了分类研究。

关于人的区分，在《七谬》篇中有"上材之人"和"中材之人"的提法，以此推论，也当有"下材之人"。上材之人自然属于人才的范畴，中材之人也可能成为人才。这是从人的才能高低和社会功用的大小方面来区分人才。此外，刘劭又将人分为三等，即圣人、俊杰和众人。他说："俊杰者，众人之尤也，圣人者，众尤之尤也。"圣人和俊杰，均属于人才。

根据人的德行和才能素质的差异，刘劭将人才分为"兼德""兼材"和"偏材"（或称"偏至之材"）①。这种区分是从对人"九征"的观察而得出的。什么是"兼德"？刘劭说："其为人也，质善平澹，中睿外朗，筋劲植固，声清色怿，仪正容直，则九征皆至，则纯粹之德也。""兼德之人，更为美号。"他认为，首先兼德之人"九征"毕至，德行完美纯备，是最高层次的人才。其次是"兼材"。刘劭说："兼材之人，以德为目。"就是说，兼材之人，在材质结构上，以才为纲，以德为目。这种人既有德，也有才；但德才相较，才能领先。再次是"偏材"，又称"偏杂之材"或"偏至之材"。刘劭说："九征有违，则偏杂之材也。三度不成，其德异称，故偏至之材，以材自名。"属于偏材的人在德行方面不值得称道，而某一方面的才能却特别突出。此外，还有"依似"和"间杂"，为"末流之质"，已不属于人才的范畴。

刘劭达根据人的专长、流派和职业，将人才具体分为12类，即清节之家、法家、术家、国体、器能、臧否、伎俩、智意、文章、儒学、口辩、雄杰，②并指出他们各自的特长和适宜担任的职务：

1.清节之家："德行高妙，容止可法"。即德高行美、仪容举止可供世人效法的人，可担任师氏。

---

① 《人物志》第一《九征》，红旗出版社，1996，第25页。

② 《人物志》第三《流业》，红旗出版社，1996，第49~51页。

2.法家："建法立制，强国富人"。即能创建法令制度，使人民富裕、国家强盛的人，可担任司寇。

3.术家："思通道化，策谋奇妙"。即能通晓事物规律、机智权变、多谋善断的人，可担任三孤。

4.国体："兼有三材，三材皆备，其德足以厉风俗，其法足以正天下，其术足以谋庙胜"。这种人德、法、术三材皆备，是治国安邦的辅佐大才、社稷重臣，可担任三公。

5.器能："兼有三材，三材皆微，其德足以率一国，其法足以正乡邑，其术足以权事宜"。这种人虽兼有德、法、术，但不够完备，水平次于国体，能治理郡国县邑，可担任冢宰。

6.臧否："清节之流，不能弘恕，好尚讥诃，分别是非"。这种人虽德行美好，但胸怀不宽宏，喜欢议论是非，对人非难指责，可担任师氏之佐。

7.伎俩："法家之流，不能创思远图，而能受一官之任，错意施巧"。这种人具有法家的特点，但有局限，能胜任某种职事，善于实行有效的举措，可担任司空。

8.智意："术家之流，不能创制垂则，而能遭变用权，权智有余，公正不足"。这种人具有术家的特点，但不能创制垂则，机智权变但不够公正，可担任冢宰之佐。

9.文章："能属文著述"。即善于作文著书的人，可担任国史。

10.儒学："能传圣人之业，而不能干事施政"。这种人通晓儒家经学，但没有治民领兵的才干，可担任安民。

11.口辩："辩不入道，而应对资给"。这种人虽然讲的话不一定合乎圣人之道，但答对论辩口若悬河，可担任行人。

12.雄杰："胆力绝众，材略过人"。即胆量谋略超常、勇猛雄杰的人，可担任将帅。

刘劭认为，这12类均为"人臣之任"，即属适宜担任各种官职的人才。

此外，刘劭还根据人的心理和才能，将人才分成四类："质性平淡，思心玄微，能通自然，道理之家也；质性警彻，权略机捷，能理烦速，事理之家也；质性和平，能论礼教，辨其得失，义理之家也；质性机解，推情原意，能适其变，情理之家也。"①

① 《人物志》第四《材理》，红旗出版社，1996，第61页。

总之，刘劭的人才分类比前人更为细密具体，反映了三国时人对人类自身认识的深化。

论人的素质

关于人的素质，刘劭不仅论及人的德行、才能、学问，而且注意到人的性情和心理。

在人的德行方面，《人物志》对于汉代已提出的“五常”（仁、义、礼、智、信）仍然予以注重。书中说：“夫仁者，德之基也；义者，德之节也；礼者，德之文也；信者，德之固也；智者，德之帅也。”①在五常中，最重要的是仁、智这两项。因为仁是德行的基础，智是德行的统帅，其他三项都不能与之相比。刘劭不太注意忠孝，而强调中庸、平淡和爱敬。

刘劭之所以贵中庸，是因为拘、抗之人各有其善有其失。他列举了强毅、柔顺、惧慎等拘、抗之人的 12 种擅长和过失，认为：“抗者过之，而拘者不逮。夫拘、抗违中，固善有所章，而理有所失。”②只有中庸之道，可以防止和纠正拘、抗之人的偏失。

此外，在德行方面，刘劭注重人的心志。他说：“夫精欲深微，质欲懿重，志欲弘大，心欲嗛小。精微，所以入神妙也；懿重，所以崇德宇也；志大，所以戡物任也；心小，所以慎咎悔也。”③他认为心小志大者，可以成为圣贤；心大志大者，可以成为豪杰。

关于人的才能，《人物志》中有《材能》篇，阐述得更为详尽具体：“夫人材不同，能各有异。有自任之能，有立法使人从之之能，有消息辩护之能，有德教师人之能，有行事使人谴让之能，有司察纠摘之能，有权奇之能，有威猛之能。”而在《材理》篇中，又列举了八种偏才，即：“聪能听序，谓之名物之材；思能造端，谓之构架之材；明能见机，谓之达识之材；辞能辨意，谓之赡给之材；捷能摄失，谓

---

① 《人物志》第九《八观》，红旗出版社，1996，第 136～137 页。
② 《人物志》第二《体别》，红旗出版社，1996，第 36～37 页。
③ 《人物志》第十《七缪》，红旗出版社，1996，第 162 页。

之权捷之材；守能待攻，谓之持论之材；攻能夺守，谓之推彻之材；夺能易予，谓之贸说之材。”而“能兼此八材”又“行之以道”，则为通才。

除了上述具体的才能，刘劭还注重人的聪明智慧。他说：“聪明者，阴阳之精。阴阳清和，则中睿外明。”①“夫智出于明。明之于人，犹昼之待白日，夜之待烛火。”②又说：“夫圣贤之所美，莫美乎聪明。”③总之，他认为聪明睿智是人才必备的素质。学问也是人的一项重要素质。《人物志》也强调人的学问，主张士人守业勤学。书中说：“夫学，所以成材也。”④明确指出学习是成才的主要途径。

刘劭还论述了德行、才能和学问这三者的关系。他说：“守业勤学，未必及材。材艺精巧，未必及理。理义辨给，未必及智。智能经事，未必及道。道思玄远，然后乃周。”“是故别而论之，各自独行，则仁为胜；合而俱用，则明为将……苟无聪明，无以能遂……是故钧材而好学，明者为师。比力而争，智者为雄。等德而齐，达者称圣。圣之为称，明智之极明也。是以观其聪明，而所达之材可知也。”⑤仁属于德行，明智属于才能。在德、才、学的关系上，刘劭最注重才能。他认为，如果一个人聪明，另一个人有仁德，二者比较，则以仁德者为优。如果一个人既仁德又聪明，则聪明最重要。因为智慧是德行的统帅，聪明与否决定人才的大小。总之，刘劭认为，在人的几项素质中，首要的是聪明才智，其次是德行，再次是学问。

论人才的鉴别

刘劭认为，要想使用人才，必须善于识别人才，要做到知人。他说：“聪明之所贵，莫贵乎知人。知人诚智，则众材得其序，而庶绩之业兴矣。”⑥他在鉴别人

① 《人物志》第一《九征》，红旗出版社，1996，第 20 页。
② 《人物志》第九《八观》，红旗出版社，1996，第 137 页。
③ 《人物志·序》，红旗出版社，1996，第 9 页。
④ 《人物志》第二《体别》，红旗出版社，1996，第 40 页。
⑤ 《人物志》第九《八观》，红旗出版社，1996，第 137~138 页。
⑥ 《人物志·序》，红旗出版社，1996，第 9 页。

才方面进行了深入的探讨，提出了一套鉴别人才的办法，概括起来，就是“八观”和“五视”。

所谓八观①，就是：1.“观其夺救，以明间杂。”人的性情是复杂的，存在着矛盾和斗争，各种因素互相损益。因此，要观察一个人的“夺”（恶情夺正）和“救”（善情救恶）的行为表现，以了解他性情中各种因素间杂的情况。2.“观其感变，以审常度。”士人“厚貌深情”，不易了解。要观察他在变动状态下的表现，以了解他平常的气度。3.“观其志质，以知其名。”当一个人身上两种以上充分发展的资质互相激发，他便会有某种名声。因此，观察一个人资质发展的情况，就可以了解他的性情和才能。4.“观其所由，以辨依似。”人们的行为表现，有似是而非，也有似非而是。观察人物，要看其行为的来龙去脉，透过现象，抓住实质。5.“观其爱敬，以知通塞。”爱与敬是处理人际关系的重要准则。观察一个人对人爱敬的情况，可以知道其人际关系的好坏和事业的成败。6.“观其情机，以辨恕惑。”人的性情有六个枢机，触动枢机就会有喜怒哀乐的反映。因此，观察一个人的情机，就可知其思想品德的高低。7.“观其所短，以知所长。”偏才都有自己的短处，而且一个人的短处往往与长处相关联。因而观察一个人的短处，可以知道他与短处相关的长处。8.“观其聪明，以知所达。”对于一个人来说，聪明才智比德行更重要。观察一个人的聪明程度，就可以知道他会成为什么层次的人才。

所谓五视②，即在五种不同的环境中考察人的素质：1.“居，视其所安。”即在赋闲家居时，看他是否心安意静；2.“达，视其所举。”即职事通达时，看他推荐什么人；3.“富，视其所与。”即在富有的情况下，看他能否施与别人钱财；4.“穷，视其所为。”即在困窘的处境中，看他的所作所为；5.“贫，视其所取。”即在贫穷时，看他如何求取财物。通过各种不同处境的考察，对一个人的认识方能全面、深入。

在提出了“八观”“五视”的鉴别人才的方法之后，刘劭还总结出鉴别人才容易出现的七种失误，就是“七缪”③。这七种失误分别是：1.“察誉，有偏颇之

① 《人物志》第九《八观》，红旗出版社，1996，第124~125页。
② 《人物志》第十一《效难》，红旗出版社，1996，第186页。
③ 《人物志》第十《七缪》，红旗出版社，1996，第159~160页。

缪。”即考察人的声誉可能产生偏差不实的失误。2.“接物,有爱恶之惑。”即待人接物,可能为自己爱恶之情所迷惑而产生失误。3.“度心,有小大之误。”即揣度人心,可能在志向大小方面发生失误。4.“品质,有早晚之疑。”即品评材质,可能有成材早晚的失误。5.“变类,有同体之嫌。”“变”通“辨”,即分辨人才类型,可能因为彼此同体而出现失误。6.“论材,有申压之诡。”即评论人才,可能忽视处境伸展或压抑的因素而导致失实。7.“观奇,有二尤之失。”“奇”就是超常的人才。“二尤”指“含精于内,外无饰姿”的“尤妙之人”和“硕言瑰姿,内实乖反”的“尤虚之人”。超常人才的言行表现与众人不同,又有表里不一的情况,因而容易出现鉴别上的失误。

刘劭认为,士人自身厚貌深情、表现复杂,要做到知人,已是很不容易。再加上观察得不全面、衡量标准的不统一,就难上加难。他说:“人物精微,能神而明,其道甚难,固难知之难也。是以众人之察不能尽备。故各自立度,以相观采。或相其形容,或候其动作,或揆其终始,或揆其儗象,或推其细微,或恐其过误,或循其所言,或稽其得事。八者游杂,故其得者少,所失者多。”①他认为这种片面的各行其是的观察,必然导致人物品评鉴别的失实。因此要求人们品鉴人物要全面和慎重。他提倡用“八观”“五视”的方法,来鉴别士人的贤否,以做到准确无误。

刘劭还认为:人们鉴别人才往往“能识同体之善,而或失异量之美。”为什么会如此?因为不同的鉴别者实行不同的标准。例如“清节之人以正直为度,故其历众材也能识性情之常,而或疑法术之诡。”而法制之人去鉴别人才,又实行自己的另一种标准。这样,不同的鉴别者“互相非驳,莫肯相是。取同体也,则接论而相得。取异体也,虽历久而不知……故一流之人,能识一流之善。二流之人,能识二流之美。尽有诸流,则亦能兼达众材”②。因此,让什么人去品鉴人才,实行什么样的品鉴标准,都是人物品鉴不可忽视的问题。只有自身贤能的人方能识别真正的贤才。

---

① 《人物志》第十一《效难》,红旗出版社,1996,第184~185页。

② 《人物志》第七《接识》,红旗出版社,1996,第104~106页。

论人才任用

《人物志》也涉及人才任用问题。刘劭认为君和臣的职责不同，各自所要求的才能也不同。君主以善于用人、听纳和赏罚为能；臣属则以自任、能言、能行为能。他又认为，君主要真正做到知人善任，贤才要真正能为国家效力，都并非易事。

刘劭还认为，优秀人才施展才干，为国效力有二难：一是人才难知之难，前已述及；二是“知之无由得效之难”。具体说就是：“上材已莫知，或所识在幼贱之中，未达而丧；或所识者未拔而先没；或曲高和寡，唱不见赞；或身卑力微，言不见亮；或器非时好，不见信贵；或不在其位，无由得拔；或在其位以有所屈迫。”在列举以上八种情况之后，刘劭的结论是：“良材识真，万不一遇也；须识真在位，识百不一有也；以位势值可荐致之，宜十不一合也。或明足识真，有所妨夺，不欲贡荐；或好贡荐，而不能识真。是故知与不知，相与分乱于总猥之中。实知者，患于不得达效；不知者，亦自以为未识。所谓无由得效之难也。”①就是说，对于举荐者而言，一是不能发现真正优秀的人才，二是即使发现优秀人才，但由于种种原因不予举荐。对于贤才而言，一是不被知遇；二是虽被知遇，未来得及效力而丧命；三是曲高和寡，主张不被采纳；四是才能不为主上好尚；五是不在其位，才干不能施展；六是虽在其位，却受掣肘干扰。由于上述种种原因，优秀人才无法为国效力。这种情况必须改变。

《人物志》指出，人才有大小之分，这就是“材不同量”。而且“人材不同，能各有异”，不同类型的人才，才能也是互不相同的。因此“人材各有所异”。“材能既殊，任政亦异”，应根据每个人的人才类型和才能大小，授予不同的职事。例如有“自任之能，清节之材”者，应授予“冢宰之任”；有“立法之能，治家之材”者，应授予“司寇之任”。总之，“量能授官，不可不审也”②。要坚持量能授官的原则，审慎地使用人才。

---

① 《人物志》第十一《效难》，红旗出版社，1996，第187~188页。

② 《人物志》第五《材能》，红旗出版社，1996，第86~88页。

刘劭认为：用人者应把握被任用者的心理状态，在注意人才优长的同时，也要注意其偏短。他指出了九种不同性格的人各自的偏短，称作“九偏”①。即：性情刚强粗略的人，不能办理细微的事务；性情高亢严厉的人，不能委曲变通；性格坚强刚劲的人往往情感外露，处事简单急躁；能言善辩的人，往往容易偏激而不全面；随波逐流的人，缺乏大志或精密的计划；见识肤浅、不求甚解的人，不能解决深层次繁难的问题；性情宽和徐缓的人，处事不能迅速果断；性情温和柔顺的人，往往缺乏独自见解，单独办事能力不强；喜欢追求新奇的人往往倜傥不群、自作聪明、华而不实。只有清楚地了解各类人才的长处和短处，才能合理使用，发挥所长，避开所短。

此外，刘劭还指出了“英”和“雄”这两种人才的特点。他说：“聪明秀出谓之英，胆力过人谓之雄。”但是实际中的英雄，都应具有聪明秀出和胆识过人这两种品格。只不过“英”一类的人才，有两分的聪明和一分的胆力，而“雄”一类的人才，有一分的聪明和两分的胆力罢了。英雄都属于“偏至之材，人臣之任”，“英可以为相，雄可以为将。”②如果一个人身兼英雄，既聪明秀出，又胆力过人，就可以成为帝王，君临世间。

综上所述，刘劭的人才学说多有超过前人之处。他的《人物志》不仅在人才分类方面比前人更为细密，而且较多地探讨了人的性情、气质和心理。在探讨人才素质时，注意从人的性情和心理方面进行深入的分析。书中总结了东汉以降品评鉴别人物的实践经验，提出了以“八观”“六验”为主的人才鉴别方法，并指出鉴别人才容易出现的种种失误。此外，还从士人材品的不同来分析他们适宜担任的职务，指出任用人才的不易和应注意的问题。刘劭的人才学说比前人更为深刻和哲理化，代表了三国时期人才理论所达到的最高水平，不仅在中国人才思想史上占有重要地位，而且对今天处理人才问题也有一定的借鉴作用，值得人们进行深入的研讨。

（原载《郑州大学学报》1999 年第 6 期）

---

① 《人物志》第四《材理》，红旗出版社，1996，第 62~63 页。

② 《人物志》第八《英雄》，红旗出版社，1996，第 115、117 页。

南朝人才思想述论

从东晋元熙二年(420年)刘裕建宋,到隋开皇九年(589年)隋文帝灭陈,中国南、北两政权对峙,史称南北朝时期。这一时期是中国古代人才思想发展演变的一个重要时期。关于北朝人才思想,笔者已有专文发表①。本文主要探讨南朝人才思想的发展和局限,并说明当时的社会历史条件对人才思想的影响。不妥之处,望读者雅正。

南朝人才思想的发展

南朝是中国古代人才思想的一个重要发展阶段。当时的人才思想上承魏晋下启隋唐,具有较鲜明的时代特点,在人才概念、人才分类、人才素质诸方面增添了不少新内容。

南朝的人才概念比前代丰富,也与现代的人才概念更为接近。

从先秦以迄魏晋,多以善人与贤士作为人才的代称。南朝也因袭前代之旧,仍以善人、贤士称人才,主张褒善举贤。如永丰侯到㧑曰:“夫善人国之基也。”②宋文帝与刘义恭书曰:“礼贤下士,圣人垂训。”③所谓善人,即德行纯美的人;所谓贤士,即才能超群之士。但当时的人才概念已不局限于善人、贤士,人们往往以“才子”“良才”“美才”“奇才”“才俊”“俊人”“真人”等称谓人才,又以“千里驹”“栋梁”“宝玉”等比喻人才。

---

① 《北朝人才思想与选举制度述论》,《中州学刊》1987年第4期。
② 《南史》卷五十三《梁武帝诸子传》,中华书局,1975,第1329页。
③ 《宋书》卷六十一《武三王传》,中华书局,1975,第1641页。

特别值得提出的是,南朝开始正式使用“人才”这一概念。如沈约《宋书·宗室传》说刘韫“人才凡鄙”。又如刘祥见路人驱驴,曰:“驴,汝好为之。如汝人才,皆已令仆。”①这虽然是一句对现状不满的调侃语,但说明“人才”这一概念的使用已较普遍。此外,当时还使用“人材”这一概念。如李方曰:“君丞相孙,人材如此,何患不富贵。”②“人才”与“人材”这两个概念是有明显区别的:前者是就人的才能而言,强调人的自身素质;后者将人作为一种器材,强调人的社会使用价值。南朝还出现了“天才”这一概念。如孔珪谓人曰:“沈令料事特有天才。”③“天才”强调人的天赋天资,说明时人对人的先天资质和后天培养都有一定认识,并能予以区分。总之,当时“人才”“人材”“天才”等概念的出现,标志着古代人才思想渐趋于成熟。

南朝时人注重对士人的品评,因而人才的分类也较前代细密。在士人品评中常用的术语有“当世才”“当务才”“王佐才”“辅相才”“公辅才”“匡济才”“廊庙才”“端右才”“百里才”“将帅才”等。概括地说,当时的人才主要分为政治人才和军事人才这两大类。政治人才又分为适宜做朝官的和适宜做地方官的两种,或者分为若干等级。当时的人才分类,对于科学技术人才,则很少涉及。

今人一般认为,构成人才的要素,有德、才、学、识、体诸项。南朝时人对这些人才素质已有了较为深刻的认识,并将它运用到品评人物和选拔官员的实践中。

德行是人的素质的一个重要方面,也为南朝时人所重视。但当时的人物臧否多言“行”而罕言“德”,这可能是因为“德性”指的是品德和思想境界,属于人的内心世界,比较抽象,难以衡量;而行为是“德性”的外在表现,有迹可循,比较具体易知,人们只能透过言行考察德性的优劣。南朝对士人德行的要求,主要是居家的孝悌和任职的清廉。庾子舆曾说:“孝,德之本,何谓不多。”④刘善明常言:“在家当孝,为吏当清,子孙楷栻足矣。”⑤孝顺和廉洁是当时士人基本的道德规范。士人不孝,就要付之乡议,为乡党所不齿。不仅不作为人才看待,甚

① 《南史》卷十五《刘穆之传》,中华书局,1975,第430页。
② 《南史》卷十六《王镇恶传》,中华书局,1975,第453页。
③ 《南史》卷三十六《沈演之传》,中华书局,1975,第938页。
④ 《南史》卷五十六《庾域传》,中华书局,1975,第1391页。
⑤ 《南史》卷四十九《刘怀珍传》,中华书局,1975,第1231页。

至会加以禁锢。为官的清廉与否,是人物臧否的一个重要方面,也是考绩的一项内容和黜陟的依据。

才能作为人才的一项基本素质,引起了南朝人们的注重。当时用来表述人的才能的概念已相当丰富,常见的有才气、才器、才用、才具、才艺、才力、干略、局干、吏干、吏能等。概括起来可分为两大类,一类是才气、才智、才艺等,多指人的思维敏捷,言词辩给有文采,这类才能属于"清才";而才干、才用、才器、干局等,则属于另一类,多指治国理民领兵的实际才能,这种才能为维护国家机器的正常运转所必需,但却被门第华贵的士人所轻视。

南朝从用人出发,将人的才能分为三种类型,即文义、吏能和武勇。如刘绘"聪警有文义,善隶书,数被赏召……琅邪王诩为功曹,以吏能自进"①。肖"颖胄好文义,弟颖基好武勇"②。所谓文义,即文章义理,就是讲儒谈玄及吟诗作文之才;所谓武勇,即有勇力谋略的将士之才;所谓吏能,即通政术、有干局、能理事治民之才。

春秋时期孔子曾言"君子不器"。他重视人的自身价值,反对把人作为一种器具看待。而到了封建君主集权制已实行上千年的南朝,人们常将人的才能与器、具、用联系起来,强调人的才能的社会应用价值,把人才作为维护封建统治的工具。

学问也是人才要素之一。南朝所谓学问,包括儒学、玄学、诸子学、文学、史学、谱牒学、阴阳学、算学以及书法绘画之学等。士人只要在某一方面有所擅长,就得以有学问相许。当时学问已成为选官用人的一项重要条件,而是否有学问,则通过考试来衡量。一般来说,士人通晓一种学术方有做官的资格,南朝士人或以经学升进,或以文藻见知。但当时有"二汉求士,率先经术,近代取人,多由文史"之论③,说明南朝时文学和史学已取代经学,作为选官过程中考试士人学问的主要内容。

南朝人对学问渊博者相当尊重,并予以称美。如傅昭博极古今,尤善人物。魏晋以来官宦簿阀,姻通内外,学而论之,无所遗失。世人称他为"学府"。而要

① 《南齐书》卷四十八《刘绘传》,中华书局,1972,第 841 页。

② 《南齐书》卷三十八《肖赤斧传》,中华书局,1972,第 665 页。

③ 《南史》卷五十九《王僧孺传论》,中华书局,1975,第 1463 页。

有学问,就得多读书。当时有不少劝学的言论。如王僧虔诫子书曰:“或有身经三公,蔑而无闻,布衣寒素,卿相屈体,父子贵贱殊,兄弟声名异,何也?体尽读数百卷书耳。”①

学问可以从读书中获得,也可从社会实践中获得。如徐羡之起自布衣,又无术学,直以局度,一旦居廊庙,朝野推服。尝与傅亮、谢晦宴聚,亮、晦才学辩博,羡之风度详整,时然后言。郑鲜之叹曰:“观徐、傅言论,不复以学问为长。”②在郑鲜之看来,世事洞明、人情练达也是学问,它并不比书本知识逊色。当时论学问也以真才实学为标准,对虽饱读经书却不明义理或一事无成的书呆子则持批评态度。如陆澄世称硕学,读《易》三年不解文义,欲撰《宋书》竟不成,王俭戏之曰:“陆公,书橱也。”③总之,南朝时人评论人的学问,既注重书本知识,也重视社会实践中的知识。

见识作为一种人才素质,在南朝也与其他素质相提并论。如宋孝武帝大明六年(463年)正月己丑,下令四方旌赏茂异:“识通古今,才经军国,奉公廉直,高誉在民,具以名奏。”④从而将见识与才能、德行并列,作为选拔人才的重要条件。又如杜之伟“年位甚卑,特以强识俊才,颇有名当世”⑤。“强识”“明识”“识通古今”均为当时称赞人见识的常用词语。

体格相貌也成为南朝评论人才的一种因素。当时对一般士人身体方面的要求是无疾患,将士则要体格强健。品评人物和选拔官吏,相貌也成为一项条件,即要求士人相貌佳美,言谈举止有风度。如褚彦回语人曰:“此人才貌非常,将来不可测也。”⑥肖子范“少与弟子显、子云才名略相比,而风采容止不逮,故宦途有优劣”⑦。有些官职,选任时要“简貌”,即察看相貌。当时所谓人才,有时也专指人的相貌举止仪表之美。后世人言“一表人才”,即从外表称赞人物,可能肇始于此时。

南朝的人物评论,往往将两种或两种以上的素质并提,而不单就一种素质

---

① 《南史》卷二十二《王昙首传》,中华书局,1975,第605页。

② 《南史》卷十五《徐羡之传》,中华书局,1975,第433页。

③ 《南史》卷四十八《陆澄传》,中华书局,1975,第1189页。

④ 《宋书》卷六《孝武帝本纪》,中华书局,1975,第129页。

⑤ 《南史》卷七十二《文学列传》,中华书局,1975,第1787页。

⑥ 《南史》卷二十八《褚裕之传》,中华书局,1975,第750页。

⑦ 《南史》卷四十二《齐高帝诸子传上》,中华书局,1975,第1071页。

取人。论人多言学行、才学、才义、才行、才识、行业等，也有将学行才能结合在一起进行评论的情况。这说明当时已注意到对人物的全面衡量。

德行与才能是构成人才的基本要素。南朝的人物品评，多言“才学”“才行”“才识”“才望”。其他素质可置之不论，而才能却不可或缺。在德行与才能二者关系上，出现了重才轻德的倾向。

魏晋以降门第观念流行，出身寒微的优秀人才难以脱颖而出，报效国家，一批“荫籍高华、人才冗末”的人占据要职，尸位素餐。南朝梁以后，出现了破除门第观念、任用优秀人才的主张。如梁武帝曾言：“官以人清，岂限甲族。”①甲族即一等门第。齐武帝也说：“人何必计门户，纪僧真常贵人所不及。”②庶族寒门有不少很有才干的人物，如果计较门户高低，就会壅蔽贤能。因此必须破除门第观念。梁武帝在天监八年(509年)五月丙寅下诏：“其有能通一经、始末无倦者，策实之后，选可量加叙录。虽复牛监羊肆，寒品后门，并随才试吏，勿有遗隔。”③这种唯才学是用、不计门第的主张是当时的一种新思想，也是相当先进的思想。用人重名誉，还是重实际才学，也是古代人才思想的一个重要问题。沈麟士认为“名者实之宾”④，将名实关系比作宾主关系，较重视实际。在评论考察士人时主张循名责实，用人则要求名实相副。如齐武帝对王俭说：“衡阳王须文学，当使华实相称。”⑤华实相称就是名副其实，反对虚名和浮华，这种思想是值得肯定的。

南朝统治者认识到“兴资得才，替因失士”，人才问题关系到国家的兴亡。有的皇帝因爱惜人才而不计私仇，赦免罪咎，加以任用。若不能人尽其才，则引咎自责，或诘责主选官员。如宋文帝曾言：“谢弘微、王昙首年逾四十，名位未尽其才，此朕之责也。”⑥他又派人对孔熙先说：“以卿之才而滞于集书省，理应有异志，此乃我负卿也。”他还责让掌管选举的何尚之道：“使孔熙先年三十犹作散骑侍郎，那不作贼？”⑦作为一位封建皇帝，因用人失当而自责，是难

---

① 《南史》卷五十《庾易传》，中华书局，1975，第1246页。

② 《南齐书》卷五十六《倖臣传》，中华书局，1972，第974页。

③ 《梁书》卷二《武帝纪中》，中华书局，1973，第49页。

④ 《南史》卷七十六《隐逸传下》，中华书局，1975，第1892页。

⑤ 《南史》卷四十一《齐宗室传》，中华书局，1975，第1038页。

⑥ 《南史》卷二十《谢弘微传》，中华书局，1975，第552页。

⑦ 《南史》卷三十三《范泰传》，中华书局，1975，第852、855页。

能可贵的。

总之，南朝时，人才概念比以前丰富，对人才的要素、分类及其他有关问题的认识也比以前深刻全面，还出现了一些新的进步的思想主张。南朝的人才思想与以前相比确有很大发展和进步，同时也存在较多的局限性。

南朝人才思想的局限性

由于时代特点和阶级属性的决定和影响，南朝人才思想具有较多的局限性，主要包括以下几点。

一、门第观念的影响

从两晋延续到南朝的士族门阀制度和选官上的九品中正制度，对当时的人才问题有很大的影响。反映到人才思想上，就是坚持"士庶天隔"，品评人物、选拔官吏必须首先考虑出身门第，其次才是个人的素质。这种门第观念严重妨碍了优秀人才的选拔和任用。

中正对士人的品评名义上是等第人才的优劣，实际上主要是衡量门第的高卑。门第华贵者方可担任清显的官职，出身卑微的人只能担任"浊官"。清显官职的选任标准是"人门兼美"，即人才优秀，出身门第华贵。如陈宣帝对蔡凝说："我欲用义兴主婿钱肃为黄门郎，卿意何如？"蔡凝正色曰："帝乡旧戚，恩由圣旨，则无所复问。若格以佥议，黄散之职，故须人门兼美，惟陛下裁之①。"这句话的意思是：黄散这样的清显官职，原则上应由人才与门第兼优的人充任，如果皇帝要以私情恩授，则又另当别论。又如张绪"以（王）俭人地兼美，宜转秘书丞"②。"地"也指人的门第。出身门第与人的素质并重，选用人才既贯叙门次，又显擢才能，这是当时人才选用思想的主流。在这种思想指导下，出身寒微而出类拔萃的人才被排斥在清显官职之外，门第华贵的士人常以"名家子"的名义俯拾青紫。主要官职被"荫籍高华、人才冗末"者占据，必然影响到国家机器的正常运转。虽然梁代以后出现了破除门第观念、惟才能选用的先进思想，但它

---

① 《陈书》卷三十四《文学列传》，中华书局，1972，第470页。

② 《南齐书》卷三十三《张绪传》，中华书局，1972，第600页。

还不占统治地位。当时寒人仍难脱颖而出、施展才干。史称“梁世寒门达者唯陈庆之与俞药”①,就是有力的证明。

二、任亲主张的存在

是任亲还是用贤,历来是人才思想的一个重要问题。南朝统治者在这个问题上也未能完全跳出任亲的窠臼。

所谓任亲就是优先任用宗室、外戚、亲近、宠信,不辨贤否,关系疏远的贤才却遭受冷遇。如徐佩之“轻薄好利,武帝以其姻戚,累加宠任”②。又如宋明帝常指左右人对王景文说:“休范人才不及此,以我弟故,生便富贵”③。宗室外戚中人才凡庸、品行低劣者也委以重任。皇帝上行,权臣下效。如王晏“既居朝端,事多专决,内外要职,并用周旋门义”④,即身边的亲信。这种任亲的思想主张无疑是有害的、不足取的。

当时在亲贤关系问题上占主导地位的主张是亲贤兼举。刘休范与袁粲等说:“夫治政任贤,宜亲疏相辅。”⑤就是说,任用士人要亲疏相间,互相制约。对一些重要官职,则要求“亲贤兼资”。如齐高帝对刘善明说:“淮南近畿,国之形势,自非亲贤,不使居之。卿为我卧治也!”⑥所谓亲贤兼资,就是从亲戚中选择的贤才。这是因为皇帝对虽有才能而关系疏远的人不信任,认为关系亲近又有才能的人方才可靠。因而对一些要害地区与部门的主要官职,“自非亲贤,不使居之”。但是这样做选择面太狭窄,难以物色到优秀人才。当皇帝的统治地位受到威胁时,则对自己的亲兄弟、宗室中的政敌或有潜在威胁的人先要除掉,毫不因为有血亲关系而心慈手软,甚至玉石俱焚,不论贤否,从而走向另一个极端。

此外,皇帝及权臣用人,有时不顾及人才优劣,而凭自己感情的好恶。宋文帝曾说:“人仕宦非唯须才,亦须运命。每有好官缺,我未尝不先忆羊玄保。”⑦

---

① 《南史》卷六十一《陈庆之传》,中华书局,1975,第1501页。
② 《南史》卷十五《徐羡之传》,中华书局,1975,第434页。
③ 《宋书》卷七十九《文五王传》,中华书局,1974,第2046页。
④ 《南史》卷二十四《王镇之传》,中华书局,1975,第658页。
⑤ 《宋书》七十九《文五王传》,中华书局,1974,第2047页。
⑥ 《南齐书》卷二十八《刘善明传》,中华书局,1972,第524页。
⑦ 《南史》卷三十六《羊玄保传》,中华书局,1975,第933页。

梁武帝也说:“世间人言有目色,我特不目色范悌。”①喜爱者就授予好官,讨厌的就拒之门外,自然妨害优秀人才的任用,又用“命运”来文饰过失,可谓荒谬。

三、籍贯地域歧视

南朝评论和任用士人讲究出身门第,已如前述。而门第本身也包含着地域问题,这就是郡望。以王姓为例,著名的士族即有琅邪王氏和太原王氏之别,其他地区的王姓门第则比较低。南朝对籍贯不同的士人实行不同的待遇。早在晋朝时就已南渡的北方士族和南方的土著士族,极力排斥南渡较晚的北方士人,不许染指其既得利益。史称“晚渡北人,南朝常以伧荒遇之,虽复人才可施,每为清途所隔”。杜坦对此愤愤不平,伺机对宋武帝提出抗争:“臣本中华高族……直以南度不早,便以荒伧赐隔……圣朝虽复拔才,臣恐未必能也。”②南朝对北方侨居士人和长江中游的士人,均以“侨杂伧楚”称之,在任用上受到歧视,从而使人才的选用范围狭窄,朝廷不易得人。

四、拘泥资历辈次

南朝选士用人讲究资品、资次、资望。各种官职都有一定的秩级,士人也由中正评品为若干等第。某种官职由某等第的士人担任是有规定的,不可随意改变。如颜师伯“子举周旋寒人张奇为公车令,上以奇资品不当,使兼市买丞”③。又如王亮为吏部,“所选用,拘资次而已”④。这种论资排辈的用人思想,使资历浅的人才不能脱颖而出,起着压抑人才的作用。虽然当时也有与之相反的思想,如周朗上书说“既谓之才,则不宜以阶级限,不应以年齿齐”⑤,主张破除等级资次观念,唯才能任用。但唯才是举的思想在当时影响不大。

上述南朝人才思想的局限性,是由当时的社会状况特别是阶级关系决定的。下面试分析当时的社会历史条件与人才思想的关系。

---

① 《南史》卷六十二《徐摛传》,中华书局,1975,第 1524 页。

② 《南史》卷七十《循吏传》,中华书局,1975,第 1699 页。

③ 《南史》卷三十四《颜延之传》,中华书局,1975,第 886~887 页。

④ 《南史》卷二十三《王诞传》,中华书局,1975,第 624 页。

⑤ 《宋书》卷八十二《周朗传》,中华书局,1975,第 2100 页。

南朝社会历史条件对人才思想的影响

首先,南朝社会的一个重要特点,就是门阀士族势力的衰弱和寒人力量的上升。这种阶级力量的消长,对当时的人才思想产生了重大影响。

士族门阀制度发展到南朝,开始僵凝并走向衰落。士族高门要维护自己的既得利益,尤其是世代高官的政治特权,就要继续维护门阀制度,坚持“士庶天隔”的等级秩序。他们千方百计地保持自己的华贵门户,不与寒门庶族通婚、不与寒士交往,以标榜自己的清高,更不许寒人假冒华族。而庶族寒人则主张废除门阀制度,取消士庶区别,或者希望跻身于士族行列。

当时一些庶族寒人虽已担任重要官职,仍愿名挂士流。他们竭力模仿士族子弟的言谈举止,容表也颇有士风。但真正的士族却不容许他们假冒,而仍以寒素凌之。如中书舍人纪僧真得幸于宋武帝,请求武帝让他作士大夫。武帝说:“由江斅、谢瀹,我不得措此意,可自诣之。”僧真承旨诣江斅,登榻坐定,江斅便命左右曰:“移吾床让客。”僧真丧气而退,告武帝曰:“士大夫故非天子所命。”①又如中书舍人徐爰有宠于宋文帝,文帝曾命士族出身的王球及殷景仁与之相知,被王球拒绝,说:“士庶区别,国之章也。臣不敢奉诏。”②士族坚持士庶区别,不与庶族寒士交往、同列,是为了保护自己的利益和特权。

但是,门阀士族的没落衰弱已不可挽回。因为士族本身日益腐败,而南朝皇帝又多为寒人庶族出身,他们在寒人与士族的矛盾斗争中多站在寒人一边。他们将政治交给寒人掌握,而对士族采取打击的政策。如宋孝武帝曾“坏诸郡士族以充将吏,并不服役,至悉逃亡。加以严制不能禁,乃改用军法,得便斩之”③。于是不少士族高门沦为“冠带小民”。梁代的侯景之乱,士族遭受严重打击,死亡殆尽,势力远不如昔日。

与此同时,寒人势力却在不断上升。皇帝让寒人掌机要,增加了寒人的政

---

① 《南史》卷三十六《江夷传》,中华书局,1975,第 943 页。
② 《南史》卷二十三《王惠传》,中华书局,1975,第 1630 页。
③ 《南史》卷三十四《沈怀文传》,中华书局,1975,第 890 页。

治力量。例如张缵本为寒门出身，因是外戚而显重。大同三年（537 年）被征为吏部尚书，“后门寒素一介者，皆见引拔，不为贵门屈意”①。寒人掌选官大权，汲引寒人，壮大了寒人的势力。还有不少庶族寒人私改旧籍，假冒士族，造成了“昨日卑细，今日便成士流”②的局面。籍注的混乱，混淆了士庶界限，士族已不能独享特权。

南朝在人才思想的不少方面，存在着两种互相对立的观点和主张，代表着庶族寒人与门阀士族的各自利益。士族主张选用人才注重门第，寒人则主张破除门第观念，唯才学是举；士族主张选拔士人注重名望，寒人则主张注重实际；士族注重讲儒谈玄、吟诗作文的才学，寒人则注重治政理民的实际才干。士族的衰落与寒人的上升推动了南朝人才思想的发展。但士族在南朝尚未完全退出历史舞台，因而导致当时的人才思想仍有较多的局限。

其次，南朝的文化教育有很大发展，各方面人才大量涌现，促进了人才思想的发展。

汉代“独尊儒术”，当时的学术也主要是儒家经学。建安年间至曹魏前期，由于曹操父子的提倡，文学勃兴。魏末西晋，大倡玄风。正始年间，文学再度繁荣。及至南朝，宋孝武帝、齐宗室及梁武帝等均爱好文学，“时膏腴贵游，咸以文学相尚”。史称“自中原沸腾，五马南度，缀文之士，无乏于时。降及梁朝，其流弥盛。盖由时主儒雅，笃好文章，故才秀之士，焕然俱集”③。除文学外，玄学、儒学、史学、阴阳学等也都有较大发展。

南朝统治者也相当重视教育。宋元嘉年间，文帝命令丹阳尹何尚之立玄素学，著作佐郎何承天立史学，司徒参军谢元立文学，各聚门徒，多就业者。明帝泰始六年，立总明观，举士 20 人，分为儒、道、文、史、阴阳五部学。齐竟陵王萧子良开西邸，又置集贤院招收远方生徒。梁武帝修饰国学，增广生员，立五馆，置五经博士，馆有数百生徒。私家传授学术的更是不计其数。

文化与教育的发展，造就了众多的人才，丰富了人才学说的研究内容，推动了人才思想的发展。

---

① 《南史》卷五十六《张弘策传》，中华书局，1975，第 1386 页。

② 《南史》卷五十九《王僧孺传》，中华书局，1975，第 1462 页。

③ 《梁书》卷四十一《王承传》，中华书局，1973，第 585 页；《南史》卷七十二《文学列传》，中华书局，1975，第 1762 页。

再次，中国古代的人物评价之风，从东汉的汝南月旦，延续到魏晋南朝，经久而不息。除各级中正与吏部的官方品评外，私家的人物臧否之风在南朝也极为兴盛。特别是对青少年，常视其相貌举止、听其谈吐而予以品目。这种人物品评的实践推动了对人的素质的研究，对人才学说的发展也有很大促进。

此外，南朝的一些政治状况，对当时的用人实践与人才思想也有所影响。例如南朝改朝换代频繁，统治者为了巩固地位，只愿任用亲近忠信者，而不敢任用关系疏远的杰出人才。当时皇室内部争夺权力的斗争异常激烈，统治者又时常清洗自己的政敌，既不顾血亲关系，也不考虑其才能优劣。

总之，南朝的人才思想，打着明显的时代和阶级印记。南朝特定的社会历史条件，一方面促进了人才思想的发展与变化；另一方面也对当时的人才思想有所制约，使其仍保留着较多的局限性，并有着自己的特点。

（原载《中州学刊》1995 年第 3 期）

中原文化研究

河洛文化概论

河洛文化是中国古代的一种重要的地域性文化，它曾对中国古代历史和文化的发展产生过巨大影响。近年学界同人对河洛文化进行了许多微观方面的研讨，有不少论文面世，但对其进行宏观研究的成果尚不多见。本文拟从宏观研究角度，就河洛文化的界定、内涵、历史地位与影响诸问题略抒己见，如有不当，敬请读者教正。

河洛文化界说

顾名思义，河洛文化就是河洛地区的文化。所谓河洛地区，指的是黄河中游与洛水流域。对此学术界素无异议，但对河洛地区的四至，人们见仁见智，尚未形成共识。笔者以为，河洛地区大体上西至潼关、华山，东至豫西山地与黄淮平原结合部，北至中条山、太行山南麓，南至伏牛山、外方山，与今天河南省的西部及中部地区基本相当①。河洛文化就是根植于这一地域的文化。

河洛文化的时间跨度很长，它可以上溯到古史传说中的五帝时期，作为一种古代文化，其下限应定在中国古代的终结点——鸦片战争以前。河洛文化前后延续约五千年，可具体分为四个阶段：古史传说的五帝时期是它的萌生期；从夏代到秦朝统一以前是它的发展期；秦汉至北宋时期是它的繁荣期；从金元到清代前期是它的衰落期。

近年，学术界兴起了一阵"文化热"，加强了对各种文化现象的研究。其中与河洛文化有关的是炎黄文化与中原文化，有必要弄清河洛文化与这些文化的

① 笔者今日认为，河洛地区似应北至霍泰山以南，包括整个晋南地区为妥。

联系和区别。

炎黄文化是以远古传说中的人物——炎帝和黄帝命名的文化。这一文化概念也包含着部族、时间和地域等因素。笔者以为,炎黄文化有狭义和广义之分。狭义的炎黄文化,指的是中国史前时期炎帝、黄帝部族的文化。从现有材料看,河洛地区的史前文化主要是黄帝部族的文化,它与炎帝部族的关系如何,尚有待于继续探讨。要之,河洛地区的史前文化属于炎黄文化的一个组成部分。广义的炎黄文化,已经跨越它本身固有的时期、部族和地域,成为数千年中华民族传统文化的代称。从这层意义上讲,河洛文化也是炎黄文化的一个重要组成部分。

中原文化指的是根植于中原地区的文化。古代所谓中原地区,以今河南省所辖地区为中心,包括与它毗邻的山西、陕西、河北、山东等省的部分地区。河洛地区是中原地区的一部分,因而河洛文化也是中原文化的一部分。近年,随着文化研究的逐渐深入,区域文化的划分更加细密,陕西有所谓秦文化;山东有所谓东夷与齐鲁文化;河北有所谓燕赵文化;湖北有所谓荆楚文化;于是中原文化就成了河南省所辖地区的文化,这也可以说是狭义的中原文化。从这个意义上讲,河洛文化是中原文化的主体。

河洛文化的内涵

什么是文化,人们的理解大相径庭。据统计,人们对"文化"所下的定义就有数十种乃至上百种之多。笔者以为,从狭义上讲,文化是指社会的意识形态及与之相适应的制度和组织机构等;从广义上讲,文化是指人类社会历史实践过程中所创造的物质财富和精神财富的总和。这里探讨河洛文化的内涵,用的是广义的文化概念,就是河洛地区的先民所创造的物质财富和精神财富的总和。河洛文化所根植的地域虽不算很广阔,但其时间跨度相当长,这一地区的文化积淀又十分深厚,因而河洛文化有着极其丰富的内涵。

现将河洛文化的内涵分为物质文化和精神文化两个方面,予以简略地阐述。

一、河洛地区的物质文化

河洛地区历史悠久，有许多古老的神话和传说。传说黄帝是有熊国的国君，而“有熊，今河南新郑是也”①。今豫西灵宝市阳平有铸鼎原，据说是黄帝铸鼎之处。此处还有黄帝陵，传说黄帝在这里升天，丢下一只靴子，人们埋葬了它。如此说不误，这应是中国古代第一座衣冠冢。由此可见，从豫中的新郑到豫西的灵宝，确实是黄帝部族活动的地区。黄帝的玄孙帝喾高辛氏“都亳，今河南偃师是也”②。还有鲧，据说是黄帝的曾孙（黄帝—昌意—颛顼—鲧），被封于崇，因而《国语》称他为“崇伯鲧”。崇指中岳嵩山。鲧奉尧之命治水，无功被杀。其子大禹在舜时继续受命治水，凿开黄河的“龙门”“三门”（今三门峡），导黄河至于洛汭（今河南巩义市洛水入黄河处），大禹“受封为夏伯，在豫州外方之南，今河南阳翟是也”③。阳翟，就是今河南禹州市，其周围地区是夏族活动的中心区域。

“禹传子，家天下”。原始社会的部落首领禅让制被废除，在嵩山周围地区出现了中国历史上第一个奴隶制王朝——夏。史称“禹都阳城”，阳城在今河南登封告成镇。禹子“启有钧台之享”，钧台也在禹州。启子太康居斟寻。《括地志》称，斟寻“在巩县西南五十八里”。《尚书》记载，太康失国，“昆弟五人，须于洛汭，作五子之歌”。《左传》记载，崤山南陵（今河南陕县东南）有夏后皋墓，就是夏代后期的一个王的陵墓。吴起对魏武侯说：“夏桀之居，左河济，右泰华，伊阙在其南，羊肠在其北”④。上引史料充分说明，河洛地区是夏王朝的中心区。

商汤始都亳（在今河南商丘），灭夏后将都城迁至夏地，仍称亳，后人称西亳。《括地志》称：“河南偃师为西亳，帝喾及汤所都，盘庚亦徙都之。”伊尹放太甲的祠宫，据说也在偃师尸乡。仲丁所迁的敖都，在今河南郑州一带。商代后期，方迁都于安阳殷墟。总之，河洛地区是商代前期的中心区域。

河洛地区的考古发现，大体上可以和上述传说和文献记载相互印证。在三门峡等地发现了许多旧石器时代的文化遗存。新石器时代的文化遗存更是星罗棋布，十分密集。裴李岗类型文化始发现于新郑县的裴李岗；继之而起的仰

① 《史记》卷一《五帝本纪》集解引皇甫谧曰，中华书局，1959，第 2 页。
② 《史记》卷一《五帝本纪》集解引皇甫谧曰，中华书局，1959，第 13 页。
③ 《史记》卷二《夏本纪》正义引《帝王纪》，中华书局，1959，第 49 页。
④ 《史记》卷六十五《孙子吴起列传》，中华书局，1959，第 2166 页。

韶文化，始发现于渑池县的仰韶村，有半坡、庙底沟等几种类型；取代它的是河南龙山文化，又有洛阳王湾、陕县三里桥、庙底沟二期、临汝（今河南汝州）煤山等多种类型。在巩义西南小訾殿和稍柴发现有龙山文化中晚期遗址；在登封王城岗发现有龙山文化中晚期城址；在偃师二里头发现了距今约四千年的大型宫殿建筑遗址和其他文化遗址。如今，学术界已对二里头文化属于夏文化基本取得共识。

1983 年夏在偃师县尸乡发现了大型商代城址，它与文献记载的汤都西亳的位置相吻合，也有人认为它是伊尹放太甲的"桐宫"。1955 年发掘的郑州商代城址和宫殿遗址，可能是仲丁所迁的敖都，也有人认为是西亳。尽管存在两种不同说法，但它毕竟是商代前期的一座都城。

西周时期在洛邑（今洛阳市及偃师市）兴建了王城和成周两座城，作为周王朝统治东方的一个中心。春秋时期周平王正式迁都于洛阳。在洛阳发现有西周前期的大型青铜铸造遗址，50 年代对洛阳的东周王城遗址进行了勘探和试掘，基本弄清了其城郭的范围。郑国和虢国是周代两个重要的诸侯国。新郑的郑、韩故城遗址尚存，近年又有不少精美的窖藏铜器出土。50 年代后期和近年先后两次对三门峡上村岭虢国墓地进行了大规模的考古发掘，出土了几个车马坑和大量的珍贵文物，其中的一把铜柄铁剑是"迄今我国考古中得到确认的最早的人工冶铁实物，它的发现将我国人工冶铁的年代提前了近 200 年"①。荥阳、巩义等地发现的汉代冶铁遗址和唐三彩窑址，宋代汝州的汝瓷和禹州的钧瓷，反映了河洛地区冶铁铸造工艺和陶瓷制造技术的先进。

总之，从石器时代，到青铜器时代、铁器时代，河洛地区的文化遗址遗迹星罗棋布，出土的文物不能胜计。这一地区的先民创造了极其丰富的物质文化。

二、河洛地区的精神文化

许多人认为，"河图洛书"是中国古代文化的源头。巩义市的洛水入黄河处，古称"洛汭"，据说就是"河出图、洛出书"之地。孟津县的黄河沿岸有龙马负图寺，据说也是"河出图处"，洛水中游的洛宁县长水，传说也是"洛出书处"，而且还有"仓颉造字台"。在登封王城岗等遗址出土的陶器上发现有"刻画符号"，可能是比较原始的文字。商代后期安阳出土的甲骨文字，已是一种相当成

① 《光明日报》1991 年 1 月 8 日。

熟的文字。据此可以推断,可能在夏代,起码不会迟于商代前期,河洛地区已经出现了真正的文字。河洛地区是中国文字和哲学思想出现最早的地区。西周时期周公姬旦制作的礼乐制度,东周时期在河洛地区被长期保留下来,《诗经》中的许多篇章也产生于此。

春秋战国时期,出现了学术思想上的百家争鸣局面。道家的鼻祖李耳(老子)在洛阳担任东周王室的史官,他的学说被整理成五千言的《道德经》,成为道家学派的主要经典,影响深远。在灵宝有“老子过函(谷)关”的历史传说。前期法家的代表人物邓析是郑国人,申不害是京(今属荥阳)人,法家学说的集大成者韩非是韩国人。河洛地区是法家思想兴盛的地区。洛阳人苏秦、苏代是纵横家的著名代表人物。春秋战国时期河洛地区的学术思想十分活跃。

汉唐时代是河洛地区文化最辉煌的时期,有大量的文化名人涌现,结出了累累文化硕果。

汉代河洛地区人才辈出。洛阳人贾谊、颍川(治阳翟,今禹州)人晁错是西汉前期的著名政论家和文学家,作品影响深远;洛阳人桑弘羊是当时重要的理财家,留下了宝贵的经济思想遗产;颍川人褚少孙是一位知名的史学家;洛阳人桑钦则是一位伟大的地理学家,他所著的《水经》是中国古代重要的一部地理书。洛阳是东汉时期全国的经学研究和传播中心,缑氏(今属偃师)人杜子春、荥阳人服虔、郾城人许慎等都是驰名遐迩的经学家,许慎还是一位伟大的文字学家,他的《说文》是一部十分重要的文字学著作,至今仍有应用价值。阳翟人郭躬和洛阳人吴雄都是当时享有盛誉的法学家。东汉时佛教开始传入洛阳,建立了中国内地第一座寺院——白马寺,译出了第一批汉文佛经。中国的原始道教——张角等的太平道也在这里传播。河洛地区开始成为宗教的圣地。

魏晋时期何晏、王弼等人在洛阳首倡玄风,洛阳人郭象有《庄子注》传世,竹林七贤也曾在河洛地区活动,洛阳是当时全国的玄学中心。颍川(治今许昌)人邯郸淳是当时著名的经学家和书法家,长社(今长葛)人钟繇是一位驰名中外的书法家,他与书圣王羲之齐名,合称“钟王”。洛阳是“正始文学”的中心。著名作家潘岳是中牟人。“洛阳纸贵”说明了文学的兴盛。北魏迁都洛阳以后,洛阳、嵩山一带又成为北方的佛教圣地。洛阳有以永宁寺为代表的美轮美奂的佛教建筑,河洛地区有龙门石窟和巩县石窟等精美的石窟艺术。

唐代河洛地区的文学成就极其辉煌。巩县(今巩义)人杜甫被人们称为“诗圣”,其诗作被称为“诗史”。洛阳人元稹和晚年迁居洛阳的白居易同倡“新乐府”运动,世称“元白”。陕县人上官仪、上官婉儿的五言诗绮丽婉媚,被称为“上官体”。这一地区的著名诗人还有刘禹锡、李贺、李商隐、王湾、王建、姚合、聂夷中、宋之问、卢仝等,都留下了脍炙人口的作品。孟县(今孟州)人韩愈是当时古文运动的领袖,名列唐宋散文八大家之首。在艺术方面,阳翟人吴道子画技高超,被尊为“画圣”;荆浩、郑虔也是当时的著名画家;褚遂良则以书法驰名遐迩。隋唐时期,尤其是唐高宗、武则天时期,河洛地区的佛教臻于极盛。建寺度僧、凿窟造像、佛经翻译、佛事活动与北魏相比有过之而无不及。佛教各宗派在此时形成,嵩山少林寺被称为“禅宗祖庭”。缑氏人玄奘西行求法,为印度佛教的东传做出了巨大贡献。

北宋时期,邵雍、司马光、程颢、程颐等著名学者云集洛阳。司马光在这里完成了中国第一部编年体通史——《资治通鉴》。程颢、程颐兄弟的学说,世称“洛学”,被朱熹等人继承和发展,又称程朱理学,成为中国封建社会后期的统治思想。元明清时期,河洛地区的文化方日趋衰落。

总之,中国历史上河洛地区的文化内涵十分丰富,无论从哲学、政治学、历史学、地理学还是从文学艺术及宗教方面而言,河洛地区都名家荟萃、成就辉煌,构成了一个博大精深的文化体系。

河洛文化的影响和历史地位

河洛地区的文化根深叶茂,源远流长,对周围及边远地区,对中国近代,都有很大的影响。

从考古学上看,河洛地区的文化系列,即裴李岗文化—仰韶文化—河南龙山文化—二里头文化,与黄河上游地区的仰韶文化—马家窑文化—齐家文化,以及长江中游的大溪文化—屈家岭文化—湖北龙山文化,关系比较密切。河北地区的磁山类型文化与裴李岗类型文化相当接近,河南龙山文化与山东龙山文化也相当接近。总之,河洛地区的文化与周围地区的文化互相交叉、渗透乃至融合。河洛地区文化对周围地区的文化有所吸收,又给周围地区文化以较强的影响。一些边远地区的文化,如吴越文化、巴蜀文化,也都直接或间接地受到河洛文化的影响。

夏文化和商文化从河洛地区逐渐向四面八方扩展,周代的礼乐制度也从关中与河洛地区向四方扩散。洛阳是东周的都城,保留着周王室的礼乐政刑。孔子生活的鲁国是周公姬旦的儿子伯禽的封国,也是当时的礼乐之邦。但孔子仍然千里迢迢地去到洛阳,向老子问礼。这是河洛地区的礼乐向周围扩散的一个实例。

河洛地区是东汉时代的儒家经学、魏晋时期的玄学、北朝隋唐时期的佛学、北宋时代的理学的中心,这些学说也由河洛地区逐渐向四方扩散。西晋末永嘉年间的玄学南移,北宋灭亡后理学的南移,江浙地区中原文献学的兴起,都是河洛地区学术文化向外流传的典型实例。

河洛地区的文化之所以能向四方流传,对其他地区产生很大影响,是有一定原因的。其一,河洛地区的文化与其他地区的文化相比具有先进性。先进地区的文化容易被后进地区学习和吸收。河洛文化是以黄帝、华夏部族和夏、商、周王朝文化为主体的文化系统。华夏部族是当时先进的部族,河洛地区的先民较早脱离了野蛮和蒙昧时代,迈入了文明的门槛。河洛地区有着十分密集的石器时代的遗存,这一地区又是全国较早使用青铜器和铁器的地区,科学技术也较先进,因而能对其他地区产生影响。其二,“三代之居,皆在河洛之间”。河洛地区在夏、商、东周、东汉、曹魏、西晋、北魏以至隋唐,长期是全国(或者北方)的政治中心,也是文化教育的“首善之区”。各个王朝的统治者将河洛地区的文化作为一种正统文化,采用行政和教化的手段,向其他地区推广。或者招引其他地区的学子来河洛地区学习,或者将饱受河洛文化熏陶的士人派到其他地区做官,进行教化。其三,由于战乱或者统治者的命令,河洛地区的人民大量迁至其他地区,从而将河洛文化带到其他地区。如西晋末的永嘉南渡,金灭北宋后的宋室南迁,河洛地区人民迁至江南的不计其数。他们将先进的生产工具和技术带到南方,促进了江南的开发。闽粤赣地区的客家先民不少是从河洛地区迁出的,这一地区保留了较多的河洛文化因素。

最后,我们谈一下河洛文化的历史地位和作用,作为本文的结束语。

黄河流域是中华民族的摇篮,或者说是发祥地。河洛地区位于黄河中游,交通便利,地理位置重要,历史悠久。它是黄帝——华夏部族先民活动的中心区,又长期是全国或北方的政治、经济和文化的中心。河洛文化的时间跨度很长,形成了连绵不断的序列,而且长期处于全国领先地位。河洛文化具有很强的包容性,不断吸收其他地区、部族的一些文化因素,充实发展自身。它被历代统治者作为正统文化加以推广,逐渐向四方辐射、传播、渗透,它以极强的吸引力,使其他地区、部族的文化最终与之融合同化,从而形成了中华民族的传统文化。

总之,河洛文化是中华民族传统文化的一个重要源泉,也是一个极其重要的组成部分。它具有很强的凝聚力,对中华民族的形成,对中华民族传统文化的形成起到了巨大的作用。它哺育了中华民族的祖先,影响了世代的炎黄子孙。

(原载《河南社会科学》1994 年第 2 期)

论河洛文化的核心内涵

河洛文化是中华传统文化的源头，也是中国最重要的一种地域文化。三十多年来关于河洛文化的研究取得了可喜的成就，但仍有深入探讨的必要。对河洛文化核心内涵进行专门研讨，是对河洛文化研究深入的一种表现。

“内涵”，亦称内包，是反映于概念中的对象的本质属性的总和。① 与它相近的概念还有“内容”，泛指事物内部所包含的一切。这两个概念既有联系和相通之处，也有一些区别。比较而言，似乎用“内涵”更合适些。河洛文化的内涵极其丰富，什么是其核心内涵，是一个值得深入探讨的问题。本文拟就此问题略述己见，以求教于学界同人。

文化的内涵与层次

一般来说，“文化”从宏观层面可以分为物质文化、精神文化两个方面，或者物质文化、制度文化和精神文化三个方面。而单就精神文化而言，又可细分为思想哲学、宗教信仰、学术、文学、艺术、自然科学技术、教育、风俗习惯等许多方面。又有学者从文化形态学角度，将文化视作一个包括内核与若干外缘的不定型的整体，从外而内，约略分为四个层次：

“由人类加工自然创制的各种器物，即‘物化的知识力量’构成的物态文化层，它是人的物质生产活动方式和产品的总和，是可触知的具有物质实体的文化事物，构成整个文化创造深刻的物质基础。

“由人类在社会实践中组建的各种社会规范构成的制度文化层。

① 《辞海》缩印本，上海辞书出版社，1979，第193页。

“由人类在社会实践,尤其是在约定俗成的习惯性定式构成的行为文化层,它是一种以礼俗、民俗、风俗形态出现的见之于动作的行为模式。一个时代的文化集中体现在该时代的思想理论体系中,却更广泛地活跃在各种社会风尚间。

“由人类在社会实践和意识活动中长期氤氲化育出来的价值观念、审美情趣、思维方式等主体因素构成的心态文化层,这是文化的核心部分。

这里所谓的心态文化,大体相当于‘精神文化’或‘社会意识’这类概念。”①

要而言之,这段话将文化的内涵分为四个层次,从外到内依次是物态文化、制度文化、行为文化、心态文化,而其中的心态文化,即“精神文化”或“社会意识”,是文化的核心。

笔者赞同上述关于文化内涵和层次的表述。无论将文化分为物质文化、精神文化两个方面,或者物质文化、制度文化、精神文化三个方面,精神文化都是文化整体的核心。这并不难理解。因为文化是由人创造的,在人们的社会实践中,思想意识不仅支配人的行为,也影响到制度的制定和利用自然进行的物质生产。精神文化,或者说社会意识,对其他文化层面有决定作用。这种文化认知,就是我们探讨河洛文化核心内涵的出发点。文化虽然包含许多方面的内涵,但是其核心内涵应该是思想学说,与其密切相关的文化门类,是哲学、学术。

河洛文化的核心内涵

笔者以前曾认为,“河洛文化的内涵中有两个带有标志性的文化现象,一是河图洛书,二是二程洛学”②。二者既具有明确的地域特色,为河洛文化所独有,也构成了系统的思想学术体系,应该属于河洛文化的核心内涵。现分别予以简要阐述。

一、河图洛书

河图洛书出现在河洛地区,是河洛文化的源头。它本来是一种关于上古时

① 冯天瑜等:《中华文化史》(第2版)《导论》,上海人民出版社,2005,第18页。

② 程有为:《河洛文化概论》,河南人民出版社,2007,第9页。

代的传说，见载于先秦文献，反映了先民的自然崇拜和祥瑞意识。但是在西周举行康王的即位大典时，朝堂上陈列有“越玉五重，陈宝，赤刀，大训，弘璧、琬琰，在西序；大玉，夷玉，天球，河图，在东序”①。可见，在西周，河图是一种珍贵的宝器，是一种实实在在的器物。文献记载：“河出图，洛出书，圣人则之。”②又说圣人效法河图洛书，制定行为准则或国家法典，或者受河图洛书的启示，进行多种创造发明。

西汉大儒孔安国、刘歆等对河图洛书进行解释和发挥，从而构建了一个古史系统，并把河图洛书与儒家经典《周易》和《尚书》联系起来，认为伏羲据“河图”画八卦，大禹据“洛书”作《洪范》九畴，从此河图洛书成为易学的源头和治国大法。此后研究易学的人都不可能回避河图洛书，于是河图洛书成为中国古代学术的一个重要组成部分。西汉后期至东汉谶纬之学盛行，儒学增添了浓厚的神学色彩，河图洛书又成为谶纬神学的一项内容。谶纬中有大量关于河图洛书的传说和五花八门的解释。此后，历代学者对它研究解释延续不辍。

宋代是河图洛书研究的一个新阶段，宋儒对河图洛书进行了新的阐释。像数学派邵雍、刘牧、朱震以及理学的集大成者朱熹与其弟子蔡元定是宋儒研究河图洛书的代表人物，他们画出了河图与洛书的图式，提出了以数为本原的哲学理论。从宋代开始，有学者对河图洛书的真实性提出质疑，不同观点之间也进行了一些辩难。

明清至今人们仍不断对河图洛书进行探索，并做出了新的解释。河图洛书内容广泛，涉及中国古代哲学、医学、文字学等许多方面。王永宽的《河图洛书探秘》就是当代研究河图洛书的重要成果。

人们认为河图洛书是中国传统文化的源头。北京中华世纪坛上的浮雕，第一幅就是河图洛书。自汉代以来，河图洛书的研究成为一种学问，简称为“图书学”或“河洛学”。它分别是一种文化起源论、神道设教论和哲学本体论。它是在中国古代哲学思想发展中用作预测事物变化进行史学演算的一部分。无论从思想方面还是从学术方面说，河图洛书是前人留给我们的一份珍贵的文化遗产，值得人们去发掘利用。

---

① 《尚书正义》卷十八《顾命》，十三经注疏本，中华书局影印，1980，第239页。

② 周振甫：《周易译注》，中华书局，1991，第247页。

二、二程洛学

洛学是北宋著名学者程颢、程颐创立的学说。因为二程兄弟是洛阳人,又在洛阳一带聚徒讲学、从事著述,故其学术流派称为洛学。洛学的理论形态是理学。理学亦称"道学",或者新儒学。理学的特质是一种以儒学为主体,吸收并改造释、道哲学,在涵泳三教思想精粹之上建立起来的伦理主体性的本体论。洛学是奠基阶段的理学,在理学的形成与发展史上具有重要地位。

宋明理学是中国儒学发展演变的一个重要阶段。二程洛学是孔孟儒学的发展和升华。东汉儒家经学日益烦琐化、谶纬神学化。魏晋时玄学勃兴,对传统儒学进行了冲击。此后,由印度传入的佛教和中国土生土长的道教迅速发展,形成了思想领域儒、释、道三家鼎足而立的局面。传统儒学不仅失去了独尊的地位,而且呈现衰颓之势。唐代中后期,韩愈和李翱等提出儒家"道统",攘斥佛老,掀起了儒学复兴运动。理学是从唐代中后期开始酝酿的儒学复兴运动的产物。北宋五子周敦颐、张载、邵雍与程颢、程颐以儒学文化复兴为先导,以韩愈、李翱开启的由外向内转化,由斥佛、排佛到"援佛入儒"为契机,探索儒学发展的新形式,同时又出入佛老,吸取其理论营养,使这个时期的儒学呈现出综合《易经》、"四书"的思想理论和概念范畴,重视天道和人道的统一,着重抉发心性理论,重视修养方法等特点,终于创建了中国封建社会后期最为精致、最为完备的理论体系——理学。

二程在构筑自身的思想体系时,十分注意从释、道二教中吸收思想精粹。二程所构制的超越万物、永恒存在的精神本体——"天理",直接取鉴于禅宗的真如佛性,二程所言的"一物之理即万物之理",承袭于华严宗的"理事说"。二程倡导的修养途径与禅宗禅定顿悟的修炼方法如出一辙。二程在坚守儒学的同时,吸收佛教、道教的思想精华,方体贴出"天理",并进而构造出包括自然观、认识论、人性论在内的完整思想体系。二程倡导对"四书"的研习。将《大学》《中庸》与《论语》《孟子》合称"四书",提升到与传统"六经"并立的地位,主要是从二程开始的。自此传统儒经圣典的内容开始发生变化,标志着儒学发展的一个重要变迁。

理、气问题,是宋代哲学的中心议题。围绕这一问题,二程建立了他们理一元论的本体论哲学。他们以"理"或"天理"作为宇宙本原和理学体系的最高范畴。二程所说的"天理",就是世界万事万物的最高存在,是天地万物的最高主宰,万事万物由它而生、由它而灭,天理是永恒的最高精神实体。他们认为“理”既存在于自然界,也存在于人类社会,是世界万事万物的普遍规律和准则。二程不否认气的存在,但是“有理则有气”,理在气先,理是事物之所以然,也是事物的准则。二程的“理”除了说明宇宙自然,更多的是用于说明人事。因此,“理”或“天理”又成为伦理道德规范和社会制度的总和以及人们行为规范的准则。伦理道德也被说成符合天理的东西。

二程的哲学体系包含着朴素的辩证法思想。程颐认为世界上的事物总是处于不断的运动变化之中。程颢指出了矛盾的普遍性。二程还把矛盾的对立看作事物的产生和运动变化的内在根源。对立的双方相互作用,即“遇”或“交感”,推动着事物的产生和运动变化。

在人性论方面,二程提出了“天命之性”和“气质之性”的理论。他们认为,天命之性就是天理在人身上的体现,是天赋予人的,所以为善。气质之性是每个人所禀受的性。人所禀受的气有清、浊,人的气质之性才有善恶之分和高下之别。但是人可以通过修养改变气质。

二程的认识论主要是致知格物和主敬。格物就是穷理,穷理即能致知。因此格物是通向道的开端。关于认识的途径和方法,程颢提出了“以诚敬存之”的主敬说。“以诚敬存之”是一种内心体贴的功夫,人们通过这种内心体贴,才能达到“仁”的境界。程颐认为,人有两种知识,即“闻见之知”和“德性之知”。二者各有利弊,需要取长补短,才能得到真知。二程指出的认识途径是从正心诚意到格物穷理,再到脱然贯通。

在社会历史观方面,二程继承了先秦儒家“法先王”的观点。他们把“法先王”与天理论结合起来,进行了一些发挥。

二程洛学在当时及后世都有很大的影响。至北宋末南宋初,二程弟子在不同地区讲学,洛学得以在外地传播,形成了一些新的地域学派。这些学派由于受程颢和程颐思想学说差异的影响,而逐渐形成了程朱理学、陆王心学、事功之学三大学术体系。冯友兰先生说:“在道学以后的发展中,程颢的思想就成为心学,程颐的思想就成为理学。他们兄弟二人,不但创建了道学,也开始了道学中的两大派别,这在哲学史上是罕见的。”①

---

① 冯友兰:《中国哲学史新编》下册,人民出版社,2004,第121页。

二程弟子闽人杨时将二程洛学由河洛地区传播到江南，又经过罗从彦、李桐的传习，朱熹的弘扬发挥，形成了闽学，这是理学发展的一个新阶段。在宋代学术中影响最大的首推由二程奠基、朱熹集大成的理学。到南宋理宗以后，程朱理学成为官学，并开启了此后理学居统治地位的历史时期。程朱理学不仅在中国南宋、元、明诸代的思想学术中占据统治地位，而且对于朝鲜半岛、日本乃至东南亚都产生了重大影响。

在当前的商品经济社会，存在着拜金主义和道德缺失的现象。由二程奠基、朱熹集大成的理学思想十分注重道德准则和伦理关系，继承弘扬其中的合理内核，有利于人们树立正确的人生观、价值观，也有利于和谐社会的构建。二程理学倡导天人合一，有助于人们坚持科学发展观，正确处理人与自然的关系，注重保护资源，建立环境友好型社会。

河洛文化精神

河洛文化体现着一种精神，一种价值观。河洛文化中蕴含着根深蒂固的中国意识，历久弥坚的大一统观念，“和合”“中和”“和而不同”等和谐思想，爱国奉献、大公无私与自强不息、奋发有为的精神等，都具有普遍价值，至今仍是弥足珍贵的精神财富。

一、中国意识与大一统思想

河洛地区是最早的“中国”所在地，河洛文化强调的“中国”意识，是中国历史上多民族融合和民族团结的精神力量。从西周以来，在人们思想中逐渐形成了“中国”这一概念。《诗经》说：“惠此中国，以绥四方。”①“中国”是对四方而言的，最早的“中国”即指河洛地区。西周初期的“何尊”铭文称：“惟王初迁宅于成周……惟武王既克大邑商，则廷告于天，曰‘余其宅此中国，自之乂民。’”②意思是说，周武王灭商以后，认为洛阳一带是中国，要将都城迁到此地。从最早的炎黄族团发展到华夏部族，再突破夷、夏之别融合各个少数民族进入汉族群

① 朱熹：《诗集传》卷十七《大雅·民劳》，上海古籍出版社，1958，第199页。

② 马承源：《何尊铭文初释》，《文物》1976年第1期。

体，直至兼容所有中国境内的民族群体构成中华民族大家庭，都是在“中国”意识基础上形成的。

河洛地区是众多王朝的都城所在地，大一统思想根深蒂固，形成了传统的民族基因。中国历史上几次从分裂割据走向统一，无不是中原王朝所倡导的大一统思想深入人心所造成的深刻影响的结果。

河洛文化是一种根文化，它的强劲凝聚力和向心力表现在所有受其沐浴的中国人都对自己的祖居地怀有深厚的情愫，都竭力保持自己的文化认同精神和民族归属感。例如客家人曾经多次播迁，但是无论走到哪里，都以自己来自河洛地区而感到骄傲，并坚定地保留自己拥有的河洛文化。闽台地区的闽南人也承认河洛地区是他们的祖籍地，河洛文化对他们有巨大的感召力和吸引力。

二、中和、和合思想

河洛文化中蕴含着丰富的和谐思想。早在西周、春秋时期就出现了“和同”之辩。史伯对郑桓公说：“夫和实生物，同则不继。”①西汉戴圣编纂的《礼记》中说：“中也者，天下之大本也；和也者，天下之达道也。致中和，天地位焉，万物育焉。”②明确提倡中和思想。《老子》说：“挫其锐，解其忿，和其光，同其尘。”③道家主张的“和光同尘”，就是以谦下不争、清净无为来达到人的身心和谐，处理好人际关系。河洛文化也包含着天人合一的思想。总之，河洛文化倡导人与自然的和谐、人与社会的和谐、人与人的和谐、人自身的和谐。

三、爱国为民、无私奉献精神

河洛文化中包含着丰富的民本思想。《老子》说：“圣人无常心，以百姓心为心。”④贾谊说：“闻之于政也，民无不为本也。国以为本，君以为本，吏以为本。”⑤自古以来，河洛地区的志士仁人以天下社稷为己任，体现着高尚的爱国为民、无私奉献精神。春秋时期郑国改革家子产曾说：“苟利社稷，死生以之。”⑥在唐代的安史之乱中，张巡坚守睢阳，不惜为国捐躯；宋代抗金英雄岳飞

---

① 《国语》卷十六《郑语》，上海古籍出版社，1988，第515页。
② 杨天宇：《礼记译注》第三十一《中庸》，上海古籍出版社，1997，第899页。
③ 朱谦之：《老子校释》第四章，中华书局，1984，第19页。
④ 朱谦之：《老子校释》第四十九章，中华书局，1984，第194页。
⑤ 贾谊撰、阎振裔，钟夏校注：《新书校注》卷九《大政上》，中华书局，2000，第338页。
⑥ 杜预：《春秋左传集解》昭公四年，上海人民出版社，1977，第1248页。

精忠报国,以收复中原为己任。他们可歌可泣的事迹蕴含着崇高的爱国奉献精神。范仲淹在邓州(今属河南)写的《岳阳楼记》抒发了"先天下之忧而忧,后天下之乐而乐"的高尚情操。他们从民本思想出发,认为统治者应该爱民、保民,关心民众疾苦。白居易《新制绫袄成感而有咏》诗写道:"百姓多寒无可救,一身独煖亦何情。心中为念农桑苦,耳里如闻饥冻声。争得大裘长万丈,与君都盖洛阳城。"①程颢任县令时,以"视民如伤"为座右铭。这些,表现了士人与民众同甘苦的情怀。

四、自强不息、奋发有为精神

河洛文化中也包含着一种自强不息、奋发有为的精神。《易传》说:"天行健,君子以自强不息。"②《列子》中《愚公移山》的神话故事,反映了古人坚韧不拔改造自然与社会的雄心壮志。为了战胜大洪水,大禹率领民众疏浚河道13年,三过家门而不入。春秋初年,郑国从关中东迁虢、郐(今河南荥阳、新密、新郑一带),"庸次比耦,以艾杀此地,斩之蓬蒿藜藿,而共处之"③。姜戎迁至晋国南部"狐狸所嗥居,豺狼所嗥"之地,"除翦其荆棘,驱其狐狸豺狼"以居④。这些,体现着一种艰苦创业的精神。

上述河洛文化精神,不仅在中华民族精神的熔铸中起到了十分重要的作用,而且在当前的现代化建设和树立社会主义核心价值观的进程中仍然值得弘扬。

(原载《河洛文化与闽台文化》,河南人民出版社2014年版)

① 《全唐诗》卷四百五十一,中华书局,1970,第5103页。

② 周振甫:《周易译注》乾卦《象》,中华书局,1991,第3页。

③ 杜预:《春秋左传集解》昭公十六年,上海人民出版社,1977,第1410页。

④ 杜预:《春秋左传集解》襄公十四年,上海人民出版社,1977,第902页。

河洛地区在中国古代文明起源中的地位

近年,国家启动了"中国古代文明探源工程",中国古代文明起源问题引起学术界的高度关注。过去,人们笃信:黄河流域,特别是中原地区是中华文明的摇篮。20 世纪中叶以来,由于中国考古学的长足进步,打破了中国文明起源于中原的一元论,人们逐渐认识到中国古代文明是"多元一体"的格局。20 世纪 80 年代,邵望平先生首先提出,中国古代文明以黄河、长江流域为基地,中原地区为中心,是多元的。① 这一观点逐渐得到人们的认同。

但是中国地域相当广阔,各个地区在中国文明起源中的作用和地位并不相同。正如李学勤先生所说:"中国古代文明诚然是多源的、多区域的,然而也必须看到,不同时期、不同区域的文化发展是不平衡的。也就是说,在若干关键的当口,特定的区域会起特殊的历史作用。例如大家关心的'跨进文明的门槛',便不可能同时在好多地区实现。"②他还明确指出,中原地区是中国古代文明的发祥地。

但是中原是一个相当大的地域范围,它至少包括今河南、山西和陕西三省的大部分境土。中原又可细分为几个地区,如河汾地区、河渭地区、河洛地区以及河济地区等。我们认为,同属于中原的上述几个地区,在中国文明起源中的地位和作用也不尽相同。

夏鼐先生说:"现今史学界一般把'文明'一词用来指一个社会已由氏族社会解体而进入有了国家组织的阶级社会的阶段。这种社会中,除政治组织上的国家以外,已有城市作为政治(宫殿和官署)、经济(手工业以外,又有商业)、文化(包括宗教)各方面活动的中心。它们一般都已经发明文字和能够利用文字

---

① 邵望平:《〈禹贡〉"九州"的考古学研究》,《考古学文化论集》(二),文物出版社,1989。

② 李学勤:《河洛文化研究的重要意义》,《光明日报》2004 年 8 月 24 日。

作记载(秘鲁似为例外,仅有结绳记事),并且都已知道冶炼金属。这些文明的标志中以文字最为重要。”①本文先将河洛地区加以界定,然后依据这些文明起源的条件和标志,从文献记载的古史传说和考古发现这两个方面,探讨河洛地区在中国古代文明起源中的地位问题。

中原与河洛

“中原”一词,早见于先秦文献,其本义指原野。如《诗经·小雅·小宛》云:“中原有菽,庶民采之。”又如《左传》僖公二十三年:“晋楚治兵,遇于中原,其辟君三舍。”后来逐渐成为一个地域概念。如《孙子·作战》:“力屈财殚,中原内虚。”

中原亦称中土、中国、中州、中夏、中华,它多与四方、周边对称。先秦时期有洛邑(今河南洛阳)和陶(今山东定陶)为天下之中的说法。随着华夏族活动范围的扩大,古豫州被视为九州之中,故称此地为中土。《禹贡》中九州又从冀州始。汉代以冀、豫二州为中土。如《淮南子·地形》曰:“正中冀州曰中土。”《论衡·对作》:“建初孟年,中州颇歉,颍川、汝南,民流四散。”又以豫州为中州。可见,冀州和豫州都曾被称作“中原”。

在中国历史上的南北分裂时期,“中原”常与“南方”“江东”等词相对称。如三国时期,诸葛亮在其《出师表》中说:“今南方已定,兵甲已足,当奖率三军,北定中原。”《宋史·李纲传》:“自古中兴之主,起于西北则足以居中原而有东南。”此时的中原是指黄河中下游地区乃至整个黄河流域。

元代统一以后以迄明、清,中原又多指今河南省一带。如《明实录》永乐十四年:“伏维北京,南俯中原。”

要之,“中原”有广义和狭义之分。狭义的中原指今河南一带。广义的中原指黄河中游,或者中下游地区,甚至整个黄河流域。由于时代不同,中原所指地域也不断发生变化。本文所言之“中原”,其时段主要是史前传说时期和夏、商、周三代,其地域主要是黄河中游地区。

---

① 夏鼐:《中国文明的起源》,文物出版社,1985,第81页。

考古学家将古代中国分为六个文化区,中原为其中的一个重要的文化区。严文明在论述新石器时代文化的发展时说:在黄河流域和长江流域,较大的文化系统至少有六个:即黄河中游的中原文化系统;下游的海岱文化系统;在古黄河的下游及其附近,即今河北、辽宁和内蒙古交界的地方有一个燕辽文化系统;长江中游有两湖文化系统,下游有江浙文化系统,上游有巴蜀文化系统。此外,在甘青地区和雁北地区都有从中原文化系统分化出来的亚文化系统。他明确指出新石器时代黄河中游地区为中原文化系统。宿白先生在考古学文化的区系研究中也将中国考古学文化分为六个区系:即以燕山南北长城地带为重心的北方,以山东为中心的东方,以关中、晋南、豫西为中心的中原,以环太湖流域为中心的东南部,以洞庭湖—四川盆地为中心的西南部,以环鄱阳湖—珠江三角洲为中轴的南方。他明确指出考古学文化中的中原区系,以关中、晋南、豫西为中心。李学勤先生曾“试将我国青铜器时代划为七个文化圈,即:一、中原;二、西北,三、北方,又可分为北方和东北两个亚圈;四、东方,主要指山东地区;五、东南,又可划分为长江下游和东南沿海两个亚圈;六、南方,即长江中游及其以南;七、西南。”而“就商代及西周而言,中原与东方两者似乎通连,其他都可称为中原以外或者非中原的”①。他认为在属于青铜器时代的商、西周时期,黄河中游的中原文化圈和下游的东方文化圈在文化上相互通连,也可统称为中原文化圈。

综上所述,中原在中国古代,不仅是一个重要地区,也是一个重要的文化区。在夏代以前,中原主要指黄河中游地区,后来又及于下游地区乃至整个黄河流域。本文即从论述文明起源着眼,所涉及的中原是指黄河中游地区。

在中国古代,除了“中原”这一地域概念,与之相关的还有“河洛”这一概念。《史记·封禅书》言:“昔三代之君(居),皆在河、洛之间。”杜甫《杜工部草堂诗笺》六《后出塞》之五云:“坐见幽州骑,长驱河洛昏。”“河”,在古代专指黄河;“洛”,则指发源于陕西华山南麓蓝田县境至河南省巩义境汇入黄河的洛河。此外,渭河支流有北洛河,有时也直接汇入黄河。但是北洛河似与历史上的所谓“河洛”无关。“河洛”中的“洛”指的是伊洛河(伊河为洛河最大支流)或者称

① 李学勤:《非中原地区青铜器研究的几个问题》,载《走出疑古时代》,辽宁大学出版社,1997。

南洛河。

黄河是一条大河，干流全长 5464 公里。“河洛地区”这一概念中所谓的“河”，不可能是整条黄河，只能是黄河的一段，即它与洛河交汇的一段。这段黄河的流向由西向东，西起潼关附近的河曲，东至郑州附近（现在的河道则向东延伸至兰考东坝头），古曾称作“南河”。洛河在南边与之交汇。因此，黄河以南的伊洛河流域自然属于河洛地区。那么，河洛地区是否包括黄河以北的一些地方呢？我们的回答是肯定的。因为一条河的流域自然包括河道两边的土地。一条河流经一块土地，把它一分为二，不能只讲其中的一块，而舍弃另一块。而且早在汉代，人们已将黄河南北看作一个文化区。著名史学家司马迁在其《史记·货殖列传》中说：“昔唐人都河东，殷人都河内，周人都河南。夫三河在天下之中，若鼎足，王者之所更居也，建国各数百千岁。”此处所言“三河”中的“河南”在黄河以南，属豫州；“河东”和“河内”都在黄河以北，属冀州。司马迁不仅将黄河南北的这一块土地当作一个地区，而且认为它们同为“天下之中”。从传说中的唐尧时期到商、周二代，三河地区都是都城所在地，是华夏族活动的中心。司马迁在《史记·封禅书》中又说：“昔三代之君（居）皆在河、洛之间，故嵩高为中岳。”显然是把中岳嵩山包括在河洛地区之内。张守节《正义》引《世本》云：“夏禹都阳城，避商均也。又都平阳，或在安邑，或在晋阳。”《帝王世纪》云：“殷汤都亳，在梁，又都偃师，至盘庚徙河北，又徙偃师也。周文、武都丰、镐，至平王徙都河南。”由此可见，从汉人司马迁到唐人张守节都认为，黄河以北的平阳（今山西临汾西南）、安邑（今山西夏县西北）和殷墟（今河南安阳）都属于河洛地区。

我们认为，从自然地理讲，河洛地区西起华山；东至豫西山地与黄河下游平原结合部处；南自伏牛山、外方山；北至太岳山（又称霍太山），包括伊洛河流域、涑水流域、沁水流域和汾水下游地区。从现代行政区划来说，主要是河南中西部和山西南部地区。

文化地理上的区域划分以自然地理为基础，但可以稍有出入。古代文化意义上的河洛地区，又可称为河洛文化圈，其地域也可以少许突破黄河和洛河流域的范围。如汝、颍河为淮河支流，其流域本应属于淮河流域，但中岳嵩山南麓的汝、颍河上游地域与河洛地区接壤，其文化很难和河洛地区文化截然分开，它仍然属于河洛文化圈。

“崤函有帝皇之宅,河洛为王者之里。”河洛地区在中国史前和三代有着特殊的地位。徐旭生先生为寻找夏文化,遍检文献记载,从上百条夏史资料中,归纳出夏人活动的中心“有两个区域应特别注意:第一是河南中部的洛阳平原及其附近,尤其是颍水谷的上游登封、禹县地带;第二是山西南部汾水下游(大约自霍山以南)一带”①。这两个区域就属于河洛地区。

总之,河洛地区的范围要小于中原地区,它是中原的中心区。生活在这一地区的华夏部族较早摆脱了野蛮和蒙昧,迈进了文明社会的门槛,建立了夏王朝。位于黄河中游的河洛地区是我国历史最为悠久的地区之一,在中华民族文明起源中具有举足轻重的特殊地位,起到了无可替代的重要作用。

河洛地区的古史传说

中国古代遗留下来许多神话传说。这些古史传说虽然扑朔迷离、疑说纷纭,但它“自有真正的史实素地,切不可一概抹煞”②。古史传说为我们探讨古史提供了不可缺少的线索,对于研究文明起源问题更有不可低估的价值。

探讨中国文明起源应该关注传说中的五帝至夏代,而唐虞之世至夏初又是关注的重点。按照中国古史传说,五帝时代可分为两大阶段,黄帝、颛顼、帝喾为第一阶段;尧、舜是第二阶段。

河洛地区有许多关于黄帝、帝喾、尧、舜和大禹的传说,如黄帝为有熊(今河南新郑)国君,号有熊,黄帝铸鼎于荆山下(今河南灵宝阳平),帝喾都西亳(今河南偃师),尧都平阳(今山西临汾),舜都蒲坂(今山西永济),耕历山(今中条山),禹都阳城(今河南登封告成)等,均见于历史文献记载。

黄帝是中华民族公认的人文始祖,传说黄帝曾在河南西部地区活动。司马迁的《史记·五帝本纪》,以黄帝为五帝之首。黄帝:《集解》引徐广曰:“号有熊”。注:“‘号有熊’者,以其本是有熊国君之子故也。”《正义》引《舆地志》云:“涿鹿本名彭城,黄帝初都,迁有熊也。”《集解》引谯周曰:“有熊国君,少典之子

① 徐旭生:《1959年夏豫西调查“夏墟”的初步报告》,《考古》1959年第11期。
② 尹达:《尹达史学论著选集》,人民出版社,1989,第450页。

也。”皇甫谧曰：“有熊，今河南新郑是也。”因此人们称新郑为黄帝之都。据《山海经》记载，河南省新安县的青要山是黄帝密都。

《史记·封禅书》称：“黄帝采首山铜，铸鼎于荆山下。鼎既成，有龙垂胡髯下迎黄帝。黄帝上骑，群臣后宫从上者七十余人。”如今，灵宝市西阳平有黄帝铸鼎原与黄帝陵，现尚存唐贞元十七年（801年）所刻立的《轩辕黄帝铸鼎铭》石碑。这一记载虽为神话传说性质，但也反映了黄帝时代已能铸造铜器，黄帝有“群臣后宫”说明当时已有政权存在。

黄帝传位于颛顼，颛顼再传于帝喾（高辛氏）。《史记·五帝本纪》称：“至高辛即帝位。”《集解》引皇甫谧曰：“都亳，今河南偃师是也。”如此说不误，帝喾时的都城与活动中心也在豫西伊洛平原。

继帝喾者为帝尧。《史记·五帝本纪》称“帝尧者，放勋”。《正义》引《帝王纪》云：“尧都平阳，于《诗》为唐国。”《括地志》云：“今晋州所理平阳故城是也。平阳河水一名晋水也。”可见，尧时的都城和活动中心在晋南地区。

关于帝舜活动的地域，《史记·五帝本纪》记载如下：

“虞舜者”：《索隐》“虞，国名，在河东太阳县”。《正义》引《括地志》云：“故虞城在陕州河北县东北五十里之虞山上。郦元注《水经》云：干桥东北有虞城，尧以女嫔于虞之地也。”

“舜，冀州之人也”：《正义》：“蒲州河东县本属冀州。《宋永初山川记》云：‘蒲坂城中有舜庙，城外有舜宅及二妃坛。’”

“舜耕历山”：《集解》引郑玄曰：“在河东。”《正义》引《括地志》云：“蒲州河东县雷首山，一名中条山，亦名历山，亦名首阳山，亦名蒲山，亦名襄山，亦名甘枣山，亦名猪山，亦名狗头山，亦名薄山，亦名吴山。此山西起雷首山，东至吴坂，凡十一名，随州县分之。历山南有舜井。”

“渔雷泽”：《集解》引郑玄曰：“雷夏，兖州泽，今属济阴。”《正义》引《括地志》云：“雷夏泽在濮州雷泽县郭外西北。”

“陶河滨”：《集解》引皇甫谧曰：“济阴定陶西南陶丘亭是也。”《正义》案：“于曹州滨河作瓦器也。《括地志》云：‘陶城在蒲州河东县北三十里，即舜所都也。南去历山不远。或耕或陶，所在则可，何必定陶方得为陶也？舜之陶也，斯或一焉。’”

“作什器于寿丘”：《集解》引皇甫谧曰：“在鲁东门之北。”

"就时于负夏":《集解》引郑玄曰:"负夏,卫地。"《索引》"就时犹逐时,若言乘时射利也。《尚书大传》曰'贩于顿丘,就时负夏',《孟子》曰'迁于负夏'是也。"

"舜饰下二女于妫汭",《索隐》,皇甫谧曰:"妫水在河东虞乡县历山西。汭,水涯也,犹洛汭、渭汭然也。"《正义》引《括地志》云:"妫汭水源出蒲州河东南山。许慎云:'水涯曰汭。'案:《地记》云:'河东郡青山东山中有二泉,下南流者妫水,北流者汭水。二水异源,合流出谷,西注河。妫水北曰也汭。'又云'河东县二里故蒲坂城,舜所都也。城中有舜庙,城外有舜宅及二妃坛'。"

上述对于舜的活动地域,主要是两地:一是晋南,一是豫东北、鲁西南,而言在晋南者略占优势。《括地志》对"陶河滨"是在今山东定陶说提出质疑,但渔雷泽、作什器于寿丘、就时于负夏,似乎在今鲁西南、豫东北地区。尽管如此,晋南作为虞舜的都城所在地,或者虞舜活动的两地区之一,当不存在问题。

尧时治水的鲧,为禹之父。《连山易》说"鲧封于崇",为崇地之诸侯,《国语》称其"崇伯鲧"。"崇"即"嵩",即中岳嵩山,崇地在今河南登封。鲧除治水之外,《世本》又谓"鲧作城",说明当时已修筑城墙作为防卫设施。

《史记·夏本纪》称:夏禹,《正义》:"夏者,帝禹封国号也。《帝王纪》云:'禹受封为夏伯,在豫州外方之南,今河南阳翟是也。'"阳翟即今河南禹州,为夏禹之都。

据《史记·五帝本纪》记载,尧舜时已经有了天文历法,开始授民时令,使人们依据时令从事生产。当时的生产活动已有农耕、渔捞、畜牧、制陶、作器、纺织,农、牧、渔和手工业,且已相当发达,有了储存粮食的仓廪和商业贩卖。不仅有了聚、邑,而且有了都城。在政治方面有了百官分职、刑法、祭祀礼仪、制度。

总之,文献记载的关于五帝时代的传说,不仅说明河洛地区是五帝活动的中心区,而且说明这一时期不仅有较为发达的原始农业和手工业,能够铸造铜器,而且有了商品交换,出现了都城、百官、刑法、礼仪,已经进入早期国家阶段,从而为建立统一的夏王朝奠定了基础。

河洛地区的考古发现

解决中国古代文明起源问题离不开考古学研究成果。20世纪以来,中国考古学取得了显著的成绩。河洛地区的考古发现不仅十分丰富,而且从石器时代到铜石并用时代、铜器时代,形成了系列,为解决文明起源问题提供了基本条件。

很多学者撰文提出,中国古代文明形成于公元前第三千年,即考古学上的龙山时代。在公元前第三千年期间,特别是其中晚期,黄河、长江流域的史前文化发生了巨大的变革。这一时代形成的龙山文化群体,是中国文明形成的基地。古史传说中的唐虞时代,在考古学上相当于龙山时代,具体而言,可能是龙山时代的中晚期。

在新石器时代早期,关中、豫西、豫中和冀南分布着老官台、裴李岗和磁山文化;到新石器时代中后期,这一地区普遍分布着仰韶文化。中原龙山文化就是继承仰韶文化而发展起来的。继中原龙山文化之后而发展起来的文化,在河南中西部和山西南部是二里头文化,在河南北部和河北南部是先商文化,在陕西关中地带是先周文化。

河洛地区发现了许多新石器时代晚期和铜石并用时代的文化遗存。新石器时代晚期文化,如河南龙山文化早期的庙底沟二期文化遗存,分布于伊、洛、汝、颍河谷盆地和黄河南北两岸。后岗二期文化更为丰富,有分布于嵩山周围的洛阳王湾类型,分布于豫西、晋南、陕东的陕县三里桥类型,以及分布于豫北的安阳后岗类型等,晚期则有煤山类型。到了铜石并用时代,这里有分布于晋南临汾盆地的“东下冯类型文化”和襄汾“陶寺类型文化”,在豫西地区则有二里头文化,或已进入铜器时代。

在龙山时代社会群体已出现等级,可以从陶寺墓地的情况中得到反映。陶寺墓地面积超过1万平方米。墓葬分布甚密。仅1978—1982年发掘的2000平方米范围内即已发现墓葬七百余座。① 墓葬可分为大、中、小三种,分别占1.3%、11.4%和87.3%。大墓长3米上下,宽2~2.75米。有木棺,内撒朱砂,随葬品多至一二百件,其中往往有龙纹盘、石磬、木鼓、大量漆木器、陶器和玉石器等。中型墓一般长2.2~2.5米,宽1米左右。一般有木棺,随葬成组的陶器及少量彩绘木器、玉石器及猪下颌骨等。有的保存较好的还有麻布殓衾。与上述大中型墓形成鲜明对比的是87%以上的小型墓,绝大多数无任何葬具和随葬品,仅个别的有木棺,或两三件骨笄、陶罐之类的随葬品。"大中型墓与小型墓主人的区别,不仅是贫富的差别,还应有身份和社会地位的差别。因为大中型墓中往往出玉钺和石钺,应是军事权力的象征;有些大型墓中有石磬、木鼓等,更应是特殊地位的标志。由此可见陶寺墓地所代表的社会集团已有初步的阶级分化,这同城市的出现和城乡分化所反映的社会状况是一致的。"②

中原龙山文化也有多处发现铜器和炼铜遗迹,一是河南郑州董砦的方形小铜片,二是登封王城岗的一件残铜器片,三是临汝煤山的炼铜坩埚残片,四是山西襄汾陶寺的铜铃等。

考古学者发现了龙山时代的城堡。例如,登封王城岗城址包括相连的东西两小城,合计面积约2万平方米,城内有建筑基址。在一些聚落遗址出现了水井。

关于夏文化,二里头类型和东下冯类型是二里头文化内部两个既有密切联系而又相对独立的文化类型,二者有许多共同点,但也有明显的区别。

河南偃师二里头遗址为夏王朝后期的都邑,这在当前的学术界基本上已经达成共识。"二里头遗址一期已发现有大型建筑基址的线索,就是说在这个时期夏朝王都在这里已经开始兴建起来。到了二里头文化四期,三期的二号宫殿这时仍在继续沿用,而且还发现一些该期新的宫殿基址的线索;四区和六区的铸铜和制骨手工业作坊这时也仍在继续生产;四期墓葬所反映的葬俗,与前期的基本相同。""总之,二里头遗址四期既有王宫,又有手工业作坊,又有与以往相同的王室贵族的墓葬,还有相当多的人们生活在这里。显而易见,二里头遗

① 中国社会科学院考古研究所山西工作队:《1978—1980年山西襄汾陶寺墓地发掘简报》,《考古》1983年第1期。

② 白寿彝主编:《中国通史》第二卷,上海人民出版社,1994,第330页。

址一至四期文化时期,都应是夏王朝的都邑所在地。”“王都的出现是国家政权形成的主要标志,二里头遗址是我国迄今所发现的最早的王都的遗址。二里头遗址的发现,表明我国古代社会,至迟在二里头时期的中原地区,已经进入文明历史的新时期。”①

二里头文化玉器,有璧、琮、璋等。偃师的二里头遗址,在有些大型房子基址周围发现好多人骨架,没有固定葬式,有的经过捆缚,有的身首分离,不少与牲畜同埋。据研究,他们都是用于祭祀的人牲,而且出现了卜骨。说明当时已有宗教礼仪。

在山西夏县东下冯村,也发掘了一处“东下冯类型”的文化遗址,该类型的文化主要分布于黄河以北山西省的西南部,与主要分布于黄河以南的二里头文化相邻近,时代基本相同,文化面貌也有颇多相似之处。这里在文献上曾被称之为“夏墟”。因此“东下冯类型”文化的发现,进一步扩大了人们探索夏文化的视野。

20 世纪 80 年代中期,在河南舞阳贾湖的裴李岗文化墓葬出土的龟甲等上面,发现了若干刻画符号,有很像殷墟甲骨文“目”字、“户”字的,其年代范围为公元前 6600 年至公元前 6200 年。在中原龙山文化、二里头文化的陶器上,也发现了不少符号。河南登封王城岗两处龙山文化晚期灰坑中出土的陶片,刻有异常复杂的符号,很像是文字。② 山西襄汾陶寺类型晚期遗址中出土的一件陶扁壶,有毛笔朱书的一个“字”和其他的两个符号③,可能是文字的雏形。

总之,河洛地区的考古发现,从铜器的使用、都城的出现、贫富的分化、文字符号的产生、礼制的形成等诸多方面,为研究中国古代文明的起源提供了丰富的资料和坚实的证据,说明生活在这一地区的华夏先民率先迈进了文明的门槛。

前些年,河洛地区的新密新寨与古城寨、登封王城岗与陶寺遗址成为中国古代文明探源预研究工程的重要遗址。在当前实施的中国古代文明探源工程中,河洛地区也正在发挥着不可或缺的作用。

---

① 郑杰祥:《新石器时代与夏代文明》,江苏教育出版社,2005,第 445~446 页。

② 李先登:《王城岗遗址出土的铜器残片及其它》,《文物》1984 年第 11 期。

③ 《中国文明起源座谈会纪要》,《考古》1989 年第 11 期。

刘庆柱先生说："从探索中国古代文明形成源头来说，夏文化直接渊源于河南地区的河南龙山文化。""河洛地区是河南龙山文化的重要分布区，就这点而言，河洛地区可以说是夏文化、华夏文化的发源地及其形成发展的核心地区，也可以说是以后汉文化、中华民族文化的发源地。"①

历史事实表明，原始社会末期，生活在河洛地区的华夏部族率先摆脱了野蛮和蒙昧，建立了早期国家，迈进了文明社会的门槛，后来又在这里建立了统一的夏王朝。从古史传说和考古发现来看，河洛地区在中国古代文明起源中具有特殊的重要地位，起到了无可替代的作用。

（原载《河洛文化与汉民族散论》，河南人民出版社 2006 年版）

① 刘庆柱：《河洛文化是中华民族的核心文化》，《光明日报》2004 年 8 月 31 日。

《诗经》所载西周中原诗歌考述

《诗经》是先秦时期的一部诗歌总集,传世文本为305篇,分“风”“雅”“颂”三大类。“从《诗经》现存的面貌看,其写作的时代大致可以确定:《周颂》全部和《大雅》的大部分是西周初年的作品,《大雅》的小部分和《小雅》的大部分,是西周末年的作品;《国风》的大部分和《鲁颂》《商颂》的全部是东周以后至春秋中叶的作品。”①

关于《诗经》所载诗歌创作或涉及的地域,《国风》部分较为明显,而《雅》《颂》则多不详。由于西周时期建都关中的镐京(今陕西长安县西南),又以关东的洛邑(今河南洛阳)为东都,因此《诗经》之《周颂》和二《雅》大多创作于这两个地区。本文拟就西周时期创作于或涉及中原地区的诗歌篇章予以考述。然“中原”有广狭二义,广义的中原指整个黄河中下游地区;狭义的中原则与河南省的辖境大体相当。本文取其狭义,即以今河南省辖境为范围。

下面分“颂”“雅”“风”三类予以简要考察与阐述。

《周颂》中的《清庙》与《闵予小子》篇什

朱熹说:《诗经》中的“颂”诗乃“宗庙之乐歌”。其中“《周颂》三十一篇,多周公所定,而亦或有康王以后之诗”②。它大体不晚于昭王、穆王时期。

《清庙》一章八句:“於穆清庙,肃雝显相。济济多士,秉文之德。对越在天,骏奔走在庙。不显不承,无射于人斯。”《诗序》曰:“祀文王焉。周公既成洛邑,

---

① 袁行霈等主编:《中华文明史》第一卷,北京大学出版社,2006,第419页。

② 朱熹:《诗集传》卷十九《颂四》,上海古籍出版社,1958,第223页。

朝诸侯,率以祀文王焉。”①“此周公既成洛邑而朝诸侯,因率之以祀文王的乐歌。”“《书》称王在新邑烝祭岁,文王骍牛一,武王骍牛一,实周公摄政之七年,而此其升歌之辞也。”②可见此诗系周公在洛邑所作,并在朝诸侯、祀文王时演唱。

《维天之命》一章八句:“维天之命,於穆不已。于乎不显,文王之德之纯。假以溢我,我其收之。骏惠我文王,曾孙笃之。”朱熹说:“此亦祭文王之诗。言天道无穷,而文王之德纯一不杂,与天无间,以赞文王之德之盛也。”又“言文王之神将何以恤我乎,有则我当受之,以大顺文王之道,后王又当笃厚之而不忘也”③。

《维清》一章五句:“维清缉熙,文王之典。肇禋,迄用有成,维周之祯。”朱熹说:“此亦祭文王之诗。言所当清明而缉熙者,文王之典也。故自始祀至今有成,实惟周之祯祥也。然此诗疑有阙文焉。”④

总之,上述三首诗歌为周公所作,是周公朝诸侯,在洛邑宗庙之明堂祭祀文王的乐歌。

又有《烈文》一章十三句:“烈文辟公,锡兹祉福。惠我无疆,子孙保之。无封靡于尔邦,维王其崇之。念兹戎功,继序其皇之。无竞维人,四方其训之。不显惟德,百辟其刑之。于乎,前王不忘。”朱熹说:“此祭于宗庙而献助祭诸侯之乐歌。”⑤《诗序》说:“成王即政,诸侯助祭也。”⑥可见,此诗是周公还政成王,成王在洛邑举行亲政典礼,祭于宗庙,诸侯献助祭的乐歌。

《大武》是西周初期创作的歌颂武王克商的大型乐舞,包括奏乐、唱颂歌和舞蹈,所唱颂歌的歌词收入《周颂》。

关于《大武》乐章的造作经过,春秋时人楚庄王曾说:“武王克商,作《颂》曰:‘载戢干戈,载櫜弓矢,我求懿德,肆于时夏,允王保之。’又作《武》,其卒章曰:‘耆定尔功。’其三曰:‘铺时绎思,我徂维求定。’其六曰:‘绥万邦,屡丰年。’

① 《毛诗正义》,《十三经注疏》(上),中华书局影印阮刻本,1980,第583页。
② 朱熹:《诗集传》卷十九,上海古籍出版社,1980,第223页。
③ 朱熹:《诗集传》卷十九,上海古籍出版社,1980,第223~224页。
④ 朱熹:《诗集传》卷十九,上海古籍出版社,1980,第224页。
⑤ 朱熹:《诗集传》卷十九,上海古籍出版社,1980,第224页。
⑥ 《毛诗正义》,《十三经注疏》(上),中华书局影印阮刻本,1980,第584页。

夫《武》,禁暴、戢兵、保大、定功、安民、和众、丰财者也。"①这段话所引诗句分别为《时迈》《武》《赉》《桓》诸篇。它不仅说明了《大武乐章》造作的缘起,而且指明了它的篇名及内容特点,是人们研究《大武乐章》的重要资料。战国时人说:"武王即位,以六师伐殷,六师未至,以锐兵克之牧野。归,乃荐俘馘于京大室,乃命周公,作为《大武》。"②若此说不误,《大武》歌词是周公所作。

《乐记》载孔子曰:"揔干而山立,武王之事也。发扬蹈厉,大(太)公之志也。《武》乱皆坐,周、召之治也。且夫《武》始而北出,再成而灭商,三成而南,四成而南国是疆;五成而分,周公左,召公右,六成复缀以崇。"③据此可知,《大武》舞分为六成,其中的乐歌亦为六首。关于《大武》歌词的名称和顺序,王国维、孙作云、高亨、王玉哲等均有深入研究,认识则互有同异。孙作云《周初大武乐章考实》"认为《周颂》之《酌》(灼)、《武》《般》《赉》《桓》相当于《大武舞》之一二三四六成,而第五成原无歌诗。"④杨向奎以为《大武》六章的编次是:一为《武》,二为《时迈》,三为《赉》,四为《酌》,五为《般》,六为《桓》。⑤ 王玉哲则又以为《大武》舞连序幕凡七场,正舞共六章,而《武》篇是其序幕,下有六章:一为《夙夜》(即《周颂·我将》),二为《时迈》,三为《赉》,四为《般》,五为《酌》,六为《桓》。⑥

现依据王玉哲之说,编次七章如下:

《武》一章七句:"于皇武王,无竞维烈。允文文王,克开厥后。嗣武受之,胜殷遏刘,耆定尔功。"朱熹说:"周公象武王之功,为大武之乐。言武王无竞之功,实文王开之。而武王嗣而受之,胜殷止杀,以致定其功也。""《春秋传》以为此为《大武》之首章也。《大武》,周公象武王武功之舞,歌此诗以奏之。《礼》曰:'朱干玉戚,冕而舞《大武》。'"⑦

《我将》一章十句:"我将我享,维羊维牛,维天其右之。仪式刑文王之典,日靖四方。伊嘏文王,既右享之。我其夙夜,畏天之威,于时保之。"大意是说,我

① 《春秋左传集解》宣公十二年,上海人民出版社,1977,第590页。

② 陈奇猷:《吕氏春秋校释》卷五《古乐》,学林出版社,1984,第286页。

③ 杨天宇:《礼记译注》第十九《乐记》,上海古籍出版社,1997,第664~665页。

④ 孙作云:《诗经与周代社会研究》,中华书局,1966,第257页。

⑤ 杨向奎:《宗周社会与礼乐文明》,人民出版社,1992,第257页。

⑥ 王玉哲:《中华远古史》,上海人民出版社,2003,第500、501页。

⑦ 朱熹:《诗集传》卷十九,上海古籍出版社,1980,第231~232页。

虔诚的祭上苍,有牛也有羊,祈求上天保佑我。效法文王之法典,天天谋求安定四方。伟大的文王,终是保佑我,请享用祭品。我日夜为国忙,敬畏上天之成命,于是永保我周邦。《诗序》云:"《我将》,祀文王于明堂也。"《正义》曰:"《我将》诗者,祀文王于明堂之乐歌也……此言祀文王于明堂,即《孝经》所谓宗祀文王于明堂以配上帝是也。"①有学者以文王配天而祭是周公摄政之时所为。如陈奂说:"此宗祀文王配天之乐歌也。《孝经》'孝莫大于严父,严父莫大于配天,则周公其人也。昔者周公郊祀后稷以配天,宗祀文王于明堂以配上帝。'《孝经》与《诗序》正合。《思文》后稷配天,《我将》文王配天,皆是周公摄政五年治雒中事。《逸周书·作雒篇》:'乃为五宫。明堂居其一。'孔晁注云:'明堂,在南者也。此正言周公治雒筑明堂。'"②总之,学者以为《我将》是周公摄政时祀文王于洛邑明堂的乐歌。

《时迈》一章十五句:"时迈其邦,昊天其子之。实右序有周,薄言震之,莫不震叠。怀柔百神,及河乔岳。允王维后。明昭有周,式序在位……"大意是说:武王克商,成为上天之子。天既佑助有周,显示威武,四方诸侯,莫不震惧,而能怀柔百神,惠及河岳。有周天下,一切就绪,于是而"载戢干戈",明德慎罚,则信乎王之能保大命也。祭公谋父谏周宣王征犬戎,说:"夫兵戢时而动,动则威,观则玩,完则无震。是故周文公之《颂》曰:'载戢干戈,载橐弓矢。我求懿德,肆于时夏,允王保之。'"韦注曰:"文公,周公旦之谥也。《颂》,《时迈》之诗也。武王既伐纣,周公为作此诗,巡守、告祭之乐歌也。"③可见西周时人曾明确说《时迈》是周公所作,也是巡守告祭之乐歌。

《赉》一章六句:"文王既勤止,我应受之。敷时绎思,我徂维求定,时周之命。于绎思。"朱熹说:"此颂文武之功,而言其大封功臣之意也。言文王之勤劳天下至矣,其子孙受而有之,然而不敢专也。布此文王功德之在人而可绎思者,以赉有功而往求天下之安定。又以为凡此皆周之命,而非复商之旧矣,遂叹美之,而欲诸臣受封赏者,绎思文王之德而不忘也。"④

《般》一章七句:"于皇时周。陟其高山,嶞山乔岳,允犹翕河。敷天之下,裒

---

① 《毛诗正义》,《十三经注疏》(上),中华书局影印阮刻本,1997,第588页上。

② 清陈奂:《诗毛氏传疏》上海书店,1988,第1192页。

③ 《国语》卷一《周语上》,上海古籍出版社,1988,第1~2页。

④ 朱熹:《诗集传》卷十九,上海古籍出版社,1980,第236页。

时之对，时周之命。”大意是说，堂皇哉此周也，既有崇山乔岳，又有大河，普天之下，包括各国，莫非周命。

《酌》一章八句：“于铄王师，遵养时晦。时纯熙矣，是用大介。我龙受之，蹻蹻王之造。载用有嗣，实维尔公允师。”朱熹说：“此亦颂武王之诗。言其初有于铄之师而不用，退自循养，与时皆晦，既纯光矣，然后一戎衣而天下大定。后人于是宠而受此蹻蹻然王者之功，其所以嗣之者，亦惟武王之事是师耳。”

《桓》一章九句：“妥万邦，娄丰年。天命匪解。桓桓武王，保有厥士。于以四方，克定厥家。于昭于天，皇以閒之。”大意是说，武王克商，除害以安天下，故屡获丰年之祥。天命之于周，久而不厌。故此桓桓之武王，保有其士而用之于四方，以定其家，其德上昭于天。朱熹说：“《春秋传》以此为《大武》之六章，则今之篇次，盖亦失其旧矣。”①

总之，载于《周颂》中的几篇《大武》歌词，内容是歌颂武王东下中原克商革命的历史功绩。既为周公所作，又在洛邑明堂祭祀时演唱，应属于西周初期中原地区的诗歌篇章。

《小雅》之《北山》、《桑扈》与《大雅》之《荡》篇什

二《雅》中的中原诗歌以《小雅》为多，主要集中在《北山》篇什和《桑扈》篇什，又散见于《鹿鸣》《彤弓》《都人士》等篇什。《大雅》中的中原诗歌较少，仅见于《荡》篇什。这些诗歌多创作于西周后期的宣王之世。

《常棣》在《鹿鸣》之什，八章，章四句。首章云：“常棣之华，鄂不韡韡。凡今之人，莫如兄弟。”后又云：“兄弟阋于墙，外御其侮……兄弟既翕，和乐且湛。”诗言至亲莫如兄弟。春秋时人富辰说：“召穆公思周德之不类，故纠合宗族于成周而作诗曰：‘常棣之华，鄂不韡韡，凡今之人，莫如兄弟。’”②此诗讲求亲亲之道，发扬宗法之义，旨在弥补已经开始破裂的宗法制度。可见它是周宣王时召穆公（虎）在洛邑写的诗篇。

① 朱熹：《诗集传》卷十九，上海古籍出版社，1980，第235页。
② 《春秋左传集解》僖公二十四年，上海人民出版社，1977，第345页。

《车攻》在《彤弓》之什，八章，章四句。其一、二章云："我车既攻，我马既同。四牡庞庞，驾言徂东。田车既好，四牡孔阜。东有甫草，嘉言行狩。"东，即东都洛邑。甫草，指圃田泽。宣王会诸侯于东都，往狩于圃田。《诗序》云："宣王复古也。宣王能内修政事，外攘夷狄，复文武之境土。修车马，备器械，复会诸侯于东都，因田猎而选车徒焉。"①朱熹说："周公相成王，营洛邑，为东都以朝诸侯。周室既衰，久废其礼。至于宣王，内修政事，外攘夷狄，复文武之竟土。修车马，备器械，复会诸侯于东都，因田猎而选车徙焉故诗人作此以美之。"②可见此诗是赞美周宣王在东都会诸侯、行狩猎的诗歌。

《鼓钟》在《北山之什》，四章，章五句。其首章云："鼓钟将将，淮水汤汤。忧心且伤。淑人君子，怀允不忘。"后云："鼓钟喈喈，淮水湝湝。忧心且悲……鼓钟伐鼛，淮有三洲。忧心且妯……"此诗之义不可知，但诗中三次提及淮水。淮水发源于桐柏山，流经中原南部，其下游为淮夷所居，西周势力未及于此。此诗与淮河上游地区相关，或作于中原地区。

《北山之什》之《鼓钟》《瞻彼洛矣》《裳裳者华》与《桑扈之什》之《桑扈》《鸳鸯》和《頍弁》一组诗，都是周宣王时大会诸侯于东都洛邑以振发王威的诗篇。

《瞻彼洛矣》三章，章六句："瞻彼洛矣，维水泱泱。君子至止，福禄如茨。韎韐有奭，以作六师。瞻彼洛矣，维水泱泱。君子至止，鞸琫有珌。君子万年，保其家室。瞻彼洛矣，维水泱泱。君子至止，福禄既同。君子万年，保其家邦。"写周宣王亲自统率六师来到洛邑，身穿红灿灿的蔽膝，刀鞘玉饰亮闪闪。诸侯祝周宣王万寿无疆，永保家邦。朱熹说："此天子会诸侯于东都以讲武事，而诸侯美天子之诗。言天子至此洛水之上，御戎服而起六师也。"③

《裳裳者华》四章，章六句。其第二章云："裳裳者华，芸其黄矣。我觏之子，维其有章矣。维其有章矣，是以有庆矣。"诗称赞诸侯有才华修养，因此福禄绵长。朱熹《诗集传》云："此天子美诸侯之辞，盖以答《瞻彼洛矣》也。"④

《桑扈》四章，章四句："交交桑扈，有莺其羽。君子乐胥，受天之祜……君子乐胥，万邦之屏。之屏之翰，百辟为宪……"朱熹说："此亦天子燕诸侯之诗。言

---

① 《毛诗正义》，《十三经注疏》（上），中华书局影印阮刻本，1980，第428页。

② 朱熹：《诗集传》卷十，上海古籍出版社，1958，第117页。

③ 朱熹：《诗集传》卷十三，上海古籍出版社，1958，第158页。

④ 朱熹：《诗集传》卷十三，上海古籍出版社，1958，第159页。

交交桑扈，则有莺其羽矣。君子乐胥，则受天之祜矣。颂祷之词也。”①孙作云也说：“我以为也是周宣王会诸侯于东都，诸侯美之之辞。”②

《鸳鸯》四章，章四句。其首章云：“鸳鸯于飞，毕之罗之。君子万年，福禄宜之。”朱熹说：“此诸侯所以答《桑扈》也。鸳鸯于飞，在毕之罗之矣。君子万年，在福禄宜之矣。亦颂祷之词也。”③

《頍弁》三章，章十二句。其首章云：“有頍者弁，实维伊何。尔酒既旨，尔殽既嘉。岂伊异人，兄弟匪他。茑与女萝，施于松柏。未见君子，忧心弈弈。既见君子，庶几说怿。”朱熹说：“此亦燕兄弟亲戚之诗。故言有頍者弁，实维伊何乎。尔酒既旨，尔殽既嘉，则岂伊异人乎，乃兄弟而匪他也。又言茑萝施于木上，以比兄弟亲戚缠绵依附之意。是以未见而忧，既见而喜也。”④

此外，《黍苗》在《都人士》之什，五章，章四句：“芃芃黍苗，阴雨膏之。悠悠南行，召伯劳之……肃肃谢功，召伯营之。烈烈征师，召伯成之。原隰既平，泉流既清。召伯有成，王心则宁。”朱熹曰：“宣王封申伯于谢，命召穆公往营城邑，故将徒役南行，而行者作此。言芃芃黍苗，则惟阴雨能膏之，悠悠南行，则惟召伯能劳之也。”“此宣王时诗，与《大雅·嵩高》相表里。”⑤孙作云也以为“这首诗与《大雅·嵩高》所言为一事，不过一个是统治阶级上层分子之词，一个是劳动人民的歌谣。”⑥

《大雅》之三《荡之什》有《嵩高》《常武》两篇均作于周宣王时期，亦为中原地区的诗歌。

《嵩高》八章，章八句。云：“嵩高维岳，骏极于天。维岳降神，生甫及申。惟申及甫，惟周之翰。四国于蕃，四方于宣。”第二章云：“亹亹申伯，王缵之事。于邑于谢，南国是式……”申伯是周宣王的舅舅，被封于谢（今河南南阳）。此诗首先颂申、甫（即“吕”）是周朝的栋梁和中坚，四方诸侯的屏障。然后写召伯虎为申伯营建城邑，宣王亲自为申伯饯行，赐予介圭，申伯来到谢邑就国，成为周王

① 朱熹：《诗集传》卷十四，上海古籍出版社，1958，第160页。
② 孙作云：《诗经与周代社会研究》，中华书局，1966，第378页。
③ 朱熹：《诗集传》卷十四，上海古籍出版社，1958，第160页。
④ 朱熹：《诗集传》卷十四，上海古籍出版社，1958，第161页。
⑤ 朱熹：《诗集传》卷十五，上海古籍出版社，1958，第170、171页。
⑥ 孙作云：《诗经与周代社会研究》，中华书局，1966，第377页。

朝的干城。《诗序》云:“尹吉甫美宣王也。天下复平,能建国亲诸侯,褒赏申伯焉。”①朱熹也说:“宣王之舅申伯出封于谢,而尹吉甫作诗以送之。”②这是尹吉甫写赠给申伯的诗。

《烝民》八章,章八句。《诗序》云:“尹吉甫美宣王也。任贤使能,周室中兴焉。”《疏》云:“传仲山甫樊侯。”《正义》曰:“言仲山甫是樊国之君,爵为侯,而字仲山甫也。”《周语》称樊仲山甫谏宣王,是仲山甫为樊国之君也。韦昭云:“食菜于樊。”僖二十五年《左传》说:“晋文公纳定襄王,王赐之樊邑,则樊东都之畿内也。”③樊邑在今河南济源西南,时仲山甫为宣王卿士,奉命城齐。此诗亦为尹吉甫所作,歌颂仲山甫之功德。

《国风》中的《豳风》与《桧风》

《国风》大多为春秋时期的作品,但亦有例外者,如《桧风》《豳风》即为西周时期的作品。

桧地在今河南新密一带。桧国两周之际为郑国所灭,故《桧风》只能是西周时期的作品。虽然前人亦有以为《桧风》与《郑风》同为郑国之诗,如同《邶风》《鄘风》《卫风》同为《卫风》那样。但笔者以为,《桧风》与《郑风》内容、风格均不相类,当为西周时的作品,而《郑风》则为春秋时期的作品。《桧风》现存《羊羔》《素冠》《隰有苌楚》和《匪风》四篇。

《羔裘》三章,章四句:“羔裘逍遥,狐裘以朝。岂不尔思,劳心忉忉。羔裘翱翔,狐裘在堂。岂不尔思,我心忧伤。羔裘如膏,日出有曜。岂不尔思,中心是悼。”朱熹云:“旧说桧国之君好洁其衣服,逍遥游宴,而不能自强于政治,故诗人忧之,而作是诗。”④

《素冠》三章,章三句:“庶见素冠兮,棘人栾栾兮,劳心慱慱兮。庶见素衣兮,我心伤悲兮,聊与子同归兮。庶见素韠兮,我心蕴结兮,聊与子如一兮。”关

① 《毛诗正义》,《十三经注疏》(上),中华书局影印阮刻本,1980,第565页。
② 朱熹:《诗集传》卷十八,上海古籍出版社,1958,第212页。
③ 《毛诗正义》,《十三经注疏》(上),中华书局影印阮刻本,1980,第568页。
④ 朱熹:《诗集传》卷七,上海古籍出版社,1958,第85页。

于此诗,《诗序》曰:"刺不能三年也。"①以为讥刺不能守丧三年,素冠、素衣、素韠都是三年服丧期间的丧服。或谓是赞美孝子的诗。方玉润则认为:"《素冠》伤桧君被执,愿与同归就戮也。"②

《隰有苌楚》三章,章四句:"隰有苌楚,猗傩其枝。夭之沃沃,乐子之无知。隰有苌楚,猗傩其华。夭之沃沃,乐子之无家。隰有苌楚,猗傩其实。夭之沃沃,乐子之无室。"朱熹以为桧国"政烦赋重,人不堪其苦,叹其不如草木之无知而无忧也"③。

《匪风》三章,章四句:"匪风发兮,匪车偈兮。顾瞻周道,中心怛兮。匪风飘兮,匪车嘌兮。顾瞻周道,中心吊兮。谁能亨鱼,溉之釜鬵。谁将西归,怀之好音。"首章四句意思是:平时出行遇到风起,车被疾驱,则心中伤悲。今天不是因为风起,不是因为车被疾驱,而是顾瞻周道而思王室之凌迟,而心中伤悲。朱熹以为"周室衰微,贤人忧叹而作此诗。"④

《豳风》顾名思义,应该是豳地(今陕西旬邑一带)的诗歌,但是其中的《东山》与《破斧》则是关于周公东征的诗歌。

《东山》四章,章十二句。其首章前八句云:"我徂东山,慆慆不归。我来自东,零雨其濛。我东曰归,我心西悲。制彼裳衣,毋士行枚。"朱熹说:"于是周公东征已三年矣,既归,因作诗以劳士。盖为之述其意而言曰:我之东征既久,而归途又有遇雨之劳,因追言其在东而言归之时,心亦西向而悲。于是制其平居之服,而以为自今可以毋为行阵衔枚之事矣。"⑤《诗序》云:"周公东征也。周公东征,三年而归。劳归士大夫美之,故作是诗也。"⑥

《破斧》三章,章六句:"既破我斧,又缺我锜。周公东征,四国是皇。哀我人斯,亦孔之将。既破我斧,又缺我锜。周公东征,四国是吪。哀我人斯,亦孔之嘉。既破我斧,又缺我銶。周公东征,四国是遒。哀我人斯,亦孔之休。"四国即管、蔡、商、奄。从诗文看,显然是关于周公东征的作品。《诗序》曰:"美周公也。

① 《毛诗正义》,《十三经注疏》(上),中华书局影印阮刻本,1980,第382页。
② 方玉瑞:《诗经原始》卷八,中华书局,1986,第294页。
③ 朱熹:《诗集传》卷七,上海古籍出版社,1958,第86页。
④ 朱熹:《诗集传》卷七,上海古籍出版社,1958,第86页。
⑤ 朱熹:《诗集传》卷八,上海古籍出版社,1958,第94页。
⑥ 《毛诗正义》,《十三经注疏》(上),中华书局影印阮刻本,1980,第395页。

周大夫以恶四国焉。”①朱熹也说：“从军之士以前篇周公劳己之勤，故言此以答其意。”②

以上，笔者依据诗句的内容与前人的研究成果，对《诗经》所载西周时期中原地区的诗歌进行了初步探讨。《诗经》问题复杂，笔者不敢自是，望读者不吝赐教，以匡不逮。

（原载《孙作云先生诞辰一百周年纪念文集》，河南大学出版社 2014 年 6 月版）

① 《毛诗正义》，《十三经注疏》（上），中华书局影印阮刻本，1980，第 398 页。

② 朱熹：《诗集传》卷八，上海古籍出版社，1958，第 96 页。

汉代河洛地区的经学

由孔丘、孟轲等人创立的儒家学说，在春秋战国时期的"百家争鸣"中成为显学，在经历了秦朝的短暂沉匿之后，到汉代成为唯一的正统学说。儒家典籍《诗》《书》《易》《礼》和《春秋》被称作"五经"，成为国家全部思想与政治生活必须遵循的指针，成为神圣而不可侵犯的法典。正如班固所言："六艺（五经加上《乐》）者，王教之典籍，先圣所以明天道，正人伦，致至治之成法也。"①汉代儒学以经学的形式存在和发展。自汉武帝"罢黜百家，独尊儒术"，置五经博士、设弟子员教授、以经术取士及劝以官禄后，天下士子趋之若鹜，儒家经学得到极大的发展，并对当时及以后的社会产生了重大的影响。河洛地区是西汉经学教育传播的重要地区，东汉时则成为全国经学研究和传播的中心。

早在春秋战国时期，兴于邹鲁洙泗的儒学就不断西渐。及西汉定都长安（今陕西西安），在那里聚集了一批儒生，长安成为当时儒学研究传播的中心。河洛地区位于儒学的发源地——齐鲁地区和新兴的经学中心——关中地区之间，儒学得到了迅速发展。西汉河洛地区的儒学研究和传授已蔚成风气，不仅有许多士人学习、钻研经学，而且还有不少人以一经名家。

先言《礼》学：瑕丘（今河南濮阳东南）人萧奋以明《礼》至淮阳太守，传其学于孟卿，孟卿再传于后苍。后苍著《后氏曲台记》，传授于梁国（治今河南商丘）人戴德（大戴）、戴圣（小戴）。戴德为信都太傅，其弟子徐良为博士，家世传业；戴圣曾以博士身份论议于长安石渠阁，授学于梁国人桥仁、杨荣。桥仁为大鸿胪，家世传《礼》，杨荣以学至琅邪太守。于是大戴《礼》学有徐氏学，小戴《礼》学有桥、杨氏学。

再说《易》学：汉初，洛阳人周王孙与梁国人丁宽向杜陵（今陕西长安县东

① 《汉书》卷八十八《儒林传序》，中华书局，1962，第3589页。

北）人田何学《易》。周王孙研习古义，著《周氏传》。丁宽读《易》精敏，学成后东归洛阳，又从周王孙学，作《易说》三万言，授同郡人田王孙，田王孙再授施雠、孟喜与梁丘贺。由是《易》有施、孟、梁丘之学。可见周王孙、丁宽和田王孙三人在《易》学传承方面贡献卓著。此外，又有东郡（治今河南濮阳）人京房，从梁国人焦延寿学《易》有成，其学人称《京氏易》，传授河南（今洛阳）人乘弘。西汉时《大戴礼》《小戴礼》与《京氏易》都立于学官，设置博士教授弟子。

在《尚书》学方面，颍川（治今河南禹州）人晁错曾从伏生学习。梁国人陈翕生一家世传《欧阳尚书》，形成了“欧阳陈氏学”；陈留（治今河南开封东）人假仓研习小夏侯《尚书》，曾以谒者的身份参加长安石渠阁会议，于是形成“小夏侯贾氏学”。东郡人赵玄师从宽中学《尚书》，洛阳人贾嘉也以能言《尚书》著称。

在《诗》学方面：陈留人许晏师从张游卿学习《鲁诗》，形成了张家许氏学；颍川（治今河南禹州）人满昌随匡衡研习《齐诗》，转授门生，徒众尤盛；河内（治今河南武陟西南）人赵子师事韩婴学习《韩诗》，转授同郡人丞相蔡谊，蔡谊再授同郡人食子公和王吉，王吉为博士，于是《韩诗》有王、食之学。

在《春秋》学方面：河内温县（今属河南）人吕布舒师从胡毋生，淮阳（治今河南淮阳）人泠丰师从颜安乐，颍川人堂溪惠师从贡禹，学习《公羊春秋》，颍川人孙宝亦习之。汝南（治今河南上蔡）人翟方进从尹更始习《穀梁春秋》，官至丞相；梁国人周庆、丁姓二人师从荣广习《穀梁春秋》，皆为博士，待诏保宫。洛阳人贾谊研修《春秋左氏传》，为之作训诂，授赵人贯公；尹更始传《左氏》于子尹咸及翟方进、胡常，刘歆又从尹咸及翟方进学，胡常授黎阳（今河南浚县）人贾护。因此汉代言《左氏》者，本之贾护、刘歆。由此可见贾谊、翟方进、贾护等人在《左氏春秋》学传授方面的贡献。

总之，西汉经学在河洛地区迅速传播，研习教授者甚众，出现了以《礼》学名家的戴德、戴圣及大、小戴礼学，以《易》学名家的京房及京氏易学。它如周王孙、丁宽之《易》学，陈翁生、假仓之《尚书》学，许晏之《诗》学，食子公、王吉之《韩诗》学，贾护之《左氏春秋》学，在全国都有较大的影响。

东汉时期建都洛阳。光武帝刘秀“爱好经术，未及下车，而先访儒雅，采求阙文，补缀漏逸”。上之所好，下必甚焉。四方学士“莫不抱负坟策，云会京师，范升、陈元、郑兴、杜林、卫宏、刘昆、桓荣之徒，继踵而集。于是立五经博士，各以家法教授”，凡十四博士，由太常总领之。明帝亲自正坐讲经，诸儒执经问难于前。章帝建初年间，亲自“大会诸儒于白虎观，考详（五经）同异；连服罢”①，最后形成《白虎通义》。东汉皇帝对经学的提倡，导致经学兴盛，“学者偎杂”，洛阳成为经学教育研究的中心。地处京畿的河洛地区经学最为兴盛，治经者比西汉时更多。东汉时河洛地区除了专攻一经的学者外，还出现了博通诸经的通儒，如河南开封（今河南开封市南）人郑兴，少学《公羊春秋》，又明习《左传》《周官》。其子郑众少从父学《左氏春秋》，著有《春秋难记条例》《春秋删》，又兼通《易》《诗》，为当时最著名的经学家。郑兴父子打破了古文经和今文经的藩篱。还有不少兼通五经者。如汝南召陵（今河南偃城）人许慎撰《五经异义》传世，有“五经无双”之盛名。汝南南顿（今河南项城西南）人蔡玄，学通五经，门徒常千人，著录多达万六千人，曾在殿中讲论五经异同，甚合顺帝意。

东汉时期的经学教育也更为普及。都城洛阳所在的河洛地区形成了比较完备的教育系统。在洛阳宫廷中有太子诸王及小侯学，乡聚有庠序，郡县有学校，洛阳有全国最高学府——太学。太学创立于西汉时，但博士弟子人数较少。东汉时期扩建校舍，增加弟子员，最多时达三万人。各派学者为了一己之利，不惜私改经书文字。熹平年间，朝廷下令正定五经文字，由陈留圉县（今河南杞县南）人蔡邕书丹，刻石立于洛阳太学门前，作为经书的定本，人称“熹平石经”或“一体石经”。

东汉后期，不仅一位经学家兼通数经，而且今文和古文两家的藩篱也被打破。郑玄兼通今古文，遍注群经，融今古文为一体，成为经学的集大成者。经今古文学统一后，经今古文斗争随之止息，谶纬神学也宣告结束。东汉末年，经学本身已发展到顶点。除了党锢之祸对经学的摧残外，汉末郑学亦大兴，“经学至郑君一变”，遂“使两汉家法亡不可考”②。

总之，西汉时期河洛地区经学迅速传播，不少学者专攻一经，其佼佼者能以一家之学擅名海内，为经学的发展做出贡献。东汉时期河洛地区成为全国经学教育和研讨的中心。由此可见，汉代河洛地区经学在中国经学发展史上占有重要地位。

（原载《光明日报》2004年9月28日《理论周刊·历史》）

---

① 《后汉书》卷七十九上《儒林传上》，中华书局，1965，第2546页。

② 皮锡瑞：《经学历史》五《经学中衰时代》，中华书局，1963，第149页。

魏晋北朝河南地区佛教的传播和兴盛

河南是佛教在中国最早传播的地区之一。佛教在东汉明帝时开始传入洛阳,汉末曹魏时期在河南地区初步传播,西晋十六国时期迅速传播和兴盛,至北魏臻于极盛。河南地区佛教的传播和兴盛的历史是中国佛教史的一个重要组成部分。本文拟简略考述魏晋北朝佛教在河南地区传播和兴盛的状况,并分析其传播和兴盛的社会原因,以就教于读者。

汉末曹魏时期佛教的初步传播

自西汉张骞通西域后,佛教东渐。东汉永平年间,汉明帝派遣中郎将蔡愔、博士王遵赴西域迎求佛教,携佛像、佛经回到洛阳,天竺(今印度)僧人摄摩腾和竺法兰也随同蔡愔等来到洛阳。明帝在洛阳城西雍门外建立精舍,让摄摩腾和竺法兰居住,名曰白马寺,摄摩腾、竺法兰在此译出《四十二章经》,佛教开始进入河南地区。

《洛阳伽蓝记》言:“明帝崩,起祇垣于陵上。自此以后,百姓冢上,或作佛屠焉。”但是明帝以后诸帝,没有好佛者。至东汉后期,桓帝始加尊信,铸造黄金佛像,在北宫立黄老佛屠之祠,延熹八年,亲祀佛。于是“百姓稍有奉者,后遂转盛”①。

桓灵之世,西域来洛阳的僧人渐多,知名者有支谶、安清(字世高)、安玄、竺佛朔、支暇、康巨等。临淮(郡治徐县,今江苏泗洪南)人严浮调在洛阳削发为僧,这是最早出家的汉人。洛阳人孟福(字元士)、南阳人张莲(字少安)以及孙

① 《后汉书》卷八十八《西域传》,中华书局,1965,第 2922 页。

和、周立等都以奉佛著称。严浮调著有《沙弥十慧章句》，这是汉人最早的佛教撰述。

佛经本以巴利文（或梵文）写成，要在汉人中传播，首先要译成汉文。洛阳是东汉时期中原的唯一译经地区。桓灵之世，洛阳兴起译经之风。据汤用彤先生考证，安世高在桓帝建和二年（148 年）至灵帝建宁年间的二十多年中，译经 39 部，数百万言（一说百余万言），支谶亦译出《般若》《道行品》《首楞严》等近十部经典。安玄与严浮调合译了《法镜经》，竺佛朔译出《般若三昧》，康巨译出《问地域事经》。献帝时康孟祥译出《中本起经》。此外，竺大力、昙果也曾在洛阳译经。东汉末洛阳所译佛经已有数十部之多。

汉末一些名僧已开始在洛阳讲经论道。史称安世高宣化，听者云集。安玄"常以法事为己务。渐练汉言，志宣经典，常与沙门讲道论艺"①。他们除诵讲外，还撰文宣扬佛理。

曹魏时期的洛阳，仍是北方的佛教重镇。据《魏书·释老志》记载，魏明帝曹睿曾大起浮屠。魏世在洛阳的西域人也很多，有些已在洛阳定居，被视为当地人。如支谦，字恭明，其父为月氏人，灵帝时来洛阳。支谦在洛阳出生，后来随支谶的弟子支亮学法，道安《了本生死经序》称他为"河南支恭明"。康居人僧会，也曾在洛阳向安世高的弟子南阳韩林、颍川（治今许昌东）皮业和会稽（治今浙江绍兴）陈慧求教。魏世洛阳译经之风不辍。中印度人昙柯迦罗嘉平二年（250 年）于洛阳白马寺译出《僧祇戒心》，集梵僧立羯摩受戒，东夏戒律自此始。昙无谛，安息人，正元元年（254 年）在白马寺译《昙无德羯摩》。帛延于甘露年间译出六部经，安法贤或为安息人，魏世亦曾在洛阳译经。

曹魏时期佛教开始在洛阳以东、淮河以北地区传播。洛阳的僧徒中出现了一些颍川、南阳人。许昌已经建立佛寺，仓垣（今开封市东北）也建立了水南、水北二寺。

魏世颍川（治今许昌东）人朱士行曾赴西域求法："士行尝于洛阳讲《小品》，往往不通。每叹此经大乘之要，而译理不尽，誓志捐身，远求《大品》。遂以魏甘露五年，发迹雍州，西度流沙。既至于阗，果写得正品梵书，胡本九十章，六

---

① 僧祐：《出三藏记集》第十三《安玄传》，中华书局，1995，第 511 页。

十万余言。”①

汉末洛阳的佛教有两个系统：一是安世高的禅学，偏于小乘，其要典为《安般守意经》《阴持入经》，安玄的《法镜经》及康氏的《六度集经》等。安门弟子有临淮严浮调、南阳韩林、颍川皮业和会稽陈慧等，康僧会曾从此三人受学；二为支谶的般若学，乃大乘学，其要典为《道行经》《首楞严经》以及支谦译的《维摩》《明度》等。支谶的弟子为支亮，再传弟子为支谦。曹魏时期康僧会与支谦南渡，到达建邺（今江苏南京），小乘和大乘学均传入江南。

总之，佛教在东汉永平年间传入洛阳，但在桓帝以前，人们仅将佛道并祀以求福。桓灵之世，西域僧人来洛阳者渐众，洛阳译经之风始兴，一些僧人开始讲经论道，宣扬佛理。曹魏时期洛阳译经之风不衰，佛教开始在洛阳以东、淮河以北地区传播，颍川僧人朱士行曾赴西域求法。汉末曹魏时期佛教在河南地区的初步传播，为以后这个地区佛教的兴盛奠定了基础。

西晋十六国时期佛教的兴盛

西晋仍都洛阳，佛教承曹魏之余绪，方兴未艾。洛阳的寺庙图像居全国之首。据《洛阳伽蓝记》记载，晋泰始元年（265 年），竺法护到洛阳，建法云寺，有西域携来之舍利、佛牙、经、像。次年，晋侍中荀勖在洛阳造佛菩萨金像 12 躯。西晋洛阳的佛寺已发展到 42 所，其名称可考者，有白马寺、东牛寺、菩萨寺、石塔寺、怀太子浮屠、满水寺、磐鵄山寺、大市寺、法始立寺、竹林寺等。

当时寓居洛阳的西域人很多，有的还进入太学读书（据“晋辟雍碑”）。在洛阳和河南地区的西域名僧，除竺法护外，还有诃罗竭，太康九年（288 年）至洛阳，为民治疾疫。惠帝元康年间，西入止类至山石室中坐禅；犍陀罗，住洛阳积年，后来主持修磐鵄山寺，为寺主；竺叔兰，父世避乱，迁居于河南；安慧则，止洛阳大市寺；天竺人耆域，惠帝末年来到洛阳。月氏人支孝龙，世居淮阳；康慧持，以神异通灵著称；竺法行，号称高足僧，都曾在洛阳弘教。

洛阳译经讲道之风经久不衰。据《出三藏记集》记载，晋武帝太康十年（289

① 僧祐：《出三藏记集》第十三《朱士行传》，中华书局，1995，第 515 页。

年）四月八日，竺法护于洛阳译《文殊师利净律经》，聂道真笔受，劝助刘元谋、傅公信、侯彦长等。十二月二日，又在白马寺译《魔道经》，笔受者聂道真，写者折元显。永熙元年（290 年）八月二十八日，比丘康明律于洛阳写《正法华品》毕，时与清戒界节优婆塞张秀博、黄景玄、刘长武、刘长文等，手执经本，至白马寺与法护口校古训，讲出深义。以九月本斋十四日于东牛寺中施檀大会，讲诵此经，竟日尽夜，无不咸欢，重已校定。元康元年（291 年）四月九日，竺法护手执胡本译《勇伏定经》，聂承远笔受。七月七日执胡本译《如来大哀经》，授承远、道真，八月二十三日讫，竺法护亲自覆校。另外，比丘无叉罗手执胡本，竺叔兰译为晋文，称为《放光般若经》。太安二年（303 年），支孝龙就竺叔兰一时写五部，校写定本。安慧则亦手写《大品》一部。安法钦、安法立、安法矩等也在洛阳译经。

仓垣（今河南开封东北）是除洛阳之外河南地区的一个佛教重镇。魏世朱士行赴西域求法，至晋太康三年（282 年）始遣弟子弗如檀（号法饶）送经胡本至洛阳。弗如檀在洛阳住三年，东至许昌，二年后到达仓垣水南寺。“元康元年五月十五日，众贤者共集议，晋书正写。时执胡本者，于阗沙门无罗叉，优婆塞竺叔兰口传，祝太玄、周立明共笔受。正书九十章，凡二十万七千六百二十一言。时仓垣诸贤者等，大小皆劝助供养，至其年十二月二十四日写都讫。”“太安二年十一月十五日，沙门竺法寂来至仓垣水北寺求经本。写时检取现品五部并胡本，与竺叔兰更共考校书写，永安元年四月二日讫。”①可见，仓垣也是西晋译经的地点之一。

两晋之际嵩山开始成为佛教圣地，浮屠窟已在嵩山居住，关中人竺法慧曾前往师事之。

河南地区在西晋时涌现了一批汉族名僧。如中州人刘元真，竺法深曾拜之为师。支遁（字道林），本姓关氏，陈留（今开封东）人，一说林虑（今林州）人，南渡江左。帛法祖，本姓万氏，河内（今沁阳）人，西入关中。他们为佛教的传播做出了贡献。

西晋名士染放达之习，嗜谈玄理。一些高僧钻研佛理，亦形成讲论佛教玄学之风，于是世俗玄学与佛教玄学相得益彰。高僧与名士交结，如竺叔兰性嗜酒，饮至六斗方畅。一旦卧于道旁，被拘送河南狱。名士河南尹乐广与之谈笑

---

① 僧祐：《出三藏记集》卷七《放光经记》第三，中华书局，1995，第 265 页。

酬对。支孝龙亦与名士庾凯、阮瞻过从甚密。

十六国时期后赵主石勒、石虎奉佛甚笃。晋怀帝永嘉四年(310 年),龟兹高僧佛图澄来到洛阳,欲在洛阳立寺弘法,因战乱而未果。石勒率军寇略,自河内至洛阳,又南下南阳,直至襄阳。然后回师北上,屯驻葛陂(今新蔡县北)。石勒嗜凶杀,所过之处,民无遗类,不少僧人殉难。佛图澄悯念苍生无辜,欲以佛道劝化石勒。于是仗策诣军门,因大将军郭黑略见石勒,石勒礼敬如神。及石虎即位,尤倾心事澄。石虎诏书言:“和上国之大宝……宜衣以绫绵,乘以雕舆。朝会之日,和上升殿,常侍以下,悉助举舆,太子诸公,扶翼而上。主者唱大和上至,众坐皆起,以彰其尊。”又勅司空李农旦夕存问,太子诸公五日一朝。佛图澄在后赵处国师地位。

后赵统治者奉佛务为豪奢。石虎性好佞佛,建武四年(321 年)曾造金铜佛像。尝作檀车,作金佛像乘车,于四月八日佛诞灌佛会,在邺城(今河北临漳)举行盛大庆典。尚书张良、张离等富家,事佛各起高塔。

石虎时后赵方强盛,南北无战争,又修复洛阳宫殿,释慧远等僧人曾游学洛阳、许昌,敦煌人单道开亦于太宁元年(376 年)自邺城南渡许昌。

石虎推行允许百姓信佛、汉人出家的佛教政策。他公开宣布“其夷赵百蛮,有舍其淫祀、乐事佛者,悉听为道”①。佛图澄专事化度,弟子至数千人。《高僧传》称佛图澄以道术欣动二石,慈沉苍生,拯探危苦,其弘法之盛,莫之与先。不仅化被河北、中州,而且名扬边远。佛调须菩提等数十名僧,远自天竺、康居至邺受学。佛图澄中土弟子,知名者有法首、法作、法常、法佐、僧会、道进、道安、法雅、法汰、法和、僧朗等。

佛图澄之高足道安,避冉闵之乱,居济源王屋山,后为前燕所逼,南渡黄河,居陆浑(今嵩县),山栖木食修学,后又迁新野,分遣徒众,到各地传教。

前秦灭亡后,中原一度平安。佛图澄的另一弟子荥阳人法和与罽宾沙门僧伽提婆召集门徒,俱游洛阳。四五年间,研讲遂精。僧伽提婆渐晓汉语,乃知前译经之失。法和追恨前失,即从僧伽提婆重译《阿毗昙》及《广说》。自此以后,诸经律渐皆译正。

后秦主姚兴也信奉佛教。后秦弘始三年(401 年),龟兹高僧鸠摩罗什至长

---

① 慧皎:《高僧传》卷九《神异上》,中华书局,1992,第 49 页。

安(今陕西西安),长安佛教兴盛。荥阳人法和、林虑(今林州)人道融、豫州(治今洛阳东)人慧平、河内(今沁阳)人僧业都从之受学。鸠摩罗什之学对河南地区佛教亦有影响。

总之,河南地区的佛教经西晋的迅速传播,在十六国时期由于石虎的大量提倡和佛图澄的弘法而兴盛起来。这个时期续译和重译了一些佛经,一些高僧致力于佛理的研讨和讲道。民多奉佛,皆营造寺庙佛像,竞相出家。

北朝佛教的极盛

北魏统治者对佛教的笃信与后赵统治者相比是有过之而无不及的。文成帝刚即位,即诏令诸州郡建佛图,有好佛者听为沙门。次年,用赤铜五万斤在五台山铸释迦像五尊。后又在平城(今山西大同)开凿云冈石窟。献文帝应昙曜之请,诏令设僧祇户、僧祇粟及佛图户。又在平城建永宁寺,构七级佛图,高三十余丈,用赤铜十万斤、黄金六百斤,在天宫寺建释迦立像。太和初,平城佛寺已有百余所,僧民二千多人。孝文帝凡七次下诏兴隆佛法。迁都洛阳后,洛阳又成为北方佛教的中心。

孝文帝、宣武帝、胡太后均笃信佛教,孝文冯皇后、宣武高皇后、孝明胡皇后都出家为尼,不仅王公百官奉佛,而且文人学士如崔光、王肃、王栩、孟仲晖、冯亮、裴集、徐讫都奉依佛教。其奉佛的主要举动就是建功德、种福田,于是掀起了一股盛况空前的立寺造像之风。

孝文帝在洛阳建报德寺。宣武帝在恒农(治今灵宝)荆山造珉玉丈六佛像,永平三年(510年)冬移置报德寺中,躬致礼敬,又建立瑶光、景明和永明寺。孝明帝熙平年间,胡太后减食禄官十分之一,以其费用在洛阳城内建永宁寺及佛图,可谓"殚土木之工,穷造型之巧"。波斯僧人菩提达摩前往游观,见金盘炫日,光照云表,宝铎含风,响出天外,不禁歌咏赞叹,称是鬼斧神工。北魏初迁都洛阳,即在伊阙凿古阳洞。不久,比丘僧慧成在古阳洞造石佛一尊。景明元年(500年),宣武帝在此营造灵岩寺,历时24年,花工80多万人,始完成宾阳中洞。从北魏至唐,陆续开凿,这就是中外驰名的龙门石窟。

不仅皇帝、皇后建寺,北魏臣工自诸王以下,以至于阉宦、羽林、虎贲,多舍宅为寺。神龟元年(518 年),洛阳寺舍已达五百所,夺民居三分之一。经河阴之变,诸元歼尽,王侯第宅,多题为寺。正光年间,洛阳佛寺激增至 1367 所。《洛阳伽蓝记》写洛阳佛寺之盛况曰:“昭提栉比,宝塔骈罗,争写天上之姿,竞模山中之影。金刹与灵台比高,广殿同阿房等壮。”

神龟元年(518 年)十一月,胡太后建洛阳崇立寺。比丘惠生与敦煌人宋云前往西域取经。他们越葱岭,入天竺,至乌场国。正光元年(520 年)始还,取得大乘佛经 170 部。

魏宣武帝时沙门自西域来洛阳者有三千余人,洛阳译经之盛况空前。菩提流支为译经巨匠,胡太后使居永宁寺,四时将给七百梵僧,永宁寺译场之壮丽世所未有。当时在洛阳译经的名僧除菩提流支外,还有昙摩流支、法场、勒那摩提、佛陀扇多、昙般流支等。

北魏洛阳所译之经多为法相唯识之学。其要典为菩提流支所译之《深密解脱经》《入楞伽经》《金刚经论》《法华经论》《无量寿经论》,佛陀扇多所译之《摄大乘论》,般若流支所译之《唯识论》《顺中论》,勒那摩提所译之《法华经论》等。而最重要者,莫过于永平元年(508)所译之《十地经论》。该经《崔光序》记载当时译经的盛况言:菩提流支、勒那摩提、佛陀扇多等义学绪儒一千多人,在太极紫庭译此经。初译时,宣武帝亲御于殿上,一日自笔受,后方付沙门僧辨写讫。为了观二者异同,令菩提流支在紫极殿,勒那摩提在太极殿,各自译经,设有禁卫,不许通言。《十地经论》经四年始译竣,以后学者纷起,以道宠、慧光成就最高。《十地经论》为地论派的主要经典。

除禅学外,华严学亦在洛阳流行。宣武帝时洛阳净土寺有海玉法师,构华严众,志行此典,请灵于宣讲。五台山沙门灵辨,于熙平元年(516 年)撰《华严疏》,胡太后时入洛阳,住融觉寺,神龟二年(519 年)完成。

北魏洛阳佛事之盛况空前。宣武帝深达佛理,于武乾殿为诸僧及群臣讲《维摩诘经》。每年四月七日,京师洛阳佛像一千余躯,尽集景明寺。八日依次入宣阳门,向阊阖宫前,受皇帝散花。“于时金花映日,宝盖浮云,旛幢若林,香烟似雾。梵乐法音,聒动天地。百戏腾骧,所在骈比。名僧德众,负锡为群;信徒法侣,持花成薮。车骑填咽,繁衍相倾。”①连西域沙门见此情景,都赞叹不

① 范祥雍校注:《洛阳伽蓝记校注》卷三,上海古籍出版社,1978,第 133 页。

已，称为佛国！

嵩山也是北魏时期的佛教圣地。早在太武帝时，长安寒山僧周就在嵩山头陀坐禅。孝文帝太和八年（484年），生禅师在此建造伽蓝，树立塔殿，名曰嵩阳寺。于是“硕学名贤，踵武相望，皮礼禅寂，六时靡辍”（见《嵩山寺碑》）。据《太平寰宇记》与《高僧传》记载，“太和十九年，孝文帝在少室为佛陀禅师立少林寺，公给衣食”。于是“四海息心之侍，闻风响会者，众恒数百”。宣武帝又在此建闲居寺。其后菩提达摩游嵩洛，诲以禅教，以四卷《楞伽经》授学者，嵩山始以禅法驰名遐迩。嵩山的佛寺，除上述者外，尚有栖禅寺、道场寺、中顶寺等。

巩县希玄寺，原由卧龙、普净、莲花三寺组成。孝文帝经此地，拨给银两，扩大建筑，增收僧徒。宣武帝曾率文武官员、王公后妃来此寺礼佛，令挑选能工巧匠，在此凿山为窟，刻石成佛，这就是巩县石窟。

及北魏分裂，东魏迁都邺城（今河北临漳西南），洛阳尚存佛寺420所。一些名僧前往邺城，于是东魏北齐时邺城与河内佛教再度兴盛。天平年间，达摩弟子虎牢（今荥阳汜水）人慧可前往邺城，传播禅法。名目禅师僧稠曾在少林寺谒佛陀，后来在嵩山、怀州（治沁阳）、邺城等地弘广禅教。朝歌（今淇县）人法上，出家后隐居林虑山，诵《法华》《维摩》经，曾入洛阳讲《法华》。年届四十，游化怀、魏（治邺城），后入邺城。慧光在洛阳依佛陀禅师受《三归》，后入邺城。僧实太和末至洛阳，勒那提摩授以禅法，后为北周名师。东阿慧静少游伊洛，晚历徐、兖。总之，东魏北齐时大批僧徒流向河内和邺城，也有西入关中，东下徐、兖的。

东魏北齐的统治者大多崇信佛教。如北齐文帝从沙门僧稠受菩萨戒，大兴三宝。北齐尊者惠文独步河南，发《中论》三谛之理，是天台智者之法祖。慧思曾从之学习禅定，天保年间往光州（今光山），在大苏山结庵，徒众如云。

东魏北齐时在河内地区建立了一些佛寺，开凿了不少石窟。如东魏道凭法师于武定四年（546年）在安阳小南海创宝山寺，北齐时建佛塔和大留圣窟。天保五年（554年）高洋为僧达在林虑黄华岭下立洪峪寺，亦在此刻石造像。浚县大伾山石佛也可能造于东魏北齐时。

总之，北朝河南地区的寺院、僧众的数量，石窟的开凿，译经和佛事的盛况都是前所未有的，佛教各宗派也开始酝酿。北朝是河南地区佛教的极盛时期。

河南地区佛教兴盛的原因

东汉至北朝佛教在河南地区的迅速传播和兴盛并非偶然，它是有诸多原因的。

首先，中国佛教主要由陆路传入，即从印度沿“丝绸之路”，越葱岭，分南北二路，经河西，到关中、关东地区。从地理位置上讲，洛阳位于关中至山东地区的咽喉要地，河南地区又居“天下之中”，佛学东渐，河南乃是必经之地。

其次，从政治方面言，洛阳为东汉、曹魏、西晋、北魏的都城，是当时全国（或北方）的政治中心，也是文化中心，河南为京畿地区。后赵、东魏、北齐的都城邺也位于河南、河北的交界处。正如释道安所言：“今遭凶年，不依国主，则法事难立。”①即使在太平年景，佛教的传播和兴盛也需要统治者的提倡和支持，因此都城所在地必然成为佛教活动的中心。同时，东汉明帝、桓帝，曹魏明帝，后赵石勒、石虎，元魏孝文帝、宣武帝、胡太后等统治者均信奉佛教，而且时代愈后，信奉愈笃，提倡愈力。统治者之所以狂热地信奉和倡导，当时佛教的传播是对统治阶级有利的。

佛教是先在西北少数民族地区流行，后传入汉族地区的。这一时期战乱频仍，出现了民族的大流动，西方和北方少数民族进入中原地区。少数民族统治者入主中原，认为飨祀“应从本俗。佛是戎神，正所应奉”②，信奉更加笃诚，提倡更为尽力。

再次，从经济方面言，佛寺的经济来源主要靠朝廷官府的赐予和富人的施舍。“近水楼台先得月”，京城及其附近的佛寺最易得到赐予和施舍。北魏时有僧祇户、寺户和僧祇粟，形成了寺院经济，既为僧徒既可游手而得衣食，又可迁名三宝，经营私利。而且一旦为僧徒，即可逃避租税力役，故天下愈乱出家者愈众。“正光已后，天下多虞，王役尤甚，于是所在编民，相与入道”③，就是适例。

---

① 慧皎：《高僧传》卷五《义解二》，中华书局，1992，第 178 页。

② 《石虎诏书》，见《晋书》卷九十五《艺术》，中华书局，1974，第 2488 页。

③ 《魏书》卷一百一十四《释老志》，中华书局，1974，第 3048 页。

京城附近的民户最易被官府役使,这也是他们多皈依佛门的经济原因。

最后,就思想文化方面言,佛教教义中的生死轮回、因果报应以及施与功德等对一般民众而言比较至切。河南地区这一时期屡遭兵燹,人民苦难深重。"宗教的苦难既是现实苦难的表现,又是对这种现实苦难的抗议。"①人们在苦难中,常幸生畏死,伤离乱而望太平,产生对死后幸福生活的憧憬。对统治者而言,也觉得乱世祸福全无定轨,希望做些功德弭灾象福。于是轮回报应、积功修德成为人们的思想慰藉。人民的苦难是佛教生长的沃土。

汉代佛教初传入,道教亦刚萌芽,二者相得益彰。东汉末洛阳、南阳、颍川、汝南等地是太平道流行的地区,人民既已信奉道教,就容易接受佛教教义。魏晋时期佛教玄学又与世俗玄学结合,而洛阳及河南地区名士萃集,是玄谈之风的发源地,佛教思想亦易于传播。

由于上述原因,洛阳长期是中国佛教的中心或重镇,河南地区是除新疆、河西外佛教最早传播和兴盛的地区。佛教的传播和兴盛给当时的人民带来了不少灾难,人民受着僧侣地主的剥削和压迫,统治者奉佛极为奢侈,滥用民财民力,加重了人民的痛苦。但是人民群众创造了具有民族特色的佛教文化艺术,成为中国宝贵的历史文化遗产。河南地区的佛教对江南、关中、徐兖、幽冀等地的佛教均有很大的影响。

(原载《许昌师专学报》1986年第3期)

① 马克思:《黑格尔法哲学批判·导言》,见《马克思恩格斯全集》第一卷,人民出版社,1985,第453页。

从二程洛学到朱熹闽学

关于宋代学术，史称："至宋中叶，周敦颐出于舂陵，乃得圣贤不传之学，作《太极图说》《通书》，推明阴阳五行之理，命于天而性于人者，瞭若指掌。张载作《西铭》，又极言理一分殊之旨，然后道之大原出于天者，灼然而无疑焉。仁宗明道初年，程颢及弟颐实生，及长，受业周氏，已乃扩大其所闻，表章《大学》《中庸》二篇，与《语》《孟》并行，于是上自帝王传心之奥，下至初学入德之门，融会贯通，无复余蕴。迄宋南渡，新安朱熹得程氏正传，其学加亲切焉。大抵以格物致知为先，明善诚身为要，凡《诗》、《书》、六艺之文，与夫孔、孟之遗言，颠错于秦火，支离于汉儒，幽沉于魏、晋、六朝者，至是皆焕然而大明，秩然而各得其所。"①

北宋时期学派林立，有所谓洛学、新学、蜀学和关学等。洛学发祥于河南洛阳。程颢、程颐兄弟长期在西京洛阳一带从事教育活动，兴办书院，聚徒讲学，形成了自己的学术派别。人们称之为洛学，其理论形态是理学，又称道学。

及至北宋末南宋初，二程弟子在不同地区讲学，洛学得以在外地传播，形成了一些新的地域学派。如吕大临、吕大忠、吕大均在陕西传播二程洛学和张载关学；谯定、谢湜、马涓在四川传播二程洛学，是谓涪陵学派；谢良佐、胡安国、胡宏、张栻在湖北、湖南传播二程洛学，是谓湖湘学派；杨时、游酢、罗从彦在福建传播二程洛学，是谓闽学派；周行己、许景衡、刘安节、鲍敬亭、袁溉在浙江传播二程洛学，成为崇尚事功的永嘉学派；王苹在江苏传播二程洛学，是谓吴学派，此学派与江西陆学有学术渊源关系。总之，这些学派由于受程颢和程颐思想学说差异的影响，而逐渐形成了程朱理学、陆王心学、事功之学三大学术体系。而其中影响最大的应首推由二程奠基、朱熹集大成的理学。

---

① 《宋史》卷四百二十七《道学一》，中华书局，1977，第12710页。

二程兄弟的弟子南剑州将乐(今属福建)人杨时、南剑州沙县(今属福建)人罗从彦与南剑州剑浦(今福建南平)人李侗,被后人称作“南剑三先生”,是洛学与闽学之间的重要中介人物。“他们递相传授,致力于二程洛学的传播和阐发,为闽学及其思想体系的形成和成熟做了必要的准备。”①朱熹是李侗的弟子,祖籍徽州婺源(今属江西)。但他生于闽,学于闽,学术活动也主要在闽地。正如清人蒋垣所言:“盖朱子生于闽之尤溪(今属福建),受学于李延平及崇安(今属福建)胡籍溪、刘屏山、白冰水数先生。学以成功,故特称闽。盖不忘道统所自。”②因而其学术流派称为闽学。朱熹发扬光大二程洛学,是理学的集大成者。本文主要从学术文化的传承和发展角度,探讨二程洛学与朱熹闽学的关系。

二程创立洛学——理学的奠基

程颢字伯淳,后人称明道先生,程颐字正叔,后人称伊川先生,北宋时期河南洛阳人。二程兄弟少时,从学于理学先驱者周敦颐。及长,除在外地做官以外,多在家乡长期从事教育活动,兴办书院,授课讲学,影响不断扩大。洛学发祥于河南洛阳,因其奠基人二程兄弟长期在此居住、著述和讲学而得名。二程以继承孔孟道统自居,阐发“六经”,致力于《易》,又尊崇《孟子》与《礼记》中的《大学》《中庸》,使之与《论语》并列。他们以“理”为核心和最高范畴,形成了一个有机的思想理论体系。

理、气问题,是宋代哲学的中心议题。围绕这一问题,二程建立了他们理一元论的本体论哲学。“理”作为哲学范畴,虽非由二程首创,但把“理”或“天理”作为世界万物的最高本原和封建伦理纲常的化身,应该说是从二程开始。程颢说:“吾学虽由所受,天理二字却是自家体贴出来。”③程颐则说:“凡眼前无非是物,物物皆有理。如火之所以热,水之所以寒,至于君臣父子间皆是理。”④他们

① 刘树勋主编:《闽学源流》,福建教育出版社,1993,第89页。

② 蒋垣:《八闽理学源流》卷一。

③ 《二程集》,《河南程氏外书》卷十二《传闻杂记》,中华书局,1981,第424页。

④ 《二程集》,《河南程氏遗书》卷十九《伊川先生语五》,中华书局,1981,第247页。

认为，“天理云者，这一个道理，更有甚穷已？不为尧存，不为桀亡。人得之者，故大行不加，穷居不损”①。“理”既存在于自然界，也存在于人类社会，是世界万事万物的普遍规律和准则。二程认为“万物皆只是一个天理”，他们说：“理则天下只是一个理，故推至四海而准，须是质诸天地，考诸三王不易之理。”②二程所说的“天理”，就是世界万事万物的最高存在，是天地万物的最高主宰，万事万物由它而生，由它而灭，天理是永恒的最高精神实体。程颐对于“气”及“气”与“理”的关系也做了一些论述。他认为气是有形的，气之形来自理。他说：“有理则有气，有气则有数。行鬼神者，数也。数，气之用也。”③程颐又把气分为“真元之气”和“阴阳之气”，以“真元之气”为气的根源。二程所谓的“理”或“天理”，又是“道”。理与气的关系也就是道与气（器）的关系。

致知格物和主敬的认识论也是二程哲学体系的重要组成部分。二程对于认识的对象、主体、途径和方法、过程以及知行关系等都做了深入的探究。程颐说：“‘致知在格物。’格，至也，如‘祖考来格’之格。凡一物上有一理，须是穷致其理。”④又说：“《大学》曰：‘物有本末，事有终始，知其先后，则近道矣。’人之学莫大于知本末终始。至知在格物，则所谓本也，始也；治天下国家，则所谓末也，终也……格犹穷也，物犹理也，犹曰穷其理而已也。穷其理，然后足以致之，不穷则不能致也。格物者适道之始，欲思格物，则固已近道矣。”⑤简言之，格物就是穷理，穷理即能致知。因此格物是通向道的开端，否则便不能“近道”。二程肯定主体有认识能力。程颢说：“人心莫不有知，惟蔽于人欲，则亡天德也。”⑥程颐也说：“知者吾之所固有，然不致则不能得之，而致知必有道，故曰‘致知在格物’。”⑦在主体能知方面，二程又有“生知”和“感应”两种认识。关于认识的途径和方法，程颢提出了“以诚敬存之”的主敬说：“学者须先识仁。仁者，浑然与物同体。义、礼、知、信皆仁也。识得此理，以诚敬存之而已，不须防

① 《二程集》，《河南程氏遗书》卷二上《二先生语二》，中华书局，1981，第31页。
② 《二程集》，《河南程氏遗书》卷二上《二先生语二上》，中华书局，1981，第38页。
③ 《二程集》，《河南程氏经说》卷一《易说·系辞》，中华书局，1981，第1030页。
④ 《二程集》，《河南程氏遗书》卷十八《伊川先生语四》，中华书局，1981，第188页。
⑤ 《二程集》，《河南程氏遗书》卷二十五《伊川先生语十一》，中华书局，1981，第316页。
⑥ 《二程集》，《河南程氏遗书》卷十一《明道先生语一》，中华书局，1981，第123页。
⑦ 《二程集》，《河南程氏遗书》卷二十五《伊川先生语十一》，中华书局，1981，第316页。

检,不须穷索。”①所谓“以诚敬存之”,就是一种内心体贴功夫,人们通过这种内心体贴,才能达到“仁”的境界。程颐认为,人有两种知识,即“闻见之知”和“德性之知”。前者是“物交物则知之,非内也,今之所谓博物多能者是也”②,即通过感官而获得的感性知识;后者是不假闻见的先天固有,来源于内心,如同孟子所说的“良知”。二者各有利弊,需要取长补短,才能得到真知。二程指出的认识途径是:从正心诚意到格物穷理再到脱然贯通。在知行关系方面,二程强调“以知为本”,有知必行。程颐说:“知之深,则行之必至,无有知之而不能行者。知而不能行,只是知得浅。”③

二程的哲学体系中包含着朴素的辩证法思想。程颐说:“随时宜,万事皆然。”“消长相因,天之理也。”④世界上的事物总是处于不断的运动变化之中。程颢说:“天地万物之理,无独必有对,皆自然而然,非有安排也。”⑤他指出了矛盾的普遍性。二程还把矛盾的对立看作事物的产生和运动变化的内在根源。对立的双方相互作用,即“遇”或“交感”,推动着事物的产生和运动变化。

在人性论方面,二程提出了“天命之性”和“气质之性”的理论。程颐说:“‘生之谓性’,此训所禀受也。‘天命之谓性’,此言性之理也。今人言天性柔缓,天性刚急,俗言天成,皆生来如此,此训所禀受也。若性之理也则无不善,曰天者,自然之理也。”⑥他们认为,天命之性就是天理在人身上的体现,是天赋予人的,所以为善。而气质之性是每个人所禀受的性,人所禀受的气有清浊之分,人的气质之性才有善恶之分,才能有高下之别。但是人可以通过修养来变化气质。

在社会历史观方面,二程继承了先秦儒家“法先王”的观点。他们把“法先王”与天理论结合起来,进行了一些发挥,这里不再赘述。

总之,二程兄弟作为理学的创始人,奠定了理学理论体系的基础。冯友兰先生说:“在道学以后的发展中,程颢的思想就成为心学,程颐的思想就成为理

---

① 《二程集》,《河南程氏遗书》卷二上《二先生语二上》,中华书局,1981,第16~17页。
② 《二程集》,《河南程氏遗书》卷二十五《伊川先生语十一》,中华书局,1981,第317页。
③ 《二程集》,《河南程氏遗书》卷十五《伊川先生语一》,中华书局,1981,第164页。
④ 《二程集》,《周易程氏传》卷二《周易上经下》,中华书局,1981,第784、819页。
⑤ 《二程集》,《河南程氏遗书》卷十一《明道先生语一》,中华书局,1981,第121页。
⑥ 《二程集》,《河南程氏遗书》卷二十四《伊川先生语十》,中华书局,1981,第33页。

学。他们兄弟二人，不但创建了道学，也开始了道学中的两大派别，这在哲学史上是罕见的。”①

南剑三先生对洛学的传播

洛学在福建的传播，主要是通过程门弟子杨时、游酢、罗从彦进行的，经过李侗、朱熹的继承和阐发，形成了闽学思想体系。杨时、罗从彦、李侗三人都是南剑州（治今福建南平）人，史称“南剑三先生”。他们是洛学在闽地的传播者，也是闽学的先驱者。

南剑州将乐人杨时是程颢、程颐的高足之一，与谢良佐、游酢、吕大临并称为程门四先生。《龟山先生年谱》载：起初，“明道先生之门，皆西北士，最后先生（杨时）与建安（今福建建瓯）游定夫酢，往从学焉，与言无所不说，明道甚喜，每言杨君最会得容易，独以大宾敬先生。后辞归，明道送之出门，谓坐客曰：‘吾道南矣’”。后来杨时又经常以书信问学。神宗元封八年（1085年），程颢卒。哲宗元祐八年（1093年），杨时又与游酢以师礼见程颐于洛阳，于是有“程门立雪”的佳话。杨时深得程颢的器重和赞赏。后来程颢看到学人多从佛学，唯独杨时、谢良佐不变，称赞说：“学者皆流于夷狄，惟有杨、谢二君长进。”杨时不仅对二程洛学信之笃，学至诚，业至精，而且是二程洛学的自觉传播者。他一方面利用自己学者兼学官的便利条件，辗转东南，兴教立学，积极传播二程洛学，另一方面又著书立说，阐发二程的思想学说。他认真修订了《伊川易传》，并为之作序，又把二程的语录，改写成《河南程氏粹言》；还著《中庸义》，用二程理学思想诠释《中庸》，拓宽了解经途径。因此，史称，杨时既渡江，“东南学者推时为程氏正宗”，并断言，朱熹、张栻之学“得程氏之正，其源委脉络皆出于时”。② 总之，杨时在洛学南传过程中起了最重要的作用。

杨时的弟子罗从彦在向杨时问学时，也曾前往洛阳拜见程颐，归而卒业于杨时。他在从杨时到朱熹创建闽学的道路上，起着承上启下的作用，他是从洛

① 冯友兰：《中国哲学史新编》下册，人民出版社，2004，第121页。
② 《宋史》卷四百二十八《道学二》，中华书局，1977，第12743页。

学到闽学之间的重要中介人物。

李侗是罗从彦的弟子。他 24 岁时，闻郡人罗从彦得河洛之学，遂前往求学。他一生没有做官，全力教授乡里，问学求道，有《李延平集》传世。

南剑三先生是二程的弟子或再传弟子，他们对二程的学说有继承也有发展。在本体论上，杨时祖述二程理学，坚持以理为本，认为理是宇宙万事万物的最高准则，理先验地存在于天地万物产生之前，是天地万物的根源。所以他说："盖天下只是一理"，"一以贯之，只是一个自然之理"。① 杨时所谓"理"是独立于客观事物之外的精神实体，它不依赖于人们的意识而存在，人们必须按照理的原则行动。李侗继承了程颐的理本论，又把周敦颐的太极说糅合进去，用理深化太极。他说："太极动而生阳，至阳之源。只是动静阖辟，至于终万物，始万物，亦只是此理一贯也。"②李侗把"太极"和"理"联系起来，是对周敦颐、二程本体论的发挥，是朱熹把"无极而太极"解释为"无形而有理"的先声。杨时和程颐一样赞赏张载《西铭》中的伦理观。这种伦理观阐述的事亲事君的伦理道德原则，就是天理的体现，人们应该遵守。罗从彦把这个原则具体化，把君臣、父子、国家、民众之间的相互尊重，爱君、爱民、爱国的相互关系，三者之间相互统一起来。

杨时对程颐的"理一分殊"说有进一步的发挥，并将其运用到社会领域，为伦理道德学说提供了理论依据。他指出："河南先生言理一而分殊。知其理一，所以为仁；知其分殊，所以为义。所谓分殊，犹孟子言亲亲而仁民，仁民而爱物，其分不同，故所施不能无差等。"③就是说，宇宙万物都由一理派生出来，这一理又规定了万物的各种殊异。由此，知万物一理，也就知爱物与爱人，知万物之殊异，亦知社会等级之差异。要立爱心，必须从亲亲开始，这是"理一分殊"的精髓。李侗对"理一分殊"又有新的发展，认为万物之间的差别就是"分殊"，这种"分殊"是由于各种事物所禀之气的不同而造成的。

要之，南剑三先生既是二程洛学在闽地的主要传人，也是闽学的先驱。他们在洛学和闽学之间起到了中介或桥梁作用，在理学发展史上有一定地位。

---

① 《龟山集》卷十三《语录四》，四库全书珍本，第 256 册，第 12、18 页。

② 《李延平集》卷二《答问上》，正谊堂全书本。

③ 《龟山集》卷十一《语录二》，四库全书珍本，第 256 册，第 10~11 页。

此外,胡安国在洛学南传中亦有重要地位。安国字康侯,建宁崇安(今属福建)人,学者称武夷先生。他不是二程的及门弟子,也未正式师事过任何程门高足,但他声明“自得于《遗书》者为多”,与二程有私淑之谊。其理学思想上接二程。因此,《武夷学案·附录》载全祖望说:“私淑洛学而大成者,胡文定公其人是也……南渡昌明理学之功,文定几侔于龟山。盖晦翁、南轩、东莱皆其再传也。”

朱熹对洛学的发展和闽学的创立

朱熹是闽学的创建者,又是二程洛学的发扬光大者。朱熹一生很少做官,主要在闽地著述讲学。因他曾在建阳考亭讲学,其学又称“考亭之学”。朱熹说他“大处自与伊川合”,称赞程颐之学说“大纲统体说得极善”,对“性即理”的命题特别推崇。朱熹的理学思想是在师承二程洛学的基础上,又兼采众说之长,而建立的一个庞大完整的理学思想体系。因为朱熹在学术思想上主要是继承和发展了程颐的理一元论学说,故后人将他的学说和二程的学说联系起来,称为“程朱理学”。朱熹对于周敦颐、邵雍、程颢、程颐等人的思想继承关系更是直接的,他以周敦颐所提倡的无极、太极和二程提出的理作为他的哲学体系的基本范畴。①

二程兄弟特别是程颐有明确的道统意识。他说:“周公没,圣人之道不行;孟轲死,圣人之学不传。道不行,百世无善治;学不传,千载无真儒。无善治,士犹得以明夫善治之道,以淑诸人,以传诸后;无真儒,天下贸贸焉莫知所之,人欲肆而天理灭矣。先生生千四百年之后,得不传之学于遗经,志将以斯道觉斯民……”②程颐肯定了程颢在圣学传承中的地位。朱熹也肯定二程的道统地位及自己对洛学的传承,他说:“宋德隆盛,治教休明,于是河南程氏夫子两人出,而有以接乎孟氏之传……然后古者大学教人之法、圣经贤传之旨,灿然复明于

① 任继愈主编《中国哲学史》第3册,人民出版社,1963,第254页。

② 《二程集》,《河南程氏文集》卷十一《伊川先生文七》,中华书局,1981,第640页。

世。虽以熹之不敏，亦幸私淑而与有闻焉。”①朱熹编辑有《伊洛渊源录》《近思录》《河南程氏遗书》和《外书》。其《伊洛渊源录》追溯道学的渊源和传承，分卷述说北宋理学创始人周敦颐、程颢、程颐、邵雍、张载等，并对洛学的门人、弟子如谢良佐、游酢、杨时、尹和靖等作了专述，构建了以周敦颐为先驱、以二程为正宗、以张载为补充的正统的理学谱系。

二程所建立的以理为本的思想体系，对闽学的形成和发展产生了重大的影响，表现在以下几个方面：一、朱熹闽学以二程洛学的“理”“天理”作为自己哲学的最高范畴，通过对理气先后、理气动静、理一分殊的详尽分析，建构了较为完备的理气论；二、朱熹闽学承继二程洛学对格物致知的解释，并通过对格物与致知、格物与穷理、知与行问题的解释，形成了比较系统的认识论；三、朱熹闽学承接二程洛学对心性的论述，就心、性、情、理及其关系作了全面的阐发，建立了完整、精致的心性学说；四、朱熹闽学昌明二程洛学的“天理人欲”之辨，肯认二程的居敬、积义、克己复礼的修养方法，成就了较为完善的人生修养论。

一、关于理气观

冯友兰先生说：“道学的主要内容是用逻辑分析法得出的一个逻辑的宇宙结构。这个结构以理和气为主要的两个支柱，因此道学也以理和气为其两个主要的观念。”“在道学中，二程首先提出‘理’这个观念”，“就当时说，二程这一派可以统称为理学。张载以‘气’为主，在有些地方他似乎有意避免用理这个概念，这一派称为气学”。“朱熹并用理、气这两个观念，这就使上面所说的两个支柱发生同等的作用，使道学所讲的这个宇宙结构更加巩固，使道学的内容更加完善。”②

程颢说，“天理”二字是他自己体会出来的。但二程对气的论述则不够详尽。在二程的思想中曾经讲到气。程颐曾说：“离了阴阳更无道，所以阴阳者是道也。阴阳，气也。气是形而下者，道是形而上者。”③但是，气在二程的哲学中还没有成为基本的范畴，气与理的关系也没有像朱熹规定得那样明确。朱熹对气有详细的说明：“天地之间，有理有气。理也者，形而上之道也，生物之本也；

---

① 朱熹：《四书章句集注》，《大学章句序》，中华书局，1983，第2页。

② 冯友兰：《中国哲学史新编》下册，人民出版社，2004，第219页。

③ 《二程集》，《河南程氏遗书》卷十五《伊川先生语一》，中华书局，1981，第162页。

气也者，形而下之器也，生物之具也。是以人物之生，必禀此理，然后有性；必禀此气，然后有形。其性其形，虽不外乎一身，然其道器之间分际甚明，不可乱也。"①"疑此气是依傍这理行。及此气之聚，则理亦在焉。盖气则能凝结造作，理却无情意，无计度，无造作。只此气凝聚处，理便在其中。""无是气，则是理亦无挂搭处。"②朱熹的这些话，说明了他所认为的理、气关系是密切的，但彼此相互之间的作用却不相同。气和理的关系是"依傍"，有依照的意思，理和气的关系是"骑乘""挂搭"。朱熹又说"天下未有无理之气，亦未有无气之理"③。对于理气先后的问题，他认为是理先气后，理是本气是末。在朱熹的体系中，气是为理服务的，理是第一性的，气是第二性的。这是他直接继承二程的地方。总之，理气论是朱熹理学的理论基石。朱熹对于理、气及理气关系问题，比二程有更缜密的论述。

朱熹的太极观，"直接的来源是继承了周敦颐及二程的思想。二程只说到理而没有说到太极，但二程所谓理也就是朱熹所谓太极"④。

二、关于人性论

朱熹与二程一样，认为天理与人欲是根本对立的，但他认为人欲中包含天理的成分因素。朱熹认为理表现在人方面就叫作性，所以说："性者，人生所禀之天理也。"⑤这是朱熹继承二程的思想而来的，所以他说程颐的"性者理也"这句话"颠扑不破"。朱熹区别天命之性和气质之性，自认为是继承张载和二程的思想而来的。文献记载说："道夫问：'气质之说，始于何人？'曰：'此起于张、程。某以为极有功于圣门，有补于后学，读之使人深有感于张、程，前此未曾有人说到此……故张、程之说立，则诸子之说泯矣。'"张载说："形而后有气质之性。善反之，则天地之性存焉。"程颢说："论性不论气，不备；论气不论性，不明，二之则不是。"⑥关于性气关系的说法，虽然朱熹"推到张、程，但他自己讲起来是以他自己的整个哲学体系为依据的，所以讲得更详细，他是发展了张、程，而

---

① 《朱熹集》卷五十八《书》，四川教育出版社，1996，第 2947 页。
② 《朱子语类》卷一《理气上》，中华书局，1986，第 3 页。
③ 《朱子语类》卷一《理气上》，中华书局，1986，第 2 页。
④ 任继愈主编：《中国哲学史》第四册，人民出版社，1963，第 236 页。
⑤ 朱熹：《四书集注》卷十一《孟子章句·告子上》，中华书局，1983，第 326 页。
⑥ 《朱子语类》卷四《性理一》，中华书局，1986，第 70 页。

不是照抄张、程”①。朱熹还论述了心与性的不同。在人性论方面,朱熹比张载、二程的思想明确而完备。

朱熹区别天理人欲之辨,是发展了二程的思想。二程认为道心与人心的区别就是天理与人欲的区别:“人心私欲,故危殆。道心天理,故精微。灭私欲则天理明矣。”②朱熹认为道心就是天理,人心则不尽同于人欲。人心包括为善为恶两种可能,人欲则一定是恶的。朱熹比二程更细致地做了这个区别,其意义在于说明每个人既然有一个可善可恶的人心,就不应该自暴自弃。

总之,在人性问题上,朱熹继承并发展张载和二程的理论,论证了天命之性、气质之性、心性情、天理人欲等问题,建立了较完整的人性论学说。朱熹同意二程道心天理的观点,但不同意二程人心人欲的说法。认为人心不全是人欲,二者不能等同,只有“徇私欲”之心才是人欲。人欲有合乎天理的“欲”与不合乎天理的“私欲”之分。

三、关于认识论

朱熹曾为《大学》补过《格物致知传》。此作是对二程洛学格物致知论的全面阐述和发展。格物致知论也因此成为朱熹认识论的核心内容。二程在解释《大学》的格物致知说时,说:“格犹穷也,物犹理也,犹曰穷其理而已也。”③又说:“穷理亦多端:或读书,讲明义理;或论古今人物,别其是非;或应接事物而处其当,皆穷理也。”“须是今日格一件,明日又格一件,积习既多,然后脱然自有贯通处。”④朱熹的《大学格物补传》就按照程颐的思想,进一步作了明确的说明。程颐的“脱然贯通处”朱熹称作“豁然贯通”。朱熹的格物说,直接导源于程颐。朱熹继承并发展了二程的知行思想,对此问题作了比较系统的论述。

总之,朱熹在总结和发展宋代理学的过程中,对程颐的理学思想主旨进行了阐扬和发展,主要有二点:一是对天理论进行了系统化。朱熹把周敦颐的“太极图”宇宙生成论和邵雍的象数论与程颐的理一元论融合为一体,从理论的深层面上完成了“理”或“天理”学说的系统化哲学化论证,使天理论具备了坚实的哲学基础。二是完善了理在气先论。程颐提出了“有理则有气”的二者不可

① 冯友兰:《中国哲学史新编》,人民出版社,2004,第197页。

② 《二程集》《河南程氏遗书》卷二十四《伊川先生语十》,中华书局,1981,第312页。

③ 《二程集》《河南程氏遗书》卷二十五《伊川先生语十一》,中华书局,1981,第316页。

④ 《二程集》《河南程氏遗书》卷十八《伊川先生语四》,中华书局,1981,第188页。

分离的观点，朱熹在理气不分的基础上，明确了理在气先的问题。三是全面发展了“格物致知”论。具体而言，首先是承认知识与道德的先天性，只是由于气禀所拘，“人欲”所蔽，才使人心有善恶、智愚的不同，只有去人欲，才能明天理，复天性；其次是要明天理，就要“即物穷理”；其三是格物穷理是一个渐变积累的过程，经过豁然贯通，才能达到明理明德的圣人境界。于是他就把人的认识论和道德论结合了起来。

总之，对理学而言，周敦颐可以说是先驱者，二程兄弟和张载可以说是奠基者，朱熹则是集理学之大成者。但朱熹的闽学并非是对濂学、洛学和关学的兼收并蓄，而是以二程洛学为基础，吸收了周敦颐的太极理论和张载的气论，进行改造创新，发扬光大，建立了更为完备的理学思想体系，其影响非常深远，不仅及于中国元、明、清三代，也流传到朝鲜半岛和日本等地。

（原载《朱子文化》2007年第5期）

试论伏牛山区与伏牛山文化

伏牛山是秦岭的余脉。广义的秦岭,西起四川、甘肃两省交界处的岷山,东到河南省境内。狭义的秦岭系指陕西省境内的一段,海拔在2000~3000米,主峰太白山为3767米。从陕西延伸至河南的一段又称小秦岭或东秦岭,海拔降为1000~2000米,最高峰为老鸦岔垴,海拔2413.8米。“从地质构造看,伏牛山地区属于东秦岭地质区,包括豫西崤山、熊耳山、伏牛山地区。其东部和北部为豫西褶皱区,南部为南阳凹陷区和东秦岭地槽区。”①

伏牛山区属于豫西山地的一部分。豫西山地位于河南省西部和西南部的黄河以南与南阳盆地以北的地区。这里的山地比较散乱,包括西南东北走向的崤山、熊耳山、外方山和西北—东南走向的伏牛山等。各山在西部丛集于一处,构成海拔2000米以上的雄伟山岭,向东则逐渐分散低落。

鸟瞰伏牛山,形似“犍牛横卧”,长约400公里,故有“八百里伏牛”之称。伏牛山为豫西山地的主要山峰,它大体呈西北—东南走向,西北端与西南—东北走向的熊耳山相接,中部则与西南—东北走向的外方山相连,略呈“F”形。伏牛山主峰老君山在西峡县北部,海拔2192米。伏牛山是黄河、淮河、汉水流域的分水岭,北有伊河、北汝河、沙河,东有澧河、洪河、汝河,南有淅川、湍河、白河、唐河,地貌多为山丘和峡谷。伏牛山又是两个自然地理带的分界,伏牛山以南为北亚热带,以北为暖温带。一些地理学家又将伏牛山与秦岭、淮河一线作为华北区与华中区的分界线。

---

① 郑州师范学院地理系编:《河南地理》,商务印书馆,1959,第12~15页。

伏牛山区的范围与自然环境

我们认为,伏牛山地区主要是指伏牛山地,包括中低山峰、丘陵地以及山间河谷的小冲积平原、盆地,而附近大的盆地与平原,如南阳盆地、伊洛平原、淮河平原,都不应包括在内。伏牛山区的西面隔丹江与陕西商洛地区相望,北、东、南三面分别与伊洛平原、淮河平原、南阳盆地相连接。

伏牛山区应包括熊耳山和外方山在内。北面的崤山由于洛水将其与伏牛山分开,不应包含在伏牛山区之内。嵩山虽然也是小秦岭的延伸,但有颍水分隔,而应自成一区。因此伏牛山区的四至大约是西起丹江,东至淮河平原西沿。北自洛河(中上游)、颍河(上游),南至南阳盆地北沿。大体包括今三门峡市卢氏县的中南部,洛阳市的栾川、嵩县、汝阳三县与卢氏、洛宁、宜阳、伊川四县的南部,许昌市的禹州及襄城县的西南部,平顶山市区与郏县、宝丰、汝州、鲁山、舞钢以及叶县西南部,驻马店市的遂平、确山二县西部与泌阳县的西北部,南阳市的西峡、淅川、内乡、南召四县及镇平县的北中部、方城县的西北部。

豫西山地是河南省地势最高、山地面积最大的一个区域。主要由秦岭东延呈扇形展开的五条山脉组成。伏牛山脉沿南部边境向东南延伸,山势挺拔雄伟,多悬崖深谷,高峰连绵;伏牛山支脉外方山,呈东北走向,山势逐渐减缓变低,谷地平浅开阔;熊耳山大致与外方山平行排列,岭脊狭窄,多呈锯齿状,山峰峻拔兀立。在各山脉之间分布着河谷地和较开敞的构造盆地。

伏牛山区可以分为三个亚区,一是围绕熊耳山的伊洛河上中游区;二是围绕外方山的汝滍二水上游区,三是伏牛山、外方山南麓的老灌河与唐白河上游区。

一、熊耳山与伊洛河上中游亚区

伊洛河流域位于伏牛山、外方山和崤山之间,熊耳山矗立其中。区内的主要河流是发源于陕西蓝田县的洛河及其主要支流、发源于河南栾川县的伊河。在山脉之间,穿插着开阔的构造盆地。山地森林面积大,特产丰富,还有较多珍稀鸟兽。

伊洛河河谷盆地是人类活动最早的区域,亘古以来,伴随着社会历史和文化的发展，遗留下大批文物古迹。在伊洛河两岸的二、三级阶地上分布着仰韶文化和龙山文化遗址，还到处散布着古墓葬、古寺院庙观和纪念地等。北面紧邻连接长安、洛阳的两京古道，交通相对便利。

二、伏牛山、外方山南麓与老灌河、唐白河上游亚区

豫西南是一个完整的自然地理单元。宛西北地处伏牛山区，包括西峡、淅川、内乡、南召等县。位于淅川西北的荆紫关是通陕西、出湖北的关隘，西峡镇濒临老灌河，历史上是河南通往西安的隘口，是伏牛山区物资外运的转运站。

南阳盆地西、北两面是伏牛山地。山体从陕西入境，呈西北—东南向延伸。地貌雄、奇、秀、幽。伏牛山地内沟谷幽深，峡谷遍布，出山口处多隘口，如西峡口、马山口等，都是"脉络川陕，南下荆襄"的咽喉。山地南侧，地势普遍低缓，连绵起伏的丘陵、岗地展布邓州、淅川、内乡、南召、方城一带，形成了山地与盆中平原过渡的丘陵地貌类型。

山地中自然资源丰富，有引人注目的各种共生组合的矿产资源；有繁茂的林木、名贵的特产和多种珍稀的动植物资源以及古人类遗迹和多处秦汉时代的文化遗迹。白河（古名淯水）发源于伏牛山区嵩县黄氏垭，流经南召县黑山头转向南阳盆地，至南阳独山进入平原。唐河（古名泚水）源出方城县七峰山，向西南流经社旗县进入平原，经唐河、新野，至湖北襄阳中湾，与白河汇流注入汉水。

宛东大部分地区处于伏牛山、桐柏山区，包括方城、确山、桐柏、唐河、泌阳与社旗等县。

三、外方山与汝湗河上游亚区

此亚区以平顶山市辖境为主。平顶山市处于豫西山地和淮河平原的过渡地带。西部以山地为主，东部以平原为主，大致具有西高东低的特征。从南北看，大体有三列北西—南东展布的山地加两组河谷平原。北部是箕山，中部是外方山东段及平顶山市区以北的低山，南部是伏牛山东段及其余脉。北部夹北汝河冲积平原，南部夹沙河、澧河等洪积—冲积平原。地貌主要是中山、低山、丘陵。山地主要分布于平顶山的西部、北部和南部，大致以沙河为界，以北属外方山，以南属伏牛山。

临汝（今汝州）、汝阳地处豫西通往黄淮平原和南阳盆地的通道。西南部外方山盘踞，为伏牛山的支脉，山体自西南向东北延伸，北部箕山矗立，发源于嵩县南部的汝河蜿蜒于南山之间。

鲁山县西北部、临汝县西南部、宝丰县西部及西区分布的山脉属外方山东段，为北汝河与沙河的分水岭；临汝县东部和郏县北部的山脉属外方山东北段的南支，呈近东西向和北西—南东展布；平顶山中心市区和襄城县、郏县、宝丰县的交界地带，为大致呈北西—南东向展布的低山，从构造线看属外方山东段的余脉。

鲁山县西南部和叶县西南部的山地属伏牛山东南段北支，呈北西—南东走向。叶县东南部和舞钢区西部的山峰海拔多在350~600米，这一带低山，从山体的走向和地质构造看，与伏牛山基本一致，故有人认为它是伏牛山的余脉，也有人认为它是桐柏山的一部分。①

此亚区内的河流有五条，一是发源于鲁山县石人山的沙河，原名滍水；二是发源于嵩县东部跑马岭后汇入沙河的北汝河；三是发源于登封少室山的颍河；四是发源于方城四里店北栗树沟的澧河；五是发源于方城羊头山的干江河，古称潕水。②

本区山地由于受河流的侵蚀和切割，显得异常破碎。各河流两岸都有冲积平原，山岭中间夹有许多平缓的低地。在这些平缓低地和山间盆地中，由于坡度平缓，土层较厚，是粮食、棉花和果树的重要产区。伏牛山平均海拔在1000米左右，在鲁山东南逐渐降低为400米左右的低缓丘陵，为淮河和唐白河的分水岭。圆丘宽谷，无碍于两流域之间的交通。山地中矿产丰富，尤以煤、铁和有色金属等藏量最大。③

总之，伏牛山区地理位置重要，自然环境优越，较为适宜人类生存，在中华文明的形成和发展史上具有重要地位。

---

① 平顶山市地方史志编纂委员会：《平顶山市志》第一编第二章，河南人民出版社，1994，第99页。

② 平顶山市地方史志编纂委员会：《平顶山市志》第一编第四章，河南人民出版社，1994，第118-122页。

③ 郑州师范学院地理系编：《河南地理》，商务印书馆，1959，第29~30页。

伏牛山区的悠久历史与灿烂文化

伏牛山区虽然与邻近的平原地区相比较为偏僻,但是有着悠久的历史和灿烂的文化。

早在数十万年前,伏牛山区就有古人类生存。考古工作者在南召云阳杏花山发现了猿人前臼齿化石,人们称它为“南召猿人”。南召猿人生活的时代距今约50万~20万年,是河南境内已经发现的最早的人类。此外,在淅川县也发现了古人类牙齿化石,其形状大多近似于直立人,有些接近于早期智人。在卢氏发现了人牙和头骨碎片化石,可能属于后期智人。时代距今约10万年,人们称之为卢氏人。在伏牛山区有许多旧石器和新石器时代的文化遗址。其中重要的新石器时代遗址,有汝州中山寨裴李岗文化遗址,汝州阎村、淅川下王岗仰韶文化遗址,汝州煤山、淅川下王岗龙山文化遗址等。

夏王朝的建立标志着中原社会迈入了文明社会的门槛。夏王“启有钧台之享”,阳翟(今禹州)就是夏代初期的都城。商代伏牛山区有崇(今嵩县)、霍(今汝州西)、历(今禹州)、应(今平顶山市区西)和畴(今平顶山市区西南)等国,西周有崇、霍、应、畴、申、鄂、缯等国,楚都丹阳也在今淅川境内。春秋时伊、洛之间有戎人居住,北汝河上游有曼氏,方城以南则属楚国,许国则由中原逐渐向西南迁徙。战国时此地属韩国,始设三川、颍川、汝南三郡,方城后来为楚国的南阳郡。

秦朝结束了分裂割据的局面,实现了国家的统一。秦代在伏牛山区设置了三川、颍川、南阳郡,西汉属河南(尹)、颍川、南阳郡,东汉分属于司州和荆州。三国时属魏,设河南尹、颍川、南阳、南乡;西晋设有河南、颍川、襄城、南阳国、南乡郡。南北朝时此地多属北魏,在山北(今鲁山)设荆州,后多属东魏、北齐。隋统一后,在此地设河南、梁郡、襄城、颍川、淅阳、南阳、淯阳诸郡。唐代河南府与汝州隶都畿道,唐、邓二州属山南东道。北宋属京西南路,元代属河南府路、南阳路,属河南江北行省。明代设河南、南阳等府和汝州直隶州,清代设河南、南阳二府、汝州和淅川直隶厅。总之,伏牛山区在历史上不是一个独立的政区。

伏牛山区有着许多历史文化遗址遗迹。例如平顶山市境内的应国古墓群，蒲城店遗址，寺岗遗址，邱公城遗址，望城岗冶铁遗址，元次山墓碑，三苏坟，香山寺，塔里赤墓碑，乾明寺，山陕会馆，昆阳故城，风穴寺，汝帖石刻，严和店汝窑遗址；洛阳市境内的二程墓，伊皋书院，二程故里，法行寺塔，杜康村酿酒遗址，观音寺；南阳市境内的南召猿人遗址，小空山旧石器时代遗址，淅川下王岗遗址，下寺楚国贵族墓地，香严寺，荆紫关，内乡古县衙，宝林寺石塔；等等。

伏牛山区人才济济，出现了许多历史名人。例如刘累、范蠡、墨子、吕不韦、张良、张衡、吴道子、元结、程颢、程颐、牛皋等，他们都创造了辉煌的业绩。

就物质文化而言，伏牛山区经济发达，农业、手工业常处于全国前列，特别是冶金、陶瓷业最为发达，生产的宝剑、兵器、汝瓷、钧瓷等驰名遐迩。就精神文化而言，无论是哲学思想、学术、宗教、文学、艺术、科技、教育都有不少成就。这些丰厚的历史文化资源值得进一步发掘利用，以促进本地区的经济进步和文化繁荣。

伏牛山区文化的特点与定位

伏牛山区是中原地区的一部分。一个大的盆地、平原，往往可以形成一个文化圈，一座山周围也可以形成一个文化圈，如近年周昆叔提出了“嵩山文化圈”的概念。但是伏牛山能否成为一个文化区或者文化圈，有必要简要介绍一下文化地理学的文化区系理论。

文化区域简称为“文化区”，又有人称为“文化圈”。文化区与文化圈的概念有共同之处也有一些差异，这里不准备展开讨论。文化区是人们根据文化传统在地域上的本质不同而客观划定的。由于文化是个历史的范畴，文化传播也是个历史的范畴，所以不同时代的文化区有着不同的界线，也有着不同的文化区。众所周知，很多地区有着不同的文化体系和文化传统，经过长期的继承、发展、吸收、丰富和传播，这一传统和体系变得日益稳定，形成了除自然因素之外，区别各地区的另一主要标志。同一文化区之内可以有几个亚文化区，其中可能有一个主要文化区和几个从属性文化区，而亚区之下还可细分，即一文化系统及其子系统、孙系统。文化区的形成是文化传播的长期结果,因此和文化传播相一致的是,它往往从一个范围较小、性质较一致的核心区向过渡带渐趋减弱,使文化区由文化中心地、直接辐射区和间接辐射区组成。①

文化的趋异基于地域上的分隔。在文化形成时期,人类还无法完全跨越这种地域的分隔,像山岳、海洋、沙漠、密林等,都可构成人类相通的隔离因素。在这种最基本的隔离因素之外,人的语言、民族的差异,社会结构的不同也都构成隔离因素,而且历史越向前发展,这些人的或文化的隔离因素越显得比自然因素更重要。但不管是自然的还是非自然的因素所造成的阻隔,都形成了空间上的文化分异,即一个个特定区域内的特定文化、特定亚文化或特定文化复合体,也即一个个文化区或亚文化区。在相当长的时期,这种地区差异不但不会消失,反而有可能不断丰富和发展起来。②

一个文化区应该有共同的经济文化类型。所谓经济文化类型是指"居住在相类似的自然条件之下,并有一定的社会经济发展水平的各民族在历史上形成的经济和文化特点的综合"。

尽管行政区划的界线屡有变化,但一经划定,便具有相对的稳定性,一切与政治有关的活动,都以这种政区为单位进行。这样,就很容易围绕着某一政治地理单元,形成共同的文化系统,造成共同的心态,并成为浓厚的乡土观念的代称。于是一个政区同时又是一个文化区。对于那些早已就是文化区而后又是一个政治区的地理单元来说,就更是如此。伏牛山区在宋金以前不曾属于一个大的政区,元代设立行省以后方属于一个省级政区。

我们认为伏牛山区的文化具有以下特点:一、伏牛山区位于西安、洛阳、开封三大古都与长江中游地区的中心、荆州治所江陵(或襄阳)形成的三角区域内,受到这些全国与地区文化中心的辐射;二、伏牛山区是两个地域文化的交汇的地区:史前中原地区的仰韶文化、龙山文化与长江中游的屈家岭文化、石家河文化在这里交汇,从西周到春秋,这里又是中原周王朝(特别是晋国)与南方楚国争衡交锋的重要场所,是黄河流域的中原河洛文化与长江流域荆楚文化交汇融合的地区;三、伏牛山区是多民族居住区,例如,西周时期的楚人,春秋时期的

① 赵世瑜、周尚意:《中国文化地理概说》,山西教育出版社,1991,第10页。

② 赵世瑜、周尚意:《中国文化地理概说》,山西教育出版社,1991,第102页。

戎人、蛮人,魏晋南北朝时期的蛮族等都曾在这里生活,同时也有华夏、汉族人民在此居住,这里也是一个多民族文化融合的重要地区。

总之,伏牛山区的历史悠久,文化资源丰厚。伏牛山文化是中原文化的一个重要组成部分。它具有多元性、多样性的特点,应该属于一种复合文化。开展对伏牛山文化的研究和历史文化资源的开发,对于促进当地经济发展、文化繁荣无疑具有重要意义。

(原载《平顶山学院学报》2010年第1期)

文化互动述论

龙山时代中原与周边地区文化互动与华夏文明的形成

考古学上的龙山时代约为公元前2600年至公元前2000年左右，大体上相当于古史传说的尧舜时代，也是文明初期的古国时代。龙山时代农业和手工业有了新的发展，陶器已经普遍实行轮制，个别地方甚至已发明原始青釉瓷器，玉器制作更加精良，丝绸、漆器和象牙雕刻等高档手工业制品也相继出现。特别是不少地方出现了小件铜器，因此考古学上把这一时代称为铜石并用时代。在新出现的各种文化因素中，最能说明当时社会性质变化的是众多城址的出现。龙山时代的城址区别于广大乡村的聚邑，是一种新型的聚落形态。

在史前，中华大地呈现出多个文化系统并存且大致独立发展的文化格局。在甘青地区有马家窑—齐家文化系统；在辽西地区有红山—小河沿文化系统；在海岱地区有大汶口—山东龙山文化系统，在长江中游有屈家岭—石家河文化系统，在长江下游有崧泽—良渚文化系统。而在中原地区有仰韶—王湾三期文化系统。这些文化系统各有其根源，并且在当地都经历了数千年的发展过程，创造了灿烂的文化，而且部分地区的社会发展已经达到相当高的程度。尤其是辽西、海岱、长江中下游地区，文化发展取得了伟大成就，它们向外扩张还压缩了中原地区文化的发展空间。但在公元前2000年之后，整个文化格局发生了显著的变化。中原地区之外的文明起源中心无不陷入发展停滞，甚至衰退的乱局之中。而中原地区夏代的二里头文化却迅速崛起。二里头文化作为一种强势文化，在很大程度上影响了周边地区文化的发展，中原地区作为中华文明中心的地位开始逐渐显现。自此以后，在相当长的时间内，中原地区都是中国古代政治、经济和文化的中心。

就中原地区而言，约从公元前3500年仰韶文化晚期开始，各地文化的独立性和不平衡性凸现出来。高度统一的局面不复存在，整个仰韶文化呈现松散离析的态势。这种态势持续到大约公元前3000年前后，开始了一场大规模的重组。豫西、晋南的仰韶文化最早发生变化,过渡到庙底沟二期文化,并在不太长的时间内迅速扩散开来,几乎覆盖了原来整个仰韶文化的范围。再到公元前2500年前后,形成了几支既有联系又各具特色的地方文化,分别为关中地区的客省庄二期文化、豫西地区的王湾三期文化、豫北冀南的后岗二期文化、豫东地区的造律台文化以及局限在晋南襄汾盆地的陶寺文化。它们统称中原龙山文化。

总之,中国早期文明是在许多地区先后发生的。早期文明的起源地区包括整个华北和长江中下游在内,文化发展是这一广大地区中许多文化中心相互作用和激发的结果。但是文化的发展又是不平衡的,总是有先有后,我们在强调多样性的同时,也要注意中国史前文化的统一性和中原文化的核心作用。在文明的发生和形成过程中,中原曾起着领先和突出的作用。本文从中原与周边文化的互动关系入手,探讨华夏文明的形成问题。

文明"多元论"与文化"互动说"

关于中国古代文明的起源,学术界的认识先后经过了"西来说"和"本土说"两个阶段。关于"本土说",又先后经历了"一元论"和"多元论"两个阶段。

在20世纪70年代以前,由于中原地区的考古取得了丰硕的成果,中原地区的远古文化已经形成了系列,而周边地区的考古尚缺乏重大发现,于是学界普遍认为,中国古代文明首先在中原地区形成,然后向四方辐射,逐渐遍布全国。这就是中国文明起源于中原地区的"一元论"。但是到了20世纪70年代末期,由于周边地区的考古也有了不少重大发现,这一理论受到严重挑战。1981年,苏秉琦提出的区系类型学说,把中国史前文化分为六个区,并在此基础上,提出了条块说和"满天星斗"说。① 以区系类型理论为代表的"多元论"承认各个大的地区都有自己的文明化进程,强调各地区文化都对中国文化的形成做出了自己的贡献。这一理论逐渐为学界所接受。

各个地区的远古文化都有自己的文明化进程,或者有不同的文明化模式。

① 苏秉琦:《中国文明起源新探》,香港商务印书馆,1997。

但是各区域文化是否相互隔绝、独立发展的呢？人们的回答是否定的。严文明说："总起来看，在龙山时代，每个考古学文化大概都已走近文明社会的门槛，有的甚至已经迈入早期文明社会。从这个意义上说，中国文明不是单元而是多元起源的。不过这些文化并非彼此孤立，而是相互联系、相互影响和相互激发，形成一个相互作用圈。"①在此，严文明提出了文化的"相互作用圈"概念，并指出所谓相互作用包括相互联系、相互影响和相互激发三个方面。张光直也注意到中国各地的新石器时代文化有明显的不同，他称之为区域文化；这些区域文化又有越来越密切的关系，从而组成为一种相互作用圈，或称之文化互动圈。大约在公元前第三千年的龙山时代，在这个互动圈的基础上发生了中国文明的起源。② 张光直将区域文化相互作用圈称作"文化互动圈"，指出了区域文化互动在文明起源中的作用。

由于黄河中下游和长江中下游新石器文化得到迅速的发展，成为在全国范围内文化最发达的区域，严文明将黄河、长江流域称作"东方的两河流域"。"由于这个两河流域位置比较适中，文化发展水平又比较高，所以在全国范围内的新石器文化中起了凝聚的核心作用。不过这个地区范围仍然很大，不同地区的文化仍然有较大的差别。根据文化的特点和发展谱系，大致可以分为六个地区，即中原区、海岱区、燕辽区、甘青区、两湖区和下江区。推测四川也应自成一区。""每个文化区既是相对独立的，又是相互联系的。假如把每个文化区比喻为一个花瓣，全中国的新石器文化就很像一个重瓣花朵。"③"中原区好比是花心，黄河长江流域其他各区好比是花瓣，围绕这个圈子以外的各文化区则是外圈的花瓣。"④"由于中国史前文化是一个分层次的向心结构，而文明首先发生在中原地区，其次是周围的各文化区，第三层即最外层各文化区进入文明的时间甚晚。"⑤这一论断无疑是对中华文明起源研究的重大贡献。

---

① 严文明：《略论中国文明的起源》，《文物》1992 年第 1 期。

② 严文明：《中国文明的起源的探索》，《中原文物》1996 年第 1 期。

③ 严文明：《中国文明的起源的探索》，《中原文物》1996 年第 1 期；严文明：《东方文化的摇篮》，《农业发生与文明起源》，科学出版社，2000，第 156 页。

④ 严文明：《东亚文明的黎明——中国文明的起源的探索》，《农业发生与文明起源》，科学出版社，2000，第 144 页。

⑤ 严文明：《中国史前文化的统一性与多样性》，《史前文化论集》，科学出版社，1998，第 1~17 页。

总之,中国文明的起源是多元的,各地都有自己的向文明社会迈进的过程;中华文明的形成又是一体的,即各个地区的文化相互竞争、碰撞、融合,最终形成了中华文明。任式楠把这种认识概括为“多元结构,中原核心,一体结构”。这一概括,得到了多数学者的认同。

仰韶文化以及龙山文化时期,中国各区域都有着各自的文化体系,在此基础上有着各自的文明演进发展的过程。同时各区域文化之间又存在着交流和互动。庙底沟文化时期是中国早期文化历史上的第一次较大规模的文化交流与融合。龙山时代早中期是第二次较大规模的文化交流和融合,尤其是这次文化的交流互动主要表现为各地先进的文化因素汇聚中原,中原地区文化实力逐渐强大。龙山文化晚期,周围地区的文化与社会相继衰落,其文明化进程遭遇挫折,而中原地区的文明脱颖而出。至二里头文化二期以后中原地区作为中国文明中心的地位开始确立,二里头文明开始向周围辐射,周围地区的文明化进程或多或少地改变了方向,从原来的以自己独立发展为主的轨道,改变为以中原地区为核心共同发展的轨道上来。多元走向了一体,中国文明的“一体化”开始初步形成,再经商、周二代,各地逐渐融入以中原为主体的华夏文明之中。这可以说是中华早期文明形成和发展的基本轨迹。

高江涛对中原地区文明化进程进行了深入的研究。他认为,中原地区的文明化进程大体可以分为三个阶段:仰韶文化中晚期,社会开始出现阶层分化和管理机构的雏形,属于文明起源阶段;龙山文化时期,尤其在晚期,邦国这一早期国家形态出现,文明社会形成;大约二里头文化时期开始,社会进入王国阶段,中原地区文明中心的地位形成。①

中原地区社会复杂化的开始是在以庙底沟类型为代表的仰韶文化中晚期。先是庙底沟文化对周边地区的强力辐射,接下来则是公元前三千纪前半期黄河上游、下游,长江中下游,以长城为中心的北方地带等周边地区对中原地区的扩张和影响。在这种同周边文化的交流互动中,也可以说是在周边文化的压力下,中原龙山文化的实力不断加强,渐得优势,最终脱颖而出,形成灿烂的二里头文化。② 龙山文化早期应是文明形成前的过渡时期。文明的形成阶段主要是

---

① 高江涛:《中原地区文明化进程的考古学研究》,社会科学文献出版社,2009,第456页。

② 赵辉:《以中原为中心的历史趋势的形成》,《文物》2000年第1期。

指以陶寺文化和王湾三期文化为主的龙山文化中、晚期。这一时期,中原地区进入了属于早期国家形态的邦国阶段,文明社会形成。此后,经过新砦文化、二里头一期文化时期的初步发展,二里头文化二期,进入王国阶段。中原地区开始成为中国文明的中心,后经商周时期的巩固和进一步的迅速发展,中国古代文明走向辉煌。

中原地区文明化进程的外在动力主要表现为周边诸考古学文化先进因素不断汇聚中原,同时又对中原文化构成挑战,刺激其不断发展。各地先进的新的文化因素输入,使得中原地区的统治集团及其文化充满活力,极大地推动了中原文明化的进程。

中原龙山文化与周边文化的互动

在龙山时代,四面八方的各种考古学文化因素汇聚中原。尤其是龙山时代的早中期,中原文化处于缓慢发展阶段,海岱地区的大汶口文化、长江下游的良渚文化、长江中游的屈家岭—石家河早期等文化却处于它们的繁盛时期,都存在向中原方向发展的趋势。这一时期正是这些周边地区先进文化汇聚中原的时期。其表现在两个方面:一是中原地区的文化中存在周边文化的遗址或墓葬等遗存。如郸城段岗和鹿邑栾台等大汶口文化遗址,以及偃师古滑城、周口市烟草公司仓库、商水县章华台等大汶口墓葬或墓地;屈家岭文化遗址,如淅川黄楝树、唐河寨茨岗等。二是中原地区文化中含有周边区域的文化因素。据统计,今河南省境内近50处遗址发现了大汶口文化的遗存,近20处遗址发现了屈家岭—石家河文化早期遗存。尤其值得注意的是,中原地区腹地的郑州大河村、临汝北刘庄、禹县谷水河遗址都是既有仰韶文化晚期或龙山文化早期遗存,又有大汶口文化和屈家岭文化遗存,这是各地史前文化汇聚融合在中原地区的突出表现。①

一、周边地区文化对河南龙山文化陶器的影响

中原龙山文化除了陕西东部的客省庄二期文化和山西南部的陶寺文化之

① 高江涛:《中原地区文明化进程的考古学研究》,社会科学文献出版社,2009,第469~470页。

外,主要分布在今河南省,因而有河南龙山文化之名。

河南龙山文化的早期阶段又称为“庙底沟二期文化”,该期文化遗存现已发现100余处,主要分布于伊河、洛河、颍河、汝河的河谷盆地和黄河南北两岸,豫东平原也有零星分布。这个时期的陶器群具有复杂的文化内涵,它在与周围文化的密切接触中,吸收了其他文化因素而形成了一些地方特点。① 豫东地区以鹿邑栾台为代表,该期陶器群含有较多的大汶口文化的因素,以泥质红陶为最多,次为泥质灰陶;器身多饰横篮纹,其次为弦纹、瓦楞纹和镂空等。陶器以鼎、罐为最多,其次有高柄杯、尊、壶、盉、鬶等。豫南地区以驻马店杨庄一期为代表,所出宽扁足鼎、圈足碗、瘦腹高袋足鬶、喇叭口杯和折腹壶等,皆属于屈家岭文化因素,乳状足鼎则具有地方特色。河南龙山文化早期,豫北地区首先出现了鬲和斝,它很快流行到豫西地区;中期以后,斝广泛流行于中原各地。豫东、豫北流行着鬶和甗,豫南地区则流行着盉和鬶。这个时期中原地区与周边地区进行着广泛的文化交流,促进了自己的发展,分化为诸多地方类型。进入晚期阶段,整个陶器群的面貌出现了两极分化,大部分陶器原来的风格正在被改造,显得比较粗糙,少部分陶器则做得非常精致,标志着这个时期的陶器群正在向新型的文化——二里头文化进行着演变。②

河南龙山文化的中期阶段或称后岗二期文化,它是河南龙山文化的繁荣阶段。该期文化遗存已发现数百处,广泛地分布在现今的河南省及其周围地区。该期文化面貌存在着一定的地区差别,根据这个地区差别,大致可以分为王湾类型、三里桥类型、后岗类型、王油坊类型和杨庄类型等五个类型。

王湾类型以洛阳王湾三期遗存为代表,主要分布于河南中部的嵩山周围地区。有些遗存中含有周围邻近文化的一些因素,如南方“石家河文化中出土的敞口筒形擂钵、厚胎喇叭口红陶杯、手捏塑小动物等具有石家河文化特色的遗物,在河南龙山文化中的临汝煤山、伊川徊马营和白元、郑州阎庄等遗址中都有发现”③;禹州瓦店二期出土的高柄杯,也应是山东龙山文化高柄杯的变形。④

---

① 郑杰祥:《新石器文化与夏代文明》,江苏教育出版社,2005,第240页。

② 郑杰祥:《新石器文化与夏代文明》,江苏教育出版社,2005,第242~243、249页。

③ 董琦:《论中原地区龙山文化时期与夏代的考古学文化》,北京大学博士研究生学位论文,1992。

④ 临沂文物组:《山东临沂大范庄新石器时代墓葬的发掘》,《考古》1975年第1期。

这些微小的地区差别，都是受外来文化因素影响的结果。三里桥类型以陕县三里桥遗址二层为代表，主要分布于河南洛阳以西和晋南、陕东地区。这里所出的泥质红陶鬶可能为东方山东龙山文化的因素。后岗类型以安阳后岗二期遗存为代表，主要分布于豫北、冀南和晋东地区。王油坊类型以永城王油坊下中层为代表，又称之为“造律台类型”，主要分布于豫东、鲁西南和皖西北地区。其陶器中的夹蚌壳粉陶、侧装三角形罐形鼎、大圈足盘、长颈壶和觚形器，都是继承了当地大汶口文化的因素，也是该类型的典型器型。短流袋足鬶和带子母口的瓮等则具有山东龙山文化的作风。总的来说，这个地区的龙山文化，是在大汶口文化基础上发展起来，受着山东龙山文化众多影响而形成的一个地方文化类型。杨庄类型以驻马店杨庄二期一段为代表，主要分布于南阳盆地和淮河中游两岸的豫南地区，一些宽扁足鼎、垂腹罐、假圈足碗、筒形刻槽盆、红陶杯和陶鸟等则具有石家河文化的作风①。

河南龙山文化的晚期阶段遗址，首次发现于汝州煤山，因此又称之为“煤山类型”文化。该期文化遗存现已发现数百处，主要分布于以嵩山周围为中心的地区，豫北、豫东和豫南一带也有发现。这个阶段中原各地龙山文化的面貌区别不如中期明显，归纳起来，以黄河为界大致可分为豫南和豫北两个文化类型。豫南类型以登封王城岗遗址为代表，可称之为王城岗类型；豫北类型以汤阴白营晚期为代表，可称之为白营类型。

正是在中原地区与各地文化的互动交流中，在中原龙山文化的基础上，周围各地文化因素汇聚、融合、改造于中原地区，中原龙山文化的实力不断增强，渐得优势。龙山文化末期，周围其他文化多已衰落，曾分别被大汶口文化、石家河文化占据的豫东、豫南的一些地区彻底属于中原文化的势力范围。②

二、周边地区文化与中原龙山文化的关系

1.海岱地区

海岱地区西接中原，绕渤海湾可与燕辽地区交通，其南与良渚文化接壤，沿淮河上溯，又可以同长江中游往来。这使得海岱社会可以与外界经常保持密切的联系，吸取其他社会的经验教训，从而在不断自我调整中持续发展下去。海

① 郑杰祥：《新石器文化与夏代文明》，江苏教育出版社，2005，第 247 页。
② 高江涛：《中原地区文明化进程的考古学研究》，社会科学文献出版社，2009，第 470 页。

岱地区社会的文明化起步较晚，约在大汶口文化中期开始，以后持续发展至龙山时代达到高峰。海岱地区史前文化的发展水平并不比中原低，某些方面如制陶、制玉等甚至比中原更先进。海岱地区作为一个相当独立的文化区域，有着自身的文明化进程，但与中原地区相邻，二者文化间有着密切的互动关系。靳松安的《河洛与海岱地区考古学文化的交流与融合》一书对此进行了全面系统的研究，这里不再赘述。海岱地区文化对以中原为主体的华夏文明做出过重大贡献。

2.长江中游地区

长江中游的屈家岭—石家河文化同黄河中游的仰韶晚期与中原龙山文化之间也有着非常密切的关系。

从考古发现看，屈家岭文化时期是长江中游文化向外，尤其是向北大幅度扩张的时期，今河南西南部一些原本为仰韶文化占据的地区，这时被屈家岭文化所取代。而后者的影响，竟更深入到仰韶文化的腹地。例如在黄河中游的一些遗址中，就不止一次地发现屈家岭—石家河文化所特有的高柄杯、蛋壳彩陶杯和擂钵等器物。这一势头一直延续到石家河文化中期。但是从此以后，一度被屈家岭文化扩张得来的地盘，又重新被中原文化覆盖。与此同时，长江中游广大地区包括石家河城在内的大批城址被废弃不用，文化面貌也发生了很大变化，出现大量来自中原文化的因素。① 看来，长江中游社会文明化进程的中断，与其在军事上的不走运有直接关系。② 至于石家河文化中的中原龙山文化因素就更多了，以至于有人认为在石家河文化晚期，曾经有一支中原龙山文化的人大举入侵长江中游。

石家河文化分布的地区，大体相当于远古时代三苗集团的活动地域，所以石家河文化很可能就是三苗族系的文化。三苗在历史上与华夏族系有非常密切的关系，舜、禹均曾与三苗打过仗。而石家河文化与中原龙山文化关系最为密切，有不少文化因素相似，这当然不是偶然的巧合。③ 到石家河文化晚期，中原文化的因素明显增多，到二里头文化时期也是如此。联系到尧舜时期和大禹

---

① 韩建业、杨新改：《王湾三期文化研究》，《考古学报》1997年第1期。

② 袁行霈等主编：《中华文明史》，北京大学出版社，2006，第66页。

③ 白寿彝总主编：《中国通史》第二卷，上海人民出版社，1994，第291页。

时期都曾大举征服三苗，而石家河文化分布的地区正是三苗所居之地。帝尧时期，尧曾借口苗人不遵守华夏的礼乐宗教，对三苗发动了大规模战争。“苗民弗用灵，制以刑，惟作五虐之刑曰法，杀戮无辜”（《尚书·吕刑》）。这场战争取得了胜利，于是“迁三苗于三危”（《史记·五帝本纪》）。帝舜时期，三苗复强盛起来。“当舜之时，有苗不服，于是舜修政偃兵，持干戚而舞之”，进行威胁不能成功，也“南征三苗，道死苍梧”。到大禹时，又发生了一场大战。“禹既已克有三苗，焉磨（历）为山川，别物上下，卿制四极，而神民不违，天下乃静。”（《墨子·非攻下》）这场旷日持久的民族冲突，以华夏族的胜利而告终。

3.长江下游

良渚文化分布于江苏南部和浙江北部，因最初发现的典型遗址位于浙江杭县良渚镇（今属余杭）而得名。其陶器多黑皮灰胎，玉器多为通体磨制，并且广泛地采用切割法和管钻法。良渚文化的玉器特别发达。一个墓地的发掘，所获玉器往往数以千计。其种类有琮、璧、钺、璜、镯、环、管、珠、杖头及各种装饰品，其雕工之精、数量之多、品种之复杂，为同时代及前此诸考古学文化之冠。① 良渚文化“这样一个等级分明、分工精细、组织严密的社会，能量是空前强大的。正是在这个基础上，良渚社会开始向外扩张。在今天靠近山东的苏北地区，突然出现了一批良渚文化的聚落”②。有研究者认为，这批聚落是良渚集团的一支远征军的遗留。③ 良渚文化对中原的影响可能借助于海岱地区而实现。

在南京点将台遗址出土的陶器纹饰中，出现了与河南龙山文化相似的绳纹、篮纹方格纹和独特的梯格纹。以点将台文化陶器与中原及邻近诸文化相比较可以发现，它与河南龙山文化，山东龙山文化、岳石文化和江淮地区的龙山至夏代文化有较多的相同或相近因素，而与二里头文化、良渚文化、江西的龙山文化和浙江肩头弄类型文化之间则极少或没有相似的文化因素。所以，点将台文化是一支具有鲜明地方特征的土著文化，它受中原与江淮地区诸文化的影响远远大于南方诸文化的影响。

---

① 白寿彝总主编：《中国通史》第二卷，上海人民出版社，1994，第 289 页。

② 南京博物院：《花厅——新石器时代墓地发掘报告》，文物出版社，2003；南京博物院考古研究所等：《江苏阜宁陆庄遗址》，《中华文明之光——良渚文化发现 60 周年纪念文集》，海南国际新闻出版中心，1996，第 130-146 页。

③ 严文明：《碰撞与征服》，《文物天地》1990 年第 6 期。

总之,进入史前社会文明进程最后阶段的龙山时代,伴随黄河流域,尤其是中原社会的崛起和辽西地区以及长江中下游地区文化的衰退形成明显对照,中原地区的贵族阶层出于迅速提升和巩固自己地位的需要,开始借鉴其他社会中既有的政治经验和做法,也开始将玉器作为正在形成之中的社会等级制度的重要表征物品。在这个过程中,红山、良渚等文化的一些玉器制作技术、由器物形制所表现出来的艺术构思和宗教观念,乃至干脆是一些成品,也辗转传入了中原。例如这个时期中原地区的遗址中发现的玉璧、双联璧、牙璧和玉琮、玉虎等器物,显然与周边地区有很多渊源关系。①

龙山时代中原地区与周边地区的文化互动逐渐增强。在公元前 2500 年—公元前 1500 年期间,中原地区社会的基本经济生产部门——农业(包括农耕生产和家畜饲养)以及最能反映当时技术水平的加工制造业(包括青铜器制作、陶器制作、石器制作、玉器加工等)都呈现出显著的变化和进步,其中尤以发生在龙山时代向二里头文化演变过程中的变化最为明显。中原地区出现了邦国林立的局面,出现了以尧、舜、禹为代表的大邦国,以及陶寺、王城岗等中心聚落遗址。邦国之间的战争使一些小邦国臣服于大邦国,治理洪水不仅需要邦国管理职能的加强,而且需要各邦国之间的联合。于是中原地区国家机构逐渐完善,出现了统一的趋势,为以后的王国奠定了基础。

二里头文化与中原地区文明中心地位的确立

二里头文化是在河南龙山文化煤山类型的基础上继承和发展起来的一种新型考古学文化,因偃师二里头遗址而得名。它共分四期,其年代相当于公元前 20 世纪至公元前 16 世纪,属夏王朝时期。该文化遗址已发现二百余处,分布范围西起陕西东部,东至河南商丘,北达山西南部霍太山,南抵湖北北部。其中豫西和晋南所见遗址最为密集,是二里头文化分布的中心。这与文献记载的夏人的活动地域恰好相符。一般说来,二里头文化可分为两个类型:一是东下冯类型,分布在晋南地区;一是二里头类型,分布在豫西地区。

---

① 袁行霈等主编:《中华文明史》,北京大学出版社,2006,第 86 页。

二里头文化的青铜器和青铜冶铸技术先进,标志着已经进入铜器时代。二里头的大型宫殿建筑,表明王国国家政权的存在。二里头一号墓出土的一件铜鼎,是我国迄今所发现的最早的一件青铜鼎,此后鼎成为我国古代最主要的礼器,而且成为国家政权存在的标志和象征。玉器制作是中原二里头文化时期一种新兴手工业。如果说玉器在河南龙山文化时期只有零星发现的话,二里头文化时期已有成批量的出土。在现已出土的该期近 400 件玉器中,有 300 余件出土于二里头遗址。这批玉器不仅数量较大,而且品种繁多。

不少学者从不同方面论述了海岱等地区与中原地区之间的文化交流和融合,尤其是海岱地区先进文化因素对中原地区文明的影响和文化基因作用。邹衡认为二里头文化中的觚、爵、篕和瓦足器等陶礼器应来自东方或与东方有着密切的关系,推测属夏文化上层建筑的礼制可能来自东方。① 李伯谦更分析认为二里头文化是来自东方的后羿代夏之后的夏文化。② 郑杰祥、王克林也认为二里头文化与后羿代夏有关。③ 大汶口文化的陶器符号和山东龙山文化的玉器艺术至少对夏商文化有重要影响。

中原地区兼收并蓄各地先进的文化因素并不是简单地集合和吸收,而是有所扬弃或改造。龙山文化、新砦文化时期此类例子不胜枚举。二里头文化中有着“华西化”(来自西方)和“华东化”(来自东方)的文化因素。这些外来文化因素大多不是简单的“拿来”或模仿,而是经过相当程度的改造,一器多因素的现象屡见不鲜。除了日常用具有经过改造的情形外,一些吸收非实用的器物如玉器也少见与原产地完全相同。良渚文化之后散见于中原文化体系的玉、石琮,一般形体矮小,纹饰简单,而未见到如良渚琮上繁缛的兽面纹。陶寺文化墓中出土的玉钺多素面,而未见如良渚钺上的神人兽面纹及鸟纹。此类玉器显然已非宗教法器,在用于别贵贱、身份的同时又有饰品化的倾向,世俗和礼制的内涵彰显。④ 杨庄二里头文化遗址是一处环壕聚落遗存,出土有包括采用特殊陶土制作的白陶鬶、白陶爵和黄褐陶爵,大型壕沟、祭址、漆器、铜器、特殊建筑构件,

① 邹衡:《夏商周考古学论文集》,文物出版社,1980,第 163~166 页。

② 李伯谦:《二里头类型的文化性质与族属问题》,《文物》1986 年第 6 期。

③ 郑杰祥:《二里头二期文化与后羿代夏问题》,《中原文物》2001 年第 1 期;王克林:《从后羿代夏论二里头二期文化的变化》,《中原文物》2004 年第 4 期。

④ 高江涛:《中原地区文明化进程的考古学研究》,社会科学文献出版社,2009,第 468 页。

以及兵器石矛和大量石簇，可能是受到外来因素的影响。除偃师二里头遗址之外，这些因素在其他二里头文化遗址中罕见。推测本期聚落也许与夏王朝对南方的经略有关。①

需要特别指出的是，这个时期各地之间的文化交流，尤其是与中原地区的交流不再仅仅是文化风格的传播，而是在制度、思想等更高深层次上开展全面的交流。例如中原地区发现的与良渚文化颇为相似的玉璧、玉琮之类，意味着后者宗教思想的传播；从瓮棺葬俗向竖穴土坑墓葬俗的转变和通过拥有随葬高端手工业制品等来显示墓主人身份地位的做法，既是对东南地区社会风俗的接受，更意味着在社会政治层面对后者的等级制度的借鉴和吸收。为了巩固自己的地位，中原社会的军事贵族开始设法建立一套新的社会秩序，经验来自周边的地方文明。于是，从庙底沟二期文化开始，中原地区出现了主要是来自长江流域和黄河下游地方的众多文化因素，如通过棺椁和随葬品规格数量体现的等级制度，通过玉琮、玉璧等体现的宗教思想等等，这些均是维系社会成员之间关系稳定的重要手段。

在长江流域，目前还未发现与中原二里头文化年代基本对应的考古学文化，但约在二里头文化晚期阶段普遍出现了新的考古学文化。这些文化的下限年代往往进入商代。如上游的三星堆文化，中游的荆南寺文化，下游的斗鸡台文化、点将台文化和马桥文化等。现有材料已经表明长江流域诸考古学文化与二里头文化都程度不同地发生着联系。如三星堆文化上限年代的确定，主要依据就是该文化具有二里头文化典型器陶盉等，同时还发现与二里头文化所见几乎完全相同的镶嵌绿松石的铜牌。又如荆南寺文化早期之陶深腹圜底罐、大口尊；斗鸡台文化之单扉铜铃；马桥文化陶鸭形尊、觚、簋等，都与二里头文化同类器物相近。②

综观这一时期各地方的考古学文化，虽然都已进入青铜时代，但以二里头文化最为发达，而且周围各文化都或多或少地受到二里头文化的影响。一个大体上是平等的多元一体格局正向以中原为核心的多元一体格局发展，这是中国

① 北京大学考古系等：《驻马店杨庄——中全新世淮河上游的文化遗存与环境信息》，科学出版社，1998，第207页。

② 袁行霈等主编：《中华文明史》第一册，北京大学出版社，2006，第123页。

早期文明形成的一个重要标志。

总之,以中原为中心全方位的文化交流,形成一股强大的向心力和凝聚力,促进着民族间的理解和认同,推动着多元文化和社会一体化趋势的发展。由于中原居天下之中,是八方辐辏之地,遂成为物流和信息的中心枢纽。从各种考古记录看,庙底沟二期文化以来的中原地区,实际上成了来自四面八方各种文化、思想以及政治经验交汇融合的大熔炉。这一地理优势,是包括黄河下游海岱地区在内的各地方社会远不能比拟的。各地的功过成败、经验教训最终都融入中原这座大熔炉。这座大熔炉,既熔铸了中原社会的文明化方向,也练就了中原人包容万象的开放心理和胸襟,它对周边社会的凝聚力不断增强,从而为三代文明以及一个更为持久的以中原为中心的历史发展趋势奠定了基础。

(原载《区域文化与区域发展》,河南人民出版社 2009 年版)

夏商时期中原王朝的向外扩张和中原文化圈的拓展

在史前传说中的五帝时代，也就是考古学所谓的铜石并用时代，在黄河中游的中原地区生活着华夏部族，黄河下游的海岱地区生活着东夷部族，长江中游地区生活着苗蛮部族，这些部族文化之间存在着交流与互动。而以中原为中心全方位的文化交流，形成了一股强大的向心力和凝聚力，促进着民族间的理解和认同，推动着多元文化和社会一体化趋势的发展。夏、商、周三代历史继承了这个强有力的趋势，促进了中华文明的形成和初步发展。本文主要以青铜文化为视角，探讨夏商时期中原地区与周边地区文化交流互动的情况及其与广义中原文化圈形成、中华文明发展的关系。

由于华夏部族创建的夏王朝在黄河中游今豫西、晋南地区立国，中原在全国的地位逐渐加强，以豫西、晋南为中心的中原地区开始成为华夏文化的核心区。有学者指出："由于夏王朝正好位于中原地区，夏朝建立后虽然经过一番周折而终于得到巩固和发展，在诸多族系中华夏的势力脱颖而出，中原地区在全国的地位突显出来，从而对往后中华文明的发展具有十分深远的影响。"①大量考古资料表明，在公元前2000年以后，中国的地域文化格局发生了重大变化。中原地区之外的文明发源中心无不陷入停滞或者衰退，而中原地区的二里头文化却迅速崛起，成为一种强势文化，从而影响了周边地区文化的发展。中原地区作为中华文明中心的地位开始逐渐显现，周边地域文化逐渐被纳入以中原王朝为中心的轨道，这是中国文明起源与早期发展的整体特点。

二里头文化是在河南龙山文化煤山类型的基础上继承和发展起来的一种新型考古学文化，它因河南偃师二里头遗址而得名。二里头遗址是一处夏代后期的都城遗址。考古工作者经过近50年的发掘，发现了大型建筑基址、贵族墓

① 袁行霈等主编：《中华文明史》第一卷，北京大学出版社，2006，第101页。

葬和手工作坊,出土了大批器物。如今二里头文化遗址已发现二百余处,分布范围西起陕西东部,东至河南商丘,北达山西南部霍太山,南抵湖北北部。其中豫西和晋南是二里头文化分布的中心,所见遗址最为密集。这与文献记载的夏人的活动地域恰好相符。一般说来,二里头文化可分为两个类型:一是二里头类型,分布在豫西地区;一是东下冯类型,分布在晋南地区。二里头文化共分四期,其年代属夏代后期。

考古发现表明,到了夏代,中原地区的铜器铸造业有了飞跃的发展。二里头文化的青铜器成为当时社会已经进入铜器时代的标志。“以二里头文化为代表的中原地区冶铜业的进步特征主要表现在铜器数量增加,器类大大丰富,尤其是青铜容器的出现集中体现了这一时期的冶铸水平。另一方面,青铜合金已占据统治地位,而且主要是锡青铜、铅青铜和铅锡青铜。”就冶铸技术而言,“大约从二里头文化二期开始,在二里头这处大型中心聚落(或为都邑),逐渐扬弃了石范这种对铸造技术发展有很大限制的模具,这一变化极大地刺激并提升了中原地区金属冶铸业的水平”。“到二里头文化晚期,又发明出高铅合金青铜,同样也是为满足铜礼器的需求而创新的技术。随着上述一系列‘高科技’的出现,使得中原地区的金属铸造业开始大踏步迈进,在铸造技术上将其他地区远远甩在了身后,一跃而跻身于当时世界金属铸造业的前列。”①玉器制作是中原二里头文化时期一种新兴的手工业,这时玉器已有成批量的出土。在现已出土的该期近400件玉器中,有300多件出土于二里头遗址。这批玉器不仅数量较大,而且品种繁多。

综观这个时期各个地区的考古学文化,虽然都已进入了青铜时代,但以二里头文化最为发达,而且周围各地域文化都或多或少地受到二里头文化的影响。

夏王朝的疆域虽然主要限于豫西和晋南,但影响所及则达到更大的范围。从二里头文化聚落分布的考察看,整体上二里头文化的控制地域主要是今天的河南省和山西省南部,在范围上突破了自然地理单元的制约,出现了跨地区的更广大区域内文化的统一分布。其交流和影响的范围更是大于此。例如,在内蒙古敖汉大甸子墓地贵族墓中出土了具有二里头文化特色的陶酒器爵和盉,在

① 李水城:《西北与中原早期冶铜业的区域特征与交互作用》,《考古学报》2005年第3期。

上海马桥遗址中则发现了与二里头遗址相似的鸭形壶。①

商族起源于东方，它以鸟为图腾，与少昊相同，可能是东夷的一个分支。商族活动地区大约在今河北南部、河南北部东部、山东西部一带。其始祖契曾佐禹治水，加入了华夏部落联盟。商汤灭夏后，在中原建立了商王朝。偃师商城和郑州商城就是商代前期的都城，安阳殷墟则是商代后期的都城。商人在中原地区创造了二里岗文化和殷墟文化，不仅出现了辉煌的青铜文明，而且“有典有册”，使用成熟的甲骨文字。商王朝不仅疆域比夏朝大，而且将不少方国纳入自己的势力范围。它向四周的扩张，促进了中原地区与周边地区的文化交流。

商代前期无疑是以中原为中心的早期王朝最强大的时期。在这个时期，以郑州商城、偃师商城为中心的二里岗文化急剧向四周扩展，在东至渤海、西达关中、北抵冀中、南逾长江的广大区域内，人们都使用着一套共同的日常生活用陶器，形成了范围相当广泛的二里岗文化圈。特点鲜明的二里岗文化青铜器本身及其造型和装饰风格传播到相当遥远的地方，形成了更大范围的中原青铜文化圈。地域广阔的中原青铜文化圈形成以后，就对周围地区产生了强烈的辐射和吸附作用。在商代中期以后，尽管随着商王朝国力的下降和周边地区势力的崛起，出现了商文化圈日益缩小的现象，但这些原先属于商文化或者原先受商文化影响的地区的文化面貌的许多方面都与商王朝统治的中心区域大同小异，中原文化圈在商代仍然在缓慢地扩大。

下面分别简要说明夏商时期中原文化与周边地区文化的交流互动关系。

一、海岱地区

东夷人的一部分活动在海岱地区。夏王朝与东夷族关系非常密切，夏代诸王都重视对夷人的统治。在夏代前期，夏王太康曾失其国，国人一度为东夷族统治。史称“昔有夏方之衰也，后羿自鉏迁于穷石，因夏人以代夏政”②。鉏在今河南滑县东南，穷石在今河南孟州西。后羿是东夷有穷氏之君，他夺取了夏政权。历中康和相两代，华夏人为东夷统治。但是据文献记载，夏王相居商丘时，曾经先后征伐淮夷、风夷和黄夷，致使“于夷来宾”。“后少康即位，方夷来

---

① 王巍：《中国国家形成论纲》，(日本)考古学研究会 50 周年纪念国际研讨会《文化的多样性与 21 世纪的考古学”》，2004 年 4 月。

② 《春秋左传集解 · 襄公四年》，上海人民出版社，1977，第 817 页。

宾”,献其乐舞。说明夏王少康复国中兴,夏朝逐渐强大,夷人归附。“后发即位,元年,诸夷宾于王门,诸夷入舞。”①东夷向夏王献乐舞,是夷夏文化交流的重要表现。夏朝灭亡后,夏部族的后裔不少迁居东方和东夷人杂居。在夷、夏反复交替的过程中,东夷文化因素逐渐融入华夏文化。

商王朝的统治中心比夏朝偏东,与东夷人的关系更为密切。商国在与夏朝的斗争中,把夷人作为重要的依靠力量,曾联合东夷伐夏。商王朝统治稳定后,夷人时有叛服。史称:“桀为暴虐,诸夷内侵,殷汤革命,伐而定之。至于仲丁,蓝夷作寇。自是或服或畔,三百余年。武乙衰弊,东夷浸盛,遂分迁淮、岱,渐居中土。”②从二里岗上层开始,商人就开始其东扩进程。在鲁北和鲁南地区,商人与当地人混居。这从大辛庄早商、中商文化遗存中可以看出,到后来就逐渐商化。商朝对东夷的征伐最著名的就是后期的“征人方”。有学者认为人方即夷方。武丁时曾征夷方。到了商末,“商纣为黎之蒐,东夷叛之”③。虽东夷的叛乱最终被平定,但商朝的国力也消耗殆尽。

岳石文化属于东夷人的文化,存在时间相当于二里头文化中晚期和二里岗文化时期。二里头文化与岳石文化之间存在着多种文化交流,尤其是在两种文化交接地带,均发现对方的文化因素。如河南杞县段岗遗址二里头文化遗存中发现典型的岳石文化遗物,鹿台岗遗址岳石文化遗存中也发现了二里头文化遗物,而在二里头文化四期,在二里头遗址内出土了一组岳石文化遗物。不少学者从不同方面论述了海岱等地区与中原之间的文化交流和融合④,尤其是海岱地区先进文化因素对中原地区文明的影响和文化基因作用。邹衡认为二里头文化中的觚、爵、簋和瓦足器等陶礼器应来自东方,或与东方有着密切的关系,推测属夏文化上层建筑的礼制可能来自东方。⑤ 李伯谦更分析认为二里头文化是来自东方的后羿代夏之后的夏文化⑥,郑杰祥、王克林也认为二里头文化与后

---

① 《古本竹书纪年》之《夏纪·帝王世纪世本逸周书古本竹书纪年》,齐鲁书社,2010,第3、4、5页。

② 《后汉书》卷八十五《东夷传》,中华书局,1965,第2808页。

③ 《春秋左传集解·昭公四年》,上海人民出版社,1977,第1243页。

④ 陈朝云:《夏商周中原文明对淮河流域古代社会文明化进程的影响》,《文史哲》2006年第6期。

⑤ 邹衡:《夏商周考古学论文集》,文物出版社,1980,第163~166页。

⑥ 李伯谦:《二里头文化的性质与族属问题》,《文物》1986年第6期。

羿代夏有关。①

二、关中地区

陕西境内有关夏代的考古遗存主要集中在关中地区，特别是西安以东地区。当地的“老牛坡类型”文化遗存，既有关中地区龙山时代客省庄二期的文化特征，又含有甘青地区齐家文化和中原地区二里头早期文化的因素，表明约在夏代早期，关中东部及丹江上游地区就形成了一支与上述文化有密切联系，又有一定差别的新型考古学文化。而在大荔赵庄、华县南沙村、商州东龙山等遗址中发现的二里头三四期文化遗存表明，到了夏代晚期，关中东部及丹江上游已属于夏王朝的势力范围。

陕西境内比较典型的商文化遗存数量很多，分布也相当广。商王朝建立之初，早商文化就迅速覆盖了关中东部及丹江上游，现已在大荔赵庄、西安老牛坡、商州东龙山等遗址中发现了二里岗下层早段的遗存。以二里岗时期的文化遗址而言，已发现者还有华县南沙村、蓝田怀珍坊、耀县北村等处，铜川三里河则出土了典型的二里岗时期的青铜器。这些地点都近于渭河。1980 年和 1981 年，陕西城固龙头镇两次发现这一时期的礼器和兵器，多达 75 件，其形制、纹饰的特点同于河南等地所出者，表明商代前期中原文化已传播到汉中一带。②

二里岗时期的商文化也影响到周原。1972 年在岐山京当出土的青铜器中，有二里岗风格的觚。次年，在扶风法门寺出土的青铜器里，又有二里岗风格的鬲和杯，这些器物可以估计为商代中期。礼县朱马村、扶风壹家堡以及周原等遗址中发现的二里岗上层或略晚的商文化遗存，则表明在商代中期，商文化在占据关中东部的基础上，进一步将其控制的范围推进到关中西部偏东的周原以东地区，形成了以商文化为主但也含有地方文化因素的“京当型”商文化。

商代晚期即殷墟期的青铜器，在陕西出土更多。它大致可分为三个地区：一是关中的渭河两侧，二是晋陕交界地区的黄河两岸，三是汉中地区。1986 年陕西西安老牛坡遗址出土了商代后期的青铜器，大部分形制、纹饰均与中原所出者类似，同时也有一些具有地方特色。到了商代晚期，随着关中西部商文化

---

① 郑杰祥：《二里头二期文化与后裔代夏问题》，《中原文物》2001 年第 1 期；王克林：《从后羿代夏论二里头二期文化的变化》，《中原文物》2004 年第 4 期。

② 王寿芝：《陕西城固出土的商代青铜器》，《文博》1988 年第 6 期。

势力的衰退，先周文化开始崛起于泾渭地区并终居统治地位，从而促使凝聚多种文化优势的西周文明的诞生。

三、长江中游

在长江流域，目前还未发现与中原二里头文化年代基本对应的考古学文化，但约在二里头文化晚期阶段普遍出现了新的考古学文化。这些文化的下限往往进入商代。如长江上游的三星堆文化，中游的荆南寺文化，下游的斗鸡台文化、点将台文化和马桥文化等。现有材料都表明长江流域诸考古学文化与二里头文化都发生着程度不同的联系。如荆南寺文化早期的陶深腹圜底罐、大口尊，斗鸡台文化的单扉铜铃，马桥文化的陶鸭形尊、觚、簋等都与二里头文化同类器物相近。① 黄河流域比长江流域较早地进入铜器时代。中原以南长江流域的青铜艺术如同青铜技术一样，都来自中原。

商人南进首先到达长江中游地区。在商代前期，湖北省中部和东部的长江以北地区分布着早商文化盘龙城类型。湖北黄陂盘龙城的发现，无可辩驳地表明二里岗商文化已经到达长江流域，那里出土的青铜器很多，也很典型。商代中期以后商王朝南扩的成效颇为显著。《诗经》云“维女荆楚，居国南乡。昔有成汤，自彼氐羌，莫敢不来享，莫敢不来王，曰商是常”②，就是证明。

铜、锡、铅是青铜时代的战略资源。中国的铜矿密集分布在长江南岸，锡矿和铅矿更在其南。中原地区铜矿的蕴藏量不大，寻找并开采铜矿，成为中原王朝南下的重要动因。“奠都在中原的夏朝和商朝缺少有色金属资源，不得不到长江流域去找，后来的周朝当然也如此。铜器时代的黄河流域和长江流域，尤其是黄河中游和长江中游，正是以铜为纽带联结起来的。”③

1988年在江西瑞昌县铜陵发现的古铜矿，开采年代上限为商代中期。湖北的阳新县和黄石市的古铜矿，已知开采年代上限为西周，但附近有不少商代的炼铜遗迹。1989年，在江西新干大洋洲商代大墓出土青铜器480多件，大方鼎类似中原二里岗上层的器物，形制和纹饰特征则显属殷墟期。这些青铜器，既受到强烈的中原文化影响，又表现出明确的本地特色。湖南也发现了不少商代

---

① 袁行霈等主编:《中华文明史》第一卷，北京大学出版社，2006，第123页。

② 朱熹:《诗集传》卷二十《商颂・殷武》，上海古籍出版社，1980，第247页。

③ 张正明:《楚史》，湖北教育出版社，1995，第23页。

中期和晚期的铜器，铸造水平不低于中原，造型和纹饰则既有纯属中原风格的，也有富于江南特色的。湖北、湖南发现的商代青铜器，罕有特异的带浓厚地方色彩的器物混出，而且某些商代青铜器上有殷人的族徽。① 这些器物，"从风格上说，一看就给人以'商代'的印象，和有些地区的出土文物不相同。这种风格是整体的、明显的，所以如果说不属于商代文化本身，而是经过长久传播的影响，恐怕是不合适的"。② 鬲是黄河流域的主要炊器，长江中游真正的鬲则始见于商代，鬲在长江中游的出现与殷人南下是分不开的。

晚商时期这一地区土著文化兴起，逐渐取代了商文化在该地区的统治地位。

4.长江上、下游地区

四川广汉三星堆两处器物坑中的尊和罍，大多与湖南、湖北所出者类似。有学者明确指出，三星堆器物坑中的尊、罍、瓿等礼器是仿制品。仿制是接受其他文化影响的一种表现。三星堆和其西的高骈出土的三件变形饕餮纹牌饰，显然是受中原二里头文化的影响。三星堆文化上限年代的确定，主要依据是该文化具有二里头文化典型器陶盉等，同时还发现与二里头文化所见几乎完全相同的镶嵌绿松石的铜牌。三星堆的一些器物最接近湖北、湖南所出者，因而可以设想，以中原为中心的商文化向南推进，经淮至江，越过洞庭湖，同时溯江而上，进入蜀地，这可能是商文化影响进入四川的主要途径。三峡地区新发现的商代青铜器，也证实了这一点。

在夏代，长江下游的宁镇地区有点将台文化。商代，分布在宁镇地区的考古学文化是湖熟文化，太湖地区的是马桥文化。

湖熟文化是宁镇地区的土著文化，它由点将台文化直接发展而来。湖熟文化在发展过程中又明显地吸收融入了大量中原商周文化的因素，最典型的就是鬲和鬲式甗。鬲是商周文化的典型器，是旱作农业区的主要炊器。可是湖熟文化却以鬲为主要炊器，而且湖熟文化中期的折沿宽唇分裆袋形圆锥足鬲与二里岗的同类器型很相似，晚期的侈口高弧裆鬲又具有西周鬲的风格。中原文化对湖熟文化的影响不是连续的而是断续的，大约在二里岗期和西周初期发生的影

---

① 张正明：《楚史》，湖北教育出版社，1995，第24页。

② 李学勤：《非中原地区青铜器研究的几个问题》，《东南文化》，1988年第5期。

响最大。

马桥文化分布于太湖地区和宁绍平原一带。马桥文化的石器和陶器首先是源自良渚文化因素，其次是中原的夏商文化因素。扁平三角形石镞是二里头文化的典型器，半月形石刀也是中原地区习见的收割工具，而在马桥文化中这两种石器却很多。泥质灰陶上压印带状云雷纹的做法也是二里岗文化的风格。马桥文化中占主导地位的是几何形印纹陶，所含的夏商文化因素虽然不占主导地位，却反映出中原文化对江南地区的影响。

商代长江下游地区已经出现了青铜器，但是冶铸技术的水平比中原的要低得多。在湖熟文化和马桥文化遗址中都出土过小件铜器，还未发现过青铜容器，铜器铸造得也很粗糙，显示出它的原始性。

淮夷很早就与商朝有某种关系，安徽北、中部不少地点都有商代青铜器出土，就是很好的证据。青铜器中包括有相当商文化二里岗期的因素，如安徽六安发现的斝、觚，应为商代的方国——六国所有。说明商代前期中原文化影响已及于皖西。我国古代东南地区居住的民族有越族。江西吴城商文化和安徽屯溪西周文化，应为越文化，但受到商周文化的浸润，因之既有中原地区文化的统一性，又有很多的地方特点。

此外，中原青铜艺术从商代开始对北方青铜艺术施加了较大的影响，北方青铜艺术新风格的出现和工艺的繁盛，都与中原青铜艺术风格的转变和高峰期的到来息息相关。

以上，我们主要阐述了中原文化对周边地区的影响。事实上，中原与周边地区文化的影响多是双向的，中原文化也受到周边文化的影响。例如，几何印纹硬陶不仅在长江中下游及东南沿海出现，在河南偃师二里头和郑州也有发现。经过学者研究，认为其发源地可能是前者。① 商代各种器物上最流行的纹饰是饕餮纹（即兽面纹），其来源可追溯到良渚文化、山东龙山文化的玉器纹饰。商代遗存中的少数玉器，如殷墟妇好墓的一件玉凤，有学者认为实际是山东龙山文化的遗物。

中原地区对各地先进的文化因素并不是简单地集合和吸收，而是有所扬弃或改造。二里头文化中的外来文化因素大多不是简单地“拿来”或模仿，而是经

---

① 安金槐：《谈谈河南商周时期印纹硬陶及其有关问题》，《文物集刊》，1981 年第 3 期。

过相当程度的改造,一器多因素的现象屡见不鲜。除了日常用具有经改造的情形外,一些吸收非实用器物如玉器也少见与原产地完全相同的文化现象。良渚文化之后散见于中原文化体系的玉石琮,一般形体矮小,纹饰简单,而未见到如良渚玉石琮上繁缛的兽面纹。此类玉器显然已非宗教法器,而用于别贵贱、身份的同时又有饰品化的倾向,世俗和礼制的内涵彰显。① 除偃师二里头之外,这些外来因素在其他二里头文化遗址中较为罕见。驻马店杨庄二里头文化环壕聚落遗存出土有采用特殊陶土制作的白陶鬶、白陶爵和黄褐陶爵,大型壕沟、祭祀遗址、漆器、铜器、特殊建筑构件以及兵器石矛和大量石簇等,可能是受到外来因素的影响。据此可推测本期聚落也许与夏王朝对南方的经略有关。②

商代前期青铜器出土地点分布范围已相当广泛,其中心在河南中北部,北起辽宁,南至湖北、安徽,都有发现;商代后期青铜器的出土地点,分布更为辽阔,北至内蒙古,南至广西,东到沿海,西到甘肃东部。1986 年,在辽宁锦州水手营子出土了一件连柄铜戈,看其花纹,也应属于商代前期。至商代后期,我国的青铜艺术出现了第一个高峰。

正如一些学者所说,中国青铜工艺始终是中原地区居于中心和领先的地位,许多新的技术和艺术风格都是最先在中原地区出现,然后才流传到周边地区。中原青铜器无论在器物种类和造型上,还是在装饰花纹上都往往开新风气的先河。中原青铜艺术风格的转变往往很快带动周围其他地区青铜艺术风格随之转变,而当中原地区与周边地区因某些原因联系减弱或中断的时候,这些非中原地区的青铜艺术往往因得不到中原青铜艺术发展的新信息而陷于停滞,或在先前传入的中原青铜艺术风格的基础上缓慢发展。中原青铜艺术在某种意义上成为中国青铜艺术的代名词。③

总之,夏王朝的建立奠定了中原华夏文化在全国的核心地位,商王朝对四方的扩张和征伐,使中原华夏文化圈得到初步扩展。此后西周王朝在周边地区的封邦建国,春秋战国时期中原诸国向四方扩展势力及其对四裔各族文化的融合,加强了中原地区与周边地区的文化交流与互动,使中原华夏文化圈如同滚

---

① 高江涛:《中原地区文明化进程的考古学研究》,社会科学文献出版社,2009,第 468 页。

② 北京大学考古系等:《驻马店杨庄——中全新世淮河上游的文化遗存与环境信息》,科学出版社,1998,第 207 页。

③ 袁行霈等主编:《中华文明史》第一卷,北京大学出版社,2006,第 206 页。

雪球般不断扩大。共同的经济生活与文化认同促进了中华文化圈内各个地域、各个民族的文化融合，中华文明的发展出现了第一个高峰。生活在这个文化圈中的人们，也逐渐完成了心理上和文化上的自我认同过程，有别于周边的“夏”“华夏”“中国”的观念终于形成。到了统一趋势开始出现的战国中后期，中国中部和东部一体化进程更陡然加快，从而为以后大一统的秦王朝中央帝国的建立奠定了基础。

（原载《郑州大学学报》（哲学社会科学版）2010年第1期）

先秦时期吴楚地区与中原的经济文化交流

先秦时期的吴楚地区是指今长江中下游地区，而广义的中原则大体相当于今黄河中下游地区。黄河中下游地区是中华文明的主要发祥地之一，有着光辉灿烂的华夏文化。而吴、楚两国所在的“长江流域本来就有较发达的文化，在公元前第四千纪当地新石器时代的农业又有进一步的发展，并且与黄河流域发生密切的文化交流。”①

进入文明社会后，长江中下游地区和黄河中下游地区在经济文化方面的交流和互动更加频繁。本文主要分三个时期探讨从新石器时代到秦统一前这两个地区的经济文化交流情况。

史前长江中下游和黄河中下游地区的文化交流

大约公元前1万年前后，黄河流域的先民已进入新石器时代。当时，在黄河中游地区有老官台文化、磁山文化、裴李岗文化，下游地区有北辛文化，而在长江中游则有城背溪文化、彭头山文化等。公元前五六千年前，在长江下游的杭嘉湖地区和宁绍地区出现了河姆渡文化、罗家角文化。其后在黄河中游广泛分布着仰韶文化。在仰韶文化前期，太行山以东的整个黄河下游地区分布着后冈一期文化，接着是大汶口文化的刘林期。而与仰韶文化半坡类型和庙底沟类型大体同时，在长江中游有大溪文化早期，在太湖平原及杭州湾地区则有马家浜文化。

在新石器时代，黄河中下游地区和长江中下游地区分属于两个不同类型的

---

① 白寿彝总主编：《中国通史》第2卷《序言》，上海人民出版社，1994，第16页。

农业区。中原是旱地农作物起源的核心区,那里首先培育了粟和黍,可能还有大豆,园艺菜蔬有油菜、芥菜或白菜,经济作物有大麻等。养畜业是以与农业紧密结合的形式出现的。先后饲养的家畜有猪、狗、黄牛、山羊、绵羊、猫等。农具主要有掘地的石铲,收割用的镰和爪镰,以及谷物加工用的石磨盘和石磨棒。而以长江中下游为核心的水田农业经济文化区一直以稻作农业为主,后来在缺水的丘陵地区又从北方引进了部分旱地作物。这一地区的家畜家禽主要是猪、狗、水牛和鸡,后来又从北方引进了羊。农具中多骨铲或石铲,用以平整水田,后来出现了石犁破土器等。加工粮食则主要用杵和臼。这两个农业区的两种农业体系并不是彼此孤立,而是互有影响乃至在发展过程中发生互动。

新石器时代中期,源于黄河流域的仰韶文化向南延伸,源于长江流域而与仰韶文化大致同时的大溪文化向北延伸,彼此交汇于鄂西北。于是这一地区"在有些仰韶文化的遗址里出有大溪文化的因素,在有些大溪文化的遗址里出有仰韶文化的因素"①。

大溪文化的分布地区是西起瞿塘峡两岸,东达洪湖之滨,北自荆山南麓,南抵洞庭湖畔。"自大溪文化居民分布区溯汉水而上,进入汉水上游的陕南地区,沿丹江、淅水则与伊洛地区相连,此两地均是半坡类型及庙底沟类型居民的分布区,更有甚者,在湖北境内的汉水流域及河南境内的淅水沿岸,均零散地分布着一些半坡和庙底沟两类型居民的移民点,这有利的地理条件和当时这些文化居民分布的格局,为它们进行文化经济交流提供了相当便利的条件。""从大溪文化的基本内涵来看,沿着汉水,尤其是由淅水沟通同伊洛地区的联系,当是大溪文化居民对外交往的主要方向。需进一步指出的是,当黄河中上游步入庙底沟类型时期,它们之间的这种交流,才达到相当频繁的阶段。同时,居住在江汉地区的大溪文化居民能直接吸收庙底沟类型的信息,而使他们和洞庭湖畔的同胞的文化面貌,呈现着显著区别。"②

仰韶文化后期,大约从公元前3500年开始,社会已经进入铜石并用时代。这时在黄河中游分布着仰韶文化,黄河下游是大汶口文化。在长江流域,中游的两湖地区主要是大溪文化晚期和屈家岭文化,下游包括太湖流域主要是崧泽

① 向绪成:《试论长江中游与黄河中游原始文化的关系》,《考古与文物》1998年第1期。

② 白寿彝总主编:《中国通史》第2卷,上海人民出版社,1994,第197、198页。

文化。

继大溪文化而起的屈家岭文化,时代与仰韶文化末期和庙底沟二期文化相当,北向延伸到豫西南,其文化因素则传播到豫中的禹州一带。屈家岭文化主要是继承了大溪文化,同时吸取了一部分仰韶文化的因素发展起来的。

大溪文化和屈家岭文化都同仰韶文化有非常密切的关系。大溪文化中的典型器物双腹杯,屈家岭文化中的典型器物蛋壳彩陶杯和粗陶高柄杯,都曾在仰韶文化后期遗存中发现过。仰韶文化后期秦王寨类型中分间房屋的出现可能也是受到大溪文化晚期分间房屋的影响。大溪文化中的某些彩陶和屈家岭文化中的篮纹陶等,则应是受仰韶文化影响的产物。

长江中游地区的大溪屈家岭文化,在石器及玉器制造方面已经超过了仰韶文化,并给予仰韶文化以较大的影响。长江流域在这一时期文化的发展水平已不低于黄河流域,石器制作技术甚至较仰韶文化为高。

铜石并用时代晚期是龙山文化及其同时代诸文化活跃的时期。与龙山文化同一时代,在黄河中游分布有中原龙山文化,在长江流域则有石家河文化和良渚文化中晚期。这些文化不仅属于同一时代,具有相似的发展水平,而且相互间也有不同程度的联系,存在着一定的共同性。

龙山文化分布于黄河下游的山东和苏北一带,当是东夷的史前文化;黄河中游的河南、山西、陕西等地分布着中原龙山文化,这是由仰韶文化发展而来的一个复杂的共同体,它包括后冈二期文化、王湾三期文化、陶寺类型、三里桥类型和客省庄二期文化等,豫东的造律台类型也与之有密切关系,我们可以统称为中原龙山文化。它应是诸夏的史前文化。

长江中游在屈家岭文化之后也有与龙山文化同一时期的遗存,过去被称为湖北龙山文化或青龙泉三期文化等,现在也一般从龙山文化中划出而重新命名为石家河文化。它应当是苗蛮各族的史前文化;长江下游至杭州湾一带是良渚文化,它可能是古越人史前文化的一支。

进入龙山时代,在江汉平原地区主要是石家河文化。继屈家岭文化而起的石家河文化,其北界大致与屈家岭文化相合,其内涵则与中原龙山文化有不少共同的因素。石家河文化与中原龙山文化关系最为密切,有不少文化因素相似,这当然不是偶然的巧合。中原地区王湾类型的文化是中原龙山文化的一支,与石家河文化相渗透,如前者的少量镂空器和圈足器显示出后者的影响,后者的少量方格纹和绳纹则显示出前者的影响①。湖北郧县的青龙泉遗址，下层为仰韶文化，中层为屈家岭文化，上层为带有龙山文化因素的石家河文化。这样的叠压关系，正是南北文化交相激荡的地下实证②。就上古的炊器而言，黄河流域多用鬲，长江流域多用釜。釜需支架，与支架连为一体则为鼎。随着北方和南方的部落迁徙和文化交流，鬲也出现在南方，而鼎也出现在北方。南方最早用鬲类簋形器和斝形器的是长江中游，时在新石器时代的晚期，为龙山文化南渐所致。

石家河文化分布的地区，大体相当于远古时代三苗集团的活动范围。三苗在历史上与华夏族系有非常密切的关系，舜、禹均曾与三苗打过仗。年代较早的屈家岭文化和年代较晚的石家河文化，以及在它们的西边而年代更早的大溪文化，都应当是三苗的文化遗存。

偏处东南的江浙地区，早在新石器时代就已产生了较高的文化，且与黄河流域有过文化交流。早在新石器时代，长江下游地区就有了发达的稻作农业和成熟的丝织工艺。长江下游新石器文化的序列和阶段性是比较清楚的。和仰韶文化半坡类型大体同步的是太湖地区的马家浜文化。稍后，宁镇地区有北阴阳营文化，太湖地区则有崧泽文化。

但进入铜石并用时代后，在长江下游地区“相当于仰韶文化后期的遗存发现较少，似乎也不完全是同步的，同仰韶文化的关系也没有大汶口文化和大溪—屈家岭文化那样密切和直接”③。这是由于在淮河中下游有属于淮夷系统的部族存在，中原地区和长江下游地区的先民难以直接进行交往。

到了铜石并用时代晚期的龙山文化时代，江浙地区又出现了良渚文化，其玉器文化尤为一枝独秀。“受良渚文化的玉文化影响最直接且有相当深度的则是黄河中下游及淮河流域。”④太湖地区与海岱地区文化联系是有传统的。尤其是良渚文化和晚期大汶口文化、龙山文化之间的交流更加频繁，许多器物和文化因素常常在两地互见。由于玉矿资源、磨制技术、审美观念等原因，中原地区从仰韶文化以来一直缺乏玉器，装饰品也以陶、蚌、骨、石质的居多。但在陶

---

① 向绪成：《试论长江中游与黄河中游原始文化的关系》，《考古与文物》1998 年第 1 期。

② 张正明：《楚史》，湖北教育出版社，1995，第 38 页。

③ 白寿彝总主编：《中国通史》第 2 卷，上海人民出版社，1994，第 224 页。

④ 白寿彝总主编：《中国通史》第 2 卷“序言”，上海人民出版社，1994，第 13 页。

寺文化中却出现了琮、钺、环、梳等大件玉器，而且这些玉器明显地具有良渚风格。自从陶寺文化中大量出现玉器以后，玉器文化便在中原扎下了根。玉琮是良渚文化特有的器物，而中原地区的二里头文化、商文化和周文化都有玉琮，形制也都与良渚玉琮类似，可见玉琮这一良渚文化因素被中原文化吸收融合了。

太湖地区和中原地区的文化联系以往一直很疏远，如此众多的良渚文化因素全面地出现在中原地区是前所未有的。

三代中原和长江中下游地区的经济文化交流

夏、商、周三代，长江中下游地区同中原地区的关系进一步密切，经济文化交流更加频繁。

根据现有的考古资料，可以说黄河流域比长江流域更早地进入铜器时代。据古文献记载，黄帝曾“采首山铜，铸鼎于荆山下”①。到了夏代，中原地区的铜器铸造业有了飞跃的发展。“以二里头文化为代表的中原地区冶铜业的进步特征主要表现在铜器数量增加，器类大大丰富，尤其是青铜容器的出现集中体现了这一时期的冶铸水平。另一方面，青铜合金已占据统治地位，而且主要是锡青铜、铅青铜和铅锡青铜。”“大约从二里头文化二期开始，在二里头这处大型中心聚落（或为都邑），逐渐扬弃了石范这种对铸造技术发展有很大限制的模具，这一变化极大地刺激并提升了中原地区金属冶铸业的水平。”“到二里头文化晚期，又发明出高铅合金青铜，同样也是为满足铜礼器的需求而创新的技术。随着上述一系列‘高科技’的出现，使得中原地区的金属铸造业开始大踏步迈进，在铸造技术上将其他地区远远甩在了身后，一跃而跻身于当时世界金属铸造业的前列。”②

然而，进入铜器时代较早的地方并不就是铜的蕴藏量较大的地方。黄河流域，尤其是中游和下游，铜矿相对较少。中国的铜矿密集在长江南岸，锡矿和铅矿更在铜矿以南。青铜时代的战略资源，一是铜，二是锡，三是铅。“奠都在中

---

① 《史记》卷二十八《封禅书》，中华书局，1959，第1394页。

② 李水城：《西北与中原早期冶铜业的区域特征与交互作用》，《考古学报》2005年第3期。

原的夏朝和商朝缺少有色金属资源，不得不到长江流域去找，后来的周朝当然也如此。铜器时代的黄河流域和长江流域，尤其是黄河中游和长江中游，正是以铜为纽带联结起来的。”①

商朝中期以后，实行南进的政策，成效颇为显著。吸引殷人深入南方的，也是铜和锡、铅。1988年在江西瑞昌县铜陵发现的古铜矿，开采年代上限为商代中期。湖北的阳新县和黄石市也有古铜矿，已知开采年代上限为西周，但附近有不少商代的炼铜遗迹。在江西新干县一座相当于商代的大墓中，出土了制作精良的铜器400余件。湖南也发现了不少商代中期和晚期的铜器，铸造水平不低于中原，造型和施纹则既有纯属中原风格的，也有富于江南特色的。在湖北和湖南出土的某些商代青铜器上有殷人的族徽。②

鬲是黄河流域的主要炊器，长江中游真正的鬲则始见于商代，是与殷人俱来的。

到了商代，湖北省中部和东部的长江以北地区分布着早商文化盘龙城类型，晚商时期这一地区土著文化兴起，逐渐取代了商文化在该地区的统治地位。

西周时期，由于不断的征伐战争和分封诸侯，周文化势力已逐渐深入到长江流域，而且居于统治地位。从考古材料看，周文化向东南扩展的路线有二：一是顺汉水而下，直至湖北省境内，所谓“汉阳诸姬”的文化即其代表。二是顺淮水而下，从河南省的中部直达安徽省的江淮之间。以上两个地域，在商末周初之时曾是荆蛮、淮夷居住之地，其文化一直受商文化的影响。周文化的势力进入之后，逐渐取代了晚商文化的地位，从而形成以周文化因素为主体的商、周和当地文化等多种文化的融合体，两湖地区的楚文化和安徽江淮之间的群舒文化正是从这种融合体中形成和发展起来的。

文献记载，楚国受封于西周王朝。周成王时，“封熊绎于楚蛮，封以子男之田，姓芈氏，居丹阳”。③ 熊绎所居的丹阳一带尽管远离发达地区，而且不在交通线上，可是并不闭塞。鄂西北和境土相接的豫西南，早在新石器时代，就是黄河流域文化同长江流域文化交相切劘之区。汉水中游的南阳、襄阳地区在黄

---

① 张正明：《楚史》，湖北教育出版社，1995，第23页。

② 张正明：《楚史》，湖北教育出版社，1995，第24页。

③ 《史记》卷四十《楚世家》，中华书局，1959，第1691~1692页。

河、长江两大流域的交汇点上。

西周时期，楚人立国未久，地处中原南部边陲，受到周文化的强烈影响，其代表性文化呈现出浓郁的中原特色，属于楚文化的“滥觞期”。“从考古学范畴来看，西周时期的楚文化没有形成完整的体系，它与中原文化近似，略有区别而无明显标志。”①

湖北当阳县赵家湖从 1975 年到 1979 年发掘了两周之际至春秋早期的若干楚墓。“无论从墓式、葬制和随葬的铜礼器、陶礼器来看，与中原同期同类墓都不乏相似之处。”“其中，尤为明显的相似之处是：第一，都是长方形竖穴土坑墓，第二，铜礼器的基本组合都是鼎和簋，第三有些陶礼器的形制大同小异。”②但也有许多不相似之处。楚人来自中原，本来就带着中原的许多文化因素，这是不足为奇的。直到若敖、蚡冒时代，楚国的贵族仍以仿效华夏的礼制为荣。

在夏代，长江下游的宁镇地区有点将台文化。商代，分布在宁镇地区的是湖熟文化，太湖地区的考古学文化是马桥文化。

在南京点将台遗址出土的陶器纹饰中，出现了与河南龙山文化相似的绳纹、篮纹方格纹和独特的梯格纹。以点将台文化陶器与中原及邻近诸文化相比较可以发现，它与河南龙山文化，山东龙山文化、岳石文化和江淮地区的龙山至夏代文化有较多的相同或相近因素，而与二里头文化、良渚文化、江西的龙山文化和浙江肩头弄类型文化之间则极少或没有相似的文化因素。所以，点将台文化是一支具有鲜明地方特征的土著文化，它受中原与江淮地区诸文化的影响远远大于南方诸文化对它的影响。

湖熟文化是宁镇地区的土著文化，它由点将台文化直接发展而来。湖熟文化在发展过程中又明显地吸收融入大量中原商周文化的因素。最典型的就是鬲和鬲式甗。鬲是商周文化的典型器，是旱作农业区的主要炊器。可是湖熟文化却以鬲为主要炊器，而且湖熟文化中期的折沿宽唇分裆袋形圆锥足鬲与二里岗的同类器很相似，晚期的侈口高弧裆鬲又具有西周鬲的风格。中原文化对湖熟文化的影响不是连续的而是断续的，大约在二里岗时期和西周初期发生的影响最大。

---

① 马世之：《中原楚文化研究》，湖北教育出版社，1995，第 169 页。

② 张正明：《楚史》，湖北教育出版社，1995，第 57 页。

马桥文化分布于太湖地区和宁绍平原一带。马桥文化的石器和陶器首先是来自良渚文化因素,其次是中原的夏商文化因素。扁平三角形石镞是二里头文化的典型器,半月形石刀也是中原地区习见的收割工具,而在马桥文化中这两种石器却很多。泥质灰陶上压印带状云雷纹的做法也是二里岗文化的风格。马桥文化中占主导地位的是几何形印纹陶,所含的夏商文化因素虽然不占主导地位,却反映出中原文化对江南地区的影响。

吴国曾受封于西周王朝,主要领地在江苏省的长江两岸;传说越人是夏人的后裔,主要居于浙江省境内。吴越文化是从本地区原有文化如湖熟文化(或土墩墓文化)、马桥第四层及其上层以及昙石山中上层等文化的基础上,吸收商周文化的先进因素发展起来的。

商代长江下游地区已经出现了青铜器,但是冶铸技术的水平比中原的要低得多。在湖熟文化和马桥文化遗址中都出土过小件铜器,还未发现过青铜容器,铜器铸造得也很粗糙,显示出它的原始性。太伯仲雍奔吴为江南土著带去了中原的文化,其中包括中原的青铜器和青铜冶铸技术,从而使长江下游地区的青铜器铸造出现了一个技术上的飞跃。

春秋战国时期吴楚与中原的经济文化交流

春秋初期,楚熊通自称王,是为武王。及其子楚文王熊赀即位,将都城由丹阳(今河南淅川,一说湖北南漳)迁都于郢(今湖北江陵),楚国开始由偏僻山区进入江汉平原。由此北上,可达黄河中游,南下可通长江。地势险要,农业发达。这次都城迁徙是楚国成为南方强国的重要条件。武王至文王时,楚国始强大,渐侵陵江汉间小国。楚国对外不断发动战争,基本上灭亡了汉阳诸姬和诸姜小国,又北上争霸,东进江淮,成为中国南部最强大最发达的国家。至成王熊恽时,“布德施惠,结旧好于诸侯。使人献天子,天子赐胙,曰:‘镇尔南方夷越之乱,无侵中国。’于是楚地千里”①。周王室事实上承认了楚王的南方霸主地位。

淮汉之间是当时东西南北文化交汇的十字路口,楚文王灭申、息,占领了这

① 《史记》卷四十《楚世家》,中华书局,1959,第1697页。

一地区。在楚人占领以前，这个地区的文化景观可谓丰富多彩，但占优势的是随、息、蒋等国的周文化。楚人进入淮汉之间，受益匪浅，主要得益于鹤立鸡群的随国。小国的文化对楚国也不是全无影响，如河南光山县黄君孟夫妇合葬墓是已知最早有封土的竖穴土坑墓，其封土形制对后来楚墓的封土形制似有导向作用。

从楚武王起，楚文化进入茁壮成长期。此前楚人一向仰慕中原的文明，能采用的就采用，能仿效的就仿效。但到武王时，他们开始边模仿边创造了。楚人进入江汉平原，历时渐久，不免沐蛮风，栉夷雨，文化面貌开始发生意义重大的变化。

1978年到1979年在河南淅川下寺发现了20多座楚墓，由此可以窥见公元前6世纪中叶楚国的经济文化状况。下寺楚墓出土了大量的青铜器，可以王子午列鼎和云纹铜禁为代表。从铸造工艺上说，已经使用了熔模铸造法，又称失蜡法。这种工艺可以铸造复杂而精密的铸件。出土的编钟造型巧、音色美、体制大，超过了中原同期的编钟，楚式鼎也令人耳目一新。总之，“楚国的青铜礼器虽以中原和关中的青铜礼器为张本，但有不少别出心裁的变化，到春秋中期已自成一体了”①。“以下寺春秋楚墓为代表的楚文化与中原文化有其共同性的一面，既反映了楚文化与中原文化有密切的关系，也反映了楚文化在其发展过程中，仍不断吸收中原文化的因素。”②

在经济方面，楚国吸取了扬越的冶炼技术和随人的铸造技术，在发展中加以提高，青铜器生产突飞猛进，无论数量和质量都赶上并超过了北方。外求诸人以博采众长，内求诸己而独树一格，这是楚国青铜器的发展道路。冶金、髹漆和织帛三行业的成就，反映了楚国经济的先进性。这种情况一直延续到战国前期，随州曾侯乙墓出土的铜器特别是编钟就是证明。

楚共王二年（前589年），令尹子重与中原诸国在鲁国的蜀邑会盟。鲁国献工匠给楚国，执斲（木工）、执针（缝纫工）、织纴（纺织工）各100人。这些工匠将中原地区的生产技术带到楚地，有助于生产技术的提高。

在文化方面，楚人也向中原诸国学习。《国语·楚语》记申叔时说，应该教

---

① 张正明：《楚史》，湖北教育出版社，1995，第187页。

② 河南省文物研究所等：《淅川下寺楚墓》，文物出版社，1991，第344页。

太子学《春秋》,学“世”(先王的世系和事迹),学“诗”,学“礼”,学“乐”,学“令”(法令和规章),学“语”,学“故志”,学“训典”。这些大多是周的礼乐制度和文献。据记载,楚太史倚相能读通华夏古文献——三坟、五典、八索、九丘。楚灵王三年(前538年),灵王与郑、陈诸国国君会于申县。吴举叮嘱灵王对诸侯要以礼相待,灵王不知如何行礼,向宋国的向戌和郑国的子产询问。向戌介绍了大国国君会见小国国君的礼,计有六仪;子产介绍了小国国君会见大国国君的礼,也有六仪。楚人还借用殷人和周人的文字,这种文字只有酋长和巫师能懂,同楚人自己的语言是不相合的。

春秋时期,就经济文化而论,楚与华夏诸侯国家已无显著的差别。但在继统方面与中原不同。中原的习俗是立嫡立长,而楚人多立季,即所谓“芈姓有乱,必季实立,楚之常也”①。楚国的官制与华夏不同,君权比华夏诸侯更为集中,且在地方较早实行县制。春秋后期,楚国的经济文化已赶上华夏,并且具有自己的特色。

楚国是一个“非夏非蛮”的国家。楚人从中原来到蛮夷地区,带有华夏文化的因素。但又入乡随俗,自称蛮夷。诸夏亦以蛮夷视之。但是楚人仰慕华夏先进文化。楚国子囊主张“扶有蛮夷”“以属诸夏”,这是楚国实行的民族政策。这种政策,有利于各民族和文化的融合。

楚灭中原诸国对铸造楚文化也产生了深远的影响。在灭国过程中,“楚人进一步吸取了北方诸夏的文化传统,反过来又大面积地向南方扩大了华夏文化的影响,而且不断地融合了蛮、夷、巴、濮、百越诸族的文化精华,并在此基础上形成了光辉灿烂的楚文化”②。楚文化的构成极为复杂,它是在继承了深受商文化影响的荆蛮和淮夷等本地文化的基础上,又不断吸收大量中原文化和少量越、巴蜀等文化因素,融合而成为具有显著南方特点的文化。

楚对中原用兵的历史,也是楚文化北渐的过程。“中原南部诸国文化在西周晚期均属中原文化范畴。约从春秋早期开始,渐渐受到楚文化的影响,从器物的形制和花纹来看,出现了一些楚文化的因素。楚灭中原诸小国以后,使得

---

① 《史记》卷四十《楚世家》,中华书局,1959,第1710页。

② 何浩:《楚灭国研究》,武汉出版社,1989,第9页。

当地原有的文化发生深刻的变化，并被纳入了楚文化的范畴。”①东周时期，楚国侵地最多，幅员最广，除了长江中下游各省外，还伸展到陕西、河南和山东等省的部分地区，这给楚文化迅速而广泛的传播创造了有利条件。

战国时期，楚地和中原的商业交流比较频繁。1957 年、1960 年于安徽寿县丘家花园出土的 5 枚“鄂君启节”为楚怀王六年（前 323 年）器。它分舟节和车节两种，是水路和陆路通行的凭证。鄂君启是楚国鄂地（今湖北鄂州）的封君。此节规定了鄂君启经商的车船数量、行经路线、外出时间、所过关卡和免税物资范围等。鄂地处江南的水陆要冲。此节表明，四条水路中的西北路从鄂城出发，经今鄂州、武昌之间的吴塘、梁子、牛山、汤孙等湖，自鲇鱼口穿过长江，溯汉水北上，经唐白河到达南阳盆地。陆路则由南阳盆地东北逾伏牛山口，折向东南经汝颍下游平原，至居巢，接巢湖水系，沿流至江与水路会合。可见战国时期江汉平原地区和中原及江淮地区有着较为便利的交通，商业交换颇为频繁。1974 年 8 月在河南扶沟古城——曲洧城内发现了一处楚金银币窖藏。战国时期楚国大量铸造金银货币，并用于商业流通领域，说明当时的商业仍比较发达，和中原诸国的商业往来仍较为频繁。

战国时期，“南北文化逐渐接近，如曾侯乙墓与中山王昔墓，一南一北，相距甚远，而所出铜器铭文字体相去无几”②。战国后期，楚国为强秦逼迫，都城东迁，楚文化也呈现衰颓之势。

总而言之，“自西周至春秋，中原文化因素在楚文化中较之于南方土著因素比重要大，但却呈现了由强到弱的趋势，而自春秋晚期开始，南方土著因素由偶尔出现渐被融合于楚文化之中，特别是战国一段，楚文化中南方土著因素骤然加强，直至楚文化作为一个整体消失”③。

在长江下游，周代有吴、越二国。吴人和越人族类相近，语言相通，居处相连。吴国的腹地在太湖流域，吴人西进和北上的基地是宁镇丘陵，越人西进和北上的基地是杭嘉湖平原。吴国的公族是周人和土著吴人混血的，越国的公族是土著越人。

---

① 马世之：《中原楚文化研究》，湖北教育出版社，1995，第 169 页。

② 张正明：《楚史》，湖北教育出版社，1995，第 265 页。

③ 郭胜斌：《论考古学楚文化的文化构成》，《湖南博物馆文集》，岳麓书社，1991。

吴、越是由来自中原的贵胄、豪杰或其他的人同当地居民共同建立的国家。春秋后期，吴、越经济迅速发展，并先后北上争霸，成为中原盟主。吴兴于王寿梦之时。史称“王寿梦二年，楚之亡大夫申公巫臣怨楚将子反而奔晋，自晋使吴，教吴用兵乘车，令其子为吴行人，吴于是始通于中国”①。春秋时代吴国在晋人的帮助下学习车战技术，齐人孙武又带去了中原的兵法，为吴国的强兵创造了条件。总之，春秋时期吴国的急剧发展是在学习吸收中原先进文化又结合土著文化的基础上产生的。

吴国和越国都有铜矿。它们的铜器以农器、匠器和兵器为大宗，礼器和乐器都很少。吴人在西周早期已能铸造相当精美的青铜器，可是后来发展缓慢。越人铸造铜器的历史比吴人要短些，发展也不快。

在长江下游地区所发现的西周春秋时期的青铜器大体上可分为四类：一是中原青铜器，是吴人直接从中原带来的；二是越人和楚人的青铜器；三是吴人模仿中原样式铸造的青铜器；四是吴人自己设计创造出来的新式铜器。这类铜器的造型在中原地区从来没有见到过，图案花纹也与中原流行的纹饰不同，而与吴地流行的硬陶上的几何图形相似。在吴人独创的青铜器中值得称道的还有锯刃铜镰。在吴人铸造的青铜器中质量最好、技艺最精、水平最高，并在当时的中国居于领先地位的要数兵器，被发现的主要是戈、矛、戟、镞、剑，其中最值得称道的是剑。吴国当时拥有干将、莫邪等著名工匠，铸剑术在当时的中国堪称一流。吴国铜器在全国不少地方都有发现。

在春秋晚期的吴国大墓中出土的玉器形制、式样、纹饰制作技术等都和同时代的中原玉器没有多大区别，可见吴人的玉器一定是在寿梦始通中国以后重新接受了华夏文化才出现的。

吴国从寿梦起，开始积极吸收中原的文化。吴王寿梦二年（前 584 年），吴伐郯，郯求和，中原为之悚动。寿梦曾经到北方访问，始知中土之辽阔、文明之昌盛。回吴国后，讲求富强之道，并且开始用诸夏之文字和典籍来教育几位公子。中经诸樊至余祭，积四十年之功，其文化已颇有起色。

公元前 554 年，夷昧即位。其弟公子季札甚贤，精通周礼乐文化，曾出使中原鲁、齐、郑、卫、晋诸国，闻歌观舞，多有评论。季札的学识和品格倾动上国，改

① 《史记》卷三十一《吴太伯世家》，中华书局，1959，第 1448 页。

善了吴人的国际形象。同时也说明,吴国虽后起,却已全盘华夏化。

春秋时期江淮间有徐、舒等小国,成为南北交通的枢纽,也成为吴、楚争夺的对象。淮河中游和下游的文化景观与淮汉之间不同,以徐、舒为主体的淮夷文化占优势。徐人贵族文化素养在长江下游是最高的,其铜器铭文结体娟秀而用韵精严。舒人的文化素养虽不及徐人,他们的铸造技艺则不让徐人。舒墓所出铜器中的牺形鼎、平盖扁鼓腹鼎、异形盉等独具特色,所出印纹硬陶和原始青瓷则与越文化相通。徐、舒等国在沟通南北文化上起着重要作用。

总之,西周初期,吴、楚已在长江中下游地区立国。楚国在春秋初期开始强大,吴国则兴盛于春秋后期。春秋末期越灭吴,战国中期楚灭越,在吴越故地置江东郡,统一了长江中下游地区。春秋时期,吴、楚通过政治上的北上争霸、盟会、聘问,军事上的战争、征服、灭国,经济上的战争掠夺、馈赠、贡献、商业往来,以及人才与技术的交流和引进,文化方面的互相通婚、吸收等,与中原诸国进行多种渠道的交流,使两地在经济发展水平上逐渐接近,文化上也出现了融合趋同之势。战国时期,吴楚地区和中原地区在经济、文化方面的区别已不明显。

及至秦灭关东六国建立统一的秦王朝和汉武帝时中央集权的进一步强化,吴楚与中原地区经济联系更为密切,在文化上也融合为一体。

(原载《鄂州大学学报》2008年第3期)

中原文化、海岱文化的互动与汉民族的形成

在中华民族的形成过程中，由中原文化、海岱文化、吴楚文化等地域文化共同构成的中国传统文化起到了重要作用，作为中国主体民族的汉民族的形成也是如此。以华夏文化为中心的中原文化根植于黄河中游的中原地区，海岱文化（包括东夷文化和齐鲁文化）则根植于黄河下游的海岱地区。两地同属黄河中下游，其间无山河阻隔，交通便利。在中国古代，中原地区和海岱地区人民经济联系紧密，文化互动频繁。这不仅促进了两地社会经济的发展、文化的进步，而且两种地域文化的互动和融合，形成了中华传统文化的主体，对汉民族的形成起到了促进作用。

史前时期华夏文化和东夷文化的互动。

中原地区和海岱地区都有悠久的历史和辉煌、灿烂的古代文化。

早在距今50万年至20万年，中原大地就有南召猿人活动。考古工作者仅在河南西半部就已发现旧石器和古人类化石点50多处。到了新石器时代，文化遗址分布更为广泛，形成了系列，这就是裴李岗、磁山及老官台文化，仰韶文化，中原龙山文化。大约距今四五十万年前，海岱地区有沂源猿人活动。到了旧石器时代的中晚期，“整个山东境内就已有了远古的人类在辛勤地劳动生息，创造了山东境内的远古文明”①。海岱地区新石器时代文化大体经历了北辛文化、大汶口文化、龙山文化以及岳石文化等几个发展阶段。

仰韶文化主要分布于中原地区，其影响所及至于东海之滨。在黄河下游，

① 孙祚民主编:《山东通史》（上册），山东人民出版社，1992，第10页。

继后冈一期文化之后，便是大汶口文化的刘林期。由于庙底沟文化的东迁，刘林期的分布范围，远较后冈一期缩小。同时，刘林期居民积极接受并融合了庙底沟文化的先进因素，将自己的生产力及社会关系推进到一个新的发展时期。“不过大汶口文化的发展并不是在自我封闭的情况下实现的，它同仰韶文化及其他相邻原始文化存在着相当密切的关系。不难看出，大汶口文化的鼎、豆的形制显然影响到仰韶文化的同类器物，它所特有的背水壶也不止一次地在仰韶文化秦王寨类型的遗存中发现。更值得注意的是在河南省仰韶文化的分布范围内，往往发现典型的大汶口文化的墓葬。说明大汶口文化对于仰韶文化的影响，至少有一部分是伴随着人口的流动而实现的。同一时期仰韶文化对大汶口文化的影响在程度上虽然要小一些，也还是相当明显的。例如仰韶文化陶器上的篮纹和彩陶上的带状网格纹，就都是在这个时候传入大汶口文化的。两个文化的密切联系，还可从二者发展的同步性体现出来。”①

龙山文化主要分布在今山东省，南及江苏北部，辽东半岛和河北唐山一带也受到它的强烈影响。龙山文化可能是少昊或两昊族系的文化，是东夷人的史前文化。与龙山文化大体同时的中原龙山文化分布的范围最大，内容也很庞杂。其中包括分布于河北南部和河南北部的后冈二期文化，分布于河南中部偏西的王湾三期文化，河南西部的三里桥类型，山西南部的陶寺类型，以及陕西关中地区的客省庄二期文化等。而河南东部的造律台类型，在文化面貌上介于龙山文化和中原龙山文化之间。

综上所述，从考古发现看来，早在新石器时代，中原地区和海岱地区的经济文化已开始相互影响。

中原地区是华夏部族活动的中心区，裴李岗文化、仰韶文化、中原龙山文化等，就是华夏部族创造的不同阶段文化。海岱地区是东夷部族活动的中心区。东夷人至少从北辛文化起，就一直是居住在山东地区的土著居民，中经大汶口文化、龙山文化，直到岳石文化，都是东夷族居民创造的不同阶段的文化。华夏和东夷两个部族在今河南东部地区已有所接触，开始了两种文化的碰撞。

中原地区和海岱地区都有不少史前传说。据文献记载，东夷部族的首领有太昊、少昊和蚩尤。陈（今河南淮阳）是太昊之墟，说明东夷部族已经在河南东

① 白寿彝总主编：《中国通史》（第二卷），上海人民出版社，1994，第220～222页。

部地区活动。曲阜是少昊之墟。少昊曾被称作“五帝”之一。在黄帝和颛顼之间,少昊曾一度统治中原地区。黄帝在阪泉战胜炎帝后,“蚩尤作乱,不用帝命。于是黄帝乃征师诸侯,与蚩尤战于涿鹿之野,遂禽杀蚩尤”①。这是华夏部族和东夷部族之间的一场重要战争。黄帝取得胜利后,在黄河中下游地区建立了当时最大的部族联盟。

传说中的五帝时期,伴随着华夏部族和东夷部族的交融,中原文化和海岱文化也开始出现交流和互动。炎帝和黄帝部族从关中地区东下,先后到达华北大平原地区。黄帝部族据有中原地区以后,其势力逐渐向东部扩展,部分东夷人开始与之融合。史称黄帝“举风后、力牧、常先、大鸿以治民”②。东夷人族属颇多,故史称“九夷”,其中有风夷。风后当为风夷的首领。黄帝“得风后于海隅,登以为相”③。风后生活在海隅,当为东夷人。颛顼在帝丘(今河南濮阳)一带与夷族杂居。华夏部族的首领舜,“冀州之人也。舜耕历山,渔雷泽,淘河滨,作什器于寿丘,就时于负夏”④。雷泽在今山东菏泽东北,寿丘在今山东曲阜东北,负夏在今河南濮阳东南。说明舜曾在东夷人的中心区活动。史称舜摄政时,曾“殛鲧于羽山”,以变东夷。⑤ 羽山在今山东郯城东北。鲧治水九年不成,舜将他处死在羽山,欲使东夷人服从。舜又“东巡狩,至于岱宗,柴,望秩于山川。遂见东方君长,合时月正日,同律度量衡,修五礼五玉三帛二生一死为挚,如五器,卒乃复”⑥。这就是说,帝舜在海岱地区推行华夏部族的礼仪制度。如此说不误,至迟在尧舜时期,华夏部族和东夷部族已开始文化方面的交流和融合。

夏禹及其后裔之分布,除少数在陕西境以外,主要以河南为中心,并向东扩展至山东南部地区。大禹治水之时,有皋陶和益助之。“帝禹立而举皋陶荐之,且授政焉,而皋陶卒……而后举益,任之政。”⑦皋陶生于曲阜,偃姓,东夷人;益又称伯益,亦为东夷人。大禹以东夷人为助手,临终前又要将政权授之,可见当

---

① 《史记》卷一《五帝本纪》,中华书局,1959,第3页。
② 《史记》卷一《五帝本纪》,中华书局,1959,第6页。
③ 《史记》卷一《五帝本纪》注引《帝王世纪》,中华书局,1959,第8页。
④ 《史记》卷一《五帝本纪》,中华书局,1959,第32页。
⑤ 《尚书正义》卷三《舜典》,《十三经注疏》本,中华书局,1980,第17页。
⑥ 《史记》卷一《五帝本纪》,中华书局,1959,第24页。
⑦ 《史记》卷二《夏本纪》,中华书局,1959,第83页。

时东夷族和华夏族的关系已相当密切。于是有学者认为,“政治上在原始社会末期,华夏与东夷似乎已到了结成部落联盟的阶段”①。这就朝民族的形成跨出了第一步。

先秦时期中原地区和海岱地区的文化互动

夏朝立国于今豫西晋南地区。在夏代,东夷人和夏王朝关系密切,时叛时服。夏朝建立后,至夏王太康而失其国。史称:“昔有夏之方衰也,后羿自鉏迁于穷石,因夏民以代夏政。”②鉏在今河南滑县东南,穷石在今河南孟州西。后羿是东夷有穷氏之君,善射,喜欢打猎,乘夏中衰而夺取夏政权。历中康和相两代,华夏人受东夷人统治。至少康时,夏方复国中兴。要之,在夏代,东夷人曾一度统治夏国。据《竹书纪年》记载,夏朝强盛时,也曾征东夷,迫使东夷人服从。史称“后少康即位,方夷来宾”,献其乐舞。③ “后发即位,元年,诸夷宾于王门,诸夷入舞。”④东夷向夏王献乐舞,是夷夏文化交流的具体表现。夏朝灭亡后,夏部族不少迁居东方和东夷人杂居。

商族崛起于今豫北冀南地区。《诗》云:“天命玄鸟,降而生商。”⑤商部族以鸟为图腾,与少昊相同,可能是东夷的一个分支。其始祖契曾佐禹治水,加入了华夏部落联盟。商汤灭夏,建立商朝。商都城多迁,大多在中原地区。在商代,海岱地区基本上处于商王朝的统治之下,但东夷人仍时有叛服。商王曾经征“人方”,有学者认为人方即夷方,武丁时曾征夷方。这是商王朝和东夷的战争。到了商末,“商纣为黎之蒐,东夷叛之”。商纣又出兵以平叛。虽东夷的叛乱最终被平定,但商朝的国力也消耗殆尽。因此史书说:“纣克东夷而陨其身。”⑥

西周建立初期,东夷的奄国参与纣子武庚的叛乱。周公领兵“东伐淮夷,残

---

① 白寿彝总主编:《中国通史》(第三卷上),上海人民出版社,1994,第184页。

② 《春秋左传集解·襄公四年》,上海人民出版社,1977,第817页。

③ 《古本竹书纪年》,《帝王世纪世本逸周书古本竹书纪年》,齐鲁书社,2010。

④ 《后汉书》卷八十五《东夷传》注引《竹书纪年》,中华书局,1965,第2808页。

⑤ 朱熹:《诗集传》卷二十《商颂·玄鸟》,上海古籍出版社,1958,第244页。

⑥ 《春秋左传集解·昭公四年》《春秋左传集解·昭公十一年》,上海人民出版社,1977,第1243、1337页。

奄,迁其君薄姑"。奄国在今山东曲阜东,薄姑在今山东博兴县东南。西周实行分封制,在海岱地区建立了齐、鲁等国。史称周武王"封尚父于营丘,曰齐。封弟周公旦于曲阜,曰鲁"①,实则封周公旦长子伯禽于鲁。西周在东夷故地建立封国,不仅带去了一批华夏人,而且带去了华夏文化。如鲁公伯禽受封时,朝廷"分鲁公以大路、大旂,夏后氏之璜,封父之繁弱,殷民六族,条氏、徐氏、萧氏、索氏、长勺氏、尾勺氏,使帅其宗氏,辑其分族,将其类丑,以法则周公,用即命于周。是使之职事于鲁,以昭周公之明德。分之土田陪敦,祝、宗、卜、师,备物典策,官司彝器。因商奄之民,命以伯禽,而封于少昊之虚"②。由此可知,鲁国建立时,不仅从中原地区带去了一批民人,包括一些巫祝史官和手工业技术工人,而且带去了一批器物、书籍。齐国的建立也应是如此。以宗周、成周为代表的中原文化开始对齐鲁地区产生影响。齐太公之国,"莱侯来伐,与之争营丘"。说明太公在营丘立国遭到东夷人的激烈反抗。为了缓和矛盾,齐太公"因其俗,简其礼"③,保留了一些东夷文化习俗。鲁国实行的文化制度和齐国不同。"鲁公伯禽之初受封之鲁,三年而后报政周公。周公曰:'何迟也?'伯禽曰:'变其俗,革其礼,丧三年然后除之,故迟。'"④可见,鲁国对东夷人的传统文化、习俗、礼仪制度,采取变革的政策,即推行周朝的礼仪制度。但是,海岱地区实行周礼经历了一个较长的过程。春秋时期的一些小国还时而用周礼,时而用夷礼。

东周时期,都城洛邑(今河南洛阳)成为周文化的渊薮。东方的鲁国因为是周公子伯禽的封国,也保留了较多的周朝礼乐文化,于是诞生了崇尚西周礼乐制度的孔子。孔子亲自到洛邑,向在周王室担任史官的老子问礼,今洛阳尚存"孔子入周问礼处"古碑。孔子周游列国时,又长期穿梭于宋、卫、陈、蔡之间,自然会受到中原文化的熏陶。孔子创立儒家学说,主要是受周代礼乐制度的影响。其学说后来主要由邹(今山东邹县东南)人孟子传扬。于是邹鲁地区成为儒学的摇篮和中心。史称:"邹鲁、滨洙、泗,犹有周公遗风,俗好儒,备于礼"⑤。战国中后期,兼并战争愈演愈烈,各国统治者以为儒学迂阔,不予重视,"然齐鲁

① 《史记》卷四《周本纪》,中华书局,1959,第127页。
② 《春秋左传集解·定公四年》,上海人民出版社,1977,第1620页。
③ 《史记》卷三十二《齐太公世家》,中华书局,1959,第1480页。
④ 《史记》卷三十三《鲁周公世家》,中华书局,1959,第1524页。
⑤ 《史记》卷一百二十九《货殖列传》,中华书局,1959,第3266页。

之间，学者独不废焉。于威、宣之际，孟子、荀卿之列，咸尊夫子之业而润色之，以学显于当世”①。齐鲁地区仍然保持着儒学的中心地位。正如李学勤先生所说：“不管我们怎样去评价，儒学在历史上总是传统文化的核心。”“大家一贯把这个区域（邹鲁）的文化看作中国传统文化的正宗。”②

儒学创立后，就开始了它的西渐进程。孔子周游列国，儒学开始在中原的传播。孔门弟子中可以确定祖籍是中原地区的，有卫国温人卜商（字子夏），卫国人端木赐（字子贡）、奚容箴、句井疆、廉絜；宋国人司马耕（字子牛）；陈国人颛孙师（字子张）等。“自孔子卒后，七十子之徒散游诸侯，大者为师傅卿相，小者友教士大夫，或隐而不见。故子路居卫，子张居陈，澹台子羽居楚，子夏居西河，子贡终于齐。如田子方、段干木、吴起、禽滑釐之属，皆受业于子夏之伦，为王者师。是时独魏文侯好学。”③孔门弟子子路、子张在中原地区的陈、卫等国传布儒术，而卫国人子夏对于传授“六经”、阐扬儒学做出了重要贡献。战国初期，魏文侯独好儒学，拜子夏为师，以国家行政力量推行儒学，置博士官，儒学一度在魏国兴盛。子张在陈国创立的学派也被韩非列为儒家八派之首。孔子之孙孔伋（字子思）一度居住卫国，后去宋国，困而作《中庸》。可见，战国时期，儒学除了在鲁国传授外，也在中原诸国广为传播。

在战国的百家争鸣中，道家、法家、墨家、纵横家等在中原地区兴盛。如道家的老子、庄子，法家的商鞅、韩非、李斯，墨家的墨翟，纵横家的苏秦、张仪等，都是中原地区人，并在这一地区活动。海岱地区除邹鲁外，以齐国的稷下学宫为中心，学术研讨和论争也很活跃。两地的学术文化在交流、争鸣中互相影响，并在更广大的地域传播。

山东长岛地区的大竹岛发现了一批战国时期的青铜器。“从铜舟、铜戈的形制看，都是中原地区常见的形式，说明在东周时代，地处我国海滨的长岛县大竹岛，已经与中原地区存在着频繁的经济文化交流。”④天长日久，海岱地区和中原地区在文化上的差别逐渐消泯。

---

① 《史记》卷一百二十一《儒林列传》，中华书局，1959，第3116页。
② 李学勤：《邹鲁文化研究序》，《邹鲁文化研究》，中华书局，2004。
③ 《史记》卷一百二十一《儒林列传》，中华书局，1959，第3116页。
④ 齐文涛：《概述近年山东出土青铜器》，《文物》1972年第5期。

秦汉时期中原和齐鲁地区的文化互动

秦王政二十六年(前221年),秦国最终灭亡关东六国,实现了国家的统一,建立了中央集权的封建国家。秦始皇东巡,"与鲁诸儒生议,刻石颂秦德",封泰山,禅梁父,宣扬国威。秦始皇三十四年(前212年),秦王朝始以法为教,"以吏为师"①。法家学说成为秦朝的统治思想,儒学和其他学说都在禁止之列。秦王朝重视对关东地区的统治,法家学说也在山东诸郡传扬。秦朝为了巩固统一,实行车同轨、书同文、行同伦,有利于中原地区和海岱地区文化的同一。

秦始皇焚书坑儒,儒生受到很大打击,六艺也残缺不全。及陈胜起义,在陈县(今河南淮阳)称王,建立政权,"而鲁诸儒持孔氏之礼器往归陈王。于是孔甲为陈涉博士,卒与涉俱死"。"及高皇帝诛项籍,举兵围鲁,鲁中诸儒尚讲诵习礼乐,弦歌之音不绝。"②

从战国至楚汉之际,齐鲁地区儒学在全国独传承不绝,成为全国儒学的研习中心。鲁国薛(今山东滕州南)人叔孙通,秦时以通儒学征至咸阳,为待诏博士,秦末逃回家乡。项梁领兵至薛,叔孙通从之,后事项羽。汉二年(205年),在彭城(今江苏徐州)领弟子百余人降汉。及汉王刘邦在定陶称帝,叔孙通成其仪号。及高帝西都长安(今陕西西安),叔孙通又说服高帝"征鲁诸生,与臣弟子共起朝仪"③。高帝遂征鲁儒生三十余人西入长安,与叔孙通弟子百余人制习朝仪,然后教群臣习肄。仪成,高帝将制仪诸弟子儒生悉拜为郎。汉朝其余诸仪法,皆叔孙通所制定。

汉兴,鲁、齐、赵、燕之地修经学、习礼仪之风渐盛。及窦太后去世,田蚡为丞相,"黜黄老、刑名百家之言,延文学儒者以百数,而公孙弘以治《春秋》为丞相、封侯,天下学士靡然乡风矣"④。公孙弘为甾川(治今山东昌乐西)薛人,汉武帝策试诸儒,弘对策第一,官至丞相。公孙弘建言"为博士官置弟子五十人,复其

---

① 《史记》卷六《秦始皇本纪》,中华书局,1959,第242、255页。

② 《史记》卷一百二十一《儒林列传》,中华书局,1959,第3116、3117页。

③ 《汉书》卷四十三《叔孙通传》,中华书局,1962,第2126页。

④ 《汉书》卷八十八《儒林传》,中华书局,1962,第3593页。

身。太常择民年十八以上仪状端正者，补博士弟子”①，得到汉武帝采纳。从此，国家开办官学，教授儒家经书，于是公卿大夫士吏多儒学之士。广川（今河北景县西南）人董仲舒以贤良对策，言：“愿陛下兴太学，置明师，以养天下之士，数考问以尽其材。”又言：“《春秋》大一统者，天地之常经，古今之通谊也。今师异道，人异论，百家殊方，指意不同，是以上亡以持一统；法制数变，下不知所守。臣愚以为诸不在六艺之科孔子之术者，皆绝其道，勿使并进。”②汉武帝采纳了董仲舒的建议，“罢黜百家，独尊儒术”，从此儒学成为汉王朝的统治思想。

汉代长安和洛阳先后成为全国的政治中心，也是全国的文化教育中心。长安和洛阳先后建立了太学，为五经博士置弟子，传授经学，形成十四博士之学。儒学的研究和传播中心已经由齐鲁地区转移到中原地区。

西汉时期，经学在中原地区迅速传播，研习教授者甚众。出现了以《礼》名家的戴德、戴胜及大小戴《礼》学，以《易》学名家的京房及京氏《易》学。它如周王孙、丁宽之《易》学，陈翁生、假仓之《尚书》学，许晏之《诗》学，食子公、王吉之《韩诗》学，贾护之《左氏春秋》学，在全国都有一定的影响。

东汉建都洛阳。光武帝刘秀“爱好经术，未及下车，而先访儒雅，采求阙文，补缀漏逸”。四方学士“莫不抱负坟策，云会京师，范升、陈元、郑兴、杜林、卫宏、刘昆、桓荣之徒，继踵而集。于是立《五经》博士，各以家法教授”。明帝亦好儒，亲自正坐讲经，诸儒执经问难于前。建初年间，章帝又“大会诸儒于白虎观，考详同异，连月乃罢”。“熹平四年，灵帝乃诏诸儒正定《五经》，刊于石碑”，“树之学门，使天下咸取则焉”③。东汉皇帝对经学的提倡，导致经学的兴盛。洛阳成为全国经学教育和研究的中心，地处京畿的中原地区经学最为兴盛。

汉代，儒家经学作为一种统治思想，处于独尊地位。除了都城的太学外，又在全国建立学校系统，进行经学的研习和传播。朝廷选士，也以经学及经学指导下的道德行为作为标准。这些，都促进了全国各地思想文化的统一，对汉民族的形成起到了重要作用。

---

① 《汉书》卷八十八《儒林传》，中华书局，1962，第3594页。

② 《汉书》卷五十六《董仲舒传》，中华书局，1962，第2512、2523页。

③ 《后汉书》卷七十九上《儒林传上》，中华书局，1945，第2545、2546、2547页。

汉民族的形成

东夷部族和华夏部族在原始社会就多有接触。夏、商二代，东夷在中原王朝衰弱时，常向西扩张势力。中原王朝强盛时，则发兵征伐东夷，迫使东夷人归附。夏朝前期太康失国，东夷首领后羿曾“因夏民以代夏政”①。殷商后期，“武乙衰敝，东夷寖盛，遂分迁淮、岱，渐居中土”②。西周初周公东征后，在海岱地区建立齐、鲁两国作为东方屏藩，对东夷起到了遏制作用。但在商周时期，东夷人的势力还很强大。

春秋以后，东夷族逐渐被融合到华夏族中去，成为汉民族的族源之一。春秋时期齐、鲁两大国在海岱地区逐渐吞灭周围小国和东夷诸国。齐国以“尊王攘夷”为名，先后灭掉夷夏纪、成、谭、遂等10国。鲁国也灭亡了一些小国。周灵王五年（前576年），齐灭莱夷，东夷遂与诸夏逐渐融为一体。

秦朝统一全国后，在全国各地实行郡县制，以地域为单位，编制居民户籍，百姓成为封建国家的“编户齐民”。“秦并六国，其淮、泗夷皆散为民户。”③在地方政府有效管辖的地域，无论华夏人还是东夷人，都是封建国家的编户齐民，族属的区别逐渐消失，东夷人和华夏人融为一体。汉代以后山东半岛、江淮间之居民已不以东夷称之。海岱地区的东夷、齐鲁文化与中原文化互动交融的过程也是东夷族逐渐融入华夏族的过程。

斯大林说：“民族是人们在历史上形成的一个有共同语言、共同地域、共同经济生活以及表现在共同文化上的共同心理素质的稳定的共同体。”④就中国古代而言，在先秦时期华夏部族与四裔部族特别是东夷部族逐渐融合的基础上，经秦至西汉时期的历史发展，一个以华夏族为主体、融合众多部族成分的民族共同体已正式形成。

华夏人生活的中原地区和东夷人生活的海岱地区同属于黄河中下游地区，

---

① 《春秋左传集解》襄公四年，上海人民出版社，1977，第817页。

② 《后汉书》卷八十五《东夷传》，中华书局，1965，第2808页。

③ 《后汉书》卷八十五《东夷传》，中华书局，1965，第2809页。

④ 《斯大林全集》（第二卷），人民出版社，1953，第294页。

而且地形大多为大平原，无山河阻隔，交通相对方便。从总体上说，应该属于共同的地域，这是东夷族融入华夏族的基本条件。黄河中下游地区，自传说中的三皇五帝，经夏、商、周到秦、汉，始终是华夏主体民族的活动中心。因此从民族形成的意义上来说，统一的秦汉王朝又为汉民族的形成在共同的地域上提供了稳定的保证。

从经济生活来看，华夏部族所处的中原地区和东夷人所处的海岱地区气候大体相同，又处于黄土高原的边沿和黄土冲积地带，地表覆盖着黄土层，土壤比较松软，又有肥力，适宜农耕。因而这两个地区早在新石器时代，就产生了原始农业，以旱作为主，种植粟类。春秋战国时期开始使用铁器和牛耕，形成了男耕女织的小农经济方式，又同时进入传统农业阶段。战国以迄秦汉，这两个地区又兴修了不少水利工程，有些地方开始种植水稻。秦汉时期伴随着小农经济的定型化，公共水利的发达和路网的形成，统一的度量衡和货币，商业的长足进步，经济文化中心城市的出现，经济联系更为紧密。标志着这一时期中原地区和海岱地区的人们已经有了相当稳定的共同经济生活。

从语言来看，西周在海岱地区分封诸侯国，带去大量的华夏人。在海岱地区，除齐、鲁外，还有来自中原的姬姓、姜姓国十多个，其余多为东夷古国。这些封国的统治者要保证政令的畅通，需要建立各级管理机构，需要共同的语言和文字。春秋时期诸国不断举行盟会并相互遣使聘问，也加快了语言文字统一的进程。战国时期各国文字的基本结构已经相同，但字体繁简、偏旁位置仍有差异。及秦朝建立，丞相李斯建议统一文字，遂以小篆为官方文告的标准字体，以隶书为日常使用文字，结束了战国“文字异形”的状况。文字的统一，标志着全国有了共同的和稳定的语言。

从文化心理素质的特征来看，西周时周公姬旦制定的礼乐制度，通过齐、鲁等国的分封，而传播到海岱地区。春秋后期孔丘继承西周的礼乐制度创立儒学。战国时期儒学西渐，在中原地区传播。西汉中期，汉武帝接受董仲舒的建议，“罢黜百家，独尊儒术”，以“春秋大一统”之义作为汉王朝立国的指导思想。儒学开始在全国占据统治地位，对民族共同心理素质影响很大。一方面，春秋大一统思想成为维护国家统一、巩固中央集权的理论基础，同时也成为维系民族长期稳定的思想纽带。董仲舒继承并发挥孔孟的大一统思想，将“天不变，道亦不变”“天人相与”的哲学观点、大一统的政治思想、“三纲五常”的人伦理论与"习文法吏事,而又缘饰以儒术"的施政准则糅合起来,既为中央集权的封建国家提供了理论基础,也为华夏民族向汉民族发展转化为统一的稳定的民族共同体奠定了思想基础;另一方面,"三纲五常"的封建伦理观念和道德规范,潜移默化地对汉民族共同的伦理心理价值取向和社会心理价值取向,对汉民族共同心理素质的构建起了巨大作用。①

总之,秦汉时期,从民族形成的基本特征看,汉民族有了共同的地域、共同的语言、共同的经济生活和共同的文化心理素质。东汉时期,"汉人"自称和他称已开始出现,反映了民族意识的增强。以黄河中下游为中心的、统一的汉民族最终形成。

东夷族是除华夏族以外,构成汉民族的重要族源之一。在先秦时期,东夷人和华夏人的交往十分频繁。正如傅斯年先生所说:"这两个体系,因对峙而生争斗,因争斗而起混合,因混合而文化进展。"②东夷人在和华夏人的长期交往、杂居共处中,逐渐和华夏人融为一体。东夷人和华夏人都有着璀璨的文化,二者有着长期的文化交流和互动。西周以迄战国,中原地区和海岱地区的文化互动更为频繁。这种文化的互动,在黄河中下游地区形成了共同的先进的文化,特别是形成了中国传统文化的核心——儒学,在构建共同的民族心理、促进汉民族的形成中起到了关键作用。当然,我们在指出这一点的同时,也不否认其他地域文化、其他部族在汉民族形成中的重要作用。

(原载《郑州大学学报》(哲学社会科学版)2006年第2期)

① 任崇岳主编:《中原地区历史上的民族融合》,内蒙古人民出版社,2004,第66页。
② 傅斯年:《夷夏东西说》,《庆祝蔡元培先生六十五岁论文集》,1937。

先秦及秦汉时期中原与岭南地区的经济文化交流

中原地区原在黄河中游地区,及至春秋战国时期,其地域范围已经扩大到整个黄河中下游地区,包括今陕西、山西、河南、山东、河北大部以及安徽、江苏北部,这是广义的中原地区。本文所谓中原即广义的中原,河洛地区是中原地区的核心。

岭南又称岭外或岭表,指南岭(又称五岭)以南的地区。五岭又称五峤,是大庾岭、骑田岭、都庞岭、萌渚岭和越城岭的总称。岭南地区北有南岭(五岭),南有大海,构成一个独立的地理单元。本文所谓岭南主要是指今广东、广西、海南三省,有时也涉及越南。

中原和岭南地区相距数千里,有南岭山脉阻隔。过岭道路穿过南岭山脉的隘口,称“五岭峤道”,包括越城岭道(湘桂道),萌渚岭道(桂岭道、谢沐关道),零陵、桂阳峤和大庾岭道(横浦关、梅岭关道)等。这些,都是中原经荆楚至岭南的交通要道,也是两地经济、文化交流的重要通道。自古以来,中原和岭南不仅有政治联系,而且存在着经济文化交流。本文主要探讨先秦、秦汉时期中原与岭南的政治、经济、文化关系。

史前三代中原与岭南地区的关系

先秦时期岭南地区生活着南越与西瓯族群,泛称扬越、外越。岭南越人与中原华夏人很早就有交往。相传尧曾“申命羲叔,宅南交。平秩南讹,敬致”①。

① 《尚书正义》卷二《尧典》,《十三经注疏》本,中华书局,1980,第119页。

舜使禹“定九州，各以其职来贡，不失厥宜。方五千里，至于荒服。南抚交趾北发”①。所谓“南交”“交趾”，即指岭南一带。若这些传说可信，则尧舜时代中原华夏族的政治影响已到岭南地区。

就考古学文化而言，中原地区有蓝田人、南召人，旧石器时代早期有以西侯度文化和匼河文化为代表的遗存，中期有以丁村文化为代表的遗存，晚期有以山西朔县峙峪、沁水下川、河南安阳小南海为代表的遗存。新石器时代早期有裴李岗、磁山、老官台文化，中期有仰韶文化，晚期有中原龙山文化。

旧石器时代岭表也有人类居住，例如广东曲江马坝人，广西柳江的柳江人。新石器时代早期的遗存，前段以独石仔、黄岩洞、青塘圩和大龙潭为代表，后段以甑皮岩为代表。在广东东江和北江流域分布着石峡文化；在珠江三角洲分布着西樵山文化，大部分以双肩石器、大型打制石器、绳纹陶或几何形印纹陶为特征。岭南地区新石器文化延续时间要比中原长。

在新石器时代，洞穴、沙丘、贝丘、岗地遗址是岭南先民的主要生活地点，与中原地区多见经营农业的村落遗址有较大差异。周边地区考古学文化对岭南的进入和渗透从来就没有停止过，但珠江大传统始终发挥作用。珠江大传统与中原地区有显著区别。②

由于文献记载不足，人们对三代及其以前中原与岭南地区的联系知之甚少，但考古学研究提供了一些信息。例如，中原庙底沟文化中的彩陶的传播有很多路线，“其中向南的一支在河南淅川下王岗、湖北枝江关庙山都有重要线索，所以，很多学者都认为洞庭湖左近的大溪文化或相类遗存的彩陶与庙底沟文化的直接影响有关……尔后，彩陶由湘水走灵渠，从桂北入西江，进入广东后一路南下，经高要蚬壳洲、东莞万福庵、深圳大黄沙等地直至香港的大湾遗址等，形成了仰韶时代的中晚期彩陶由太行山、伏牛山、武当山、武陵山东麓而下，纵向切割中国版图的格局”③。

学术界承认新石器时代以来岭南地区就与中原地区，特别是与长江中下游地区有文化方面接触，但倾向于文化通道的“形成发展时间与楚人进逼岭南大

---

① 《史记》卷一《五帝本纪》，中华书局，1959，第43页。
② 卜工：《文明起源的中国模式》，科学出版社，2007，第219、218页。
③ 卜工：《文明起源的中国模式》，科学出版社，2007，第234~235页。

体一致”①。其实中原经荆楚到达岭南的路线古已有之，而且文化走廊比人们预计的要更多，联系更为紧密。“岭南地区的考古学文化与中原血脉相连，文明起源的中国模式在岭南继续延伸是客观的历史事实。”②

夏、商、周三代，中原与岭南的关系逐渐密切起来。商王朝的势力已经扩张到南岭以北，在湖南、江西的一些考古发现就是证明。在郑州、安阳的商代墓葬中出土了产自南海和东海的龟甲、海贝、海蚌、鲸鱼骨等，这些应是作为贡品或交换品传到中原的。③ 商朝初年，南方各国就向商王朝进贡特产。文献记载："伊尹受命，于是为四方之令曰……正南瓯邓、桂国、损子、产里、百濮、九菌，请令以珠玑、玳瑁、象齿、文犀、翠羽、菌鹤、短狗为献。”④西周初年有“成周（今河南洛阳）之会”，骆越人向周成王进贡“路人（即骆人）大竹”“仓吾（苍梧）翡翠”“越骆之菌（竹笋）”和“南海之柜（黑黍之类）”⑤。周公居摄六年，交趾南越裳国人“以三象重译而献白雉”⑥。广东信宜县出土的西周铜盉，和中原的西周中晚期铜盉形制相同。广西亦有商周青铜器出土。当时中原与江南、岭南的往来由此可见一斑。

总之，早在史前，中原地区与江南及岭南的往来就见于记载。“在中原进入阶级社会以后，高度发展的商周文化曾给南方以强烈影响；同时南方古文化中的某些因素，也被中原文化所吸收。它们之间的相互交往融合，共同缔造了我们中华民族的古代文明，共同促进了我国统一的多民族国家的逐步形成。”⑦

春秋战国时期中原文化对岭南的影响

春秋战国时代，岭南地区是越人的天下，长江中游地区则是楚人的世界。

---

① 黄展岳：《论两广出土的先秦青铜器》，《考古学报》1986年第4期。

② 卜工：《文明起源的中国模式》，科学出版社，2007，第238页。

③ 蒋祖缘、方志钦：《简明广东史》，广东人民出版社，1987，第53页。

④ 《逸周书》卷七《王会解》，附《伊尹朝献》（商书），《丛书集成初编》（3694），商务印书馆，1937。

⑤ 《逸周书》卷七《王会解》，《丛书集成初编》（3694），商务印书馆，1937。

⑥ 《后汉书》卷八十六《南蛮西南夷列传》，中华书局，1965，第2835页。

⑦ 《江南地区印纹陶问题学术讨论会纪要》，《文物集刊》1981年第3期。

当时已有一些南越人活动于中原等地。杨宽指出:“至少在春秋后期起,越族已开始和华夏族融合,南越和中原的关系已很密切。”①战国中期,楚悼王任用吴起实行变法,楚国强盛,“南并蛮越,遂有洞庭、苍梧”②。楚国疆域的南拓,增强了对岭南地区的影响。中原华夏文化对岭南地区文化的影响,是通过楚文化作为桥梁而实现的。

广东清远、四会、德庆、肇庆、始兴、罗定与广西恭城、平乐、宾阳等地,都曾发现大量的春秋战国墓葬。这批墓葬的空间分布,大致在五岭南北两侧的河流沿岸。它表明岭南地区和中原文化的交往是沿着南岭山地的河谷而进行,这些河谷正是历史上的过岭通道。这些墓葬都具有中原地区商和西周墓葬的特点,特别是具有明显的楚文化特征,而墓葬中出土的青铜器,则兼中原和地方特色。③

1963—1964 年在广东清远县马头岗发掘两座随葬有铜器的墓葬,年代为春秋末到战国前期。2 号墓是长 2.8 米的长方形竖穴土坑墓,随葬青铜器有些与中原近似,特别是 1 号墓有方格绳纹的残器,竟与北方所出相仿,疑为外地传来的。④ 1971 年,广西恭城县秧家出土一批青铜器,包括有足部外撇的鼎、南方式的尊,也有近似中原风格的鼎。⑤ 广西平乐银山岭发现的战国中晚期墓葬,出土器物具有楚文化的特点,有些铜戈上还刻有楚国境内的地名,如“江”⑥。“江”即江国,位于今河南正阳县东南。

先秦青铜器的出土地点遍布岭南四十多个市县,总数 800 多件,年代多为春秋战国时期。“由于独具特色的人首柱形器、半球形器屡屡在此地出现,青铜器中含砷的特点完全有别于中原地区,加之夔纹陶遗存自身所表现的青铜文化特色,岭南青铜时代有个土著时期已成为学术界的共识。”同时,“该时期青铜器中有与中原地区完全相同者,有与滇黔地区发生密切联系者,也有来自长江流

---

① 杨宽:《战国史》,上海人民出版社,2003,第 286 页。

② 《后汉书》卷八十六《南蛮西南夷列传》中华书局,1965,第 2831 页。

③ 李孝聪:《中国区域历史地理》,北京大学出版社,2004,第 368 页。

④ 广东省文物管理委员会:《广东清远发现周代青铜器》,《考古》1963 年第 2 期;《广东清远的东周墓葬》,《考古》1964 年第 3 期。

⑤ 广西壮族自治区博物馆:《广西恭城县出土的青铜器》,《考古》1973 年第 1 期。

⑥ 广西壮族自治区文物工作队:《平乐银山岭战国墓》,《考古学报》1978 年第 2 期。

域的因素”①。

广东青铜时代的物质文化和社会发展深受中原、楚越等地的影响,可以从出土文物得到证明。如广东发现的相当于商周时期的折肩大口尊、觯形器、簋形器和矮足豆等陶器,以及广东青铜时代盛行的形状多变又富于图案意味的夔纹,可以看到商周时代器形和夔龙纹的影响;广东青铜时代陶器或青铜器上的窃曲纹、乳钉纹、兽面纹、蟠龙纹以及流畅的云气纹、羽状纹等,可以看到两周和楚文化的影响。惠阳的春秋兽蹄足云雷纹铜鼎,罗定南门垌的兽蹄足蟠龙纹鼎,南门垌和四会鸟蛋山的铜盉,清远马头岗的铜罍等,都与中原春秋晚期至战国早期的同类器物极其相似。② 人面纹在中原商代青铜器上已经出现,广东发现的都是在春秋时期的铜兵器上。德庆县拦马山战国墓出土的一件青铜短剑上,刻有六个汉字铭文,说明汉字早已在广东流行。

总之,到了春秋战国时期,岭南的青铜器时代已经经历了数百年的自身发展,加上中原商周时期先进文化的影响和浸润,终于使岭南地区出现了奴隶制的生产关系。

秦汉时期中原与岭南的政治关系与经济文化交流

秦汉时期,岭南成为统一多民族国家的一个组成部分,岭南与中原的政治关系更为密切,经济文化交流明显加强。

一、日益密切的政治关系

秦王政二十四年(前 223 年),秦国派军队灭楚,“因南征百越之君”③,数万士兵进入岭南地区。为了解决运输和给养问题,秦军在今广西兴安县境内开凿了一条长 60 里的人工运河,引湘江水入漓水,称作“灵渠”。得到沿湘江运抵岭南的大批粮饷和物资的接济,秦军得以深入西瓯作战,杀其君译吁宋,基本控制这一地区。秦始皇三十三年(前 214 年),派逋亡人、赘婿及贾人继续“略取陆梁

---

① 卜工:《文明起源的中国模式》,科学出版社,2007,第 222 页。
② 蒋祖缘、方志钦:《简明广东史》,广东人民出版社,1987,第 55 页。
③ 《史记》卷七十三《白起王翦列传》,中华书局,1959,第 2341 页。

地”,秦将任嚣、赵佗率领水师到达番禺(今广州)。秦朝在岭南设置桂林(治今广西桂平附近)、象郡(治临尘,今广西崇左境内)、南海(治番禺,今广东广州)三郡,于是岭南地区的越人成为中原秦王朝的编户齐民。

秦二世元年(前209年),陈胜、吴广起义爆发,六国旧贵族和民众纷纷响应。南海郡尉任嚣临终前召龙川县令真定(今河北正定)人赵佗,嘱其拥郡自立,保境安民。赵佗接任南海郡尉,遂捕杀秦朝官吏,派兵阻断岭南与中土的交通,又用武力吞并桂林、象郡。汉元年(前206年),赵佗在“中县人”的支持下,自称南粤武王,建立了一个地方千里的南粤国。①

西汉王朝初建,无力统一南粤,遂于汉高祖十一年(前196年)派陆贾为使前往番禺,颁给赵佗南粤王的封号。赵佗遂向汉王朝称臣,并交纳土特产作为贡品。其行政制度、度量衡等均采用汉制,双方贸易往来不绝。后来吕后恐南粤把铁器改铸为兵器,不利于汉,禁止出售铁器、母畜给南粤。赵佗请求恢复往日的贸易而无果,又听说老家的族人被朝廷杀光,遂背汉,自称南粤武帝,并出兵攻汉长沙国。及汉文帝即位,为赵佗先人修墓置陵邑,重赏赵佗宗族兄弟,以示对赵佗宗族的特别优待。然后派陆贾再使南粤,表明汉朝对赵佗的作为既往不咎,劝他取消帝号,毋起边衅,从今以后“通使如故”。赵佗报文帝书称:“老夫故粤吏也,高皇帝幸赐臣佗玺,以为南粤王,使为外臣,时纳贡职……高后自临用事,近细士,信谗臣,别异蛮夷,出令曰:‘毋予蛮夷外粤金铁田器;马、牛、羊即予,予牡,毋与牝。’……今陛下幸哀怜,复故号,通使汉如故,老夫死骨不腐,改号不敢为帝矣!谨北面因使者献白璧一双,翠鸟千,犀角十,紫贝五百,桂蠹一器,生翠四十双,孔雀二双。昧死再拜,以闻皇帝陛下。”②赵佗遂取消帝号,称臣纳贡。从此南粤与汉友好往来,终文景之世,相安无事。

汉武帝建元年间,赵佗孙赵胡继立为南粤王,派太子婴齐如汉宿卫。婴齐在长安取邯郸樛氏女,生子兴。婴齐死,太子赵兴继立为王。武帝元鼎四年(前113年)遣使至南粤,“谕王、王太后以入朝,比内诸侯”,南粤王“即因使者上书,请比内诸侯,三岁一朝,除边关”。后丞相吕嘉发动叛乱,攻杀南粤王、太后及汉

① 《史作》作“南越”,《汉书》作“南粤”,今采用后者。

② 《汉书》卷九十五《西南夷两粤朝鲜传》,中华书局,1962,第3851~3852页。

使者。于是武帝“令罪人及江淮以南楼船十万师往讨之”①。汉军兵分四路南下。元鼎六年(前111年),伏波将军路博德和楼船将军杨仆进攻番禺,南粤降。汉朝以其地分置九郡,岭南又为中原王朝直接统辖。

东汉建武十七年(41年),“交趾女子征侧及女弟征贰反,攻没其郡,九真、日南、合浦蛮夷皆应之,寇略岭外六十余城,侧自立为王。于是玺书拜(马)援伏波将军,以扶乐侯刘隆为副,督楼船将军段志等南击交趾”。“明年正月,斩征侧征贰,传首洛阳”②,终于平息叛乱,巩固了汉王朝在岭南地区的统治。

总之,秦朝在岭表设置郡县,岭南地区开始在中原王朝的直接统治之下。虽然在西汉前期岭南地区出现了一个南粤国,但由于赵佗原本中原人,出身秦朝军官,南粤国长期臣服于汉,与中原王朝保持良好的关系。从汉武帝时灭南粤国恢复郡县以迄东汉,岭南地区又在中原王朝的直接统属之下。

二、在岭南地区推行善政教化

秦汉时期,中原封建王朝及其岭南地方官吏推行了一些善政,并进行封建教化,这对于岭南地区政治的进步、经济文化的发展起到了促进作用。

秦朝开凿灵渠,是中国古代水利史上的创举。灵渠沟通了长江和珠江两大水系,不仅保证了当时军需的运输,而且从秦汉到隋唐一直是中原入粤的重要通道,为中原与岭南的经济文化交流提供了较为便利的条件。

东汉初马援率军平定交趾的叛乱,“所过辄为郡县治城郭,穿渠灌溉,以利其民。条奏越律与汉律驳者十余事,与越人申明旧制以约束之,自后骆越奉行马将军故事”③。马援在岭南推行汉朝法制,为郡县修治城郭,开渠灌溉,有利于岭南地区政治稳定、经济发展。

一些地方官引导岭南越人学习中原先进生产技术,发展农业生产,并以封建礼仪教化民众。西汉“平帝时,汉中(今属陕西)锡光为交趾太守,教导民夷,渐以礼仪”。河内修武(今属河南)人卫飒“迁桂阳太守,郡与交州接境,颇染其俗,不知礼则。飒下车,修庠序之教,设婚姻之礼。期年间,邦俗从化”。又属县“去郡远者,或且千里。吏事往来,辄发民乘船,名曰‘传役’”。“百姓苦之。飒

① 《史记》卷一百一十三《南越列传》,中华书局,1959,第2972、2974页。

② 《后汉书》卷二十四《马援传》,中华书局,1965,第838页。

③ 《后汉书》卷二十四《马援传》,中华书局,1965,第839页。

乃凿山通道五百余里，列亭传，置邮驿，于是役省劳息，奸吏杜绝。流民稍还，渐成聚邑。”“南阳茨充代飒为桂阳。亦善其政，教民种植桑柘麻纻之属，劝令养蚕织屦，民得利益焉。”“任延字长孙，南阳宛（今河南南阳）人也。”东汉初“诏征为九真太守……九真俗以射猎为业，不知牛耕，民常告籴交趾，每致困乏。延乃令铸作田器，教之垦辟。田畴岁岁开广，百姓充给。又骆越之民无嫁娶礼法，各因淫好，无适对匹，不识父子之性，夫妇之道。延乃移书属县，各使男年二十至五十，女年十五至四十，皆以年齿相配。其贫无礼聘，令长吏以下各省俸禄以赈助之。同时相娶者二千余人。是岁风雨顺节，谷稼丰衍。其产子者，始知种姓”①。这些措施促进了岭南地区的经济开发和文化进步。

三、中原向岭南的大规模移民

史称：“楚越之地，地广人稀，饭稻羹鱼，或火耕而水耨，果隋蠃蛤，不待贾而足。”②从秦朝开始，有大规模的中原移民进入岭南地区。秦朝把岭南作为强制迁徙中原“罪徒”的一个基地，以疏散六国的反秦势力，充实“初郡”和“初县”的人口。终秦一代，南迁的中原人有三批：第一批是在岭南建郡的秦始皇三十三年（前214年），“发诸尝逋亡人，赘婿、贾人略取陆梁地，为桂林、象郡、南海，以谪遣戍”。这批人据说有五十万，其中最多的是商贾；第二批，“谪治狱吏不直者，筑长城及南越地”③；第三批，赵佗上书“求女无夫家者三万人，以为士卒衣补。秦皇帝可其万五千人”④。此外，还多次大批迁徙刑徒和内地民众到岭南屯戍垦殖。

西汉以后中原人的南迁有两种方式：一是汉军留戍落籍，例如东汉初年黄万定随马援南征，留家合浦，其后裔世代充当诸洞首领；二是贵族官僚的流放，例如哀帝时关内侯张由、平帝时中山王后卫氏等人，都被强迁合浦；三是人民避乱南迁，例如王莽时鲁国汶阳士氏避地苍梧广信县，桓帝时颍川唐氏迁居桂阳县（今广东连县），后来都成了当地的望族。大量劳动人民的南迁从两汉时几个郡人口的增加可以证实。以南海郡为例，据《汉书·地理志》《后汉书·郡国志》数字统计，汉平帝元始二年（2年）为94,253人，汉顺帝永和五年（140年）

---

① 《后汉书》卷七十二《循吏传》，中华书局，1965，第2459、2460、2462页。

② 《史记》卷一百二十九《货殖列传》，中华书局，1959，第3270页。

③ 《史记》卷六《秦始皇本纪》，中华书局，1959，第253页。

④ 《史记》卷一百一十八《淮南衡山列传》，中华书局，1959，第3086页。

为 250,282 人,增长约 166%。除去当地人口自然增长外,也包括北来移民的人口。

秦汉时期陆续南迁的中原人民,带去了铁制农具、生产技术和多方面的文化科学知识。他们长期“与越杂处”,对岭南诸郡的早期开发,对封建经济文化的扩展起到关键的作用。李孝聪说:“岭南人很少越五岭而入中原,反倒是北人频频南下。”“长达百年以上的南越国文化为岭南文化奠定了地域基石,历代中原汉族的文化,给岭南源源不断地灌入新鲜的血液和强身的元素。”①

总之,秦汉时期岭南地区直接归中原王朝管辖,岭南与中原地区的政治联系、经济文化交流明显加强。中原王朝在岭南地区推行善政教化,中原大批汉人的迁入,促进了越人与汉人的融合,有力地推动了岭南地区经济文化的发展。岭南逐渐融入汉文化大系之中,成为大一统汉文化的一部分。

关于汉代中原与岭南的文化交流,首先是中原文化对岭南的影响:例如番禺城的城市营造和建筑布局模仿中原一带的城市建制,又确立了具有自身因素的城建模式;又如建筑用陶,几何印纹铺地砖与文字瓦当,汉景帝时期首先在中原地区(关中)出现,西汉中晚期在全国流行,很快传到岭南地区,岭南发现了“万岁”和“定”字瓦当。岭南新流行的铜器多呈现出中原风格。在葬制方面,西汉中后期广州汉墓仿照中原砖室墓形制,广州象岗南越王赵眛墓就保留着较多的中原葬制。“西汉中后期岭南地区的考古学文化面貌再次发生极大变化,表明汉文化对岭南地区的影响日益扩大并逐渐占据首要地位,本地区的考古学文化面貌与中原等地日趋接近。”②其次,岭南文化对中原地区也有影响。例如岭南地区的越人精于铜鼓制作。马援“于交趾得骆越铜鼓,乃铸为马式,还上之”③。骆越人的铜鼓也传到中原地区。曹操墓出土的陶瓷器,有些来自两广地区,曹休墓出土的四五件瓷器模仿南方。南越国时期熏炉与熏香文化影响到中原地区,中原地区使用熏香、熏炉是汉武帝平定岭南以后传入的。

关于秦汉以前中原文化对岭南地区的影响,卜工认为中原礼制文化对岭南地区有三次冲击:第一次是庙底沟文化的彩陶;第二次是陶鬶、玉琮在粤北石峡

---

① 李孝聪:《中国区域历史地理》,北京大学出版社,2004,第 395 页。

② 高崇文:《试论岭南地区先秦至汉代考古学文化的变迁》,《西汉南越国考古与汉文化》,科学出版社,2010,第 145 页。

③ 《后汉书》卷二十四《马援传》,中华书局,1965,第 840 页。

遗址的登场;第三次是商代江西清江流域的遗存,使岭南地区文化结构和特征发生重要变化。“此后,在广东博罗地区包括横岭山墓地可以见到浓郁的周礼特点,‘钟鸣鼎食’取代了‘觥筹交错’,已经成为当时人民尊崇的时尚。到南越国时期,南越王墓葬中汉代的制度已然成为主流……紧紧依偎在南部中国环抱中的岭南地区,文明的进程与中原地区息息相关。”①最后我们引用一位广东学者的话来结束全文:“岭南文明是在中原文明的开发、开化的影响下逐步形成的,因此,属于次生文明,而不是原生文明。由于她不是从当地文化内部自然生长出来的,因而,在其发展过程中的每个阶段始终都能见到中原的影子。”②

(原载《黄河科技大学学报》2010年第6期)

---

① 卜工:《文明起源的中国模式》,科学出版社,2007,第238~239页。
② 卜工:《文明起源的中国模式》,科学出版社,2007,第240页。

“光州固始”与中原汉人南迁入闽

在中国古代，由于战乱和灾荒，包括“光州固始”在内的中原地区汉人多次大批南迁江左，其中不少人入居闽越。及至宋代，“闽人称祖皆曰从光州固始来”。这既是一种历史真实，也是一种文化现象。本文试图对此做些阐释，以就教于方家。

“光州固始”的由来及其自然环境

“光州固始”这一地名由来已久，我们从政区沿革说明它的由来以及这一地区的自然人文环境。

一、“光州固始”的由来

“光州”是中国古代的一个州(郡)级政区，“固始”则是一个县级政区，二者属于统辖和隶属的关系。古代的光州位于大别山和淮河之间，包括今淮河支流小潢河、白露河、史灌河流域，辖境相当今河南潢川、光山、新县、固始、商城等县及安徽金寨县西部地。

要弄清“光州固始”的由来，必须考察这一地区的政区沿革。我们首先依据诸正史之地志资料，考述这一地区的政区演变情况。

先秦时期这一地区小国林立。西周时有蓼(一作缪，在今固始东北，夏代东夷人皋陶之后)、蒋(在今固始西北，今淮滨东南期思镇，姬姓国)和黄(在今潢川西北隆古集，嬴姓国)和弦(在今光山)等国。春秋时又有番国(在今固始县城，据说是祝融八姓昆吾之后)，春秋中晚期，楚灭诸国，设置有蓼、黄，蒋(后改为期思县)等县邑。此外，又有雩娄(在今固始县南)，为吴国城邑。战国时期此地属楚，有曾(在今光山西南，又称西阳)、期思、雩娄等县邑。

秦朝国家统一,在地方实行郡县制,此地处衡山郡东北、九江郡西北一隅。九江郡有安丰县(治今固始东南),衡山郡有期思(治今固始西北,故蒋国)。西汉分九江、庐江二郡置六安国(都今安徽六安东北),辖六县(治今安徽六安)、蓼县(治今固始东北)、安丰(治今固始东南)、阳泉、安风等五县。又有雩娄县(治今固始县东南),属于庐江郡。东汉六安国除,所辖五县统属庐江郡。两汉时,其西部有期思(治蒋乡)、弋阳(治黄亭,今潢川西北)县,属于豫州汝南郡。

三国时曹魏分汝南、江夏二郡置弋阳郡,以弋阳县(今潢川县西北)为治所,西晋因之。东晋仍置弋阳郡,南朝宋因之,领期思、弋阳、安丰、乐安、茹由五县。又有新蔡郡,领鲖阳、固始、新蔡、东苞信、西苞信五县。宋文帝元嘉年间另置边城(治今固始东南)、光城(治今光山)二左郡,领七县蛮民。萧齐又在弋阳县(今潢川西南)置弋阳郡,光城置光城左郡,固始置北新蔡郡,边城(今固始东南)置边城左郡。总之,南朝宋、齐时今光山县已有光城县和光城郡之名称。南朝梁置光州光城郡于今光山县。可见"光州"这一地名始于南朝梁时,其前身为光城郡。北朝的北魏、东魏置东新蔡郡,领固始、鲖阳、苞信、汝阳四县;又置新蔡郡,领苞信、长陵二县,弋阳郡,领弋阳一县;此外还有梁所置长陵郡,领长陵、苞信、安宁三县,魏因之。北朝齐时置光州光城郡于今光山县,又置南郢州弋阳郡于今潢川县,东光城郡于今商城县西南。总之,"光州"这一地名出现在南北朝时期。

隋大业初,改光州光城郡为弋阳郡,统光山、乐安、定城、殷城、固始、期思六县。唐武德三年(620年),又改弋阳郡为光州,治所在光山县(今光山县),置总管府,领光山、乐安、固始三县。贞观元年(627年),以定城、殷城二县来属。天宝元年(742年),改为弋阳郡。乾元元年(758年),复为光州。太极元年(712年),州治由光山移定城县(今潢川县),领定城、光山、仙居、殷城、固始五县。

北宋设光州,属于淮南西路,州治定城(今潢川县),领定城、固始、光山、仙居四县。元代光州属河南江北行省之汝宁府,领定城、固始、光山三县。明代属河南省汝宁府,有光州(散州)、光山、固始、息县、商城五县,清代从汝宁府分置光州(直隶州),辖上述五县(散州)。

总之,从政区沿革看来,光州之名源于光城,由光城郡改为光州。从南朝萧梁开始,北齐、唐、宋、清诸朝代均设有光州。而光州之地域,则以隋代的弋阳郡为基础而有所损益。

再说“固始”县名的由来。考诸正史之地志,“固始”作为地名,起始于两汉。西汉初改固陵县(治今太康县南)置固始县,属淮阳国。这是“固始”得名之初。东汉时废。西汉汝南郡又有寑县(治今安徽临泉),战国时为寑丘,是孙叔敖之子的封邑。东汉建武二年(26年),光武帝取“事欲善其终,必先固其始”之意,封开国元勋李通为固始侯,拜大司农,以寑县为封邑,隶属于汝南郡。但是汉代的固始县和固始侯国距今固始县境土较远,与今固始县没有什么关系,只是今“固始”县名的来源。

今固始县境土,西周属蓼国,春秋时期属于番(潘)国,春秋后期至战国属楚国,秦朝属九江郡。西汉属于扬州刺史部的六安国,其南部为安丰县,北部为蓼县。东汉属扬州庐江郡。三国西晋时属安丰郡,在其南北分设蓼县和安丰县。东晋属豫州弋阳郡,南朝宋因之。北魏属新蔡郡。东魏武定八年(550年)固始成为蔡州治,北齐废州置苞信县。

南朝宋泰始年间侨置固始县(治今固始县东北),属新蔡郡,取汉固始县为名,梁改为蓼县。北齐复为固始县,为北建州治,后为新蔡郡治。隋开皇初年移治今固始县城,属光州。大业初属弋阳郡。唐武德三年(620年)属光州。总之,人们常称之“光州固始”,主要是以隋唐时代而言。

二、光州固始的自然人文环境

光州固始一带位于今河南省东南部,南靠大别山,北临淮河,东部与安徽省相邻。就地貌而言,南部为山区和丘陵,北部为淮河及其支流冲积平原,地势平坦。有决水、灌水(今合称史灌河)、黄水(今称小潢河)等河流从大别山发源,北流入淮。河网密布,水系发达,既利于灌溉,也利于水上交通。

光州固始一带地处淮河以南,气候四季分明,光照充足,雨量丰沛,温暖湿润,是中原地区重要的水稻产区、鱼米之乡,因而有“北国江南”之誉。

战国时期楚国令尹孙叔敖在淮河支流决河上兴建期思陂,建均济闸,设三孔闸门,开渠两道,引河水流入众多小陂塘,以灌溉农田,这是一项大型水利设施,后代几经重修,历史上曾发挥巨大作用。今固始县黎集镇南园村有其遗址,现改建为一座桥梁,称“东大桥”。县内今尚存明代“均济闸池塘浇灌之图碑”。固始县水利发达,《河南通志》称“固始水利甲中州”。

“光州固始”所在的史灌河流域通过淮河干流与华东地区连通,是中原地区进入华东的咽喉要地。春秋时期处于吴、楚两国交界处。秦汉已降时而属于中原地区的“豫州”，时而属于东南部的“扬州”，因而有“吴头楚尾”“豫南扬北”之称。它是南北交会之地、东西连通之区，地理位置十分重要，历来为兵家所必争。

光州固始一带也是民族交会、融合的重要地区。先秦时期这里就有华夏、苗蛮和东夷人居住，有多个部族的封国存在。魏晋南北朝时期南部山区又有众多蛮民居住。宋文帝元嘉二十五年（448 年），宋朝廷就以豫部蛮民立 18 县，可考者有蕲水、东安、建宁、浠水、阳城等，属西阳郡。另说立茹田、乐安、光城、雩娄、史水、开化、边城七县，属弋阳郡。孝武帝孝建二年（455 年）又以蛮族民户立南陈左郡太守，分赤官左县为蓼城左县，领县二。① 西阳蛮首领田益宗被南齐封为征虏将军，后又投奔北魏，被署为东荆州刺史。当时这一地区的南部山区设有管理蛮民的“左郡县”，北部平原则为汉族区的一般郡县。

“光州固始”在中原汉人南迁中的地位

在中国古代，由于战乱和灾荒，中原地区的汉族人民不断背井离乡，辗转迁往南方。其中规模最大的有三次，一是西晋末的永嘉年间，史称“永嘉南渡”；二是唐代天宝年间的“安史之乱”，大批汉人南迁；三是北宋末“靖康之难”，金兵攻陷东京开封，又有大批汉人随宋室南迁。这些南迁士人多渡淮渡江，到达江南的江、浙、赣、闽和岭南地区。在此我们主要讨论中原汉人由“光州固始”南迁闽越的情况。

光州固始人入闽较早。有关家谱资料记载，东汉末有光州固始人黄道隆曾任会稽（治今浙江绍兴）县令，后避乱入闽，成为锦田黄氏之祖。此后，随着中原汉人的三次大规模南迁，中原地区的先民大批到闽地生活。中原汉人的大批南迁，不仅增加了闽地的劳动人手，而且带去了先进的生产技术，对闽地的经济开发起到了促进作用。

魏晋南北朝时期陆续有固始汉民移居闽地。西晋永嘉年间的“永嘉南渡”，有不少中原汉人从光州固始一带辗转入闽。史称：“永嘉二年，中原板荡，衣冠

① 《宋书》卷三十六《州郡志二》，中华书局，1974，第 1080 页。

始入闽者八族，林、黄、陈、郑、詹、丘、何、胡是也。”①又说：河洛“衣冠入闽者八族，所谓林、黄、陈、郑、廖、丘、何、胡是也”②。“永嘉之乱，中原士族林、黄、陈、郑先入闽。今闽人皆称固始人。”三者记载大同小异。闽人詹惟称：“永嘉乱，衣冠南渡，流落南泉，作《忆昔吟》：‘忆昔永嘉际，中原板荡年。衣冠坠涂炭，舆辂染腥膻。国势多危厄，宗人苦播迁。南平频洒泪，渴骥每思泉。’”③

但是，中原汉人的大规模进入闽地，发生在有唐一代。唐代中原汉人两次大规模入闽，极大地促进了闽越地区的经济开发和文化进步。

首先是唐高宗总章二年(660年)，光州固始人陈政奉命率58姓入闽开漳。据《云霄县志》记载，是岁“泉、潮间蛮獠啸乱，民苦之。咸乞镇帅有威望者，以靖边方。朝廷以政刚果敢为，而谋猷克慎，进朝议大夫，统岭南行军总管，镇绥安”。于是陈政带领府兵3600人，将吏120人，“前往七闽百粤交界”处“开屯建堡”。稍后，又有58姓将校携家眷前往增援。陈政病死，其子陈元光任鹰扬将军，身经百战，方平定啸乱，遂屯垦云霄山下，致力农桑，推广文教。武则天时，在闽南设置州县，以陈元光为漳州刺史。从中原入闽的7000余名将士纷纷落籍闽南。陈元光率领中原移民烧荒垦殖，兴修水利，务农积粟，惠工通商。“由是北距泉、兴，南逾潮、惠，西抵汀、赣，东接诸岛屿，方数千里无烽火之警，号称乐土”，陈元光也获得了“开漳圣王”的美名。

其次是唐末爆发黄巢起义，寿州(今安徽寿县)人王绪起兵响应，攻陷固始，引军入闽。史称：“王审知字信通，光州固始人也。父恁，世为农。兄潮，为县吏。唐末群盗起，寿州人王绪攻陷固始，绪闻潮兄弟材勇，召置军中，以潮为军校。”④“蔡贼秦宗权以绪为光州刺史，寻遣兵攻之，绪率众渡江，所在剽掠，自南康转至闽中，入临汀，自称刺史”⑤，有众数万。由于王绪性多猜忌，滥杀无辜，被将士处死，兵众推王潮为帅。先后攻克泉州、福州，尽有闽、岭五州之地。随王绪从光州固始入闽的中原汉人大多落籍闽地。“潮王乃创四门义学，还流亡，

---

① 何乔远：《闽书》，福建人民出版社，1994。
② 宋人路振：《九国志》，乾隆《福州府志·外记》引。
③ 《全五代诗》卷八十七，《丛书集成初编》第1780册，第1321~1322页。
④ 《新五代史》卷六十八《闽世家》，中华书局，1974，第845页。
⑤ 《旧五代史》卷一百三十四《僭伪列传第一》，中华书局，1976，第1791页。

定租税,遣吏巡州县,劝课农桑,交好临道,保境息民,人皆安焉。”①对闽地进行大规模的开发。于是唐朝廷以王潮为威武军节度使,福建管内观察使。王潮病死,其弟王审知代立。及五代第一个中原王朝——后梁建国,封王审知为闽王,建立了割据一方的地方政权,成为“十国”之一。

五代时期中原政权更迭频繁,战乱不断,又有不少光州固始人辗转到达闽地,投奔陈元光。宋金元时期,也有不少中原士人从固始一带南迁入闽,不再详述。

唐代中原汉人的两次大规模入闽浪潮和对闽地的经济开发是福建历史上的重大事件,它极大地促进了福建古代经济和社会的发展。同时,数量众多的中原汉人辗转南迁到福建南部定居,称作“福老系”。他们不忘自己的祖根,自称“河洛郎”。

总之,唐代从光州固始出发进入闽地的两次中原移民,不仅规模巨大,而且影响深远。由于光州固始人陈元光、王审知先后成为“漳州”和闽地的统治者,带领迁入的中原汉人和当地土著居民,进行大规模的经济开发,弘扬中原的先进文化,极大地促进了闽地的经济社会和文化的发展。因此,在中原汉人的南迁,特别是中原汉人的南迁闽地中,“光州固始”移民无疑具有十分重要的地位。

“闽人称祖皆曰从光州固始来”的分析

唐代由光州固始到闽地的两次移民浪潮,增加了闽地的人口数量,改变了当地居民的民族结构和文化素养,移入的中原汉人成为当地居民的重要组成部分,促进了中原汉人与当地土著居民的融合。光州固始人陈元光、王审知及其子孙成为唐、五代时期闽越地区的统治者,随迁的中原汉人在当地也有较高的地位。于是宋代以后,不少福建人谈及自己的祖先时,都说是从“光州固始”迁来。明清时期又有不少福建人迁至台湾,从而形成闽、台百姓对光州固始的祖根认同,闽台一些宗庙祠堂里多悬挂“宗由固始,将军及泽”匾额。

有关闽台“移民资料”介绍,先祖来自河南固始的族谱有16部之多,分布于

---

① 吴任臣:《十国春秋》卷九十《闽一·司空世家》,中华书局,1093,第1300页。

福建晋江、泉州、南安、安溪、永春、漳州、龙海、仙游、长乐、诏安等地。① 在台湾省陈、黄、丘、宋、林等18部大姓族谱上都记载着其“先祖为光州固始人”。

据1953年台湾户籍统计，当时户数在500户以上的100个大姓中，有63个姓氏的族谱上记载其先祖来自“光州固始”。这63个姓氏的户数，占台湾总户数的80.9%，表明每5户台湾居民中有4户祖地在固始。

对于这种“闽人称祖皆曰从光州固始来”现象，南宋史学家郑樵以为，五代时王审知据有闽地，优待同乡，一些原本并非来自“光州固始”的闽人冒充固始籍，是造成这种现象的原因。我们认为，虽然不能排除有部分“冒籍”现象，但是众多中原汉人从光州固始迁至福建，并在那里生息繁衍，则是基本的历史事实，不容否认。当然，迁入闽地的中原汉人不可能全是固始籍人，也不可能全是光州籍人，但是应以“光州固始”及其附近人居多。

我们认为，在中国古代，一方面有许多光州固始籍人民南迁入闽，另一方面，光州固始由于它的区位优势，而成为中原人南迁的聚集地或中转站。中原汉人的南迁，大多由淮河支流汝颍河东南下进入淮河，或者从淮河上游沿河而下。这些非光州固始籍的中原汉人在固始集结、中转、出发。因为“光州固始”是他们离开故土、走向异乡的最后一站，遂给他们留下了难以磨灭的印象。他们将这种记忆传给后世子孙，从而形成了“闽人称祖皆曰从光州固始来”这一现象。正如明代山西大批人民迁移到河南等地，他们虽然来自山西各地，但是都在洪洞县的一棵大槐树下集结出发。于是这些山西移民后裔都称自己来自洪洞“大槐树”，有民谣说：“要知祖先来何处，山西洪洞大槐树。”因此我们认为，“闽人称祖皆曰从光州固始来”既是历史事实的一种反映，也是一种文化现象。

（原载《固始与闽台渊源关系研究》，人民出版社2009年版）

① 庄为玑、王连茂：《闽台关系族谱资料选编》，福建人民出版社，1984。

河洛地区与赣鄱地区的文化交流与互动

在中国古代,河洛地区指黄河支流洛水与黄河干流交汇的地区,与今河南省的西部、中部、北部及山西省南部大体相当。赣鄱地区指赣水流域和鄱阳湖一带,与今江西省辖境大体相当。两地区不相接壤,且有江、淮阻隔。但由于河洛地区“居天下之中”,在古代又长期是都城所在地,与其他地区的联系较为密切。河洛地区又为兵家必争之地,战乱较为频繁,导致河洛汉族人民多次大规模南迁。赣鄱地区地处江南,北端濒临长江水路,沟通中原与闽粤的主要交通线从中穿过,交通便利。随着河洛民众的南迁和人员的流动,两地的经济文化联系不断加强。本文分几个时期探讨河洛地区和赣鄱地区的文化交流与互动情况。

先秦时期河洛文化对赣鄱地区的影响

早在史前和三代,河南龙山文化、二里头夏文化及早期殷商文化就开始对赣鄱文化产生影响。今江西境内发现的商代文化与河洛地区的殷商文化有较大差别,地方特点突出,但也有一些相似特征。

由于赣鄱地区蕴藏着丰富的铜矿资源,吸引立国于河洛地区的殷商王朝不断向南扩张。20 世纪 70 年代在赣江中游的樟树市吴城乡吴城村发现商代遗存,时代大致从二里岗上层延续到晚商,出土石器、陶器、铜器、玉器、牙雕等约 1000 件。陶器以夹砂灰陶为主,红陶次之,还有印纹硬陶、釉陶和原始瓷器。这些陶器的陶质、形制和纹饰有鲜明的特点,某些器物特征与郑州和安阳出土的同类器物相似。青铜器有斧、锛、凿等工具,刀、戈、矛、镞等兵器,还有酒器斝。吴城遗址的发现,证明中原商文化在商代中期已经越过长江进入鄱阳湖地区,并扩展到赣江流域的中部。

20世纪80年代末，在江西新干县大洋洲乡程家村发现了一座大型商墓，出土青铜器480件、陶器300余件、玉器100余件。出土青铜器具有较浓厚的河洛殷商文化特征，也有明显的地方特点。其中礼器的形制和花纹与河洛殷商铜器基本相似，又有一定的地方特点。如带柄的铜瓒在河洛殷商铜器中未见，方鼎有卧虎、立鹿的装饰和饰燕尾纹作风，也有地方特点。兵器的形制多与河洛殷商铜兵器相同，铜戈上有的族徽铭文也见于殷墟铜器铭文。工具则有地方特点，如犁、臿、镰之类的工具在中原未见。部分铜器的作风接近郑州二里岗上层期，如有的方鼎和圆鼎的形制和花纹都与二里岗上层期同类器相似，多数器物的形制和花纹则比较接近于殷墟二期铜器，亦有少数器物的年代较晚。新干大洋洲商墓应是方国的诸侯王墓。

江西境内其他地点出土的商代铜器，少数属于二里岗时期，多数属于晚商。有人把它区分为三类：第一类铜器的造型和花纹、铭文与中原殷商铜器相同，有的就是从中原带来的；第二类铜器的造型、纹样作风基本和中原一致，却又不同程度地表现出一些地方特色；第三类铜器的造型、纹样作风具有土著特色。这三类铜器中，以二类较多，三类较少，据此认为江西境内出土的商代铜器多是本地所铸造，但古代鄱阳湖—赣江流域的青铜文化，在其产生和发展过程中，曾受到中原高度发达的青铜文化的强烈推动和影响。①

吴城的商文化遗存具有鲜明的特色，考古学界定名为“吴城文化”。李伯谦说：“真正能够证明长江下游地区正式进入文明阶段的是江西省发现的以清江县吴城遗址为代表的吴城文化，这是一支受中原文化强烈影响的土著青铜文化。”②吴城文化采用的浑铸、分铸、合铸、铸接等铸造技术主要来源于中原地区的商王朝。商王朝在对长江中游地区铜矿资源进行开采的同时，也传播了高度发达的青铜铸造技术，促进了当地青铜铸造技术的提高。彭适凡以为：“中原的华夏族人，南来后带来先进发达的中原文化特别是陶范铸铜技术，他们与原住民族交流融合，共同为赣江流域的早期开发，为创建吴城方国青铜文明做出了

① 彭适凡：《江西先秦考古》，江西高校出版社，1992，第61～64页。
② 李伯谦：《长江流域文明的进程》，《考古与文物》1998年第4期。

巨大贡献。”①

西周及春秋时期，赣鄱地区的经济开发扩大，发现的文化遗址增多。西周王朝在赣鄱地区设置“应监”和“艾监”，以加强监督管理。新干县西周墓出土五件一套的列鼎，说明中原王朝的列鼎制度已经传到赣鄱地区。赣江流域与周王朝关系紧密，文化上的共性增强。春秋后期，吴、越、楚围绕鄱阳湖平原进行了旷日持久的疆域争夺，战争频繁，大抵此时赣鄱地区面对吴越文化和楚文化的渗透，与河洛地区的文化联系有所中断。

汉唐时期河洛地区与赣鄱地区的文化交流

秦朝实现了全国的统一，为经营岭南地区，开通了赣江水路与大庾岭的道路。西汉初年在赣鄱地区设豫章郡，赣鄱地区与河洛地区的联系得到加强。东汉魏晋以迄隋唐，盛行于河洛地区的儒学和佛教逐渐传至赣鄱地区。

东汉时儒家经学由河洛地区南传赣鄱，主要途径是赣鄱学子到京城学习然后回乡传授。例如广平（今河北鸡泽）人程孝隆任豫章南昌（今属江西）县尉，其子程曾遂家居南昌。他曾到长安（今陕西西安）学习经术，专攻《严氏春秋》，学成返乡，教授生徒。“会稽顾奉等数百人常居门下。著书百余篇，皆《五经》通难，又作《孟子章句》。”②又如豫章南昌人唐檀，少游洛阳“太学，习《京氏易》《韩诗》《颜氏春秋》，尤好灾异星占。后还乡里，教授常百余人”③。永建五年（130年）举孝廉，到洛阳做官。豫章南昌人何汤拜经学大师桓荣为师，以高第拜郎中，官至虎贲中郎将，曾为太子刘庄讲解《尚书》。豫章南昌人徐稚，“少为诸生，学《严氏春秋》《京氏易》《欧阳尚书》，兼综风角、星官、算历、《河图》、《七纬》、推步、变易，异行矫时俗，闾里服其德化”④，人称“南州高士”。桓帝时汝南人陈蕃任豫章太守，待以殊礼，“徐孺下陈蕃之榻”遂成为千古佳话。

佛教也在东汉时由洛阳传到赣鄱地区。佛教高僧安息（今伊朗）人安清，字

① 彭适凡：《江西通史》先秦卷《引言》，江西人民出版社，2008，第5页。
② 《后汉书》卷七十九下《儒林传下》，中华书局，1965，第2581页。
③ 《后汉书》卷八十二下《方术传下》，中华书局，1965，第2729页。
④ 《后汉书》卷五十三《徐稚传》注引《谢承书》，中华书局，1965，第1746页。

世高,建宁末年(172 年)来到洛阳白马寺,翻译佛经。后南下到达庐山、豫章等地,在豫章创建大安寺,佛教由河洛地区南传赣鄱。

西晋王朝在豫章郡设江州,辖十郡。永嘉年间大批河洛士族百姓南下,东晋王朝在浔阳郡(治今江西九江)境内设置西阳、新蔡、弘农等侨郡,安置河洛士族百姓。南迁河洛士人将河洛地区的生产技术和文化传统带到赣鄱地区,促进了赣鄱地区经济发展和文化进步。

在河洛南迁士人的推动下,经学在赣鄱广泛传播。陈留(今河南开封东南)人范宣博综众书,犹善《三礼》。东晋初徙家豫章,“常以讲诵为业,谯国(今安徽亳州)戴逵等皆闻风宗仰,自远而至,讽诵之声,有若齐鲁”①。顺阳(今河南内乡)人范宁,字武子,儒博通综。太元年间为豫章太守,“大设庠序……远近至者千余人,资给众费,一出私禄。并取郡四姓子弟,皆充学生,课读《五经》”②。江州(治今江西九江)人士爱好经学,就是范宣、范宁教化的结果。

东晋时慧远、慧永、僧伽提婆等高僧由河洛地区徙居庐山,庐山遂成为江南佛教重镇。

释慧远,本姓贾,雁门楼烦(今山西宁武)人,13 岁随舅父游学许昌、洛阳,博综“六经”,尤善老庄。当时常山扶柳(今河北冀县)人释道安在太行恒山弘赞像法,声名甚噪,慧远往归之。后赵、冉魏之际,道安率徒避乱王屋山,后南渡黄河,在陆浑(今河南嵩县)、新野作短暂停留,又带徒众南下襄阳,著书讲学,制定僧规。道安为朱序所拘,乃分张徒众,各随所之。慧远“与弟子数十人……欲往罗浮山,及届浔阳,见庐峰清静,足以息心,始住龙泉精舍”。江州刺史桓伊在山东为慧远更立房殿,即东林寺。“彭城刘遗民、豫章雷次宗、雁门周续之、新蔡毕颖之、南阳宗炳、张莱民、张季硕等,并弃世遗荣,依远游止。”③慧远在庐山居住 30 余年,授徒译经,弘扬佛法。与慧远志同道合的释慧永,姓潘,河内(今河南沁阳)人也。他“伏膺道安法师。素与(慧)远共期,欲结宇罗浮之岫……行经浔阳,郡人陶范苦相要留,于是且停庐山之西林寺,既门徒稍盛。又慧远同筑,遂有意终焉”④。

---

① 《晋书》卷九十一《儒林传》,中华书局,1974,第 2360 页。
② 《晋书》卷七十五《范宁传》,中华书局,1974,第 1988 页。
③ 梁释慧皎撰、汤用彤校注《高僧传》卷六《义解三》,中华书局,1992,第 212、214 页。
④ 梁释慧皎撰、汤用彤校注《高僧传》卷六《义解三》,中华书局,1992,第 232 页。

僧伽提婆，本姓瞿昙氏，罽宾（今克什米尔及喀布尔河下游一带）人，曾在洛阳译出《阿毘昙》及广说众经，后秦姚兴时渡江。慧远“闻其至止，即请入庐岳。以晋太元（公元 376—396 年）中，请出《阿毘昙心》及《三法度》等”①。此外，汉译本《放光般若经》等佛教经典，也从河洛地区流入赣鄱地区。

东晋时玄学也从洛阳一带传到赣鄱地区。由于慧远等佛教高僧精于玄理，一些名士也与佛教高僧谈玄，形成了佛学、玄学相得益彰的局面。

隋朝在赣鄱地区设置七郡，唐代在此设八州。唐朝中期中原战乱严重，赣鄱地区相对安定，一些避乱南迁的北方人遂定居赣鄱。于是当地人口增长，经济发展，文化进步。

唐后期洛阳人李渤早年与仲兄李涉隐居庐山，后徙嵩山少室。他“励志于文学，不从科举，隐居嵩山，以读书业文为事”②。元和初年移居洛阳，任分司东都。穆宗即位，出为虔州刺史，迁江州刺史。李渤往来于河洛、赣鄱之间，为经学、文学的交流做出了贡献。李渤与其兄李涉在庐山五老峰东南隐居读书之地，宋代成为著名的白鹿洞书院。

唐代赣鄱地区一些贤才也到河洛地区做官。例如虔州赣县（今江西赣州）人钟绍京，武则天时“以工书直凤阁”，“明堂门额、九鼎之铭，及诸宫殿门榜，皆绍京所题”③。

兴盛于河洛地区的佛教禅宗也在赣鄱地区传播。禅宗初祖菩提达摩、二祖慧可均住锡嵩山少林寺。“三祖僧灿改住舒州（今安徽潜山）皖公山。四祖道信由舒州皖公山转入江西境内，先住吉州雪山寺，后入庐山，住大林寺 10 年之久……五祖弘忍是在大林寺向道信学禅法的。后随道信到黄梅。弘忍门下弟子千余人，最著名的是神秀（605—706 年）。可是弘忍竟将禅法、衣钵传给了慧能（638—713 年）。”④慧能避居岭南，先在南海法性寺，后迁居韶州曹溪宝林寺，传播禅宗顿悟法。神秀则北上中原，传播禅宗渐悟法，被武则天招至洛阳，待以殊礼。于是禅宗分为南、北宗。

---

① 梁释慧皎撰、汤用彤校注：《高僧传》卷一《译经上》，中华书局，1992，第 37~38 页。

② 《旧唐书》卷一七一，《李渤传》，中华书局 1975，第 4437 页；《新唐书》卷一百一十八，《李渤传》，中华书局，1975，第 4285 页。

③ 《旧唐书》卷九十七《钟绍京传》，中华书局，1975，第 3041~3042 页。

④ 许怀林：《江西史稿》，江西高校出版社，1998，第 171~172 页。

唐末五代时期，河洛人民因藩镇割据、战争离乱而南迁，赣鄱地区吸引了一批河洛士人，例如陈留（今河南开封东南）人孙洌，唐中和四年（884 年）领兵进虔化县（今江西宁都），以战功封东干侯，遂定居宁都，后代分布于今江西于都、兴国、赣县等地。汴州（今河南开封）人尹濯，唐末任平南将军，封鄱阳侯。朱温篡唐，避地永新，建平南坊。一些佛教禅宗高僧也在赣鄱地区活动。

宋代河洛地区与赣鄱地区的文化互动

北宋王朝建都东京（今河南开封），在赣鄱地区设置十三州（军），赣鄱地区出现了文化繁荣的局面。嘉祐年间抚州吴孝宗的《余干县学记》称："古者江南不能与中土等，宋受天命，然后七闽二浙与江之西东，冠带《诗》《书》，翕然大肆，人才之盛，遂甲于天下。江南既为天下甲，而饶人喜事，又甲于江南。"①赣鄱地区书院蓬勃发展，州县学校倡办，人才辈出。陈恕、王钦若、欧阳修、王安石、晏殊、曾布等都在东京开封、西京洛阳等地做官，或从事文化教育，为北宋河洛文化的发展做出了巨大贡献。及至南宋朱熹、陆九渊又为河洛文化的南传做出了突出贡献。

1.二程洛学与荆公新学

理学先驱、道州营道（今湖南零陵）人周敦颐，世称"濂溪先生"，晚年居庐山之麓。他喜谈名理，精《易》学，"博学力行，著《太极图》，明天理之根源，究万物之终始"②。西京洛阳（今属河南）人程珦曾知虔州兴国县（今属江西），并代管南安军，与周敦颐相识，遂令二子程颢、程颐从学于周敦颐。虽然时间不足一年，但对二程兄弟的学术产生较大影响。

程颢字伯淳，人称明道先生；程颐字正叔，人称伊川先生。二人以继承孔孟道统自居，阐发"六经"，致力于《易》，又尊崇《孟子》与《礼记》中的《大学》《中庸》，使之与《论语》并列。他们以"理"为核心和最高范畴，形成了一个有机的思想理论体系。因二程长期在洛阳从事著述，聚徒讲学，故其学术派别称作"洛

---

① 洪迈撰，孔凡礼点校：《容斋随笔》四笔卷五《饶州风俗》，中华书局，2015，第 531 页。

② 《宋史》四百二十七《道学一》，中华书局，1977，第 12712 页。

学”。洛学的理论形态是理学，又称道学。洛学在理学的形成与发展史上具有重要地位，二程遂成为宋明理学的奠基人。

抚州临川（今属江西）人王安石字介甫，嘉祐年间入东京（今河南开封）任三司度支判官。熙宁二年（1069年）任参知政事，主持变法。次年，升宰相。新法为司马光等反对，罢相。八年，复相。次年，再罢相，退居江宁，封舒国公。元丰二年（1079年），复拜左仆射，观文殿大学士，改封荆国公。“初，安石训释《诗》《书》《周礼》，既成，颁之学官，天下号曰‘新义’……一时学者，无敢不传习，主司纯用以取士，士莫得自名一说，先儒传注，一切废不用。”①王安石之学，人称“荆公新学”，在神宗朝颇有影响。

2.文学

唐宋以散文著称者八家。唐代二家，为韩愈、柳宗元；宋代六家，除蜀人苏洵、苏轼、苏辙父子外，欧阳修、曾巩、王安石皆赣鄱人士。

欧阳修字永叔，庐陵（今江西吉安）人。进士及第，久任朝官，曾知开封府。庆历三年（1043年）知谏院。嘉祐五年（1060年），拜枢密副使。次年，参知政事。欧阳修的古文受到河洛士人韩愈、尹洙等人的熏陶。欧阳修“游随，得唐韩愈遗稿于废书簏中，读而心慕焉。苦志探赜，至忘寝食，必欲并辔绝驰而追与之并”。后调西京推官，“始从尹洙游，为古文，议论当世事，迭相师友，与梅尧臣游，为歌诗相倡和，遂以文章名冠天下”②。比欧阳修较早作古文的尹洙（1002—1047年），字师鲁，洛阳人。欧阳修与尹洙、梅尧臣等唱和诗歌并提倡古文，成为著名的散文家和文坛领袖。“欧阳修诗文革新的理论是和韩愈一脉相承的。在文和道的关系上，他和韩愈一样，强调道对文的决定作用，认为道是内容，如金玉，文是形式，如金玉发出的光辉。”③欧阳修的散文继承发展了韩愈文从字顺的做法，诗歌吸收了韩愈的议论化、散文化的特点。

建昌南丰（今属江西）人曾巩字子固，自幼聪敏，及冠，名闻四方。嘉祐进士，在东京开封担任文职，拜中枢舍人。曾巩“为文章，上下驰骋，愈出而愈工，本原《六经》，斟酌于司马迁、韩愈，一时工作文词者，鲜能过也”④。其叙事议

---

① 《宋史》卷三百二十七《王安石传》，中华书局，1977，第10550页。

② 《宋史》卷三百一十九《欧阳修传》，中华书局，1977，第10375页。

③ 游国恩等主编：《中国文学史》（三），人民文学出版社，1964，第21页。

④ 《宋史》卷三百一十九《曾巩传》，中华书局，1977，第10393页。

论，委曲周详，词不迫切，而思致明晰。曾巩是欧阳修诗文革新运动的积极支持者，风格和欧阳修相近。曾巩弟曾布入东京任太子中允、崇政殿说书，判司农寺等职。幼弟曾肇“自少力学，博览经传，为文温润有法。”在东京任崇文校书、馆阁校勘兼国子监直讲，迁国史编修官，官至中书舍人。

王安石亦善散文、诗词。散文以政论为主，立意超卓，说服力强，语言简练朴素。诗词内容充实，语言鲜明。王安石的诗文创作风格独特，对于宋诗的发展有一定的推动作用。

抚州临川（今属江西）人晏殊，字同叔，历任陈州、许州、河南府，仁宗朝官至宰相。他曾任应天府知府，“延范仲淹以教生徒。自五代以来，天下学校废，兴学自殊始”。晏殊“文章赡丽，应用不穷，尤工诗，闲雅有情思，晚岁笃学不倦。文集二百四十卷”①。他对于北宋教育和诗词的发展都有贡献。

北宋后期逐渐形成江西诗派，以洪州分宁（今江西修水）人黄庭坚为代表。他在哲宗朝曾任《神宗实录》检讨官，迁著作佐郎。“其诗得法杜甫，学甫而不为者。善行、草书，楷法亦自成一家。”②

3.史学

欧阳修在翰林八年，“好古嗜学，凡周、汉以降金石遗文。断编残简，一切掇拾，研稽异同，立说于左，的的可表证，谓之《集古录》。奉诏修《唐书》纪、志、表，自撰《五代史记》，法严词约，多取《春秋》遗旨”③。他独撰《新五代史》，又与宋祁等著《新唐书》。筠州（今江西高安）人刘恕与新喻人刘攽，与司马光等同修《资治通鉴》。宜黄人乐史，官至水部员外郎，撰《太平寰宇记》200卷，在历史地理学方面贡献卓著。

4.南宋赣鄱士人对河洛文化的弘扬

发展两程洛学的朱熹、陆九渊都是赣鄱地区人。朱熹，字元晦，徽州婺源（今属江西）人，曾知南康军。他是二程的四传弟子，努力弘扬二程洛学，成为理学的集大成者。但他主要生活在闽地，故其学称为“闽学”。抚州金溪（今属江西）人陆九渊，字子静，号象山翁，他发展了程颢的思想倾向，创立了理学中的

---

① 《宋史》卷三百一十一《晏殊传》，中华书局，1977，第10196、10197页。

② 《宋史》卷四百四十四《文苑六》，中华书局，1977，第13110页。

③ 《宋史》卷三百一十九《欧阳修传》，中华书局，1977，第10381页。

“心学”学派。

洛阳人陈与义，字去非，北宋徽宗时任太学博士、符宝郎，靖康之难避乱南奔。他是两宋之交杰出的诗人，也是江西诗派后期的代表作家。

总之，先秦时期鄱阳湖平原的稻作文化、青铜文化和陶瓷文化，显示了赣鄱先民与河洛文明初始接触过程中的创造性活力，曾经推进了江南开发的进程。在魏晋南北朝以前，河洛地区与赣鄱地区的文化关系，主要是河洛文化对赣鄱文化的影响。隋唐以降，两地区的文化呈现出互相交流的新局面。宋代赣鄱地区经济发展，文化进步，人才济济，赣鄱地区与河洛地区的文化互动加强，推动了两地文化的繁荣。赣鄱文化的发达得益于它独特的地理形势，为北民南移提供了便捷的通道。赣文化的勃兴，在很大程度上与中原汉民族南迁有关。正如曹国庆所说：“真正意义上的赣文化，还是江西古老的土著文化与北方中原地区南来的客家文化相融合的产物。”①

（原载《河洛文化与客家文化》，河南人民出版社 2012 年版）

---

① 曹国庆：《赣文化的“儒化”特征及其对江西历史发展的影响》，《赣文化——从大京九走向21世纪》，江西教育出版社，1997，第 30 页。

附录

科研成果目录

论　文

1.《西周的分封制度与宗法关系》,载《河南师大科学讨论会论文集》,1980年。

2.《西周宗法制度的几个问题》,《河南师大学报》1981年第1期,人大报刊复印资料《中国古代史》1981年第4期转载。

3.《试论东汉魏晋的选举标准》,《河南师大学报》1982年第3期。

4.《西周分封制的几个问题》,《中学历史教学》1983年第1期。

5.《论王莽改制中的私属身份》,《中州学刊》1983年第3期。

6.《阀阅考辨》,《史学月刊》1983年第6期。

7.《试论王莽的王田私属制》,《史学月刊》1985年第2期,人大报刊复印资料《经济史》1985年第5期转载。

8.《东汉魏晋用人思想的变化》,《许昌师专学报》1985年第3期。

9.《战国人才学说述评》,《河南大学学报》1986年第1期。

10.《论蔡邕的是非功过》,《史学月刊》1986年第2期。

11.《春秋举善思想初探》,《中州学刊》1986年第2期。

12.《西汉梁国史初探》,《商丘师专学报》1986年第1期。

13.《魏晋南北朝佛教在河南地区的传播与兴盛》,《许昌师专学报》1986年第3期。

14.《北朝人才思想与选举制度述论》,《中州学刊》1983年第4期。

15.《杞国史蠡测》,《郑州大学学报》1988年第1期。

16.《〈史记·殷本纪〉补正》,《商丘师专学报》1988年第1期。

17.《北魏考绩制度试探》,《中州人才》1988年第2期。

18.《内迁丁零人与翟魏政权》,《许昌师专学报》1988 年第 4 期。

19.《中国古代人才思想萌芽的几个问题》,《中州学刊》1988 年第 6 期。

20.《杞国及其迁徙》,载《东夷古国史论丛》第一集,三秦出版社 1988 年 10 月版。

21.《二程人才思想述论》,载《洛学与传统文化》,求实出版社 1989 年 9 月版。

22.《十六国人才问题管窥》,《许昌师专学报》1990 年第 1 期。

23.《晋国人才思想与举用制度述论》,《史学月刊》1990 年第 3 期。

24.《西周人才思想刍议》,《中州学刊》1990 年第 5 期。

25.《后周世宗柴荣简论》,载《邢台历史文化论丛》,河北人民出版社 1990 年 12 月版。

26.《西周人才思想简论》,《中州人才》1991 年第 1 期。

27.《诸葛亮躬耕襄阳隆中说献疑》,《南都学坛》1992 年第 3 期,人大报刊复印资料 k221《魏晋隋唐史》1992 年第 10 期转载,又收入《诸葛亮躬耕地新考》,社科文献出版社,1992 年版。

28.《南北朝人才思想略谈》(笔谈),《文史哲》1993 年第 3 期。

29.《河洛文化概论》,《河南社会科学》1994 年第 2 期。

30.《南朝人才思想述论》,《中州学刊》1995 年第 3 期,又收入《领导科学文库》。

31.《试论墨子的尚贤思想》,《河南社会科学》1995 年第 3 期。

32.《给草庐对正名》,载《草庐对研究新编》,百花文艺出版社 1995 年 5 月版。

33.《诸葛亮的人才观与用人得失》,载《草庐对研究新编》,百花文艺出版社 1995 年 5 月版。

34.《论西汉梁国的都城迁徙》,《河南大学学报》1995 年第 6 期。

35.《论魏晋南北朝时期中原地区的民族问题》,《许昌师专学报》1996 年第 1 期。

36.《〈诗经·小雅·菁菁者莪〉非人才诗——与雷祯孝同志商榷》,载《谈古论今说人才》,河南人民出版社 1996 年 4 月版。

37.《曹操的人才思想与用人实践》,载《谈古论今说人才》,河南人民出版社

1996 年 4 月版。

38.《挥的身世与青阳之地望考》，载《龙乡寻根》，河南教育出版社 1996 年 10 月版。

39.《宁化石壁——中原姓族南迁的聚居地与中转站》，载《宁化石壁与客家世界学术研讨会论文集》，中国华侨出版社 1998 年 9 月版。

40.《从人才培养选拔看科举考试的得失》，《中州学刊》1998 年第 6 期，人大复印报刊资料《教育学》1999 年第 2 期全文转载。

41.《试析刘劭〈人物志〉的人才学说》，《郑州大学学报》1999 年第 6 期。

42.《隋唐河南佛教述论》，《华北水电学院学报》1999 年第 3 期。

43.《程姓起源地望考辨》，《洛阳工学院学报》1999 年第 4 期。

44.《〈刘子〉人才思想初探》，《许昌师专学报》2000 年第 4 期。

45.《叶公沈诸梁家世事迹考》，载《叶姓溯源》，中州古籍出版社 2000 年 10 月版。

46.《墨子尚贤思想简论》，中州古籍出版社，2001 年 8 月版。

47.《中原文化概论》，载《中原文化与现代化研讨会论文集》，大象出版社 2002 年 3 月版。

48.《陈尧佐家世事迹述论》，《漯河职业技术学院学报》2003 年第 1 期，又收入《陈姓源流》，黄河水利出版社 2002 年 4 月版。

49.《姑蔑史迹管窥》，载《姑蔑历史文化论文集》，2002，见中国重要会议论文全文数据库。

50.《南北朝时期的淮汉蛮族》，《郑州大学学报》2003 年第 1 期。

51.《客家民系根在中原》，载《客家与中原文化国际研讨会论文集》，中州古籍出版社 2003 年 10 月版。

52.《汉代河洛地区的经学》，《光明日报》2004 年 9 月 28 日《理论周刊 · 史学》。

53.《中国古代统一的条件和基本经验》，《郑州大学学报》2004 年第 5 期，《新华文摘》2004 年第 24 期全文转载，人大报刊复印资料 k21《历史学》2004 年第 6 期全文转载。

54.《郑州商代都城遗址与商代前期史研究》，载《郑州商都 3600 周年学术论文集》，中州古籍出版社 2004 年 10 月。

55.《河洛文化略论》,《华商》2004 年第 4 期。

56.《程姓谱牒述论》,《台湾源流》2004(27)-29。

57.《论汉代的南阳郡》,载《诸葛亮与南阳学术研究文集》,三秦出版社 2004 年 12 月版。

58.《汉唐时期中原与西南夷地区的经济文化交流》,载《汉民族与西南经济开发》,民族出版社 2005 年 6 月版。

59.《伏羲史迹考》,载《伏羲文化研究》2006 年第 1 期。

60.《中原文化、海岱文化的互动与汉民族的形成》,《郑州大学学报》2006 年第 2 期。

61.《河洛地区在中国文明起源中的地位》,载《河洛文化与汉民族散论》,河南人民出版社 2006 年 4 月版。

62.《齐文化与中原文化的比较研究》,载《第六届国际齐文化学术研讨会论文集》,中国文史出版社 2006 年 2 月版。

63.《豫西晋南地区在中国古代文明起源中的地位》,载《虞舜文化研究集》,山西古籍出版社 2006 年 1 月版。

64.《客家民系根在中原》,载《河洛与客家研究》,国际炎黄文化出版社 2006 年 8 月版。

65.《秦汉之际砀郡、泗水郡的政局与刘汉的兴起》,《汉兴史论选编》,中华诗词出版社 2006 年 12 月版。

66.《从二程洛学到朱熹闽学》,《平顶山学院学报》2007 年第 1 期,《朱子文化》2007 年第 5 期。

67.《许衡的人才思想》,载《许衡与许衡文化》,中州古籍出版社 2007 年版。

68.《内黄三杨庄水害遗址与西汉黄河水患》,《中州学刊》2008 年第 4 期。

69.《黄河的历史演变与河南的兴衰》,载《黄河与河南论坛文集》,黄河水利出版社 2008 年 4 月版。

70.《论范蠡》,载《学者论范蠡》,中国商业出版社 2008 年 10 月版。

71.《永嘉南渡与河洛文化的南传》,载《河洛文化与闽台文化》,河南人民出版社 2008 年 10 月版。

72.《魏晋南北朝时期胡人的南下与中原社会变迁》,载《“1—6 世纪中国北方边疆、民族、社会国际学术研讨会”论文集》,科学出版社 2008 年 12 月版。

73.《光州固始在南迁中原汉人中的地位》,《寻根》2009 年第 1 期。

74.《光州固始与中原汉人南迁入闽》,《信阳师范学院学报》2009 年第 3 期;又收入《固始与闽台渊源关系研究》,人民出版社 2009 年 9 月版。

75.《试论墨子的社会和谐思想》,《黄河科技大学学报》2009 年第 2 期。

76.《关于官渡之战的几个问题》,载《官渡之战与原阳历史文化研究》,大象出版社 2009 年 2 月版。

77.《论颛顼帝喾时代》,载《颛顼帝喾与华夏文明》,河南人民出版社 2009 年 5 月版。

78.《黄河中下游地区生态环境的恶化与对策》,载《黄河文化专题研讨会文集》,黄河水利出版社 2009 年 4 月版。

79.《试论墨子的社会和谐思想》,载《墨学与和谐世界》,河南人民出版社 2009 年 9 月版。

80.《龙山时代中原与周边地区文化互动与华夏文明的形成》,载《区域文化与区域发展》,河南人民出版社 2009 年 10 月版。

81.《论冯异》,载《河洛文化与姓氏文化》,河南人民出版社 2009 年 10 月版。

82.《西晋洛阳城的陷落与永嘉南渡》,载《国士颂》,山西人民出版社 2009 年 12 月版。

83.《唐代皇帝对老子的尊崇与祭祀考述》,《老子今古》2009 年第 6 期,又收入《鹿邑与中华李姓之根》,河南人民出版社 2010 年 12 月版。

84.《试论子产的社会和谐思想》,《学习论坛》2010 年第 1 期。

85.《夏商时期中原王朝的向外扩张和中原文化圈的拓展》,《郑州大学学报》2010 年第 1 期。

86.《张良里籍考辨》,《史学月刊》2010 年第 3 期,又收入中国秦汉史研究会编《秦汉史论丛》,河南大学出版社 2011 年 8 月版。

87.《伏牛山区与伏牛山文化》,《平顶山学院学报》2010 年第 3 期。

88.《河洛文化浅说》,《老人春秋》2010 年 2 月下半月。

89.《论干宝的史学建树与贡献》,《许昌学院学报》2010 年第 4 期。

90.《简论中国古代谱牒学的发展演变》,载《中国家谱论丛》,上海古籍出版社 2010 年 6 月版。

91.《秦汉时期中原地区与岭南地区的经济文化交流》，载《河洛文化与岭南文化》，河南人民出版社 2010 年 9 月版。

92.《先秦秦汉时期中原与岭南地区的经济文化交流》，《黄河科技大学学报》2010 年第 6 期。

93.《炎帝族系在中华文明形成和早期发展中的贡献》，在《炎帝、姜炎文化与民生》，三秦出版社 2010 年 8 月版。

94.《泗水郡与秦汉鼎革》，《安徽广播电视大学学报》2010 年第 4 期。

95.《子贡的里籍与生平事迹考述》，载《子贡与中华儒商》，中州古籍出版社 2011 年 3 月版。

96.《试论先秦时期三峡文化及其与中原的关系》，载中国先秦史学会、重庆中国三峡博物馆编《长江·三峡古文化学术研讨会暨中国先秦史学会第九届年会论文集》，重庆出版社 2011 年 5 月版。

97.《内黄三杨庄汉代庭院遗址与汉代聚落样式探讨》，载中国社会科学院考古研究所、河南省文物考古研究所编《汉代城市和聚落考古与汉文化》，科学出版社 2012 年 9 月版。

98.《周武王的生平事迹与历史功绩》，载《武王伐纣与宁氏源流》，河南人民出版社 2012 年 11 月版。

99.《河洛地区与赣鄱地区的文化交流与互动》，载《河洛文化与客家文化》，河南人民出版社 2012 年 9 月版。

100.《从河南境内的楚文化遗存看楚文化对中原地区的影响》，载中国先秦史学会、武汉大学历史学院编《楚简楚文化与先秦历史文化国际学术研讨会论文集》，湖北教育出版社 2013 年 8 月版。

101.《论黄帝传说与黄帝时代》，载《黄帝与中华姓氏》，河南人民出版社 2013 年 9 月版。

102.《论河洛文化的核心内涵》，载《河洛文化与闽南文化》，河南人民出版社 2014 年版。

103.《〈诗经〉所载西周中原诗歌考述》，载《孙作云先生诞辰一百周年纪念文集》，河南大学出版社 2014 年 6 月版。

104.《东汉司空韩稜家世与生平事迹考述》，《朱绍侯九十华诞纪念文集》，河南大学出版社 2015 年 10 月版。

105.《关于洛阳与丝绸之路的三个问题》,《河洛文化与华夏历史文明的传承与创新》,河南人民出版社 2016 年 9 月版。

著　作

1.《中国帝王辞典》(合著),明天出版社 1989 年 6 月版。

2.《爱我中华,爱我河南》(合著),北京师范学院出版社 1991 年 12 月版。

3.《河南历代名人辞典》(合著),中州古籍出版社 1991 年 7 月版。

4.《中国廉政史》(合著),中州古籍出版社 1991 年 1 月版。

5.《谋士传》(合著),河南人民出版社 1992 年版。

6.《姓氏寻根探秘丛书——张姓》,四川人民出版社 1995 年 4 月版。

7.《河南考试史》(合著,副主编),中州古籍出版社 1995 年 10 月版。

8.《简明河南史》(合著,副主编),中州古籍出版社 1996 年 1 月版。

9.《中国古代人才思想史》,中州古籍出版社 1996 年 9 月版。

10.《中华野史辞典》(合著),大象出版社 1998 年 3 月版。

11.《中国典章制度大辞典》(合著),中州古籍出版社 1998 年 10 月版,

12.《百家姓书系・张》,新蕾出版社 1999 年 4 月版。

13.《中国大姓寻根与取名・程姓》,气象出版社 1999 年 9 月版。

14.《中国大姓寻根与取名・张姓》,气象出版社 1999 年 10 月版。

15.《中州名人传略》(合著),中州古籍出版社 1999 年 8 月版。

17.《河南历史》(教材)(合著,主编之一),河南人民出版社 2000 年 1 月版。

18.《黄河文化百科全书》(合著),四川辞书出版社 2000 年 2 月版。

19.《河南通鉴》(合著,主编之一),中州古籍出版社 2001 年 12 月版。次年获省社科优秀成果荣誉奖,省社科联优秀成果一等奖。

20.《中华姓氏谱・程》,现代出版社、华艺出版社 2002 年 1 月版。

21.《中原文化旅游概览》(合著),当代中国出版社 2003 年 5 月版。

22.《义务教育河南省地方课程读本・省情》(合编,主编之一),河南科技出版社 2003 年 6 月版。

23.《义务教育河南省地方课程读本・省情》(教师用书)(合编,主编之一),河南科技出版社 2003 年 6 月版。

24.《百家姓书库・张姓》,陕西人民出版社、新加坡远东出版公司 2002 年 4

月版。

25.《百家姓书库·程姓》,陕西人民出版社、新加坡远东出版公司2002年4月版。

26.《弘扬民族精神,实现中原崛起》(合著),河南人民出版社2005年4月版。

27.《中国历史文化名城丛书·洛阳》(合著),世界文明出版社2005年版。

28.《河南通史》(合著,主编之一),河南人民出版社2005年12月版。获河南省社会科学院优秀成果特别奖,河南省社科成果一等奖,国家新闻出版总署"三个一百"原创作品。

29.《河洛文化概论》,河南人民出版社2007年10月版。获郑州市社科成果一等奖。

30.《黄河中下游地区水利史》(合著,主编),河南人民出版社2007年12月版。

31.《中国考试管理制度史》(合著),中州古籍出版社2007年12月版。

32.《中原文化大典·大事记》(合著,主编),中州古籍出版社2008年4月版。

33.《中华通鉴·河南卷》(主编之一、副总纂),中国戏剧出版社2008年12月版。

34.《中国地域文化通览·河南卷》(合著,副主编之一),中华书局2014年6月版。

古籍整理

1.《白话二十五史精选》(补编)(合作),国际文化出版公司1994年1月版。

2.《人物志校注》(文白对照传世藏书文库),三秦出版社2000年版。